駿台

東大入試詳解

年

地理 第3版

2023~1999

問題編

駿台文庫

目 次

2023 年

解答時間：2 科目 150 分
配　　点：120 点

第 1 問

人間活動と地球環境の関わりに関する以下の設問A～Bに答えなさい。解答は，解答用紙の(イ)欄を用い，設問・小問ごとに改行し，設問記号・小問番号をつけて記入せよ。

設問A

地球の地質時代は，地層に残された地球規模の変化の証拠によって区分される。たとえば，今から約 6600 万年前の白亜紀の終わりは，地球に隕石が衝突したために高濃度のイリジウムが含まれる地層と，恐竜などの生物が大量に絶滅した層準で定義される。

人間活動が，地球に対し地層にも残るような広範なインパクトを与えていることから，現在を「人新世」という新しい地質時代に区分する提案が，最近なされている。人新世のはじまりの時期は，16 世紀とする意見，18 世紀後半とする意見，1950 年代とする意見などがあった。いずれの時期を人新世の開始とするにしても，全地球的な証拠が地層中に残されることが必要であることに留意して，以下の問いに答えよ。

(1) 人新世の開始時期を 16 世紀とする意見は，それまで別の地域に分かれて分布していた動物や植物が，この時期に全地球的に広がったことが，湖の堆積物や遺跡の記録から明らかになったことに基づいている。どのような動物や植物が，どのような過程で全地球的に広がったのか。具体的な動物と植物の例を 1 つずつあげて，2 行以内で述べよ。

⑵　人新世の最初の提案は，その開始時期を18世紀後半とするものだった。しかし，この案はその証拠が全地球的に同時期に起こったわけではないことから，候補からはずされている。開始時期を18世紀後半とする意見は，どのような人間活動と証拠に基づくものであったのか。2行以内で述べよ。

⑶　人新世の開始時期について検討した地質学者のグループは，放射性物質のピークが地層中に認められることから，開始時期を1950年代とする提案をまとめた。1950年代に放射性物質のピークが現れる理由を，1行で述べよ。

⑷　図1―1のA～Cは，人新世の地層に残る可能性のある，人間が作った物質の，積算生産量を示したグラフである。いずれも1950年以降急激に増加していることが分かる。3つは以下のどれか，A―○のように答えよ。

アルミニウム　　　コンクリート　　　プラスティック

⑸　⑷の物質は，いずれも経済活動の加速によって1950年以降生産が急激に増加した。このうち，プラスティックの生産の増加がひきおこした環境問題を2行以内で述べよ。

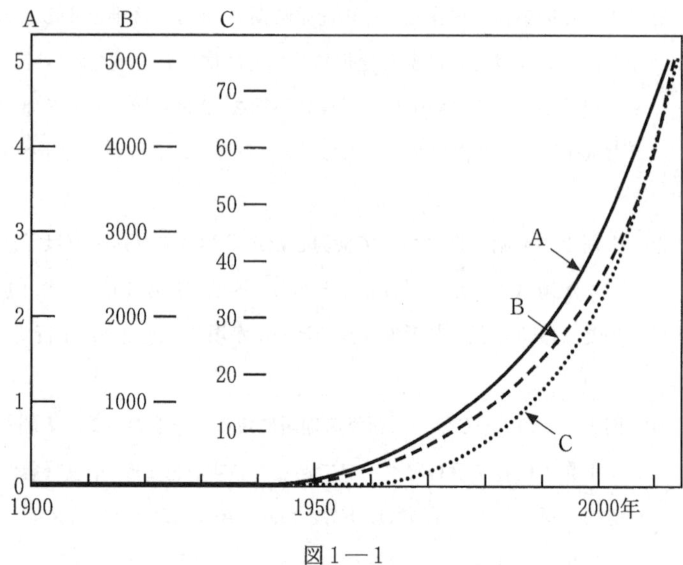

図1―1

人間が作った3つの物質の積算生産量。縦軸の数字の単位は億トン。A，B，Cそれぞれのスケールは異なっている。Waters ら(2016)による。

設問B

近年，南アジアにおいて，地球温暖化や大気汚染などの環境問題への人間活動による影響が深刻化している。図1―2(a)は，地球観測衛星のデータから推定された，ある種の温室効果ガスの大気中平均濃度(黒色が濃いほど高濃度)の分布の概要を示す地図であり，図1―2(b)は，森林や農地などにおける林野火災(黒点で表示)の分布の概要を示す地図である。これらの図をみて，以下の問いに答えなさい。

(1)　図1―2(a)に示された温室効果ガスは，一般に湿地などから発生するとされているが，A の地域では，ある農作物の生産が盛んなために，この温室効果ガスが大量に発生していると考えられている。このガスの名称と農作物を答えよ。

⑵　図1—2⒝に示された森林や農地などにおける林野火災の発生は，Bの地域においては毎年5月と11月に極大となる。この理由を，この地域で行われている人間活動と関連づけて2行以内で述べよ。

⑶　インド北部で深刻な問題となっているPM 2.5などの粒子状大気汚染物質は，図1—2⒝のC(破線内)に位置するヒマラヤ山脈の中腹にまで達しており，特に毎年6月から9月にかけて，こうした現象が顕著になる。その理由を，林野火災以外の，年間を通して見られる汚染物質の発生源と気候条件に関連させて2行以内で述べよ。

(a)

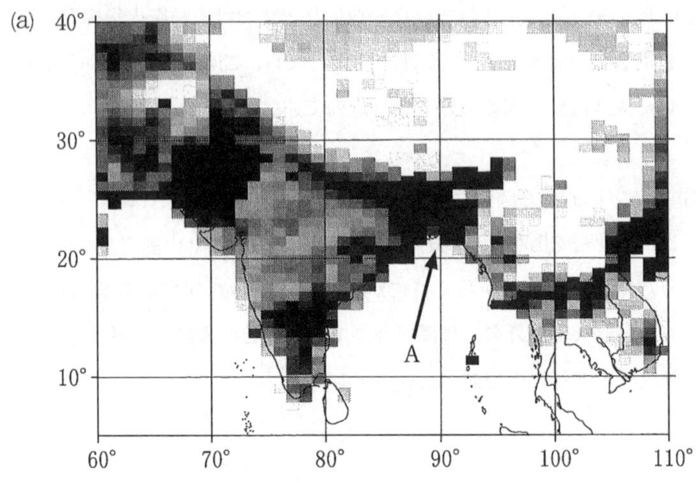

(b)

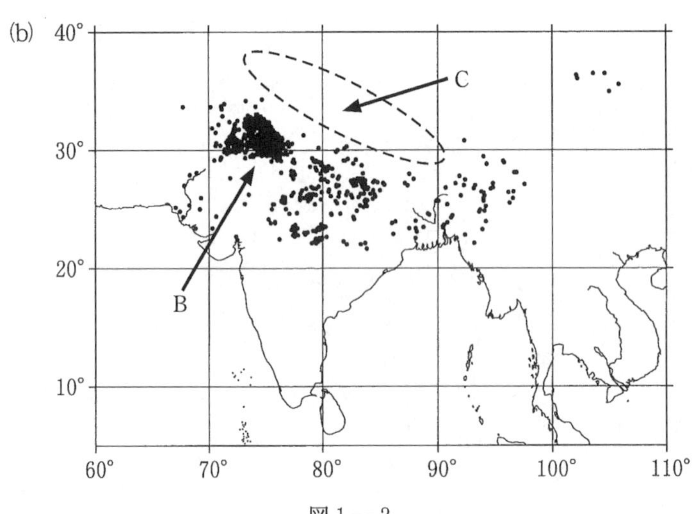

図1—2

第 2 問

第一次産業の国際比較に関する以下の設問A～Bに答えなさい。解答は，解答用紙の(ロ)欄を用い，設問・小問ごとに改行し，設問記号・小問番号をつけて記入せよ。

設問A

表2―1は，水産物の養殖業が盛んないくつかの国を取り上げ，1990年と2020年の生産量とその比，2020年の生産量の水域別の割合，2020年の生産量に占める水生植物(主に海藻類)の割合を示したものである。

(1) 表2―1のア，イ，ウに該当する国名を，韓国，ベトナム，チリの中から選んでア―○のように答えよ。

(2) 1990年～2020年にかけては，全世界の水産物の養殖生産量に著しい増大がみられた。その背景を，水産物の需要・供給の両面に注目し2行以内で述べよ。

(3) 表2―1の国のうち，中国，インドネシア，ア国の淡水域(A)，インドネシア，ア国の汽水域(B)，ウ国，ノルウェーの海水域(C)のそれぞれにおける代表的な水産物の名称と養殖が行われる場所の地形ないしは生態環境を，A―水産物，地形ないしは生態環境のように答えよ。

(4) 今日の水産物の養殖業はその持続性において様々な課題を抱え，解決に向けた取り組みがなされている。その内容を以下の語句を全て用いて2行以内で述べよ。語句は繰り返し用いてもよいが，使用した箇所には下線を引くこと。

稚　魚　　　生態系

表2―1

国	養殖生産量1990年(トン)	養殖生産量2020年(トン)	海水域(%)	汽水域(%)	淡水域(%)	水生植物(%)	2020年/1990年
中国	8,392,965	70,483,538	53.3	2.8	43.9	29.6	8.4
インドネシア	599,824	14,845,014	55.4	21.8	22.8	64.8	24.7
ア	162,076	4,614,692	5.4	31.0	63.6	0.3	28.5
イ	788,565	2,327,903	98.8	0.3	0.8	75.7	3.0
ウ	70,464	1,505,486	99.8	0.0	0.1	1.3	21.4
ノルウェー	150,583	1,490,412	100.0	0.0	0.0	0.0	9.9

FAO統計による。

設問B

図2―1は，1962年以降における各国の小麦の単位収量(トン/ha)の変化を示したものである(数値は前年・当該年・翌年の平均値を使用)。

(1) 中国とインドの単位収量は1970年代までほぼ同じ水準にあったが，1980年代前半に中国の単位収量が急激に増加し，両国の間で大きな差がみられるようになった。このような変化を引き起こした理由を1行で述べよ。

(2) ハンガリーは，1980年代までフランスに準じた単位収量を記録していたが，1990年代に入ると大幅に低下する。このような低下を引き起こした理由を，以下の語句を全て用いて2行以内で述べよ。語句は繰り返し用いてもよいが，使用した箇所には下線を引くこと。

農業補助金削減　　肥　料

(3) 中国では，国内での価格の下落により1997年から2003年にかけて小麦の生産量が約30％減少するが，その後の17年間は約55％の増加を記録している。このような増加が生じた政策的な背景を以下の語句を全て用いて2行以内で述べよ。語句は繰り返し用いてもよいが，使用した箇所には下線を引くこと。

食料安全保障　　肉類消費

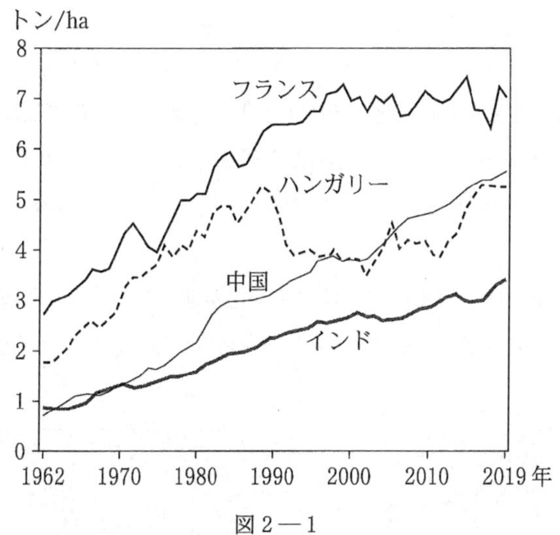

図2―1

FAO統計による。

第3問

居住と自然環境に関する以下の設問A～Bに答えなさい。解答は，解答用紙の(ハ)欄を用い，設問・小問ごとに改行し，設問記号・小問番号をつけて記入せよ。

（**編集注**：地形図は，本書では84％に縮小してあります。）

設問A

図3―1は，2014年に自然災害が発生した地域の2022年の地形図である。こ

れをみて，以下の問いに答えよ。

⑴　図3―1において，鉄道より北西側の住宅地域と概ね重なる地形の名称を答えよ。

⑵　図3―1中の山地には，主に土地被覆に関する2種類の地図記号がみられる。それらの地図記号が示す土地被覆と地形との対応関係を1行で説明せよ。

⑶　図3―1の山ぞいには，図中にA，Bで示すような人工構造物が多数みられる。これらの構造物は，2014年に発生した自然災害の後に建設されたものである。これらの構造物が建設された目的を，⑵の土地被覆の成立要因も考慮して，2014年に発生した自然災害の特徴とあわせて，3行以内で述べよ。

⑷　この地域では，1970年代以降に宅地化が進んだ。こうした災害リスクの高い土地でも宅地化が進んだ理由として考えられることを2行以内で答えよ。

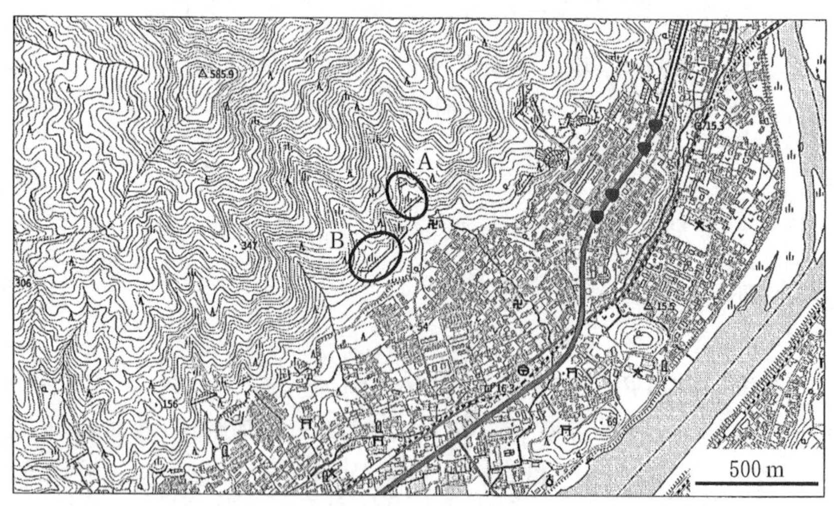

図3―1

地理院地図による。

設問B

⑴　図3―2は，横軸に2018年の都道府県別の1世帯当たり人員数を，縦軸に同年の1住宅当たり居住室数を示したものであり，A，B，C，Dは，北海道，東京都，富山県，沖縄県のいずれかである。A，B，C，Dの都道府県名を，A―○のように答えよ。

⑵　北海道と沖縄県の都市部では，平らな屋根の住宅が多く見られるが，その理由は両地域で異なっている。それぞれの理由を，気候に関連づけ，あわせて2行以内で述べよ。

⑶　日本における住宅数の構造別割合を見ると，1978年には81.7％が木造であったが，2018年には非木造(主に鉄筋・鉄骨コンクリート造，鉄骨造)の割合が43.1％にまで上昇している。非木造住宅の割合が上昇してきた理由を，日本における人口移動の特徴も踏まえて，2行以内で述べよ。

⑷　図3―3で示すように，日本において，住宅総数は長期的に増加を続けてきたが，空き家率(図3―3の下の※を参照)も近年上昇が著しい。これらの事象が生じてきた理由として考えられることについて，以下の語句を全て用いて3行以内で述べよ。語句は繰り返し用いてもよいが，使用した箇所には下線を引くこと。

　世帯規模　　地方圏　　高齢化

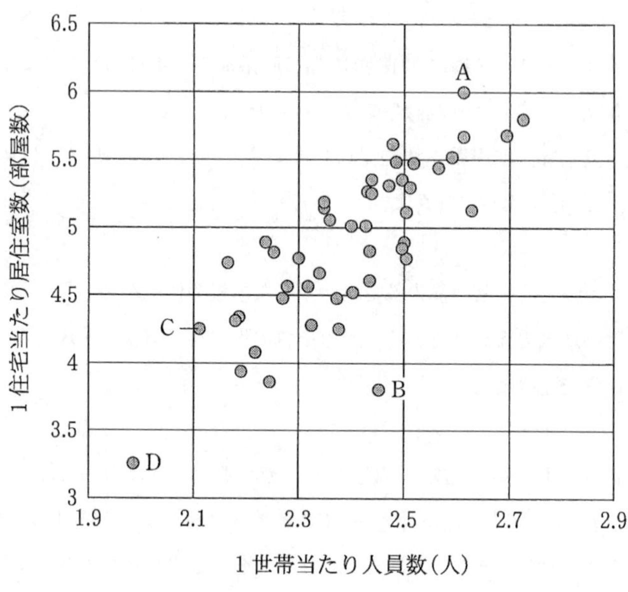

図3―2

住宅・土地統計調査による。

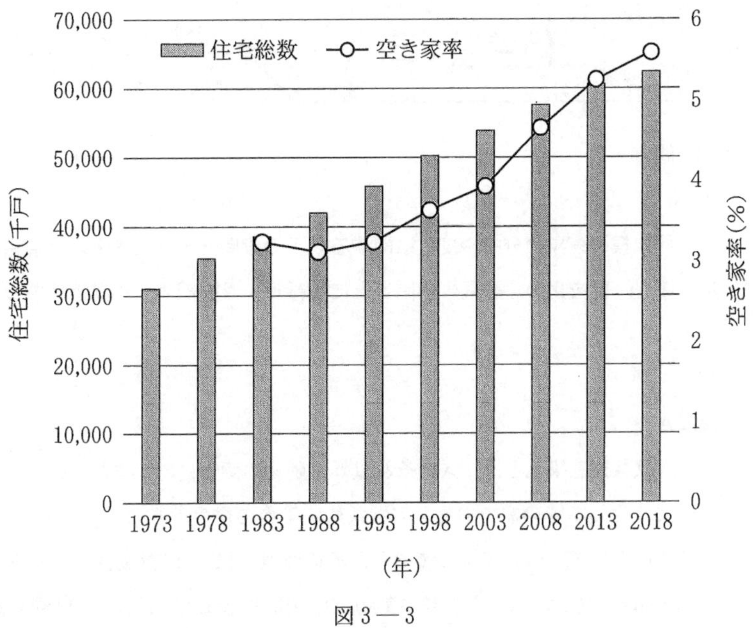

図3―3

住宅・土地統計調査による。

※ここでの「空き家率」とは，住宅・土地統計調査における定義とは異なり，同定義による「空き家」から「賃貸用の住宅」，「売却用の住宅」，「二次的住宅（別荘など）」を除いたものが，住宅総数に占める割合を指している。

2022年

解答時間：2科目150分
配　　点：120点

第 1 問

世界規模の事象の分布や変化に関する以下の設問Ａ～Ｂに答えよ。解答は，解答用紙の(イ)欄を用い，設問・小問ごとに改行し，設問記号・小問番号をつけて記入せよ。

設問Ａ

人獣共通感染症とは，人とそれ以外の動物の両方に感染または寄生する病原体により生じる感染症である。人獣共通感染症の発生件数は，1980年代から2000年代にかけて4倍に増加しており，その背景には，ａ)動物性タンパクの需要増加と畜産の拡大，ｂ)人と野生動物との接触機会の増加，ｃ)土地利用形態の変化，ｄ)地球温暖化，などが要因として挙げられている。

これらの要因の関係をモデル化し，野生動物に由来する人獣共通感染症の発生リスクを示したのが図１―１である。分析が行われた2017年時点で，野生動物に由来する人獣共通感染症が発生しやすい地域が可視化されている。

(1) 人獣共通感染症の増加の要因のうち，上記のａ)～ｄ)以外の社会経済的要因を１つ答えよ。

(2) ｄ)の地球温暖化がどのように人獣共通感染症の増加に影響するか，以下の語句をすべて用いて，２行以内で説明せよ。語句は繰り返し用いてもよいが，使用した箇所には下線を引くこと。

媒介生物　　気象災害

⑶ 図1―1で南アジア・東南アジアから東アジアにかけての地域が高リスク地域となっている。この理由を，この地域の自然環境と生業の観点から3行以内で説明せよ。

⑷ 日本も野生動物に由来する人獣共通感染症の発生リスクが高いことが図1―1から読みとれる。また，日本では近年発生リスクがさらに高まりつつあると考えられているが，その主要な原因を，前記のb)人と野生動物との接触機会の増加，c)土地利用形態の変化，と関連づけて2行以内で説明せよ。

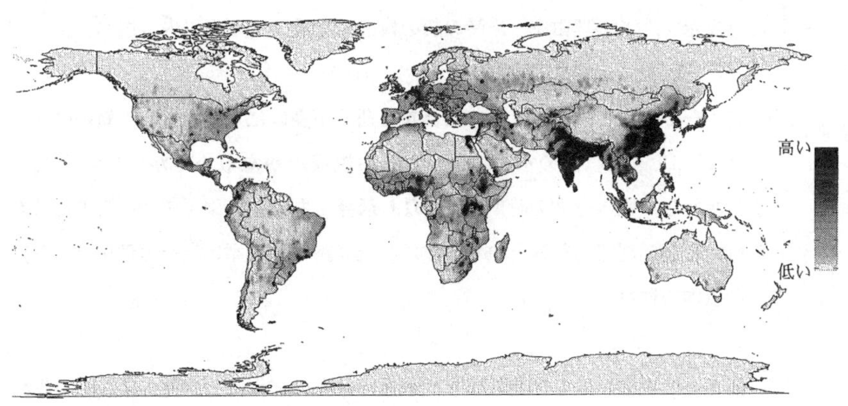

図1―1

Allen ほか，2017 による。

設問B

図1―2は1784～1863年の80年間における船の航路を，図1―3は1980～1997年の18年間における船の航路を示した地図である。二つの図は，船上での定期的な気象観測の記録や航海日誌などに記載された船の位置を，線でつないだものである。海岸線などの他の情報は描かれていないが，多くの場所で大陸の概形を読みとれる。

(1) 図1―2では，赤道付近と中緯度において水平な帯のように見える航路の集まりが見られる。これは，ほぼ特定の緯度に沿って船が移動する傾向があったことを示す。この理由を，当時の船の構造も考慮して2行以内で述べよ。

(2) 図1―2は図1―3よりも対象とする期間が長いにも関わらず，航路の密度が低く，19世紀以前の水運は近年よりも規模がかなり小さかったことを示す。ただし，図1―2の時期にはかなり活発であったが図1―3の時期にはすたれた水運の経路も読みとれる。すたれた経路の例を挙げ，その理由とともに2行以内で述べよ。

(3) 図1―2と図1―3の比較から，水運の分布の拡大や，水運の経済性を高めるために行われてきた技術的な進歩を読みとることができる。その内容を，以下の語句をすべて用いて3行以内で説明せよ。語句は繰り返し用いてもよいが，使用した箇所には下線を引くこと。

高緯度　　等角航路

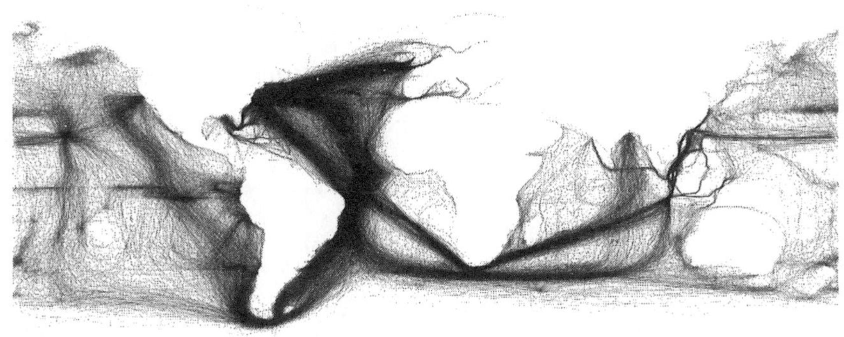

図1―2

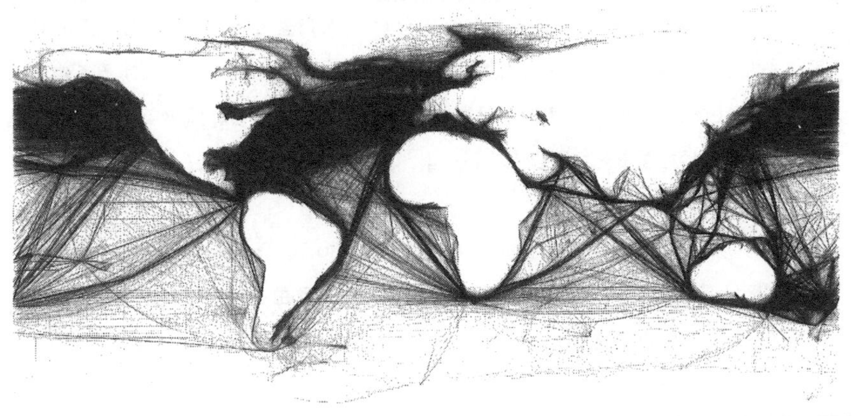

図1―3

図1―2と図1―3は，どちらもアメリカ海洋大気庁のデータを用いて Ben Schmidt 氏が作成した地図による。

第 2 問

南北アメリカの経済と社会に関する以下の設問A～Bに答えよ。解答は，解答用紙の(ロ)欄を用い，設問・小問ごとに改行し，設問記号・小問番号をつけて記入せよ。

設問A

図2―1は，アメリカ合衆国(アラスカ・ハワイ両州を除く)の州別の人口変化率(1970～2010年)を示したものであり，表2―1は，4つの州の人口構成をまとめたものである。以下の問いに答えよ。

(1) 1970～1990年と1990～2010年に分けて人口変化率を見ると，ア州では49.1％から25.2％へと増加率が半減しているのに対し，隣接するイ州では107.0％，74.4％と増加率は高い水準を維持している。両州でこのような違いが生じた理由を2行以内で述べよ。

(2) ウ州とエ州は共に75歳以上人口比率が高いが，その背景は大きく異なる。それぞれの州で75歳以上人口比率が高くなる理由を，両州の違いが分かるように2行以内で述べよ。

(3) 中西部に位置する多くの州では人口増加率が低い。これらの州の中心都市では，基幹産業の斜陽化，およびそれが引き起こした社会問題によって人口減少に拍車がかかっている。こうした社会問題として考えられることを2つ，合わせて1行で述べよ。

(4) エ州は，中南米諸国と国境が接していないにもかかわらず，ヒスパニック系人口の比率が高い。このような状況をもたらした政治的理由を1行で述べよ。

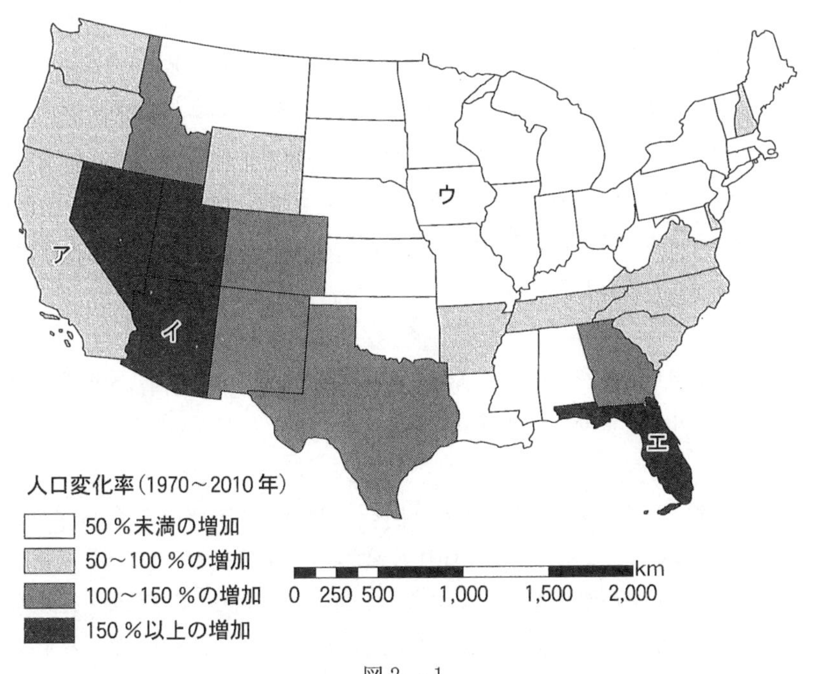

図2―1

アメリカ・センサス局による。

表2―1

(2010年)

州　名	ヒスパニック系人口比率(%)	75歳以上人口比率(%)
ア	37.6	5.3
イ	26.5	4.7
ウ	5.0	7.5
エ	22.5	8.1

アメリカ・センサス局による。

設問B

広大な国土と大人口を有するブラジルは，経済開発の状況に大きな地域的差異を伴いながら，国家としての経済発展を遂げてきた。こうした地域的な差異は，図2―2に示すように，ブラジルを構成する各州を北部，北東部，南東部，南部，中西部の5つの地域に分けてその特徴や課題が把握されることが多い。表2―2は，ブラジルのGDPと人口をこの5地域に分割し，関連する指標とともにまとめたものである。

(1) 表2―2のア，イ，ウに該当する地域名を，北部，北東部，南部の3つの地域の中から選んでア―○のように答えよ。

(2) 表2―2ではGDPのシェアが上位の地域から並べられているが，2002年を100としたときの2018年のGDPの値をみると順位が逆になる。とくにその値が大きい中西部やウ地域において，この間にどのような経済開発・経済発展がみられたか，これらの地域の自然環境にもふれながら，以下の語句をすべて用いて3行以内で述べよ。語句は繰り返し用いてもよいが，使用した箇所には下線を引くこと。

ブラジル高原　　農　地　　自由貿易地区

(3) 表2―2からは，ブラジルの深刻な地域的な経済格差が読みとれる。南東部とイ地域の間にはどのような経済格差が読みとれるか，その背景と合わせて2行以内で述べよ。

(4) 南東部には，人口でブラジル第1位の都市サンパウロ，第2位のリオデジャネイロが存在する。これらの巨大都市が抱える問題のうち，国内の地域的な経済格差を背景に持つ問題を，それとの関係が明らかになるように，以下の語句をすべて用いて2行以内で述べよ。語句は繰り返し用いてもよいが，使用した箇所には下線を引くこと。

低所得層　　インフォーマルセクター

図2―2

表2―2

地　域	GDP 2018年 (100万レアル)	GDP シェア 2018年(%)	GDP 2018年 (2002年 =100)	人口 2018年	GDP/人口 2018年 (レアル)
南東部	3,721,317	53.1	138	87,711,946	42,427
ア	1,195,550	17.1	140	29,754,036	40,181
イ	1,004,827	14.3	152	56,760,780	17,703
中西部	694,911	9.9	173	16,085,885	43,200
ウ	387,535	5.5	178	18,182,253	21,314
全国	7,004,141	100.0	145	208,494,900	33,594

人口は2018年推計値。レアルはブラジルの通貨単位。
ブラジル地理統計院による。

第 3 問

日本の都市と農業に関する以下の設問Ａ～Ｂに答えよ。解答は，解答用紙の(ハ)欄を用い，設問・小問ごとに改行し，設問記号・小問番号をつけて記入せよ。

（**編集注**：地形図は，本書では84％に縮小してあります。）

設問Ａ

図３―１と図３―２は，東京都心から北東方向約 30 km に位置するＸ市の北部を中心に，異なる時点の国土地理院発行の２万５千分の１地形図をもとに作図したものである。図３―１によると，台地の部分で，1960 年代から大規模な土地改変が行われる一方で，(1)従来からの地形と土地利用との対応関係も読みとれる。

Ｘ市では，第２次世界大戦前に飛行場や軍需工場などが置かれていたが，それらの土地が戦後，アメリカ軍に接収され，その通信施設となっていた。図３―２では，米軍通信施設跡地が，大きな公園や総合競技場，住宅団地，大学の新キャンパスに変わっていることがわかる。

図３―１と図３―２を比べると，交通体系が大きく変わってきたことがわかる。図３―２では，高速道路がみられるが，(2)高速道路のインターチェンジ付近を詳しくみると，工業団地の敷地内も含め，新たな施設が建設されてきている。

鉄道の新線が開通し，新たに駅が設けられたことも大きな変化で，(3)Ｘ市では，図３―１の大規模改変とは異なる新しい空間が出現し，これまでのＸ市の産業構造を変えるような動きや「スマートシティ」をめざす新たな街づくりが進められてきている。

(1)　下線部(1)に関して，図３―１から読みとれる地形と土地利用との対応関係を，１行で述べよ。

(2)　下線部(2)に関して，どのような施設が建設されてきているか，そうした変化の理由とともに，２行以内で述べよ。

(3) 図3—3は，2010年，2015年，2020年におけるX市内のA地区，B地区，C地区の年齢階層別人口構成の変化を示したものである。A地区，B地区，C地区は，図3—2に太枠で示した地区①，②，③のいずれに該当するか，A—○のように答えよ。

(4) 下線部(3)に関して，こうした新たな動きの特徴として考えられることを，以下の語句をすべて用いて，3行以内で述べよ。語句は繰り返し用いてもよいが，使用した箇所には下線を引くこと。

情報通信技術　　新規創業　　高齢化社会

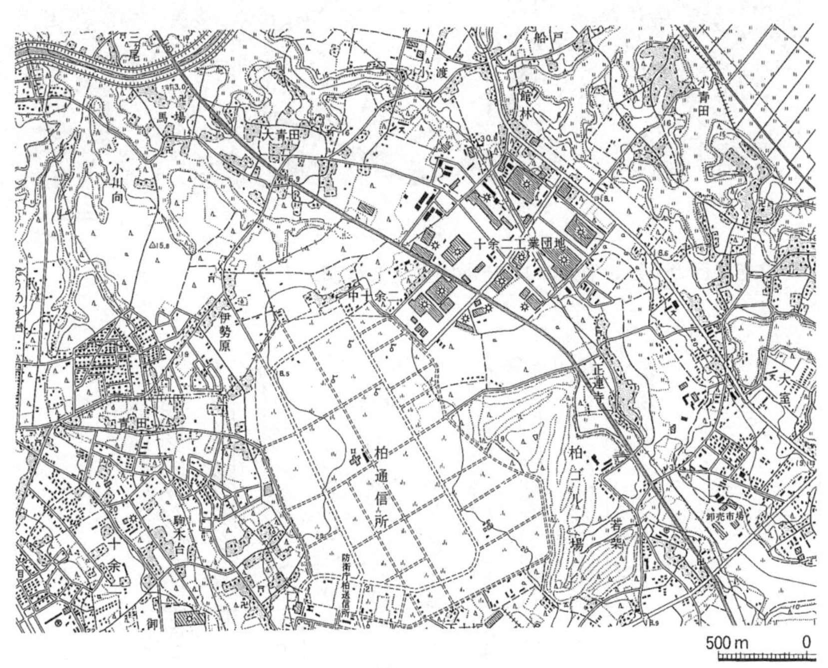

図3—1

1975年発行の2万5千分の1地形図をもとに作図。

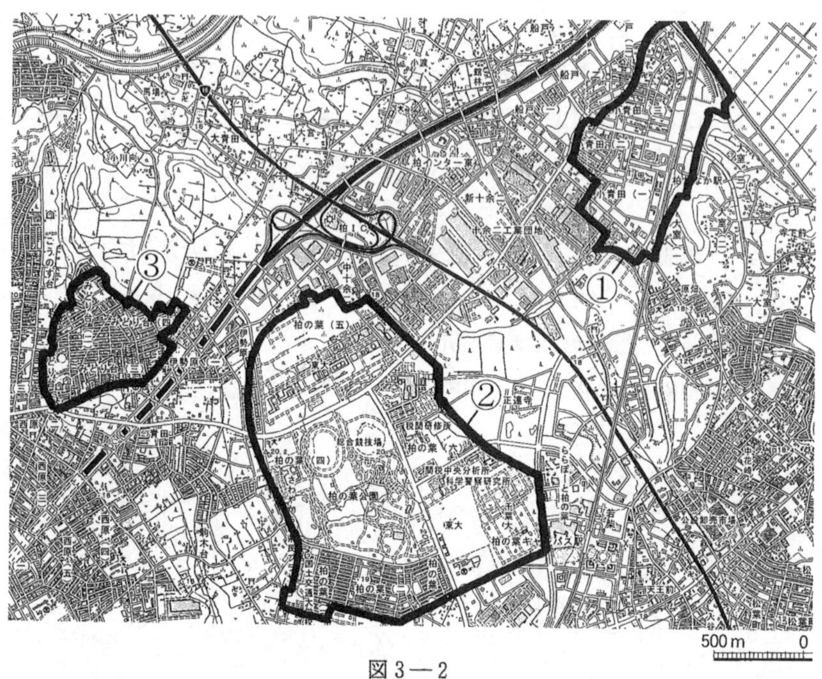

図 3 — 2

2019 年発行の 2 万 5 千分の 1 地形図をもとに作図。

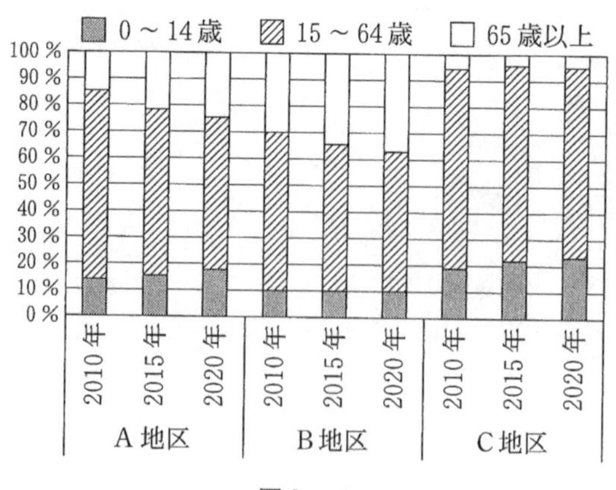

図 3 — 3

X 市の統計書による。

設問B

日本の果樹生産は，様々な社会経済的事象に影響を受け，戦後から現在にかけて変化してきた。表3―1は，果樹5種の2018年の都道府県別収穫量を，上位5都道府県に絞り示している。また，図3―4はみかんとりんごの1960年から2018年までの作付面積の推移を表す。図3―5と図3―6は，みかんとりんごそれぞれについて1990年から2018年までの輸出量と輸出先を示している。

(1) 表3―1のア～ウに該当する県名を，それぞれ，ア―○のように答えよ。

(2) 表3―1によれば，ブルーベリーの収穫量第1位は東京都である。東京都でブルーベリーの栽培が盛んな理由を1行で説明せよ。

(3) 図3―4をみると，みかん，りんごともに現在の作付面積は1960年比で減少しているが，その推移は両者で異なっていることが読みとれる。みかんの作付面積が一旦大きく増加しその後減少した理由を，以下の語句をすべて使用し，3行以内で説明せよ。語句は繰り返し用いてもよいが，使用した箇所には下線を引くこと。

政　策　　　需　要　　　生産調整

(4) 図3―5と図3―6の輸出量をみると，みかんについては減少傾向である一方，りんごは増加傾向にある。りんごの輸出量が増加している理由として図3―6から考えられることを，2行以内で説明せよ。

表3－1

順　位	みかん		りんご		なし	
1	ア	155,600	青　森	445,500	ウ	30,400
2	静　岡	114,500	イ	142,200	茨　城	23,800
3	愛　媛	113,500	岩　手	47,300	栃　木	20,400
4	熊　本	90,400	山　形	41,300	福　島	17,100
5	長　崎	49,700	福　島	25,700	鳥　取	15,900

順　位	うめ		ブルーベリー	
1	ア	73,200	東　京	384
2	群　馬	5,740	群　馬	271
3	三　重	2,090	イ	259
4	神奈川	1,810	茨　城	240
5	イ	1,770	ウ	105

単位：トン

果樹生産出荷統計(みかん，りんご，なし，うめ)および特産果樹生産動態等調査(ブルーベリー)による。

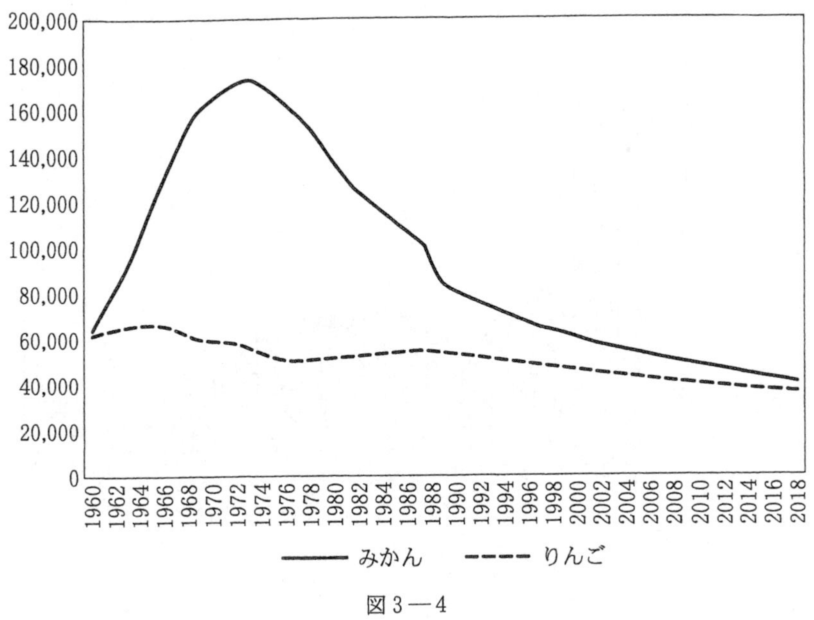

図 3 — 4

単位：ヘクタール

耕地及び作付け面積統計による。

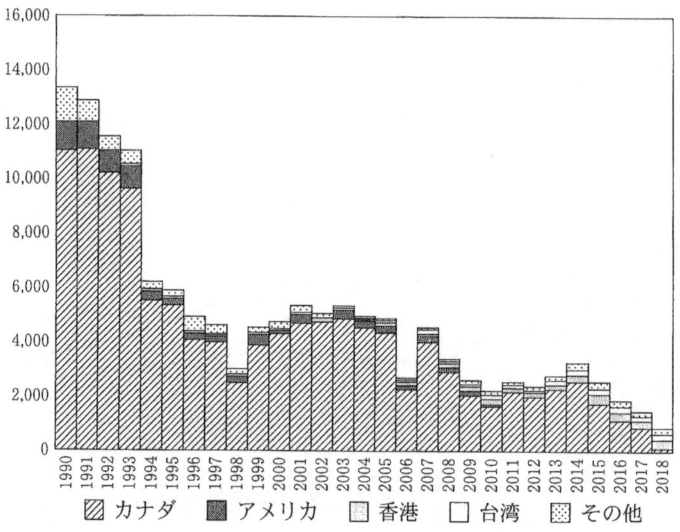

図3―5

単位：トン

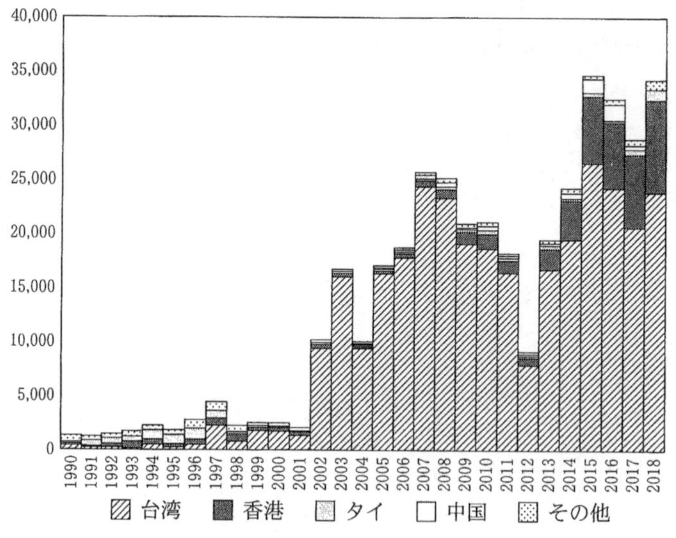

図3―6

単位：トン

図3―5，図3―6は，どちらも貿易統計による。(川久保2019を改変。)

– MEMO –

2021年

解答時間：2科目150分
配　　点：120点

第1問

世界の環境と地形に関する以下の設問A～Bに答えなさい。解答は，解答用紙の(イ)欄を用い，設問・小問ごとに改行し，設問記号・小問番号をつけて記入しなさい。

設問A

気候変化に対する国際的な枠組みとして，2016年に発効したパリ協定は，地球の平均気温上昇を産業革命前に比べて2℃未満に抑制することを目標として掲げている。しかし，現在すでに，平均気温は産業革命前に比べて1℃上昇している。気温が上昇すると，降水量も変化する。国連の特別報告書では，気温と降水量の変化は地域によって異なる(x)ことが予想されている。地球の平均気温上昇を2℃未満に抑制するためには，今世紀末までに二酸化炭素の排出を実質0にしなければならない。しかし20世紀後半以降，二酸化炭素排出量は増え続けている(y)。

(1)　下線xについて，地球の平均気温が2℃上昇するとき，気温がとくに変わるのは，図1―1のような地域であると予想されている。また，地球の平均気温が2℃上昇するとき，降水量がとくに変わるのは，図1―2のような地域であると予想されている。

気温が3℃以上上昇する地域では，陸と海とにそれぞれどのような影響が現れると考えられるか。以下の語句をすべて使用して，あわせて3行以内で述べなさい。語句は繰り返し用いてもよいが，使用した箇所には下線を引くこと。

航　路　　　資　源　　　地　盤　　　生態系

図1―1

国連のIPCC特別報告書による。

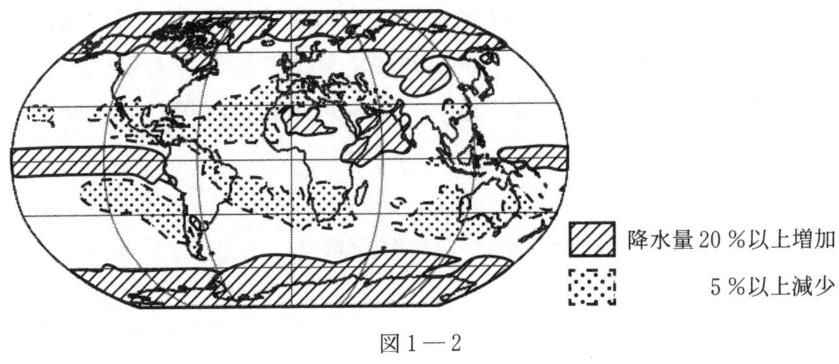

図1―2

国連のIPCC特別報告書による。

⑵　図1―3のA～Dは，世界の4つの地点における気温と降水量の月平均の年変化を示したグラフ（雨温図）である。図1―2で，温暖化により降水量が減少することが予想されている大陸上の地点と，増加することが予想されている大陸上の地点を，A～Dの中から1つずつ選んで，減少―○，増加―○のように答えなさい。

⑶　図1―2で降水量が減少すると予想されている地域では，降水量の減少によってどのような災害が起こりやすくなるか，1行で述べなさい。

⑷ 下線yについて，図1—4は，1900年から2018年までの世界の二酸化炭素排出量の推移を示したものであり，図1—5は，2016年の一次エネルギーについて，エネルギー源別，国(地域)別供給量を示したものである。

図1—4では，2018年の二酸化炭素排出量が多い6ヶ国(地域)を分けて示している。もっとも多いのは中国，次がアメリカ合衆国で，a～dは以下のいずれかである。図1—4と図1—5のa～dは，それぞれ以下のどれに該当するか，a—○のように答えなさい。なお，EUは英国を含む28ヶ国である。

インド　　EU　　日本　　ロシア

⑸ 図1—5をもとに，中国とアメリカ合衆国の一次エネルギー供給の特徴とそれに対する政策的対応を，以下の語句をすべて使用して，あわせて3行以内で述べなさい。語句は繰り返し用いてもよいが，使用した箇所には下線を引くこと。

需要　　シェール　　太陽光発電

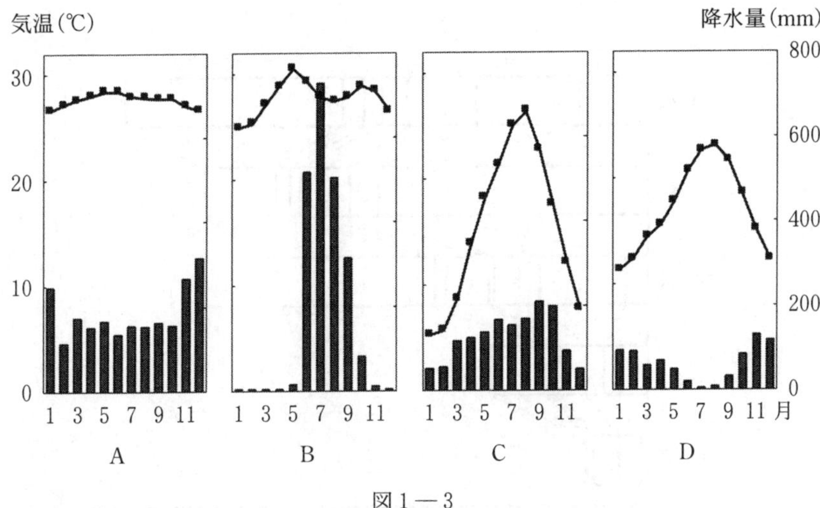

図1―3

理科年表による。1981または1982年から2010年の平均。

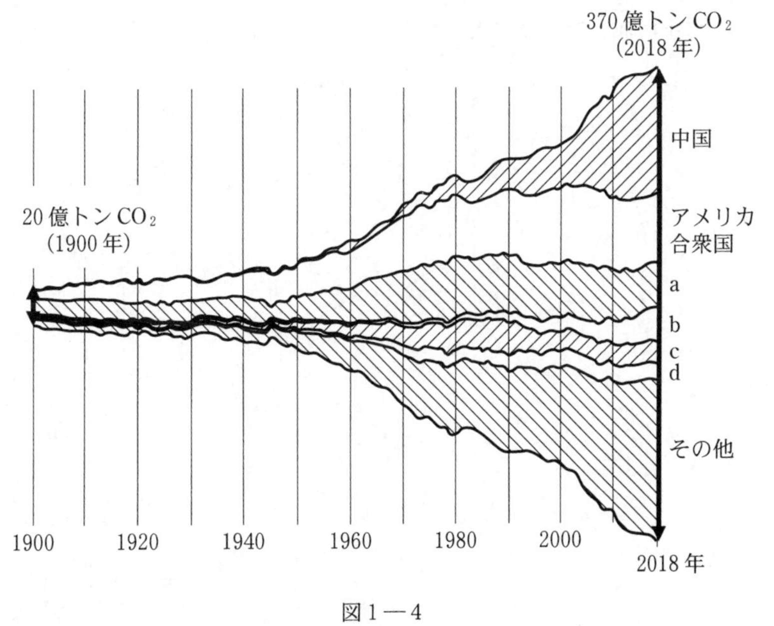

図1―4

Natureによる。

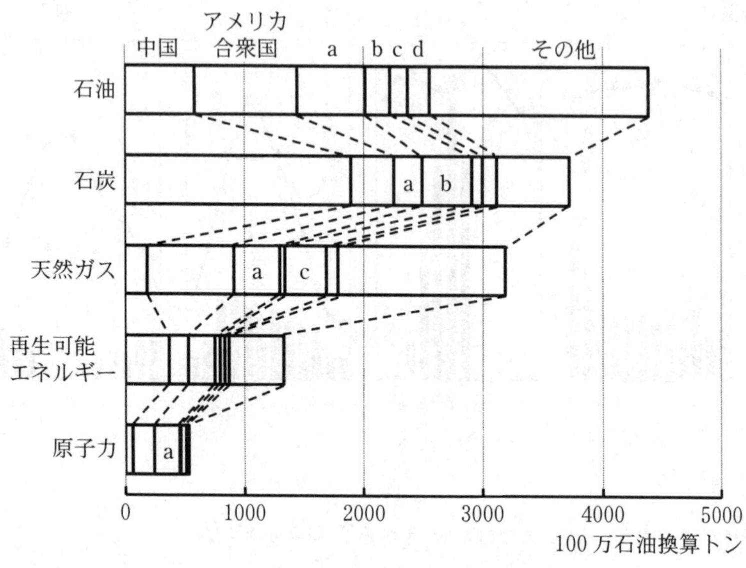

図 1 ― 5

BP(英国石油会社)などによる。

設問B

図1―6と図1―7は，ガンジス川の河口付近とチェサピーク湾を，人工衛星から撮影した画像である。これらの図をみて，以下の問いに答えなさい。

(1) 図1―6では，海岸線が海へ向かって張り出し，分岐した流路が多数見られる。一方，図1―7では，海岸線が内陸へ向かって細長く湾入している。それぞれの地形の名称を，図1―6 ○○のように答えなさい。

(2) 上述のように，図1―6と図1―7では，地形が大きく異なる。その理由として考えられることを，以下の語句をすべて用いて，2行以内で説明しなさい。語句は繰り返し用いてもよいが，使用した箇所には下線を引くこと。

河 谷　　土 砂

(3) 図1―7の水域に見られる主要な漁業の形態名を挙げ，そうした漁業の形態が発達した理由と，その持続を脅かす環境問題を，あわせて2行以内で述べなさい。

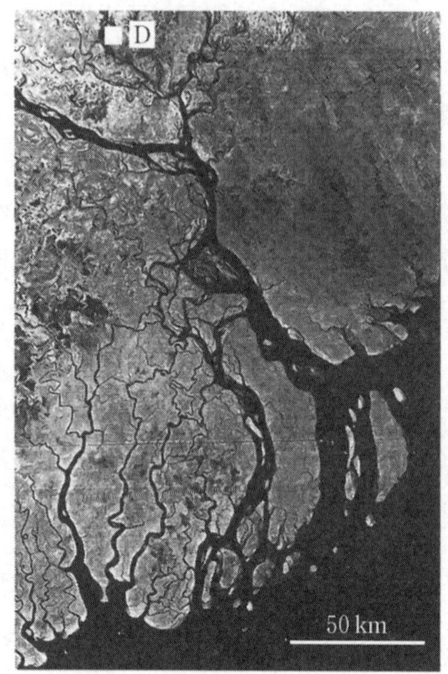

図 1 ― 6

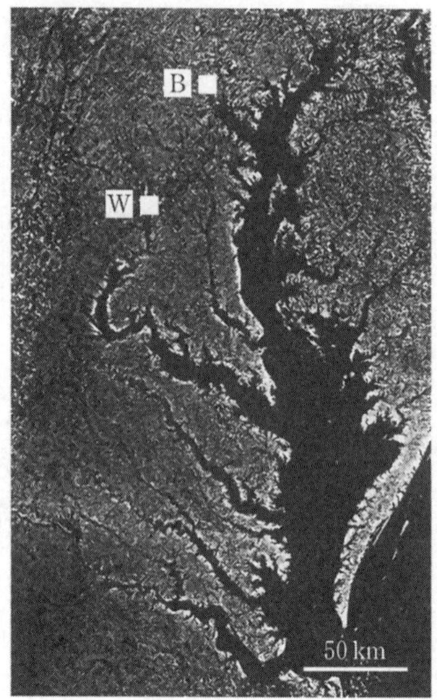

図 1 ― 7

黒色は水域を，暗灰色は概ね植生に覆われた地域を，それぞれ示す。

図中のアルファベットで示した都市は，以下の通り。

D：ダッカ，B：ボルチモア，W：ワシントン D.C.

Short, N. and Blair R. Jr., Geomorphology from Space による。

第 2 問

世界の言語状況と教育に関する以下の設問A～Bに答えなさい。解答は，解答用紙の(ロ)欄を用い，設問・小問ごとに改行し，設問記号・小問番号をつけて記入しなさい。

設問A

国連憲章が規定する国連の公用語は，(　ア　)，フランス語，ロシア語，英語及びスペイン語の5カ国語であるが，今日では，(　イ　)を加えた6カ国語が，総会や安全保障理事会の用語として用いられている。世界の言語状況をみると，これら6カ国語以外にも，広大な国土の広い範囲で，あるいは国境を越える広い範囲で，異なる母語を持つ人々の間で共通語・通商語として用いられている言語が存在する。東アフリカのタンザニア，ケニア両国で国語となっている(　ウ　)がその代表例である。

(1) 上記文中の(ア)，(イ)，(ウ)にあてはまる言語を，ア―○のように答えなさい。

(2) インターネットの普及は，国際社会で使われている言語の状況にどのような変化をもたらしたか，1行で述べなさい。

(3) インド，インドネシアはいずれも多民族・多言語国家であり，インドではヒンディー語が連邦公用語に，インドネシアではインドネシア語が国語になっている。しかし，これらの言語の公用語としての使用の広がりは両国で大きく異なっている。その違いを，以下の語句をすべて用いて3行以内で述べなさい。語句は繰り返し用いてもよいが，使用した箇所には下線を引くこと。

英　語　　　地域語　　　州

⑷ シンガポール，マレーシア，インドネシアの華人社会では，標準中国語(普通話)ではなく，いくつかの中国語の有力な方言が，日常生活で広く用いられている。例として具体的な方言名を1つ挙げ，こうした状況にある歴史的背景を2行以内で述べなさい。

設問B

表は，20～24歳人口(2015年)1万人に対する4つの国への留学者数(2016年)を示したものである。以下の問いに答えなさい。

⑴ A～Cにはマレーシア，韓国，インドのいずれかの国が入る。それぞれどの国であるのかを，A—○のように答えなさい。また，C国において留学国の構成が他の国と大きく異なっている理由をあわせて3行以内で述べなさい。

⑵ 表に挙げられている国の間で，オーストラリアは，人気の高い留学国となっている。理由として考えられることを2つ，あわせて2行以内で述べなさい。

⑶ 20～24歳人口1万人に対する4つの国への留学者数の合計は，B国が最も多い。同国から多くの若者がこれらの国に留学するようになった理由を，以下の語句をすべて用いて2行以内で述べなさい。語句は繰り返し用いてもよいが，使用した箇所には下線を引くこと。

学歴社会　　国際競争

表

(2016年)

出身国	留学国			
	オーストラリア	カナダ	イギリス	アメリカ
中　国	11.1	6.0	8.8	30.6
A	3.9	1.7	1.4	11.5
日　本	2.8	2.5	4.8	25.1
B	17.0	13.3	14.1	169.2
C	48.7	3.2	55.2	26.8

単位：人

上記の値は，留学国の特定の日または特定の期間の在学者情報に基づいている。
そのため，留学期間が1年に満たない学生や在学を必要としない交換留学プログラムの学生等，上記の値に含まれない留学生が存在する。
国連およびOECD資料による。

第 3 問

世界と日本における女性の労働に関する以下の設問A～Bに答えなさい。解答は，解答用紙の(ハ)欄を用い，設問・小問ごとに改行し，設問記号・小問番号をつけて記入しなさい。

設問A

表3—1は，2002年と2017年時点の女性(25歳から34歳)の労働力率，管理職に占める女性の割合を国別に示したものである。

(1) 表のA，B，Cは，スウェーデン，日本，トルコのいずれかである。それぞれの国名をA—○のように答えなさい。

⑵ イスラエルは，周辺に位置する国と比較し，女性の労働力率が高くなっている。こうした違いが生じる要因について，2行以内で述べなさい。

⑶ フィリピンでは，管理職に占める女性の割合が高い一方で，女性の労働力率はあまり高くない。こうした状況にある理由として考えられることを，3行以内で述べなさい。

表3―1

	女性の労働力率(25歳から34歳)		管理職に占める女性の割合	
	2002年	2017年	2002年	2017年
イスラエル	71.8	78.4	26.9	34.6
フィリピン	51.1	51.5	57.8	51.5
A	82.7	85.4	30.7	38.9
B	32.5	46.9	6.8	15.0
C	66.1	78.4	9.6	13.2
ドイツ	76.0	79.1	27.3	29.2
イタリア	65.8	65.1	20.2	27.5

単位：%

労働力率は，就業者と完全失業者(働く意思と能力があり，求職しているが就業できていない者)をあわせた人数を，当該年齢・性別の人数で除した値。
労働力率はILOによる推計値。
ILOSTATほかによる。

設問B

表3—2は，日本の地方別に，2010年～2015年における女性の職業別就業者数の増減をみたものである。図3—1は，同じく地方別に，1960年～2015年の合計特殊出生率の変化を示したものである。これについて以下の問いに答えなさい。

(1) 表3—2のア，イ，ウの職業名は，農林漁業，生産工程，サービス職業のいずれかである。それぞれの職業名を，ア—○のように答えなさい。

(2) 2010年～2015年にかけて，（　ウ　）と同様に，販売従事者は，いずれの地方でも減少している。（　ウ　）と比較しながら，販売従事者が減少してきている理由として考えられることを，2行以内で述べなさい。

(3) 表3—2の左列では，管理的職業従事者，専門的・技術的職業従事者，事務従事者の合計を示しているが，いずれの地方でも増加している。この値が，首都圏で増加している理由として考えられることを，以下の語句をすべて用いて2行以内で述べなさい。語句は繰り返し用いてもよいが，使用した箇所には下線を引くこと。

オフィス　　若年層

(4) 図3—1をみると，首都圏では，1960年代後半から1970年にかけて合計特殊出生率が全国的にも高かったのに対し，1970年代以降，他の地方と比べて大幅に低下し，現在でも低い水準にとどまっている。こうした変化の理由として考えられることを，3行以内で述べなさい。

表3—2

地方名	職業大分類別にみた2010年～2015年の増減数				(単位：千人)
	管理的職業，専門的・技術的職業，事務	販　売	ア	イ	ウ
北海道	18	▲11	▲4	▲5	▲7
東　北	47	▲20	1	▲16	▲28
北関東	33	▲7	6	▲5	▲9
首都圏	183	▲8	10	▲5	▲19
北　陸	25	▲8	4	▲4	▲12
中　部	94	▲12	16	▲12	▲22
近　畿	100	▲16	13	▲3	▲17
中国・四国	49	▲19	6	▲13	▲14
九州・沖縄	87	▲22	9	▲16	▲14

東北は青森，岩手，宮城，秋田，山形，福島，北関東は茨城，栃木，群馬，首都圏は埼玉，千葉，東京，神奈川，北陸は新潟，富山，石川，福井，中部は山梨，長野，岐阜，静岡，愛知，三重，近畿は滋賀，京都，大阪，兵庫，奈良，和歌山，中国・四国は鳥取，島根，岡山，広島，山口と四国4県，九州・沖縄は九州7県と沖縄の各都府県からなる。
国勢調査による。

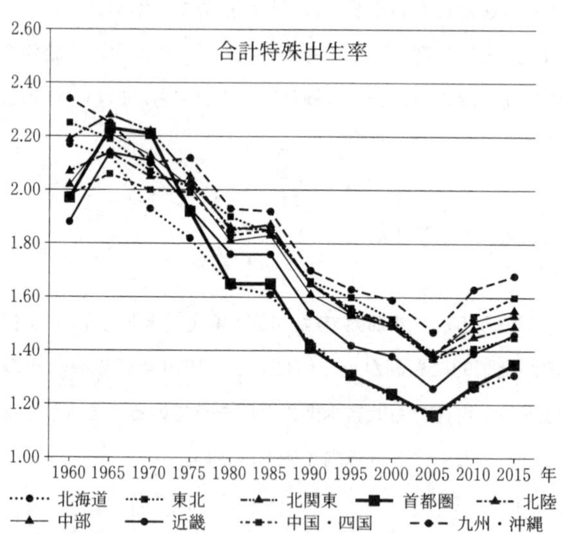

都道府県別の値の単純平均。九州・沖縄に，沖縄県が加えられるのは1975年以降。
厚生労働省「人口動態統計」による。

図3—1

– MEMO –

2020年

解答時間：2科目150分
配　　点：120点

第 1 問

日本列島の地形と自然資源利用に関する以下の設問A～Bに答えなさい。解答は，解答用紙の(イ)欄を用い，設問・小問ごとに改行し，設問記号・小問番号をつけて記入しなさい。

設問A

図1―1は日本列島の地形断面である。断面ア～ウの位置は，図1―2中の線分①～③のいずれかに対応している。各断面の左・右端は日本海・太平洋にそれぞれ面し，各断面の水平距離の縮尺は共通している。

(1) X山地とY山地の地形的特徴の違いを述べるとともに，Y山地でそのような特徴が生じた理由として考えられることを，以下の語句をすべて用いて，あわせて2行以内で述べなさい。語句は繰り返し用いてもよいが，使用した箇所には下線を引くこと。

内的営力　　外的営力

(2) Z山脈は，断面イにおいては，両側の山地とは大きく異なる形状を示す。その理由として考えられることを1行で述べなさい。

(3) aとbは元来同じ環境であったが，bは20世紀半ばに人工的に形成された土地である。この大規模地形改変事業がなされた社会的背景を1行で述べなさい。

(4) cとdはいずれも大規模な平野であるが，卓越する地形が異なる。それぞれの平野で卓越する地形の名称と農業形態の特徴を，あわせて2行以内で述べなさい。

(5)　地形断面図は，水平方向よりも鉛直(高度)方向に拡張して描かれることが多い。ア～ウに共通した，水平方向に対する高度方向の拡張率は，おおよそ何倍程度と見積もられるか，有効数字1桁で，$k \times 10^n$ 倍のように答えなさい。kは1，2，5のなかから選び，nには最も適した整数を記しなさい。

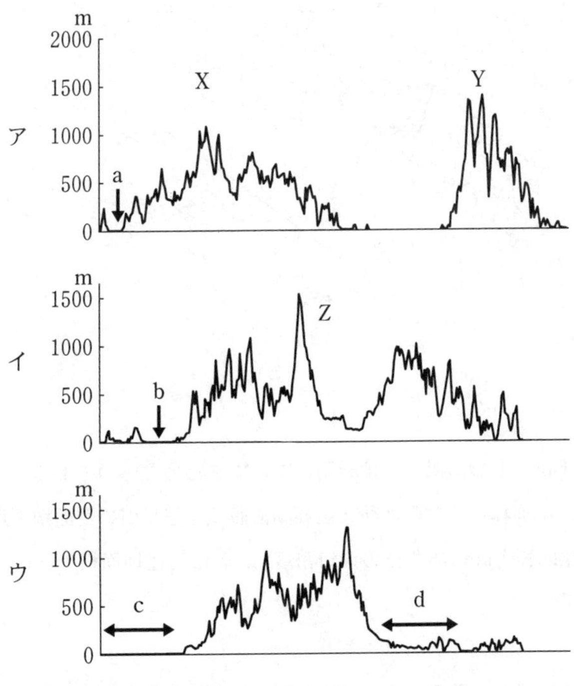

地理院地図(国土地理院)を用いて作成。

図1―1

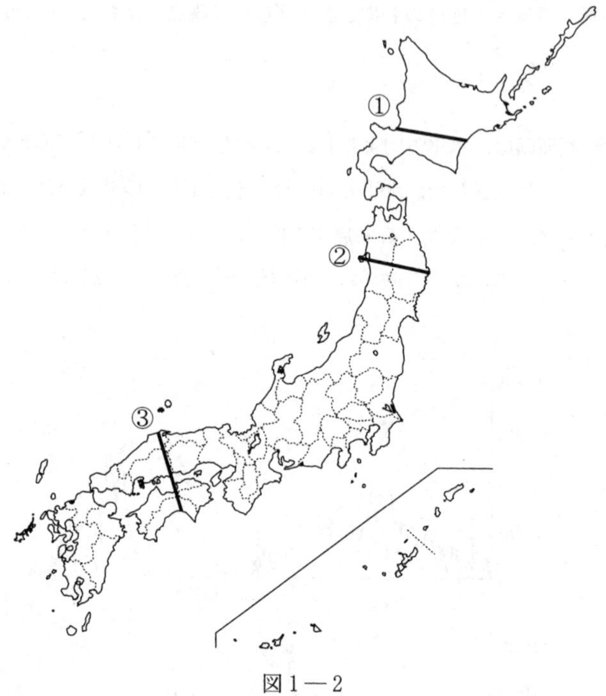

図1―2

設問B

表1―1は，5つの県の土地利用についてまとめたものである。なお，可住地面積とは，総面積から林野面積と主要湖沼面積を差し引いた面積を意味する。また，aは総面積1 km^{2}あたりの人口密度を，bは可住地面積1 km^{2}あたりの人口密度をさす。

(1) b/aの値が高い県のうち，和歌山県と高知県に共通してみられる地形的特徴を2行以内で述べなさい。

(2) 高知県と香川県では，ある重要な資源をやりとりしている。資源の名称と，このようなやりとりが生じる理由を，この資源の供給と消費の両面から，あわせて3行以内で述べなさい。

(3) 長野県と茨城県は，ともに農業生産の盛んな地域として知られており，レタスの生産量は全国1位と2位(2017年)であるが，出荷時期は大きく異なる。その理由を，地形的要因と経済的要因の両面から，あわせて2行以内で述べなさい。

表1—1

(2017年)

県　名	総面積1 km²あたりの人口密度 a	可住地面積1 km²あたりの人口密度 b	b/a
長　野	153	644	4.2
茨　城	474	728	1.5
和歌山	200	848	4.2
香　川	515	962	1.9
高　知	101	614	6.1

総務省および農林水産省資料による。

第 2 問

世界の食料の生産と消費に関する以下の設問A～Bに答えなさい。解答は，解答用紙の(ロ)欄を用い，設問・小問ごとに改行し，設問記号・小問番号をつけて記入しなさい。

設問A

世界経済の成長とともに，人々の食生活に占める動物性食品の割合が増えつつある。図2—1は1963年(○)から2013年(●)にかけての，各国の経済状況を表す1人あたりGDPの伸びと，国民1人あたりのカロリー摂取量に占める動物性食品の割合の変化を表している。

(1) 人々の食生活に占める動物性食品の割合が増えることで，陸上の自然環境に及ぶ悪影響を1つあげ，1行で述べなさい。

(2) 図2—1の**1**～**6**の国では，1963年以降も経済が成長しているにも関わらず，動物性食品の割合はあまり増えないか減少している。その理由を3行以内で述べなさい。

(3) 図2—1において，**9**ペルーは，同じ南米の**7**アルゼンチンや**8**ブラジルとは異なる特徴を示している。その理由を2つ，以下の語句をすべて用いて，あわせて4行以内で述べなさい。語句は繰り返し用いてもよいが，使用した箇所には下線を引くこと。

山岳地帯　　食文化　　農　業　　民族構成

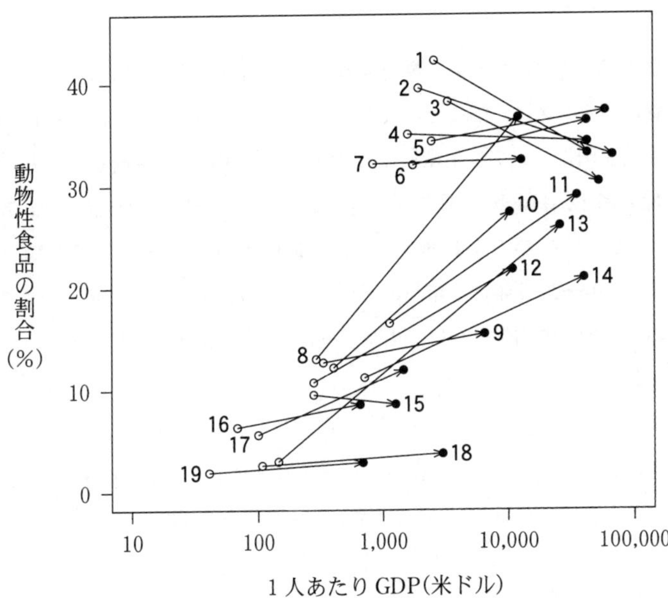

国　名：1ニュージーランド，2オーストラリア，3イギリス，4アメリカ合衆国，5スウェーデン，6フランス，7アルゼンチン，8ブラジル，9ペルー，10メキシコ，11イタリア，12マレーシア，13韓国，14日本，15ジンバブエ，16ウガンダ，17インド，18ナイジェリア，19ルワンダ。

国連食糧計画および世界銀行資料による。

図2―1

設問B

東南アジアは，世界の主要な米の生産・消費地域である。しかし，米の生産と消費のバランスは，国ごとに大きな違いがある。表2—1は，東南アジアの主要な米生産国について，生産量(a)，国内供給量(b)，生産量と国内供給量の差(生産量の過不足)(a–b)，国内供給量に対する生産量の比(自給率)(a/b)を，Ⅰ期(1969年—1973年の5年間の平均)，Ⅱ期(1989年—1993年の5年間の平均)，Ⅲ期(2009年—2013年の5年間の平均)の3つの時期について示したものである。なおここで，国内供給量は，生産量＋輸入量－輸出量(ただし在庫分を補正)として定義される。

(1) 表2—1に掲げた5カ国は，ベトナム，タイ，フィリピン，マレーシア，インドネシアである。A～Eの国名を，A—○のように答えなさい。

(2) A国の自給率の水準とその推移にみられる特徴を，生産量・国内供給量の推移にふれながら，その背景とともに2行以内で述べなさい。

(3) D国は，米の自給達成を国の目標としてきた。D国の自給率の水準とその推移にみられる特徴を，生産量・国内供給量の推移にふれながら，その背景とともに2行以内で述べなさい。

表2—1

		Ⅰ期 1969—1973	Ⅱ期 1989—1993	Ⅲ期 2009—2013
A	a 生産量	1,188	1,290	1,702
	b 国内供給量	1,458	1,649	2,824
	a-b 過不足	− 270	− 359	− 1,123
	a/b 自給率	81 %	78 %	60 %
B	a 生産量	6,845	13,643	27,888
	b 国内供給量	7,526	12,225	20,659
	a-b 過不足	− 682	1,418	7,229
	a/b 自給率	91 %	112 %	135 %
C	a 生産量	9,113	13,026	23,503
	b 国内供給量	7,549	8,181	13,180
	a-b 過不足	1,564	4,844	10,324
	a/b 自給率	121 %	159 %	178 %
D	a 生産量	13,130	30,817	44,951
	b 国内供給量	14,058	30,727	44,929
	a-b 過不足	− 928	90	22
	a/b 自給率	93 %	100 %	100 %
E	a 生産量	3,487	6,398	11,365
	b 国内供給量	3,608	6,600	12,639
	a-b 過不足	− 121	− 202	− 1,274
	a/b 自給率	97 %	97 %	90 %

単位：1000トン(精米換算)

FAO統計による。

第 3 問

ドイツと日本の人口の動向に関する以下の設問A～Bに答えなさい。解答は，解答用紙の(ハ)欄を用い，設問・小問ごとに改行し，設問記号・小問番号をつけて記入しなさい。

設問A

表3―1は，ドイツの州別の人口増減率と2016年時点の州別人口を示したものである。

(1) 次の文は，ドイツの3つの州について，それぞれの特徴を説明したものである。ア～ウは，表3―1および図3―1の番号**5**，**6**，**16**のいずれかである。該当する州の番号をア―○のように答えなさい。

ア　この州は，豊富な石炭資源をもとに，製鉄や化学といった重化学工業を中心とした工業都市が東西に連なり，コナベーションを形成していた。現在は，ライン川沿いの都市群が南北軸を形成し，ヨーロッパにおける重要な中心地の1つになっている。

イ　この州は，エルベ川の上流部に位置し，19世紀はドイツ工業の中心地域の1つで，繊維工業が栄えていた。州内には，2つの中心都市があり，1つは古くから交通の要衝で見本市の開催地，商都として栄え，もう1つは現在の州都で，かつての王国の宮殿があり，両都市とも，世界各地から多くの観光客が訪れる。

ウ　この州の人口の大半は，2つの主要な河川にはさまれた平野部に集中している。国際空港があり，鉄道や高速道路の結節点にもなっている。州最大の都市は，欧州中央銀行の本部が置かれるなど，金融都市として栄え，ドイツでは珍しく超高層ビルが林立している。

⑵ 1990 年～2000 年にかけて，どのような人口増減率の地域差がみられるか，その特徴と要因として考えられることを 2 行以内で述べなさい。

⑶ 1970 年代から 1980 年代にかけては，西部ドイツのなかで，人口増減率の南北格差がみられた。これに対し，2000 年代以降になると，南北格差は顕著ではなくなっている。こうした変化がみられるようになった要因として考えられることを，以下の語句をすべて用いて 3 行以内で述べなさい。語句は繰り返し用いてもよいが，使用した箇所には下線を引くこと。

国際競争力　　サービス経済化　　産業構造

⑷ 2000 年～2010 年と比べ，2010 年～2016 年には，ドイツの多くの地域で，人口減少から人口増加に転じたり，人口減少率が小さくなるといった変化がみられる。そうした変化の要因として考えられることを 1 行で述べなさい。

表3—1

番号	州　名	人口増減率(%)					人口(千人)
		1970年～1980年	1980年～1990年	1990年～2000年	2000年～2010年	2010年～2016年	2016年
1	シュレースヴィヒ・ホルシュタイン	4.0	0.6	6.2	1.6	1.7	2,882
2	ハンブルク	−8.3	0.4	3.8	4.1	1.3	1,810
3	ブレーメン	−5.6	−1.7	−3.2	0.2	2.7	679
4	ニーダーザクセン	1.9	1.8	7.3	−0.1	0.4	7,946
5	ノルトライン・ヴェストファーレン	0.3	1.7	3.8	−0.9	0.3	17,890
6	ヘッセン	3.2	2.9	5.3	0.0	2.4	6,213
7	ラインラント・プファルツ	−0.5	3.3	7.2	−0.8	1.5	4,066
8	ザールラント	−4.9	0.7	−0.4	−4.8	−2.1	997
9	バーデン・ヴュルテンベルク	3.4	6.1	7.1	2.2	1.8	10,952
10	バイエルン	3.5	4.8	6.8	2.5	3.1	12,931
11	メクレンブルク・フォアポンメルン	0.8	−1.0	−7.7	−7.5	−1.9	1,611
12	ベルリン	−4.7	12.6	−1.5	2.3	3.3	3,575
13	ブランデンブルク	0.1	−3.1	0.9	−3.8	−0.3	2,495
14	ザクセン・アンハルト	−4.4	−6.6	−9.0	−10.7	−4.2	2,236
15	テューリンゲン	−1.1	−4.4	−6.9	−8.1	−3.4	2,158
16	ザクセン	−4.5	−7.9	−7.1	−6.3	−1.6	4,082
	ドイツ全体	0.4	1.7	3.1	−0.6	0.9	82,522

表中の州名の番号は，図3—1の番号と対応している。

ドイツ連邦統計局資料による。

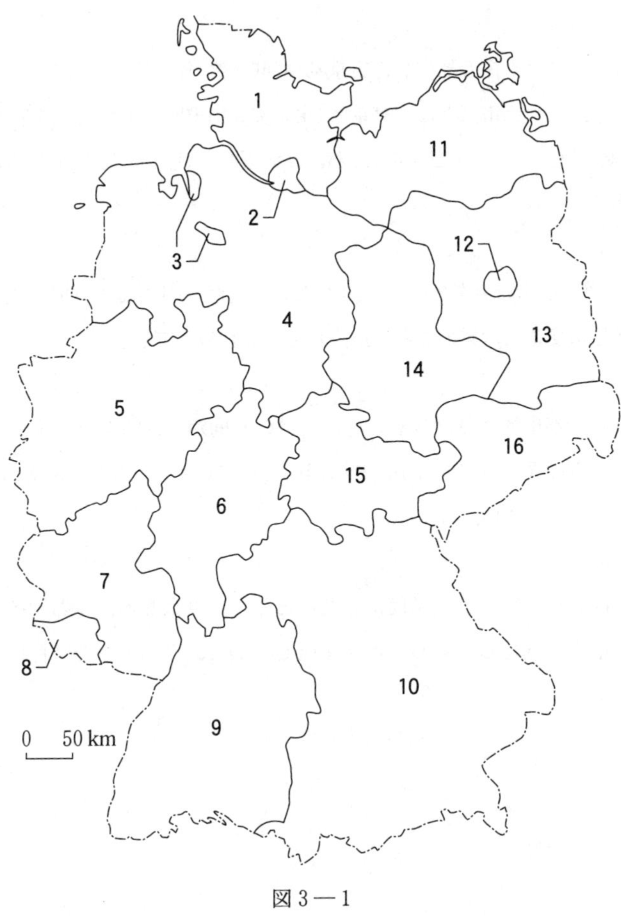

図 3 — 1

設問Ｂ

図３―２は，三大都市圏と東京都特別区部の転入超過人口の推移を表したものである。三大都市圏とは，東京圏(東京都・埼玉県・千葉県・神奈川県)，名古屋圏(岐阜県・愛知県・三重県)，および大阪圏(京都府・大阪府・兵庫県・奈良県)である。

(1) 1960年代前半をピークに，人口が三大都市圏に集まってきた理由を，産業構造の変化と産業の立地の観点から，２行以内で述べなさい。

(2) 三大都市圏における転入超過人口の動向が，1980年代以降，都市圏間でどのように異なっているか，その理由として考えられることとあわせて，３行以内で述べなさい。

(3) 図３―２は，1990年代初めを境として，東京圏内部における人口分布の空間構造が変化していることを示唆している。その内容を２行以内で述べなさい。

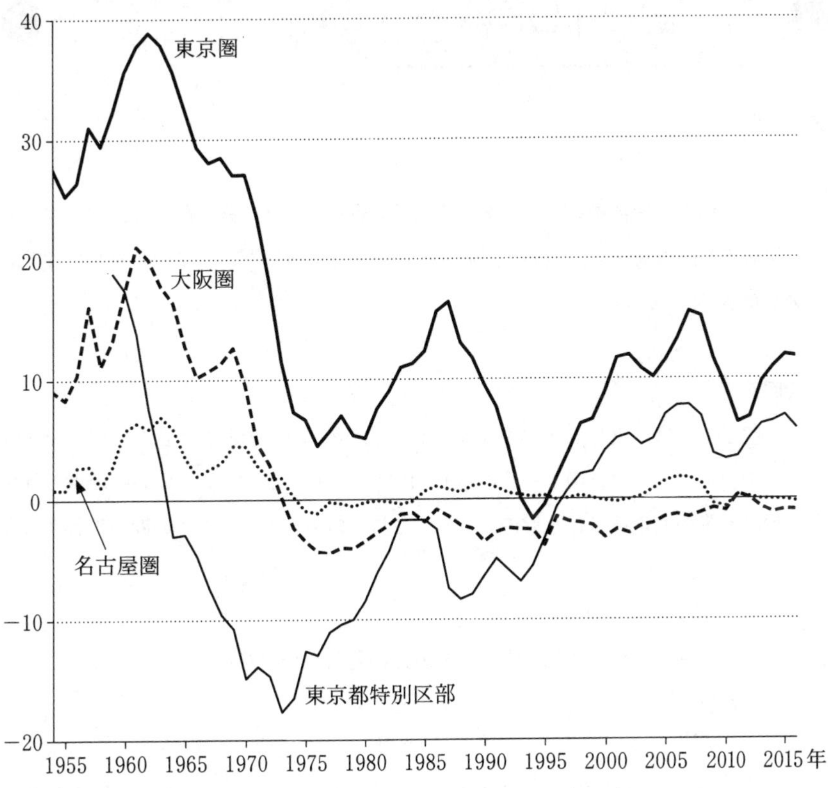

住民基本台帳人口移動報告による。

図3―2

2019年

解答時間：2科目150分
配　　点：120点

第 1 問

自然環境と人間活動の関係に関する以下の設問A～Bに答えなさい。解答は，解答用紙の(イ)欄を用い，設問・小問ごとに改行し，設問記号・小問番号をつけて記入しなさい。

設問A

図1―1は，東アジアから東南アジアにかけての海岸線と主要な河川(a～d)を示している。また図1―2中のP～Rは，図1―1中のア～ウの各地点の月平均降水量の変化を示したものである。これらの図をみて，以下の問いに答えなさい。

(1) 図1―2中のP～Rに該当する地点の記号(ア～ウ)を，P―○のように答えなさい。

(2) 図1―1中の河川cの下流域では，かつて文明が栄えたことが知られている。都市の周辺には，巨大なため池が作られてきた一方で，川沿いの家屋は高床式となっているものが多い。その理由として考えられることを2行以内で述べなさい。

(3) 図1―1中の河川dの河口付近の海岸域では，ある植生が広がっており，2004年に発生したインド洋津波による内陸への被害の軽減に役立ったと考えられている。他方，この植生は，河川bの河口から河川cの河口にかけての海岸地域を中心に，急速に失われている。この植生の名称と，失われた原因を，あわせて2行以内で述べなさい。

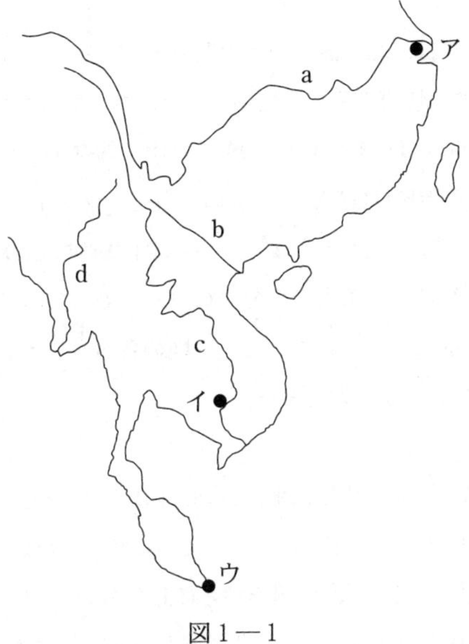

図１―１

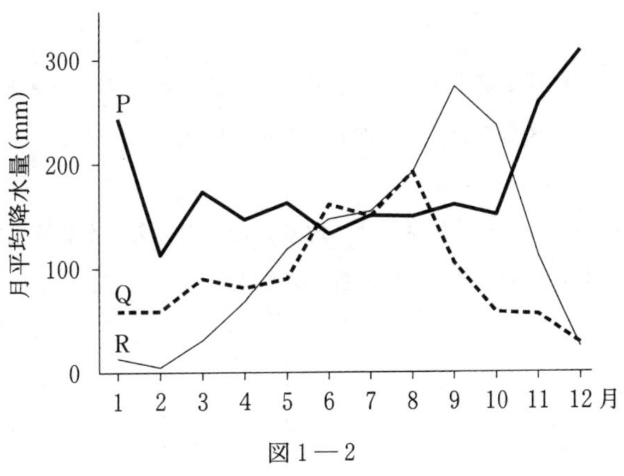

図１―２

設問B

メッシュマップは，地表面に一定の間隔の方眼線をかけ，各方眼の区域(メッシュ)ごとに土地の情報を示した地図である。コンピュータで扱いやすいため，地理情報システム(GIS)で使われる地図の代表的な形式の一つになっている。図1―3は，ある地域(地域X)の標高の分布をメッシュマップで示したものである。各メッシュに示された値はメッシュ内の平均標高(単位はm)である。図1―4は地域Xにおける人口の分布のメッシュマップで，各メッシュにおける人口が100人単位で示されている。両図の各メッシュの大きさは縦横ともに500mであり，方位は上が北である。

(1) 地域Xには，海面，沖積低地，台地，山地，比較的大きな河川がある。これらの要素が地域の中でどこに分布しているかを3行以内で述べなさい。記述の際には他地域に関する次の例を参考にしなさい。「地域の中央に湖があり，北東部には扇状地がある。また，北西部から南西部にかけて深い峡谷があり，その底を河川が南に向かって流れている」。

(2) 図1―4に示された人口の数値を用いて，地域Xの人口密度を算出し，単位をつけて答えなさい。有効数字は3桁とする。

(3) 図1―3と図1―4に基づき，地域Xの人口の分布が地形にどのように影響されているかを，2行以内で述べなさい。

319	298	254	233	99	38
247	202	198	153	18	178
98	123	42	13	144	255
28	15	6	18	163	232
5	2	6	32	176	243
0	1	3	29	155	221

標高(m)

図1—3

0	0	0	0	2	1
0	0	1	2	1	2
1	2	3	2	2	0
3	5	2	5	1	0
6	2	10	3	1	0
0	1	4	3	0	0

人口(×100人)

図1—4

第 2 問

世界の国際貿易と国際旅行者に関する以下の設問A～Bに答えなさい。解答は，解答用紙の(ロ)欄を用い，設問・小問ごとに改行し，設問記号・小問番号をつけて記入しなさい。

設問A

経済活動に伴って環境中に排出される窒素は，様々な環境問題を引き起こしている。各国が排出する窒素には，国内の経済活動で排出される分だけでなく，国際貿易に関係して排出される分もある。図2—1は，各国の輸入品の生産過程で排出された窒素量から，輸出品の生産過程で排出された窒素量を引いた差を示している。図2—1に記された窒素の種類のうち，水溶性窒素は農産物や軽工業製品の生産過程，亜酸化窒素ガスやアンモニアは農産物の生産過程，窒素酸化物は化石燃料の生産過程や火力発電で，その大部分が排出される。

⑴　環境中への窒素の過剰な排出によって生じる悪影響の例を1つあげなさい。

⑵　図2―1の(ア)～(エ)は，アメリカ合衆国，中国，日本，ロシアのいずれかである。それぞれの国名を(ア)―○のように答えなさい。

⑶　オーストラリアでは他の先進国に比べて，輸出品の生産による窒素排出量が輸入品の生産による排出量を大きく上回っている。その理由を，オーストラリアの主要な輸出品の特徴を踏まえて2行以内で述べなさい。

⑷　地球環境への悪影響を防止するために，先進国を中心に窒素排出量を規制する動きが高まっている。しかし，世界全体の窒素排出量を削減するためには，各国の自主的な規制に任せるだけでなく，国際的なルール作りが必要とされている。その理由を，国際貿易に関連させて3行以内で述べなさい。

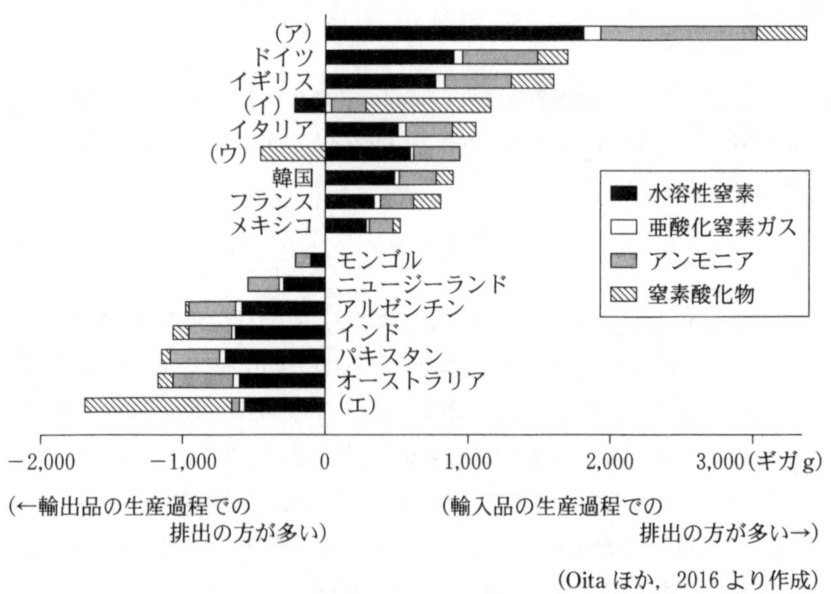

(Oita ほか，2016 より作成)

図2―1

設問B

近年，観光や商用などで外国を短期間訪問する国際旅行者が，世界的に増加している。表2―1は，2015年時点で外国からの旅行者の数が上位の国・地域について，外国人旅行者受け入れ数，自国人口100人あたりの外国人旅行者受け入れ数，人口1人あたり国民総所得(GNI)を示している。また，表2―2は，日本を訪れる旅行者が，2015年時点で上位の国・地域について，2005年と2015年の訪日旅行者数を示している。

⑴　表2―1の(ア)～(ウ)は，下記の中のいずれかの国である。それぞれの国名を，(ア)―○のように答えなさい。

アメリカ合衆国　　スペイン　　ドイツ　　フランス　　ロシア

⑵　(ア)国と(ウ)国は，自国人口100人あたりの外国人旅行者受け入れ数が著しく多い。その両国に共通する理由として考えられる自然的および社会的条件を，あわせて2行以内で述べなさい。

⑶　表2―2からは，中国とタイからの訪日旅行者が，近年，とくに増加していることが読みとれる。中国とタイからの旅行者数が増加している共通の理由として考えられることを，下記の語句をすべて用いて，3行以内で述べなさい。語句は繰り返し用いてもよいが，使用した箇所には下線を引くこと。

所得階層　　政策　　航空　　入国管理

表2―1

(2015年)

順位	国・地域	外国人旅行者受け入れ数(百万人)	自国人口100人あたり外国人旅行者受け入れ数(人)	人口1人あたり国民総所得(千ドル)
1	(ア)	84.5	131	37.1
2	(イ)	77.5	24	58.1
3	(ウ)	68.5	149	25.8
4	中　国	56.9	4	8.0

国連資料による。
外国人旅行者の定義は国によって異なる。
中国には台湾・香港・マカオは含まれない。

表2―2

順位	国・地域	訪日旅行者数(万人)2015年(a)	訪日旅行者数(万人)2005年(b)	(a)/(b)
1	中　国	499	65	7.6
2	韓　国	400	175	2.3
3	台　湾	368	127	2.9
4	香　港	152	30	5.1
5	アメリカ合衆国	103	82	1.3
6	タ　イ	80	12	6.6
	世界計	1,974	673	2.9

日本政府観光局資料による。
中国には台湾・香港・マカオは含まれない。

第 3 問

日本の産業と国土に関する以下の設問A～Bに答えなさい。解答は，解答用紙の(ハ)欄を用い，設問・小問ごとに改行し，設問記号・小問番号をつけて記入しなさい。

設問A

表3―1は2010年と2015年について，それぞれの都道府県における6つの産業分類の就業者比率を都道府県別に示したものである。この表をみて，以下の問いに答えなさい。

(1) 近年，知識経済化・情報社会化の進展が加速しているが，このことによって全国レベルでどのような地域的変化が生じていくと考えられるか。そのように判断した理由とあわせて2行以内で述べなさい。

(2) 医療，福祉の就業者比率が高い都道府県にはどのような特徴があると考えられるか。2つの点をあげ，あわせて2行以内で述べなさい。

(3) 東日本大震災(2011年)前後で被災地の産業構造はどのように変化したか。表から読み取れることを，変化の理由とあわせて2行以内で述べなさい。

(4) 北海道と沖縄県にはどのような共通した経済的特徴があると考えられるか。2行以内で述べなさい。

表3—1

2010年

	宿泊業，飲食サービス業	製造業	情報通信業	学術研究，専門・技術サービス業	医療，福祉	建設業
北海道	6.2	8.1	1.6	2.6	11.6	8.9
福島県	5.5	20.1	0.9	2.0	10.2	9.0
東京都	6.1	9.8	7.0	5.2	8.0	5.4
滋賀県	5.2	26.5	1.2	2.7	9.8	6.2
大阪府	5.9	15.9	2.7	3.2	10.6	6.8
高知県	6.0	8.6	1.1	2.2	14.9	8.3
沖縄県	8.1	4.8	2.0	2.8	12.1	9.2

単位：%

2015年

	宿泊業，飲食サービス業	製造業	情報通信業	学術研究，専門・技術サービス業	医療，福祉	建設業
北海道	6.0	8.4	1.7	2.6	13.4	8.4
福島県	5.1	18.5	0.9	2.4	11.2	10.8
東京都	5.7	10.1	7.6	5.6	9.2	5.2
滋賀県	5.2	26.7	1.2	2.6	11.6	5.9
大阪府	5.6	15.7	2.8	3.2	12.1	6.5
高知県	5.7	8.4	1.1	2.4	16.8	8.1
沖縄県	7.8	4.9	2.2	2.9	13.9	8.9

単位：%

国勢調査による。

設問B

次の文は，日本の5つの半島について，それぞれの特徴を説明したものである。以下の問いに答えなさい。

A半島

この半島では，大手水産会社が手がける遠洋漁業の拠点が置かれ，ダイコンなどの畑作物の栽培が盛んであった。高度成長期に大都市の通勤圏が外側に拡大するなかで，住宅地開発が盛んに進められた。しかしながら，現在は，高齢化が進み，人口の減少が大きな問題となっている。

B半島

この半島は，リアス式海岸で知られ，第2次世界大戦前から真珠の養殖が行われてきた。また，大都市圏に比較的近いために，私鉄会社が半島の先まで路線網を伸ばし，大都市圏から行楽客を多く集めてきた。外国の街並みなどを模したテーマパークが開発されたり，世界的に著名な高級ホテルが進出したりしている。

C半島

この半島では，農業と漁業が中心的な産業であったが，1960年代に大規模工業基地の建設が計画され，広大な用地の買収，土地の造成がなされた。しかしながら，1970年代のオイルショックにより計画は頓挫した。その後，核燃料廃棄物関連の施設が立地しているものの，現在でも利用されないままの土地が少なくない。

D半島

この半島には，国宝にも指定されている平安時代の大堂で知られる寺院をはじめ，歴史の古い寺院が多くある。最近では「昭和の町」として知られるまちづくりにより，観光客を集めている。かつては，海を挟んだ隣の県の農民が，ミカンの出作りをしたことでも知られるが，現在では休耕地も多くなっている。

E半島

この半島では，平地は少ないが，棚田の風景は有名である。伝統産業として漆器産業が盛んであり，また1970年代には，農村労働力を求めて，繊維関係の工場が多く進出した。しかしながら，合繊不況により，繊維の工場は多くが閉鎖されている。従来から水産業，観光業が盛んであったが，最近ではその内容が大きく変わってきている。

⑴ A～Cの半島は，図3－1の①～⑦のいずれかである。該当する半島をA―○のように答えなさい。

⑵ A半島の下線部で示したように，大都市圏に比較的近い半島で，高齢化や人口減少が進んでいる理由を1行以内で説明しなさい。

⑶ 一般的に，半島は，条件不利地として捉えられることが多く，典型的な過疎地域として指摘されることが多い。しかしながら，D半島やE半島では，空港の整備によって，地域経済が大きく変わってきている。D半島，E半島でのそれぞれの地域経済の変化について，以下の用語を用いて，あわせて3行以内で説明しなさい。語句は繰り返し用いてもよいが，使用した箇所には下線を引くこと。

外国人　　グローバル化　　ハイテク産業

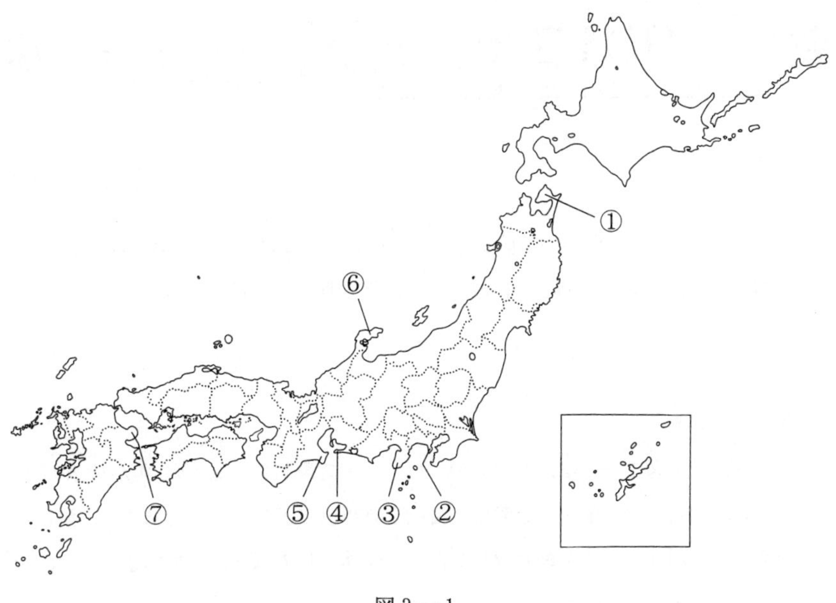

図3—1

2018年

解答時間：2科目150分
配　　点：120点

第 1 問

地球環境と気候に関する以下の設問A～Bに答えなさい。解答は，解答用紙の(イ)欄を用い，設問・小問ごとに改行し，設問記号・小問番号をつけて記入しなさい。

設問A

次ページの図1―1は，ハワイのマウナロアで観測された1958年から2017年までの，大気中の二酸化炭素濃度の変化を月単位で示したものである。二酸化炭素濃度は，増加と減少を繰り返しながら，全体としては増加している。この図をみて，以下の問いに答えなさい。

(1) 二酸化炭素濃度が全体として増加しているのは，主に2つの人間活動によっている。どのような活動か，1行で述べなさい。

(2) 大気中の二酸化炭素濃度が，細かく増加と減少を繰り返している現象は，どのような原因で起こっているか。2行以内で述べなさい。

(3) 図1―2は，今世紀の二酸化炭素濃度増加のシナリオである。AとDは，それぞれ人間活動と地球環境がどのようになることを予想したシナリオか。以下の語句をすべて使用して，あわせて3行以内で述べなさい。語句は繰り返し用いてもよいが，使用した箇所には下線を引くこと。

エネルギー　　気温　　固定

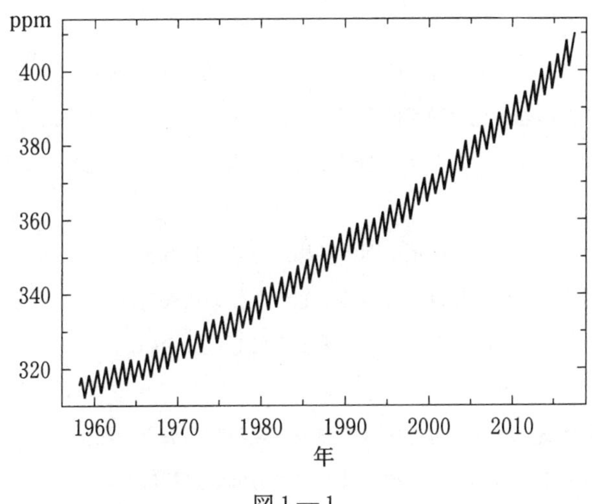

図1―1

1958年3月から2017年5月までの大気二酸化炭素濃度の変化(ppm)。
米国海洋大気庁による。

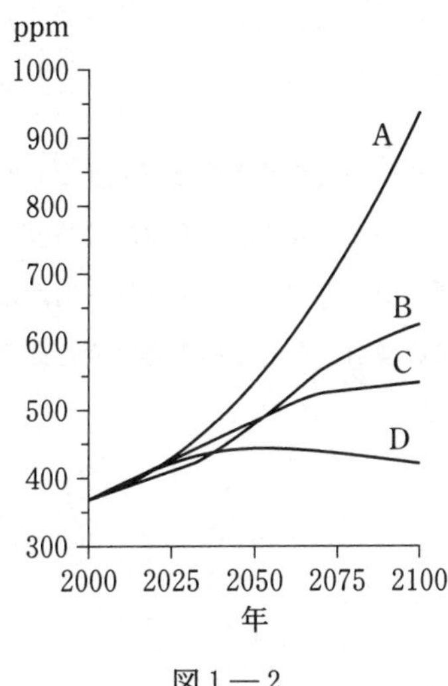

図1―2

異なるシナリオに基づいて予想された，今世紀の大気中の二酸化炭素濃度変化(ppm)。
気候変動に関する政府間パネル第5次評価報告書に基づく。

設問B

図1—3は，1848年以降に発生した世界の熱帯低気圧の経路を示した地図である。経路の線の色は熱帯低気圧の強度を示し，白いほど弱く，灰色が濃いほど強い。図1—4は，1970年に発生した熱帯低気圧のみの経路を例示している。

⑴　強い熱帯低気圧には地域別の名称があり，日本を含む東～東南アジアに襲来するものは台風と呼ばれている。他の2つの代表的な名称と，それが使われる地域を「台風—東～東南アジア」のように記しなさい。

⑵　熱帯低気圧は赤道付近を除く熱帯～亜熱帯の海上で発生し，その後は，北上または南下するが，北半球では進路の方向が最初は北西で次に北東に変わり，南半球では最初は南西で次に南東に変わる傾向がある。このような変化が生じる理由を1行で述べなさい。

⑶　南米大陸の周辺の海では熱帯低気圧がほとんど発生しない。この理由を1行で述べなさい。

⑷　今後，地球環境の変化により熱帯低気圧の強度や発生頻度が変化する可能性が指摘されている。しかし，仮に熱帯低気圧の強度や発生頻度が増大しなくても，熱帯低気圧が原因で被災する人が世界的に増えると予測されている。このような予測が行われる理由となっている自然や社会の今後の変化を，2行以内で述べなさい。

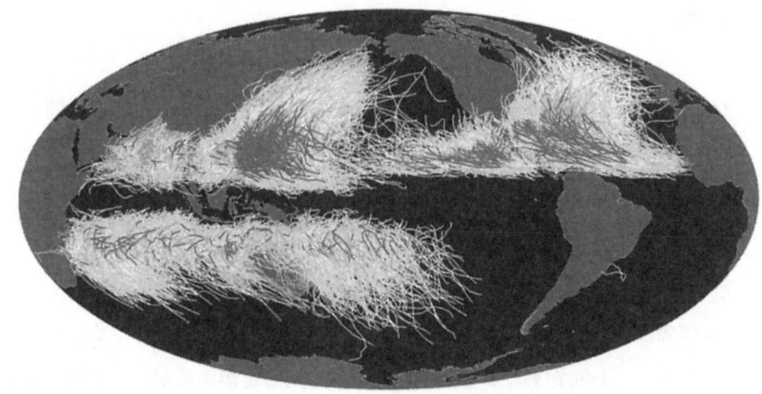

図1—3

米国海洋大気庁による。

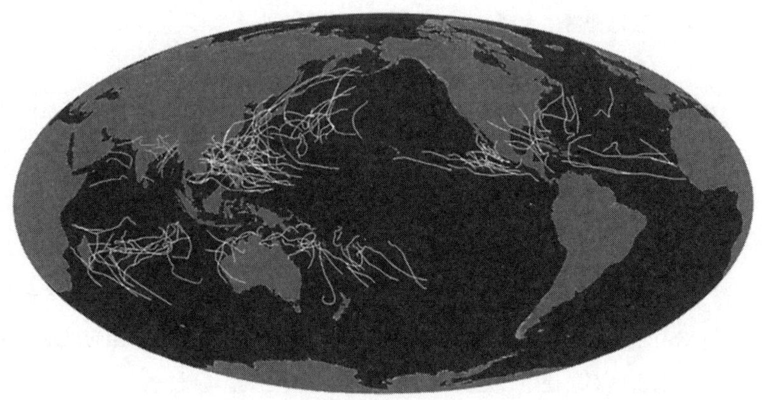

図1—4

米国海洋大気庁による。

第 2 問

世界で見られる，海域をはさんだ地域のつながりに関する以下の設問Ａ～Ｂに答えなさい。解答は，解答用紙の(ロ)欄を用い，設問・小問ごとに改行し，設問記号・小問番号をつけて記入しなさい。

設問Ａ

国際海運(外航海運)の形態には，あらかじめ航路や日程を定めて運航される定期船と，それを定めないで運航される不定期船とがあるが，定期船の多くは，コンテナを用いて貨物を運ぶコンテナ船である。一方，不定期船の多くは，大量の液体を運ぶタンカーや，鉱石や穀物などの梱包されていない貨物を運ぶ船舶である。それらは，ばら積み船と総称されている。ばら積み船のうち，タンカーや鉱石専用船は非常に大型のものが多い。

(1) 表２―１は，2000年と2014年のいずれかで，コンテナ取扱量が世界第５位までの港湾について，両年次の世界順位と2014年のコンテナ取扱量を示している。この表を見ると，2000年に世界１位であった香港は，2014年には４位になったのに対し，2000年に２位であったシンガポールは2014年でも２位と順位を保っている。両港でこのような違いが生じた理由として考えられることを，下記の語句をすべて用いて，２行以内で述べなさい。語句は繰り返し用いてもよいが，使用した箇所には下線を引くこと。

製品　　　中継　　　経済発展

(2) 表２―２は，世界における主要なばら積み船輸送を，品目毎に出発国(地域)と到着国(地域)の組み合わせとして示している。表中の(ア)(イ)はそれぞれ１つの国である。その国名を(ア)―○のように答えなさい。

⑶　2016年6月に，9年の工期を要したパナマ運河拡張工事が完了した。これまでより運河の幅や水深が大きくなり，非常に大型の船舶以外は通行が可能になった。これによって，東アジアの輸出入品輸送はどのような影響を受けると考えられるか。輸出品と輸入品の例をあげ，下記の語句をすべて用いて，あわせて3行以内で述べなさい。語句は繰り返し用いてもよいが，使用した箇所には下線を引くこと。

コンテナ船　　ばら積み船　　陸上輸送　　輸送費　　アメリカ大陸

表2－1

2014年世界順位	2000年世界順位	港湾名	2014年取扱量(千TEU)
1	6	上　海	35,285
2	2	シンガポール	33,869
3	11	深　圳	24,037
4	1	香　港	22,283
5	—	寧　波	19,430
6	3	釜　山	18,678
11	5	ロッテルダム	12,297
13	4	高　雄	10,590

TEUは20フィートコンテナ換算の個数。
「—」はデータなし。
国土交通省『海事レポート』各年版による。

表2—2

(2014年)

品　名	出発国(地域)	到着国(地域)	輸送量(百万トン)
原　油	中　東	中　国	160
	中　東	日　本	143
	中　東	韓国・台湾	141
鉄鉱石	(ア)	中　国	548
	(ア)	日　本	83
	(ア)	韓国・台湾	67
	(イ)	中　国	173
	(イ)	日　本	37
原料炭	(ア)	東アジア	89
	北アメリカ	東アジア	32
一般炭	インドネシア	東アジア	187
	インドネシア	インド	133
	(ア)	東アジア	213
穀　物	北アメリカ	東アジア	66
	南アメリカ	東アジア	53

国土交通省『海事レポート2016』による。

設問B

インド洋を取り巻く地域では，古くから交易や文化的交流，人の移動が盛んに行われてきた。

(1) イスラームは，西アジアのアラビア半島に起源を持つ宗教であるが，西アジアには，イスラーム大国とされるイランも含め，ムスリム人口が1億を超える国は存在しない。これに対し，東南アジアには，2億を超える世界最大のムスリム人口を擁するA国，南アジアには1億を超えるムスリム人口を擁するB国，パキスタン，バングラデシュが存在する。A国，B国の国名を，A—○，B—○のように答えた上で，イランとA国の，国の統治のあり方の違いを，宗教の位置づけに注目して2行以内で述べなさい。

⑵ インド洋を取り巻く地域には，南アジア以外にも，インド系住民が人口の数％～10％弱を占め，それなりの存在感を示す国々が存在する。東南アジアのマレーシアとシンガポール，アフリカ大陸部の南アフリカ共和国等がそれに該当する。マレーシアや南アフリカ共和国にインド系住民が多数居住するようになった歴史的背景を，下記の語句をすべて用いて2行以内で述べなさい。語句は繰り返し用いてもよいが，使用した箇所には下線を引くこと。

さとうきび　　ゴム

⑶ インド洋を取り巻く国々は，1997年に「環インド洋連合(IORA)」を組織し，貿易・投資の促進など域内協力推進を図っている。東南アジア諸国からアフリカ東南部インド洋沿岸諸国に対して，今後，どのような分野での貿易や投資が活発になっていくと考えられるか。両地域の経済発展の状況を踏まえ，その理由とともに，2行以内で述べなさい。

第3問

人口と都市に関する以下の設問A～Cに答えなさい。解答は，解答用紙の(ハ)欄を用い，設問・小問ごとに改行し，設問記号・小問番号をつけて記入しなさい。

設問A

国勢調査の結果によると，2010年～15年の5年間で人口が増加したのは8都県のみであった。図3―1は，そのうちの4つの都県について，1985年以降の5年毎の人口増減率を示している。また，図3―2は，2010年～15年の都道府県別の人口増減率を示している。これらの図をみて，以下の問いに答えなさい。

⑴ 図3―1のA，B，C，Dは，埼玉県，沖縄県，東京都，福岡県のいずれかである。それぞれの都県名を，A―○のように答えなさい。

⑵　図3－2で，山梨県と和歌山県では，周囲の都府県と比べて，人口減少率が相対的に大きくなっている。これらの2県で，そのようになった共通の理由として考えられることを，下の語群の中から適当な用語2つ以上を用いて，2行以内で述べなさい。語句は繰り返し用いてもよいが，使用した箇所には下線を引くこと。

⑶　図3－2において，沖縄県と北海道を除く地方圏について，人口減少率の大小を比較すると，①全国的には，北関東などの三大都市圏に近い県では人口減少率が相対的に小さく，北東北や四国などの遠い県では人口減少率が大きくなること，②同じ地方ブロック内でも，県によって人口減少率に差異があることの2点がみてとれる。これらの点が生じた理由として考えられることを，下の語群の中から適当な用語2つ以上を用いて，あわせて3行以内で述べなさい。語句は繰り返し用いてもよいが，使用した箇所には下線を引くこと。

語　群

移動	距離	過疎化	広域中心	工業化
高速交通	地形	都市規模	農村	半島

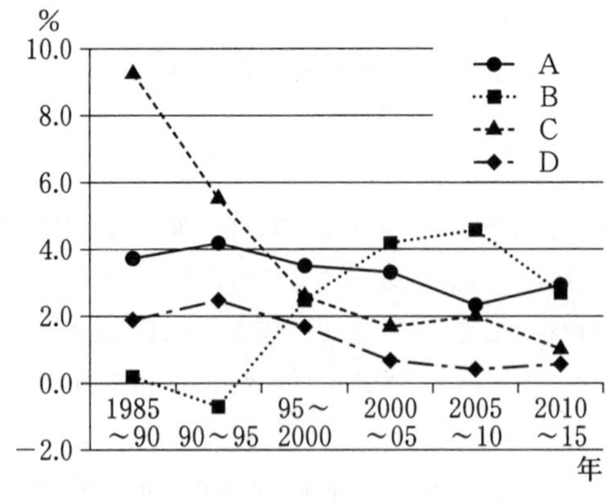

図3－1

国勢調査による。

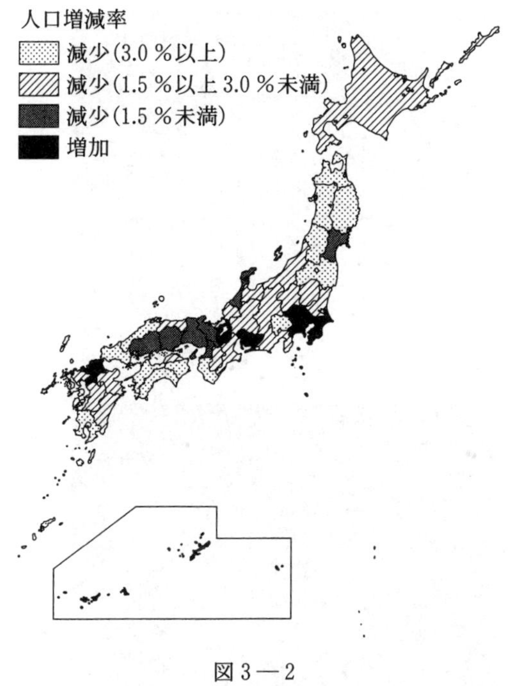

図 3 ― 2

国勢調査による。

設問 B

図 3 ― 3 は，日本の 3 つの地方都市，鹿児島，広島，金沢における地表起伏を陰影で，また，人口集中地区の範囲(2015 年現在)をドットで示した地図である。地図には各都市の主要な城跡の位置も示しているが，それぞれの都市域は，この城跡の付近から拡大し始めたと考えられる。

(1)　これら 3 つの都市で，当初の都市域の場所と，その後，拡大していった場所の地形条件を，各都市についてそれぞれ 1 行で述べなさい。

(2)　広島と鹿児島において，都市域の拡大によって増大した自然災害のリスクのうち，両都市で共通するものを 2 つ挙げ，その特徴をあわせて 2 行以内で述べなさい。

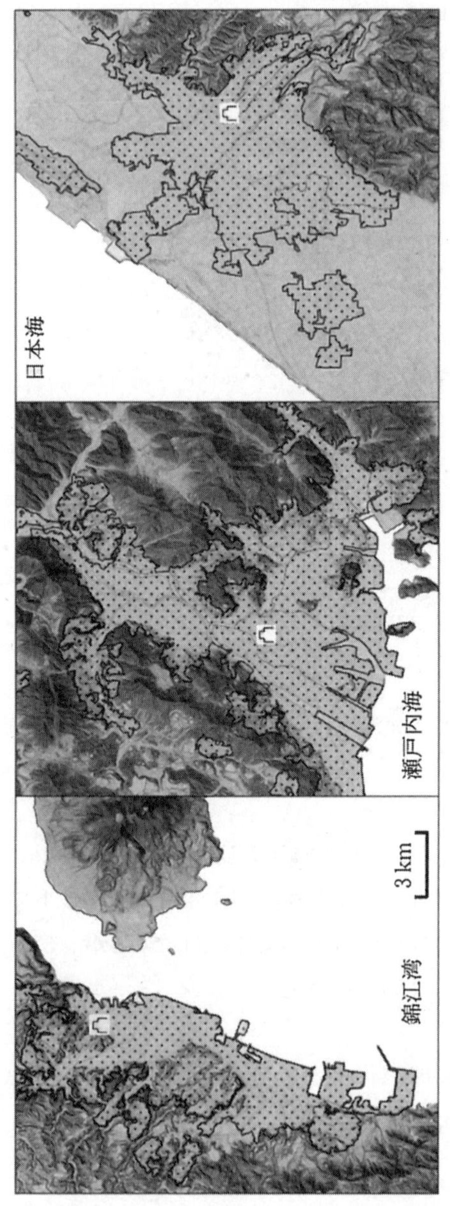

図3—3

地理院地図による。
縮尺は全て共通。

設問C

Tさんと U さんは，それぞれ家族4人で地方に住んでいるが，転勤のため4月からある大都市に引っ越すことになった。2人の会話を読み，以下の問いに答えなさい。

Tさん：「引っ越しの時期が近づいてきましたね。Uさんは4月から住む場所はもう決めましたか？」

Uさん：「いま探しているところです。Tさんはどの辺りに住みたいと思っていますか？」

Tさん：「わたしは都心のターミナル駅や繁華街の周辺に憧れたりするのですが，家賃が高くてなかなか住めないですね。」

Uさん：「そうですね。都心はデパートや専門店，劇場なども多くあって便利だけれど，家賃を考えると部屋を借りるのはちょっと大変ですね。」

Tさん：「都心から電車で20分ぐらい離れた場所は，通勤や通学にも便利でいいですかね？それでもまだ家賃は高そうですね。」

Uさん：「都心からさらに離れた郊外に住むということも考えられますね。」

Tさん：「あと，家から最寄り駅までの移動を考えると，駅からあまり遠くない方がいいですね。」

Uさん：「それと，毎日の買い物のことを考えると，家の近くにスーパーマーケットや食料品店があると便利ですね。」

Tさん：「そうですね。都心のデパートに行ってする買い物と，近所のスーパーでする買い物は違うものですね。都心の繁華街の楽しさや便利さと，日常生活の暮らしやすさや便利さは，また別の種類のものかもしれないですね。」

Uさん：「そういえば，このようなことを地理の授業で習った記憶がありますね。身近な話題でもあるんですね。」

⑴　上記の会話で2人が話している内容をふまえて，大都市の土地利用と生活圏との関係を，以下の語句をすべて用いて，3行以内で述べなさい。語句は繰り返し用いてもよいが，使用した箇所に下線を引くこと。

地価　　　生鮮食品　　　中心業務地区

⑵　大都市での日常の買い物についてみた場合，かつてはその利便性が確保されていたにもかかわらず，最近では，居住者が日用品の購入に不便や困難を感じるようになった地域も発生している。こうした地域が生じている理由について，2行以内で述べなさい。

– MEMO –

2017年

解答時間：2 科目 150 分
配　　点：120 点

第 1 問

島と海に関する以下の設問A～Bに答えなさい。解答は，解答用紙の(イ)欄を用い，設問・小問ごとに改行し，設問記号・小問番号をつけて記入しなさい。

設問A

次ページの図1—1は，太平洋における島の分布を，日本と島嶼(とうしょ)国(米国などの海外領土を含む)の排他的経済水域とともに示したものである。この図をみて，以下の問いに答えなさい。

(1) 図の▲は主に火山岩からなる火山島を，○は主にサンゴ砂礫(されき)などからなるサンゴ礁島を示している。太平洋の中央部で，火山島とサンゴ礁島が，北西から南東の方向に並んでいる理由を，2 行以内で述べなさい。

(2) 主にサンゴ礁島からなる小島嶼(とうしょ)国(規模の小さな島嶼(とうしょ)で構成される国)では，先進国からの支援や，移民の出稼ぎによって経済が維持されている場合が多い。その理由を，小島嶼(とうしょ)国の地理的な特徴をふまえて，2 行以内で述べなさい。

(3) 図の島々を囲む実線は排他的経済水域を示す。領海と排他的経済水域の違いを，以下の語句をすべて使用して，3 行以内で述べなさい。語句は繰り返し用いてもよいが，使用した箇所には下線を引くこと。

海里　　主権　　資源　　環境　　航行

(4) 図中のa，bの島の名前を，それぞれa—○のように答えなさい。

⑸　小笠原諸島の年降水量(たとえば父島で 1293 mm)は，同程度の緯度に位置する南西諸島(たとえば那覇で 2041 mm)に比べて少ない。その理由を，2 行以内で述べなさい。

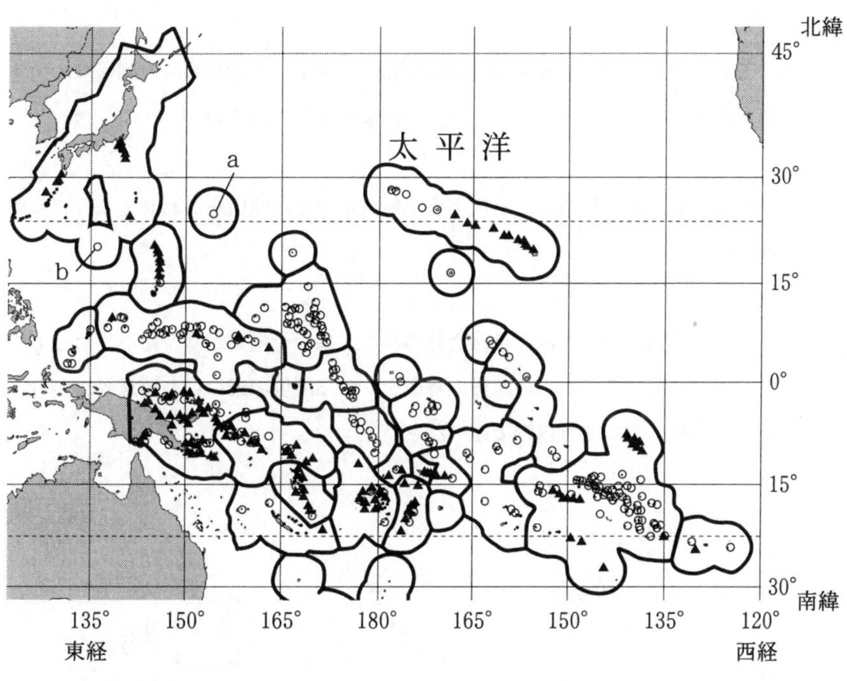

図 1 ― 1

太平洋における島の分布と排他的経済水域。▲は火山島，○はサンゴ礁島(環礁など)，・はその他の島(石灰岩島，大陸島など)を示す。島々を囲む実線は，日本と島(とう)嶼(しょ)国の排他的経済水域を示す。島の分布と分類は，Nunn(2016)を簡略化し，すべての島を示してはいない。

設問Ｂ

次の図１―２中のａ～ｃは，世界の島々のうち，３～５番目に大きな面積をもつ３島の海岸線を，等積図法によって同縮尺で描いたものであり，それぞれ上が北を示している。この図をみて，以下の問いに答えなさい。

⑴　これら３島には，北極線(北極圏の南限)，赤道，北回帰線，南回帰線のいずれかが通っている。それぞれ，ａ―○のように答えなさい。

⑵　ｃ島の海岸線の特徴と，そのような特徴が生じた原因をあわせて１行で答えなさい。

⑶　ａ，ｂ両島においては，自然資源の利用に基づく産業が基幹産業になっている。両島におけるこれらの産業の特徴を，自然環境の違いにも留意しながら，両者を比較しつつ３行以内で述べなさい。

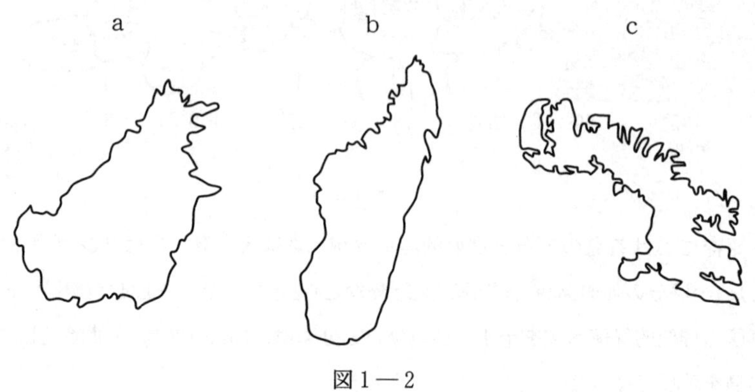

図１―２

第 2 問

世界の水資源と環境問題に関する以下の設問Ａ～Ｂに答えなさい。解答は，解答用紙の(ロ)欄を用い，設問・小問ごとに改行し，設問記号・小問番号をつけて記入しなさい。

設問Ａ

表２―１は，各国の水資源の状況を示している。この表で，年降水総量は年平均降水量に国土面積を乗じたもの，水資源量はそれぞれの国内で利用することができる再生可能な水資源の量(表層水と浅層地下水の合計)，水使用量は実際に使用された水の量を示している。この表を見て，以下の問いに答えなさい。

(1) ア～エは，オーストラリア，カナダ，クウェート，マレーシアのいずれかである。それぞれの国名を，ア―○のように答えなさい。

(2) エジプトでは，水資源量が年降水総量を上回っている。このような現象が起こる理由を１行で述べなさい。

(3) エチオピアとエジプトの間には水資源をめぐる対立が続いている。そうした対立には，エチオピアの水資源の特徴が背景となっている。そうしたエチオピアの水資源の特徴を自然と社会の両面から２行以内で述べなさい。

(4) 日本のような国では，この表に示されている水使用量よりも多くの水資源を間接的に利用しているのではないかという指摘がある。それはどのような考え方か。以下の語句をすべて使用して，２行以内で述べなさい。語句は繰り返し用いてもよいが，使用した箇所には下線を引くこと。

自給率　　穀物　　家畜

表2—1

国	年平均降水量(mm/年)	年降水総量(10億m^3/年)	水資源量(10億m^3/年)	1人あたり水資源量(m^3/年)	1人あたり水使用量(m^3/年)
ア	534	4,134	492	20,527	824
イ	537	5,362	2,902	80,746	1,113
ウ	2,875	951	580	19,122	419
日　本	1,668	630	430	3,397	641
エチオピア	848	936	122	1,227	79
エジプト	51	51	58	637	911
エ	121	2	0	5	447

FAO：AQUASTAT(2016)による。年次は国により異なる。

設問B

大気中に漂う直径2.5ミクロン以下の微粒子をPM 2.5と呼ぶ。人為的に放出されたPM 2.5のうちのあるものは，肺の奥深くまで達して健康をむしばむので，大きな被害を引き起こす原因として疑われている。

(1)　表2—2は，2012年にエネルギー供給量が世界の上位5位までの国について，それぞれ，2002年と2012年時点でのエネルギー供給の構成を示している。これらの国のうちA国とB国では，近年，PM 2.5の問題が深刻化しつつある。A国とB国の国名を，A—○，B—×のように答えなさい。

(2)　A国とB国に共通して，PM 2.5の増加をもたらしていると考えられる原因とその社会的背景を，あわせて2行以内で述べなさい。

(3)　地球上の人口密度が希薄な地域でも，PM 2.5を含む微粒子が大量に発生する場合がある。そうした現象を引き起こす原因の例を1つ挙げなさい。

表2―2

（石油換算：百万トン）

国	石　炭	石　油	天然ガス	その他
A	707 1,969	241 464	32 121	248 341
アメリカ合衆国	542 425	900 771	537 596	311 349
B	178 354	119 177	23 49	219 208
ロシア	107 133	128 169	326 387	57 67
日　本	100 112	256 210	66 105	95 25

上段：2002年　下段：2012年

その他には，水力，原子力，地熱等を含む。

IEA：Energy Balances等による。

第 3 問

ヨーロッパと日本の産業・社会の変化に関する以下の設問A～Bに答えなさい。解答は，解答用紙の(ハ)欄を用い，設問・小問ごとに改行し，設問記号・小問番号をつけて記入しなさい。

設問A

図3―1は，1990年時の人口を1とした時の各年次の人口の推移を，図3―2は，2014年時の総人口を1とした時の年齢階層別人口を，表3―1は，それぞれの国の主要な職業の男女別構成比率を示している。これらの図表をみて，以下の問いに答えなさい。

⑴　図表中のア～エの各国は，ブルガリア，ドイツ，スペイン，スウェーデンのいずれかである。それぞれの国名を，ア―○のように答えなさい。

⑵　ウ国において，ここ20年間の人口構造の変化によって深刻化していると思われる経済的問題を2つ，あわせて2行以内で答えなさい。

⑶　エ国において，1990年以降の人口減少を引き起こしていると考えられる主要な理由を2つ，あわせて2行以内で答えなさい。

⑷　ア国は，他国と比較した時に，青壮年層の人口規模に比べて年少層の人口規模が相対的に大きい。このような状況をもたらしている政策的な要因を，以下の語句をすべて使用して，2行以内で述べなさい。語句は繰り返し用いてもよいが，使用した箇所に下線を引くこと。

女性の社会進出　　労働環境

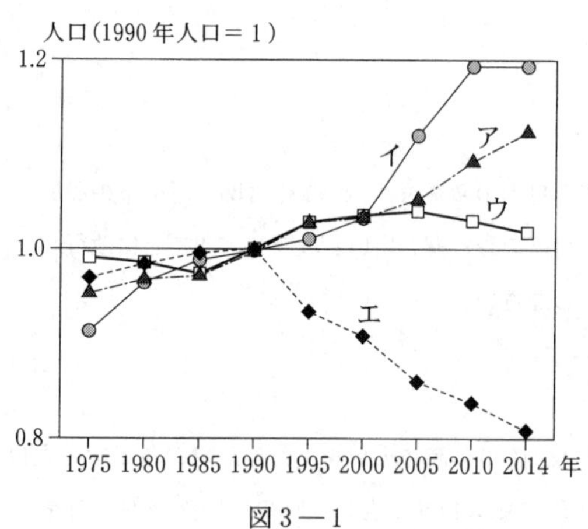

図3―1

資料：国連による。

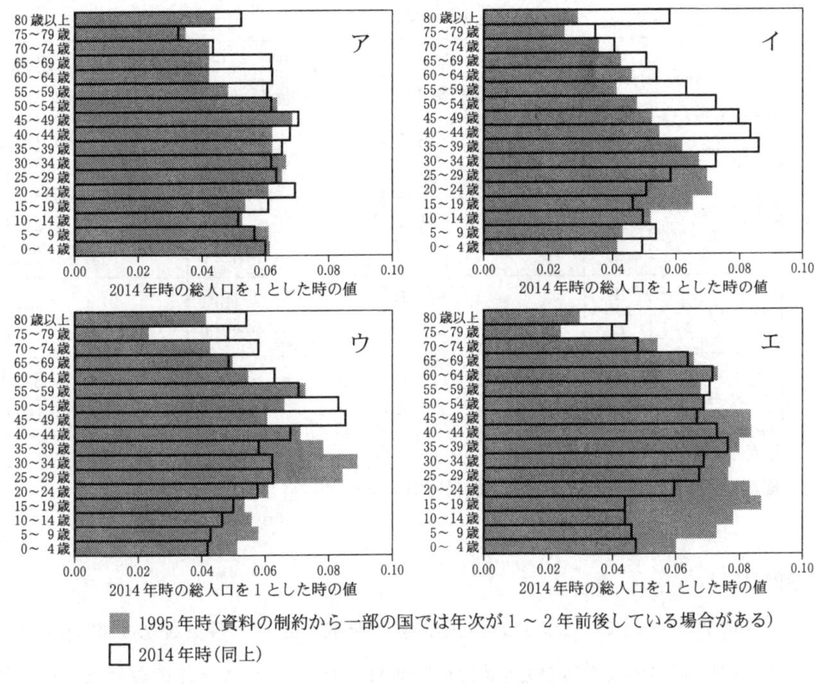
ア
イ
ウ
エ
80歳以上
75~79歳
70~74歳
65~69歳
60~64歳
55~59歳
50~54歳
45~49歳
40~44歳
35~39歳
30~34歳
25~29歳
20~24歳
15~19歳
10~14歳
5~ 9歳
0~ 4歳
0.00
0.02
0.04
0.06
0.08
0.10
2014年時の総人口を1とした時の値
1995年時(資料の制約から一部の国では年次が1～2年前後している場合がある)
2014年時(同上)

図3―2

資料：国連による。

表3—1

国		管理的・専門的・技術的職業	事務・サービス・販売職	生産工程・労務的職業
ア	男	46.9	15.7	16.4
	女	52.2	37.4	7.9
イ	男	31.7	24.2	23.6
	女	33.3	42.8	21.7
ウ	男	41.5	18.1	15.7
	女	45.7	37.9	12.6
エ	男	24.6	20.4	32.4
	女	37.4	36.8	16.6

単位：%
資料：国際労働機関による(数値は2014年)。

設問B

次の表3—2は，日本工業の主要業種を取り上げ，各業種の1963年，1988年，2013年の出荷額等(製造品出荷額等)について，日本全体の数値と上位5位までの都道府県名，上位5都道府県の対全国比を示したものである。また，表3—3は，地方の5つの県を取り上げ，2003年～2008年，2008年～2013年の出荷額等の変化と，2008年および2013年の上位2業種を示したものである。これらの表をみて，以下の問いに答えなさい。

(1) 表3—2のA，B，C，Dは，北海道，千葉，東京，大阪のいずれかである。それぞれの都道府県名を，A—○のように答えなさい。

(2) 表3—2の上位5都道府県の対全国比について，1963年～1988年の変化をみると，輸送用機械ではほとんど変化していないのに対し，電気機械では大幅に低下してきている。こうした変化の理由として考えられることを，2行以内で述べなさい。

(3) 表3―3では，2003年～2008年にかけては，いずれの県でも，出荷額等の増加がみられたのに対し，2008年～2013年にかけては，大幅な減少がみられた県がある一方で，わずかな減少にとどまった県もある。こうした違いが生じた理由として考えられることを，以下の用語をすべて使用して，3行以内で述べなさい。語句は繰り返し用いてもよいが，使用した箇所に下線を引くこと。

アジア　　デジタル家電　　輸出

表3―2

業種名	年	全国の出荷額等(百億円)	上位5都道府県名					上位5都道府県の対全国比(%)
			第1位	第2位	第3位	第4位	第5位	
食料品	1963年	292	A	神奈川	兵庫	B	愛知	45
	1988年	2,125	C	愛知	兵庫	神奈川	B	32
	2013年	2,495	C	愛知	埼玉	兵庫	神奈川	31
化学および石油製品・石炭製品	1963年	276	神奈川	A	B	山口	兵庫	49
	1988年	2,709	神奈川	D	B	山口	岡山	44
	2013年	4,508	D	神奈川	B	山口	岡山	48
鉄鋼業	1963年	213	兵庫	B	神奈川	福岡	A	62
	1988年	1,562	愛知	B	D	兵庫	広島	50
	2013年	1,791	愛知	兵庫	D	広島	B	49
電気機械	1963年	198	A	神奈川	B	兵庫	茨城	72
	1988年	4,678	神奈川	A	B	埼玉	愛知	40
	2013年	3,683	愛知	三重	静岡	兵庫	長野	33
輸送用機械	1963年	203	神奈川	愛知	A	広島	B	66
	1988年	3,737	愛知	神奈川	静岡	埼玉	広島	64
	2013年	5,820	愛知	静岡	神奈川	群馬	三重	63

1963年の食料品には，飲料等を含む。2013年の電気機械は，電子部品・デバイス・電子回路，電気機械，情報通信機械の合計値を用いた。
工業統計表(従業員数4人以上)による。

表3―3

県	出荷額等の増減率(%)		出荷額等の上位業種		
	2003年～2008年	2008年～2013年	年	1位	2位
秋　田	19.6	−28.9	2008年	電子部品等	化学
			2013年	電子部品等	食料品
山　形	11.8	−23.1	2008年	情報通信機械	電子部品等
			2013年	電子部品等	情報通信機械
長　野	16.6	−22.8	2008年	情報通信機械	電子部品等
			2013年	電子部品等	情報通信機械
福　岡	18.4	−4.7	2008年	輸送用機械	鉄鋼
			2013年	輸送用機械	食料品
大　分	45.6	−0.6	2008年	鉄鋼	化学
			2013年	化学	輸送用機械

電子部品等は，電子部品・デバイス・電子回路を指す。
工業統計表(従業員数4人以上)による。

－ MEMO －

2016年

解答時間：2科目150分
配　　点：120点

第 1 問

アメリカ合衆国とヨーロッパ諸国に関する以下の設問A～Cに答えなさい。解答は，解答用紙の(イ)欄を用い，設問・小問ごとに改行し，設問記号・小問番号をつけて記入しなさい。

設問A

図1―1は，2000年におけるアメリカ合衆国本土(アメリカ合衆国のうちアラスカ州とハワイ州を除く範囲)の人口分布を示した地図である。同国の国勢調査で使用されている集計単位ごとに，人口密度が高いほど色が濃くなっている。地図には人口密度の情報のみが示されており，海岸線，湖岸線，国境線，道路などの他の情報は示されていない。

(1) 図1―1によるとアメリカ合衆国本土では東半分(北東部，中西部，南部)と太平洋岸で人口が相対的に多く，西半分では，太平洋岸を除き人口が相対的に少ない。このような大局的な差をもたらした自然的要因について，1行で述べなさい。

(2) 上記のように，アメリカ合衆国本土の太平洋岸を除く西半分では，人口が全体として少ないが，図1―1によると，A，Bのように人口密度が高い地域も部分的に認められる。このような地域の発生に寄与した社会的・自然的要因を1つずつ挙げ，あわせて2行以内で述べなさい。

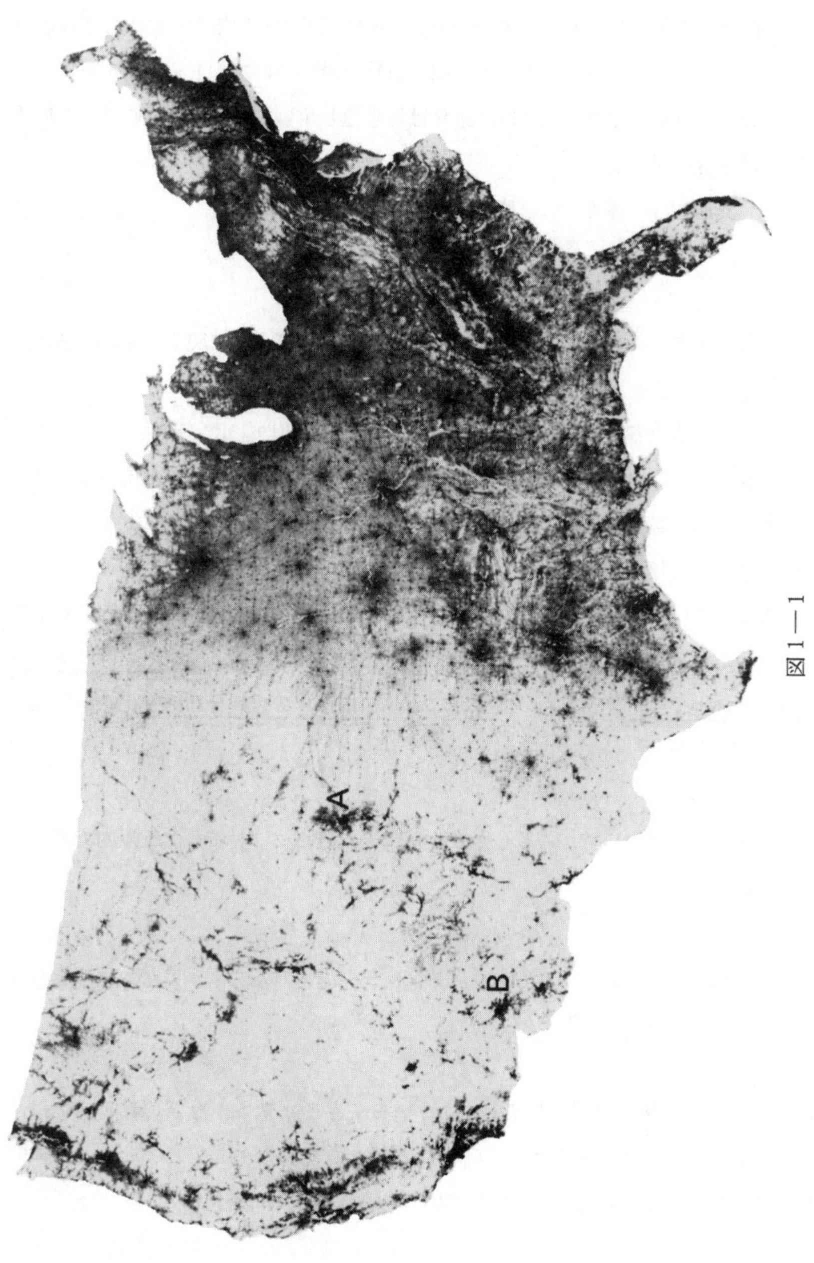

図1－1

Harry Kaoによる。

⑶　図1―1から読み取れるアメリカ合衆国中西部における人口分布の空間的パターンの特徴と，その特徴が生み出された背景について，下記の語句をすべて用いて3行以内で述べなさい。語句は繰り返し用いてもよいが，使用した箇所には下線を引くこと。

交通　　集落　　農業

設問B

次の文と表1―1は，アメリカ合衆国の北東部の都市群に関するものである。

アメリカ合衆国の北東部には，北東から南西方向に，ボストン，ニューヨーク，フィラデルフィア，ボルティモア，ワシントンへと，多くの都市が連なっている。この地域の星雲状の都市の連なりをフランスの地理学者ゴットマンは，メガロポリスと呼んだ。

表1―1は，メガロポリスに該当する統計区域を取り上げ，1950年から半世紀にわたる人口の変化を示したものである。この表からは，(a)全米におけるメガロポリスの地位の低下とともに，(b)メガロポリス内部での人口分布の変化を読み取ることができる。

⑴　下線部(a)について，こうした変化が起きた理由について，2行以内で述べなさい。

⑵　下線部(b)について，どのような変化が生じてきたか，この表から読み取れることを，1行で述べなさい。

⑶　1980年代後半以降になると，ニューヨークやボストンなどの都心部では，ジェントリフィケーションと呼ばれる新たな変化が生じてきている。具体的に，どのような変化が生じてきているか，3行以内で述べなさい。

表1―1

	1950年	2000年
(A)　メガロポリス全域の人口(千人)	31,924	48,720
対全米人口比率(%)	20.9	17.3
(B)　うち都市地域人口(千人)	22,720	47,682
(B)/(A)の割合(%)	71.2	97.9
(C)　中心都市人口(千人)	16,436	16,453
(C)/(A)の割合(%)	51.5	33.8
(D)　郊外地区人口(千人)	6,284	31,229
(D)/(A)の割合(%)	19.7	64.1

Vicinoほかによる。

設問C

図1―2(a)~(f)は，2010年(ただし，国により多少の時期のばらつきがある)における以下の数値のいずれかをそれぞれ表したものである。ぬり分けの色が濃いほど値が大きいことを表し，各色に該当する国の数がそれぞれ等しくなるように区分している。

(ア)　移民率

(イ)　国民一人当たりGDP

(ウ)　失業率

(エ)　全人口のうち，正教徒の割合

(オ)　全人口のうち，イスラム教徒の割合

(カ)　全人口のうち，スラブ語派言語を母語とする者の割合

⑴　図1—2(a)~(f)は，前ページの(ア)~(カ)のいずれかである。(a)~(f)に該当するものを，(a)—○のように答えなさい。

⑵　図1—2(f)において，×を付した国群では他国とは異なる要因から値が相対的に高くなっている。その理由を1行で述べなさい。

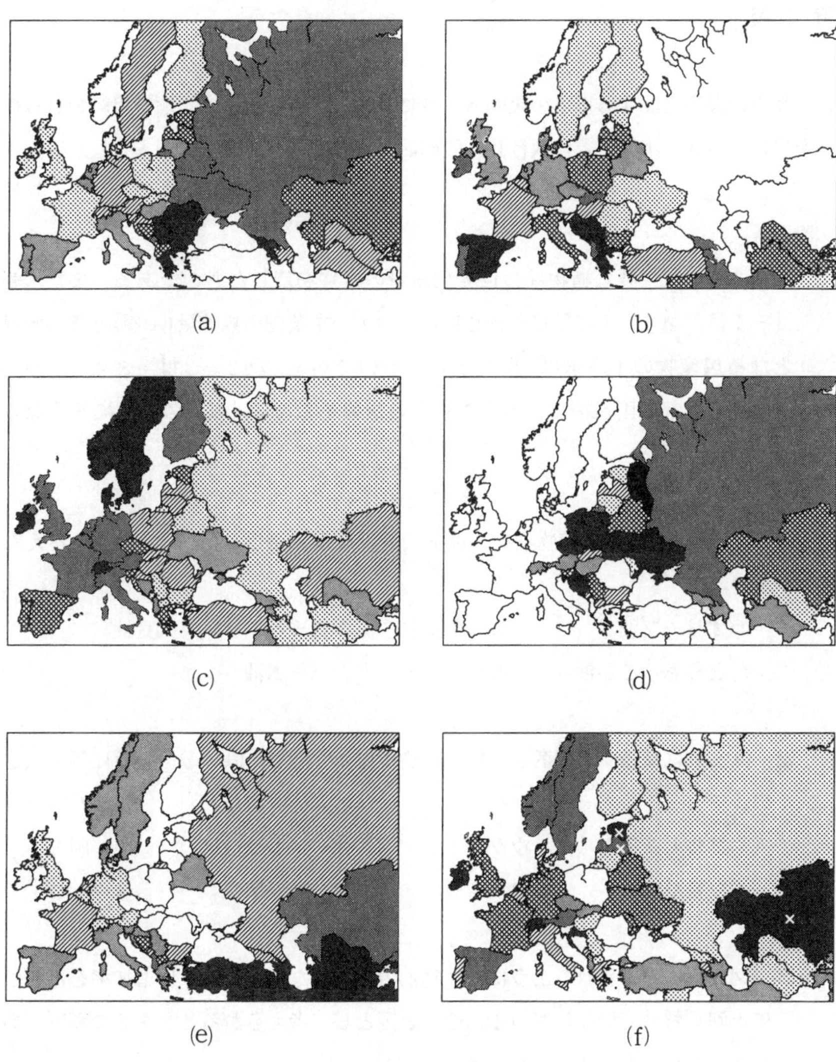

図1—2

CIA The World Factbook, The European Regional Factbook, The World Bank Open Data 他による。

第 2 問

世界の農業に関する以下の設問Ａ～Ｂに答えなさい。解答は，解答用紙の(ロ)欄を用い，設問・小問ごとに改行し，設問記号・小問番号をつけて記入しなさい。

設問Ａ

図２―１は主要な植物油の世界生産量の推移を示したものである。また，表２―１は，図２―１に示した各油種について，主要国の搾油量(①欄)とその原料となる農産物の生産量(②欄)を示したものである。図２―２は，表２―１の国(a)～(d)の首都の雨温図である。これらの情報をもとに，以下の設問に答えなさい。

(1)　Ａ～Ｃに該当する植物油を，以下の選択肢から選び，Ａ―○のように答えなさい。

オリーブ油　ココヤシ油　ごま油　大豆油
とうもろこし油　菜種油　パーム油

(2)　(a)～(d)に該当する国名を，以下の選択肢から選び，(a)―○のように答えなさい。

アルゼンチン　ウクライナ　オーストラリア　中　国
フィリピン　フランス　マレーシア　メキシコ

(3)　図２―１にみられるように，植物油の世界的な需要は，人口増加率をはるかに上回る勢いで増加している。その要因として考えられることを２つ挙げ，あわせて２行以内で述べなさい。

(4)　Ａの原料となる作物の生産拡大が引き起こす環境問題について，下記の語句をすべて用いて２行以内で述べなさい。語句は繰り返し用いてもよいが，使用した箇所には下線を引くこと。

生物多様性　二酸化炭素

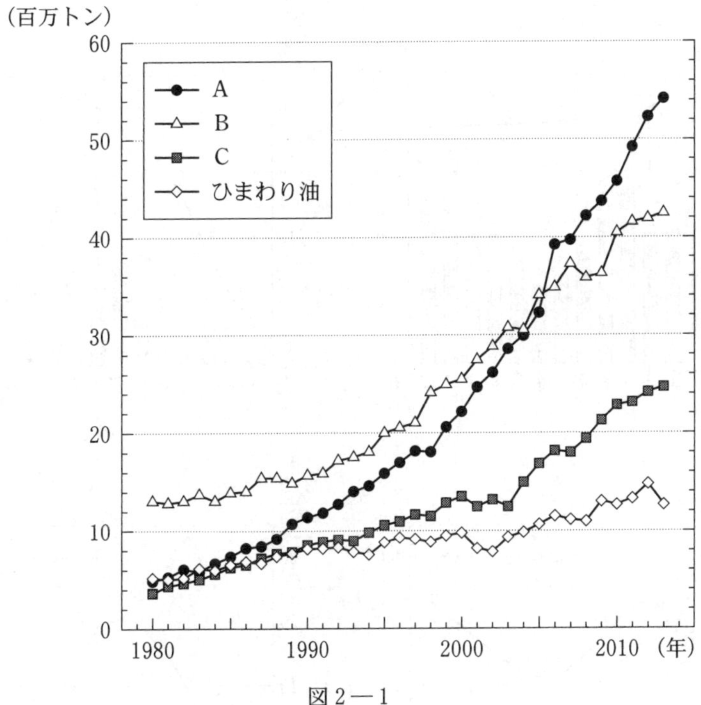

図2—1

FAO資料による。

表2—1

	A		B		C		ひまわり油	
①欄	インドネシア	49.6	(b)	24.4	(b)	22.5	(d)	25.6
	(a)	35.8	アメリカ	21.4	ドイツ	13.3	ロシア	24.2
			ブラジル	16.7	カナダ	13.0	(c)	10.4
			(c)	15.1				
②欄	インドネシア	44.2	アメリカ	34.1	カナダ	23.8	(d)	22.5
	(a)	36.5	ブラジル	27.3	(b)	21.7	ロシア	21.5
			(c)	16.6	インド	10.2	(c)	9.0

数値は2012年の世界生産量に対する各国の比率(重量比，%)。
FAO資料による。

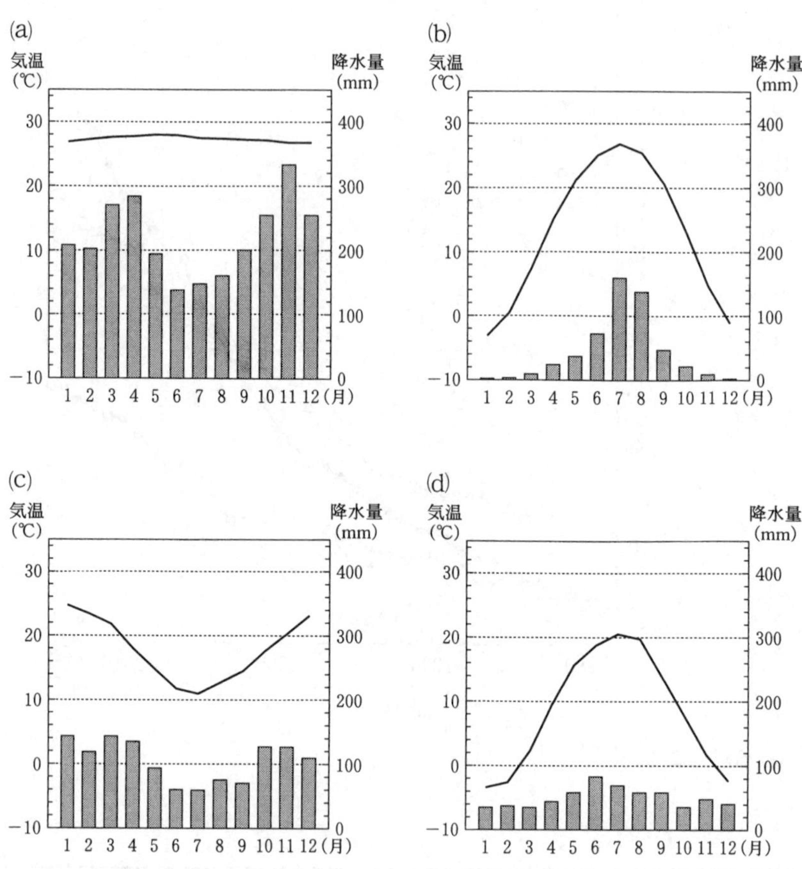
(a)
気温
(℃)
降水量
(mm)
30
20
10
0
−10
400
300
200
100
0
1 2 3 4 5 6 7 8 9 10 11 12(月)
(b)
気温
(℃)
降水量
(mm)
(c)
気温
(℃)
降水量
(mm)
(d)
気温
(℃)
降水量
(mm)

図2—2

気象庁による。

設問B

表2—2は，世界のいくつかの国を取り上げ，主要農産物の自給率を示したものである。

(1) (イ)，(ロ)，(ハ)の各国は，世界の農業生産ないしは農産物貿易において重要な地位を占める，中国，アメリカ合衆国，タイのいずれかである。(イ)，(ロ)，(ハ)の国名を，(イ)—○のように答えなさい。

(2) トルコでは，全般に自給率が高く，100％を上回る農産物が多くみられる。このような状況の背景にあるトルコの農業の特徴を，同国の自然環境・社会条件に関連づけながら2行以内で述べなさい。

(3) メキシコでは，全般に自給率が低いが，特定の農産物に関しては100％を大きく上回っている。このような状況にある背景を，同国をとりまく社会経済状況と関連づけながら2行以内で述べなさい。

表2—2

国	米	小麦	砂糖類	いも類	野菜類	果実類	肉類
(イ)	190	171	101	93	91	75	116
(ロ)	180	0	372	378	105	155	127
(ハ)	100	95	95	90	102	102	99
トルコ	79	122	112	100	106	132	106
メキシコ	15	57	86	77	177	118	81

2011年，単位％
重量ベース，国内生産量を国内向け供給量で除した値。
国内向け供給量＝国内生産＋輸入－輸出±在庫
FAO資料による。

第 3 問

日本の都市，環境と災害に関する以下の設問A～Bに答えなさい。解答は，解答用紙の(ハ)欄を用い，設問・小問ごとに改行し，設問記号・小問番号をつけて記入しなさい。

設問A

次の図3—1，図3—2は，都市の環境と災害に関するものである。

(1) 図3—1は平野の地形を分類した図である。**ア**～**ウ**に該当する地形名称を，**ア**—○のように答えなさい。

(2) 図3—1中の**X**から**X′**にかけては，複数の河川を合流させず，流路が直線状になるように整備している。その目的として考えられることを，1行で述べなさい。

(3) 図3—2は，図3—1中の地点**P**における1960年以降の累積地盤沈下量を示している。地盤は1975年頃まで沈下した後，安定している。沈下の理由と安定化した理由を，その社会的背景とともに，あわせて2行以内で述べなさい。

(4) 図3—1中の**ウ**の土地は，どのような自然災害に対して脆弱であると考えられるか。例を2つ挙げ，それぞれの被害軽減のための有効な対策とあわせて，全部で3行以内で述べなさい。

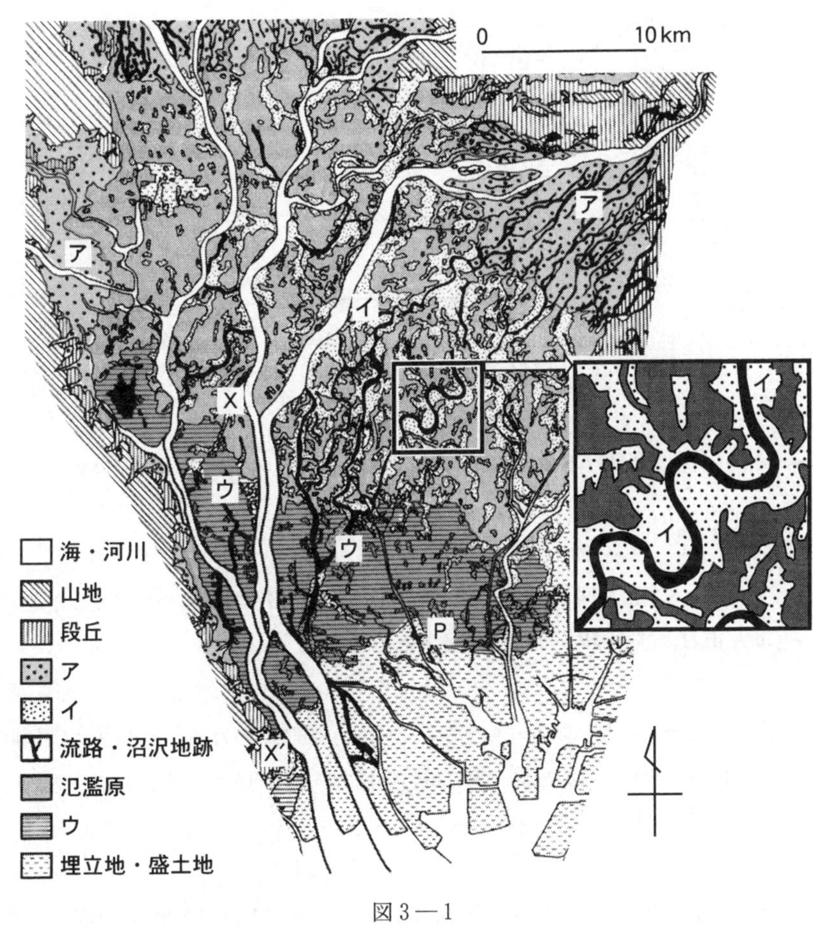

図 3 ― 1

桑原 1975 にもとづく。

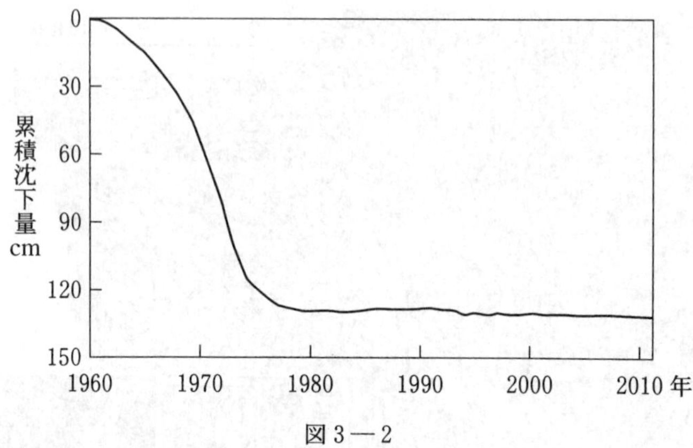

図 3 — 2

関係行政機関資料による。

設問 B

図 3 — 3 および図 3 — 4 は，昭和と平成の 2 度の市町村合併を経験した地方都市 A 市およびその周辺地域に関するものである。

(1) 図 3 — 3 および図 3 — 4 をみて，1950 年当時における，A 市および山間部の村の，それぞれの境界設定に用いられていたと思われる考え方を，あわせて 2 行以内で述べなさい。

(2) 図 3 — 4 では，1965 年と 2010 年の間に A 市の人口集中地区(原則として，人口密度が 4,000 人／km^2 以上で 5,000 人以上の規模を持つ地区)の面積は 3 倍弱になっているが，人口は約 30 % しか増加していない。その理由を，2 行以内で述べなさい。

(3) 2010 年時には，行財政の効率化などを目的として A～F の 6 市町村が合併し，新 A 市が形成されている。この合併によって新 A 市域内の山間部で発生する可能性があると考えられる行政上および生活上の問題をそれぞれ 1 つずつ挙げ，あわせて 3 行以内で述べなさい。

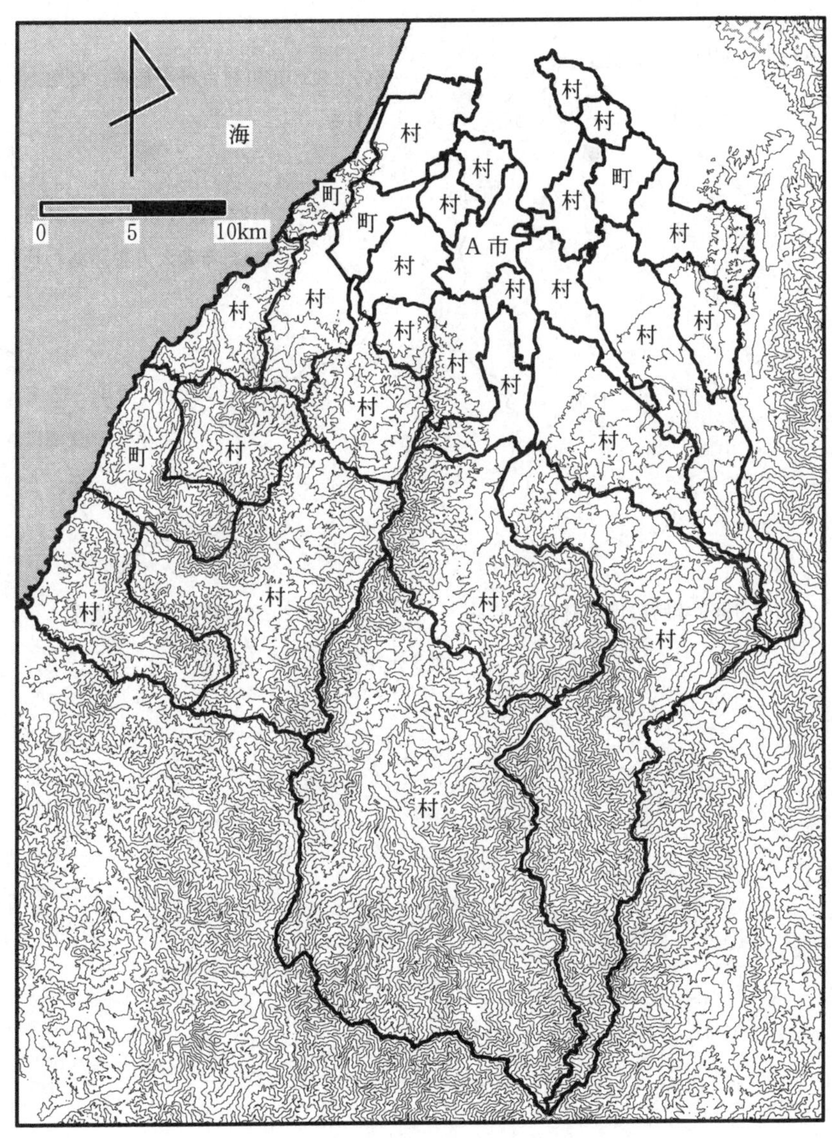

図 3 ― 3

1950 年時の市町村境界

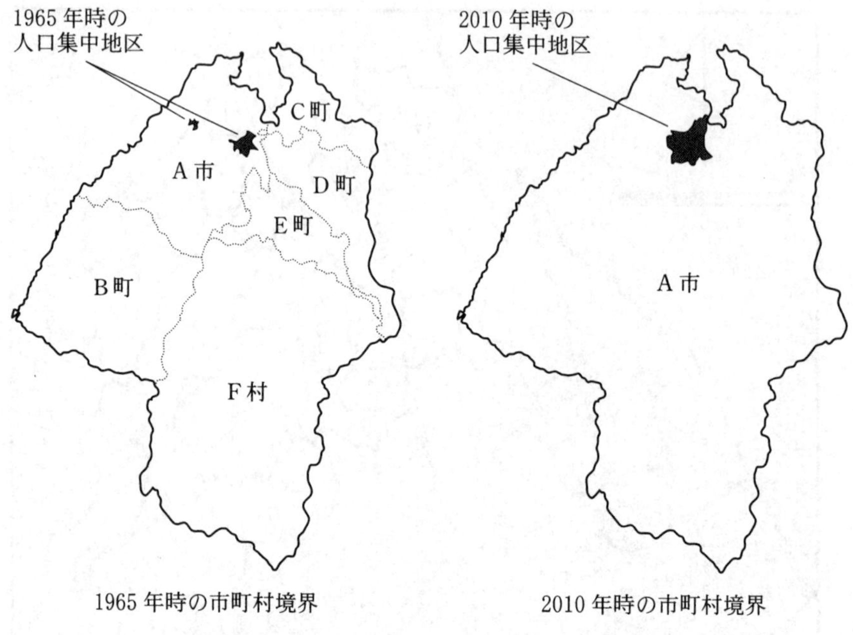
1965年時の
人口集中地区
A市
B町
C町
D町
E町
F村
1965年時の市町村境界
2010年時の
人口集中地区
A市
2010年時の市町村境界

図3―4

– MEMO –

2015年

解答時間：2科目150分
配　　点：120点

第 1 問

自然環境と人間活動との関係に関する以下の設問A～Bに答えなさい。解答は，解答用紙の(イ)欄を用い，設問・小問ごとに改行し，設問記号・小問番号をつけて記入しなさい。

設問A

図1―1～図1―3は，1916年，1951年，2002年に作成された日本のある地域の地形図である。地形図の元の縮尺は5万分の1であるが，ここでは縮少されている。1916年の地形図から明瞭に読み取れるように，この地域の地形は，1)西側の「山地」，2)東側の河川沿いの「低地」，3)両者の間にある「台地」(谷に刻まれた扇状地)の3つの要素で構成される。

(1) 1916年のこの地域の土地利用は，地形の影響を強く受けている。上記の「台地」の東部と，「低地」のそれぞれについて，当時最も卓越していた土地利用を，それらが卓越した自然的・社会的理由とあわせて，全部で3行以内で述べなさい。

(2) 1951年の地形図では，「台地」の一部の土地利用が1916年とは大きく変化している。その変化の内容とそれを可能とした技術について，あわせて2行以内で述べなさい。

(3) 2002年の地形図では，「低地」と「台地」の土地利用が1951年とは大きく変化している。その変化の内容と，変化を引き起こした諸要因を，「低地」と「台地」をあわせて3行以内で述べなさい。

1916年

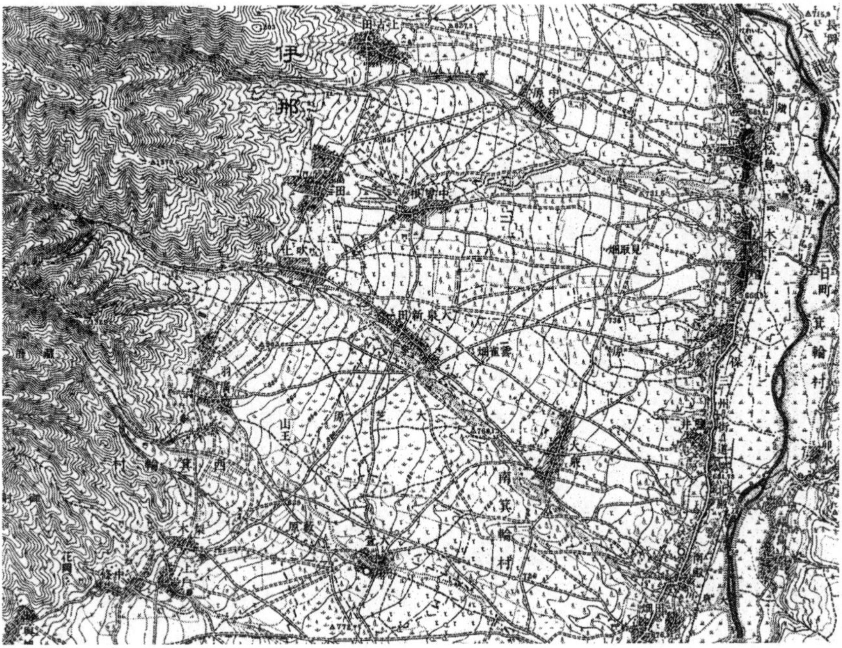

0　　　　　　　　4 km

図1—1

1：50,000 地形図(縮少)。

1951年

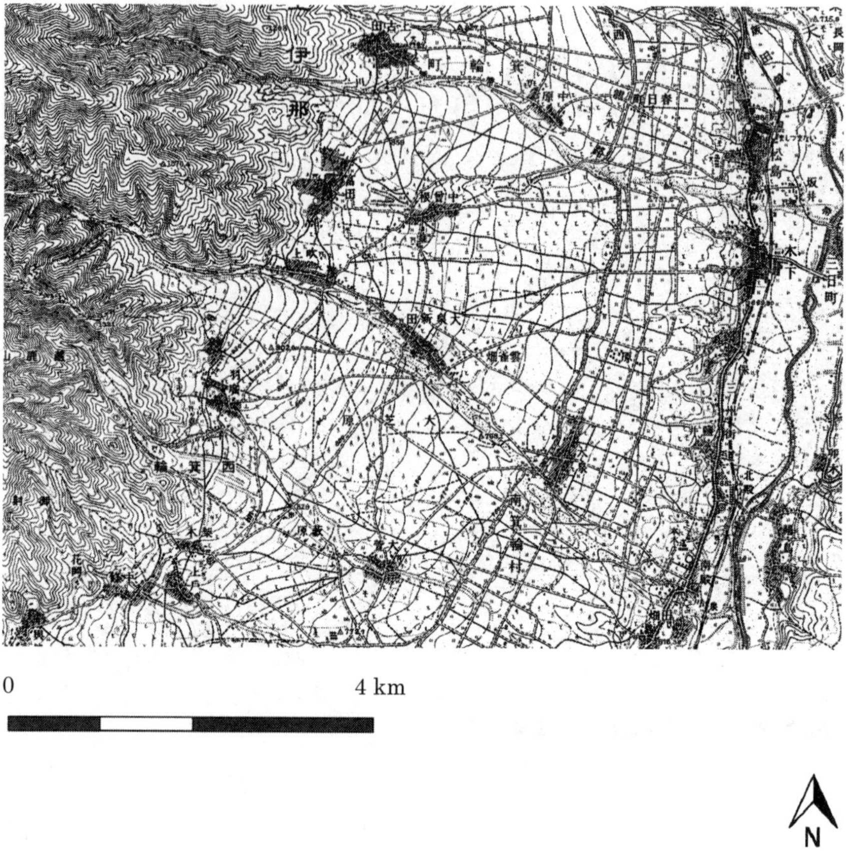

0　　　　　　　　　　　　4 km

図1—2

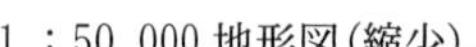

1：50,000 地形図(縮少)。

2002年

0　　　　　　　　4 km

図1―3

1：50,000地形図(縮少)。

設問B

図1―4は，アジアの湿潤な地域の山岳における植生帯の分布を，横軸に緯度，縦軸に標高をとって模式的に表したものである。

(1) 図中のA～Dに当てはまる植生帯を，下の語群から選んで，A―○のように答えなさい。

語　群

針葉樹林　　常緑広葉樹林　　落葉広葉樹林

サバンナ　　ステップ　　ツンドラ

(2) 低緯度地域の垂直分布においてCの植生帯が存在しない理由を，下記の語句をすべて用いて2行以内で述べなさい。語句は繰り返し用いてもよいが，使用した箇所には下線を引くこと。

年較差　　低温　　落葉

(3) ロシアのBの植生帯では林業が盛んで，日本にも木材が輸出されている。一方，日本の本州の同じ植生帯では，多くの森林が分布するにもかかわらず木材生産があまり行われていない。その理由を2行以内で述べなさい。

(4) 東南アジアのDの植生帯では，森林を伐採して火入れする焼畑が伝統的に行われてきた。しかし，従来は森林面積が維持されてきたのに対し，近年は伐採・火入れが森林面積の大幅な減少につながるケースがみられる。その理由を，伝統的な焼畑との違いに留意しながら2行以内で述べなさい。

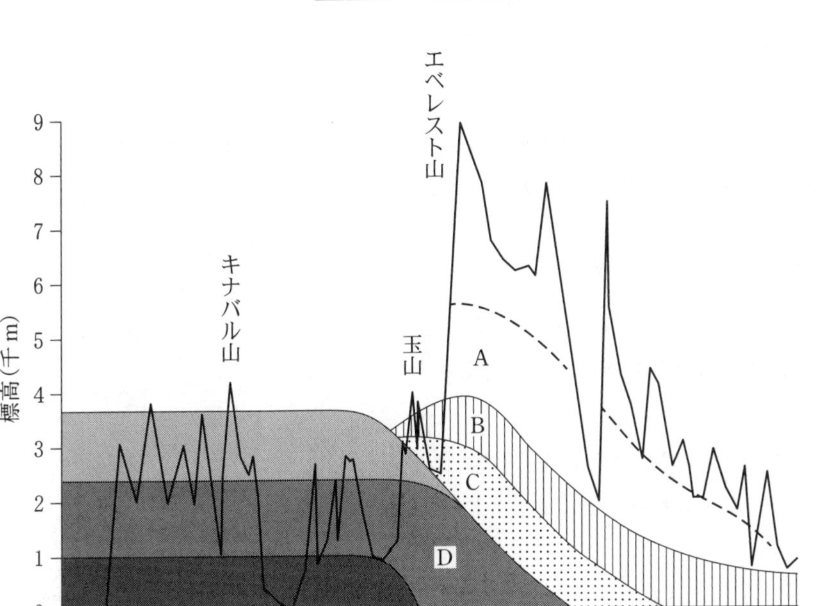

図1―4

大澤 2001 を一部改変。

第 2 問

世界の貿易に関する以下の設問A～Bに答えなさい。解答は，解答用紙の(ロ)欄を用い，設問・小問ごとに改行し，設問記号・小問番号をつけて記入しなさい。

設問A

表2―1は，アフリカの3つの国を取り上げ，主要貿易相手国(輸出額・輸入額の上位5カ国)を示したものである。

(1) A～Cの各国は，南アフリカ，ナイジェリア，モロッコのいずれかである。A～Cの国名を，A―○のように答えなさい。

(2) A国とB国の主要輸出相手国の構成を比較し，その特徴とそうした特徴がみられる背景を，あわせて2行以内で述べなさい。

(3) C国では，全体の輸出額が輸入額を大きく上回っている。こうした貿易構造に反映されている，この国の経済・社会発展上の課題を2行以内で述べなさい。

(4) A～Cの各国とも，輸入相手国の上位に中国が位置している。2000年代に入って，とくにアフリカ諸国では，中国からの輸入が急増している。こうした事態が生じている背景を2行以内で述べなさい。

表2—1

A国

相手国	輸出額	割合(%)
全　体	21,417	100.0
フランス	4,619	21.6
スペイン	3,541	16.5
ブラジル	1,266	5.9
インド	1,161	5.4
アメリカ合衆国	930	4.3

相手国	輸入額	割合(%)
全　体	44,790	100.0
スペイン	5,901	13.2
フランス	5,548	12.4
中　国	2,968	6.6
アメリカ合衆国	2,859	6.4
サウジアラビア	2,832	6.3

B国

相手国	輸出額	割合(%)
全　体	86,712	100.0
中　国	10,139	11.7
アメリカ合衆国	7,586	8.7
日　本	5,414	6.2
ドイツ	4,175	4.8
インド	3,675	4.2

相手国	輸入額	割合(%)
全　体	101,611	100.0
中　国	14,638	14.4
ドイツ	10,237	10.1
サウジアラビア	7,877	7.8
アメリカ合衆国	7,497	7.4
日　本	4,623	4.5

C国

相手国	輸出額	割合(%)
全　体	143,151	100.0
アメリカ合衆国	24,139	16.9
インド	15,895	11.1
ブラジル	10,791	7.5
オランダ	9,958	7.0
イギリス	9,042	6.3

相手国	輸入額	割合(%)
全　体	35,873	100.0
中　国	7,715	21.5
アメリカ合衆国	4,887	13.6
インド	2,888	8.1
ブラジル	2,868	8.0
イギリス	2,361	6.6

2012年。輸出額・輸入額の単位は100万米ドル。

フランスには，モナコ・海外県を含む。

アメリカ合衆国には，プエルトリコ，米領バージン諸島を含む。

国際連合 Comtrade Database による。

2015年　入試問題

設問B

表2―2は，日本が，2013年に生鮮野菜を輸入した上位6カ国について，1997年と2013年の輸入金額，1キログラムあたりの平均単価，および，輸入金額第1位の品目を示している。なお，表中のA～Cは，韓国，中国，ニュージーランドのいずれかである。

(1)　(ア)～(ウ)は，ジャンボピーマン(パプリカなど)，たまねぎ，まつたけのいずれかである。それぞれの品目名を，(ア)―○のように答えなさい。

(2)　A国およびB国からの輸入の平均単価は，1997年と2013年の間にいずれも大きく低下しているが，その原因となった野菜生産の変化は両国で異なっている。この間に，A国で(ア)，B国で(ウ)が増加した理由を，両国の自然的および社会的条件に触れながら，あわせて2行以内で述べなさい。

(3)　メキシコとC国はいずれもかぼちゃが第1位品目であるが，日本の国内市場で取引されるかぼちゃは，この両国産と北海道をはじめとする国内産がほとんどを占めている。このように，メキシコとC国から多くのかぼちゃが輸入されている理由を，それぞれの自然的条件に触れながら，あわせて2行以内で述べなさい。

表2―2

順位	国	1997年			2013年		
		金額(百万円)	平均単価(円/kg)	輸入金額第1位品目	金額(百万円)	平均単価(円/kg)	輸入金額第1位品目
1	A	30,576	233	しいたけ	42,509	83	(ア)
2	アメリカ合衆国	29,581	132	ブロッコリー	18,417	166	ブロッコリー
3	B	4,839	1,160	(イ)	11,126	365	(ウ)
4	メキシコ	7,341	143	かぼちゃ	9,911	126	かぼちゃ
5	C	10,264	90	かぼちゃ	7,225	102	かぼちゃ
6	オランダ	3,127	644	(ウ)	3,709	532	(ウ)

独立行政法人農畜産業振興機構資料による。

第 3 問

日本の都市と社会の変化に関する以下の設問A～Cに答えなさい。解答は，解答用紙の(ハ)欄を用い，設問・小問ごとに改行し，設問記号・小問番号をつけて記入しなさい。

設問A

図3―1は，ある大都市内の3つの区A～Cの人口密度の推移を示している。一方図3―2は，同じ3つの区の1965年および2010年の職業構成を示している。

(1) 図3―2のア～ウは，それぞれの区に住んでいる就業者の職業構成(常住地ベースの職業構成)と，それぞれの区で働いている就業者の職業構成(従業地ベースの職業構成)を示したものである。それぞれ図3―1のA～Cのどの区に関するものであるのかを，ア―○のように答えなさい。

(2) AとCでは1960年代から1970年代にかけて人口密度が急速に低下している。それぞれどのような理由によるものであると考えられるか，あわせて3行以内で述べなさい。

(3) Cでは1990年代後半以降，人口密度が上昇に転じているが，どのような理由によって生じたものであると考えられるか，1行で述べなさい。

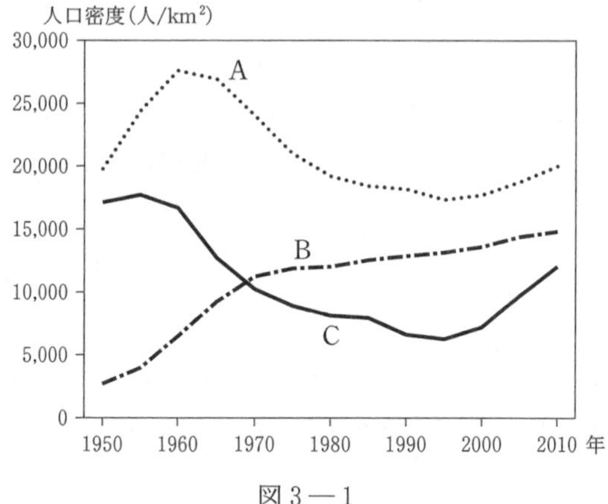

図3―1

国勢調査による。

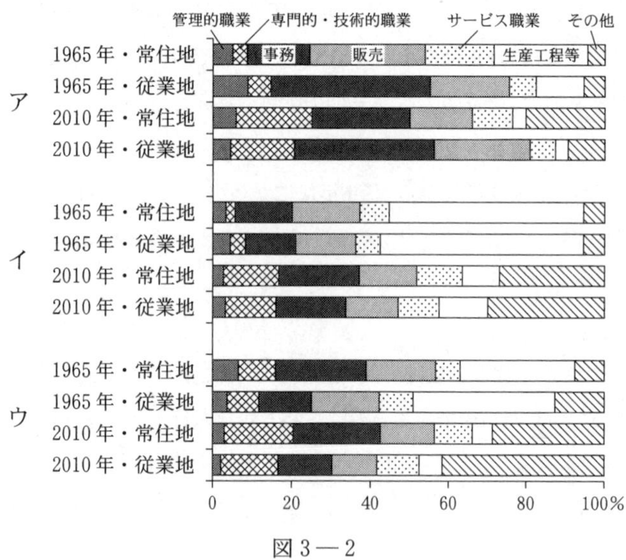

図3―2

国勢調査による。

1965年の従業地の値は，20％抽出値による推計値。

「生産工程等」は，「技能工，生産工程従事者および単純労働者」(1965年)，「生産工程従事者」(2000年)を指す。

2015年　入試問題

設問B

図3—3は，1950年～2010年における以下の6つのデータを，5年ごとにグラフに表したものである。ただし，いずれのグラフも，上記期間における最小値が0，最大値が100になるように，値を変換している。

① 東京都都心3区(千代田区，中央区，港区)の人口

② 東京都多摩市(現在の多摩市の範囲)の人口

③ 北海道夕張市(現在の夕張市の範囲)の人口

④ 全国の高齢者率(65歳以上人口の割合)

⑤ 全国の完全失業率

⑥ 1市区町村当たりの人口(政令指定都市は1つの市として，東京都の特別区はそれぞれを1つの区として数える)

(1) AからFは上記①～⑥のいずれに相当するか。A—○のように答えなさい。

(2) 1950年～1960年と2000年～2010年におけるCの変化が生じた共通の理由を，1行で述べなさい。

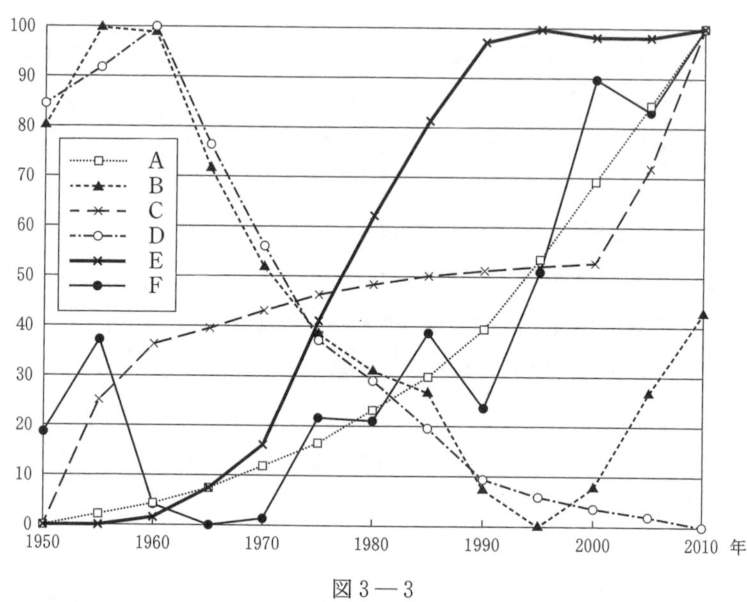

図3―3

国勢調査等による。

設問C

表3―1は，東京都23区，大阪市，名古屋市を，それぞれの大都市圏の中心となる従業地(以下，中心市とよぶ)とし，2005年の各従業地での15歳以上就業者数の常住地別内訳を示したものである。三大都市圏と一口に言っても，どこから中心市に通勤してくるかという，地域的構成は異なっている。東京大都市圏では，東京都以外の周辺県からの通勤者数が多く，郊外地域が広く形成されてきた。(a)大阪大都市圏と名古屋大都市圏を比べると，中心市からの通勤者数と中心市以外からの通勤者数の構成比に大きな違いがみられる。

一方，図3―4と図3―5は，東京大都市圏と大阪大都市圏における郊外住宅地の変化をみるために，東京駅，大阪駅からそれぞれ50～60 km圏に位置するA町とB市を取り上げ，通勤者数の変化をみたものである。A町から東京都23区へ，B市から大阪市への通勤者数は，1985年から1995年にかけて増加した後，1995年以降は減少してきている。こうしたA町とB市における通勤者数の推移には，(b)郊外住宅地の変化が大きく関わっていると考えられる。

(1) 下線部(a)について，両大都市圏でこのような違いが生じた理由として考えられることを，下記の語句をすべて用い，2行以内で述べなさい。語句は繰り返し用いてもよいが，使用した箇所に下線を引くこと。

中枢管理機能　　住宅地開発

(2) 下線部(b)について，郊外住宅地化とその後の変化とは，どのようなものであったか。下記の語句をすべて用い，3行以内で述べなさい。語句は繰り返し用いてもよいが，使用した箇所に下線を引くこと。

距離帯　　団塊世代　　地価

表3－1

中心市	就業者の常住地別内訳	人数(千人)	構成比(%)
東京都23区 (621.35 km^2)	東京都23区	3,677	54.9
	23区以外の東京都	516	7.7
	その他の府県	2,501	37.4
	就業者総数	6,694	100.0
大阪市 (222.11 km^2)	大阪市	953	45.5
	大阪市以外の大阪府	689	32.8
	その他の府県	455	21.7
	就業者総数	2,097	100.0
名古屋市 (326.45 km^2)	名古屋市	920	67.6
	名古屋市以外の愛知県	353	25.9
	その他の府県	89	6.5
	就業者総数	1,362	100.0

国勢調査による。

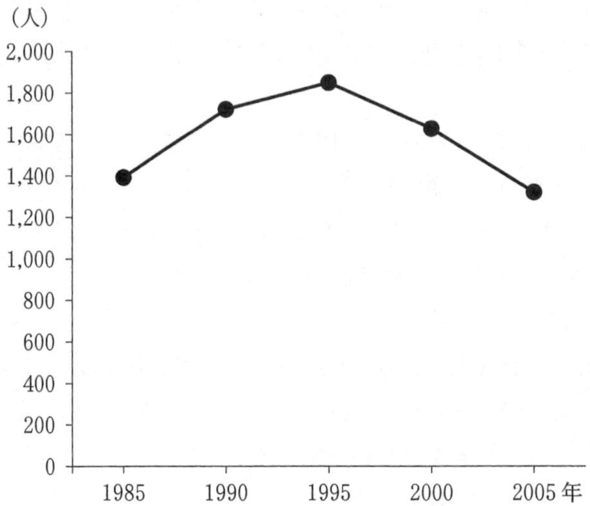

図3—4　A町から東京都23区への通勤者数の推移

国勢調査による。

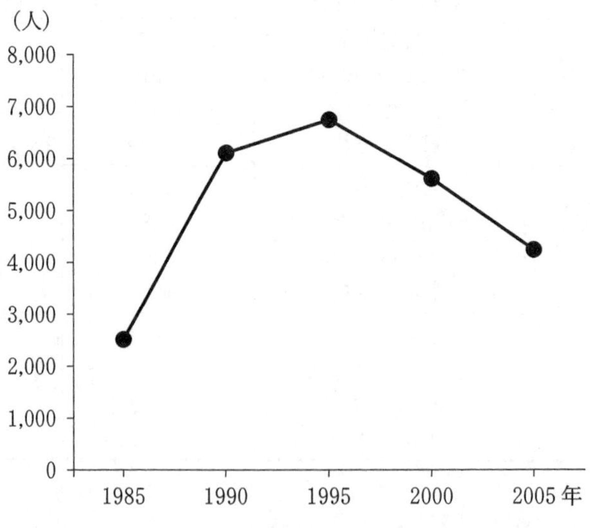

図3—5　B市から大阪市への通勤者数の推移

国勢調査による。

– MEMO –

2014年

解答時間：2 科目 150 分
配　　点：120 点

第 1 問

世界と日本の化石燃料と再生可能エネルギーに関する以下の設問Ａ～Ｂに答えなさい。解答は，解答用紙の（イ）欄を用い，設問・小問ごとに改行し，設問記号・小問番号をつけて記入しなさい。

設問Ａ

人間活動に必要なエネルギーのほとんどは，化石燃料の燃焼によってまかなわれている。しかし化石燃料への依存は，燃焼の際に発生する<u>二酸化炭素</u>(a)による地球温暖化などの問題がある。そうしたことから，太陽や地熱など自然のエネルギーや<u>植物を利用したエネルギーの利用</u>(b)が拡大しているが，化石燃料を代替するまでには至っていない。

(1)　下線部(a)について，表１—１は，2010 年に二酸化炭素排出量が世界でもっとも多かった上位５ヶ国を，その世界の排出量に占める割合と，それぞれの国の１人あたり排出量とともに示したものである。（ア）～（エ）の国名を，ア—○のように答えなさい。

表１—１

国	（ア）	（イ）	（ウ）	（エ）	日本
二酸化炭素排出量比(%)	24.4	17.7	5.4	5.3	3.8
１人あたり排出量(トン)	5.6	17.4	1.4	11.4	9.1

日本エネルギー経済研究所資料による。

⑵ 下線部(b)について，植物を利用したバイオマス燃料の燃焼は，バイオマスが再生産されれば，地球温暖化にはつながらないとみなされている。その理由を下記の語句をすべて用いて2行以内で述べなさい。語句は繰り返し用いてもよいが，使用した箇所には下線を引くこと。

光合成　　　二酸化炭素

⑶ 植物からエタノールを生成して燃料として利用するバイオマスエネルギーの利用が，アメリカ合衆国とブラジルで進んでいる。それぞれの国でもっとも多く原料として使われている植物名を，アメリカ—○，ブラジル—○のように1行で答えなさい。また，以上のような形でのアメリカ合衆国のバイオマスエネルギー生産によって生じている問題について，2行以内で述べなさい。

設問B

図1—1は，日本における再生可能エネルギーによる発電能力(設備容量)の推移を示したものである。また，表1—2は，AとBの発電能力(設備容量)について，都道府県別に上位5位までを示している。

⑴ 図表中のA～Dは，風力・水力・地熱・太陽光のいずれかである。A～DをそれぞれA—○のように答えなさい。

⑵ Aの設備容量の伸びは，1995年以降停滞している。その理由をAの立地条件とともに2行以内で述べなさい。

⑶ 石炭のような化石燃料は，地球が受ける太陽エネルギーの蓄積により生成したものと考えることができる。上記再生可能エネルギーのうち，太陽エネルギーによらないものを1つ答えなさい。

⑷　Bの1，2位を占める青森県，北海道は，Bの立地条件としてどのような優位性を備えているか。自然条件の面から1行で述べなさい。

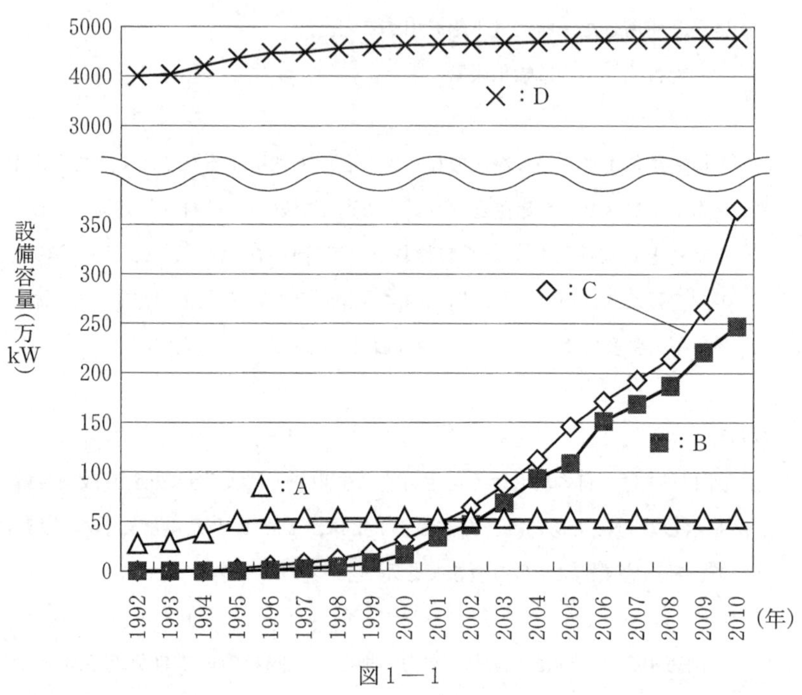

図1―1

経済産業省資料による。

表1―2

単位：万kW

	A(2010年)		B(2010年)
大分県	15.1	青森県	29.3
岩手県	10.4	北海道	25.7
秋田県	8.8	鹿児島県	19.8
福島県	6.5	福島県	14.4
鹿児島県	6.0	静岡県	13.0

経済産業省資料による。

第 2 問

世界のヒト・モノ・情報の流動に関する以下の設問A～Bに答えなさい。解答は，解答用紙の(ロ)欄を用い，設問・小問ごとに改行し，設問記号・小問番号をつけて記入しなさい。

設問A

図2―1(133ページ)は，アメリカ合衆国を中心とする2008年における音声電話の通信量の分布を示している。ここでの音声電話は，電話専用回線での通話と，インターネットの回線を用いた通話の両方を含む。2つの国・地域を結ぶ線が太いほど，それらの国・地域の間の通信量が多い。この図は海底ケーブルなどの主要な長距離の通信路線を対象としており，短距離の通信路線を用いた通話(たとえば日本と韓国の間の通信)は示されていない。

表2―1(134ページ)は，世界の10ヶ国における，人口100人あたりのインターネット利用者数(2008年)および1人あたりの国際電話の平均年間通話時間(分，2005年，ただしアメリカ合衆国とフィリピンは2004年，インドは2002年)を示している。ここでの国際通話時間は，図2―1とは異なり，国境を越えて行われる全ての通話を対象としている。

(1) アメリカ合衆国とヨーロッパとの間では図2―1のAのイギリスとの回線の通信量が多く，アメリカ合衆国と中米およびカリブ海地域との間ではBのプエルトリコとの回線の通信量が多い。これらの理由を，あわせて2行以内で述べなさい。

(2) 近年，アメリカ合衆国とインドとの通信量が急増しており，図2―1によると，日本・韓国・中国との通信量に比べてかなり多い。この理由を2行以内で述べなさい。

⑶ 表2―1の(a)～(d)の国は，アイスランド，シンガポール，日本，フランスのいずれかである。(a)～(d)の国名を，a―○のように答えなさい。

⑷ 図2―1によるとアメリカ合衆国とインドとの通信量はかなり多いが，表2―1によるとインドではインターネットや国際電話の利用が他国に比べて低調である。このような現象が生じる原因を，インドの社会状況を踏まえて2行以内で述べなさい。

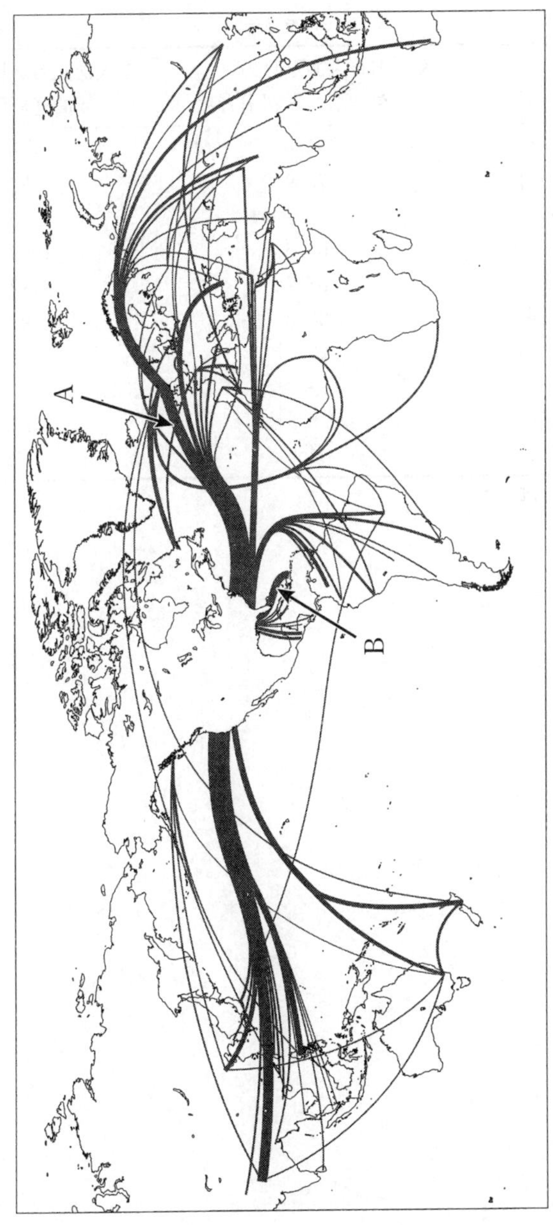

図2—1

TeleGeography社資料による。

表2―1

国　名	人口100人あたりの インターネット利用者数	1人あたりの国際電話の 平均年間通話時間(分)
(a)	90.0	240.0
アメリカ合衆国	75.9	280.0
(b)	75.2	46.3
(c)	69.6	1063.3
(d)	67.9	182.8
スロバキア	66.0	90.0
中　国	22.5	7.3
シリア	17.3	49.8
フィリピン	6.2	28.0
インド	4.5	3.0

世界銀行資料による。

設問B

図2―2と図2―3は，世界の主要都市圏の国際空港について，国際旅客数と国際航空貨物の取り扱い量の変化をみたものである。

(1) 図2―2では，アメリカ合衆国やアジアの主要都市圏と比べ，ロンドンやパリといったヨーロッパの主要都市圏で，国際旅客数の絶対数および1990年から2010年にかけての伸びが大きくなっている。その理由として考えられることを2行以内で述べなさい。

(2) 図2―3では，アジアの主要都市圏における国際航空貨物の取り扱い量の伸びが目立つ。とりわけ，2000年から2010年にかけて，香港，ソウル，上海，台北で，国際航空貨物の取り扱い量が大幅に増加した共通の理由として考えられることを2行以内で述べなさい。

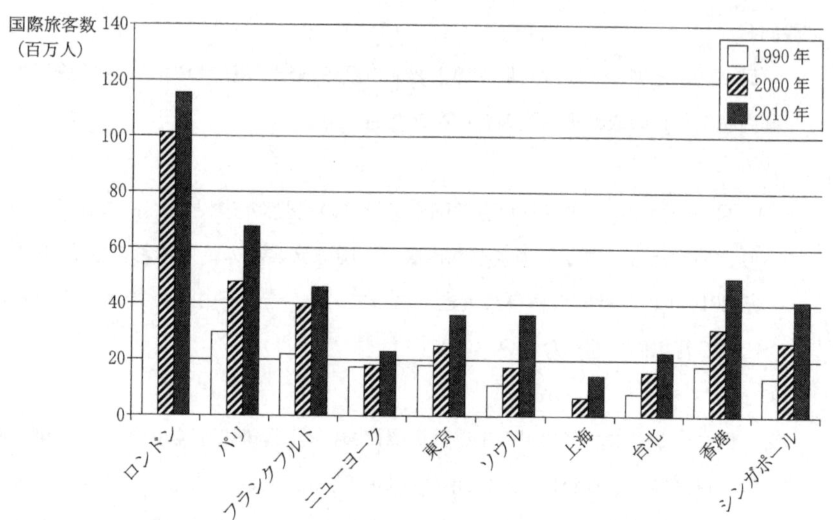

図２―２　世界の主要都市圏における国際旅客数の変化

都市圏内にある複数の空港の国際旅客数（トランジットを含む）の合計値。

ただし，ニューヨークはジョン・F・ケネディ国際空港のみの数値。

1990年の上海の数値は掲載されていない。

『航空統計要覧』各年版による。

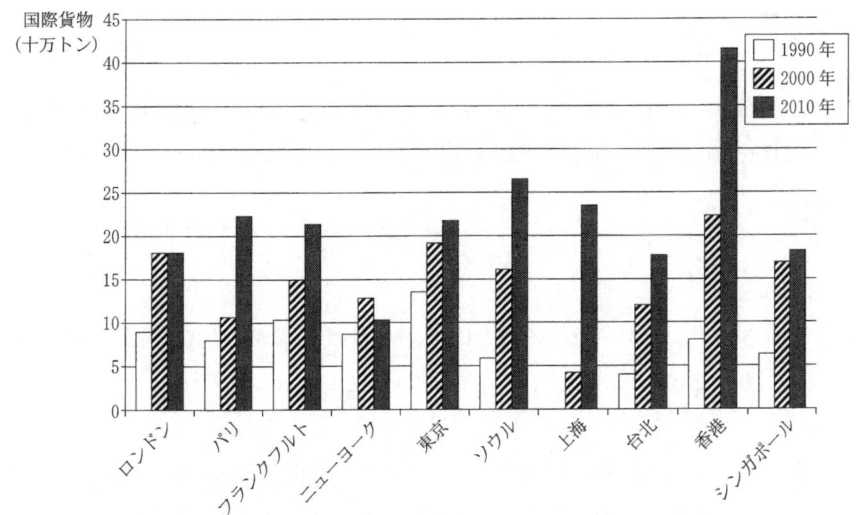

図 2 — 3　世界の主要都市圏における国際航空貨物取り扱い量の変化

都市圏内にある複数の空港の国際航空貨物取り扱い量の合計値。

ただし，ニューヨークはジョン・F・ケネディ国際空港のみの数値。

1990 年の上海の数値は掲載されていない。

『航空統計要覧』各年版による。

第 3 問

ヨーロッパの国々に関する以下の設問A～Bに答えなさい。解答は，解答用紙の(ハ)欄を用い，設問・小問ごとに改行し，設問記号・小問番号をつけて記入しなさい。

設問A

図3―1は，ヨーロッパの主な国について輸出品構成と研究開発支出の割合をみたものである。

(1) 図3―1のA～Dは，オランダ，スイス，ノルウェー，ポーランドのいずれかである。A～Dの国名を，それぞれA―○のように答えなさい。

(2) イタリアでは，繊維製品の割合が，他の国に比べ大きくなっている。とりわけイタリアの中・北部は，1980年代に「第3のイタリア」と呼ばれ，国際競争力のある繊維産地が形成されてきた。こうした地域では，繊維製品の生産にどのような特徴がみられたか，下の語群の中から適当な用語2つ以上を用いて2行以内で述べなさい。語句は繰り返し用いてもよいが，使用した箇所には下線を引くこと。

(3) スウェーデンやフィンランドといった北欧諸国では，GDPに占める研究開発支出の割合が高くなっている。その理由として考えられることを，下の語群の中から適当な用語2つ以上を用いて2行以内で述べなさい。語句は繰り返し用いてもよいが，使用した箇所には下線を引くこと。

語　群

外国人労働者　　家族　　教育　　高度人材　　集積
人口　　多国籍企業　　中小企業　　デザイン　　分業

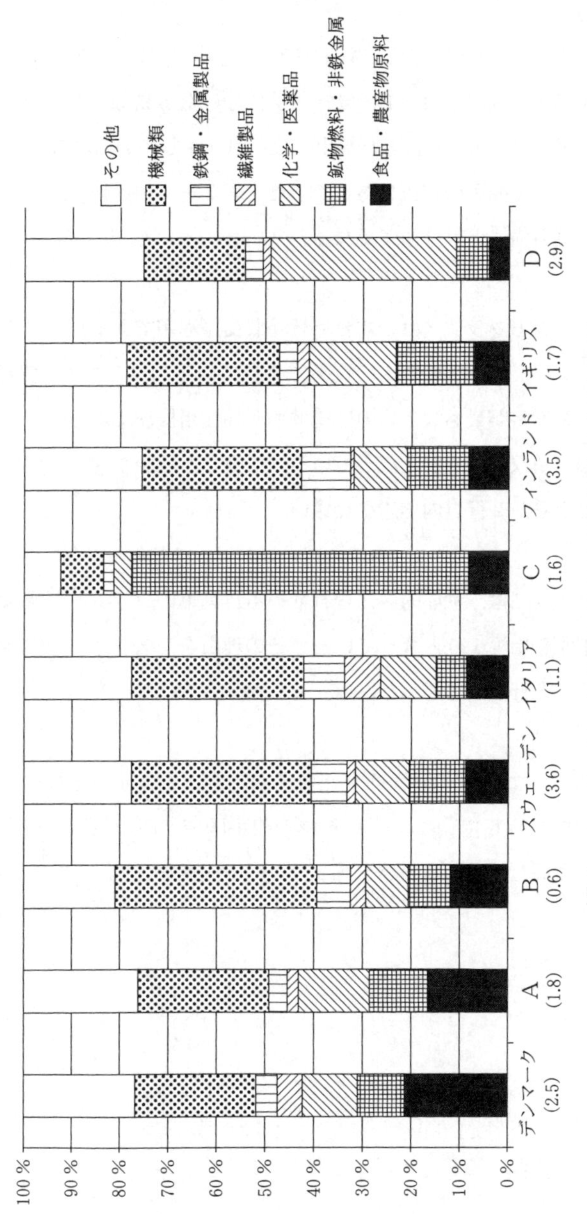

図3－1　ヨーロッパ主要国における輸出品構成(2010年)

(　)の数字は，2004年時点における各国の国内総生産(GDP)に占める研究開発支出の割合(%)を示す。

国連貿易統計年鑑およびヨーロッパ統計年鑑による。

設問B

表3―1は，EUの加盟国であるドイツ，フランス，スペインについて，2011年時点でのEU域内相手とEU域外相手に分けた貿易額，および，各国のEU域内相手とEU域外相手を含めた輸出上位品目を示している。なお，貿易収支はそれぞれの輸出と輸入の差額である。また，表3―1中の輸出上位品目は，図3―1の輸出品目構成とは分類が異なる。

⑴　スペインとフランスはいずれも貿易収支が赤字であるが，フランスでは，その赤字の多くがEU域内との貿易で生じている。フランスの貿易で，EU域内との貿易赤字が最も大きいのは機械類や輸送用機器であるが，これらもEU域外との貿易収支は黒字となっている。こうした現象が起こる理由として考えられることを，2行以内で述べなさい。

⑵　スペインには，世界的に知られている自動車のブランドが見られないのに，自動車が輸出第1位となっている。その理由を，スペイン国内外の状況にふれながら，3行以内で述べなさい。

⑶　表3―2は，EU全体から見た貿易収支が大きな赤字となっているEU域外の相手国を示している。それぞれの相手国で，EUが貿易赤字を抱える理由が，どう異なっているのかを，2行以内で述べなさい。

表3―1

(2011年)

国	EU域内			EU域外			輸出上位品目			
	輸出	輸入	貿易収支	輸出	輸入	貿易収支	1位	2位	3位	4位
ドイツ	628	572	56	431	330	101	機械類	自動車	化学品	電気機器
スペイン	147	154	−7	74	117	−43	自動車	化学品	鉄鋼等	機械類
フランス	261	348	−87	167	169	−1	化学品	機械類	自動車	航空機

EUの範囲は2011年時点の27カ国。

単位は10億ユーロ。

Eurostatおよび通商白書2012年による。

表3―2

(2011年)

相手国	輸出	輸入	貿易収支
中国	136	293	−157
ロシア	108	199	−91
日本	49	69	−20

EUの範囲は2011年時点の27カ国。

単位は10億ユーロ。

Eurostatによる。

2013年

解答時間：2科目150分
配　　点：120点

第 1 問

気候と地表環境に関する以下の設問A～Bに答えなさい。解答は，解答用紙の(イ)欄を用い，設問・小問ごとに改行し，設問記号・小問番号をつけて記入しなさい。

設問A

図1―1は，風化作用の強度分布を示したものである。この図をみて，以下の問いに答えなさい。

(1) 図1―1で，風化作用の弱い地域が，高緯度と低緯度の2つの緯度帯に存在する。それぞれの地域で風化作用が弱い理由を，あわせて2行以内で答えなさい。

(2) 風化作用の激しい地域では，土壌中の養分が溶けて流出してしまうため，一般に農業生産性が低い。しかし，風化作用の激しい地域は，土壌条件を除外すれば，植物の生育に好ましい条件を備えている。この好ましい条件とは何か，2行以内で述べなさい。

(3) 図1―1において風化作用が極めて活発な地域のなかでも，(a)ガンジス・ブラマプトラ川下流域や(b)ジャワ島のように，高い農業生産性が長期間にわたって維持されている地域が存在する。このような地域では，何らかの要因によって土壌が繰り返し更新されているために，土壌の肥沃度が維持されている。(a)と(b)それぞれの地域において土壌の更新をもたらす自然的要因とは何か，あわせて3行以内で述べなさい。

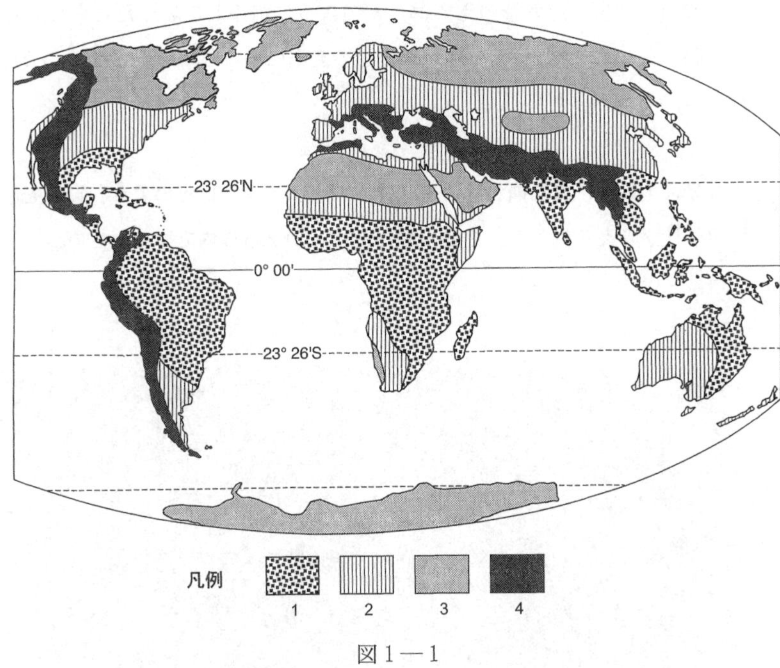

図1—1

凡例：1．風化作用が極めて活発な地域，2．風化作用が中程度の地域，3．風化作用が微弱な地域(氷河に覆われた地域を含む)，4．侵食が激しいため地表に風化物質がほとんど残っていない山岳地域(風化作用の強度は様々である)。

Summerfield, M. A., 1991, Global Geomorphology による。

設問B

図1—2のアとイは，大きな土砂崩れが生じた前と後の地形図を示したものである。

(1) 図1—2ア中の地点X付近の風景は，イの時期にどのように変わったと考えられるか，1行で答えなさい。

⑵ 土砂崩れで生じた多量の土砂は，どのように流下していったと考えられるか，図1―2イ中のY，Z付近の地表面の変化にふれながら，2行以内で述べなさい。

⑶ 多量の土砂が一度に崩れることに伴って，下流部ではどのような災害を起こす可能性が考えられるか，2つの例をあげて，2行以内で述べなさい。

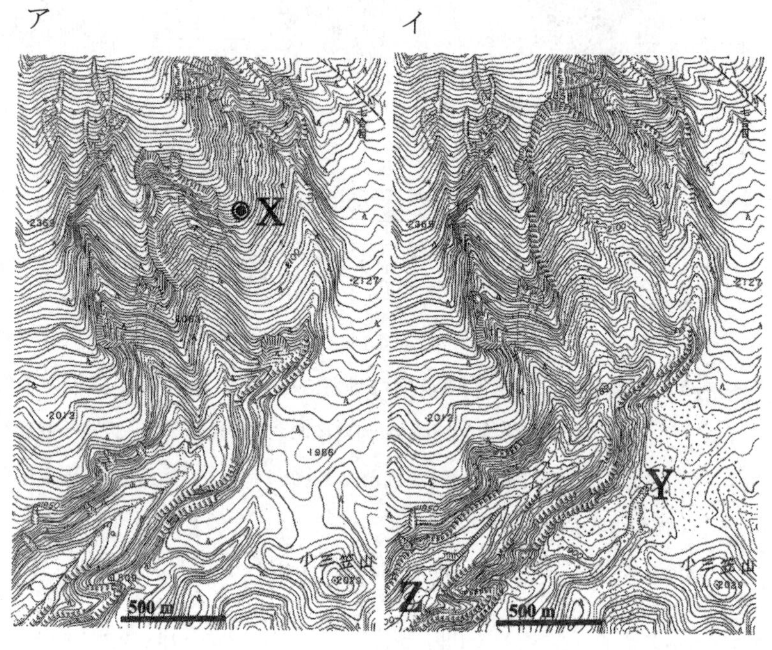

図1―2

1：25,000 地形図(縮小)

第 2 問

世界の農業と水産業に関する以下の設問A～Cに答えなさい。解答は，解答用紙の(ロ)欄を用い，設問・小問ごとに改行し，設問記号・小問番号をつけて記入しなさい。

設問A

世界各地の大陸の沿岸部をみると，海岸線から比較的近い場所に長大な山脈が走り，海岸から内陸に向かって数百キロ移動する間に，自然環境や土地利用が大きく変化する地域がある。このような地域に関する以下の問いに答えなさい。

(1) 図2の地域Aと地域Bにはいずれも砂漠気候がみられる。砂漠気候がみられるのは，それぞれ山脈をはさんで海岸側と内陸側のどちら側か。地域A，地域Bの順に，それぞれの地域の砂漠気候の成立理由とあわせて，全部で3行以内で述べなさい。

(2) 地域Aの概ね2000 m以上の山岳地帯で栽培・飼育されている代表的な農作物と家畜を，それぞれ1つずつ挙げなさい。

(3) 地域Cでは5～10月，11～4月のいずれの時期に降雨が集中するか。その理由とともに，1行で説明しなさい。

(4) 地域Cの海岸地帯で生産されるこの地域の主食となっている農作物(ア)と，山麓の丘陵地帯で生産される代表的な商品作物(イ)を，ア―○，イ―○のように，それぞれ1つずつ挙げなさい。

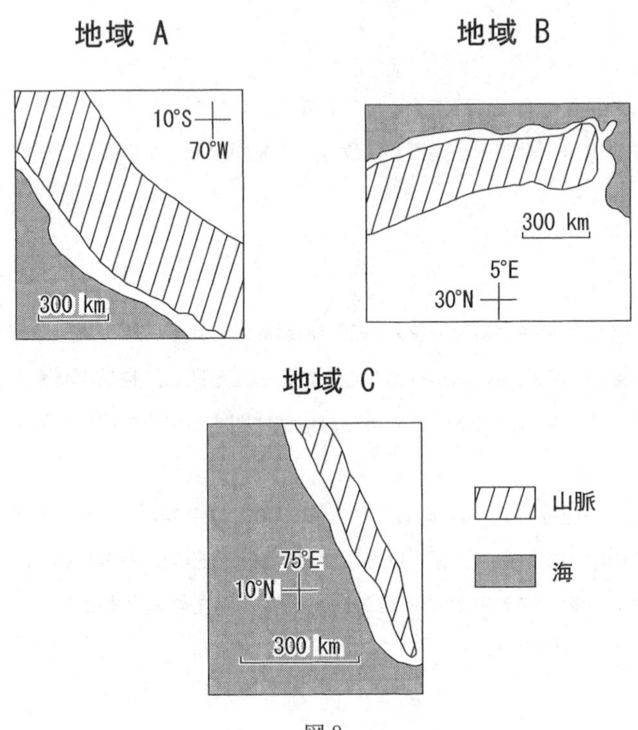

図2

設問B

農産物を，生産された地域のみで消費することに比べて，適地適作の観点から，最適な地域で大規模に生産して国際的に取引する方が，より効率的に，かつ安価に食料を確保することができると言われている。その反面，このことによってどのような問題が生じると考えられるか，想定される問題点を2つ挙げて，3行以内で説明しなさい。

設問C

次ページの表2は，世界の主要な水産国について，1970年から2009年の漁獲量の推移，2009年の漁獲量の世界順位，2009年の養殖業生産量を示している。なお，漁獲量は養殖業生産量を含まない。

⑴　(ア)～(ウ)は，アメリカ合衆国，インドネシア，ペルーのいずれかである。(ア)～(ウ)の国名を，ア―○のように答えなさい。

⑵　(イ)(ウ)両国の養殖業生産量(b)と漁獲量(a)の比率(b)／(a)を比較すると，大きな差が見られる。(イ)国でこの比率が高くなる理由として考えられることを，(イ)国の自然的・社会的条件から，2行以内で述べなさい。

⑶　近年，世界各国で水産資源の持続的利用についての関心が高まり，水産資源を管理するための国際的な取り組みが盛んになっている。このような国際的な取り組みが必要とされる理由を，具体的な水産資源の例を挙げて，下記の語句をすべて用い，3行以内で述べなさい。語句は繰り返し用いてもよいが，使用した箇所に下線を引くこと。

排他的経済水域　　総量規制　　消費量　　生息場所

表2

国	漁獲量(万トン)						養殖業生産量(b)(万トン・2009年)	(b)／(a)
	1970年	1980年	1990年	2000年	2009年(a)	世界順位(2009年)		
中　国	249	315	671	1,482	1,520	1	4,528	2.98
(ア)	1,248	271	687	1,066	692	2	4	0.01
(イ)	115	165	264	412	510	3	471	0.92
(ウ)	279	370	562	476	423	4	48	0.11
日　本	872	1,004	968	509	419	6	124	0.30
世界計	6,383	6,824	8,592	9,467	9,012	—	7,304	0.81

漁獲量と養殖業生産量のいずれも，魚介類と海藻類を含む。
水産白書2010による(原資料はFAO資料および農林水産省資料)。

2013年　入試問題

第 3 問

経済・産業の変化と人口に関する以下の設問A～Bに答えなさい。解答は，解答用紙の(ハ)欄を用い，設問・小問ごとに改行し，設問記号・小問番号をつけて記入しなさい。

設問A

図3―1は，2000年代前半における各国の都市および農村の年齢階層別の人口構成比率を図示したものである。

(1) 図中のA～Cは，インドネシア，スペイン，中国のいずれかである。A～Cの国名を，それぞれA―○のように答えなさい。

(2) アメリカ合衆国の都市では，30～44歳の年齢階層と，その子の世代である0～14歳の年齢階層の間にほとんど差がみられない。このような現象が現れる社会的な理由を，2行以内で述べなさい。

(3) 韓国の都市では，日本の都市と比べて高齢化が進んでいない。その理由を下記の語句をすべて用い，2行以内で述べなさい。語句は繰り返し用いてもよいが，使用した箇所に下線を引くこと。

人口移動　　高度経済成長

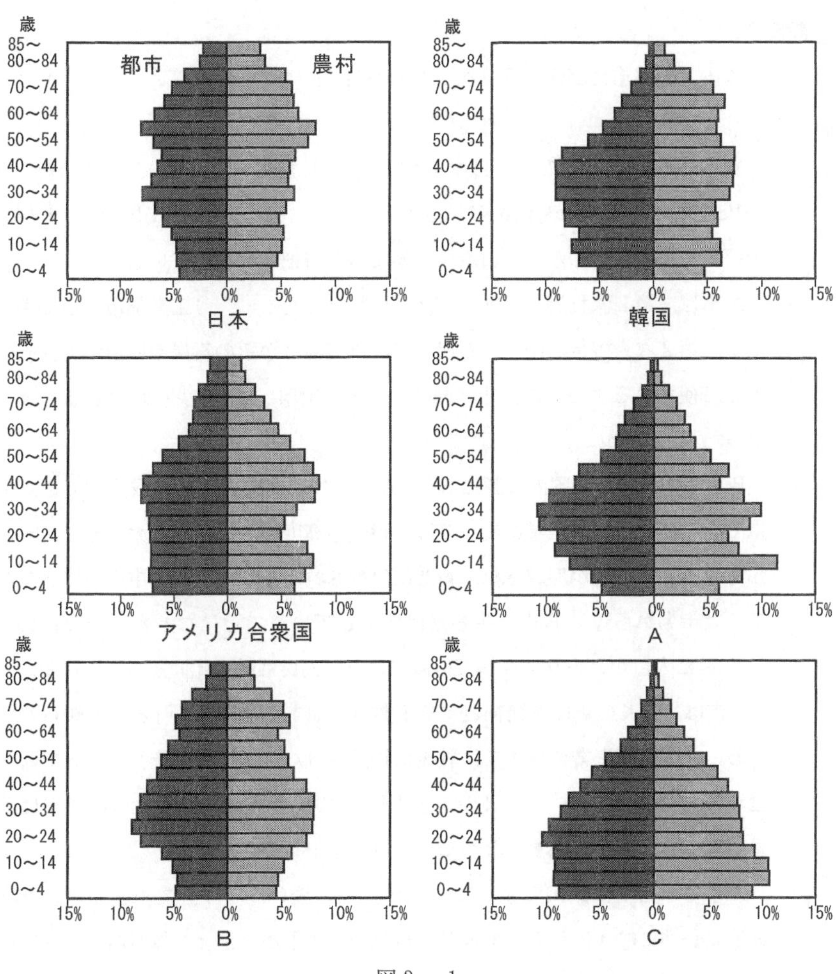

図 3 ― 1

国際連合 Demographic Yearbook による。

設問B

日本の工業都市に関する次々ページの小問(1)〜(4)に答えなさい。

次ページの図3―2は，日本の代表的な工業都市について，1960年から2010年までの人口の変化を示したものである。図中の4つの市では，人口減少が長く続いているが，人口減少が始まった時期が異なっている。

A市は，第2次世界大戦前に石炭を原料とした(　ア　)工業都市として栄えたが，第2次大戦後，国内の石炭に代わって海外からの石炭や原油が工業原料として使われるようになると，早くも1960年代に人口減少を経験することになった。

B市も，戦前から国内資源に依存して(　イ　)工業とともに成長してきた都市である。(　イ　)工業に関しては，戦後の高度経済成長期に太平洋ベルトに臨海コンビナートが形成され，新たに建設された工場に生産の中心が移るなかで，大市場から遠いB市の生産量は低下していくことになった。その結果，1970年に人口がピークに達して以降，B市の人口は減少傾向を示している。

C市は，近くの銅山を発祥とする企業が立地する企業城下町として知られている。非鉄金属工業に加えて，戦後に新設された(　ア　)工業プラントでの生産が盛んであったが，オイルショック後の1980年代に，京葉地区の工場に大量生産品の生産が移転するなかで，人口も減少してきている。

D市も，当初は銅山で栄えていたが，その後(　ウ　)工業が発達し，高度経済成長期には大幅な人口増加がみられた。オイルショック後もハイテク工業化を進め，人口は維持されていたが，(a)1985年〜90年の時期に人口減少が始まっている。

こうした人口減少の続く4市とは対照的に，この50年間を通じて，一貫して人口が増加しているE市には，日本を代表する(　エ　)工業の本社と主力工場が立地している。(　エ　)工業は，E市の工業出荷額の約9割を占めるなど，E市を含めたこの地域の工業の成長を牽引してきた。しかし最近，(b)国や地元自治体では，この地域の工業の業種の幅を拡げる政策を進めてきている。

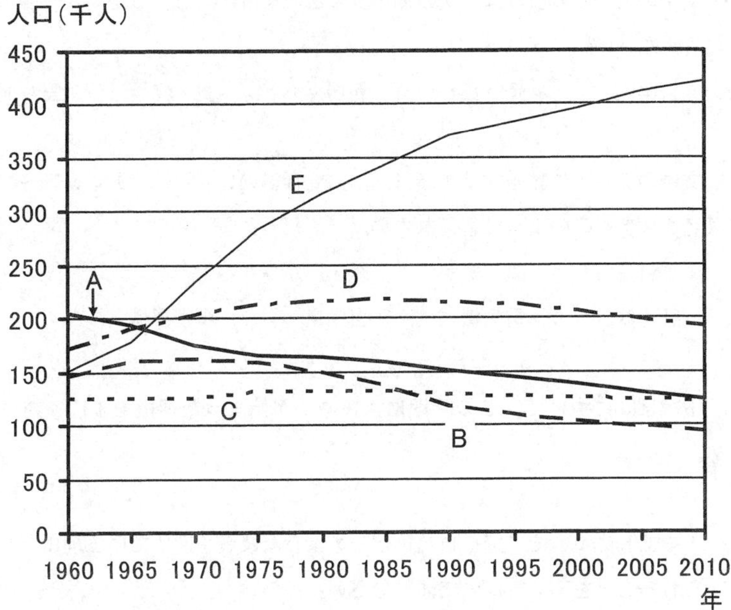

図3―2

各市とも，現在の市域に組み替えた人口を示している。

国勢調査による。

⑴　文中のA～Eの都市は，次の都市群のどの都市に該当するか，A―○のように答えなさい。

大牟田　豊　田　新居浜　日　立　室　蘭

⑵　文中のア～エに該当する工業は，次の業種群のいずれかである。ア～エの業種名を，ア―○のように答えなさい。

食料品　繊　維　紙・パルプ　化　学

製　鉄　電気機械　自動車　精密機械

⑶　下線部⒜について，この時期に人口減少が始まった理由を1行で述べなさい。

⑷　下線部⒝について，国や自治体がそのような政策を進めている理由として考えられることを，2行以内で述べなさい。

– MEMO –

2012年

解答時間：2科目150分
配　　点：120点

第 1 問

ユーラシアとアメリカ合衆国の自然・産業・文化に関する以下の設問A～Bに答えなさい。解答は，解答用紙の(イ)欄を用い，設問・小問ごとに改行し，設問記号・小問番号をつけて記入しなさい。

設問A

次ページの図1は，北緯50°を中心にユーラシア大陸の一部を示したものである。同じ北緯50°付近であっても，自然環境は場所によって大きく異なる。

(1) 図2は，図1中のa，b，cの各地点の気温の年変化を表したグラフである。ア～ウに該当する地点の記号を，ア―○のように答えなさい。また，冬期の気温が地点ごとに異なる理由を，2行以内で説明しなさい。

(2) 図3は，図1中のW，X，Y，Zの各国で飼育されている牛，羊・山羊，馬の頭数を示している。カ～ケに対応する国の記号を，それぞれ，カ―○のように答えなさい。

(3) 図1の湖Sと湖Tについて，周辺の流域環境との関わりにふれながら，湖水深と水質の特徴，ならびにそれらの最近の変化に関して，下記の語句を全部用いて2行以内で説明しなさい。語句は繰り返し用いてもよいが，使用した箇所に下線を引くこと。

気候　　　人為

(4) 図1のW，Zの各国で最も多い人々に信仰されている宗教を，それぞれW―○○教のように答えなさい。

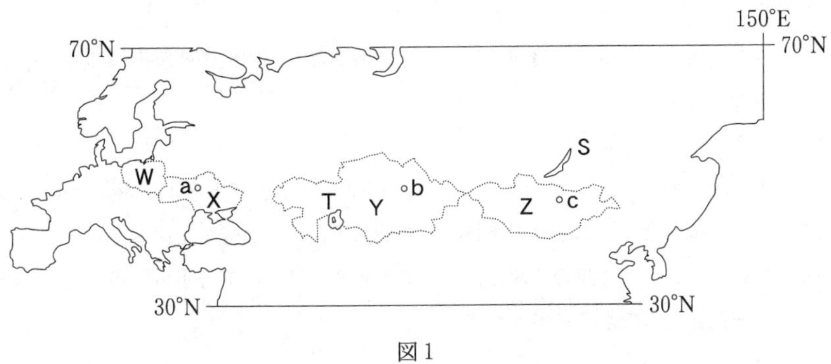

図1

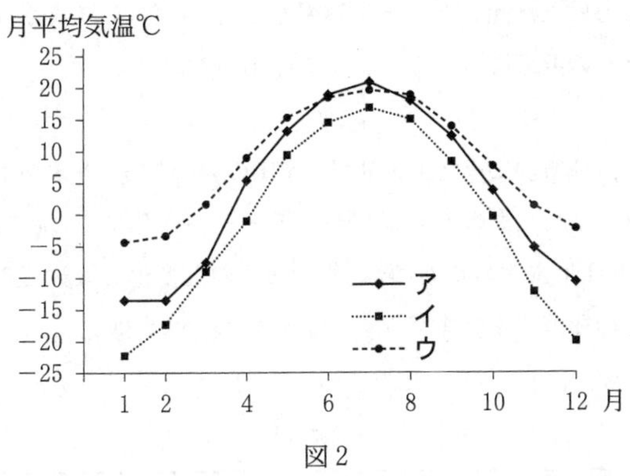

図2

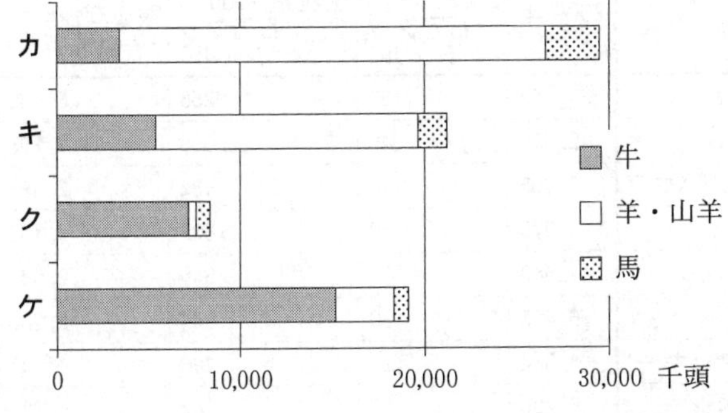

FAO資料による。

図3

設問B

次の表は，アメリカ合衆国における地域別および州別の経済指標の変化をみたものである。

(1) 表1は，アメリカ合衆国の10の州を取り上げ，それぞれの州の人口，小麦生産量，とうもろこし生産量，工業製品出荷額，失業率を比べたものである。表1のa～eの州の位置に該当する番号を，図4の番号①～⑤から選び，それぞれa—○のように答えなさい。

(2) 表1にあげた諸州における失業率をもとに，2005年以降の雇用変化の地域的特徴とその要因について，2行以内で述べなさい。

(3) 表2は，地域別にみたアメリカ合衆国の製造業被雇用者数および地域別構成比の変化を示したものである。1967年から1987年までの時期(第1期)と1987年から2008年までの時期(第2期)でみられた変化には，どのような違いがあるか，その要因にふれながら，3行以内で述べなさい。

表1

州　名	人口 2009年 (千人)	小麦生産量 2009年 (百万ブッシェル)	とうもろこし生産量 2009年 (百万ブッシェル)	工業製品出荷額 2008年 (億ドル)	失業率	
					2005年 (%)	2009年 (%)
(a)	24, 782	61	255	6, 439	5. 4	7. 6
(b)	12, 910	46	2, 053	2, 703	5. 8	10. 1
ペンシルバニア	12, 605	10	132	2, 493	5. 0	8. 1
(c)	9, 970	39	309	2, 107	6. 8	13. 6
オハイオ	11, 543	71	546	2, 982	5. 9	10. 2
インディアナ	6, 423	30	934	2, 208	5. 4	10. 1
ケンタッキー	4, 314	22	190	1, 141	6. 0	10. 5
テネシー	6, 296	17	87	1, 386	5. 6	10. 5
(d)	2, 819	370	598	843	5. 1	6. 7
(e)	647	377	200	140	3. 4	4. 3

アメリカ合衆国商務省資料による。

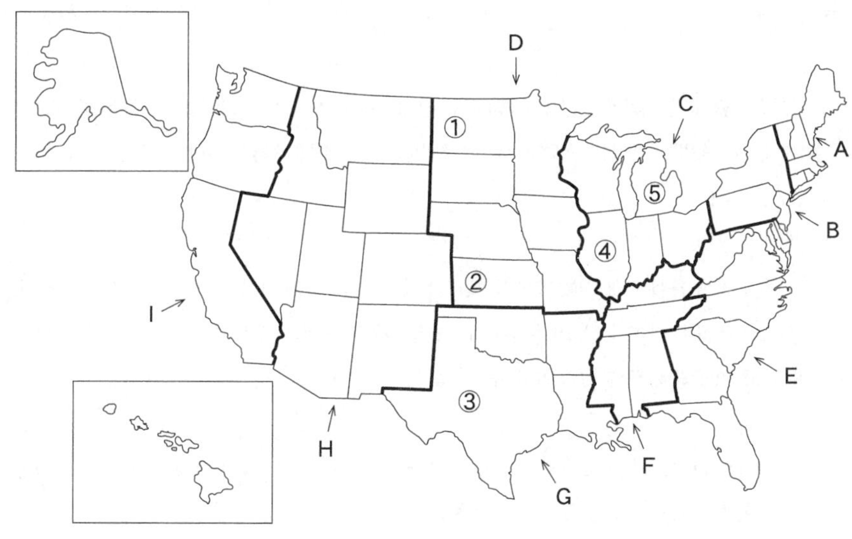

図4

A～Iは，表2の地域名記号の領域を示す。

表2

地域名記号	地域名	1967年		1987年		2008年	
		製造業被雇用者数（千人）	地域別構成比（%）	製造業被雇用者数（千人）	地域別構成比（%）	製造業被雇用者数（千人）	地域別構成比（%）
A	ニューイングランド	1, 562	8	1, 350	7	670	5
B	中部大西洋岸	4, 360	23	3, 007	16	1, 426	11
C	東北中部	5, 151	27	4, 186	22	2, 886	23
D	西北中部	1, 206	6	1, 322	7	1, 173	9
E	南部大西洋岸	2, 502	13	3, 104	16	1, 884	15
F	東南中部	1, 092	6	1, 303	7	1, 004	8
G	西南中部	1, 083	6	1, 432	8	1, 315	10
H	山岳部	315	2	596	3	589	5
I	太平洋岸	2, 050	11	2, 650	14	1, 834	14
アメリカ合衆国		19, 323	100	18, 950	100	12, 781	100

注　A～Iの数値の合計は，アメリカ合衆国の数値と一致しないことがある。
アメリカ合衆国商務省資料による。

2012年　入試問題

第 2 問

世界の農林業に関する以下の設問A～Cに答えなさい。解答は，解答用紙の(ロ)欄を用い，設問・小問ごとに改行し，設問記号・小問番号をつけて記入しなさい。

設問A

表1は，各種の農作物の輸出額の上位6位までの国について，2008年の輸出額とその順位，および1998年と1988年の順位を示している。なお，この輸出額にはそれぞれの農作物の加工品は含まれていない。

(1) A～Dは，米，とうもろこし，コーヒー，茶のいずれかである。A～Dの品目名を，A―○のように答えなさい。

(2) (ア)～(エ)の国名を，(ア)―○のように答えなさい。

(3) (イ)国は，1988年から2008年の間に，AとBでの輸出額順位を大きく上昇させている。その共通の理由として考えられることを，この国の社会状況を踏まえて，2行以内で述べなさい。

(4) 消費者の間では，AやCの農作物の中で，一定の条件を満たすものを，他に比べて割高であっても購入しようとする動きが見られるようになってきている。そのような動きが見られるようになった理由を，以下の語句を全部使用して，2行以内で述べなさい。語句は繰り返し用いてもよいが，使用した箇所に下線を引くこと。

国際相場　　持続　　農民

表1

品目	2008年順位	国	2008年輸出額（百万ドル）	1998年順位	1988年順位
A	1	（ア）	4, 132	1	1
	2	（イ）	2, 114	4	29
	3	コロンビア	1, 905	2	2
	4	インドネシア	989	6	3
	5	ドイツ	917	10	12
	6	ベルギー[1)]	769	18	46
		世界計	16, 627		
B	1	（ウ）	6, 109	1	1
	2	（イ）	2, 896	4	15
	3	インド	2, 582	2	5
	4	アメリカ合衆国	2, 214	3	2
	5	パキスタン	1, 682	6	3
	6	イタリア	820	7	4
		世界計	19, 955		
C	1	（エ）	1, 259	1	3
	2	ケニア	935	2	4
	3	中国[2)]	701	4	1
	4	インド	590	3	2
	5	イギリス	325	5	5
	6	ドイツ	207	7	9
		世界計	5, 521		
D	1	アメリカ合衆国	13, 885	1	1
	2	アルゼンチン	3, 531	3	4
	3	フランス	2, 298	2	2
	4	（ア）	1, 405	28	46
	5	ハンガリー	986	5	10
	6	インド	781	62	68
		世界計	26, 933		

注　1) 1998年, 1988年はルクセンブルクを含む。
　　2) 台湾・ホンコンを含まない。
FAO資料による。

設問B

中国の2008年の農産物(加工品も含む)の輸入額は801億米ドル，輸出額は359億米ドルである(FAO資料による。なお，中国には台湾を含む。ホンコン，マカオは含まない)。

⑴ 中国の輸入額上位の農産物には，大豆などのほか，パーム油(ヤシ油)，大豆油が含まれる。これら油脂類が大量に輸入されている背景を，2行以内で述べなさい。

⑵ 中国では，農産物の輸入額が輸出額を大きく上回っているが，輸出額の規模も決して小さくない。輸出額上位には，農産物のさまざまな加工食品，調理済み食品，冷凍食品などが含まれる。これらの品目が主要な輸出品目となっている背景を，2行以内で述べなさい。

設問C

地球上の森林(地上部)には約289ギガ(10^9)トンの炭素が蓄積されていると推定されるが，1990年から2010年にその3.5％が失われている。

図1は，世界をアフリカ，アジア，ヨーロッパ(含むロシア)，南米，北中米，オセアニアの6つの地域に分けて炭素蓄積量の推移を示したものである。図中のA地域で炭素蓄積量が最も多いのは，「地球の肺」とも言われている広大な熱帯林を有しているからである。B地域では，人口の増加率が最も高い。C地域とD地域は，いずれも炭素蓄積量を増加させているが，化石燃料消費量も多い。なお，国民一人あたりの二酸化炭素排出量が最も多い国は，D地域に含まれている。

⑴ A地域やB地域で起こっている炭素蓄積量減少の主な要因を2つ，あわせて2行以内で述べなさい。

⑵ C地域とD地域では炭素蓄積量が増加している。これにはどのような要因が考えられるか，1行で説明しなさい。

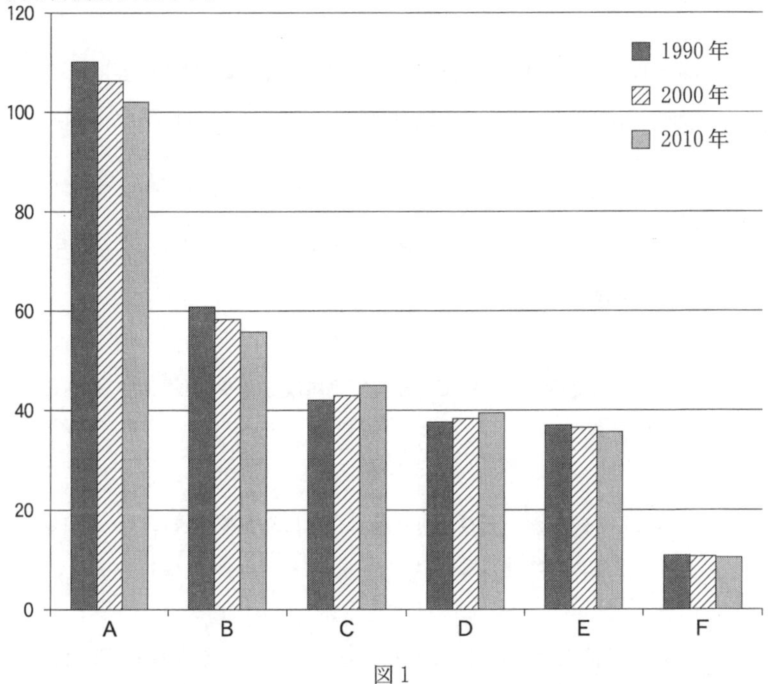

図1

FAO資料による。

第 3 問

地図に関する以下の設問A～Bに答えなさい。解答は，解答用紙の(ハ)欄を用い，設問・小問ごとに改行し，設問記号・小問番号をつけて記入しなさい。

設問A

図1は，フランドル(現ベルギー)の地理学者オルテリウスが，1570年に作成した世界地図である。

(1)　a～cの位置に描かれている特定の緯度を示す線(緯線)の名称を，a―○のように答えなさい。

(2)　bとcの緯線が，それぞれどのような自然現象の境になっているのかを，あわせて2行以内で述べなさい。

(3)　地図に示されている陸地の分布や形は，現実にかなり近い場合と，そうでない場合がある。この原因の一つは，地図の作成時には，ある場所の地球上での位置を知ることが，今よりも難しかったためである。当時，位置の決定に使われたおもな方法と，それに起因する地図の正確さ，不正確さの内容を，以下の語句を全部用いて3行以内で述べなさい。語句は繰り返し用いても良いが，使用した箇所に下線を引くこと。

緯度　　経度　　時間　　天文

(4)　地図の不正確さの内容には，位置の決定に用いた方法とは異なる原因によるものも認められる。このような不正確さがみられる代表的な地域の例と，その原因を，あわせて2行以内で述べなさい。

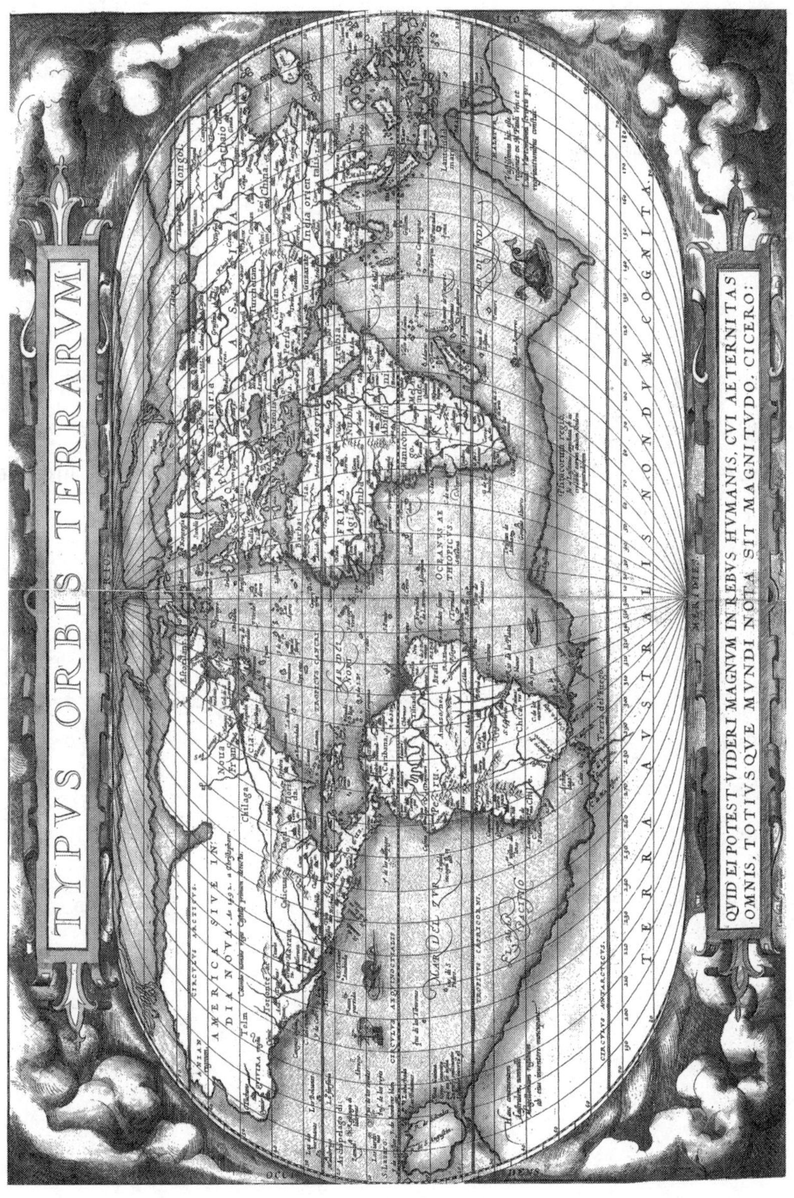
TYPVS ORBIS TERRARVM
QVID EI POTEST VIDERI MAGNVM IN REBVS HVMANIS, CVI AETERNITAS OMNIS, TOTIVSQVE MVNDI NOTA SIT MAGNITVDO. CICERO.
TERRA AVSTRALIS NONDVM COGNITA

c　b　a

図1

設問B

図2は，現在の東京都心およびその周辺部の標高を図示したものである。

⑴　図2のA地区では，もとの地形が人為の影響によって変化していることが読み取れる。このような変化を2種類指摘し，それぞれの原因とあわせて3行以内で述べなさい。

⑵　図2の西部の台地では，開析が進み，入り組んだ形で谷地が分布していることが読み取れる。これらの谷地に存在した河川の多くは，1960年代頃に暗渠(きょ)化(フタをかけ，地中化すること)されている。河川の暗渠化が進んだ主な理由を，以下の語句を全部用いて2行以内で述べなさい。語句は繰り返し用いてもよいが，使用した箇所に下線を引くこと。

拡幅　　生活環境　　都市化

⑶　図中の沿岸部には，多くの人工島がある。日本の大都市沿岸部に形成されたこうした人工島に，立地適性があると考えられる公共施設の例を1つあげ，その理由とあわせて2行以内で述べなさい。

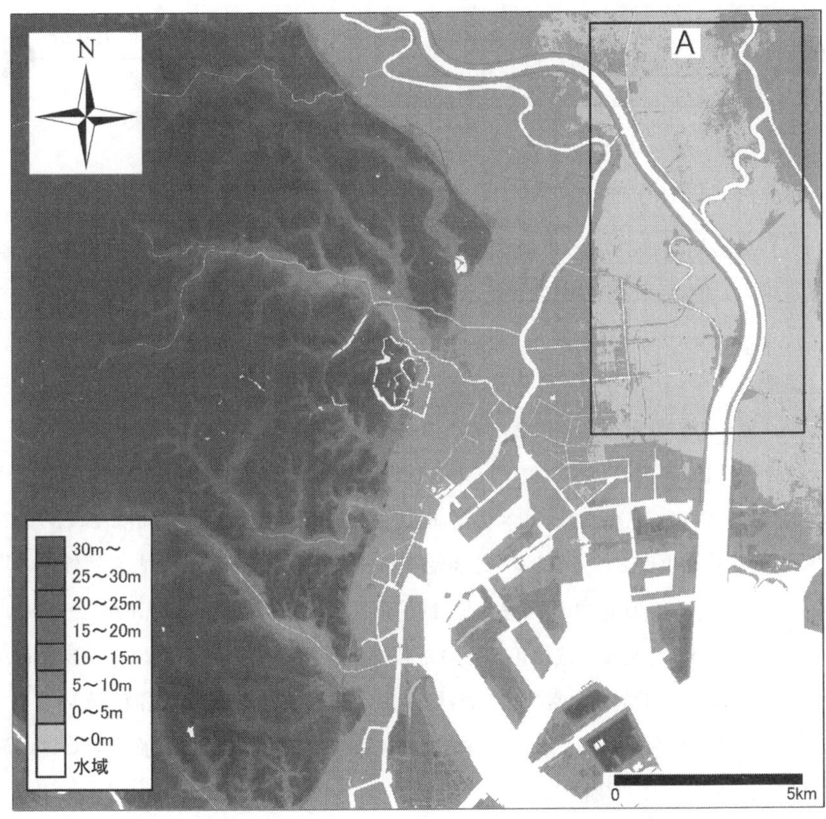

図 2

国土地理院『数値地図 5 m メッシュ(標高)』による。

2011 年

解答時間：2 科目 150 分
配　　点：120 点

第 1 問

自然と人間に関する以下の設問Ａ～Ｂに答えなさい。解答は，解答用紙の(イ)欄を用い，設問・小問ごとに改行し，設問記号・小問番号をつけて記入しなさい。

設問Ａ

世界の自然災害に関する次の小問に答えなさい。図 1 (168~169ページ)のａ～ｆは，1970 年代以降に，それぞれの国において 6 種類の自然災害(火山災害，干ばつ，水害，地震災害，風害，斜面災害)が何回発生したかを集計し，その数を「多い」，「中程度」，「少ない」の 3 段階で表した地図である。たとえば風害の場合，発生回数 31 回以上が「多い」，11～30 回が「中程度」，10 回以下が「少ない」となっている。図の作成に用いられた自然災害は，死者が 10 人以上，被災者が 100 人以上，政府が非常事態を宣言，政府が国際支援を公式に要請，という 4 つの基準のうち，少なくとも 1 つを満たすものである。なお，斜面災害とは山崩れ，地すべり，雪崩を指す。

⑴　図 1 のうち，ａは斜面災害，ｂは水害を示している。また，ｃ～ｆは，火山災害，干ばつ，地震災害，風害のいずれかである。ｃ～ｆがこれらのどれにあたるかを，ｃ―○のように答えなさい。

⑵　図 1 のａとｂを比較すると，日本では斜面災害が多いが水害の頻度は中程度であり，アメリカ合衆国では水害が多いが斜面災害は少ない。このような両国の相違が生じた原因のうち，地形および人口の分布の違いについて，2 行以内で述べなさい。

(3) 図 2 (170ページ)のＰとＱは，世界で生じた自然災害による死者数と被災者数を，1900 年～2008 年の期間について示している。棒グラフは各年の値を示し，折れ線グラフは各年の値をもとにした長期的な傾向を示している。20 世紀の中頃から，自然災害による死者が減少傾向にあり，被災者数が増加傾向にある理由を，3 行以内で述べなさい。

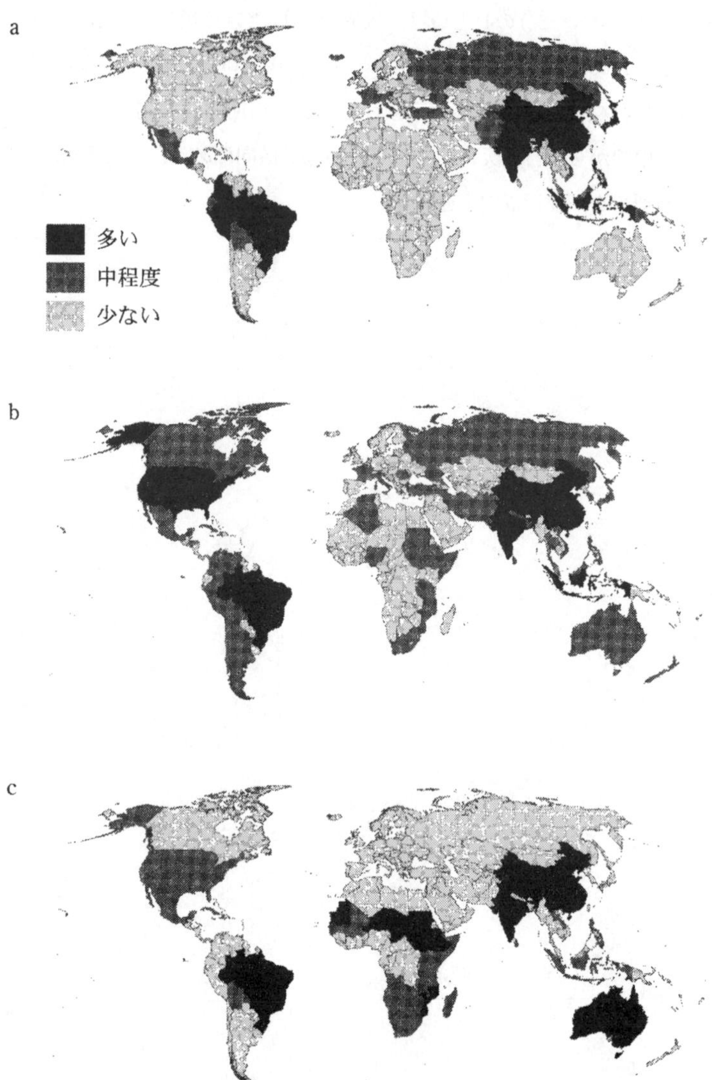

図１　出典：EM-DAT, Centre for Research on the Epidemiology of Disasters (CRED)

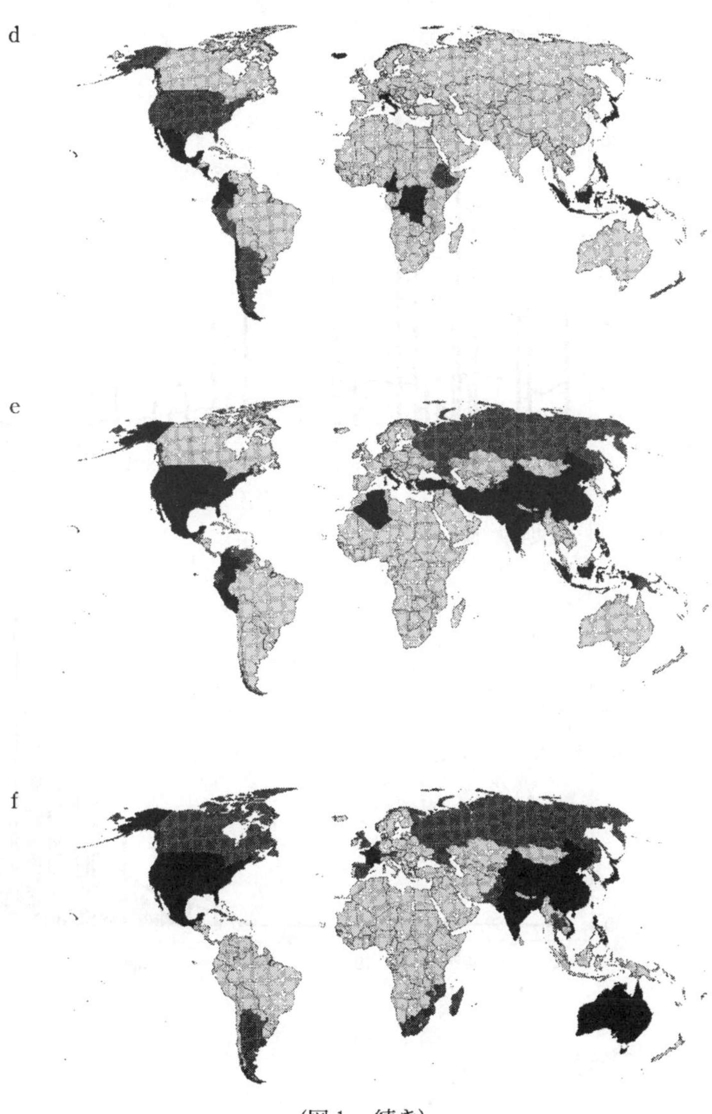

（図 1　続き）

P
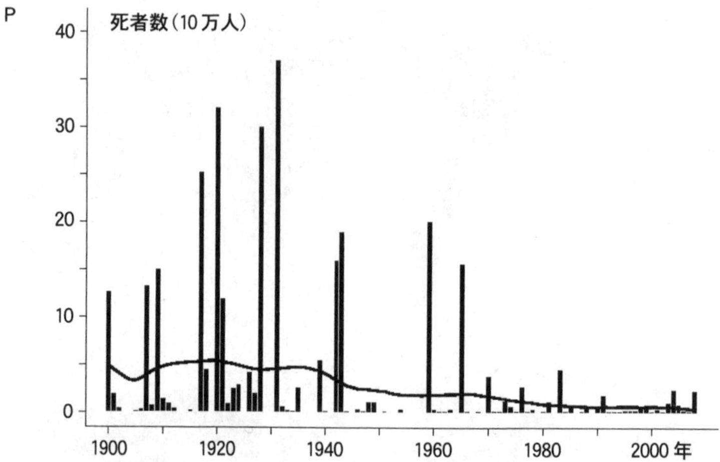

Q
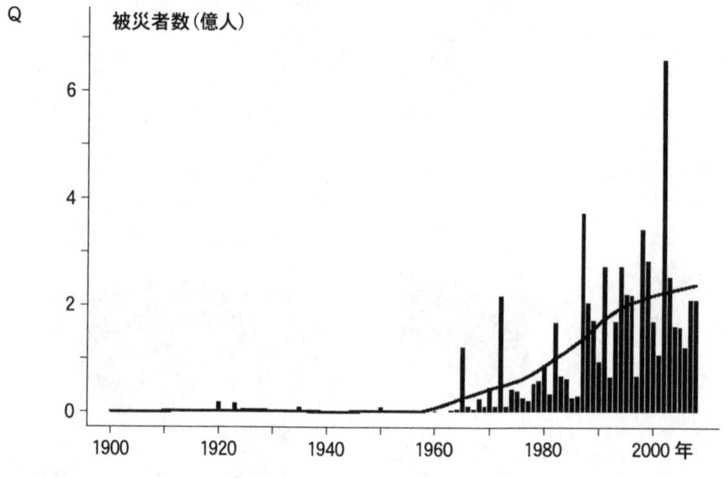

図 2　出典は図 1 と同じ。

設問B

172ページの図3と173ページの図4は，大正13年と平成5年に発行された同じ場所の地形図である。これらの図をみて，以下の小問に答えなさい。

(1) 図3，4のX，Y，Zの各集落が立地している場所に共通の地形名称を答え，続けて，そこに立地した理由を2行以内で述べなさい。

(2) 図3，4の集落KとLに共通した立地条件の特徴について，下記の語句を全部用いて2行以内で述べなさい。語句は繰り返し用いてもよいが，使用した箇所に下線を引くこと。

洪水　　扇状地　　地下水

(3) 河川Aの北と南とでは土地利用の変化に大きな違いが認められる。その違いと，そうした違いが生じた理由について，合わせて4行以内で述べなさい。

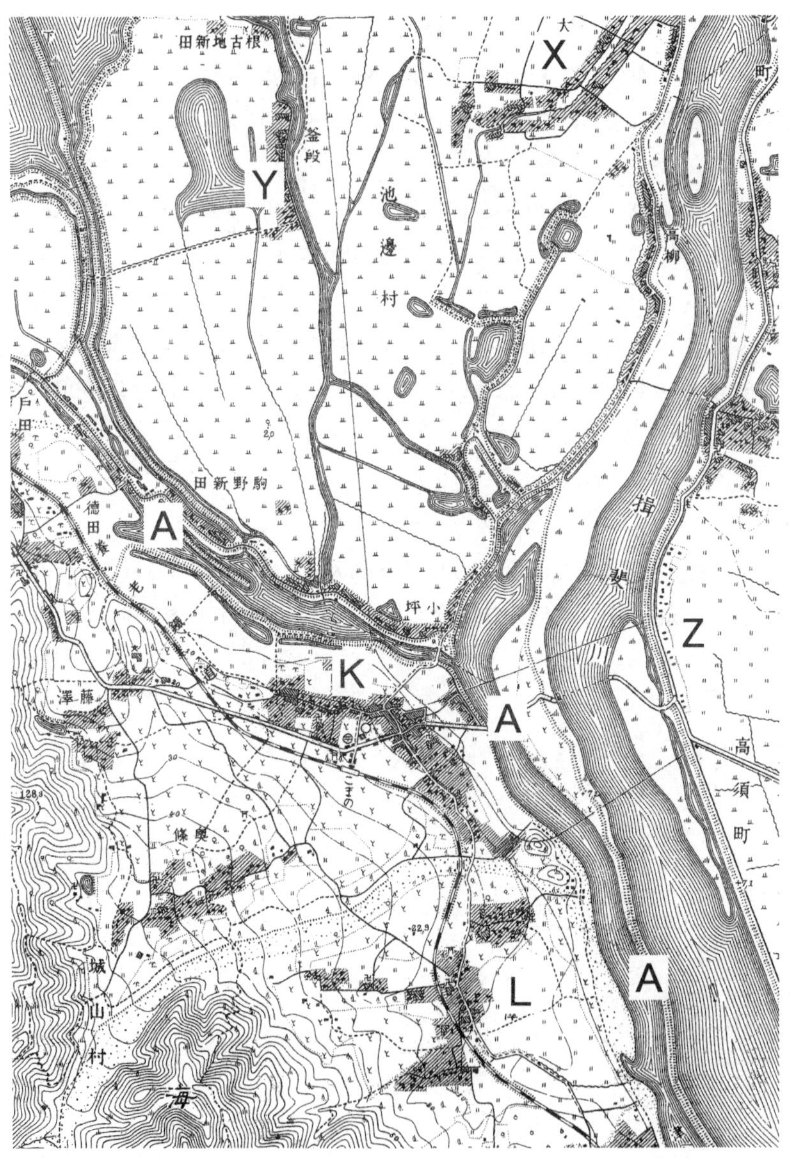

図3

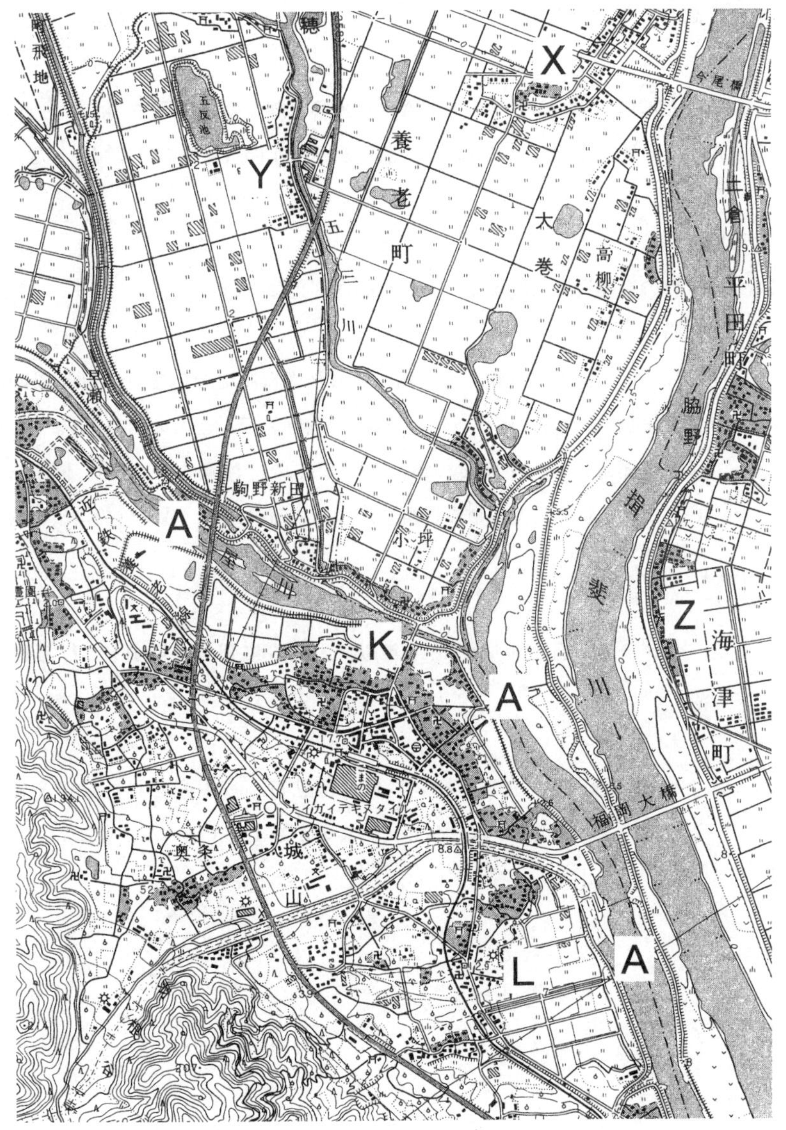
X
Y
A
A
A
A
K
L
Z
五反池
養老町
大巻
高柳
五三川
駒野新田
小坪
揖斐川
平田町
脇野
海津町
福岡大橋
今尾橋
奥条
城山
早瀬
ナイガイテキスタイル

図4

第 2 問

資源と環境に関する以下の設問A～Cに答えなさい。解答は，解答用紙の(ロ)欄を用い，設問・小問ごとに改行し，設問記号・小問番号をつけて記入しなさい。

設問A

世界の金属資源に関する以下の小問に答えなさい。

(1) 図1は，世界の水銀，鉄，銅，鉛の金属資源について，1980年以降の鉱石生産量(鉱石から生産された金属量)の推移を示したものである(なお，図1では，金属毎に鉱石生産量の単位が異なるので注意すること)。図中A，B，C，Dがそれぞれどの金属資源を示しているのかを，A—○のように答えなさい。

(2) 金属Dの鉱石生産量が1990年以降，減少に転じた理由を1行で述べなさい。

(3) 2007年時点で，金属Cの全消費量は鉱石から生産された量の2.2倍になる。このような現象がなぜ生じているのかを1行で述べなさい。

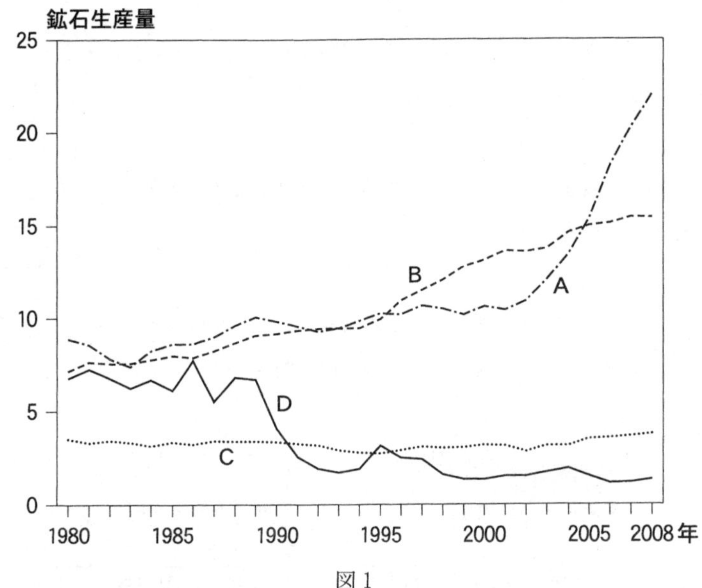

図 1

A～D の単位はそれぞれ以下の通りである。A：億トン，B：百万トン，C：百万トン，D：千トン。

アメリカ合衆国地質調査所資料による。

設問B

図2は主要なレアメタルの生産量(2007年)上位3ヶ国とそのシェアを示したものである。

(1) 図2より読み取ることができる，レアメタルの資源供給上の特徴および問題点を2行以内で述べなさい。

(2) レアメタル資源に関して，日本やヨーロッパ諸国などが実施している主な資源政策を2つ，合わせて2行以内で述べなさい。

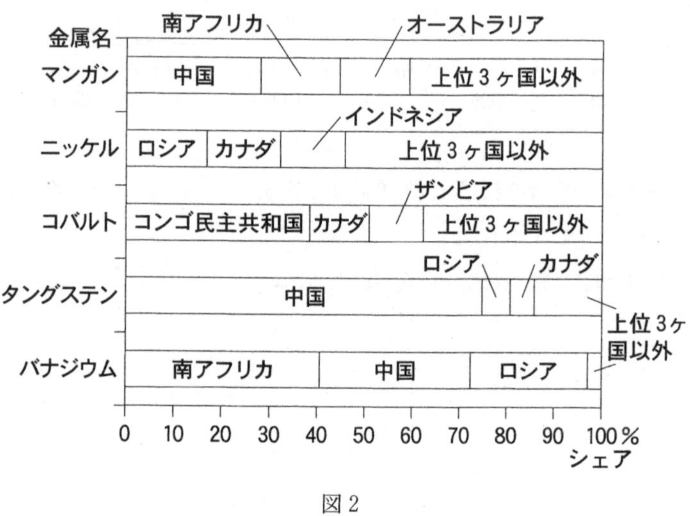

図2

アメリカ合衆国内務省・地質調査所『Minerals Yearbook』による。

設問C

図3はある非金属資源の世界供給量の推移を内訳別に示している。この資源は，かつては日本の鉱山からも採掘されていたが，近年は採掘されないようになった。

(1)　この資源名を答えなさい。

(2)　この資源で石油や天然ガスからの回収が増加している理由とその背景を，下記の語句を全部用いて3行以内で述べなさい。語句は繰り返し用いてもよいが，使用した箇所に下線を引くこと。

大気　　雨　　精製

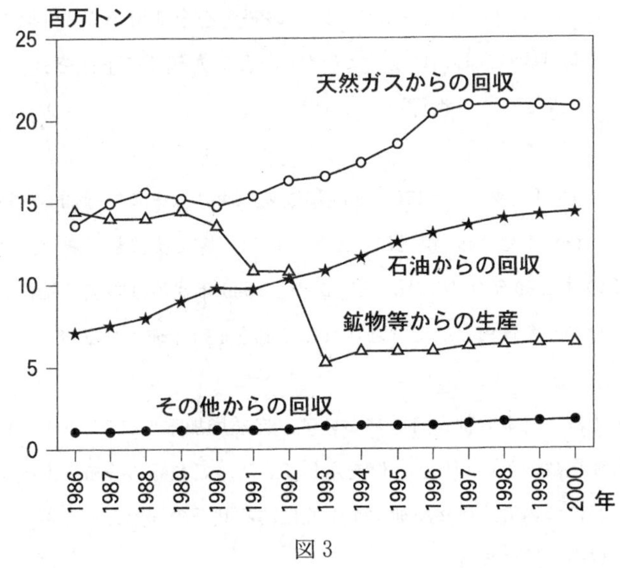

図3

NIRE資料による。

第 3 問

日本の人口と人口移動に関する以下の設問A～Bに答えなさい。解答は，解答用紙の(ハ)欄を用い，設問・小問ごとに改行し，設問記号・小問番号をつけて記入しなさい。

設問A

(1) 図1は，日本で1年間に生まれてくる子供の数(出生数)と亡くなる人の数(死亡数)および65歳以上人口の推移を示している。出生数は，1955年から1970年まで100万人台であったが，1971年から1974年の間は200万人を超え，1975年には再び100万人台となった。なお，1966年に出生数が一時的に落ち込むのは「ひのえうま」の影響である。1970年代前半に，このような出生数のピークが見られた理由を，以下の語句を全部用いて2行以内で述べなさい。語句は繰り返し用いてもよいが，使用した箇所に下線を引くこと。

出生率　　世代　　戦争

(2) 図1で，65歳以上人口は1955年以来，速いペースで増加し続けているのに対し，死亡数は1980年代に入るまでほぼ一定で推移しており，増加傾向を見せるのは1980年代半ば頃からである。1980年代半ば頃まで死亡数の増加が見られなかった理由として考えられることを1行で述べなさい。

(3) 表1は，日本の都道府県について，自然増加率(人口1,000人あたりの出生数と死亡数の差)の上位10位を示している。これらのうち，沖縄県を除いた9都府県について，自然増加率が上位にある共通の理由として考えられることを2行以内で述べなさい。

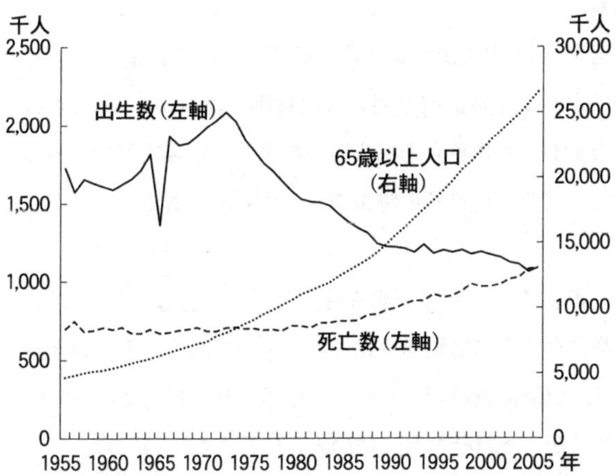

図1

出生数と死亡数は「人口動態統計」による。

65歳以上人口は総務省資料に基づいて推計。

表1

(2006年)

順位	都府県	自然増加率
1	沖　縄	5.4
2	愛　知	2.5
3	神奈川	2.3
4	滋　賀	2.2
5	埼　玉	1.8
6	千　葉	1.2
7	大　阪	1.0
8	東　京	0.7
9	兵　庫	0.4
10	福　岡	0.4

自然増加率は，人口1,000人あたりの出生数と死亡数の差。

「人口動態統計」による。

2011年　入試問題

設問B

国勢調査では10年に1度，調査時点の常住地と5年前の常住地とを比べることによって，都道府県間の人口移動を調べている。181~182ページの図表は，都道府県間の人口移動を転入後の産業別・年齢階層別にみるとともに，主な都道府県における人口移動の特徴を示したものである。

(1) 表2は，2000年を調査時点として，主な産業について都道府県間移動者の割合と年齢階層別構成比をみたものである。表中の産業ａ～ｄに該当する産業は，農業，製造業，金融・保険業，サービス業のいずれかである。該当する産業名を，それぞれａ—○のように答えなさい。

(2) 図2は，2000年を調査時点として，各都道府県の常住者のうち，他都道府県から転入してきた人の割合を示したものである。地方圏のなかで，宮城県，香川県，福岡県で割合が高くなっているが，これらの県に共通する理由を1行で述べなさい。

(3) 表3は，1990年と2000年の2時点について，6つの都道府県をＡ群とＢ群とに分け，他都道府県からの転入者数と産業別人口移動の変化をみたものである。ただし，表3には，産業別人口移動の変化の特徴的な産業のみを示している。Ａ群とＢ群との差異と，そうした差異が生じた理由を，以下の語句を全部用いて，3行以内で述べなさい。語句は繰り返し用いてもよいが，使用した箇所に下線を引くこと。

空洞化　　自然環境　　年齢

表2

産　業	各産業就業者を100とした場合の都道府県間移動者の割合(%)	都道府県間移動者の年齢階層別構成比(%)						
		15～24歳	25～34歳	35～44歳	45～54歳	55～64歳	65歳以上	合計
(a)	13.5	9.2	42.6	29.1	15.5	3.5	0.2	100
公　務	11.2	20.7	40.6	21.9	13.3	3.3	0.3	100
(b)	8.6	24.2	44.1	17.3	8.7	4.6	1.0	100
卸売・小売業	7.9	29.8	36.5	18.1	11.2	3.8	0.5	100
(c)	6.6	16.9	43.6	20.8	12.8	5.3	0.6	100
建設業	5.6	14.4	41.5	18.8	16.6	7.7	1.1	100
(d)	0.8	19.3	36.6	16.6	13.0	10.7	3.8	100

注：卸売・小売業には飲食店も含む。
国勢調査による。

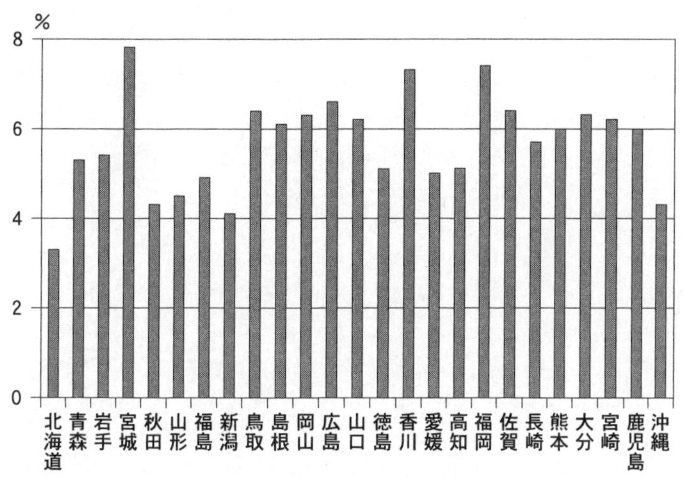

図2

注：首都圏，中部圏，近畿圏の都府県を除く地方圏を示した。

国勢調査による。

表3

	都道府県	他都道府県からの転入者数			変化の特徴的な産業および1985年～1990年と1995年～2000年の2期間における転入者数の増減率					
		1985年～1990年（千人）	1995年～2000年（千人）	2期間の増減率（%）	産業	増減率（%）	産業	増減率（%）	産業	増減率（%）
A群	東京	1, 162	1, 155	▲1	金融・保険業	▲16	サービス業	13	卸売・小売業	▲2
	愛知	370	353	▲5	製造業	▲33	サービス業	11	卸売・小売業	6
	大阪	501	480	▲4	金融・保険業	▲18	サービス業	6	卸売・小売業	▲5
B群	北海道	140	158	13	農業	90	サービス業	31	卸売・小売業	19
	長野	90	108	21	農業	58	卸売・小売業	28	サービス業	23
	沖縄	40	45	14	農業	31	サービス業	21	卸売・小売業	10

注：▲は減少を意味する。

国勢調査による。

– MEMO –

2010年

解答時間：2科目150分
配　　点：120点

第 1 問

世界と日本のダムと環境に関連する以下の問(1)～(5)に答えなさい。解答は，解答用紙の(イ)欄を用い，問ごとに改行し，冒頭に問番号をつけて記入しなさい。

(1) ザンベジ川のカリバダムと，エニセイ川のクラスノヤルスクダムは，いずれも世界有数の貯水量を有するダムである。これらのダムは異なる気候帯に属している。これら2つのダムの目的の違いを，気候に関連づけて，2行以内で述べなさい。

(2) ダムには水だけでなく，上流域で侵食によって生じた土砂が，流れ込んで堆積する。次ページの図1は，その量をもとにダムの流域の侵食速度を推定し，その分布を示したものである。中部地方には特に侵食速度の大きなダムが集中し，四国地方にも侵食速度の比較的大きなダムがみられるが，中国地方には侵食速度の小さなダムが多い。このような地域差が生じた要因として，考えられることを，2行以内で述べなさい。

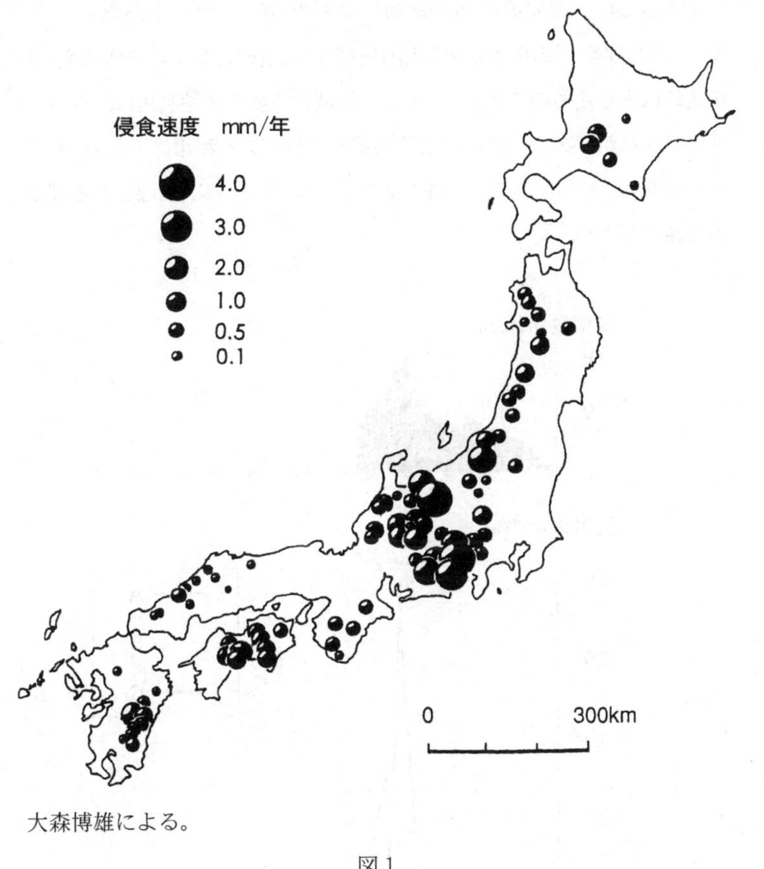

大森博雄による。

図1

(3) ダムに土砂が堆積することによって生じる問題を，下記の語句を全部用いて，3行以内で説明しなさい。語句は繰り返し用いてもよいが，使用した箇所には下線を引くこと。

海岸　　洪水　　水資源

⑷　下の図2は，流域の面積や地形は同様だが，土地利用が異なる3つの河川A～Cにおける，降雨開始後の流出量(河川流量の通常からの増加量)の変化を，模式的に表したものである。A～Cの流域の主要な土地利用は，森林，水田，裸地のいずれかである。流域の土地利用が森林である河川は，A～Cのいずれであるかを答え，続けて，この図をもとに森林が「緑のダム」と呼ばれる理由を3行以内で述べなさい。

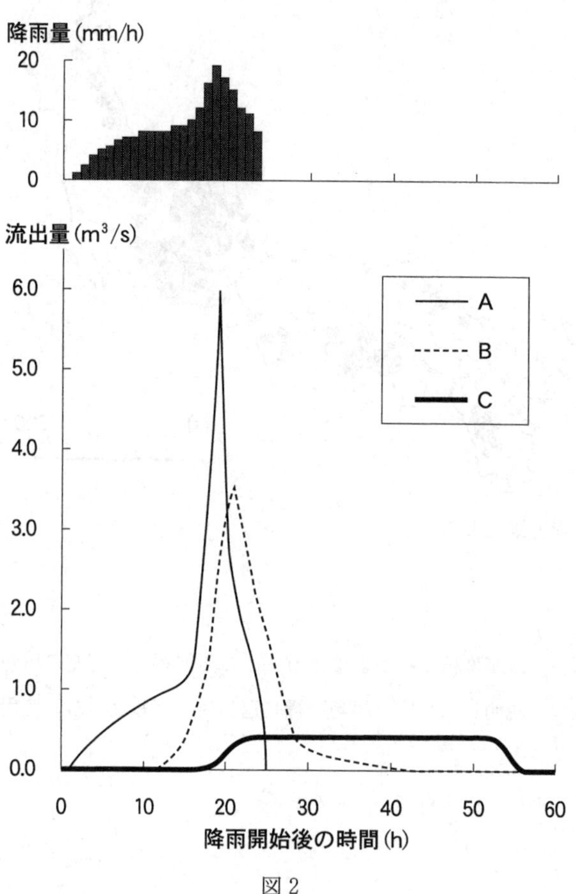

図2

⑸　日本の日本海側の積雪や，ヨーロッパアルプス・ヒマラヤ・ロッキーなど世界各地に広がる氷河は，「白いダム」とも呼ばれる。「白いダム」は，⑷でとりあげた「緑のダム」と比較して，どのような役割があると考えられるか，下記の語句を全部用いて，3行以内で説明しなさい。語句は繰り返し用いてもよいが，使用した箇所には下線を引くこと。

季節　　流出　　渇水

第 2 問

東アジア・東南アジア・南アジアにおける地域間の交流と，社会・経済の変動に関連する以下の設問Ａ～Ｂに答えなさい。解答は，解答用紙の㋺欄を用い，設問・小問ごとに改行し，設問記号・小問番号をつけて記入しなさい。

設問Ａ

次ページの表は，東アジア・東南アジア・南アジアの6つの国(地域)の国籍保持者のうち，2008年に観光，商用などを目的とする旅行者(短期滞在者)として日本へ入国した者の，入国目的別の実数と割合を示したものである。

⑴　表中のア～エは，インド，中国，台湾，フィリピンのいずれかである。ウ，エの国(地域)名を，それぞれウ—○のように答えなさい。なお中国には，香港，マカオは含まれない。

⑵　⑴のように判断した理由を2行以内で述べなさい。

⑶　アの入国目的別割合をみると観光の占める割合が高い。アからの旅行者にとって，日本のどのような地域が観光地として人気が高いと考えられるか。京都・奈良以外に具体例を2つ挙げ，それぞれの理由とあわせて，全体で2行以内で述べなさい。

⑷　日本国籍保持者のイへの旅行者数は約400万人(2007年，世界観光機関による)と，イの日本への旅行者数を大幅に上回っている。このような不均衡が生じている理由を，２つの要因を挙げて２行以内で述べなさい。

表

単位：千人

国(地域)	総　数	観　光		商　用		親族訪問ほか	
韓　国	2,219	1,716	77%	326	15%	177	8%
ア	1,354	1,232	91%	90	7%	33	2%
イ	636	386	61%	191	30%	58	9%
シンガポール	164	131	80%	27	16%	6	4%
ウ	55	15	28%	16	29%	24	43%
エ	42	6	15%	23	55%	12	29%

法務省入国管理局資料による。

設問Ｂ

次ページの図のＡ～Ｄは，東アジアの主要国(地域)の首都である東京・北京・ソウル・台北の４都市について，月平均気温と月降水量の年変化(雨温図)を示したものである。

⑴　図のＡ～Ｄの雨温図に該当する都市名を，Ａ―○のように答えなさい。

⑵　上記の４都市の中で，全国(地域)の人口に占める当該都市の人口の比率が最も高い都市名を答え，続けて，この国(地域)において，人口や経済的諸機能の首都への過剰な集中とそれに伴う地域間格差の拡大を抑制するために行われてきた政策を，下記の語句を全部用いて３行以内で説明しなさい。語句は繰り返し用いてもよいが，使用した箇所には下線を引くこと。

政府機関　　工業開発　　規制

(3) Dの都市を首都とする国(地域)について，1980年代以降における産業構造の変化の特徴とその背景を，下記の語句を全部用いて3行以内で説明しなさい。語句は繰り返し用いてもよいが，使用した箇所には下線を引くこと。

国際競争力　　技術集約型　　賃金

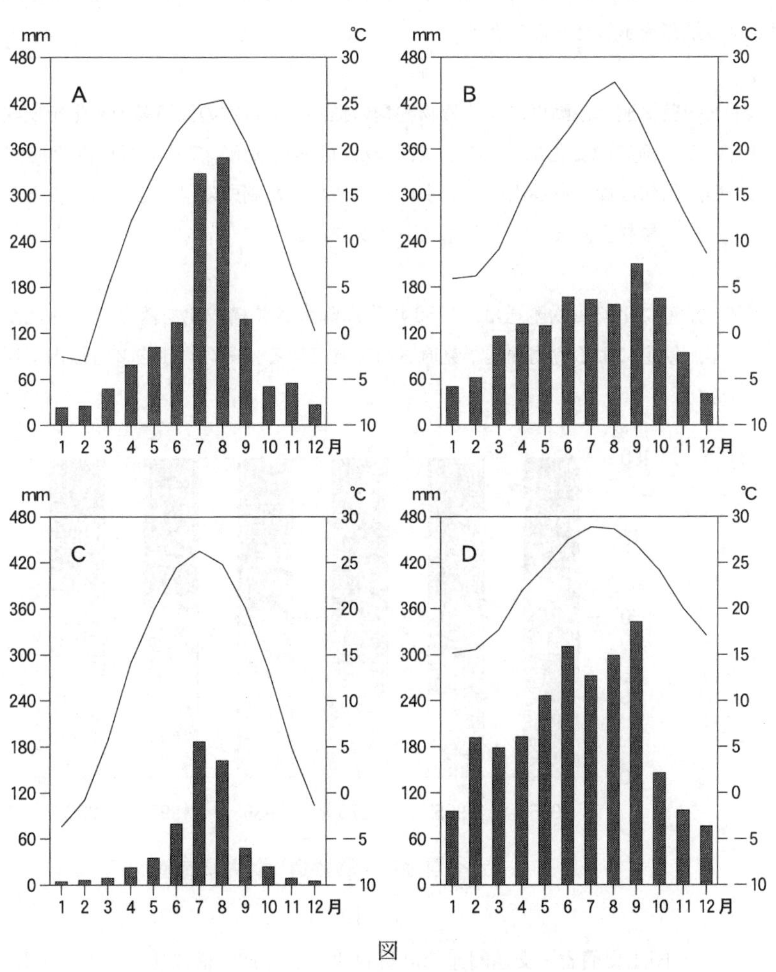

図

第 3 問

交通と都市に関する以下の設問Ａ～Ｃに答えなさい。解答は，解答用紙の(ハ)欄を用い，設問・小問ごとに改行し，設問記号・小問番号に続けて記入しなさい。

設問Ａ

下の図１は，日本国内での航空貨物を除く貨物輸送について，輸送機関別構成比の推移を示したものである。

(1) 内航海運と自動車による貨物輸送の推移は，日本の製造業の変化を反映している。両者の変化について，以下の語句を全部用いて，３行以内で述べなさい。語句は繰り返し用いてもよいが，使用した箇所には下線を引くこと。

素材型産業　　　ジャストインタイム

(2) 鉄道による貨物輸送は，1950年代以降大きく構成比を落としてきたが，近年，鉄道による貨物輸送が見直されてきている。その理由を２行以内で述べなさい。

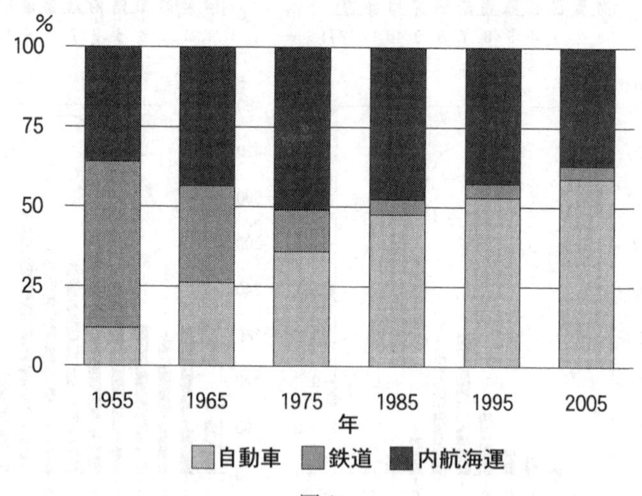

図１

国土交通省・交通関連統計資料集より作成。構成比はトン・キロベースによる。

2010年　入試問題

設問B

表は，日本の主要港湾のうち，2006年の取扱貨物量上位5位までを示している。(ア)～(エ)は，苫小牧港，千葉港，横浜港，名古屋港のいずれかである。

(1) (ア)および(ウ)は，他港に比べて，輸出量が著しく多い。そうした現象をもたらす周辺地域の特徴を，両港に共通する輸出品目の例をあげて，合わせて2行以内で述べなさい。

(2) (イ)および(エ)は，他港に比べて，輸出量に対する輸入量の比率が高い。そうした現象をもたらす周辺地域の特徴を，それぞれの港湾で異なる輸入品目の例をあげて，合わせて3行以内で述べなさい。

表

単位：百万トン

順位	港湾名	総貨物量	輸出	輸入	国内（フェリー以外）	国内フェリー
1	(ア)	208	52	80	73	4
2	(イ)	167	9	90	69	—
3	(ウ)	138	42	45	51	—
4	北九州	110	7	24	35	43
5	(エ)	109	1	20	26	62

国土交通省「港湾統計」による。
国内フェリーの貨物量は車種別の航送台数からの換算による。

設問C

ドイツと日本の国内を鉄道で旅すると，通過する都市の間隔や規模の違いに驚くことがある。次ページの図2・3は，起点からの距離を横軸に，都市の人口規模を縦軸にとり，それぞれハンブルクと東京を起点として，高速鉄道(ICE，新幹線)の停車駅のある主な都市を路線ごとに線で結んだものである。

(1) ドイツ国内の路線(ア)・(イ)に関する以下の説明文を読み，文中の(a)～(e)に該当する地名や都市名を，それぞれa―○のように答えなさい。

図2の(ア)は，ハンブルクから北ドイツ平原を南西方向に向かい，(a)工業地帯の都市群を通過した後，(b)川に沿って南下し，ケルンで列車を乗り換え，その後ドイツ最大の金融都市(c)を通り，バイエルン州の州都(d)にいたる路線を示している。

また(イ)は，ハンブルクから北ドイツ平原を南東方向に向かうが，沿線には人口規模の小さな都市しかなく，1時間半ほどで国内最大の都市(e)に達した後，東部ドイツを南下し，ザクセン州の中心都市ライプチヒに到着する。その後も南下を続け，東西に分裂していた頃の旧国境を再び越え，ニュルンベルクを通り，(d)にいたる路線を示している。

(2) 図3の東京から600 kmの区間において，(ウ)の路線では(エ)の路線よりも，人口規模の大きな都市を通過する。(ウ)の路線でこのような特徴が生じた理由として考えられることを，下記の語句を全部用いて，2行以内で述べなさい。語句は繰り返し用いてもよいが，使用した箇所には下線を引くこと。

メガロポリス　　工業地域

(3) 図2と図3をもとに，都市の地理的分布や人口規模のばらつきをみると，ドイツと日本では違いがみられる。両国間の差異と，そうした差異を生じさせたと思われる理由について，下記の語句を全部用いて，3行以内で述べなさい。語句は繰り返し用いてもよいが，使用した箇所には下線を引くこと。

中央集権　　都市機能　　連邦制

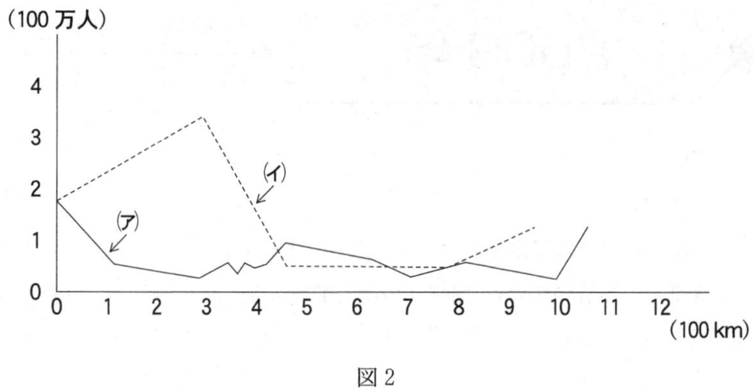

図 2

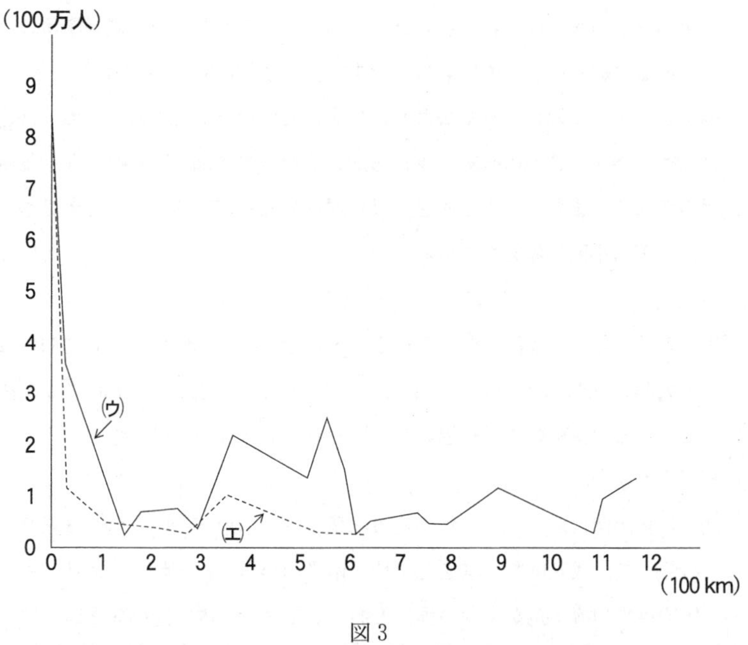

図 3

距離は，時刻表に掲載されている主要駅間の距離であり，都市人口は，行政上の市の人口(ドイツは2006年，日本は2008年で，東京は23区の人口)である。図2・図3とも20万人以上の都市を示した。

2009年

解答時間：2科目150分
配　　点：120点

第 1 問

全球スケールおよび地域スケールの環境に関連する以下の設問A～Bに答えなさい。解答は，解答用紙の(イ)欄を用い，設問・小問ごとに改行し，設問記号・小問番号をつけて記入しなさい。

設問A

次ページの図1は，世界の森林の分布を示しており，色が濃い場所ほど森林が密である。続くページの図2は，世界の年平均流出量の分布を示す。流出量とは，降水量から蒸発散によって失われた分を差し引いた値である。なお，図中の実線は赤道であり，3本の破線は上から順に北極圏の南端(北極線)，北回帰線，南回帰線である。また，図1と図2の投影法は異なっている。これらの2つの図を見て，以下の小問に答えなさい。

(1) 森林と年平均流出量がともに多い地域は，a)赤道付近，およびb)ユーラシア大陸と北米大陸の北部にまとまっている。a)とb)に分布する森林の名称と，両者の樹種の構成の違いを，あわせて2行以内で述べなさい。

(2) 森林がほとんどなく，年平均流出量が少ない地域がいくつか見られる。それらのうち，代表的な地域を北半球と南半球からそれぞれ1つ挙げ，それらの地域で年平均流出量が少ない理由とあわせて2行以内で述べなさい。理由は2地域に共通であっても構わない。

(3) 年平均流出量が多く，森林が少ない地域がいくつか見られる。それらのうち，森林が少ない共通の理由を持つ代表的な地域を2つ挙げ，その理由とあわせて2行以内で述べなさい。

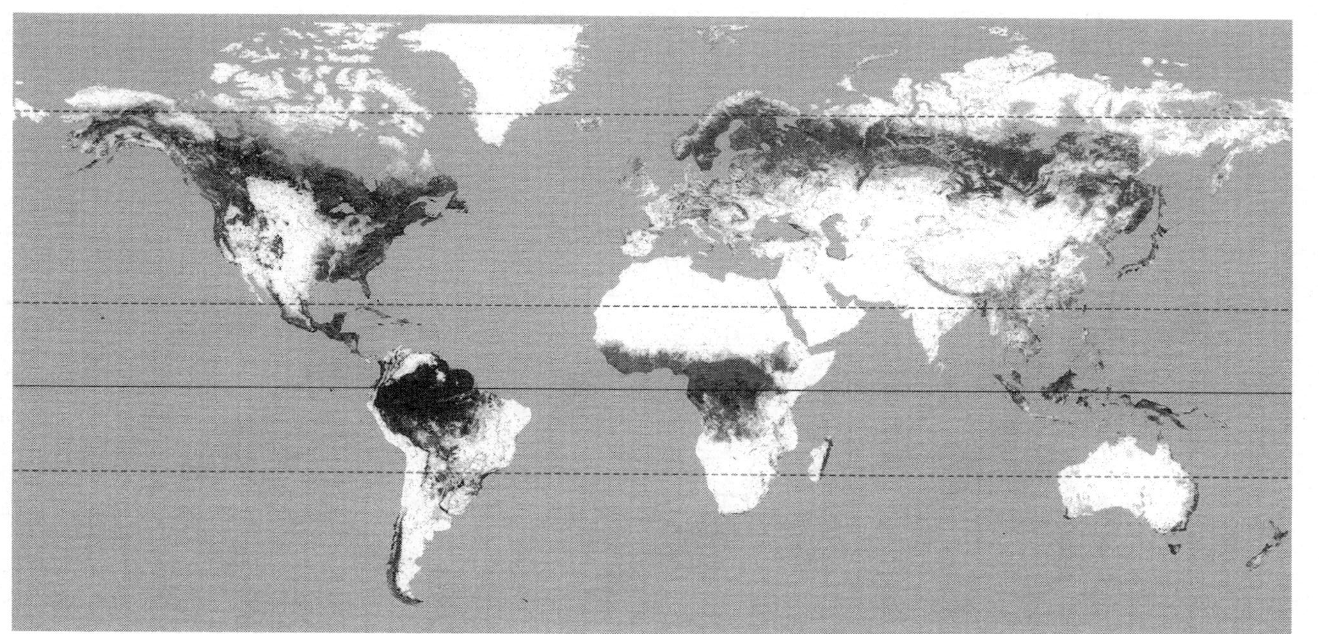

図 1

世界の森林密度。
地球地図国際運営委員会事務局による。

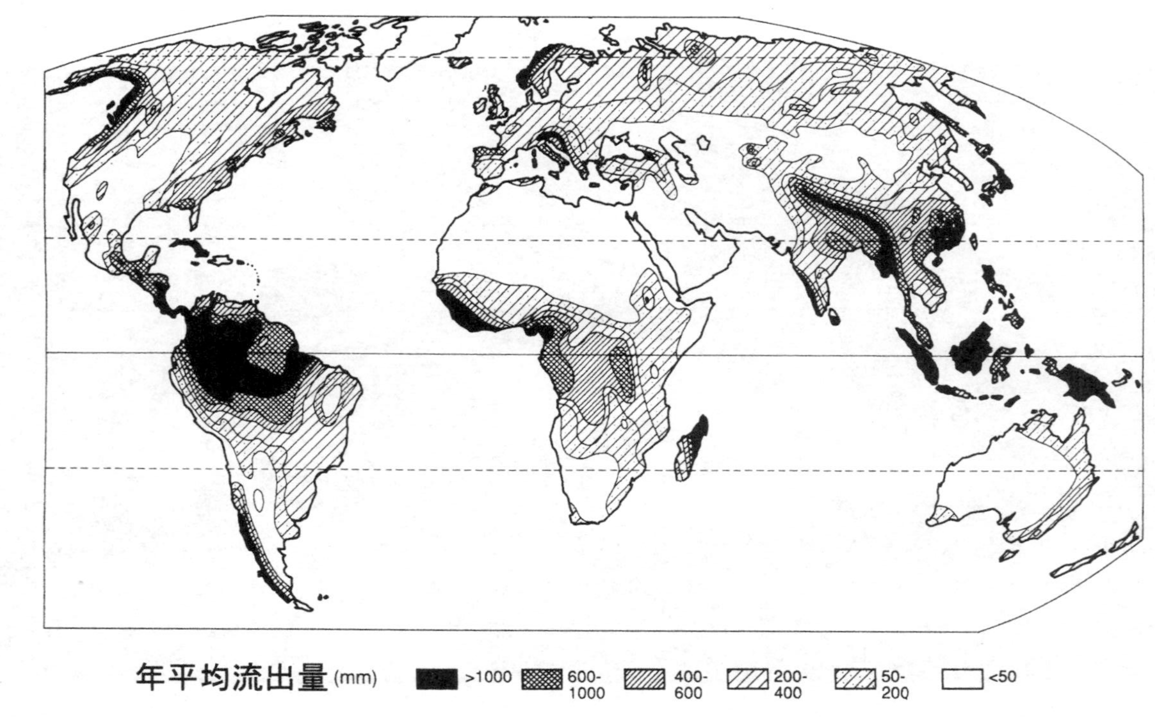

図 2

Summerfield, M. A. 1991. Global Geomorphology による。

2009年　入試問題

設問B

次ページの図3は，山頂部を含む，火山を示した地形図である。この図を見て，以下の小問に答えなさい。

(1) 標高400m付近を境として，標高の高い地域と低い地域とでは地形にどのような違いがあるか。その違いが生じた理由とともに，下記の語句を全て用い，2行以内で述べなさい。語句は繰り返し用いてもよいが，使用した箇所には下線を引くこと。

谷　　土砂

(2) 晴天の日中に，図中のX地点(標高404.6m三角点)およびY地点(標高578.0m三角点)から，この火山の山頂方向を眺めた場合，山頂付近の見え方にはどのような違いがあると考えられるか。1行で述べなさい。

(3) この地域の自然環境を生かした観光開発の特徴について，図中に見られる具体例を2つ以上挙げながら，2行以内で述べなさい。

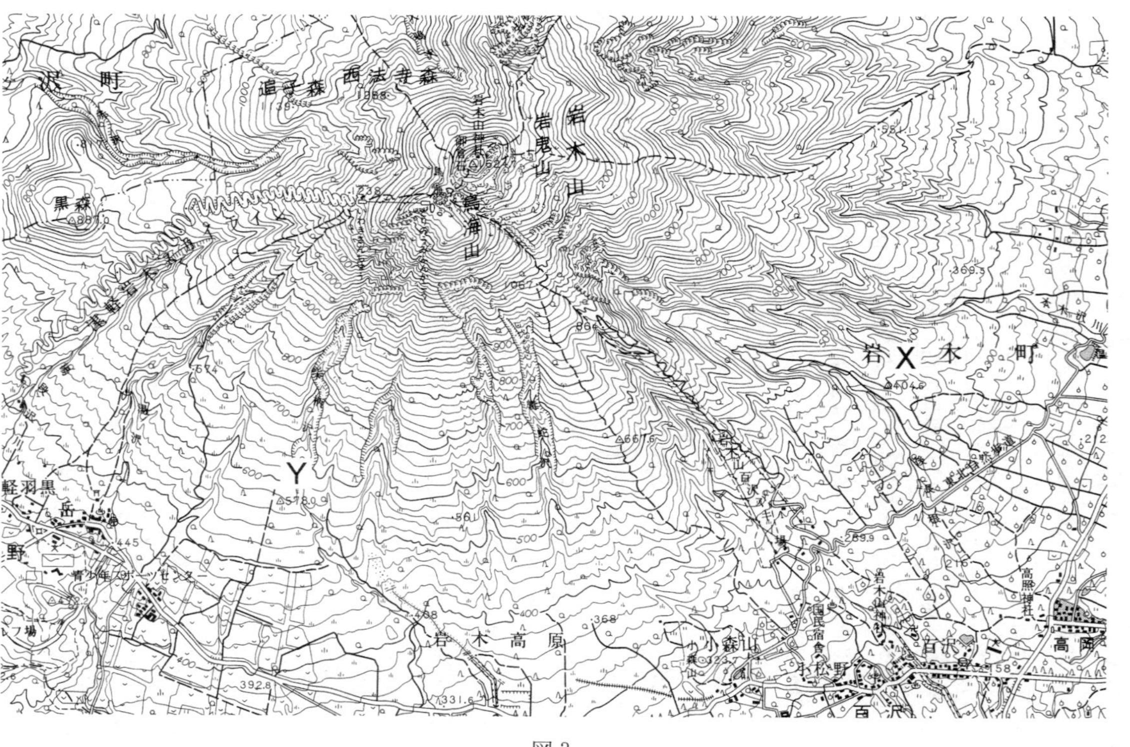

図3

1：50,000 地形図（原寸）

（編集注：地形図は実際の入試問題を紙面に合わせて縮小した。）

2009年　入試問題

第 2 問

世界と日本の食料に関する以下の設問Ａ～Ｃに答えなさい。解答は，解答用紙の(ロ)欄を用い，設問・小問ごとに改行し，設問記号・小問番号をつけて記入しなさい。

設問Ａ

このページと次ページの表１～３は，ヨーロッパ各国と日本の食料自給率に関するものである。食料自給率には，①品目別の消費量(重量)に対する生産量(重量)の割合を示す品目別自給率，②品目別の消費量と生産量を熱量(カロリー)換算して全品目を合算する熱量ベース自給率，③金額換算して全品目を合算する生産額ベース自給率とがある。

(1)　表１は，2003年における各国の熱量ベース自給率，および，主要品目の品目別自給率を示している。表中の(ア)～(ウ)は，イギリス，スペイン，フランスのいずれかである。(ア)～(ウ)の国名を，それぞれア―○のように答えなさい。

(2)　(イ)と(ウ)の国名について，そのように判断した理由を，農業生産の面から，あわせて３行以内で述べなさい。

(3)　表１に表れているようなオランダ農業の特徴を，オランダの国土の特性と関連させて２行以内で述べなさい。

表１

国	熱量ベース自給率(%)	品目別自給率(%)			
		穀　類	いも類	野菜類	肉　類
(ア)	122	173	104	87	106
(イ)	70	99	71	42	66
オランダ	58	24	120	282	210
(ウ)	89	68	44	159	111
日本	40	27	83	82	54

『食料需給表』による。

⑷　食料自給率は，国別だけでなく国内地域別にも計算することができる。表2と表3は，2005年の都道府県別の(A)熱量ベース自給率と(B)生産額ベース自給率を示している。表2には，(B)を(A)で割った比率の下位10道県が並べられている。これらの道県でこの比率が下位にある理由を，これらの道県に共通する農業の特徴から2行以内で述べなさい。

⑸　表3には同じ比率の上位10都府県が並べられている。これらの中には，(ア)大都市圏およびその近郊に含まれる都府県と(イ)それ以外の県がある。(イ)で，この比率が上位にある理由を，これらの県に共通する農業の特徴から2行以内で述べなさい。

表2

順位	都道府県	熱量ベース自給率(A)(%)	生産額ベース自給率(B)(%)	(B)/(A)
38	福　島	82	113	1.4
39	宮　城	79	100	1.3
39	石　川	47	61	1.3
41	山　形	128	150	1.2
41	新　潟	94	117	1.2
43	富　山	72	71	1.0
43	福　井	63	61	1.0
45	北海道	201	188	0.9
45	秋　田	164	140	0.9
47	滋　賀	52	42	0.8

農林水産省試算による。

表3

順位	都道府県	熱量ベース自給率(A)(%)	生産額ベース自給率(B)(%)	(B)/(A)
1	東　京	1	5	5.0
2	神奈川	3	14	4.7
3	山　梨	20	92	4.6
4	宮　崎	62	256	4.1
5	和歌山	30	109	3.6
6	長　崎	42	137	3.3
7	静　岡	18	55	3.1
7	愛　媛	40	123	3.1
7	高　知	47	144	3.1
10	大　阪	2	6	3.0

農林水産省試算による。

設問B

下の図1は，東南アジアのインドネシア，タイ，フィリピン，ベトナムの，長期的な米の生産量の推移を示したものである。

(1) 図中のア～エの国名を，それぞれア—○のように答えなさい。

(2) ア国が1970年代から80年代にかけて，他国に先駆けて米の生産量を大きく増大させた理由を，2行以内で述べなさい。

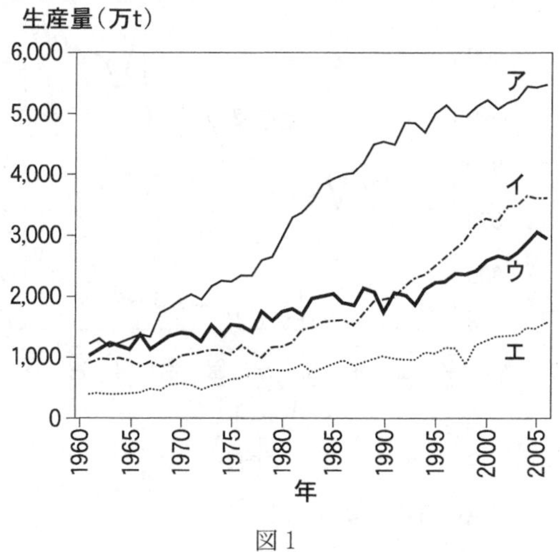

図1

FAO資料による。

設問C

下の図2は，1961年から2005年までの，中国における大豆の生産量および輸入量の推移を示したものである。1990年代半ば以降，大豆の生産量は徐々に増加しているのに対し，大豆の輸入量は急激に増加している。その理由を，下記の語句を全て用い，2行以内で述べなさい。語句は繰り返し用いてもよいが，使用した箇所には下線を引くこと。

所得水準　　肉類

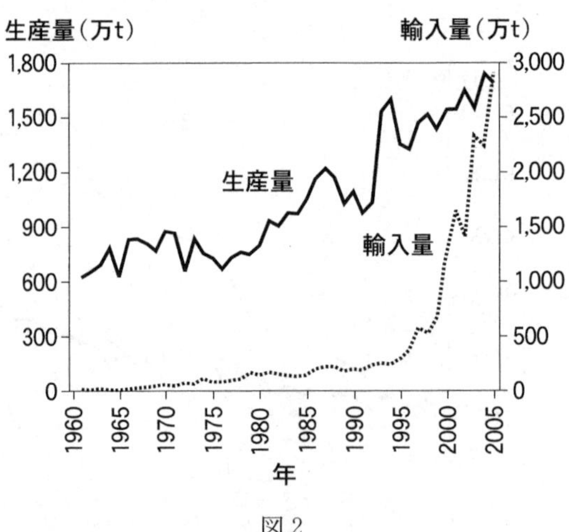

図2

FAO資料による。

第 3 問

日本の産業と人口の変化に関する以下の設問A～Cに答えなさい。解答は，解答用紙の(ハ)欄を用い，設問・小問ごとに改行し，設問記号・小問番号をつけて記入しなさい。

設問A

下の表1は，日本の産業部門から7つを取り上げ，それぞれの産業の従業者数の変化と上位3都道府県を示したものである。

⑴ 表中の(　a　)～(　e　)は，医療業，宿泊業，情報サービス業，食料品製造業，輸送用機械器具製造業のいずれかである。(　a　)～(　e　)に該当する産業名を，それぞれａ—○のように答えなさい。

⑵ 表1で，2001年～2006年の従業者数の変化をみると，社会保険・社会福祉・介護事業では大幅な増加がみられたのに対し，総合工事業では大幅な減少がみられた。こうした対照的な変化が生じた理由について，2行以内で述べなさい。

表1

産業名	2006年の全国の従業者数(千人)	2001年～2006年の従業者増減数(千人)	2006年		
			第1位	第2位	第3位
(　a　)	3,266	264	東京　(10.4)	大阪　(7.9)	神奈川(5.8)
社会保険・社会福祉・介護事業	2,222	800	東京　(10.4)	大阪　(7.0)	神奈川(6.1)
総合工事業	2,014	－504	東京　(8.9)	北海道(6.0)	大阪　(5.5)
(　b　)	1,248	－80	北海道(7.3)	東京　(5.9)	愛知　(5.6)
(　c　)	1,074	47	愛知　(24.8)	静岡　(10.8)	神奈川(8.0)
(　d　)	962	124	東京　(49.9)	大阪　(9.3)	神奈川(8.7)
(　e　)	755	－70	東京　(8.9)	北海道(6.5)	静岡　(5.0)

総合工事業は，各種の建築・土木工事業をさす。
都道府県名の後の括弧内の数字は，各都道府県の対全国比(%)を示す。
『事業所・企業統計調査』による。

設問B

下の表2は，三大都市圏内のA県と地方圏のB県を取り上げ，2000年と2005年の2時点における市と町村の数を人口規模別に示したものである。2000年から2005年にかけて，A県ではほとんど変化がみられなかったのに対し，B県では町村の数が減少し，市の数が増加している。こうした違いが生じた理由として考えられることを，下記の語句をすべて用い，3行以内で述べなさい。語句は繰り返し用いてもよいが，使用した箇所には下線を引くこと。

公共サービス　　財政　　年齢構成

表2

人口規模（千人）	三大都市圏内のA県				地方圏のB県			
	2000年		2005年		2000年		2005年	
	市	町・村	市	町・村	市	町・村	市	町・村
100以上	14		15		1		1	
50〜99	4		2		1		4	
30〜49	1	6	2	5	4	1	5	
10〜29		10		11	1	16	2	8
5〜 9		1		1		15		5
5未満		1		1		25		11
合　計	19	18	19	18	7	57	12	24

『国勢調査』による。

設問C

次ページの図1は，日本のある大都市圏の，都心，郊外，両者の中間に位置する3つの市区を取り上げ，1980年～2005年の生産年齢人口(15～64歳)の推移を示したものである。同じく図2は，老年人口(65歳以上)の推移を示したものである。これらの図を見て，以下の小問に答えなさい。

(1) 図中のア～ウは，都心，郊外，中間のいずれにあたるか。それぞれア―○のように答えなさい。

(2) 都心と郊外の市区における，生産年齢人口および老年人口の推移の特徴を，住宅供給の経緯と関連づけて4行以内で説明しなさい。

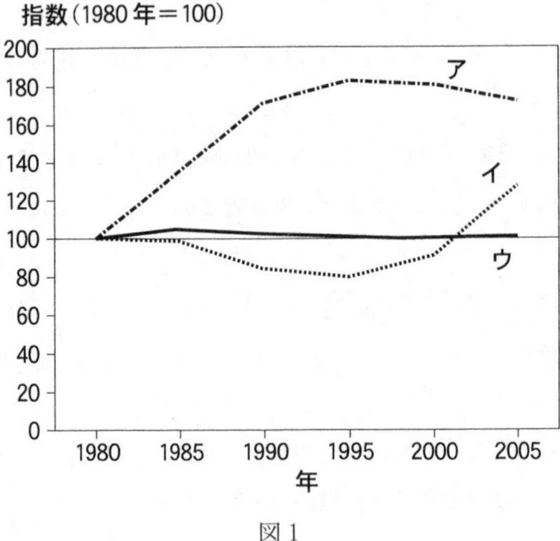

図1

縦軸は生産年齢人口(1980年を100とする指数)。

『国勢調査』による。

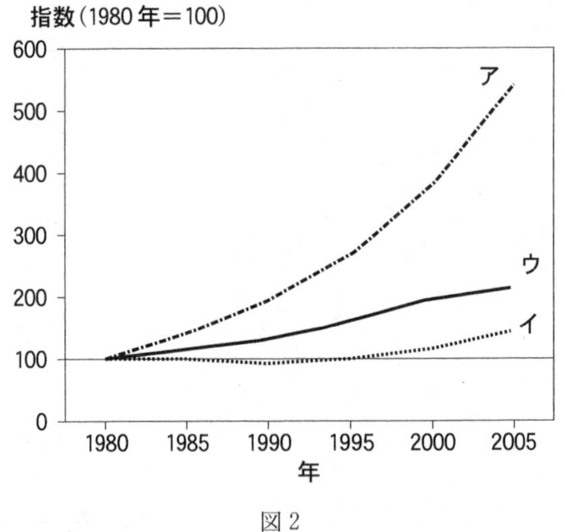

図2

縦軸は老年人口(1980年を100とする指数)。

『国勢調査』による。

– MEMO –

2008年

解答時間：2科目150分
配　　点：120点

第1問

世界の主要な河川と海域に関連する以下の設問A～Bに答えなさい。解答は，解答用紙の(イ)欄を用い，設問・小問ごとに改行し，設問記号・小問番号をつけて記入しなさい。

設問A

次ページの図は，世界の主要な河川を描いた略図である。

(1) 図中の河川a～eは，次々ページの表中の河川ア～オのいずれに対応するかを，a―○のように答えなさい。

(2) 図中の河川a，b，cの河口部で共通して見られる，大規模な地形の名称を，地形―○のように答えなさい。また，このうち1つの河川の河口部では，21世紀に多数の犠牲者を出す災害が生じた。その災害を引き起こした自然現象の名称と，被災者が最も多かった都市の名前を，自然現象―○，都市―○のように答えなさい。

(3) 図中の河川aの流域では，農業の持続性に関わる深刻な問題が発生している。この問題について，この地域の気候と，その下での農業の特色を踏まえて，2行以内で述べなさい。

(4) 図中の河川bと河川cの流域で，農業をはじめとする人間活動が引き起こしている共通の深刻な環境問題は何か。また，このような問題に対して，河川bと河川cの流域では，それぞれどのような対応策がとられているか。あわせて3行以内で述べなさい。

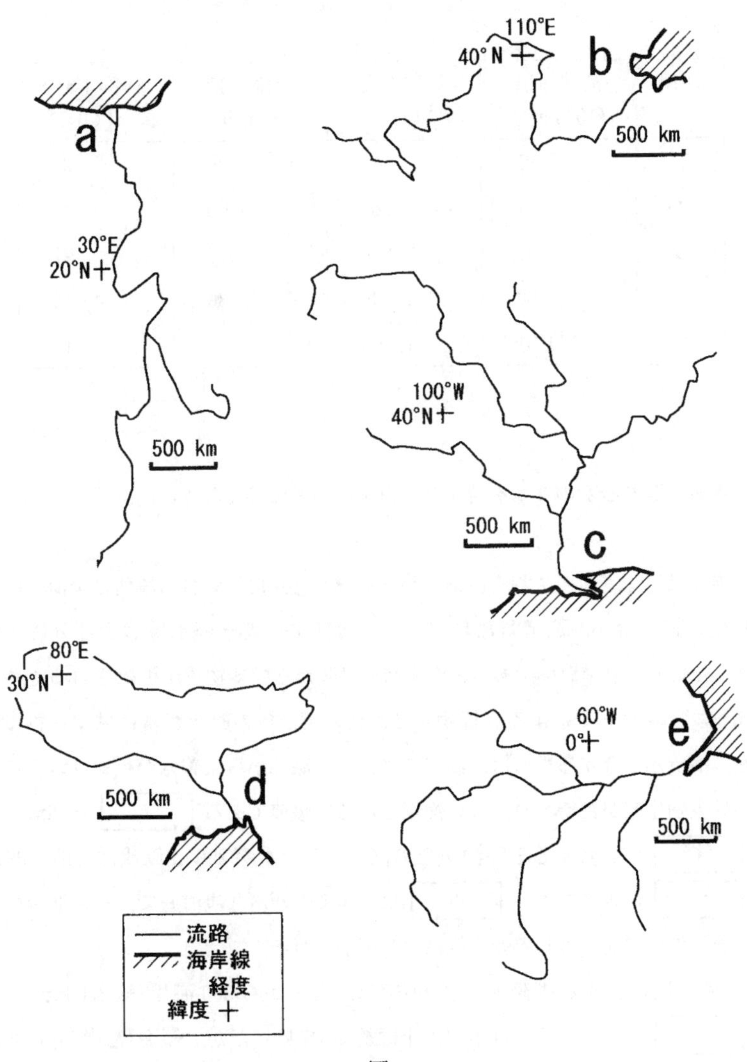

a
30°E
20°N
500 km
b
110°E
40°N
500 km
c
100°W
40°N
500 km
d
80°E
30°N
500 km
e
60°W
0°
500 km
流路
海岸線
経度
緯度

図

表

河川	流域面積 (10^6 km^2)	平均標高 (m)	年降水量 (mm/年)	年平均気温 (℃)
ア	5.91	470	2,030	27
イ	3.27	660	760	13
ウ	1.91	860	510	27
エ	1.67	1,540	2,030	18
オ	0.81	1,860	760	13

設問B

海域に関する次の文章を読んで，以下の小問に答えなさい。

海洋は地球表面の7割を占めるが，漁獲が盛んに行われる場所は全海洋の1割程度に過ぎない。漁獲対象種が多く，漁獲量も大きい水域の大部分は，水深200mまでの沿岸海域である。沿岸海域は陸から栄養物質が供給されるために，植物プランクトンによる有機物生産が盛んで，魚の餌が豊富に供給される。また，海流が会合する場所は，湧昇流によって深部から栄養分が供給されることで高い生物生産が維持され，よい漁場となる。暖流である［ア］と寒流である［イ］が会合する三陸沖がその例である。水深200m以浅は，地形的には［ウ］に相当する。［ウ］は平坦で緩傾斜な浅海底で，その沖合の，より急傾斜な斜面とは傾斜変換線により区別される。

「海洋法に関する国際連合条約」では，沿岸から200海里(約370km)までを［エ］としている。日本の国土は約38万km^{2}だが，領海(沿岸から12海里以内)と［エ］を合わせた水域面積は約447万km^{2}で世界第6位である。最近の基準では［ウ］の縁辺部が200海里以上であることを地形・地質的に裏付けることができれば，最大350海里か，2500m等深線から100海里のいずれか遠い方までを［エ］と同等とすることができるようになった。

⑴　ア～エにあてはまる適当な語句を，ア―○のように答えなさい。

⑵　下線部について，なぜ，地形・地質的な裏付けがあれば，エを広げることができるようにしたのか，考えられる理由を，エに関する権利について触れながら，3行以内で述べなさい。

第 2 問

鉄鋼業と環境問題に関する以下の設問A～Bに答えなさい。解答は，解答用紙の(ロ)欄を用い，設問・小問ごとに改行し，設問記号・小問番号をつけて記入しなさい。

設問A

鉄鋼業は，温室効果ガスの1つである二酸化炭素を大量に排出する産業として知られている。次ページの図は世界の主要鉄鋼生産国(ソ連崩壊前後で統計が不連続となっているロシアを除く)における粗鋼生産量の推移を示したものである。

⑴　図中のア～オは，日本，韓国，アメリカ合衆国，中国，ドイツ(ドイツ統合以前は，旧東ドイツと旧西ドイツの合計値)のうちのいずれかである。ア～オの国名を，それぞれア―○のように答えなさい。

⑵　鉄は経済発展にとって必要不可欠な存在である。エ国とオ国は，それぞれ急激な経済発展と共に鉄鋼生産量を増加させてきた。鉄鉱石から鉄を製造するためには，大量の熱を与えることが必要となる。オ国の鉄鋼業では，鉄を1トン製造するのに必要なエネルギー量が，ア国などと並んで世界でも低い水準にあるのに対して，エ国の鉄鋼業では，同量の鉄を製造するのに必要なエネルギー

量が，ア～オ国の中で最も高く，ア国やオ国の約1.5倍のエネルギーを必要としている。そのため，近年，エ国に対しては，ア国などから環境対策に関する技術協力が行われている。エ国とオ国の鉄鋼生産において，このようなエネルギー効率の違いが生じた理由を，両国の鉄鋼業の特徴を踏まえた上で，4行以内で答えなさい。

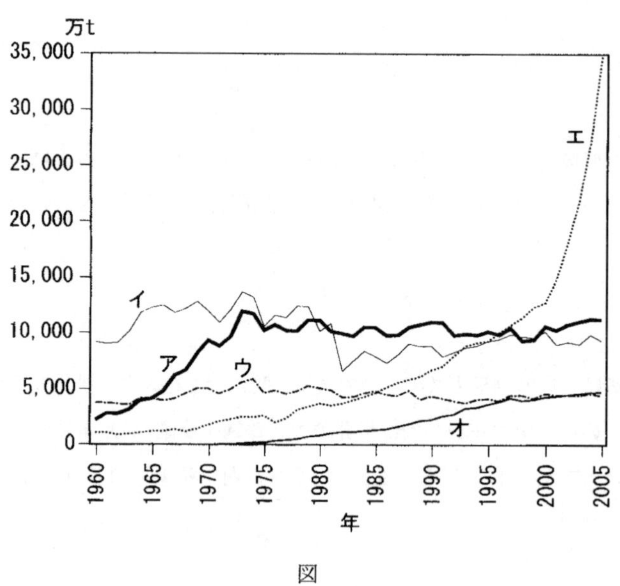

図

鉄鋼統計月報，IISI資料などによる。

設問B

アメリカ合衆国の代表的な鉄鋼都市であるピッツバーグ都市圏について，次の小問に答えなさい。

(1) ピッツバーグ都市圏では，1970年代以降に大きな産業構造の変化がみられた。これはどのような変化であったか。2行以内で述べなさい。

⑵ ピッツバーグ都市圏では，1970年から1990年にかけて，市街地の広がりにも変化がみられた。その変化の特徴について，下の表を参照しながら，1行で述べなさい。

⑶ ⑴⑵で解答した産業構造と市街地の広がりの変化は，ピッツバーグ都市圏におけるエネルギーの消費および環境問題に，どのような変化をもたらしたと考えられるか。3行以内で述べなさい。

表

ピッツバーグ都市圏		1970年	1990年	増減率(%)
人　口(千人)	総人口	1,846	1,679	−9.0
	うち中心地区	1,605	1,336	−16.8
	周辺地区	241	343	42.3
市街地面積　(km^2)		1,540	2,015	30.8

第 3 問

次ページ以降の表1～3は，海外で生活する日本人と日本で生活する外国人に関するものである。以下の設問A～Cに答えなさい。解答は，解答用紙の(ハ)欄を用い，設問・小問ごとに改行し，設問記号・小問番号をつけて記入しなさい。

設問A

(1) 次ページの表1は，2005年時点の海外在留邦人の国別人数上位7か国を取り上げ，2005年と1985年における総数，長期滞在者と永住者の数を示したものである。表中の(　a　)，(　b　)，(　c　)は，タイ，イギリス，アメリカ合衆国のいずれかである。a～cの国名を，それぞれa―○のように答えなさい。

(2) 表1で1985年～2005年の永住者数の変化をみると，オーストラリアでの増加率が大きい。オーストラリア国内では，シドニー，メルボルンと並んで，ゴールドコースト，ブリズベンで多くなっている。ゴールドコーストやブリズベンで永住者が増加した理由を2行以内で述べなさい。

表1

順位(2005年)	国名	2005年			1985年		
		総数	長期滞在者	永住者	総数	長期滞在者	永住者
1	（　a　）	352	236	116	146	77	69
2	中国	115	114	1	17	13	4
3	ブラジル	66	2	64	120	5	115
4	（　b　）	55	44	11	20	18	2
5	オーストラリア	53	28	25	7	6	1
6	カナダ	46	21	25	17	5	12
7	（　c　）	36	35	1	8	7	1
	総数	1,013	702	311	481	238	243

単位は千人。
中国には，香港，マカオが含まれる。
表中の総数とは日本国籍を有する者の数，長期滞在者とは3ヶ月以上の滞在者で永住者ではない邦人，永住者とは，原則として在留国より永住権を認められている日本国籍保有者をさす。
『海外在留邦人数調査統計』による。

2008年　入試問題

設問B

下の表2は，表1と同じ順位の各国について，日本国内に居住する外国人の人数(外国人登録法に基づく登録者人数)を国籍別に示している。表2を見ると，ブラジル国籍を持つ日本居住者の数が大きな伸び率を示している。その理由を，下記の語句をすべて用い，3行以内で述べなさい。語句は繰り返し用いてもよいが，使用した箇所には下線を引くこと。

国際競争力　　移民　　未熟練労働力

表2

順位	国(地域)	2005年	1985年
1	(a)	49	29
2	中　国	520	75
3	ブラジル	302	2
4	(b)	17	7
5	オーストラリア	11	2
6	カナダ	12	2
7	(c)	38	3

単位は千人。
中国には台湾，香港，マカオが含まれる。
永住者には特別永住者を含む。
『在留外国人統計』による。

設問C

次ページの表3は，2005年時点の海外長期滞在者数上位10都市を取り上げ，2005年と1995年の人数をみたものである。なお，長期滞在者の多くは，民間企業の勤務者およびその家族が占める。

(1) 1995年～2005年の変化をみると，ニューヨーク，香港，シンガポール，ロンドンでは，低い伸び，もしくは減少を示している。こうした変化の理由として考えられることを，下の語群より適当な語句を選択して，２行以内で述べなさい。語句はいくつ選んでもよく，また繰り返し用いてもよいが，使用した箇所には下線を引くこと。

(2) 中国における長期滞在者数の増加は著しいが，2005年には北京よりも上海が上位に位置している。上海で長期滞在者数が急増した理由として考えられることを，下の語群より適当な語句を選択して，２行以内で述べなさい。語句はいくつ選んでもよく，また繰り返し用いてもよいが，使用した箇所には下線を引くこと。

語　群

銀行　　工場　　人口　　進出　　撤退　　後背地　　金融危機

都市開発　　中枢管理機能

表3

順位 (2005年)	都市名	長期滞在者数	
		2005年	1995年
1	ニューヨーク	46	42
2	上　海	40	4
3	ロサンゼルス	35	18
4	バンコク	26	17
5	香　港	26	21
6	シンガポール	24	23
7	ロンドン	20	21
8	シドニー	12	5
9	北　京	11	5
10	バンクーバー	10	3

単位は千人。
『海外在留邦人数調査統計』による。

– MEMO –

2007年

解答時間：2科目 150分
配　　点：120点

第 1 問

ヨーロッパの自然環境に関連する以下の設問A～Bに答えなさい。解答は，解答用紙の(イ)欄を用い，設問・小問ごとに改行し，設問記号・小問番号をつけて記入しなさい。

設問A

ヨーロッパの自然環境のおいたちに関する次の文章を読んで，以下の小問に答えなさい。

地球では，過去約200万年の間に，寒冷な時期(氷期)と温暖な時期(間氷期)とが約10万年周期で繰返し訪れた。現在は間氷期にあたるが，氷期には高緯度地域や高山地域は広く氷河に覆われた。次ページの図1は，ヨーロッパにおける氷期の氷河の分布域と氷期と現在の海岸線の位置[a]を示したものである。図2は北緯55度付近に位置する主要都市の現在の気温と降水量のグラフである。氷河の侵食作用が形成した谷地形は，その特徴的な横断面形から［ア］と呼ばれる。スカンジナビア半島西岸では，［ア］に海水が侵入してできた［イ］を冬季も海水が凍結しない[b]天然の良港として利用してきた。また，氷期に氷河が覆った地域には，湿地や湖[c]がしばしばみられる。バルト海南部沿岸地域やイギリスでは，土壌がやせているため，［ウ］中心の農業が行われている場所が多い。そのうち，図1のP地域では，大きな標高差と気候の季節変化を生かした［エ］が行われている。

⑴　ア～エに入る適切な語句を答えなさい。

⑵　図2のX～Zは，図1中のA～Cの都市のいずれかの現在の気温と降水量の年変化を表したグラフである。X～Zがいずれの都市に対応するか，X—○のように答えなさい。

⑶　下線aについて，氷期の海岸線は現在の海岸線とどのような位置関係にあるか，そのような位置関係の変化が生じた理由とともに2行以内で述べなさい。

⑷　下線bの理由を1行以内で述べなさい。

⑸　下線cでは，近年の人間活動によって，水質が変化し，生態系の破壊が深刻化している。この環境問題とはどのようなものか，1行以内で述べなさい。

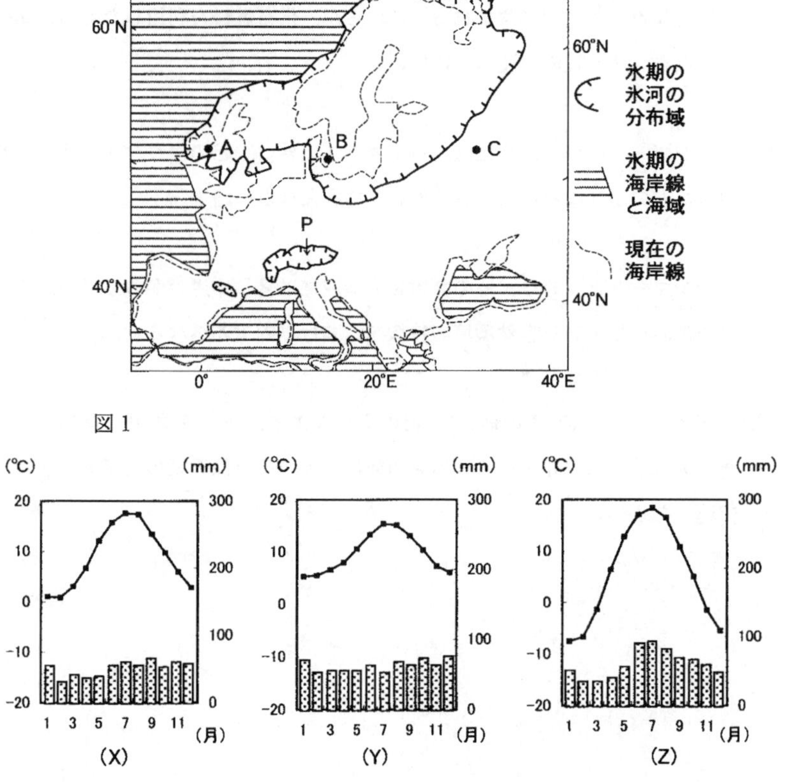

図1

図2

設問B

次ページの表は，北ヨーロッパ各国の発電量の構成を示している。

(1) デンマークとフィンランドでは，火力発電が大きな割合を占めている。両国で，火力発電の燃料として使われている主要な資源の名前を，2つ答えなさい。

(2) デンマークとフィンランドの「その他」には，家畜の糞尿や木屑などのバイオマスを利用した発電が含まれる。これらが，化石燃料を利用した発電に比べ有利な点を，2行以内で述べなさい。

(3) デンマークの「その他」には，バイオマス以外に，どのようなエネルギーを利用したものが含まれるか。具体例を1つ答えなさい。

(4) デンマークとノルウェーの発電量の構成には著しい違いがみられる。その違いを生み出している自然環境の特徴を，2行以内で述べなさい。

(5) アイスランドの「その他」は，どのようなエネルギーを利用したものか。また，そうしたエネルギーの利用を可能にしている自然環境の特徴を，1行以内で述べなさい。

表

国	火 力	水 力	原子力	その他
デンマーク	81	0	0	19
スウェーデン	6	39	50	4
ノルウェー	0	99	0	0
フィンランド	50	11	27	12
アイスランド	0	83	0	17

単位は％である。
火力には，化石燃料の利用のみが含まれる。
統計年次は2003年。
OECD資料による。

第 2 問

食料と環境に関する以下の設問A～Bに答えなさい。解答は，解答用紙の(ロ)欄を用い，設問・小問ごとに改行し，設問記号・小問番号をつけて記入しなさい。

設問A

225ページの表は，いくつかの国の1人あたり食料供給量(年間)をまとめたものである。

(1) 表中のA～Dは，いも類，水産物，肉類，乳製品のうちのいずれかである。A～Dの食料名を，それぞれA―○○のように答えなさい。

(2) 小問(1)で，Aについて，そのように判断した理由を，複数の国名をあげて，1行以内で述べなさい。

(3) いも類に含まれる主な作物は，さつまいも，じゃがいも，キャッサバ，タロ，ヤムである。これらのうち，インドネシア，ナイジェリア，タンザニア，ブラジルのいずれの国においても，その国のいも類供給量の半分以上を占めているものを1つ選んで答えなさい。

⑷　肉類に含まれる主なものは，牛肉，豚肉，鶏肉，羊肉である。これらのうち，中国，ドイツ，スペインのいずれの国においても，その国の肉類供給量の半分以上を占めているものを1つ選んで答えなさい。

⑸　穀物の供給量のうち，中国では米が最も多く，次いで小麦が多い。中国における米および小麦の生産にみられる国内の地域的な差異について，自然環境にも言及して，2行以内で述べなさい。

⑹　牛の頭数がきわめて多いことで知られているインドでは，牛から発生する大量の牛糞が伝統的に利用されてきた。インドにおける牛糞の独特の利用方法について，1行以内で述べなさい。

表

国	A	B	C	D	穀物
中国	25.6	52.5	13.3	76.0	165.3
モンゴル	0.5	108.8	80.8	30.8	128.2
インドネシア	20.8	9.6	7.5	67.9	197.6
インド	4.8	5.1	65.6	23.9	157.3
ナイジェリア	7.3	8.5	6.9	216.8	145.9
タンザニア	7.0	10.0	25.6	188.3	111.9
ノルウェー	54.7	63.6	274.3	73.4	128.2
ドイツ	14.9	82.3	252.3	73.0	118.2
スペイン	47.5	117.2	173.4	80.8	98.7
アメリカ合衆国	21.3	124.8	262.3	63.7	112.0
ブラジル	6.2	80.1	118.4	62.1	107.2
オーストラリア	22.3	108.8	236.9	58.6	89.6

単位はkgである。
乳製品は飲用乳を含み，バターを除く。また牛以外の家畜の乳とその製品も含む。
統計年次は2002年。
FAO資料による。

設問B

人間が生きていくために必要な食料には，窒素などの栄養分が含まれている。そこで，ある地域における食料の生産や移動などを，窒素の量によって表すことができる。次ページの図の左は1935年の，右は1990年の，東京湾に注ぐ河川の流域における窒素の出入りを示したものである。

(1) 1935年の図で，人間から田・畑へ向かっていた窒素は，何を示しているか，1行以内で述べなさい。

(2) 1935年と1990年とを比べると，鶏・豚・牛といった家畜に関する窒素の出入りも大きく変わっている。この変化の具体的な内容を，3行以内で述べなさい。

(3) 1990年には，東京湾に向かう窒素の量が1935年の8倍以上になっている。このことによって東京湾でどのような問題が生じているか，2行以内で述べなさい。

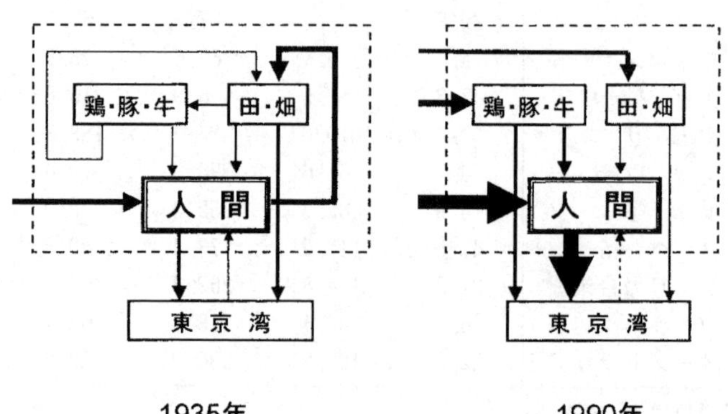

図　東京湾に注ぐ河川の流域における，人と食料に関わる窒素の出入り
矢印が太いほど移動する年間の窒素量が大きいことを示す。
いくつかの過程を省略しているので，収支は必ずしもバランスしていない。

第 3 問

日本とアメリカ合衆国の産業に関する以下の設問A～Bに答えなさい。解答は，解答用紙の(ハ)欄を用い，設問・小問ごとに改行し，設問・小問番号をつけて記入しなさい。

設問A

次ページの表は，日本各地の市について，人口と商業の状況を示したものである。

(1) 卸売小売比は卸売業販売額を小売業販売額で割った値である。A群とB群を比べると，卸売小売比は人口と関係があることが読み取れる。読み取れる関係とその理由として考えられることを，2行以内で述べなさい。

(2) B群とC群とを比べると，人口は同程度なのに，C群では人口1人あたりの小売業販売額がB群に比べて低くなっている。その理由として考えられることを，下記の語句を全部用いて，2行以内で述べなさい。語句は繰り返し用いてもよいが，使用した箇所には下線を引くこと。

昼夜間人口比率　　商業集積　　都市圏

(3) D群とE群とを比べると，人口や人口1人あたり小売業販売額は同程度なのに，卸売小売比は大きく異なっている。その理由として考えられることを，下記の語句を全部用いて，2行以内で述べなさい。語句は繰り返し用いてもよいが，使用した箇所には下線を引くこと。

地場産業　　水産物　　生産地

表

グループ	市	人口(千人)	小売業販売額(十億円)	卸売業販売額(十億円)	人口1人あたり小売業販売額(万円)	卸売小売比
A群	ア	1,337	1,820	11,702	136	6.43
	イ	997	1,246	6,590	125	5.29
B群	ウ	420	475	900	113	1.90
	エ	321	446	1,331	139	2.99
C群	オ	453	338	271	75	0.80
	カ	404	286	186	71	0.65
D群	キ	61	72	47	119	0.65
	ク	48	63	43	133	0.68
E群	ケ	60	77	215	128	2.79
	コ	44	48	165	109	3.44
全国		126,869	133,279	405,497	105	3.04

人口は2005年3月31日現在の住民基本台帳人口。
小売業および卸売業販売額は2004年6月1日現在(商業統計)。
これらの市では上記の調査日の間に市町村合併は行われていない。

設問B

次ページの図は，アメリカ合衆国の5つの州について，製造品出荷額および業種別割合を示したものである。

(1) 図中のA～Dは，カリフォルニア州，ミシガン州，テキサス州，ワシントン州のいずれかである。A～Dに該当する州名を，それぞれA―○○のように答えなさい。

(2) C州とD州では，ともに輸送用機械器具の占める割合が高いが，それぞれの製品内容は異なっている。どのような違いがあるか，1行以内で述べなさい。

(3) ケンタッキー州では，10年前の統計数値と比べると，輸送用機械器具の出荷額および割合がともに伸びてきた。これは，日本企業による自動車工場進出が大きく影響していると考えられる。ケンタッキー州および隣接する州における日本企業の自動車工業立地の特徴について，下記の語句をすべて使用して，3行以内で述べなさい。語句は繰り返し用いてもよいが，使用した箇所には下線を引くこと。

デトロイト　　部　品　　労働力

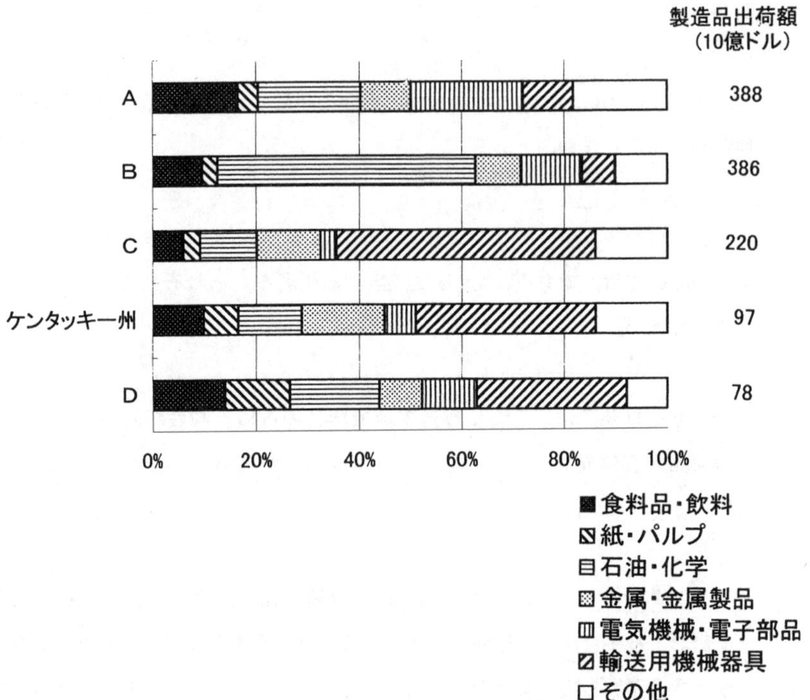

図

金属・金属製品には鉄鋼，非鉄金属を含む。電気機械・電子部品には，コンピュータ等を含む。

統計年次は2004年。

アメリカ合衆国商務省資料による。

– MEMO –

2006年

解答時間：2科目150分
配　　点：120点

第 1 問

南アメリカの自然と産業に関する以下の設問A～Cに答えよ。解答は，解答用紙の(イ)欄を用い，設問・小問ごとに改行し，設問記号・小問番号をつけて記入せよ。

設問A

次ページの図1のア～エは，図2中のａ～ｄ(各国の首都)における月平均気温と月降水量の年変化を示したものである。

(1) ア～エの都市を，図2中の記号で，それぞれア—○のように答えよ。

(2) イの都市を(1)のように判断した理由を，2行以内で述べよ。

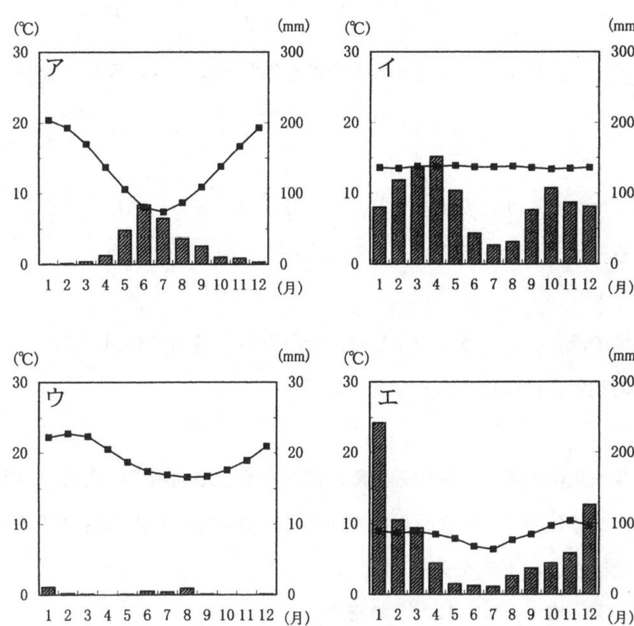

図1

図2

設問B

下の表1は，南アメリカの6カ国の農産物生産量の上位5品目を示したものである。

(1) 表1中のカ〜ケは，エクアドル，チリ，ブラジル，ペルーのうちのいずれかである。カ〜ケの国名を，それぞれカ—○○のように答えよ。

(2) 砂糖の原料となるサトウキビは，それ以外の目的にも利用されている。砂糖以外の利用方法の例を，一つ答えよ。

(3) ペルー東部のアンデス山系東斜面における土地利用の特徴について，次の語句をすべて使用して，3行以内で述べよ。語句は繰り返し用いてもよいが，使用した箇所には下線を引くこと。

高　度　　放　牧　　熱帯作物

表1　農産物生産量の上位5品目と生産量(万t)

	(カ)	(キ)	ボリビア	(ク)	(ケ)	アルゼンチン
1位	サトウキビ 454	サトウキビ 41101	サトウキビ 480	テンサイ 250	バナナ 590	大　豆 3200
2位	ジャガイモ 235	大　豆 4921	大　豆 155	牛　乳 220	サトウキビ 570	サトウキビ 1950
3位	料理用バナナ 160	トウモロコシ 4195	ジャガイモ 79	小　麦 185	牛　乳 230	小　麦 1480
4位	米 147	キャッサバ 2423	トウモロコシ 71	ブドウ 175	米 130	トウモロコシ 1300
5位	トウモロコシ 92	牛　乳 2332	バナナ 63	トマト 130	料理用バナナ 65	牛　乳 810

統計年次は2004年。

ＦＡＯ資料による。

設問C

下の表2は，南アメリカの3カ国の輸出品の構成を示したものである。

(1) ブラジルの輸出構成の特徴を，エクアドル，ペルーと比較しながら，2行以内で述べよ。

(2) ブラジルの輸出構成の特徴を生み出した，近年における産業構造の変化について，2行以内で述べよ。

表2　輸出額の産業分類別構成(%)

	エクアドル	ペルー	ブラジル
農産物	35.3	9.8	11.1
鉱産物	37.1	17.6	7.2
製造品	27.6	72.7	81.6
食料・飲料・たばこ	12.2	21.6	17.1
繊　維	1.7	11.8	6.2
木材・木製品	1.2	1.4	2.5
紙・紙製品	0.6	1.0	3.9
化学製品	6.7	9.8	10.4
非金属鉱物	0.7	0.7	1.4
基礎金属	0.4	22.3	8.0
金属製品・機械・輸送機器	3.7	3.1	29.7
その他の製造品	0.4	1.0	2.4

統計年次は2001年。

国連資料による。

第 2 問

森林と木材に関する以下の設問A～Cに答えよ。解答は，解答用紙の(ロ)欄を用い，設問・小問ごとに改行し，設問記号・小問番号をつけて記入せよ。

設問A

次の表1は，いくつかの国の森林と木材生産についてまとめたものである。表1中のa～eは，インドネシア，カナダ，タイ，ニュージーランド，フィンランドのうちのいずれかである。a～eの国名を，それぞれa―○○のように答えよ。

表1

国	陸地面積に占める森林面積の割合(%)	木材生産量(百万 m^3) 用材	薪炭材	木材生産量に占める針葉樹の割合(%)
(a)	72	49	4	84
スウェーデン	66	62	6	90
ブラジル	64	103	134	22
日　本	64	15	—	82
マレーシア	59	18	3	—
(b)	58	33	83	—
ロシア	50	125	49	60
ドイツ	31	38	5	78
(c)	30	23	—	99
(d)	29	8	20	—
(e)	27	197	3	81
アメリカ合衆国	25	405	73	61

統計年次は，森林面積は2000年，木材生産量は2002年。

「—」は，ゼロ又は僅少。

FAO資料による。

設問B

日本の森林の約4割は人工林である。次ページの図は，植林してからの年数を5年ごとに区分した日本の林齢別人工林面積の推移と，日本の木材供給量の推移とを示したものである。図を見て，以下の小問(1)～(3)に答えよ。

(1) 1960年代以降の各年に植林された面積の変化を，1行以内で述べよ。

(2) 1980年代以降の人工林の伐採面積と人工林の林齢の動向について，合わせて2行以内で述べよ。

(3) 人工林の林齢別面積が2002年にこのような形になった理由について，次の語句をすべて使用して，3行以内で述べよ。語句は繰り返し用いてもよいが，使用した箇所には下線を引くこと。

輸入自由化　　木材価格

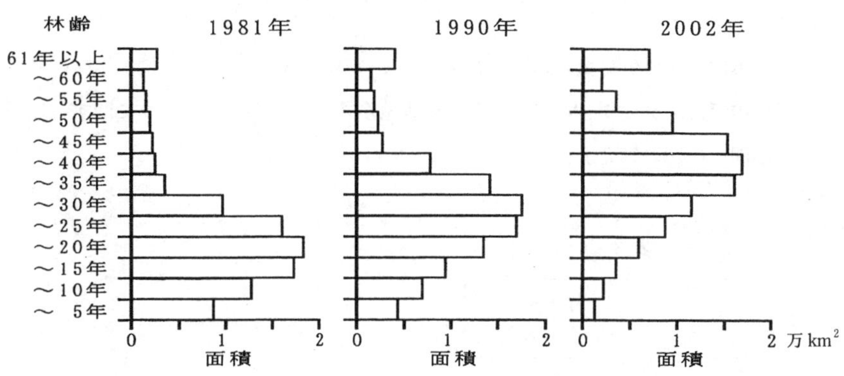

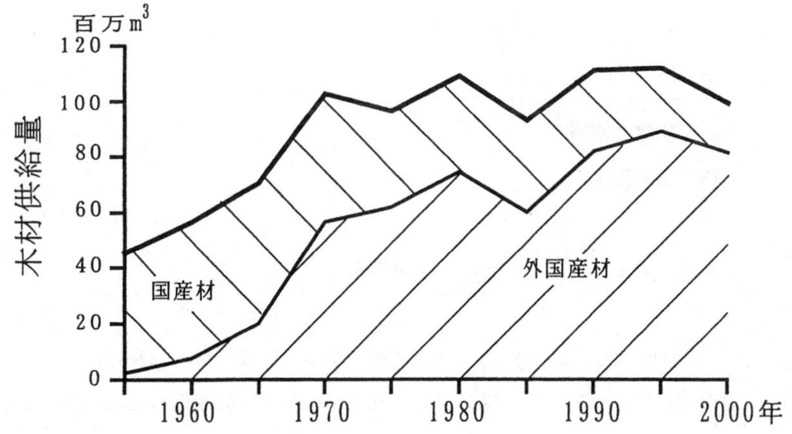

図

人工林の総面積は，1981年は9.9万km²，1990年は10.3万km²，2002年は10.3万km²。

木材供給量には製材・合板・チップなどを含むが，薪炭材は含まない。

農林水産省資料による。

設問C

日本は，木材供給量の約8割を輸入している。次の表2のように，木材の輸入量の中では，チップ(木材チップ)の輸入量がきわめて多い。チップに関する以下の小問(1)〜(2)に答えよ。

表2

	輸入量 (百万 m^3)
丸　太	12.7
製　材	8.6
合　板	5.0
チップ	24.8

統計年次は2002年。

財務省資料による。

(1)　チップの主な利用目的を，一つ答えよ。

(2)　上の(1)のような利用目的のためには，かつては輸入材・国産材ともに，丸太の形で供給されていた。供給形態が丸太からチップに変化した理由を，2行以内で述べよ。

第 3 問

世界と日本の産業の地理的変化に関する以下の設問A～Bに答えよ。解答は，解答用紙の(ハ)欄を用い，設問・小問ごとに改行し，設問記号・小問番号をつけて記入せよ。

設問A

次ページの表1，表2は，パソコンの生産と利用についてまとめたものである。

(1) パソコンの生産では，世界の中でアジアが多くの割合を占めている。表1は，アジアの各国・地域におけるパソコンの生産台数の推移を示している。表中のa～cは，中国，台湾，マレーシアのいずれかである。a～cの国・地域名を，それぞれa―○○のように答えよ。

(2) 同じ表1で，1997年には，それぞれ第2位と第3位であった日本とシンガポールは，生産が減少傾向にある。日本で生産が減少している理由を，2行以内で述べよ。

(3) 表2は，世界各国の人口1人あたり国民所得とパソコン普及率(人口千人あたりの普及台数)を示している。この表を見ると，所得水準とパソコン普及率の間には，ある程度の関係があることがわかる。しかし，韓国とマレーシアは，所得水準の割には普及率が高い。その理由のうち，両国に共通すると考えられるものを，下記の語句をすべて使用して，2行以内で述べよ。語句は繰り返し用いてもよいが，使用した箇所には下線を引くこと。

経済発展　　人的資源　　政　府

表1

国・地　域	1997年	2000年	2002年
(a)	37	247	590
(b)	150	327	373
韓　国	20	74	90
日　本	77	99	58
(c)	10	23	47
シンガポール	42	23	14

単位は10万台。

電子情報技術産業協会資料による。

表2

国	人口千人あたりパソコン普及台数	人口1人あたり国民所得（ドル）
アメリカ合衆国	659	35,430
日　本	382	33,660
イギリス	406	25,560
韓　国	556	11,280
マレーシア	147	3,550
タ　イ	40	2,000
中　国	28	970
イ　ン　ド	7	470

統計年次は2002年。

世銀資料による。

設問B

次ページの表3は，日本の東北地方と九州地方からそれぞれ3つの県を取り上げ，高等学校卒業者の就職先の変化をみたものである。いずれの県でも高卒就職者数は減少傾向にあるが，県内就職者の割合や県外就職者の就職先地域別割合については，地方ごとに比較的共通した傾向がみられる。

(1) 表3の(a)東北地方の3つの県では，1980年～2000年にかけて東京圏で就職する高等学校卒業者の割合が減少し，県内就職者の割合が増加している。こうした変化の理由として考えられることを，下の語群より適当な語句を選択して，2行以内で述べよ。語句はいくつ選んでもよく，また繰り返し用いてもよいが，使用した箇所には下線を引くこと(以下の二つの小問も同じ)。

(2) 表3の(b)九州地方の3つの県について，東京圏で就職する高等学校卒業者の割合をみると，1980年～1990年にかけて増加し，1990年～2000年にかけて減少する傾向がみてとれる。1980年代に東京圏の割合が増加した理由として考えられることを，下の語群より適当な語句を選択して，2行以内で述べよ。

(3) 表3の(a)東北地方の3県においては宮城県で，(b)九州地方の3県においては福岡県で，それぞれ就職する高等学校卒業者の割合が，増加する傾向にある。このような変化が生じた理由として考えられることを，下の語群より適当な語句を選択して，3行以内で述べよ。

［語群］　一極集中　　企業誘致　　経済成長　　工業化　　高速道路
国際化　　サービス経済化　　情報化　　商　業　　新幹線
地方中枢都市　　都市開発

表 3　高等学校卒業者の就職先の変化

(a)　東北地方

卒業県	年	高卒就職者数(千人)	県内就職者の割合(%)	県外就職者の就職先別割合(%)		
				宮城県	東京圏	その他
岩手	1980	11.5	58	8	79	13
	1990	10.4	59	10	78	12
	2000	5.3	75	19	62	19
秋田	1980	10.0	65	5	84	11
	1990	8.5	63	6	81	13
	2000	4.1	74	13	70	17
山形	1980	10.1	70	6	82	12
	1990	8.5	72	9	77	14
	2000	4.7	82	16	64	20

(b)　九州地方

卒業県	年	高卒就職者数(千人)	県内就職者の割合(%)	県外就職者の就職先別割合(%)		
				福岡県	東京圏	その他
長崎	1980	12.8	53	16	26	58
	1990	11.0	51	19	31	50
	2000	5.6	59	25	17	58
熊本	1980	12.9	68	13	25	62
	1990	10.6	64	14	33	53
	2000	6.1	70	22	19	59
鹿児島	1980	15.4	43	2	40	58
	1990	11.4	43	2	47	51
	2000	6.2	61	8	28	64

注）東京圏は，東京都，神奈川県，埼玉県，千葉県それぞれの数値を合計したものとする。『学校基本調査』各年版による。

– MEMO –

2005年

解答時間：2科目150分
配　　点：120点

第 1 問

世界の植生および水資源に関する以下の設問Ａ～Ｂに答えよ。解答は，解答用紙の(イ)欄を用い，設問・小問ごとに改行し，設問記号・小問番号をつけて記入せよ。

設問Ａ

次ページの図は，世界の植生のうちから三つを選んで，その分布を示したものである。

(1)　Ｐの分布域の植生の利用とその問題点について，２行以内で述べよ。

(2)　Ｑの分布域とほぼ重なる地域において卓越する農業の特徴について，代表的な栽培作物名を一つあげて，２行以内で述べよ。

(3)　Ｒに隣接する地域では，地球規模での，ある環境問題が深刻化している。その原因について，次の語句をすべて使用して，２行以内で述べよ。語句は繰り返し用いてもよいが，使用した箇所には下線を引くこと。

降水量　　農　耕

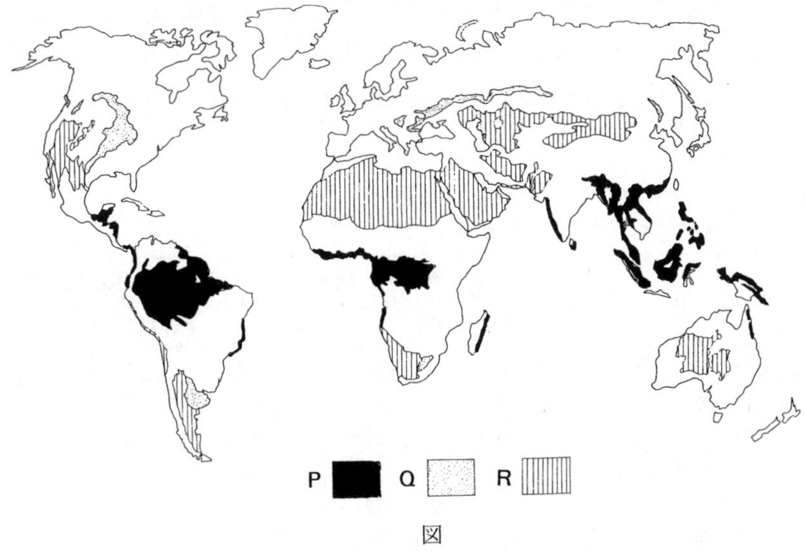

図

設問B

次ページの表は，世界のいくつかの国の水資源と農業についてまとめたものである。

(1) 表中のa～cは，インド，インドネシア，カナダ，ニュージーランドのうちのいずれかである。a～cの国名を，それぞれa―○○のように答えよ。

(2) エジプトでは，水資源量はきわめて少ないが，たとえば小麦の生産量がオーストラリアの約3分の1（2000～2002年平均）に達しているように，農業が可能である。このように，水資源量がきわめて少なくても農業が可能であることの理由を，1行以内で述べよ。

(3) 日本とフランスとを比べると，日本では，降水量はフランスよりも多いが，耕地面積に占める灌漑面積の割合はフランスよりも大きい。その理由を，両国の農業の特徴に関連させて，2行以内で述べよ。

⑷　灌漑農業は，農地の生産性を高める一方で，深刻な環境問題を生じさせている。アメリカ合衆国やオーストラリアに共通して見られるこのような環境問題について，その原因も含めて，2行以内で述べよ。

表

国	降水量(mm/年)	降水総量(立方km/年)	水資源量(立方km/年)	耕地面積に占める灌漑面積の割合(%)
(a)	2,620	4,990	2,838	15.4
日本	1,718	649	424	54.5
(b)	1,170	3,846	1,260	31.2
アメリカ合衆国	760	7,116	2,460	12.2
フランス	750	414	180	8.4
中国	660	6,334	2,812	37.1
(c)	522	5,205	2,740	1.6
オーストラリア	460	3,561	352	5.2
エジプト	65	65	2	100.0

水資源量＝降水総量－蒸発散量
耕地面積・灌漑面積には永年作物地(樹園地)を含む。
国土交通省及びFAOの資料による。

第2問

中国に関する以下の設問A～Cに答えよ。解答は，解答用紙の(ロ)欄を用い，設問・小問ごとに改行し，設問記号・小問番号をつけて記入せよ。

設問A

次ページの図1は，中国の五つの都市における月平均気温と月降水量の年変化を示したものである。また図2は，これらの都市の位置を示したものである。

2005年　入試問題

⑴　図1中のa～dは，ウルムチ，上海，香港，ラサのいずれかである。a～dの都市名を，それぞれa―○○のように答えよ。

⑵　図2のように，北京と秋田はいずれも北緯40度付近に位置しているが，日本海を隔てた両都市における気候には，さまざまな違いが見られる。そのうち，北京と秋田における降水量の年変化に見られる違いを，その理由にも言及しながら，2行以内で述べよ。

⑶　上海とウルムチのそれぞれの周辺地域における農業に見られる違いについて，次の語句をすべて使用して，2行以内で述べよ。語句は繰り返し用いてもよいが，使用した箇所には下線を引くこと。

稲　作　　家　畜　　野　菜

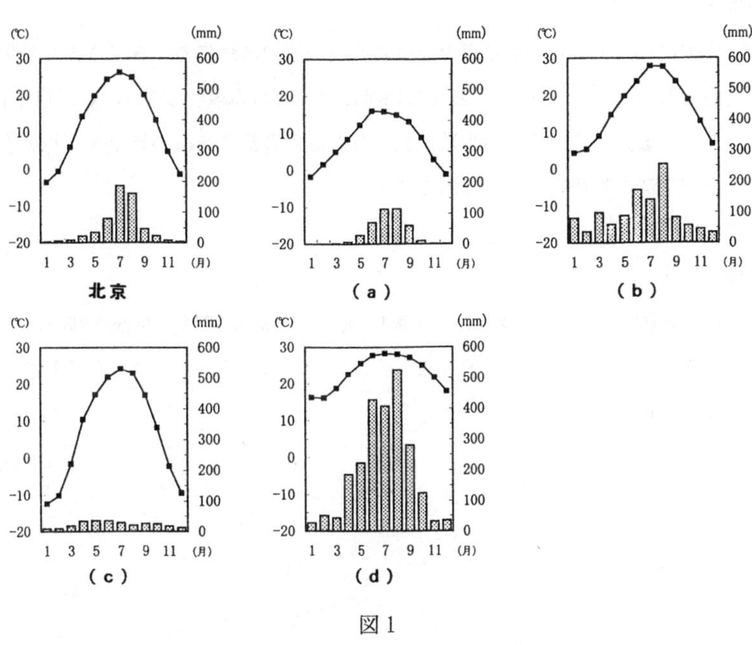

図1

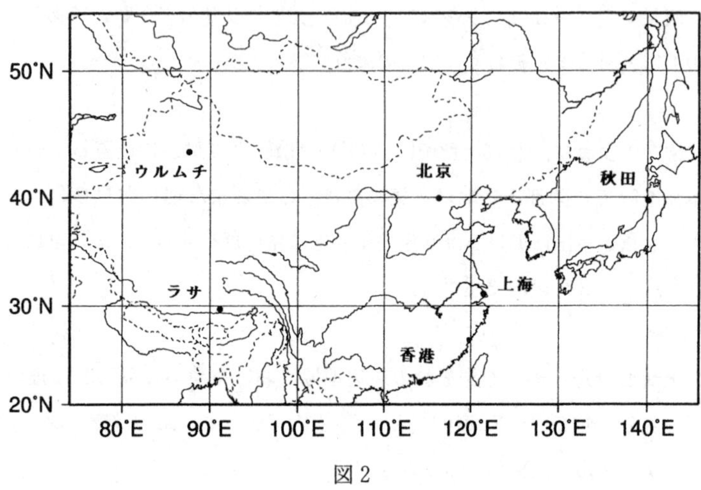

図2

設問B

中国には，全人口の9割以上を占める漢民族のほかにも，さまざまな少数民族が暮らしている。ウルムチを含む地域は「省」ではなく，少数民族の「自治区」になっている。この自治区の少数民族のうち最大の割合を占めるウイグル族の，宗教と食生活の特色を，2行以内で述べよ。

設問C

中国政府による2001年からの第10次5カ年計画では，西部(内陸部)の開発に，従来以上に力を入れて取り組もうとしている。そのような政策の背景を，3行以内で述べよ。

第 3 問

日本の都市および地域に関する以下の設問Ａ～Ｂに答えよ。解答は，解答用紙の(ハ)欄を用い，設問・小問ごとに改行し，設問記号・小問番号をつけて記入せよ。

設問Ａ

次ページの表１は，日本国内の４地点における時刻表を示したものである。

(1) 表１中のａ～ｄは，①成田空港の上海行きの航空便，②東京郊外の住宅団地のバス停(最寄りの駅前行き)，③人口約10万人の地方都市の駅前のバス停，④人口約5000人の山間部の村のバス停の時刻表のいずれかである。ａ～ｄに該当するものの番号(①～④)を，それぞれａ―○のように答えよ。

(2) 成田空港から北京や上海に向かう航空便の利用者数は，過去10年間に増加してきている。その理由を，次ページの語群の中から適切な語句を選んで，２行以内で述べよ。語句はいくつ選んでもよく，また繰り返し用いてもよいが，使用した箇所には下線を引くこと(以下の二つの小問も同じ)。

(3) 地方中小都市の中心商店街では，シャッターを下ろしたままの店舗が目立つ。このように，閉鎖された店舗が中心商店街で増加している地理的要因について，次ページの語群の中から適切な語句を選んで，２行以内で述べよ。

(4) 山間部の村では，民間のバス会社に代わって，自治体がバスを運行している事例が見られる。このようなバスの運行が地域社会に果たしていると考えられる役割について，次ページの語群の中から適切な語句を選んで，２行以内で述べよ。

［語群］ 移　民　過疎化　観光客　空洞化　現地生産　高齢者
自家用車　駐車場　通学者　ビジネス客　民営化
モータリゼーション　Uターン　労働力　ロードサイド

表1

	a	b	c	d
時	分	分	分	分
6			55	27　40　52
7			34	2　12　22　32　42　52
8	15		7　35	4　16　30　42　52
9		50	20	14　35　55
10		0	21　52	19　39　59
11		25	32	19　39　59
12			20	19　39　59
13		50	53	19　39　59
14		20	7	19　39　59
15	45	5	20　42	19　39　59
16			40	19　39
17		0	15　50	0　14　40
18		10　35	50	4　24　44
19		5	25　56	4　24　44
20		20	20	9　29　49
21			15	9　29　49
22				9　29

いずれも月曜日の時刻(臨時便を除く)。

設問B

都市の規模を表す指標としては，人口がよく用いられる。人口には，一般に使われる夜間人口(常住人口)のほかに，昼間人口がある。昼間人口は，働いている職場や通っている学校の場所を考慮した人口である。たとえば，A市の昼間人口は，次の式で計算される。

A市の昼間人口＝(A市の夜間人口)

－(A市からの通勤・通学による流出人口)

＋(A市への通勤・通学による流入人口)

また，昼夜間人口比率は，夜間人口100人あたりの昼間人口の比率で表す。

(1) 下の表2は，三大都市圏都心部の昼間人口・夜間人口の推移を示したものである。この表によれば，1965年から1990年までの間には，昼夜間人口比率は一貫して上昇した。その理由を，2行以内で述べよ。

(2) しかし昼夜間人口比率は，1995年から2000年にかけて初めて低下に転じた。このような昼夜間人口比率の低下は，昼間人口の減少と，夜間人口の増加によるものである。そのうち，夜間人口の増加の理由として考えられることを，次の語句をすべて使用して，2行以内で述べよ。語句は繰り返し用いてもよいが，使用した箇所には下線を引くこと。

再開発　　地　価

表2

年	昼間人口（千人）	夜間人口（千人）	昼夜間人口比率
1965	16,047	13,985	114.7
1975	16,877	13,505	125.0
1985	17,111	13,107	130.5
1990	17,608	12,850	137.0
1995	17,538	12,676	138.4
2000	17,304	12,837	134.8

三大都市圏都心部は，東京都特別区部・大阪市・名古屋市。
国勢調査による。

2004年

解答時間：2科目150分
配　　点：120点

第 1 問

今日の国際社会では，国家の枠を超えた地域統合への動きや，隣接する二国間での国境を越えた交流の深まりが，さまざまな形で見られる。これに関連する以下の設問A～Bに答えよ。解答は，解答用紙の(イ)欄を用い，設問・小問ごとに改行し，設問記号・小問番号をつけて記入せよ。

設問A

東南アジア諸国連合(ASEAN)や欧州連合(EU)の拡大・深化は，地域統合への動きを代表するものである。これらは，いずれも1967年にそれぞれ5カ国，6カ国が集まって発足したが(EUはその前身であるECとして)，その後加盟国が増加し，今日では，国際社会における有力な政治・経済圏を形成するに至っている。

(1) ASEANに1990年以降に加盟した国のうちから，二つあげよ。

(2) EUの前身であるECの発足当時からの加盟国のうちから，二つあげよ。

(3) 現在のASEAN，EU，アメリカ合衆国を比較した場合，域内総人口が最も小さいのはどこか。

(4) 同じく現在のASEAN，EU，アメリカ合衆国を比較した場合，国内総生産(GDP)の総額が最も小さいのはどこか。

⑸　東西冷戦が終結してからは，EUでは，政治・安全保障面での協力もさることながら，経済統合・経済協力に力を入れている。これまでEUでは，経済統合・経済協力をどのような形で進めてきたか。次の語句をすべて使用して，3行以内で述べよ。語句は繰り返し用いてもよいが，使用した箇所には下線を引くこと。

関　税　　通　貨　　農業政策

設問B

次ページの表は，国境を接する二つの国の組み合わせを，東南アジア，ヨーロッパ，北アメリカの3地域から取り上げ，それぞれの国の輸出額と主な輸出先を示したものである。

⑴　表中の二つの組み合わせ(タイとマレーシア，ドイツとフランス)のそれぞれにおいて，主な輸出先の特徴に違いが生じた理由を，合わせて3行以内で述べよ。

⑵　メキシコでは，アメリカ合衆国との国境に近い地域に，アメリカ合衆国や日本などの多国籍企業の工場が多く立地している。その理由を2行以内で述べよ。

⑶　表中の国々では，内容や程度の差はあるものの，国内における地域間格差の問題をかかえている。ドイツでは，どのような内容の地域間格差が問題となっているか。2行以内で述べよ。

表

国	輸出額(10億ドル)	輸出先上位3カ国と輸出額に占める割合(%)
タイ	58.4	アメリカ合衆国(21.7) 日本(14.1) シンガポール(8.7)
マレーシア	84.5	アメリカ合衆国(21.9) シンガポール(16.5) 日本(11.6)
ドイツ	535.5	フランス(11.3) アメリカ合衆国(10.1) イギリス(8.3)
フランス	296.0	ドイツ(15.7) イギリス(10.3) スペイン(9.4)
アメリカ合衆国	692.8	カナダ(23.7) メキシコ(12.6) 日本(8.3)
メキシコ	136.3	アメリカ合衆国(88.4) カナダ(1.8) ドイツ(1.5)

統計年次は1999年。
貿易統計年鑑による。

2004年　入試問題

第 2 問

世界と日本の農業に関する以下の設問A～Bに答えよ。解答は，解答用紙の(ロ)欄を用い，設問・小問ごとに改行し，設問記号・小問番号をつけて記入せよ。

設問A

次ページの表1は，米の生産量の上位12カ国について，生産量・輸出量・輸入量を示したものである。

(1) 表1中のa～dは，アメリカ合衆国，インドネシア，タイ，中国のいずれかである。a～dの国名を，それぞれa―○○のように答えよ。

(2) ベトナムでは，1980年代以降生産量が増大し，輸出量は世界第2位となった。生産量が増大した理由を，2行以内で述べよ。

(3) 日本では，1970年代以降，生産調整によって生産量が減少してきた。そのような政策がとられた理由を，2行以内で述べよ。

表1

国	生産量（百万t）	輸出量（百万t）	輸入量（百万t）
a	189.8	3.2	0.2
インド	132.8	2.8	−
b	51.0	−	2.2
バングラデシュ	36.9	−	0.9
ベトナム	32.0	3.9	−
c	25.6	6.5	−
ミャンマー	20.7	0.1	−
フィリピン	12.4	−	0.8
日本	11.6	0.2	0.7
ブラジル	11.0	−	0.8
d	9.3	2.7	0.4
韓国	7.2	−	0.1

統計年次は1999～2001年平均。
生産量はもみ量，輸出量・輸入量は精米量。
−は10万t未満。
FAO資料による。

設問B

次の表2は，日本の農家類型別分類の定義を示したものである。また次の表3は，農家類型別の農業生産額の割合を示したものである。

(1) 日本では長い間，表2の上段のような専兼業別分類が使われてきたが，これに加えて，1995年からは下段のような主副業別分類が使われている。このような新しい分類が使われるようになった背景について，3行以内で述べよ。

表2

分類法	農家類型	定義
専兼業別	専業農家	世帯員の中に兼業従事者がいない農家
	兼業農家	世帯員の中に兼業従事者が1人以上いる農家
主副業別	主業農家	農業所得が主で，65歳未満の自営農業従事60日以上の世帯員がいる農家
	準主業農家	農外所得が主で，65歳未満の自営農業従事60日以上の世帯員がいる農家
	副業農家	65歳未満の自営農業従事60日以上の世帯員がいない農家

(2) 表3を見ると，米では，他の品目に比べて，準主業農家や副業農家の割合が高い。その理由を，2行以内で述べよ。

表3

品目	生産額(千億円)	農家類型別割合(%) 主業農家	準主業農家	副業農家
米	23	36	28	36
いも類・野菜	23	85	9	6
果実	8	71	17	12
花き	4	84	9	7
生乳	7	96	2	2
肉用牛・豚	10	92	5	3

統計年次は2000年。
農林水産省資料による。

2004年　入試問題

第 3 問

自然環境の利用に関する以下の設問A～Bに答えよ。解答は，解答用紙の(ハ)欄を用い，設問・小問ごとに改行し，設問記号・小問番号をつけて記入せよ。

設問A

次の文章を読んで，下の小問(1)～(2)に答えよ。

日本の河川環境は，堤防やダムの建設，砂利の採取などをはじめとする人間活動によって，大きく変貌してきた。たとえばダムの建設は，ダムの上流側と下流側の双方に影響を与え，河川の景観や生態系を変化させてきた。

(1) ダム建設の主な目的を，発電以外に二つあげよ。

(2) ダムの上流側および下流側での河川環境の変化について，次の語句をすべて使用して，合わせて3行以内で述べよ。語句は繰り返し用いてもよいが，使用した箇所には下線を引くこと。

魚　　侵食

設問B

次の表は，主な自然エネルギーによる発電能力(設備容量)を，上位5カ国について示したものである。

表

a		b	
アメリカ合衆国	2.75	アメリカ合衆国	92.29
フィリピン	1.05	カナダ	61.99
メキシコ	0.75	ブラジル	46.70
イタリア	0.63	ロシア	42.57
日本	0.53	中国	40.68
c		**太陽光**	
ドイツ	8.74	日本	0.32
アメリカ合衆国	4.25	アメリカ合衆国	0.14
スペイン	3.21	ドイツ	0.11
デンマーク	2.50	オーストラリア	0.03
インド	1.51	イタリア	0.02

単位は百万 kW。
統計年次は項目・国によって異なり，1991～2001年のうちのいずれかの年次である。
国連資料，環境年表，日本地熱調査会資料により作成。

⑴　表のa～cは，水力，地熱，風力のいずれかである。a～cの自然エネルギーを，それぞれa—○○のように答えよ。

⑵　aの国々において，そのような自然エネルギーの利用を可能にする自然条件を，1行で述べよ。

⑶　化石燃料と比べた場合の自然エネルギーの特徴を，次の語句をすべて使用して，3行以内で述べよ。語句は繰り返し用いてもよいが，使用した箇所には下線を引くこと。

供給量　　枯　渇　　地球温暖化

⑷ 水力，地熱，風力のような自然エネルギーは，発電だけではなく，歴史的にはさまざまな目的に利用されてきたし，その中には現在も利用されているものもある。そのような過去または現在における自然エネルギーの利用の例を，発電以外に二つあげて，それぞれ○○のための○○エネルギーの利用というように，合わせて2行以内で述べよ。

– MEMO –

2003年

解答時間：2科目150分
配　　点：120点

第1問

発展途上国の開発に関する以下の設問A～Bに答えよ。解答は，解答用紙の(イ)欄を用い，設問・小問ごとに改行し，設問記号・小問記号をつけて記入せよ。

設問A

近年，多くの発展途上国では，開発にともなう自然環境の改変が急速に進んでいる。以下の二つの文章のａ～ｅにあたる語句を，ａ―○○のように答えよ。

東南アジアの低湿地の海岸部における主要な自然植生は（　ａ　）であるが，（　ｂ　）をはじめとする養殖池の造成のために消滅した地域も少なくない。一方，スマトラ島やボルネオ島の平野部や丘陵部では，（　ｃ　）の栽培のための大規模な開発による天然林の消失が著しい。

ブラジルでは，南部と北部との所得格差が著しく，政府は，北部の開発を積極的に進めてきた。とくに1970年代以降，（　ｄ　）川流域の熱帯雨林地域の開発が本格化し，大規模な耕地や放牧地が開かれた。放牧地での（　ｅ　）の飼育には，先進国のアグリビジネスも深く関わっている。

設問B

次ページの表は，ラテンアメリカ，アジア，アフリカの各地域からそれぞれ2カ国を選び，男女別の識字率と，女性識字率に対する男性識字率の比率を示したものである。

⑴　X群の国々の識字率は，いずれも高い水準にある。これらの国々に共通する民族構成の特徴と言語の状況を，２行以内で述べよ。

⑵　Y群やZ群のような識字率の低い国々では，今後，経済・社会の開発を図っていく上で，識字教育が重要な役割を果たすと考えられる。しかし実際に識字教育を普及させていく上では，さまざまな困難も予想される。Z群の国々が直面すると考えられる困難を，使用言語の問題に絞って，２行以内で述べよ。

⑶　Y群やZ群のような識字率の低い国々では，男女間での識字率の格差が大きい。このことは，どのような社会的問題を引き起こしていると考えられるか，３行以内で述べよ。

グループ	国名	識字率(全体)(%)	識字率(男性)(%)	識字率(女性)(%)	識字率(男性)/識字率(女性)
X群	アルゼンチン	96.8	96.8	96.8	1.0
	ウルグアイ	97.6	97.1	98.0	1.0
Y群	ラオス	64.8	76.2	53.4	1.4
	カンボジア	68.0	80.2	57.2	1.4
Z群	ニジェール	16.0	23.8	8.5	2.8
	マリ	25.6	35.8	16.0	2.2

ユネスコ資料による。

第２問

世界の自然環境および都市に関する以下の設問A～Bに答えよ。解答は，解答用紙の(ロ)欄を用い，設問・小問ごとに改行し，設問記号・小問記号をつけて記入せよ。

2003年　入試問題

設問A

次の図1の(ア)～(ウ)は，それぞれ熱帯，温帯，極地のいずれかの地点について，気温の日変化(縦軸)と年変化(横軸)を，等温線のパターンによって模式的に示したものである。ただし，同じ濃さでも三つの地域の間で互いに同じ気温を示しているわけではない。

(1) (ア)～(ウ)は，それぞれ熱帯，温帯，極地のうちのどの地域に対応しているか。それぞれア—○○のように答えよ。

(2) (ア)と(イ)の等温線のパターンの違いが生ずる理由を，2行以内で述べよ。

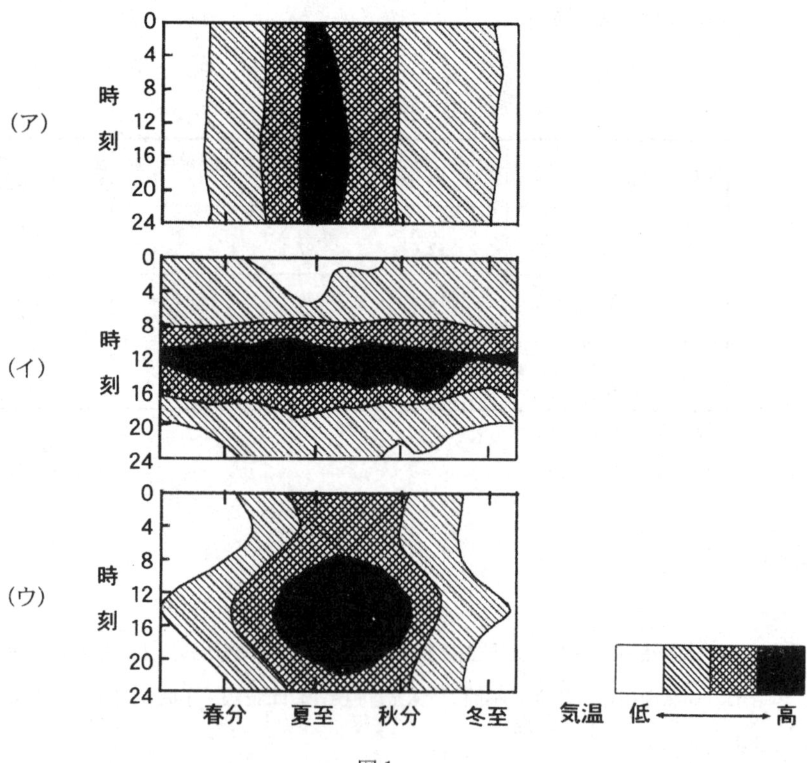

図1

2003年　入試問題

設問B

次の表は，1964年～2000年にオリンピック大会が開催された10都市を示している。また図2は，表の都市のうち6都市について，月平均気温(折れ線グラフ)と月降水量(棒グラフ)を示している。

(1) 図2のa～dは，それぞれミュンヘン，モントリオール，ソウル，シドニーのいずれかである。a～dの都市名を，それぞれa―○○のように答えよ。

(2) オリンピックのテレビ生中継では，開催地との時差を実感することが多い。表の都市のうち，日付の違いを考慮しない場合，東京との時差が最も大きい都市を答えよ。ただし，該当する都市が二つ以上あるときには，それらのうちの一つだけを答えればよい。また，夏時間の実施の有無は無視する。

(3) メキシコシティにおける都市的環境問題の特徴を，地形条件との関係に留意して，2行以内で述べよ。

(4) モントリオールとバルセロナは，いずれもそれぞれの国の中で独自の文化的特徴を持つ地域の中心都市である。それぞれの地域の文化的特徴を，合わせて3行以内で述べよ。

表

年	都 市 名	年	都 市 名
1964	東 京	1984	ロサンゼルス
1968	メキシコシティ	1988	ソウル
1972	ミュンヘン	1992	バルセロナ
1976	モントリオール	1996	アトランタ
1980	モスクワ	2000	シドニー

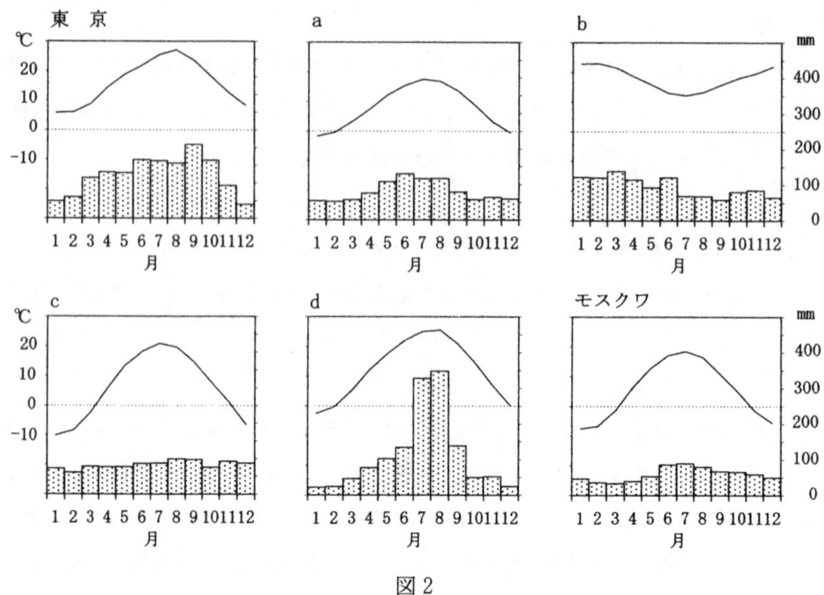

図2

第3問

日本の工業に関する以下の設問A～Bに答えよ。解答は，解答用紙の(ハ)欄を用い，設問・小問ごとに改行し，設問記号・小問記号をつけて記入せよ。

設問A

表1～3は，工業の業種別構成と工業用水の利用状況を示したものである。

(1) 表1は，工業全体の出荷額に占める業種別構成比の推移をみたものである。(ア)～(ウ)は，繊維，金属，機械のいずれかである。(ア)～(ウ)の業種名を，それぞれア―○○のように答えよ。

(2) 表2は，工業全体の用水量に占める業種別構成比の推移をみたものである。(a)～(c)は，紙，化学，機械のいずれかである。(a)～(c)の業種名を，それぞれa―○○のように答えよ。

(3) 表3は，用途別水使用量の変化を示している。これによると，1965年以降の生活用水と農業用水の使用量は増加する傾向にあるが，工業用水だけは，1975年以降減少してきている。工業用水の使用量が減少した理由を，以下の語句をすべて用いて，2行以内で述べよ。語句は繰り返し用いてもよいが，使用した箇所には下線を引くこと。

産業構造　　　循環利用

表1

(単位　%)

年	食料品	(ア)	紙	(イ)	化　学	(ウ)
1960	12.4	12.3	3.9	18.8	11.8	25.8
1970	10.4	7.7	3.3	19.3	10.6	32.4
1980	10.5	5.2	3.2	17.1	15.5	31.8
1990	10.2	3.9	2.7	13.8	9.7	43.1
2000	11.6	2.3	2.6	11.1	11.0	45.8

食料品には飲料・飼料・たばこも含む。紙にはパルプも含む。
化学には石油・石炭製品も含む。繊維には衣服も含む。
金属は，鉄鋼，非鉄金属，金属製品を合計した値である。
『工業統計表』による。

表2

(単位　%)

年	(a)	金　属	(b)	(c)	食料品	繊　維
1970	41.2	29.8	3.7	11.0	4.7	3.6
1980	40.6	31.7	7.2	9.0	4.3	2.2
1990	39.4	31.3	10.7	8.5	3.6	1.7
2000	43.4	30.7	9.3	7.9	3.2	0.9

『工業統計表』による。

表3

(単位　億m^3)

年	生活用水	工業用水	農業用水	合計
1965	68	127	500	695
1975	114	166	570	850
1985	143	144	585	872
1995	163	140	585	889

国土交通省資料による。

設問B

図1～2は，自動車とカラーテレビの国内生産と輸出入の推移を示したものである。

(1) 図1は，自動車の国内生産台数と輸出入台数の推移をみたものである。このうち輸出台数は，1985年まで伸びていたが，それ以降は減少もしくは微増に留まっている。その理由を，下の語群より適当な語句を選択して，3行以内で述べよ。語句はいくつ選択してもよいが，使用した箇所には下線を引くこと。

(2) 図2は，カラーテレビの国内生産額，輸出入額の推移をみたものである。1990年以降，国内生産額が大幅に減少し，輸入額が増大している。その理由を，下の語群より適当な語句を選択して，3行以内で述べよ。語句はいくつ選択してもよいが，使用した箇所には下線を引くこと。

語　群

円　高	オイルショック	貿易摩擦	海外生産	市　場
労働力	アメリカ合衆国	ＥＵ	ＡＳＥＡＮ	ＯＰＥＣ

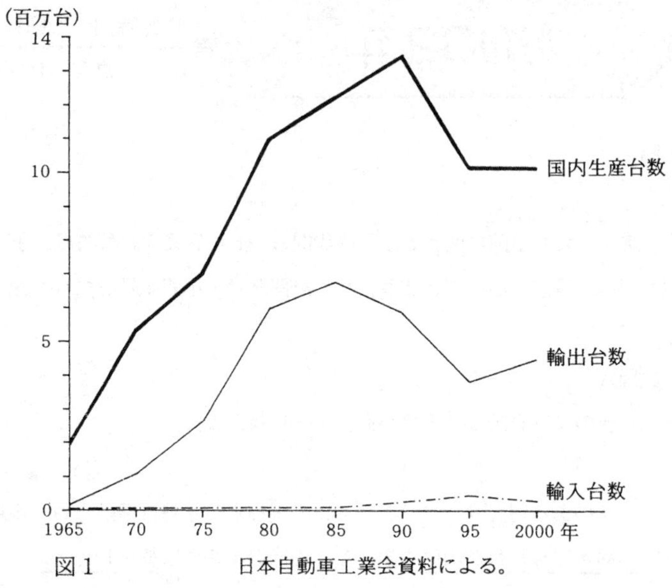

図 1　　日本自動車工業会資料による。

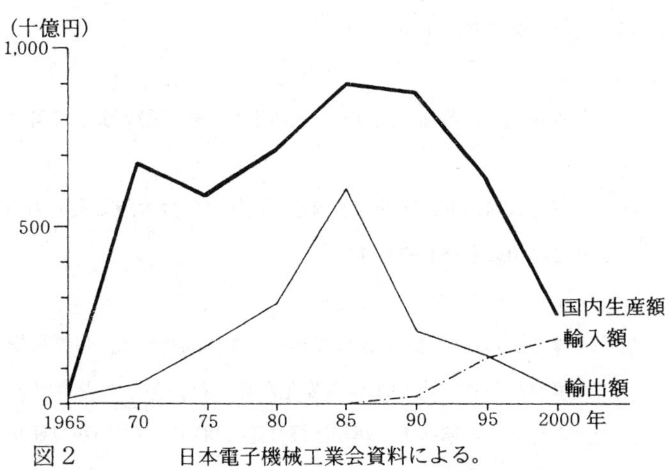

図 2　　日本電子機械工業会資料による。

2002年

解答時間：2科目150分
配　　点：120点

第1問

アメリカ合衆国に関する以下の設問A～Bに答えよ。解答は，解答用紙の(イ)欄を用い，設問・小問ごとに改行し，設問記号・小問記号をつけて記入せよ。

設問A

次の文章を読み，下の小問(1)～(3)に答えよ。

夏のある朝，サンフランシスコを飛び立った飛行機は，急に高度を上げて緑の樹木に覆われた山脈(a)を越える。山脈の東側には乾燥した大地(b)が広がる。さらに広い山岳地帯を越えると，広い平原(c)に出る。その後プレーリーの上を飛んで，何本かの大きな川(d)を横切ると，再び山岳地帯の上を飛び，大西洋岸に出てニューヨークに着陸する。

(1) 下線a～cの名称(地名)を，それぞれa―○○のように答えよ。

(2) 下線dの河川群は下流で合流し，北アメリカ大陸で最大の川となる。合流した後の川の名称を答えよ。

(3) 下線bからdの地域にかけて西から東へ向かうと，自然環境の変化に応じて，農業の特徴にどのような変化が見られるか。次の語句をすべて使用して，3行以内で述べよ。語句は繰り返し用いてもよいが，使用した箇所には下線を引くこと。

降水量　　　家　畜　　　作　物

設問B

次の表は，アメリカ合衆国の主要な農産物について，世界の生産量・輸出量に占めるアメリカ合衆国の割合(%)，順位，およびアメリカ合衆国における生産量に占める輸出量の割合(%)を示したものである。

	生　産　量	輸　出　量	輸出／生産
とうもろこし	40.3　(1)	62.5　(1)	19.0
大　豆	49.3　(1)	64.8　(1)	34.1
小　麦	11.2　(2)	26.8　(1)	42.2
牛　肉	21.6　(1)	12.9　(2)	5.7

カッコ内は順位。年次は1996～98年平均。

ＦＡＯ資料による。

(1)　アメリカ合衆国における，とうもろこしと大豆に共通の主な用途を，生食用以外に二つあげよ。

(2)　アメリカ合衆国の「穀物メジャー」とは何か，2行以内で述べよ。

(3)　小麦の生産量が世界第1位の国は中国(19.3%)である。中国の小麦貿易に見られるアメリカ合衆国との相違点を，1行で述べよ。

(4)　牛肉の輸出量が世界第1位の国はオーストラリア(16.4%)であるが，生産量では第6位(3.4%)である。オーストラリアの牛肉貿易に見られるアメリカ合衆国との相違点を，1行で述べよ。

2002年　入試問題

第2問

次ページの表は，各国の人口増加率，65歳以上人口割合，１人あたり国内総生産(GDP)を示したものである。これを見て，以下の設問Ａ～Ｄに答えよ。解答は，解答用紙の(ロ)欄を用い，設問・小問ごとに改行し，設問記号・小問記号をつけて記入せよ。

設問Ａ

(ア)～(エ)は，アメリカ合衆国，インド，中国，ドイツのいずれかである。(ア)～(エ)の国名を，それぞれア―○○のように答えよ。

設問Ｂ

Ｘ群の国は人口増加率がもっとも高い。このような国で，人口増加率が高い理由を，次の語句をすべて使用して，２行以内で述べよ。語句は繰り返し用いてもよいが，使用した箇所には下線を引くこと。

多産多死　　　　乳　児

設問Ｃ

Ｙ群の国はともに人口増加率が１％程度であるが，１人あたりGDPは大きく異なっている。

(1)　(イ)国の１人あたりGDPは，むしろＸ群の国に近い。このことから見ると，(イ)国の人口増加率がＸ群の国に比べて特別に低いとも考えられる。(イ)国の人口増加率がこのように低い理由を１行で述べよ。

(2)　(ウ)国の１人あたりGDPは，むしろＺ群の国に近く，(ウ)国の人口増加率がＺ群の国に比べて特別に高いとも考えられる。(ウ)国の人口増加率がこのように高い理由を１行で述べよ。

設問D

Ｚ群のような国では，近年，総人口の中で高齢者の占める割合が高くなる人口高齢化が，重要な社会問題であると考えられている。このような国で人口高齢化が進む理由を，次の語句をすべて使用して，３行以内で述べよ。語句は繰り返し用いてもよいが，使用した箇所には下線を引くこと。

出生率　　平均寿命　　人口ピラミッド

群	国	人口増加率（%）	65歳以上人口割合（%）	1人あたりGDP（ドル）
X	フィリピン	2.6	5.9	866
	(ア)	1.9	4.3	451
Y	(イ)	1.1	6.9	738
	(ウ)	1.0	12.7	31,456
Z	(エ)	0.5	15.7	26,014
	日本	0.3	16.0	30,046

人口増加率は1990〜98年の年平均。

65歳以上人口割合と1人あたりGDPの年次は1995年から1999年の間で，国によって異なる。

国連およびIMFの資料による。

第3問

図1は，約7000年前の海岸線と西暦1920年頃の海岸線の復元図である。1920年頃の海岸線を示したのは，1920年代以降海岸地形の人工改変が大幅に進んでいるため，改変が及んでいない自然状態に近い海岸線を示すためである。図2と図3（2万5千分の1地形図，いずれも原寸）は，図1の一部地域を示した地形図である。これらの図に関連する以下の設問Ａ～Ｂに答えよ。解答は，解答用紙の(ハ)欄を用い，設問・小問ごとに改行し，設問記号・小問記号をつけて記入せよ。

（編集注：地形図は実際の入試問題を紙面に合わせて縮小した。）

設問Ａ

(1)　図1において，(X)で示した河口付近に発達する地形の名称を答えよ。

(2)　図1において，(Y)から(X)へ向かって海岸線は，どのように移動したと考えられるか。次の語句をすべて使用して，2行以内で述べよ。語句は繰り返し用いてもよいが，使用した箇所には下線を引くこと。

河　川　　　洪　水　　　土　砂

(3)　図2において，河川PQ（大落古利根川）沿いには，Ｍのような比較的古い集落が発達する。こうした集落が立地している地形の名称を答えよ。

(4)　図2において，大落古利根川から離れたＮのような場所における土地利用の変化について，2行以内で述べよ。

(5)　図3において，集落は海岸線と並行して発達している。その理由を2行以内で説明せよ。

2002年　入試問題

設問B

約7000年前以降に陸化した地域は，一般にさまざまな災害に対して脆弱(ぜいじゃく)である。このような地域では，どのような災害が生じやすいか，その理由とともに，次の語句をすべて使用して，4行以内で説明せよ。語句は繰り返し用いてもよいが，使用した箇所には下線を引くこと。

地　震　　　　台　風　　　　地下水

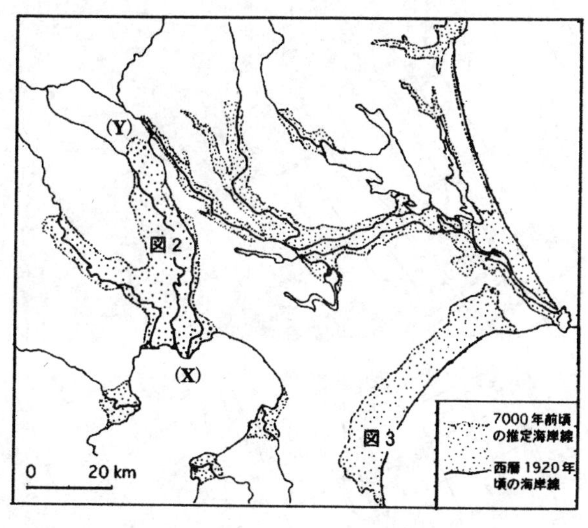

図1

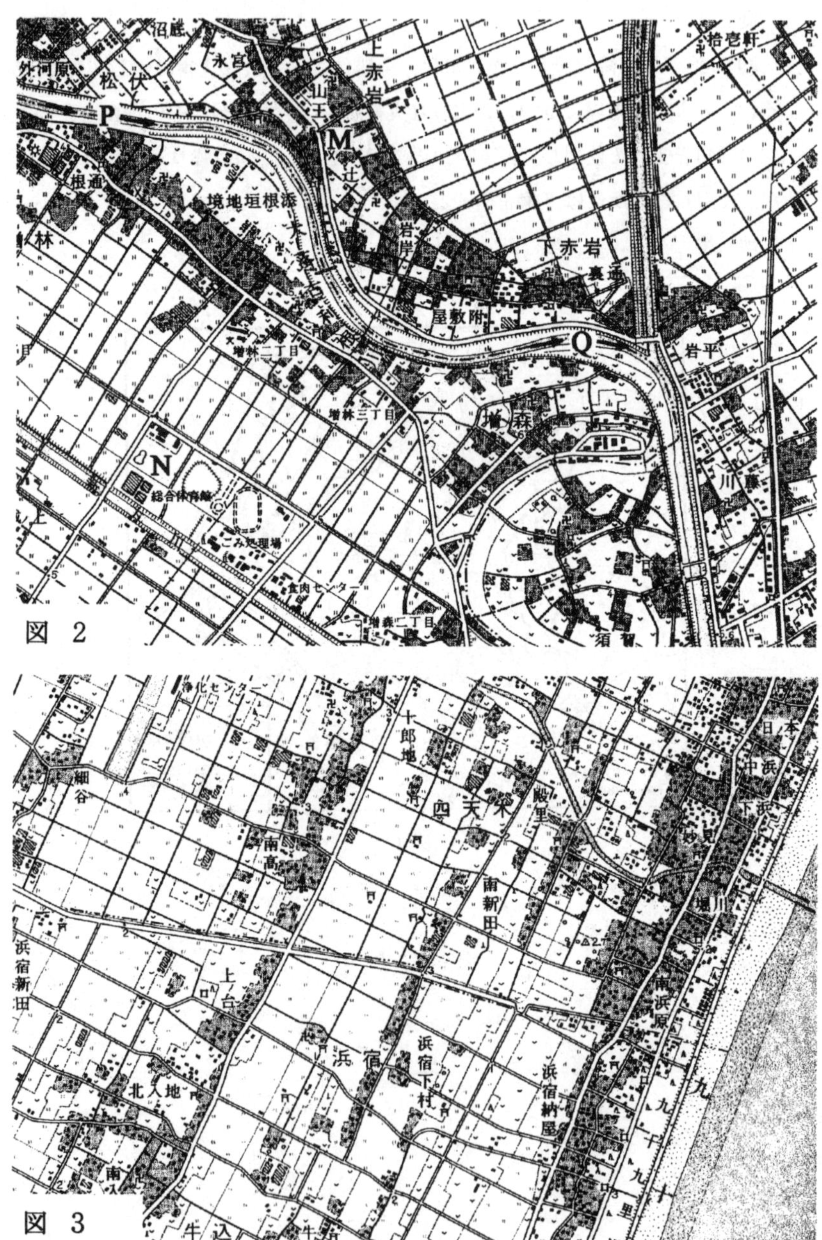

図 2

図 3

– MEMO –

2001年

解答時間：2科目150分
配　　点：120点

第1問

右ページの図に示された，南アジアを代表する大河，X，Yの流域に関する以下の設問A～Cに答えよ。解答は，解答用紙の(イ)欄を用い，設問・小問ごとに改行し，設問記号・小問記号をつけて記入せよ。

設問A

(1)　Xの河川名を答えよ。

(2)　Yが通過する国名を，上流から順に3つ答えよ。

(3)　Yの上流域一帯に居住する主要な民族の名前と，その民族が信仰する宗教の名前を答えよ。

設問B

X，Yの下流域一帯は，大規模な洪水が毎年起こることで知られている。

(1)　X，Yの下流域一帯に広がる低地の地形の名称を答えよ。

(2)　この地域は，大規模な洪水が毎年起こるにも関わらず，灌漑の整備が農業生産量を大きく引き上げた。その理由を，次の語句をすべて使用して，3行以内で述べよ。語句は繰り返し用いてもよいが，使用した箇所には下線を引くこと。

乾　季　　　　　緑の革命

(3)　この地域の沿岸部一帯に，高潮をともないながら大規模な災害をもたらすことのある自然現象の名称を答えよ。

設問C

P，Qはいずれも人口数百万人の大都市であり，住民の多くが共通の言語を用いている。両都市の間はそれほど離れていないが，それぞれ異なる国の領域内にある。

(1) P，Qの都市名を，P—○○，Q—○○のように答えよ。

(2) P，Qのそれぞれが属する国で，最も構成比率の高い宗教の名前を，P—○○，Q—○○のように答えよ。

(3) Pの属する国における近年の社会経済状況の変化を，以下の語句を用いて3行以内で説明せよ。語句は繰り返し用いてもよいが，使用した箇所には下線を引くこと。

カースト　　　　工業化

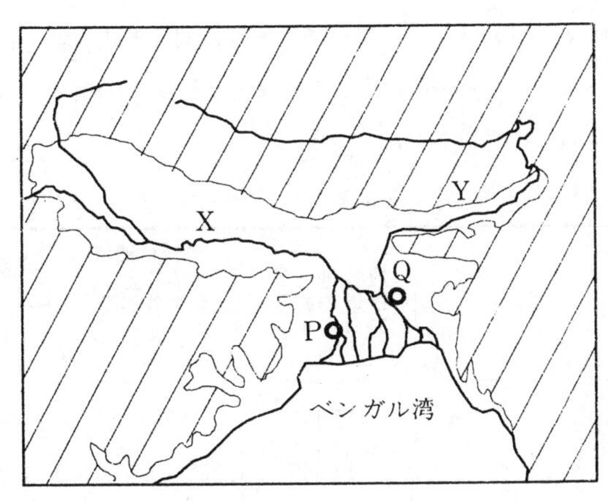

第2問

世界の放牧地・牧草地と森林に関する以下の設問A～Bに答えよ。解答は，解答用紙の(ロ)欄を用い，設問・小問ごとに改行し，設問記号・小問記号をつけて記入せよ。

設問A

表1は，いくつかの国における放牧地・牧草地の面積と，その国土面積に対する割合，および牛・羊の頭数を示したものである。

(1) 表1より，モンゴルは，放牧地・牧草地の総面積がニュージーランドの8倍以上であるのに，牛と羊の頭数ははるかに少ない。このように大きな差がみられる理由を，自然環境の観点から3行以内で述べよ。

(2) イギリスとデンマークでは，ともに畜産業がさかんであるといわれているにもかかわらず，デンマークの国土面積に対する放牧地・牧草地の割合は，イギリスに比べると格段に小さい。両国でこのように大きな違いが生じる理由を，2行以内で述べよ。

表　1

国	放牧地・牧草地の総面積（千 ha）	国土面積に対する放牧地・牧草地の割合（%）	家畜頭数（千頭）	
			牛	羊
モンゴル	117,150	74.8	3,613	14,166
ニュージーランド	13,500	49.9	8,772	47,595
イギリス	11,097	45.3	11,519	44,471
デンマーク	317	7.4	1,974	142

放牧地・牧草地の総面積は1994年，家畜頭数は1998年の値。

FAO資料による。

設問B

(1) 表2は，いくつかの国における森林の状況を示したものである。このうちa群の国々では，近年，森林面積が大きく減少している。その理由を3行以内で述べよ。

(2) 同じく表2のb群の国々では，近年，森林面積がほとんど変化していないか，逆に増加している。その理由を2行以内で述べよ。

(3) 日本は，国土面積の約3分の2を森林が占めている。現在の日本において，用材生産以外に森林がはたしている機能について，2行以内で述べよ。

表　2

グループ	国	国土面積に対する森林の割合（%）	森林面積の1975―90年における年平均変化率（%）
a　群	ナイジェリア	11.8	－2.1
	タイ	26.3	－1.8
	フィリピン	45.3	－1.7
	メキシコ	24.9	－1.2
b　群	フィンランド	68.6	0.0
	ノルウエー	25.7	0.0
	フランス	27.2	0.1
	カナダ	49.5	0.6

国土面積に対する森林の割合は1994年の値。

FAO資料による。

2001年　入試問題

第3問

エネルギー消費に関する以下の設問A～Bに答えよ。解答は，解答用紙の(ハ)欄を用い，設問・小問ごとに改行し，設問記号・小問記号をつけて記入せよ。

設問A

表1は，いくつかの国の一次エネルギー消費量とCO_2排出量を示したものである。

(1) 国a～dは，インドネシア，オーストラリア，ドイツ，フランスのいずれかである。a～dの国名を，それぞれa―○○のように答えよ。

(2) 中国およびインドは，一次エネルギー消費量（合計）に対して，CO_2排出量が相対的に多い。その理由を1行以内で述べよ。

(3) 化石燃料消費量の増大によって生じる国際的な環境問題として，CO_2排出量の増加以外にどのようなものが考えられるか，2行以内で述べよ。

表　1

国	一次エネルギー消費量					CO_2 排出量
	石　炭	石　油	天然ガス	その他	合　計	
中国	658	194	19	20	891	853
日本	87	272	55	102	515	318
a	86	139	72	50	347	237
インド	153	88	18	9	268	243
b	15	88	31	114	248	98
カナダ	27	81	71	59	238	131
c	42	36	17	7	102	83
d	10	51	32	3	94	72

年次は1997年。単位は100万トン（一次エネルギーは石油換算，CO_2 は炭素換算）。

中国には香港・台湾を含まない。

『エネルギー・経済統計要覧』による。

設問B

表2は，日本の一次エネルギー消費量とGNPの推移を示したものである。

(1)　X／Yの値が，1973年から1985年にかけて大幅に減少した理由を2行以内で述べよ。

(2)　天然ガスの消費量が増加してきた理由を，以下の語句を用いて2行以内で説明せよ。語句は繰り返し用いてもよいが，使用した箇所には下線を引くこと。

環　境　　　　エネルギー輸送

(3) 石炭の消費量も，1979年以降は増加傾向にある。現在の石炭の主要な2つの用途を語句で記せ。

表 2

年度	一次エネルギー消費量					実質GNP（Y）	X／Y
	石炭	石油	天然ガス	その他	合計（X）		
1960	415	379	9	204	1,008	728	1.38
1973	596	2,982	59	217	3,854	2,293	1.68
1979	567	2,940	215	390	4,111	2,855	1.44
1985	788	2,280	382	603	4,053	3,467	1.17
1998	893	2,853	670	1,033	5,449	4,867	1.12

単位は一次エネルギーは兆 kcal，実質GNP は千億円（1990年価格）。

『エネルギー・経済統計要覧』による。

– MEMO –

2000年

解答時間：2科目150分
配　　点：120点

第 1 問

地中海沿岸地域に関する以下の設問A～Bに答えよ。解答は，解答用紙の(イ)欄を用い，設問・小問ごとに改行し，設問記号・小問記号をつけて記入せよ。

設問A

下の図に関する次の小問(1)～(5)に答えよ。解答は，1—○，2—○，3—○○川，4—○○山脈，5—○○のように記入せよ。

(1) 経度0度の線を，a～hの中から選んで，記号で答えよ。

(2) 緯度40度の線を，a～hの中から選んで，記号で答えよ。

(3) xの河川名を記せ。

(4) yの山脈名を記せ。

(5) zはカタルーニャ地方の中心都市である。zの都市名を記せ。

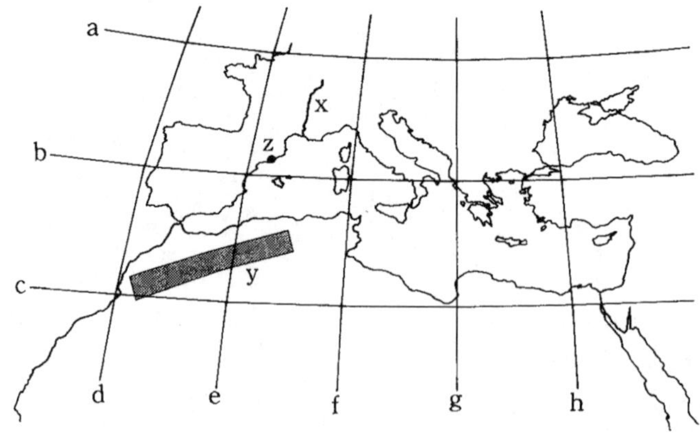

設問B

次の文章を読んで，下の小問(1)〜(3)に答えよ。

①地中海沿岸地域は，東アジアと比べると，山々の形や植生が異なり，人々の顔立ちや言葉，建物の様子や生活様式なども違う。地中海沿岸地域を訪れる人の多くは，「異国に来たな」という印象を強く受けるのである。

しかしながら，地中海沿岸地域といっても，②地中海の北岸諸国と南岸諸国とでは，産業が違い，言語や宗教も異なっている。また，地中海東部の国と西部の国においても，産業は違うし，文化も異なっている。とりわけ，③フランス南部からスペイン東部にかけての地中海沿岸地域は，ヨーロッパの新興工業地域として注目を集めている。地中海沿岸諸国の自然や社会の特徴を一言で表現するのは，はなはだ難しいのである。

(1)　下線部①に関して，地中海沿岸地域と日本との植生の違いについて，2行以内で述べよ。

(2)　下線部②に関して，イタリアとアルジェリアとの産業，言語，宗教の違いについて，3行以内で述べよ。

(3)　下線部③に関して，地中海沿岸の新興工業地域は，ヨーロッパの古くからの工業地帯と比較して，どのような特徴を持っているか，2行以内で述べよ。

第 2 問

現代の世界では，一口に「発展途上国」といっても，地域や国によって，産業構成や社会変化のあり方は大きく異なっている。次ページの表は，発展途上国の中から6カ国を選び，3つのグループに分けて，1980年と1995年の産業構成および都市人口率を示したものである。

この表に関する以下の設問A～Cに答えよ。解答は，解答用紙の(ロ)欄を用い，設問・小問ごとに改行し，設問・小問記号をつけて記入せよ。

設問A

イ群は，タイとマレーシアである。ロ群とハ群は，①コロンビアとメキシコ，②サウジアラビアとオマーン，③エチオピアとタンザニアのいずれかである。

(1)　ロ群とハ群は，それぞれ①～③のうちのどれか。ロ群―④のように答えよ。

(2)　そのように判断した理由を，合わせて3行以内で述べよ。

設問B

イ群とロ群の産業構成の変化には著しい差異が見られる。イ群の産業構成の変化をもたらした政治経済的背景を，次の語句をすべて使用して，3行以内で述べよ。語句は繰り返し用いてもよいが，使用した箇所には下線を引くこと。

外資導入　　　　輸出指向

設問C

イ群のａ国に比べると，同じイ群のｂ国や，ハ群のｅ国・ｆ国は，都市人口率がきわめて高い水準にある。このような差異が見られる理由を，農村社会の特色の面から，次の語句をすべて使用して，3行以内で述べよ。語句は繰り返し用いてもよいが，使用した箇所には下線を引くこと。

大土地所有制　　　　小農経営　　　　プランテーション

グループ	国		GDPの産業別構成（%）			都市人口率（%）
			第1次	第2次［うち製造業］	第3次	
イ　群	a国	1980	23	29　［22］	48	17
		1995	11	40　［29］	49	20
	b国	1980	22	38　［21］	40	42
		1995	13	43　［33］	44	54
ロ　群	c国	1980	57	12　［6］	31	11
		1995	57	10　［3］	33	13
	d国	1980	45	18　［11］	37	15
		1995	59	17　［8］	24	24
ハ　群	e国	1980	19	32　［23］	49	64
		1995	14	32　［18］	54	73
	f国	1980	8	33　［22］	59	66
		1995	8	26　［19］	66	75

GDPの産業別構成は付加価値ベース。

世界銀行資料による。

第 3 問

近年の行動空間の変化に対する以下の設問A～Bに答えよ。解答は，解答用紙の(ハ)欄を用い，設問・小問ごとに改行し，設問・小問記号をつけて記入せよ。

設問A

モータリゼーションは，近年の行動空間の変化をもたらした大きな要因である。しかし，世界各国を比較してみると，自動車の普及の程度には大きな差がある。また，日本国内でのモータリゼーションの進展の様子にも地域差が見られる。

(1) 表1は，日本，韓国，中国，アメリカ合衆国，カナダ，ブラジル，ドイツについて，1995年における人口100人あたりの乗用車保有台数と乗用車保有総数を示したものである。c～gの国名を，それぞれc—○○のように答えよ。

表　1

国	人口100人あたり乗用車保有台数	乗用車保有総数（100万台）
a	51.7	136.1
b	49.6	40.5
c	46.6	13.8
d	35.7	44.7
e	13.3	6.0
f	8.0	12.5
g	0.3	3.5

日本自動車工業会資料による。

(2) 表2は，1965年と1995年の100世帯あたりの乗用車保有台数を，上位と下位の都道府県について示したものである。この表を見ると，1965年と1995年とでは上位と下位の都府県が大きく入れ替わっている。その理由として考えられることを，3行以内で述べよ。

表　2

1965 年			1995 年		
順位	都道府県	100 世帯あたり乗用車保有台数	順位	都道府県	100 世帯あたり乗用車保有台数
1	愛知	15.7	1	群馬	149.4
2	東京	15.3	2	岐阜	145.5
3	京都	11.7	3	富山	145.0
4	神奈川	11.6	4	栃木	144.9
5	大阪	11.2	5	茨城	144.1
43	新潟	4.1	44	京都	85.5
44	島根	3.7	45	神奈川	84.4
45	秋田	3.5	46	大阪	72.2
46	鹿児島	3.3	47	東京	61.1

運輸省資料による。

設問B

近年の日本において行動空間の変化が大きかったものとして観光がある。次ページの表 3 は，日本の代表的な観光地である市，町，村をそれぞれ 1 つずつ選んで，1985 年と 1995 年の人口と，1995 年のサービス業就業者の割合を示している。1995 年の全国平均のサービス業就業者の割合は 24.8 % であるから，表 3 のいずれの市町村も，宿泊施設をはじめとするサービス業が盛んであることが分かる。

表 3 を見ると，p 市は，q 町や r 村に比べて人口規模の大きな市であるにもかかわらず，人口減少を経験している。逆に，q 町と r 村は，普通であれば過疎化が進んでいることの多い山岳地域に位置しているのに，人口増加の傾向にある。

2000年　入試問題

(1)　p市は，海に面した温泉観光都市で，大型バス用の駐車場を持つ大型ホテルが建ち並んでいる。p市の人口減少は，近年の観光行動の変化が理由になっていると考えられる。このような観光行動の変化を，2行以内で述べよ。

(2)　q町とr村は，共に山岳地域の観光地である。ところが，季節ごとの観光客数の変化のパターンを見ると，q町とr村とでは大きく異なっており，q町では8月に，r村では1月に，それぞれピークがある。このような季節変化のパターンの差が生じる理由を，次の語句をすべて使用して，3行以内で述べよ。語句は繰り返し用いてもよいが，使用した箇所には下線を引くこと。

気　温　　　降水量　　　スポーツ

表　3

市町村	人口		サービス業就業者の割合（%）
	1985年	1995年	1995年
p　市	134,775	128,255	37.1
q　町	15,051	15,345	43.9
r　村	7,919	8,906	43.0

国勢調査による。

– MEMO –

1999年

解答時間：2科目150分
配　　点：120点

第1問

次の図は，東アジアから北部ヨーロッパにかけての地域を示したものである。この図および次ページの文章に関する以下の設問A～Eに答えよ。解答は，解答用紙の(イ)欄を用い，設問・小問ごとに改行し，設問記号・小問番号をつけて記入せよ。

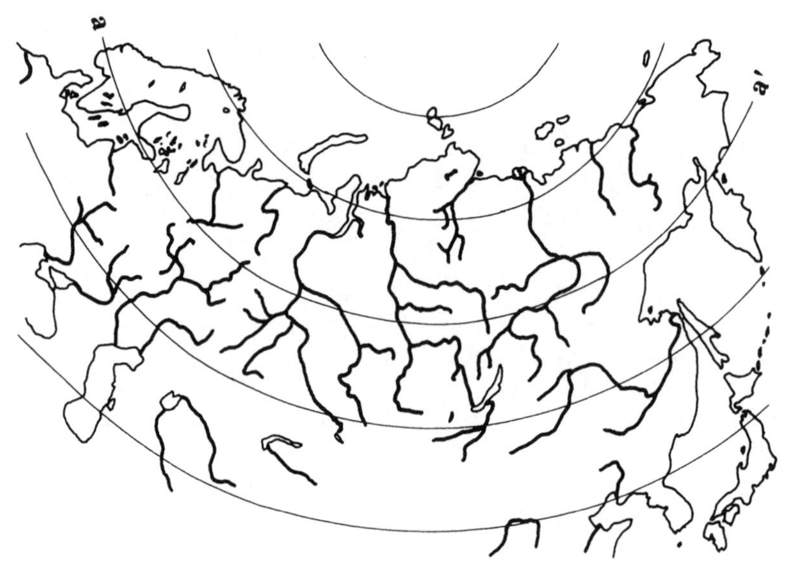

東京（成田）からアムステルダムに直行する飛行機は，両地点を結ぶ最短コース(イ)に近いコースをとって，ユーラシア大陸の大河を幾本も横切って飛び，そのたびに眼下の景観は大きく変化する。

成田を飛び立った飛行機は，日本列島および日本海を横切り，アジア大陸に入る。中国とロシアの国境をなすアムール川（黒竜江）に沿うように飛んだ後，河口に大きな三角州を持つことで知られるレナ川の流域の上空に至る。(ロ)バイカル湖に源を発する大河を越えると，くねくねと湾曲した河川の流れる大地が開ける。この大地の西部を流れるオビ川，さらにその西の(ハ)アジアとヨーロッパの境界をなす山脈を越えると，湖の点在する平原が広がり，しばらくすると方形に区画された耕地が見られるようになる。飛行機は(ニ)ロシアの西への出口である海の上を飛び，やがて水路網が張りめぐらされた耕地を眼下に見ながらアムステルダムに着陸する。

設問A

上の文章の下線部の最短コース(イ)，大河(ロ)，山脈(ハ)，海(ニ)の名称を，イ―○○コース，ロ―○○川のように答えよ。

設問B

(1)　図中の緯線 a―a' は北緯何度を示すか。

(2)　成田～アムステルダム間の飛行距離はおよそ何 km 位か。次の a ～ d の中から選んで，記号で答えよ。

(a)　5,000 km　　(b)　10,000 km　　(c)　15,000 km　　(d)　20,000 km

設問C

アジア大陸の東岸部からアムール川にかけての地域（a 地域）と，レナ川から大河(ロ)にかけての地域（b 地域）とでは，自然景観が大きく異なる。b 地域と比べた場合の a 地域の地形と植生の特徴について，2 行以内で述べよ。

設問D

大河(ロ)からオビ川にかけての地域（c地域）は，ロシアの産業を支える重要な地域として注目されている。c地域の産業の特徴について，次の語句をすべて使用して，3行以内で述べよ。語句は繰り返し用いてもよいが，使用した箇所には下線を引くこと。

原　料　　　開　発　　　工　業

設問E

山脈(ハ)を越えてからアムステルダムに至る地域（d地域）に見られる代表的な農業としては，酪農と混合農業がある。d地域の混合農業の特徴について，次の語句をすべて使用して，3行以内で述べよ。語句は繰り返し用いてもよいが，使用した箇所には下線を引くこと。

気　候　　　家　畜　　　作　物

第 2 問

人口に関する以下の設問A～Bに答えよ。解答は，解答用紙の(ロ)欄を用い，設問・小問ごとに改行し，設問記号・小問番号をつけて記入せよ。

設問A

今日の国際社会では，国境を越えた労働力の移動がますます盛んになっている。次ページの表1は，世界の主要な外国人労働力の受け入れ国の中から4カ国を選び，それぞれについて，外国人労働人口（他国籍労働人口）とその国の労働人口全体に占める割合とを示したものである。

(1)　表1の国a～dは，シンガポール，アラブ首長国連邦，イタリア，ドイツのいずれかである。a～dの国名を，それぞれa―〇〇のように答えよ。

(2)　a国をはじめその周辺の国々では，外国人労働人口の割合が極端に高い。その理由を，2行以内で述べよ。

(3)　c国では，長年にわたって多くの外国人労働力を受け入れてきた。その結果，この国の社会制度において，どのような課題が生じているか。3行以内で述べよ。

表　1

国	外国人労働人口（千人）	労働人口全体に占める割合（%）
a	805	89.4
b	116	8.3
c	2,500	8.0
d	500	2.1

統計年次は1990年。ＩＬＯリポートによる。

ドイツの数値には旧東ドイツを含まない。

設問Ｂ

国や地域の人口を男女別に比べてみると，必ずしも男女が同数にはならない。「女子100人に対する男子の数」は人口性比と呼ばれ，男女の数のバランスを示す指標として用いられる。この人口性比は，社会や産業構造の相違を反映して，地域によって差がある。

日本全体の人口性比は，1965年以降，96.2～96.9の間で比較的安定している。しかし，都道府県単位で人口性比を求めてみると，かなりの変動が見られる。1965年または1995年のいずれかの時点で人口性比がそれぞれ上位5位までに入るのは，北海道・埼玉県・千葉県・東京都・神奈川県・愛知県・大阪府の7都道府県であった。次ページの表2は，これらの7都道府県について，人口性比の変化を示したものである。

⑴　a，b，cは，いずれも人口性比が低下しているが，その理由は互いに異なっている。そのうちcの人口性比の低下の理由として考えられることを，1行以内で述べよ。

⑵　d，eは，ともに人口性比が上昇傾向にある。その共通の理由として考えられることを，2行以内で述べよ。

表　2

都道府県	1965年	1975年	1985年	1995年
神奈川県	106.1(1)	105.7(1)	104.9(1)	104.3(1)
a	104.9(2)	102.7(2)	101.4(3)	100.2(5)
b	101.6(3)	99.7(6)	97.8(8)	96.6(13)
埼玉県	100.6(4)	102.2(3)	102.1(2)	102.4(2)
c	99.8(5)	96.5(11)	95.0(17)	92.6(29)
d	98.9(6)	102.0(4)	101.1(4)	101.7(3)
e	98.6(7)	100.3(5)	100.1(5)	100.3(4)

(　)内は各年次における全国順位。国勢調査による。

第 3 問

日本における自然災害に関する以下の設問A～Cに答えよ。解答は，解答用紙の(ハ)欄を用い，設問・小問ごとに改行し，設問記号・小問番号をつけて記入せよ。

設問A

次の文章の(イ)，(ロ)にあてはまる語句を，イ―○○のように答えよ。

「天災は忘れたころにやってくる」といわれている。日本列島は世界的に見ても自然災害が多い地域で，さまざまな自然現象に起因する災害がしばしば発生し，多くの人的・物的な被害をもたらしてきた。これらのうち，20世紀において，日本列島で最も大きな人的被害（死者・行方不明者の合計）をもたらした自然災害は，(イ)地方を襲った(ロ)である。

設問B

高潮と津波は，河川洪水とならんで，日本列島で発生する代表的な水災害である。

(1) 高潮と津波は，それぞれどのような自然現象によって発生するか。合わせて2行以内で述べよ。

(2) 高潮は，どのような自然条件の場所で被害が激しくなるか。2行以内で述べよ。

設問C

日本列島では，大雨によってしばしば河川洪水が発生する。しかし河川洪水の発生は，雨の降り方だけではなく，地表の状態などにも関係するので，同じ量の雨が降っても，同じように洪水が起こるとは限らない。

次ページの図は，大都市圏内のある河川（長さ 42.3 km，流域面積235 km^2）で 1958 年 9 月と 1982 年 9 月に発生した洪水について，流域における 1 時間あたりの降水量と，その川の下流部における流量を示したものである。

(1) この図から，降水量のピーク時刻と下流部における流量との関係が時代とともにどのように変化してきているかを読み取って，2 行以内で述べよ。

(2) 上の(1)のような変化が起こった理由について，次の語句をすべて使用して，2 行以内で述べよ。語句は繰り返し用いてもよいが，使用した箇所には下線を引くこと。

都市化　　　　　　浸　透

(3) 上の(1)のような変化に対して，大都市圏において考えられる洪水対策の具体的な方策を 2 つ挙げて，それぞれ 1 行以内で述べよ。

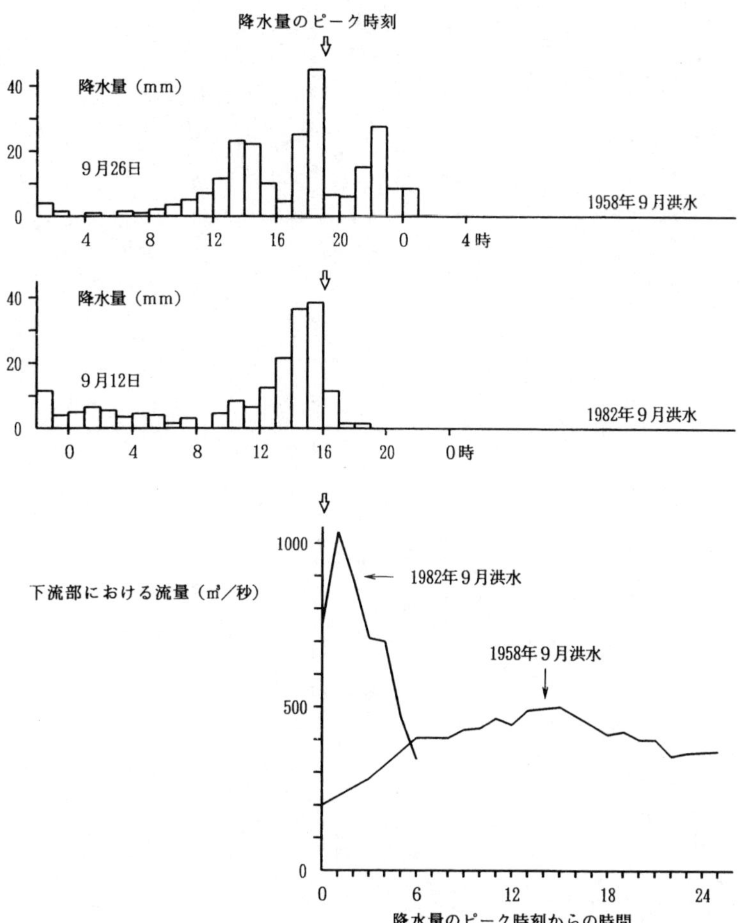

降水量のピーク時刻
降水量（mm）
9月26日
1958年9月洪水
40
20
0
4
8
12
16
20
0
4時
降水量（mm）
9月12日
1982年9月洪水
40
20
0
0
4
8
12
16
20
0時
下流部における流量（㎥/秒）
1982年9月洪水
1958年9月洪水
1000
500
0
0
6
12
18
24
降水量のピーク時刻からの時間

東大入試詳解

第3版①20231110

東大入試詳解 25年

地理 第3版

2023〜1999

解答・解説編

駿台文庫

はじめに

もはや21世紀初頭と呼べる時代は過ぎ去った。連日のように技術革新を告げるニュースが流れる一方で，国際情勢は緊張と緩和をダイナミックに繰り返している。ブレイクスルーとグローバリゼーションが人類に希望をもたらす反面，未知への恐怖と異文化・異文明間の軋轢が史上最大級の不安を生んでいる。

このような時代において，大学の役割とは何か。まず上記の二点に対応するのが，人類の物心両面に豊かさをもたらす「研究」と，異文化・異文明に触れることで多様性を実感させ，衝突の危険性を下げる「交流」である。そしてもう一つ重要なのが，人材の「育成」である。どのような人材育成を目指すのかは，各大学によって異なって良いし，実際各大学は個性を発揮して，結果として多様な人材育成が実現されている。

では，東京大学はどのような人材育成を目指しているか。実は答えはきちんと示されている。それが「東京大学憲章」（以下「憲章」）と「東京大学アドミッション・ポリシー」（以下「AP」）である。もし，ただ偏差値が高いから，ただ就職に有利だからなどという理由で東大を受験しようとしている人がいるなら，「憲章」と「AP」をぜひ読んでほしい。これらは東大のWebサイト上でも公開されている。

「憲章」において，「公正な社会の実現，科学・技術の進歩と文化の創造に貢献する，世界的視野をもった市民的エリート」の育成を目指すとはっきりと述べられている。そして，「AP」ではこれを強調したうえで，さらに期待する学生像として「入学試験の得点だけを意識した，視野の狭い受験勉強のみに意を注ぐ人よりも，学校の授業の内外で，自らの興味・関心を生かして幅広く学び，その過程で見出されるに違いない諸問題を関連づける広い視野，あるいは自らの問題意識を掘り下げて追究するための深い洞察力を真剣に獲得しようとする人」を歓迎するとある。つまり東大を目指す人には，「広い視野」と「深い洞察力」が求められているのである。

当然，入試問題はこの「AP」に基づいて作成される。奇を衒った問題はない。よく誤解されるように超難問が並べられているわけでもない。しかし，物事を俯瞰的にとらえ，自身の知識を総動員して総合的に理解する能力が不可欠となる。さまざまな事象に興味を持ち，主体的に学問に取り組んできた者が高い評価を与えられる試験なのである。

本書に収められているのは，その東大の過去の入試問題25年分と，解答・解説である。問題に対する単なる解答に留まらず，問題の背景や関連事項にまで踏み込んだ解説を掲載している。本書を繰り返し学習することによって，広く，深い学びを実践してほしい。

「憲章」「AP」を引用するまでもなく，真摯に学問を追究し，培った専門性をいかして，公共的な責任を負って活躍することが東大を目指すみなさんの使命と言えるであろう。本書が，「世界的視野をもった市民的エリート」への道を歩みだす一助となれば幸いである。

駿台文庫 編集部

目　次

※本書の「解答・解説」は出題当時の内容であり，現在の学習指導要領や科目等と異なる場合があります。

出題分析と入試対策

年度	番号	項　目	設問	内　容	解答方式・論述字数 (下線は指定語句)
23	1	人間活動と地球環境の関わり	A	新しい地質時代を意味づける地理的現象	60字・60字・30字・選択・60字
			B	南アジアにおける環境問題	記述・60字・60字
	2	第一次産業の国際比較	A	水産物の養殖業	選択・60字・記述・<u>60字</u>
			B	小麦の単位収量変化を引き起こした理由	30字・<u>60字</u>・<u>60字</u>
	3	居住と自然環境	A	2014年に発生した広島の土砂災害	記述・30字・90字・60字
			B	日本の住宅	選択・60字・60字・<u>90字</u>
22	1	世界規模の事象の分布や変化	A	人獣共通感染症の発生リスク	記述・<u>60字</u>・90字・60字
			B	船の航路	60字・60字・<u>90字</u>
	2	南北アメリカの経済と社会	A	アメリカ合衆国の州別人口変化	60字・60字・30字・30字
			B	ブラジル経済の地域的差異	選択・<u>90字</u>・60字・<u>60字</u>
	3	日本の都市と農業	A	柏市北部の変化	30字・60字・選択・<u>90字</u>
			B	日本の果樹生産	選択・30字・<u>90字</u>・60字

21	1	世界の環境と地形	A	世界の気候変化と災害や国際的取り組み	90字・選択・30字・選択・90字
			B	海岸線の地形と環境問題	記述・60字・60字
	2	世界の言語状況と教育	A	世界の言語状況	記述・30字・90字・60字
			B	５ヶ国の留学状況	選択・90字・60字・60字
	3	世界と日本における女性の労働	A	世界の女性労働	選択・60字・90字
			B	日本の女性労働と合計特殊出生率の変化	選択・60字・60字・90字
20	1	日本列島の地形と自然資源利用	A	日本列島の地形断面	60字・30字・30字・60字・選択
			B	５つの県の土地利用	60字・90字・60字
	2	世界の食料の生産と消費	A	１人あたりGDPの伸びと国民１人あたりのカロリー摂取量に占める動物性食品の割合の変化	30字・90字・120字
			B	東南アジアの主要な米生産国	選択・60字・60字
	3	ドイツと日本の人口動向	A	ドイツの州別の人口増減率と州別人口	選択・60字・90字・30字
			B	三大都市圏と東京都特別区部の転入超過人口の推移	60字・90字・60字
19	1	自然環境と人間活動との関係	A	東アジアから東南アジアの自然環境と人間活動	選択・60字・60字
			B	メッシュマップの読図	90字・記述・60字
	2	世界の国際貿易と国際旅行者	A	国際貿易に関連する窒素排出	記述・選択・60字・90字
			B	外国人旅行者受け入れ上位国と訪日旅行者	選択・60字・90字
	3	日本の産業と国土	A	都道府県別産業分類の就業者比率変化	60字・60字・60字・60字
			B	日本の５つの半島	選択・30字・90字

18	1	地球環境と気候	A	二酸化炭素濃度の変化	30字・60字・90字
			B	熱帯低気圧の発生と被災	記述・30字・30字・60字
	2	海域をはさんだ地域のつながり	A	コンテナ取扱量の変化とパナマ運河拡張の影響	60字・記述・90字
			B	インド洋を取り巻く地域	記述・60字・60字・60字
	3	人口と都市	A	都道府県別人口増減	選択・60字・90字
			B	鹿児島・広島・金沢の都市域拡大と自然災害リスク	30字・30字・30字・60字
			C	大都市の土地利用と生活圏の変化	90字・60字
17	1	島と海	A	太平洋における島嶼	60字・60字・90字・記述・60字
			B	カリマンタン島・マダガスカル島・バフィン島	選択・30字・90字
	2	世界の水資源と環境問題	A	水資源	選択・30字・60字・60字
			B	PM2.5	記述・60字・記述
	3	ヨーロッパと日本の産業・社会の変化	A	ヨーロッパの人口構造変化	選択・60字・60字・60字
			B	日本の工業の変化	選択・60字・90字
16	1	アメリカ合衆国とヨーロッパ諸国	A	アメリカ合衆国の人口分布	30字・60字・90字
			B	アメリカ合衆国北東部の都市群	60字・30字・90字
			C	ヨーロッパ諸国の階級区分図	選択・30字
	2	世界の農業	A	主要な食物油の世界生産量の推移	選択・選択・60字・60字
			B	主要農産物の自給率	選択・60字・60字
	3	日本の都市，環境と災害	A	都市の環境と災害	記述・30字・60字・90字
			B	市町村合併	60字・60字・90字

15	1	自然環境と人間活動との関係	A	天竜川右岸の地形図読図	90字・60字・90字
			B	湿潤アジアにおける植生帯	選択・60字・60字・60字
	2	世界の貿易	A	アフリカ３か国の貿易	選択・60字・60字・60字
			B	日本の生鮮野菜輸入	選択・60字・60字
	3	日本の都市と社会の変化	A	大都市内３区における人口密度と職業構成の変化	選択・90字・30字
			B	６つの人口関連データの判定	選択・30字
			C	３大都市圏の人口流動	60字・90字
14	1	世界と日本の化石燃料と再生可能エネルギー	A	二酸化炭素排出量上位国やバイオマス燃料の特徴	記述・60字・記述(60字)
			B	再生可能エネルギーの判定や推移理由	選択・60字・選択・30字
	2	ヒト・モノ・情報の流動	A	アメリカ合衆国を中心とする音声電話の通信量	60字・60字・選択・60字
			B	主要都市圏の航空交通	60字・60字
	3	ヨーロッパの国々の産業と貿易	A	ヨーロッパ４か国の輸出品構成と研究開発支出	選択・60字・60字
			B	EUの貿易	60字・90字・60字
13	1	気候と地表環境	A	風化作用の強度分布	60字・60字・90字
			B	土砂崩れ前後の地形図読図	30字・60字・60字
	2	世界の農業と水産業	A	低緯度沿岸の山岳地帯における自然環境	90字・記述・30字・
			B	適地適作による大規模生産の問題点	90字
			C	世界の水産業	選択・60字・90字
	3	経済・産業の変化と人口	A	世界の都市および農村の年齢階層別人口	選択・60字・60字
			B	日本の工業都市	選択・30字・60字

12	1	ユーラシアとアメリカ合衆国の自然・産業・文化	A	ユーラシアの自然・産業・文化	選択・記述・60字・60字
			B	アメリカ合衆国の経済	選択・60字・90字
	2	世界の農林業	A	世界の農業	選択・記述・60字・60字
			B	中国の農産物貿易	60字・60字
			C	炭素（森林）蓄積量	60字・30字
	3	地図	A	オルテリウスの世界地図	記述・60字・90字・60字
			B	数値地図（東京）	90字・60字・60字
11	1	自然と人間	A	世界の自然災害	選択・60字・90字
			B	岐阜県南部の地形図読図	60字・60字・120字
	2	資源と環境	A	世界の金属資源	選択・30字・30字
			B	レアメタルの生産と資源政策	60字・60字
			C	硫黄の回収理由	記述・90字
	3	日本の人口と人口移動	A	日本の出生数と死亡数	60字・30字・60字
			B	都道府県間の人口移動	選択・30字・90字
10	1	世界と日本のダムと環境		ダムの目的・効果と問題点	60字・60字・90字・90字・90字
	2	地域間の交流と社会・経済の変動	A	日本への入国目的	選択・60字・60字・60字
			B	東アジア諸国内における地域格差と産業構造の変化	選択・90字・90字
	3	交通と都市	A	日本の貨物輸送	90字・60字
			B	日本の主要港湾	60字・90字
			C	ドイツと日本における都市の分布	記述・60字・90字

年度	番号	項目	設問	内容	形式
09	1	全球スケールおよび地球スケールの環境	A	森林と年平均流出量との関係	60字・60字・60字
			B	岩木山周辺の地形図読図	60字・30字・60字
	2	世界と日本の食料	A	ヨーロッパ各国と日本の食料自給率や農業の特徴	選択・90字・60字・60字・60字
			B	東南アジアにおける米の生産	選択・60字
			C	中国における大豆輸入	60字
	3	日本の産業と人口の変化	A	産業別従業者数の変化	選択・60字
			B	市町村合併の理由	90字
			C	生産年齢人口と老年人口の変化理由	選択・120字
08	1	世界の主要な河川と海域	A	主要河川流域における自然災害，農業・環境問題	選択・記述・60字・90字
			B	海洋と排他的経済水域	記述・90字
	2	鉄鋼業と環境問題	A	鉄鋼生産とエネルギー効率	選択・120字
			B	ピッツバーグ都市圏の変化	60字・30字・90字
	3	海外で生活する日本人と日本で生活する外国人	A	海外在留邦人	選択・60字
			B	在留外国人	90字
			C	海外長期滞在者	60字・60字
07	1	ヨーロッパの自然環境	A	ヨーロッパの自然環境	記述・選択・60字・30字・30字
			B	北ヨーロッパの発電	記述・60字・記述・60字・30字
	2	食料と環境	A	食料供給と牛糞の利用	選択・30字・選択・選択・60字・30字
			B	食料の生産や移動	30字・90字・60字
	3	日本の商業とアメリカ合衆国の製造業	A	日本各地の市における人口と商業	60字・60字・60字
			B	アメリカ合衆国の輸送用機械工業	選択・30字・90字

06	1	南アメリカの自然と産業	A	気候の判定	選択・60字
			B	南アメリカの農業	選択・記述・90字
			C	ブラジルの産業構造	60字・60字
	2	森林と木材	A	国名判定	選択
			B	日本の林業	30字・60字・90字
			C	木材チップ	記述・60字
	3	世界と日本の産業の地理的変化	A	パソコンの生産と利用	選択・60字・60字
			B	高等学校卒業者の就職先の変化	60字・60字・90字
05	1	世界の植生と水資源	A	自然環境の利用と問題点	60字・60字・60字
			B	水資源と農業の関連性	選択・30字・60字・60字
	2	中国の地誌	A	気候の特徴と農業	選択・60字・60字
			B	ウイグル族の宗教と食生活	60字
			C	内陸部の開発	90字
	3	日本の都市と地域	A	都市と農村の地域社会	選択・60字・60字・60字
			B	都心部の昼夜間人口変化	60字・60字
04	1	国際社会と貿易	A	ASEANとEU	記述・記述・選択・選択・90字
			B	国境を接する二つの国	90字・60字・60字
	2	世界と日本の農業	A	米の生産量上位12カ国	選択・60字・60字
			B	日本の農家類型別分類	90字・60字
	3	自然環境の利用	A	日本の河川環境	記述・90字
			B	自然エネルギー	選択・30字・90字・60字
03	1	発展途上国の開発	A	自然環境の改変	記述
			B	途上国の識字率	60字・60字・90字
	2	世界の自然環境および都市	A	アイソプレスの判定	選択・60字
			B	オリンピック開催地	選択・記述・60字・90字
	3	日本の工業	A	工業用水	選択・選択・60字
			B	自動車とカラーテレビの国内生産	90字・90字

02	1	アメリカ合衆国の地誌	A	地名・農業地域	記述・記述・90字
			B	農産物	記述・60字・30字・30字
	2	主要国の人口・GDP	A	国名	選択
			B	インドの人口増加率	60字
			C	中国・アメリカの人口増加率	30字・30字
			D	ドイツの人口問題	90字
	3	日本の自然環境	A	地形図の読図	記述・60字・記述・60字・60字
			B	低地の災害	120字
01	1	南アジアの地誌	A	地名・民族	記述・記述・記述
			B	ガンジスデルタの農業・災害	記述・90字・記述
			C	都市・宗教・工業	記述・記述・90字
	2	世界の牧畜と林業	A	放牧地・牧草地	90字・60字
			B	世界の森林面積・日本の森林機能	90字・60字・60字
	3	エネルギー消費	A	主要国のエネルギー消費量とCO_2排出量	選択・30字・60字
			B	日本のエネルギー消費量とGNP	60字・60字・記述
00	1	地中海沿岸の地誌	A	経緯線・地名	選択・選択・記述・記述・記述
			B	植生・民族・産業	60字・90字・60字
	2	発展途上国の産業と人口	A	グループ判定	選択・90字
			B	東南アジアの工業化	90字
			C	都市人口率	90字
	3	行動空間の変化	A	モータリゼーション	選択・90字
			B	観光	60字・90字

99	1	ユーラシア大陸北部の地誌	A	航路・地名	記述
			B	緯度・飛行距離	記述・選択
			C	シベリアの地形と植生	60字
			D	シベリアの産業	90字
			E	ヨーロッパの混合農業	90字
	2	人口	A	外国人労働者	選択・60字・90字
			B	各県の人口性比	30字・60字
	3	日本の自然災害	A	関東大震災	記述
			B	高潮と津波	60字・60字
			C	都市の洪水	60字・60字・60字

注　解答は全問記述形式。論述問題については1行＝30字で字数を示した。

出題分析と対策

◆分量◆

1．問題数

大問は3題出題される。各設問は，世界史や日本史のように設問ごとに論述量や出題形式が異なるわけではなく，分量や出題形式がほぼ等しくなっている。小問数は，総論述字数の増加や4行以上の論述問題減少により細分化された結果，25年間で増加したといえる。2023年の場合，論述問題は，1行論述3問（2022年4問），2行論述12問（同10問），3行論述2問（同5問）であり，計17問の出題である。短答・客観式解答数は19箇所であるが，選択式問題が10箇所と多く，短答の記述式問題は9箇所であった。

2．解答形式と総字数

解答形式は論述式・記述式・選択式の複合である。近年の論述行数は30行を超えている。これは，世界史（2023年は31行）とほぼ等しく，日本史（2023年は22行）より多くなっている。小問ごとの要求行数としては，4行論述が2020年を最後に出題されなくなり，1行・3行論述も減少し2行論述が中心となっている。指定語句を使用する論述問題は毎年出題（2023年は4問）されるが，第3問に出題される語群から選択して用語を使用させる形式は2018年・2014年・2008年・2006年・2005年・2003年と不定期で出題されている。

短答・客観式問題は選択式が多く，選択式問題は解答箇所と選択肢が同数の組み合わせが中心である。

3．時間配分

解答に要する時間配分という観点からは，地理の所要時間を75分（地歴2科目で150分）と仮定すると，各大問25分程度と考えるのが一般的である。ただし，資料数や論述行数なども考慮すると，地理に要する時間の方がやや長くなりやすい。また解答順で地理を後回しにすると，資料提示数が多い第3問で時間不足になることも少なくない。

ところで，参照すべき資料はこの25年間で倍増している。すなわち，1990年代は図や統計表などの資料提示が5点ほどであったが，2009年以降は10点前後となっている。これは，PISAの得点結果などから日本人は読解力（資料読み取り）の弱点があると指摘され，文部科学省も『読解力向上プログラム』をまとめたことと関係する。そのなかで，資料読み取り問題の出題が検討され，センター試験（共通テスト）や二次試験における資料提示問題の増加につながった。そのため，単なる問題数や論述行数の増加以上に時間配分を意識する必要が高まったといえる。

出題分析と入試対策

◆出題形式と出題内容◆

1．出題形式

論述式と記述式・選択式の出題であるが，配点の中心は論述式である。2023 年の論述問題は 1 行 × 3 問，2 行 × 12 問，3 行 × 2 問であり，近年は 2 行問題が中心といえる。

総論述行数については，世界史とほぼ等しく，日本史より多いが，世界史の 20 行といった大論述問題や日本史の 6 行論述などの出題は見られない。2 行問題中心であることから出題数が多くなり，幅広い知識や地理的思考力が要求されている。

記述式問題は，重箱の隅をつつくような細かい知識ではなく，基本的な知識や資料読み取りで解答できるレベルである。

選択式問題は，資料中の空欄数と選択肢数が等しくなっている問題が中心である。また，選択式問題は，後に続く問題の導入問題となることも多く，記述式問題の正答率が論述式問題の得点率に影響することも少なくない。

2．出題分野

具体的な出題分野は前表の通りであるが,「自然環境と人間活動を関連させた問題」,「統計を中心とした資料解析問題」,「世界地誌や日本に関する問題」が出題されている。系統地理的分野を横断しており，地理的項目を関連させ，多面的な理解を問う内容となっている。2023 年は「人間活動と地球環境の関わり」,「第一次産業の国際比較」,「居住と自然環境」をテーマとしていたが，この傾向に合致するといえるであろう。

◆難易度◆

1．再現答案からの分析

開示得点を考慮すると，地理的内容の基本的な理解で十分であり，採点も厳しく判定されているとは思えない。高度な知識や理解度が要求されているわけではなく，教科書の内容を具体事例とともに理解できればよい。ただし，時事的要素の強い問題や日本関連問題は高校の教科書で扱われていない内容も出題されており，このタイプの問題で得点差が開きやすいようである。

2．入試問題としての難易度

一橋大学・筑波大学・東京都立大学・名古屋大学・大阪大学・九州大学などと比較して，難しいとはいえない。また個々の論述問題は，地方国公立大学や慶應義塾大学・上智大学・学習院大学・明治大学・法政大学などの私立大学と比較しても，難問とはいえない設問が多い。ただし，1～3 行の論述問題は簡潔かつ論理的な論述が要求されており，指定用語を使用する論述は語句の使用に工夫が必要となる。さらに，統計を多面的に見る視点や分析力，各分野の相互関連性や横断的理解，論理的な思考の練習が必要であり，資料分析の時間配分と簡潔な論述力が東大の難しさといえる。

◆学習対策◆

1．基本事項の整理

地理的な知識については，教科書レベルで対応可能である。ただし，大陸や主要国の自然環境，人口，産業，文化などの基本的事項を独立して把握するのではなく，相互に関連させて法則性を見出しながら理解する必要がある。たとえば，自然環境については環境が人間生活にどのような影響を及ぼしているかといった観点での整理である。また，横断的なテーマで出題されることが多いので，全分野にわたる内容整理を徹底して，横断的理解とともに不得意分野をなくす必要もある。

2．地誌学習の必要

大問で出題されるほか，系統的分野の中の小問としても出題される。地理的事象を文字による単発的把握にとどめるのではなく，具体的な地域事例と併せて理解することが必要となる。そのために，地図帳による確認作業や白地図などを利用した整理をこころがけたい。また，2020年第3問設問Aや2017年第1問のような地理的感覚を養うために，地図帳を見る習慣もつけたい。新聞やテレビなどで紹介された地名や地理的事象などは，その都度地図帳などで確認するという作業の積み重ねが肝要である。ただし，地図帳を覚えるということではなく，地図帳で設定したテーマや事項を探すという認識の方がよいであろう。

3．資料解析の練習

資料の読み取り問題や統計解析の出題頻度は高い。ただし，その対策として重要な統計や分布図などを単に暗記すればよいということではない。2019年第2問設問Aの学術論文からの出題のように初見資料も少なくないことから，資料中の指標がなぜ選択されているのか，指標自体の特徴はないか，指標を操作して別の指標を見出せないかといった練習である。また複数の資料が提示されている場合には，それらの資料から読み取ることができる相関性はないかといった点にも着目したい。そして，資料から読み取ることができた内容と，これまで学習して習得した地理的内容を関連させ，資料から得られた内容を意味付けすることで地理的事象の理解に努めてほしい。

4．時事問題への対策

地理は地球上で出現する事象を対象とするため，自然科学から人文科学・社会科学まで，様々な事象からアプローチされる。ただし，大学入試を意識する場合は，人間の生活に影響を与える地域的・社会的現象を理解する学問と捉えればよい。そのため，時事的な内容に関連した問題も出題されやすいので，新聞やテレビなどで報道されるニュースや特集にも注目したい。それらを題材にして，事象の地理的側面に着目した出題が見られるからである。2023年においても第1問設問Aで新しい地質時代区分として提案されている「人新世」が取り上げられた。これまでにも，2022年第1問設問Aの人獣感染症，2021年第1問設問AのＩＰＣＣ報告書，2018年第1問設問Aの二酸化炭素濃度の変化やシナリオ，2014年第1問設問A(2)のカーボンニュートラル，設問Bの再生可能エネルギーに関する問題，2012年第1問設問B(2)のリーマンショック，第2問設問A(4)のフェアトレードなどはその典型例といってよいであろう。また2021年第3問，2020年第2問設問A(2)，2019年第2問設問A(4)や2013年第2問設問B，2017年第2問設問A(4)のように，時事問題と直接つながらないと思っても，今日的な視点（ＳＤＧｓ，フードマイレージ，バーチャルウォーター）を意識させる問題もみられる。

蛇足的ではあるが，2023年2月26日の朝日新聞では，養殖業の課題や取り組みに関する特集が掲載された。これは2023年第2問設問Aの内容であり，試験当日の掲載であった。

５．最新統計にも注意

時事問題対策にもつながることであるが，最新統計にも注意したい。2018年以降の第3問では2015年の国勢調査結果を考慮した問題が出題された。この調査結果は2016年末から段階的に公表されるため，2018年が入試問題として扱える最初の年度といえる。また2021年第1問ではNatureによる1900年から2018年までの世界の二酸化炭素排出量の推移が提示された。入試問題は前年度に作成されていることから，統計は最新統計ということになる。地理を受験科目とするのであれば，最新統計を入手したいところである。

６．日本の現状認識

2023年第3問設問Bの空き家率，2021年第3問の日本における女性の労働，2020年第1問の日本列島の地形と自然資源利用や第3問の日本の人口動向，2019年第3問設問Bの５つの半島，2019年・2018年第3問設問Aにおける就業者比率や人口の国勢調査結果，2017年第3問設問Bのような県別工業統計や農業統計，商業統計や人口変動などの地域別統計に関する出題が多い。高等学校では日本地理の学習時間が少なく，新聞などを通しての時事問題把握を疎かにしがちであるため，日本地理を苦手とする受験生が少なくない。日本に居住している以上，日本を知ることは受験勉強以前の常識であるとともに，身近な空間現象から地理的な法則理解につなげる事例としても最適である。高等学校の地理教科書や参考書などで扱われることが少ないため体系的な学習や習得は難しいが，個々のアンテナを広げ，新聞・テレビ・雑誌・書籍など幅広い媒体に注目しておくことが必要であろう。

7．論述への対策

1～3行で簡潔にまとめる練習が必要である。3行で書く内容を2行で，同様に4行で書く内容も3行で論述できるようにしたい。無駄な記述を省くということではあるが，そのうえで加点ポイントも意識して組み込まなければならない。1行に2点分の配点という意識で答案を作成するのがよく，得点になる項目や内容を要求行数に応じて組み込みたい。4行以下の比較的短い論述問題は，加点法で採点されるという意識を有する必要がある。また，指定用語を使用する論述への対策も必要である。論理的な文章とするために，指定用語の使用順序を考慮するが，単なる羅列を避け，指定用語を補足して使用する必要がある。指定用語を使用する論述では，指定用語自体は加点対象にならないと考えておきたい。さらに，指定用語をヒントにしながら出題意図を汲み取り，解答すべき内容や項目を組み込めるようにしたい。たとえば2地点や2項目を比較する問題では，指定用語と対比できる語句を使用して説明できるようにするということである。

これらの点に注意しながら論述の練習をする必要があるが，自己採点は難しいことから，指導教員などから添削してもらうとよい。他人の目に触れることで，主観的な評価や思い込みなどを避けることができ，客観的な評価につながるからである。

8．過去問の復習

2021年第1問設問B(1)では三角州を読み取らせているが，この三角州の読み取り問題は，2016年第3問設問A(1)，2008年第1問設問A(2)，2002年第3問設問A(1)，2001年第1問設問B(1)でも出題されている。2020年第1問設問Aの中国山地と四国山地の特徴は2010年に，第2問設問Bの東南アジアの米関連問題は2016年・2012年・2009年・2004年・1997年に，第3問設問Bの日本の人口動向は2009年に出題されている。2019年第1問設問Bのメッシュマップは1978年にも出題されている。さらに，第2問設問Aの窒素関連問題は2007年第2問設問Bでも出題されており，同A(4)は2013年第2問設問Bと類似する観点，2018年第1問設問A(3)は2012年第2問設問Cを意識しており，同じく第1問設問B(4)は2011年第1問設問A(2)・(3)と類似している。2017年第1問設問A(3)の「排他的経済水域」は，2008年第1問設問B(2)で，第2問設問Aの「水資源」の統計は2005年第1問設問Aにも出題されている。過去問を学習することで，類似問題への対策だけでなく，出題者が有する問題意識や出題意図を読み取ることもできる。2016年第3問設問Bの「市町村合併」というテーマは2年連続の出題であった。ただし，思い込みは厳禁である。2016年第2問設問A(3)は，

2012 年第 2 問設問Bの「中国における大豆など油脂類の輸入」と類似しているが，2009 年の「中国における大豆の輸入」とは出題観点が異なっている。単なる出題分野や出題項目の把握ではなく，過去の出題テーマを認識するとともに，問題文の的確な読み取りが重要である。

9．他大学やセンター試験・共通テストの問題演習

過去問学習とともに他大学の入試問題にも挑戦したい。たとえば，2021 年第 1 問設問Aの北極海周辺の影響は 2020 年の京都大学や 2019 年の名古屋大学，2021 年第 1 問設問Bガンジス川の人工衛星画像は 2020 年の名古屋大学でも出題されている。2020 年第 1 問設問Aは東京学芸大学の 2017 年第 1 問，第 3 問の図 3 － 2 は 2012 年センター試験追試第 3 問，2019 年第 2 問設問Bは北海道大学の 2018 年第 2 問に類似している。2018 年第 1 問の図 1 － 1 は多くの大学で提示されており，1998 年の北海道大学では第 1 問設問A⑵と同じ発問がなされている。2016 年第 1 問設問C㈲の失業率は 2016 年のセンター試験で出題されており，第 3 問図 3 － 1 は 2012 年の名古屋大学，同じく図 3 － 2 は 2003 年の東京都立大学で同様な資料が提示されている。2015 年においても，第 1 問の地形図は 2011 年の北海道大学で出題された地域である。他大学やセンター試験（2021 年から共通テスト）の出題形式は東大と異なるが，それらの入試問題を演習することで東大の出題テーマの先取りをすることにもつながるのである。

10．模擬試験の活用

過去問学習や他大学問題演習とともに，模擬試験も大いに活用したい。資料読み取りや論述問題の加点ポイント，新傾向問題などに対応するためには，様々なタイプの問題に慣れておく必要がある。さらに，予想問題としても利用できる。2021 年のパリ協定関連問題，インドネシアの言語関連問題，女性に焦点を当てた問題など，時事的問題や統計問題は模擬試験で出題されていたものであった。東大の過去問からの分析は必要であるが，対策としては十分といえない。とくに，時事的な要素が強い問題や新しいデータを使用した問題は，予備校などの模擬試験でないと練習することはできないであろう。

11．さまざまな図法や主題図に注意

2022・23 年と連続して出題された地形図・地理院地図の読図問題は 1984 ～ 2001 年まで出題されなかったため，「東大では地形図問題は出題されない」と思い込んでいた者も多かった。しかし，2002 年に出題されたあと，2009 年・2011 年・2013 年・2015 年と 2 年ごとに出題されている。

地図の図法や作成に関しては，平成元年の学習指導要領改訂で「図法については深入りしないこと」とされた。その後，平成11年（1999年），平成21年（2009年），平成30年（2018年）の学習指導要領の改訂，令和4年（2022年）からの「地理総合」を通じて「地図」の重要度が高まり，「様々な地図と地理的技能の取り扱い」として，「地球儀や地図の活用」，「地図情報の地図化」といったテーマの重要度が高まっている。2020年の地理院地図からの地形断面図，2019年のメッシュマップ，2018年の地理院地図，2016年の段彩図・階級区分図・地形分類図・等高線図は，この流れからくる出題ともいえる。

12. 時間配分への意識

地歴の試験時間は2科目で150分である。半分の75分を地理に振り分けるとすれば，大問3題が出題されることから，1題当たりの所要時間は25分程度と考えることができる。ただし，地理は日本史や世界史にくらべ論述量が多いこと，大問により資料数などが異なることもあり，時間配分を意識する必要がある。とくに，例年は第1問で資料提示数が多く分析に時間を要する資料が提示されていたが，2023年・2020年・2018年のように第3問の分量が多くなることもある。第1問から順番に解答した場合，ただでさえ第3問への時間配分が少なくなりやすい。他科目との兼ね合いもあり，解答する順番や時間配分を意識することも大きなポイントとなる。

2023年

第1問

解説 「人間活動と地球環境の関わり」に関する出題であった。例年，第1問では「自然環境と人間活動の関連問題」が出題されている。今年度も，例年のテーマに沿った設問であったといえる。第1問では2つ(図1－2を分割すれば3つ)の資料が提示されており，それらに関連した分析力が問われている。駿台予備学校における一部生徒の再現答案を見るかぎり，第1問の得点率は昨年より高かった。設問文中に解答の方向性が指示されていることから，解答しやすかったといえる。

設問Aでは，「人新世の地層に残る可能性のある，人間が作った物質の積算量」を示したグラフが提示された。「人新世」をキーワードとした「新しい地質時代を意味づける地理的現象」に関する設問であるが，昨年の「感染症の発生や増加要因」と同様に，今日的な時事問題に着目させている。設問文中に記されているように，「人新世」とは新しい地質時代として提案された区分である。2000年に提唱され，国際地質学連合においても2009年に設置した作業部会で開始年代について提案がなされている。日本国内では2021年新書大賞に『人新世の「資本論」』(斎藤幸平著)が選ばれており，教科書では未掲載であるが「人新世」という用語に触れた受験生も少なくなかったのではないであろうか。東大の出題意図としては，「**人間活動は地球システムに様々な影響を与え，物的な証拠も残して**」いるため，「**地球と人間の関わりについて，これまで起きてきた，そして現在起こっていることを正しく把握できているかを問**」うものである。

(1)は16世紀に全地球的に広がった動物や植物を指摘し，それらがどのような過程で広がったのかを説明する問題である。いわゆる**コロンブス交換**であるが，世界史の知識がなくても，家畜や作物の原産地などは地理で扱われる内容である。主な家畜や作物の原産地をまとめると，表1のようになる。

表1

	ヨーロッパ・アフリカ・アジア	南北アメリカ・オセアニア
家　畜	牛，馬，豚，羊，山羊，ニワトリ，ウサギ，ラクダ	アルパカ，リャマ，七面鳥，アライグマ
作　物	小麦，米，サトウキビ，大豆，大麦，バナナ，コーヒー，キャベツ，レタス，胡椒，カブ，ニンジン，タマネギ，ニンニク	トウモロコシ，キャッサバ，ジャガイモ，サツマイモ，ヒマワリ，天然ゴム，カカオ，タバコ，カボチャ，唐辛子，パイナップル

『新大陸が生んだ食物』(中公新書)，『栽培植物と農耕の起源』(岩波新書)他により作成。

２行で全地球的に広がった過程を説明する場合は，地域や動植物に偏りがないような指摘が必要であり，３点分の加点要素を含めながら説明したい。16世紀という時期や全地球的に広がるといった制約もあるので，いわゆる大航海時代以降に，ヨーロッパ・アフリカ・アジアを起源として南北アメリカ・オセアニアに広がった家畜ないし作物，南北アメリカ・オセアニアからヨーロッパ・アフリカ・アジアに広がった作物を指摘すればよい。その際には，表１中の主要な家畜と作物を偏りなく，起源地も一方的な流れにすることを避けたい。「それまで別の地域に分かれて分布していた動物や植物」とあるからである。

採点基準としては，16世紀という時代背景，起源地がヨーロッパ・アフリカ・アジアである家畜ないし作物，起源地が南北アメリカ・オセアニアである家畜ないし作物を例にしながら，全地球的に広がった過程を説明する。その際に，一方で家畜を指摘する場合は，他方で作物を指摘することになるため，家畜としてはヨーロッパから南北アメリカにもたらされた大型家畜，作物は南北アメリカからヨーロッパへもたらされた農産物の組合せがよりよいであろう。ところで，ヨーロッパ・アフリカ・アジアを「旧大陸」，南北アメリカ・オセアニアを「新大陸」とすることが多い。解答例においても使用しているが，ヨーロッパ中心史観的な用語であり，先住民を考慮しない表現ともいえ，使用時は注意をしたいところである。

＜採点基準＞

大航海時代 ⇒「新大陸」からウシ（ウマ，ヒツジ）←　　家畜

↕　　↕

「旧大陸」からトウモロコシ（ジャガイモ）← 作物

再現答案を見るかぎり，得点率はまずまずであった。16世紀という時期から「コロンブス交換」がイメージしやすかったのであろう。ただし，16世紀という時代背景が曖昧で，家畜・作物ともに「新大陸」→「旧大陸」あるいは「旧大陸」→「新大陸」という偏った流れの指摘も散見された。さらに，「どのような過程で全地球的に広がった」のかを説明しなければならないが，どこからという起点の指摘が不明確な解答も見受けられた。

本問におけるコロンブス交換は家畜と作物であるが，感染症についてもその指摘は可能である。感染症については2022年に出題されているが，「旧大陸」から「新大陸」に広がることで，夥しい犠牲者が生じたことは周知の通りである。

⑵は「人新世」につながる18世紀後半からの特徴的な人間活動が問われた。「全地球的に同時期に起こったわけではない」ので，**産業革命**を想定し，環境に与えた影響を具体的に説明させる問題である。

産業革命には綿織物の生産過程における様々な技術革新なども含まれるが,「証拠が地層中に残されることが必要」なので,蒸気機関の出現や石炭消費の増大による二酸化炭素や窒素酸化物などに言及すればよい。パリ協定においても「産業革命前からの世界の平均気温上昇」のように産業革命を基準としており,この時期が大きな転換点であることがわかる。ただし18世紀後半はイギリスを想定した開始時期で,日本は19世紀後半であり,後発発展途上国の中には「産業革命」開始を当てはめづらい国もある。産業革命は,設問文中にも指摘されているように,「証拠が全地球的に同時期に起こったわけではない」ため,「人新世」開始の候補から外されたといえる。

採点基準としては,18世紀後半に始まる変化を指摘し,「地層中に残される」具体的な証拠,化石燃料の消費やそれにより環境に及ぼす変化の説明が要求される。

＜採点基準＞

産業革命 ⇒ 石炭 or 化石燃料の消費

↓

二酸化炭素 or 温室効果ガス or 大気汚染物質 → 増加

再現答案を見るかぎり,得点率はまずまずであった。「18世紀後半」から産業革命がイメージしやすかったのであろう。ただし,化石燃料の消費に関する記述は指摘できても,その結果として採掘により化石燃料資源の減少につなげてしまう解答も散見された。「地層中に残されることが必要である」地球規模の変化の証拠が「**人新世**」区分の前提なので,化石燃料資源の埋蔵量減少といった解答は,出題意図からずれてしまう。出題意図の読解力が影響したともいえる。

⑶は1950年代に放射性物質のピークが現れる理由が問われた。「放射性物質のピークが地層中に認められる」という点から,原子力発電も考慮した核開発も許容解といえるが,地層中に残される証拠なので,**核実験**に着目させたい問題である。

1945年にアメリカ合衆国の核実験および原子爆弾が投下されて以後,1949年のソ連,1952年のイギリスなど複数の国で核開発が進み,核実験が行われるようになった。2018年現在で2,000回を超える核実験が行われているが,次図のように1950年代から1990年代にかけてとくに多かったことがわかる。

この時期はアメリカ合衆国とソ連,資本主義グループと社会主義グループの冷戦期にあたる。1949年にはＮＡＴＯ(北大西洋条約機構),1955年にはＷＴＯ(ワルシャワ条約機構：1991年解散)といった軍事的同盟組織が設立され,東西の対立が際立った。東西冷戦は1989年のマルタ会談で終結するが,この東西対立の時期に,大気圏内や地下における核実験の回数が多くなった。

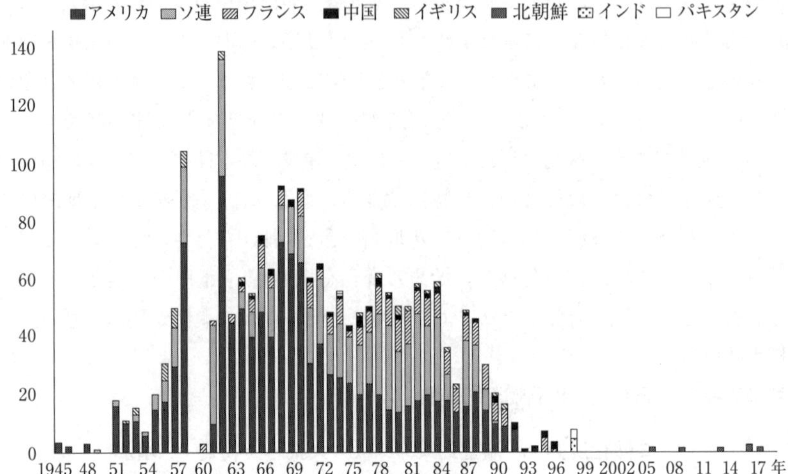

OECDなどの資料により作成。

図

2023年現在ロシアがウクライナに侵攻している状況にあるが，ソ連を構成していたウクライナがＮＡＴＯ加盟を希望したことが，ロシアを刺激したからといえる。
採点基準としては，核実験の指摘にとどまらず，その背景説明が要求される。
<採点基準>

1950年代以降 ⇒ 東西冷戦 or 米ソ対立 → 核実験

再現答案を見るかぎり，得点率はやや高かった。「放射性物質」と提示されているからであろう。ただし，1行2点分の加点要素が必要であるが，「核実験」の指摘だけにとどまり,「核実験」が増加した背景に言及していない解答もわずかに見受けられた。

(4)は図１－１の1950年以降に増加する積算生産量に当てはまる物質を選択する問題であった。図１－１はColin N. Watersらの『The Anthropocene is functionally and stratigraphically distinct from the Holocene』から引用されたものであるが，この知識に頼らず正答を導き出すには，積算生産量の単位スケールに着目することがポイントである。Ａは最上位が「５億トン」，Ｂは「5000億トン」，Ｃは「70億トン」というスケールなので，近年の生産量をヒントにすればよい。2015年のコンクリート生産量はセメント換算で約82億トン(セメント協会)，プラスティックは約４億トン(経済産業省)，アルミニウムは5750万トン(アメリカ地質調査所)であり，ここから正答が導き出される。この生産量が不明でも，日常接する感覚やCの積算カーブがエネルギー革命以後急増している点を考慮すれば判定できたのではないであろうか。

再現答案を見るかぎり，得点率はやや低かった。このタイプの問題は地理的知識のみに依存しただけでは難問化してしまう。与えられた設問文や資料中のヒントを見出す必要があり，本問の場合は積算生産量の単位スケールに着目することがポイントであった。また，プラスティックをプラスチックとする誤記も散見された。本来はプラスチックで問題ないが，指定語句以外の表記は誤記と判断される可能性もあるので注意したい。ところでプラスティックは，(5)にも出題されている。(5)の「急激に増加した」中でプラスティックを取り出していることをヒントにフィードバックすることで正答率はさらに上昇するであろう。

(5)はプラスティックの生産増加がひきおこした環境問題が問われた。2022年の「感染症の発生や増加要因」と同様に，今日的な時事問題に着目していれば解答は容易であったと思われる。

プラスティックは熱や圧力を加えることで成形加工が可能な高分子物質のことであるが，石油から製造される合成樹脂と考えればよい。電気を通さない絶縁体として利用でき，水に強く腐食しにくいことから，様々な部品，ペットボトルやポリ袋などとして利用が拡大した。回収してリサイクルも進められているが，未回収で海洋等へ流出している量は478万～1275万トン／年と考えられている。

〈プラスチックの生産・処分の流れ〉

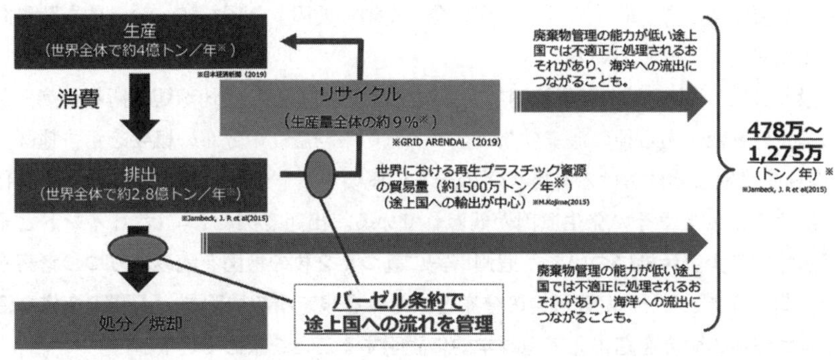

経済産業省の資料により作成。

本問は「生産の増加がひきおこした環境問題」なので，生産の過程と生産後という多面的な考察が必要である。さらに生産の過程では，生産のための資源採掘や製造工程に分けることも可能である。ただ2行3点分で論じる問題なので，近年の時事的問題の傾向を考慮すると，生産後の環境問題が重要となる。国内の有効回収・利用率は2015年で約80%，2019年で約85%(プラスチック循環利用協会資料)であるが，利用の過半は燃焼させてエネルギーを回収するサーマルリサイクルである。この燃焼時にはダイオキシンの発生が指摘された。近年は高温処理によりダイオキシンの発生量が低下したとされるが,燃焼に伴い害物質の排出は完全には除去できない。さらに回収・利用率は80%ということは，20%分が未回収ということになる。この未回収分は自然分解されないために，様々な環境問題につながることになる。廃棄されたプラスティックごみが海洋に運ばれると，マイクロプラスティックと呼ばれるプラスティック粒子になった海洋汚染問題となる。日本財団によれば，海洋生物死傷の影響の約92%がプラスティックごみとしている。

採点基準としては，プラスティックの特徴からの環境問題を指摘するうえで，多面的な視点の導入が要求される。

＜採点基準＞

プラスティック ⇒ 未分解 → マイクロプラスティック → 生態系への影響
↓
燃焼時 → 有害物質 or ダイオキシン排出

再現答案を見るかぎり，得点率はやや高かった。プラスティックは未分解のゴミとなり生態系へ悪影響を与えるという流れの指摘は多かった。ただし，配点を考慮した＋αの加点要素が不足する解答も散見された。日本における有効利用の場合は，約70%がサーマルリサイクルであるが，燃焼時に問題が発生する。多面的な視点での考察が必要であった。昨年の「感染症の発生や増加要因」と同様に，今日的な時事問題は出題頻度が上昇している。

設問Bは,「南アジアの環境問題」に関する設問であり,「地球観測衛星のデータから推定された，ある種の温室効果ガスの大気中平均濃度の分布の概要を示す地図」と「森林や農地などにおける林野火災の分布の概要を示す地図」が提示された。具体的な温室効果ガスやその発生原因が問われている。出題意図としては,「**インドとその周辺地域の大気汚染について，観測事実に基づく２枚の地図を読み取りつつ考察する力を問**」うており,「**大気汚染の分布と，それを規定する要因を，人間の多様な活動と自然環境の両方を踏まえて地理学的に説明することを求めてい**」る。

⑴はＡ地域の農産物と温室効果ガス発生の関係が問われた。温室効果ガス総排出量のうちで二酸化炭素が占める比率が最も高く，メタンが次いで多い。本問は農作物生産に関わる温室効果ガスなのでメタンガスとなり，Ａ地域に該当するバングラデシュ周辺の具体的な農産物を考慮することになる。

温室効果ガス総排出量に占めるガス別排出量

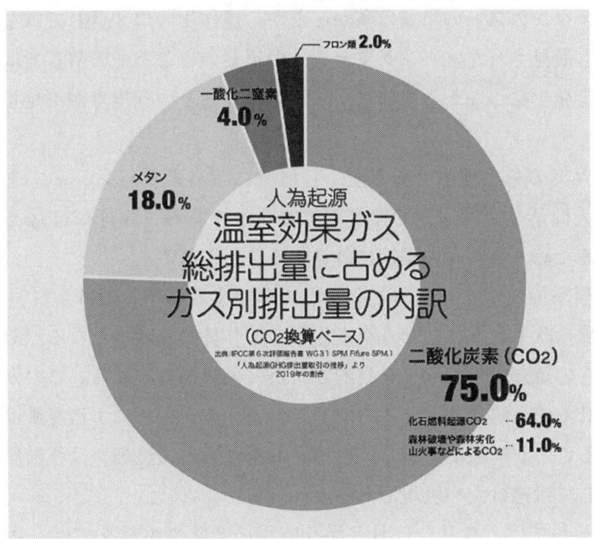

ＩＰＣＣの資料により作成。

バングラデシュ周辺の農作物なのでコメとなる。水田中のメタン生成菌による総発生量はメタンガスの１割を占めるとされている。水稲栽培のために田に水を張ると，土壌中の酸素が少なくなり，嫌気的な条件下でメタン生成菌が活発になり，水稲を経由して大気中に放出される。水管理を効果的にすることでメタンガスの発生量を減少させることは可能であるが，バングラデシュ周辺ではまだ効果的な方法が普及した状態ではない。

世界の分野別メタン発生源

工業・その他 0.2%
廃棄物 18.8%
2015年
24億トン
（CO2換算）
エネルギー 50.2%
農業 30.8%

世界のメタン発生農業分野内訳

稲作 3.9%
その他 0.3%
家畜排泄物の管理 18.0%
消化管内発酵 77.8%

ＵＮＦＣＣＣにより作成。

再現答案を見るかぎり，正答率はまずまずであった。ただし，発生する温室効果ガスとして「**メタンガス**」の指摘は多かったが，農作物の**コメ**(**稲**)ではなくジュートといった誤答も散見された。バングラデシュ周辺ということでの解答ではあるが，メタンガスの大量発生につながる農作物，メタン生成菌という視点が不足していたようである。

⑵は林野火災の発生理由であるが，Ｂ地域に該当するパンジャブ地域の５月や11月における人間活動を関連させて説明する問いである。５月や11月という時期が明示されているため，これらの季節に着目することになる。

５月は南西季節風が吹く雨季となり稲作の始まる時季であり，11月は雨季が終わり北東季節風の吹く乾季に代わり小麦作へと切り替わる時季となる。その時期に，麦わらや稲わらの焼却や地力向上を目的とした火入れが行われる。この火入れが林野火災を増加させることになる。ところで，このような火入れによる農耕は農業区分の焼畑と区分することが一般的である。ホイットルセーの「焼畑」は移動農業であり，本問の解答としては避けたい表現である。

採点基準としては，５月や11月という時季の意味や生業を，火入れにつなげることが要求される。

＜採点基準＞

林野火災 ⇒ 火入れ ← ５月・11月 → 農業（栽培作物）交替期
↑　※稲作と小麦作
雨季・乾季

再現答案を見るかぎり，得点率は低かった。林野火災という現象から乾燥を導き出す解答も少なくなかったが,「林野」であり,「**人間活動と関連づけて**」といった点から，生業を考慮したいところである。「５月と11月」という時季の説明が疎かであり，焼畑としての説明も見受けられた。また，ディーワーリーなどヒンドゥー教の祭典，年中行事に関する記述も散見されたが，地理的基本知識ではない細かい知識に捉われたことにより出題意図を汲み取れなかったようである。

⑶はヒマラヤ山脈中腹に到達する大気汚染物質が６月から９月にかけて顕著になる理由が問われている。「山脈の中腹にまで達して」ということから，他地域から広がるないし運ばれることを意味している。「年間を通して見られる汚染物質の」具体的な発生源と６～９月の気候条件を関連させる必要のある問題である。

６～９月は南西季節風が卓越する時季であるため，南西部で年間を通して発生する大気汚染物質を想定することになる。インドの気象当局によると，2022年の首都デリー(ニューデリー)のＰＭ2.5濃度が世界保健機関(ＷＨＯ)基準の30倍を記録したと発表しており，世界で最も汚染が深刻な首都といわれている。この原因物質は，石炭火力発電所やボイラー等の煤煙を発生する施設，自動車や船舶等の移動発生源，塗装や印刷等の揮発性有機化合物（ＶＯＣ）などが知られている。さらに，インドでは設問でも言及されている木材や肥料の野焼き，家庭燃料としての牛糞燃料も原因として挙げられ，多種多様な人為起源があるといえる。

採点基準としては，発生場所や発生施設から大気汚染物質を導き出し，６月から９月に顕著となる南西季節風が指摘できたかである。

＜採点基準＞

都市部 ⇒ 石炭火力発電所・自動車などから発生 → 大気汚染物質

６〜９月→ ↓ ←南西季節風

ヒマラヤ山脈中腹

再現答案を見るかぎり，正答率はまずまずであった。「６月から９月にかけて」,「**発生源**」,「気候条件に関連させて」というヒントや解答の枠組みが提示されているので，この枠組みで解答が作成しやすかったのであろう。ただし，発生源(場所)が提示できず，「６月から９月」の風向を考慮できない解答も見受けられた。

第１問は，資料内容の表現ないしタイトル紹介が説明調であり，設問文にも論述方向性が示されるなど，例年から変化している。ただし，基本的な地理的知識を関連させて論述させるという方向性に変化はなかったといえる。

解 答

設問Ａ

⑴大航海時代以降，ヨーロッパからの人的移動により新大陸からはトウモロコシなど，旧大陸からはウシなどが，世界中へ広がった。

(60字)

⑵イギリスから始まった産業革命により，石炭など化石燃料の消費増大に伴い，二酸化炭素や窒素酸化物などの放出が増加したこと。

(60字)

⑶冷戦時代にアメリカ合衆国やソ連による核実験が行われたから。

(30字)

⑷Ａ－アルミニウム　Ｂ－コンクリート　Ｃ－プラスティック

⑸生産や焼却時に有害物質が排出されるほか，自然分解されず海洋

中に浮遊するプラスティックごみが海洋生態系に悪影響を及ぼす。
（60字）

設問B

(1)ガス－メタンガス　農作物－稲（コメ）

(2)雨季に稲，乾季に小麦を栽培する二毛作が行われ，栽培の交替期にわらの焼却や地力向上を考慮し農地への火入れが行われるから。
（60字）

(3)デリーなど都市部における石炭火力発電所や自動車から排出される大気汚染物質が，夏季の南西モンスーンにより運搬されるから。
（60字）

第2問

解説　「第一次産業の国際比較」に関する出題であった。例年，第２問では「統計資料読み取り問題」が出題されている。今年度も，例年のテーマに沿った設問であったといえる。資料としては，養殖業統計と小麦の単位収量変化が提示された。駿台予備学校における一部生徒の再現答案を見るかぎり，第２問の得点率は昨年並みであった。

設問Aでは，「いくつかの国における養殖生産量と水域別割合」が提示された。1990年と2020年の生産量とその比，2020年の生産量の水域別の割合，2020年の生産量に占める水生植物（主に海藻類）の割合から考察させる問題であった。東大の出題意図としては，「**世界の水産物養殖業に関して，その基本的な特徴と主要な類型を生態環境基盤と結びつけ十分に理解しているか，さらに，長期的な生産動向や今日的課題およびその解決に向けた取り組みを，社会的・技術的条件や環境・資源制約と関連づけて的確に説明できるかを問**」うとしている。

(1)は生産量や水域別割合から該当国を選択する問題である。正答を導き出すには，水域別割合や伸び率などの指標から類推することがポイントであった。ア国の養殖生産量は1990年対比で2020年が28.5倍になっており，汽水域や淡水域の比率がイ国やウ国に比べて高い。イ国は養殖生産量が同期間に3.0倍となっているが，ア国やウ国に比べ増加率が極端に低い。また養殖に占める水生植物の比率が高いことも特徴である。ウ国は養殖生産量が同期間に21.4倍となっており，水域はイ国と同様で海水域中心である。一般に，一定期間の増加率が高いのは新興国であり，低い場合は以前から一定の生産が行われていたか，途上状態の改善が遅れているといった国となる。イ国の場合は以前から一定の生産が行われていたと考えられる。また水生植物（主に海藻類）の比率が高いことから，海苔，昆布，ワカメの養殖が多く，アワビ養殖用の餌として50％以上を消費する**韓国**がイ国となる。淡水域でパンガシウス（ナマズ）やコイ類の養殖が盛んなベトナムがア国，⑶の解答に関係することからウ国は海水域でサケ類の養殖が盛んなチリとなる。

再現答案を見るかぎり，イ国とウ国の判定を逆にした解答も見受けられたが，正答率はまずまずであった。養殖生産量の変化や海域別生産量から判定可能であり，⑶をヒントにすることもできたからであろう。解答はア－○のように答えることになるが，Ａ－○と誤記する解答も散見された。思い込みは避けたいところである。

⑵は世界の養殖生産量が著しく増大している理由が問われた。伸び率の高い国に着目するとともに，需要・供給の両面を意識しながら複数の理由を考慮する必要があった。

養殖生産量の増大は水産物の需要増加が関係するが，水産物の生産自体は漁獲と養殖によりもたらされる。下図のように漁獲量は1990年以降停滞傾向にあり，食生活・所得水準の向上や健康志向の高まりなどで増加した需要は，養殖量の増加により穴埋めされていることがわかる。また供給に関しては，養殖技術の発達も関わるが，輸入国を考慮すると輸送機関整備に着目する必要もあったといえる。たとえば，サケは1980年代まで生食は避けられていた。天然サケはアニサキスが寄生している可能性が高く，食することで激しい腹痛・吐き気・嘔吐などの症状がみられるからである。アニサキスなどの寄生虫は過熱および冷凍（－20℃以下で24時間以上）することで死滅するほか，養殖用の餌にアニサキスなどが寄生しない配合飼料を使用することでも生食可能となった。いずれにしても，これらの生態解明とともに貿易が可能となり，輸送技術等の発達で流通の国際化が進展し，供給量も増加したといえる。

漁獲量

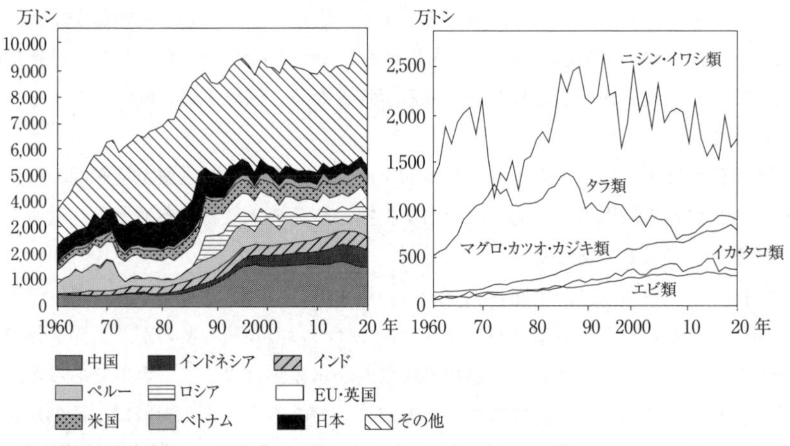

ＦＡＯ，農林水産省資料により作成。

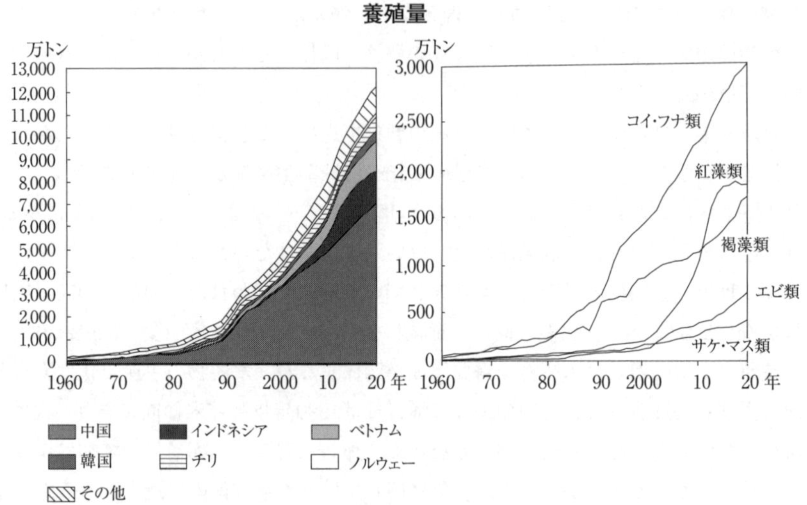

ＦＡＯ，農林水産省資料により作成。

採点基準としては，需要が増加している背景とともに，漁獲量が停滞していることから養殖が穴埋めしていることを指摘し，流通の国際化も導き出す必要があった。

＜採点基準＞

養殖生産量の増大 ⇒ 需要の増大 ← 食生活の向上，健康志向

↓

流通の国際化←漁獲量の停滞

※貿易

再現答案を見るかぎり，得点率もまずまずであった。ただし，養殖量が増大する背景として，「**需要と供給の両面**」に注目する必要があったが，前提となる漁獲量の停滞が少なく，技術面への着目だけに偏る解答となり，国際流通に関する指摘もやや少なかった。

⑶は淡水域・汽水域・海水域の具体的水産物と地形ないし生態環境が問われた。養殖に該当する水域別の典型的な水産物を指摘し，その水産物の養殖と自然環境を関係させることが必要であった。

中国，インドネシア，ア国(ベトナム)の淡水域(内水面)養殖では，コイ・フナ類が圧倒的である。ベトナムではパンガシウス(ナマズ)の養殖も多いが，世界全体の養殖量としては少ないといえる。淡水域の代表的な水産物はコイ・フナ類であるが，フナはコイ科に属するので，解答はコイの方がよいであろう。また養殖には稚魚から成魚までの水温や給餌の管理が必要であり，広大な土地と豊水地という条件も必要となる。

インドネシア，ベトナムの汽水域での養殖ではエビが最も多い。汽水域は塩分濃度の管理が容易なこともあり，エビ養殖に向いているとされる。また，温暖な水域は植物性プランクトンも豊富で養殖期間も短縮できる。そのため，汽水域のマングローブ林が伐採されて養殖池が造成されている。

ウ国(チリ)，ノルウェーの海水域養殖はサケである。海水域の養殖場所は，波が穏やかで水深が確保できる海上が適している。寒海系のサケを養殖する場合は，フィヨルドのように峡湾が陸地に食い込む海水域が向いている。ノルウェーでは1970年からアトランティックサーモンの養殖が始まり，南半球で季節が逆となるチリでは1974年に日本企業による孵化が成功し，その後輸出用の養殖が始まった。

採点基準としては，各水域の養殖水産物と自然環境をセットで完答することである。

＜採点基準＞

A ⇒ コイ＋河川沿いの水域
B ⇒ エビ＋汽水域の植生（マングローブ林）
C ⇒ サケ＋海水域の地形（フィヨルド）

再現答案を見るかぎり，正答率はBの汽水域は高かったが，Cの海水域はやや低く，Aの淡水域は苦戦していたようである。全体的に海洋の水産物を解答するものが多かったが，Aではウナギという解答も少なくなかった。許容解としてどの程度受け入れられるか不明な点もあるが，それぞれの水域で最大の養殖量を示す水産物は確認しておきたい。また本問では，「～淡水域をA」とするという捉え方ではなく，「ア国の淡水域をA」と捉えてしまい，同様に「ア国の汽水域」だけをB，「ノルウェーの海水域」だけをCとする捉え方をした解答も見受けられた。その際には，「A－コイ」はより難しく感じたことであろう。

⑷は養殖業としての課題とその課題解決に向けた取り組みが問われた。持続性のための課題に指定語句を関連させるが，指定語句により要求された課題を見出すことが必要であった。

養殖業の課題としては，餌の過剰投与や過密養殖などで周辺の富栄養化や水質汚染が指摘されている。また遺伝子組み換え魚のほか，魚病対策に使用される抗生物質・抗菌剤残留なども不安視されている。養殖場は波や海流の穏やかな内湾に多いため，それらを浄化する能力が低くなる。近年では投餌技術が進歩し，餌も改良され，食べ残しや汚染の少ない餌も用いられている。しかし，成魚になるまで養殖を継続すれば，畜養や完全養殖であっても解決にはつながらない。「稚魚」という指定語句を考慮すると，**栽培漁業**が注目されることになる。栽培漁業は作り育てる漁業である。孵化させて稚魚を育てる種苗生産を行い，育てた稚魚を自然に放流する種苗放流も行う。自然に戻すことで生態系破壊を防ぐ取り組みである。また，海面養殖魚を陸上養殖で育てる取り組みも見られるが，量的にはまだ少ない。

採点基準としては，養殖業の課題を指摘し，解決に向けた具体的な取り組みを説明できたかである。

<採点基準>

養殖業の課題 ⇒ 過剰な餌 → 生態系破壊

↓

稚魚 → 自然界に放流 → 栽培漁業

再現答案を見るかぎり，得点率はやや低かった。「**持続性において様々な課題を抱え**」ている点の指摘が出題意図からずれている解答も見られた。「養殖池造成のための森林破壊」は自然環境や生態系に影響を及ぼすが，養殖業「持続性」の課題につながるとはいえない。また「取り組み」という観点からも養殖業の問題点から養殖業のタイプ変化につなげる流れに課題が見受けられた。

設問Bでは，インド，中国，ハンガリー，フランスの「4国における小麦の単位収量(トン／ha)の変化」が提示された。「小麦の単位収量変化を引き起こした理由」に関する設問であるが，中国とハンガリーの社会変革期とつなげた説明が求められている。東大の出題意図としては，「**小麦の土地生産性変化の国際比較を通じて，主要な生産国が1960年代以降に経験してきた政治的・経済的・社会的変化と，それが土地生産性の変化を引き起こすメカニズムを説明することを求め**」たとしている。

(1)は1980年代前半にインドに比べて中国の単位収量が急増した理由が問われた。単位収量の増加は栽培技術の改善や多収量品種の導入などによってももたらされるが，設問B全体の出題意図を考慮すると，1980年前後における中国の社会，経済変革期に着目する必要があった。

1949年に成立した中華人民共和国は社会主義国として国家運営がなされたが，1978年からは市場経済導入などの経済開放政策を実施した。農業においては，生産責任制が導入され，人民公社が解体される時期である。これらにより，農民は一定数量の農作物は国家に納入するが，契約量を超えた分の農作物は自由処分が可能となり，自由市場で農作物を販売できるようになった。農家が個々に生産・分配・経営を管理する形態へ変化することで，生産意欲や農業生産性が向上した。この時期の中国における単位収量の増加は，農民が穀物生産の自主権を擁することができるようになったことが大きかったといえる。

採点基準としては，1980年前後に導入した具体的政策を指摘し，単位収量増加につながる変化に言及することである。

＜採点基準＞

中国 ⇒ 1980年前後 → 生産責任制導入 → 生産意欲の向上
↓
単位収量の急激な増加

再現答案を見るかぎり，得点率はまずまずであった。出題頻度の高い中国であり，また1980年前後は中国の改革開放期という大きな転換期であった。その具体的な内容を農業において説明させる出題であったからであろう。ただし，設問Ｂ全体の出題意図である「**転換期の具体的な社会・経済的背景**」に着目できず，単なる機械化などの技術面指摘にとどまる解答もわずかに見受けられた。

⑵は1990年代にハンガリーの単位収量が大幅に低下した理由が問われた。1990年前後におけるハンガリーの社会変革と指定語句を関連させる必要があった。

ハンガリーはいわゆる東ヨーロッパで社会主義国であったが，1989年にオーストリアとの国境に設置した鉄条網を撤去し，市場経済・複数政党制を定めた憲法の改正を経て，民主化による改革が進展した。ただし，この経済体制の移行により，下表のように農業補助金が削減され，農業部門の従事者(労働人口割合)も1989年の17.9％が1994年には6.7％に低下している。また，化学肥料の平均施肥量も1989年の１ha当たり127kgから1994年には60kg(「Research and Information Institute for Agricultural Economics」)に減少した。この影響により1990年代の単位収量の低下につながったといえる。

ハンガリーにおける予算の内訳の推移(農業及び農産物加工業関連)

(単位：10億フォリント)

	1989年	1990年	1991年	1992年	1993年
農業					
生産補助金	4.1	3.6	0.0	1.3	0.0
間接補助金	6.0	1.1	0.0	0.0	3.6
投資補助金	4.2	3.3	2.5	1.5	5.3
不利な地域向け補助金	7.8	7.5	2.4	1.2	0.0
その他の農業補助金	1.6	1.4	0.0	0.0	6.6
国内市場介入のため	0.0	0.0	1.4	1.0	10.9
小　計	23.7	16.9	6.3	5.0	26.4
農産物加工業					
生産補助金	1.5	1.0	0.0	0.0	0.0
国内市場介入のため	0.0	0.0	0.0	2.5	7.6
小　計	1.5	1.0	0.0	2.5	7.6
輸出補助金	52.4	51.5	27.5	22.9	5.5
消費者向け補助金	4.8	3.9	3.5	0.0	0.0
総　計	82.4	71.3	37.3	30.4	39.5

ＯＥＣＤの資料により作成。

採点基準としては，1990年前後の体制転換を指摘し，単位収量低下につながるように指定語句を捕捉しながら使用するという点である。

<採点基準>

東欧革命 ⇒ 市場経済への移行 → 農業補助金削減
↓
化学肥料投下量の減少 → 単位収量低下

再現答案を見るかぎり，得点率はやや低かった。1990年代に入って低下する理由としてＥＵ加盟や共通農業政策を指摘する解答が見受けられたが，ハンガリーのＥＵ加盟は2004年であり，1990年代の「**低下を引き起こした理由**」説明にはつながらない。1989年の第三共和国としての憲法施行による改革開放時の混乱がイメージできなかったのであろう。東ヨーロッパにおける**東欧革命**(1989年革命)という歴史認識は，地理的事象の変化に大いに関係する出来事であり，学習しておきたい項目の一つでもある。

(3)は2003年以降中国で小麦生産量が増加した理由が問われた。その理由に関して，単なる中国の発展状況にとどまらず，「食料安全保障」や「肉類消費」という指定語句を関連させる必要があった。

1997年に1億2,000万トンを超えていた生産量は，2003年には9000万トンを割り込むようになった。この理由としては，食糧生産の自由化政策期に当たり小麦の播種面積が減少したためである。2003年以降は生産補助政策期に移行した結果，生産量が増加に転じた。当時の中国は世界人口の20%弱を占め，その後の増加も予想された。人口が増加すれば，食料の需要も増加する。さらに，食生活の向上や所得の上昇により，肉類消費も増加するようになった。その結果，家畜の飼育頭数も増加することになり，必然的に飼料の必要量も増大する。不足分は輸入することになるが，何らかの事情で輸入がストップすると，国内での食料供給が不安定となる。そこで，安定供給のための食料安全保障という観点が重要となる。

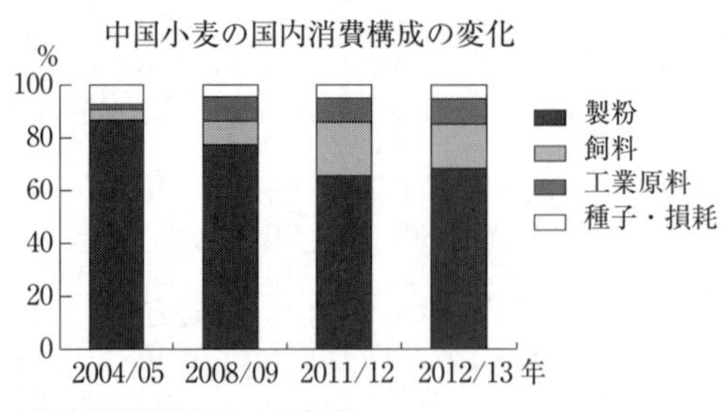

中国食糧発展報告により作成。

食料安全保障とは，国民の健康的な生活を満たすために食生活上の必要量を確保・供給することである。中国は，食用食糧の絶対安全保障(完全自給)と穀物全体の基本自給を掲げ，食糧備蓄も重視している。また上図のように，近年は飼料用小麦の消費割合が拡大していることがわかる。

採点基準としては，**肉類消費**の増大により飼料用小麦の需要も増大していること，それに伴い輸入が増加して食料自給率が低下したため，**食料安全保障**の観点から国内生産量を増加させたという流れであった。

＜採点基準＞

肉類消費増大 ⇒ 飼料用小麦の輸入増加 → 食料自給率低下
↓
食料安全保障 → 小麦生産量の増加

再現答案を見るかぎり，得点率は低かった。「小麦の生産量が2003年以降増加した政策的背景」を説明する問題であったが，指定語句の「肉類消費」から小麦をパン食につなげてしまい，**飼料穀物**という捉え方のできない解答も見受けられた。さらに，「食料安全保障」という用語の理解度が低いため，自給率という側面からの言及も少なかったといえる。

解答

設問A

(1)ア－ベトナム　イ－韓国　ウ－チリ

(2)天然水産物の漁獲が伸び悩む一方で，経済成長による食生活の向上を背景に新興国で需要が増大し，輸出用養殖業も発展したため。

(60字)

(3)A―コイ　河川沿い
B―エビ　マングローブ林
C－サケ　フィヨルド

(4)養殖で投与する過剰な餌が生態系破壊につながるため，孵化した稚魚を自然に放流し資源を回復させる栽培漁業が推進されている。

(60字)

設問B

(1)生産責任制による個人経営に移行し，生産意欲が向上したため。

(30字)

(2)東欧革命後の市場経済への移行で政治や経済が混乱し農業補助金削減が実施され，化学肥料などの農地への投下量も減少したため。

（60字）

(3)肉類消費の増大に伴って飼料用穀物の輸入量も増加し，食料自給率が低下したため，食料安全保障の観点から国内生産増を図った。

（60字）

第3問

解説　「居住と自然環境」に関する出題であった。例年，「地誌的および日本関連問題」をテーマとする設問が出題されている。今年度も，例年のテーマに沿った設問であったといえる。駿台予備学校における一部生徒の再現答案を見るかぎり，第3問の得点率は昨年よりやや高かった。災害や近年の社会問題など，今日的なテーマであったことが影響して昨年にくらべ解答しやすかったのであろう。

設問Aでは，土砂災害が発生した「広島市安佐南区の地理院地図」が提示された。「2014年に発生した広島の土砂災害」に関する設問であり，新課程の地理総合を意識したともいえるが，2023年は関東大震災から100年にあたることから，予想された災害関連テーマであった。東大の出題意図としては，「**地形図をもとに，近年，我が国で発生した土砂災害の実態を読み取ること，ならびに，実態をふまえた対策の現状の説明を求め**」ており，「**災害リスクの高い土地に住むことなった**（原文ママ）**社会的背景について問**」うとしている。

(1)は住宅地域が立地する地形が問われた。鉄道より北西側の住宅地域と概ね重なる地形を読み取る問題であり，地図中の等高線をヒントにすれば難しくない。すなわち，山地と河川沿いの等高線を読み取ると，山地斜面の等高線は密であるが，河川沿いは疎であり緩傾斜と読み取ることができる。傾斜転換点付近から住宅地域となっていることになる。傾斜転換点の地形なので，太田川支流により形成された複合扇状地となる。

再現答案をみるかぎり，正答率はまずまずであるが問題としての難易度に比すと低かったといえる。誤答例としては，河岸段丘という解答が多かった。地図東部に河川が流れており，土堤（ǁǁǁǁǁǁ）を読み取ることができるが，この堤防を土がけ（⌒）と読み取ってしまったと思われる。設問A全体の自然災害を考慮し，山地斜面の等高線に着目できれば解答は容易であったはずである。

(2)は２種類の地図記号が示すそれぞれの土地被覆と地形の対応関係が問われた。等高線から地形を読み取り，土地被覆の成立要因につなげることがポイントであった。

（Λ）は針葉樹林，（ılı）は荒地である。針葉樹林が分布する付近は，等高線が河川側に凸なので，尾根地形と読み取ることができる。一方荒地が分布する付近は，等高線が山側に凸なので，谷地形と読み取ることができる。本問の地形図読み取りは，等高線から地形を読み取り地図記号から土地被覆を読み取るタイプであるが，田(ıı)の広がる地形は低湿地のように，地図記号から土地被覆を読み取りそこから地形を類推するという方法もある。

採点基準としては，尾根と谷という地形を読み取り，それに対応する土地被覆を指摘するという点である。

＜採点基準＞

尾根 ⇒ 針葉樹林
↕
谷 ⇒ 荒地

再現答案を見るかぎり，得点率はやや低かった。尾根や谷といった地形が読み取れない解答のほか，「地図記号が示す土地被覆」が読み取れない解答，とくに荒地(ılı)を田(ıı)と読み違えてしまう解答もわずかながら見受けられた。

(3)は「せき」が建設された目的が問われた。「山ぞい」や「自然災害の後に建設」といった設問文中の記述に着目すれば，2014年の自然災害が再び発生することを防ぐないし減災につなげるという観点で考えることになる。

2014年７月から８月にかけて，図３－１に該当する広島市安佐南区・安佐北区の一帯は，台風11号・12号などにより記録的な大雨(平成26年８月豪雨)となり，大規模な土砂災害(平成26年8.20広島市豪雨土砂災害)が発生した。被害は広島市内で土石流107箇所，がけ崩れ59箇所にのぼり，多数の人的被害(死者77名)や住家被害(4,749棟)を記録し，被害額も約500億円(広島市災害対策本部)を計上した。

中国山地の南側斜面に当たるこの地域は，(1)で問われた複合扇状地であるが，斜面には花崗岩の風化残留土で土砂災害に弱い真砂土に覆われている。また斜面地に分布する針葉樹林は，落葉による腐葉土生成が少なく保水力や土砂止効果も低い。1999年の土砂災害を受けて砂防施設整備が始まったが，この地域では砂防堰堤などの施設整備が遅れていた。この遅れが2014年の土砂災害につながったともいえる。なお，広島市では2018年にも別の地区で土砂災害が発生しており，後追い整備状態が続いている。

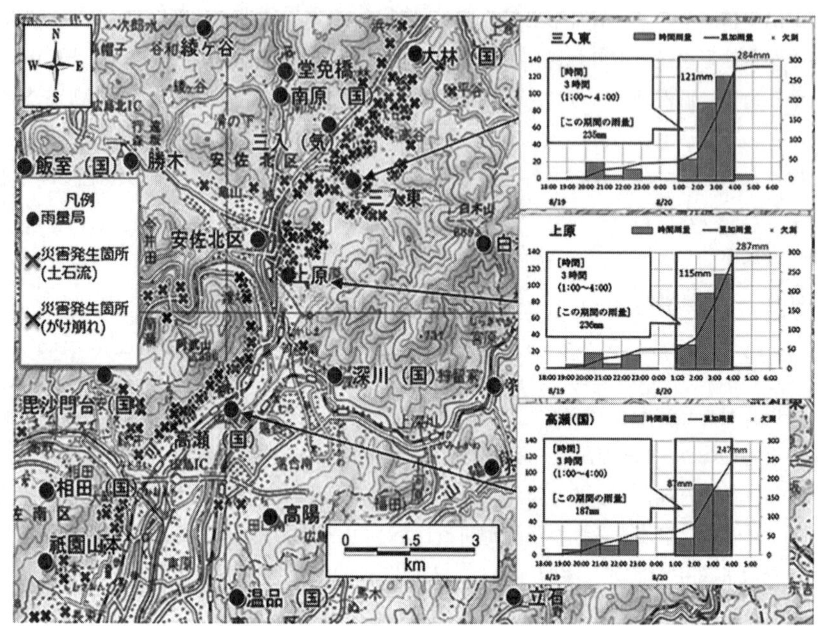

広島市Webサイトにより作成。

広島市における雨量観測局雨量データ

採点基準としては，針葉樹林と荒地に覆われた土地被覆と災害をつなげ，ＡとＢの地形図記号が表す構造物とその目的を明らかにしているかである。

＜採点基準＞

斜面（尾根）⇒ 真砂土 or 針葉樹林 → 保水性が低い → 地すべり
↓　　　　　　　　　　　　　↓
谷 ⇒ 荒地 → 雨水集中 → 土砂災害
↓
せき（砂防堰堤）← 土砂災害防止

再現答案を見るかぎり，得点率はまずまずであった。ただし，「構造物が建設された目的」は指摘されているが，「**土地被覆の成立要因**」や「自然災害の特徴」に関する指摘が不十分な解答も見受けられ，加点要素が不足気味でもあった。

⑷は災害リスクの高い土地でも宅地化が進んだ理由が問われた。該当地域で読み取ることができる地形的特徴と，宅地化の必要性や可能性を考慮することになる。「災害リスクの高い土地」の宅地化なので，災害危険性が低減したか，開発必要性が高まっ

たかということになる。ただし，2014年に災害が発生しているので，後者の観点からの考察が中心となる。

広島市の中心市街地は太田川の三角州に広がっているが，政令指定都市で中国地方の中枢都市であり，市街化地域や人口規模は拡大傾向にある。ただし，広島県の山地率は高い(山地率は80%，日本平均61%)ため，開発適地は決して広くはなかった。そのため，図3－1に当たる地域は，広島中心部へ鉄道や幹線道路が通じ，アクセスに恵まれており地価も手ごろであったことから，1970年代から大規模宅地開発が進んだのである。

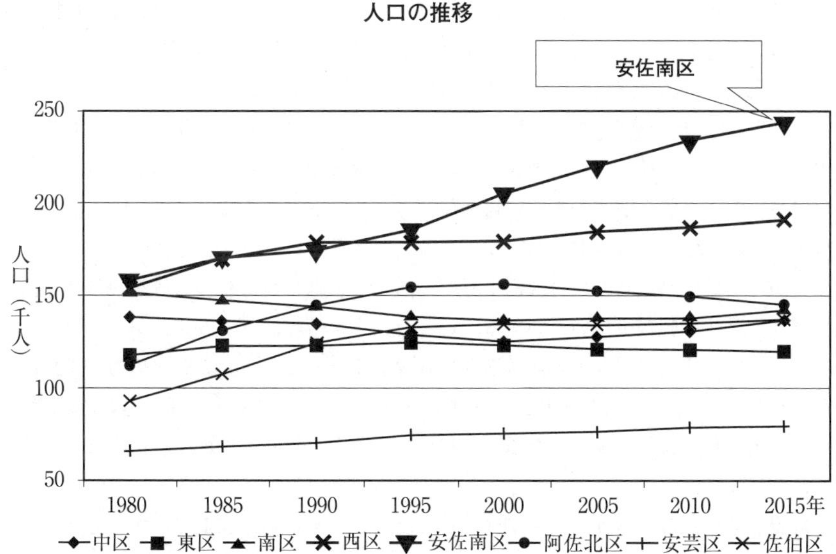

佐伯区の1982年は，旧五日市町と旧湯来町の数値。
1982年から2000年は，旧湯来町を含む数値。
国勢調査により作成。

採点基準としては，宅地開発が進んだ理由を指摘するが，この地域の利便性や特徴が，開発を促す説明となっているかである。

<採点基準>

広島市 ⇒ 人口増加 → 住宅不足 → 郊外の開発

↓　　　　　↑

交通アクセス → 地価が安い

※鉄道，幹線道路

再現答案を見るかぎり，得点率はやや低かった。人口増加ないし住宅不足という前提は指摘できているが，**宅地化が可能となる地理的条件**という観点の指摘が少なかった。また「都心の地価高騰」でとどまり「この地域の地価への言及」が見られず，この地域(郊外)の評価につなげられていない解答が少なくなかった。

設問Bは，「日本の住宅」に関する設問であり，「都道府県別の１世帯当たりの人員数と１住宅当たりの居住室数を示した散布図」と「日本の住宅総数と空き家率の推移」が提示された。出題意図としては，「**日本における住宅の特徴を，さまざまな地理的知識を組み合わせることで理解し，説明する力を問**」うており，「**住宅の変化が，他の地理的事象とどのように結びついているのかについて論じることを求めてい**」る。

⑴は１世帯当たりの人員数と１住宅当たりの居室数から該当する自治体を選択させている。正答を導き出すには，判定すべき都道県の特徴把握がポイントであるが，地理的事象を多面的に考察し図中のＡ～Ｄを意味づける必要があった。

Ａ～Ｄの大まかな特徴を読み取ると，Ａは，１住宅当たりの居住室数が最も多い，すなわち一戸建て住宅多いと推測できる。いわゆる散村や屋敷林に囲まれる地域，高層建築物ないし集合住宅が少ない自治体と考えることができる。Ｂは，図の法則性から少しずれていると読み取ることができる。１住宅当たりの居住室数はＢに次いで少ないが，１世帯当たりの人員数は中程度であり，１世帯当たりの人員数の割に１住宅当たりの居住室数が少ないといえる。ＣとＤは１世帯当たりの人員数が少ないといえるが，Ｄは１住宅当たりの居住室数も最も少なくなっている。高層建築物や集合住宅が多くなれば，１住宅当たりの居住室数は少なくなる。また単身世帯や過疎地域では，１世帯当たり人員数は少なくなる。これらの特徴から判断できれば，正答につなげることが可能である。

再現答案を見るかぎり，完答率は低かった。Ｄの東京都は判定できていても，Ａ～Ｃの誤答が多かった。例外的なＢや，北陸地方で散村が見られる富山県，北海道は大都市が立地する反面で過疎地域も広いといった点からの判定が難しかったようである。また「都」や「県」を記述しない解答も見受けられたが，誤記と捉えられる可能性もあるので，指定通り記述しておきたい。

⑵は北海道と沖縄県で平らな屋根の住宅が多く見られる理由が問われた。北海道と沖縄県の気候と関連させるが，第３問の出題テーマに関わる「自然災害」も意識する必要があった。

屋根型としては，勾配方式，フラットルーフ方式，スノーダクト方式などが知られている。勾配方式は，傾斜があり降水や降雪を地表に落下しやすくした屋根である。フラットルーフ方式は，陸屋根とも呼ばれる平らな屋根であり，降水や降雪を溜める屋根である。スノーダクト方式は，中央部が窪みそこに配置されたダクトから排水するM型の屋根である。積雪量の多い地域では,屋根に積もった雪の処理問題が生じる。勾配のある屋根の場合は，落雪させるための敷地が必要となる。また，屋根からの落雪が人に直撃する危険性も生じることになる。寒冷地の固まった雪の場合は，人命にかかわることもある。北海道の寒冷な多雪地域で，合掌造りや切妻型のような山型の傾斜屋根が少ない理由はここにある。ただし，フラットルーフ方式は雪の荷重に耐えられる強度が必要であり，雪下ろしが不要のスノーダクト方式はダクトの定期的なメンテナンスが必要となる。

積雪と無関係の沖縄県の場合は，急勾配の屋根の弱点がかかわってくる。屋根の勾配をつければ，屋根の高度や角度が高くなり耐風性が弱まってしまう。「台風銀座」とも呼ばれ，台風の接近・通過が盛んな沖縄県では，この風対策が大きかったといえる。また，木材入手が難しく，災害に強い鉄筋コンクリートが多いことも平屋根(陸屋根)を中心とさせた理由である。

採点基準としては，北海道と沖縄県の気候を指摘するが平らな屋根に関わる気候である点や，それぞれの地域における平屋根のメリットないし山型屋根のデメリットが指摘できたかである。

＜採点基準＞

北海道 ⇒ 多雪 → 落雪事故，除雪負担
↕
沖縄県 ⇒ 台風 → 強風被害
→ 被害軽減

再現答案を見るかぎり，得点率はやや低かった。この地域の陸屋根(平屋根)は被害を軽減する目的という点は判断できたようであるが,「気候に関連づけ」る点での課題が見受けられた。北海道では雪に言及できても屋根に積もらない構造という誤った理解，沖縄県では風に着目できても単なる風通しにとどまる解答が少なくなかった。第３問の出題テーマに関わる「自然災害」をもう少し意識してほしかった。

(3)は非木造の住宅率が上昇している理由が問われた。木造と非木造という構造に着目し，1978年から2018年までの間の法整備や「自然災害」を考慮することも必要であった。

木造住宅とは木で作られた住宅であり，土台や壁，柱など建築物の強度を支える構造体に木材が使用されている住宅構造である。一方非木造住宅は，鉄筋・鉄骨コンクリート造や鉄骨造などである。木造住宅には，枠組壁工法(ツーバイフォー工法)や木造軸組工法(在来工法)などがあり，非木造に比べ多様な間取りや自由度が高くなる。

非木造住宅は鉄骨や鉄筋が使用されていることから，耐震性が高く，水害や風害，火災にも強い工法で建設可能である。また，高層建築物も建造できるため，空間の有効利用が可能で，集合住宅の建設に向いている。

人口の流入が多く人口密度の高い地域や地価の高い地区では，非木造建設が多くなりやすい。また，1978年に発生した宮城県沖地震の家屋倒壊被害を受け，1981年建築基準法で新耐震基準に改正された。さらに，1995年の阪神淡路大震災の被害を受けて，2000年にはより厳しい耐震基準に改正された。これらの結果，非木造住宅の割合が上昇してきたといえる。

構造別住宅数（昭和53年～平成20年）

年次	総数	木造			非木造				
		総数	木造（防火木造を除く）	防火木造	総数	鉄筋・鉄骨コンクリート造	鉄骨造	ブロック造	その他
実数（1,000戸）									
昭和53年	32,189	26,287	18,104	8,184	5,901	4,906	-	670	325
58	34,705	26,871	16,011	10,859	7,834	6,943	-	503	388
63	37,413	27,314	15,448	11,866	10,100	9,170	-	420	510
平成5年	40,773	27,787	13,921	13,866	12,987	11,824	-	352	810
10	43,922	28,275	13,641	14,633	15,647	14,339	-	268	1,041
15	46,863	28,759	14,850	13,909	18,104	14,943	3,018	-	143
20	49,598	29,233	13,445	15,788	20,365	16,277	3,936	-	152
割合（%）									
昭和53年	100.0	81.7	56.2	25.4	18.3	15.2	-	2.1	1.0
58	100.0	77.4	46.1	31.3	22.6	20.0	-	1.4	1.1
63	100.0	73.0	41.3	31.7	27.0	24.5	-	1.1	1.4
平成5年	100.0	68.1	34.1	34.0	31.9	29.0	-	0.9	2.0
10	100.0	64.4	31.1	33.3	35.6	32.6	-	0.6	2.4
15	100.0	61.4	31.7	29.7	38.6	31.9	6.4	-	0.3
20	100.0	58.9	27.1	31.8	41.1	32.8	7.9	-	0.3
増減数（1,000戸）									
昭和53～58年	2,516	583	－2,092	2,676	1,932	2,037	-	－167	63
58～63	2,709	443	－563	1,006	2,266	2,227	-	－83	122
63～平成5年	3,360	473	－1,527	2,000	2,887	2,654	-	－68	300
5～10	3,149	488	－279	767	2,661	2,515	-	－84	231
10～15	2,941	484	1,209	－724	2,457	605	-	-	－898
15～20	2,735	474	－1,405	1,879	2,261	1,334	918	-	10
増減率（%）									
昭和53～58年	7.8	2.2	－11.6	32.7	32.7	41.5	-	－24.9	19.2
58～63	7.8	1.6	－3.5	9.3	28.9	32.1	-	－16.5	31.5
63～平成5年	9.0	1.7	－9.9	16.9	28.6	28.9	-	－16.1	58.8
5～10	7.7	1.8	－2.0	5.5	20.5	21.3	-	－24.0	28.5
10～15	6.7	1.7	8.9	－4.9	15.7	4.2	-	-	－86.3
15～20	5.8	1.6	－9.5	13.5	12.5	8.9	30.4	-	6.7

平成10年までの「その他」は鉄骨造，レンガ造など。平成15年及び20年の「その他」はブロック造，レンガ造など。
総務省統計局の資料により作成。

採点基準としては，新規住宅建設が必要となる人口移動に言及し，非木造住宅のメリットを多面的に考察して指摘できたかである。

＜採点基準＞

大都市圏 ⇒ 地方圏からの人口流入
↓　　　　　　　　　　　　↓
高地価 → 空間の有効利用 → 高層住宅 ← 防災（耐震性）
※建築基準法の改正

再現答案を見るかぎり，得点率はまずまずであった。ただし，大都市圏での人口増加には着目できているが，空間の有効利用からの中高層住宅建設や「自然災害」に着目した耐震構造といった指摘がやや少なかった。大都市で非木造が建設されたといった記述も見受けられたが，この記述では「非木造住宅の割合が上昇してきた理由」の具体的説明とはいえない。

⑷は住宅総数の増加と空き家率の上昇理由が問われた。様々な理由が関係するといえるが，指定語句使用問題であるため，指定語句をヒントにしながら，配点を考慮した加点要素を，論理的につなげながら説明することが必要であった。

人口が増えれば住宅総数は増加するといえる。ただし，その増加比率は人口の増加を上回る比率となっている。これは，図３－２の「１世帯当たり人員数」を考えれば説明できる。すなわち，核家族化や単身者の住宅が増加したことで，１世帯当たりの人員数が減少する。就職・転勤や就学などで分家や独立した結果，世帯規模は縮小するが，住宅総数は増加したということである。次図に見られる通り，東京圏での増加数がとくに多いことがわかる。

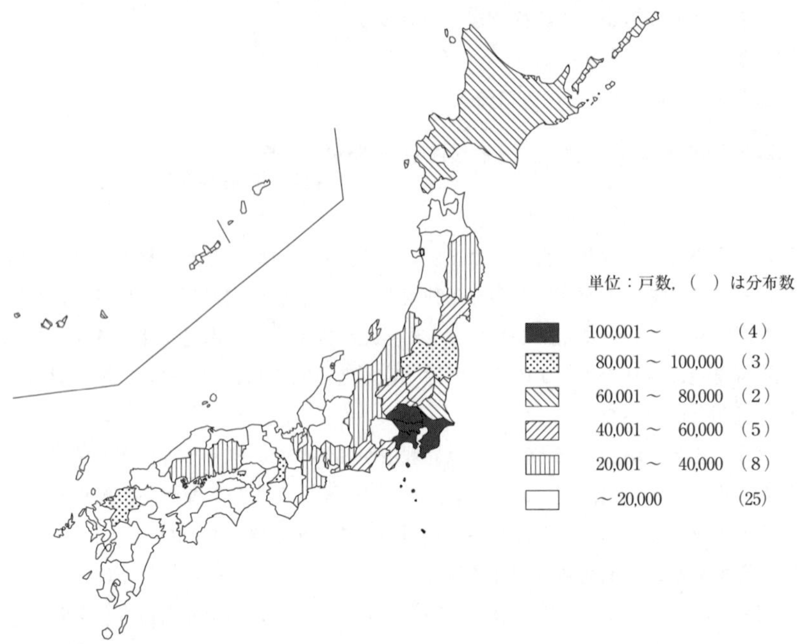

総務省統計局の資料により作成。

地方圏でも住宅総数は増加しているが，空き家率は高くなっている。流出した若年層が実家に戻らず過疎化が進み，高齢者の死去で空き家となり廃墟化していく。都市部の空室は賃貸用・売却用としての需要が期待できるものの，地方では需要が少ないため空き家のままとなりやすい。

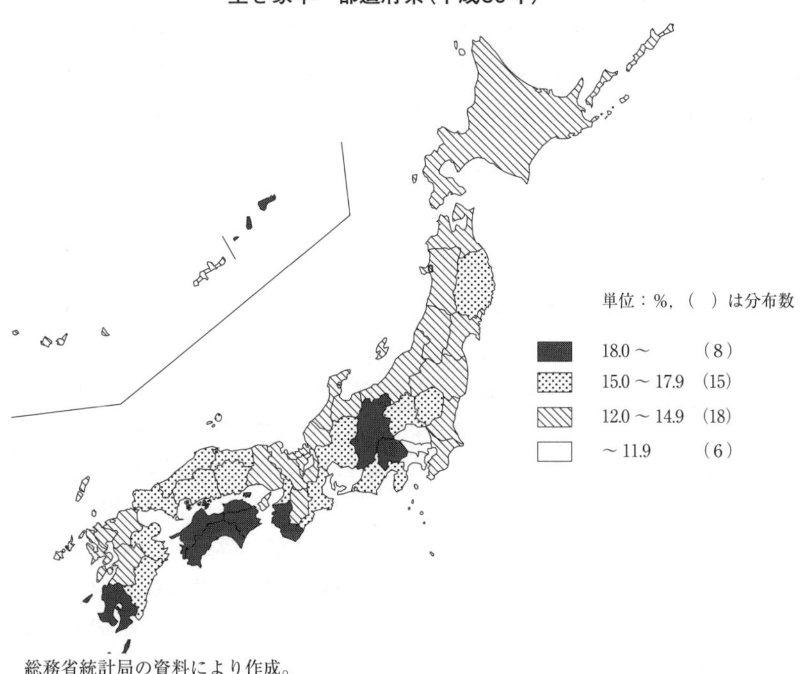

総務省統計局の資料により作成。

採点基準としては，住宅増加と空き家率が上昇している理由を説明した上で，指定語句を考慮しながら，大都市圏と地方圏を対比できたかである。

<採点基準>

住宅増加 ⇒ 核家族化 → <u>世帯規模</u>が縮小
↓　　　　　　　　　　　↕
大都市圏 ← 転入・移動 → 新興住宅地の開発
↕
<u>地方圏</u> ⇒ 人口流出・過疎化 → <u>高齢化</u> → 空き家率上昇

再現答案を見るかぎり，得点率はまずまずであった。ただし，「これらの事象が生じてきた理由」とあるので，「**住宅総数は長期的に増加を続けてきた**」理由と「**空き家率も近年上昇が著しい**」理由をそれぞれ説明しなければならない。指定語句に「地方圏」があるので対比として「大都市圏」にも言及する必要があり，それぞれ2点分，計4点の加点要素を意識したかった。また空き家率については「※を参照」と付記されており，「賃貸用の住宅」，「売却用の住宅」，「二次的住宅(別荘など)」を除いていることから，「大都市圏」よりも「地方圏」に重点があったといえる。

駿台予備学校の一部再現答案から読み取れることは，地理学的に難問とはいえない設問であっても，資料の読み取り方や指定語句の使用法に課題が見られたり，設問文の読解力や地図学習が不足してしまうと難問になることがわかる。

解答

設問A

(1)扇状地

(2)尾根中心に針葉樹林が広がり，一部谷沿いは荒地となっている。

（30字）

(3)真砂土が分布する斜面の針葉樹林帯は保水力に欠け，集中豪雨時に地すべりが生じた。荒地となった谷沿いでは土砂をともなう雨水が集中しやすく，更なる土石流災害を防ぐためにせきが作られた。

（90字）

(4)人口増加や都市化による住宅不足から，鉄道や国道の整備された交通利便性が高い郊外の地価が安い場所の開発が進められたため。

（60字）

設問B

(1)A－富山県　B－沖縄県　C－北海道　D－東京都

(2)北海道は屋根からの落雪事故や道路除雪の負担を軽減するため，沖縄県は平屋根で台風の強風を逃がし家屋への被害を避けるため。

（60字）

(3)地方圏から大都市圏に人口が流入し地価が上昇したため，耐震性や防火に優れ，空間の有効活用可能な中高層住宅が増加したから。

（60字）

(4)核家族化で世帯規模が縮小し，大都市圏では集合住宅や新興住宅地の開発で住宅総数は増加した。地方圏では子世代が流出し世帯主の高齢化や転居などで居住実態のない空き家が増加しているため。

（90字）

2022年

第1問

解説　「世界規模の事象の分布や変化」に関する出題であった。例年，第1問では「自然環境と人間活動」に関連する設問が出題されている。2022年度も，例年のテーマに沿った設問であったといえる。第1問では3つの主題図が提示されており，階級区分図や流線図の分析力が問われている。駿台予備学校における一部生徒の再現答案を見るかぎり，第1問の得点率は2021年より低かったが，例年並みであったといえる。

設問Aでは，「野生動物に由来する人獣共通感染症の発生リスク」を示した主題図が提示された。「人獣共通感染症の発生や増加要因」といった，2019年末に中国で発症し猛威を振るっている「新型コロナウイルス」を意識した時事的内容に関連する設問であった。東大の出題意図としては，「**野生動物由来の人獣感染症の発生は，人間の自然利用と密接にかかわって**」いるため，「**発生リスクを高める自然環境・社会文化的な要因について説明を求め**」たとしている。

⑴では人獣共通感染症(以下感染症と略す)の増加要因のうち既出以外の社会経済的要因が問われている。移動という側面に着目することがポイントであった。感染症の伝播に関する出題としては，2010年に大阪大学で出題された「新型インフルエンザ(A／H１N１)の伝播」，2019年に首都大学東京(東京都立大学)で出題された「コレラ感染対策の検討」があげられる。そのなかで，大阪大学では拡散課程に関する表や地図が提示され，メキシコからアメリカ合衆国への伝播が近距離から順に広がるだけでなく，遠隔地においても人的移動が活発であれば，橋頭堡的に感染地が出現することを読み取らせている。本問においても，この観点からの指摘が望まれる。また，感染症ではないが，バラスト水の移動・排水による生態系への影響なども，橋頭堡的な出現といえる。これらの点や1980年代以降のグローバル化という背景を考慮すれば，「**ヒトやモノの移動**」という側面の指摘が重要となる。

一部生徒の再現答案を見るかぎり，正答率は高いとはいえなかった。指摘された4つ以外の社会経済的要因であり，1980年代から2000年代にかけてという時代背景を考慮できなかったようである。人口増加や衛生環境の悪化については，感染症増加要因として誤りとはいえないが，1980年代以降の社会経済的要因という点から，微妙な解答といえる。

⑵では地球温暖化による感染症の増加が問われている。地球温暖化を考慮して指定語句と関連させることがポイントであった。感染症を引き起こす病原体には，ウイル

ス，細菌，真菌(カビ)や寄生虫などがあげられる。環境省『地球温暖化と感染症』によれば，次表のような感染症の種類が指摘されている。

さまざまな感染症と感染経路の例

	媒介するもの	感染経路	感染症の種類
直接感染		咬まれる なめられる ひっかき傷 排泄物	狂犬病 パスツレラ症 猫ひっかき病 トキソプラズマ症，回虫症
間接感染	媒介動物によるもの	蚊 ダニ げっ歯類 ノミ 巻き貝	日本脳炎*，マラリア*，デング熱*，ウエストナイル熱*，リフトバレー熱* ダニ媒介性脳炎* ハンタウイルス肺症候群* ペスト 日本住血吸虫
	環境が媒介するもの	水系汚染* 土壌汚染	下痢症(コレラ等)* 炭疽
	動物性食品が媒介するもの	肉 魚肉	腸管出血性大腸菌感染症(O157血清型)，サルモネラ症 アニサキス症

*温暖化によって影響を受けると想定される感染症。

環境省『地球温暖化と感染症』により作成。

また次ページ図のように，地球温暖化によってさまざまなリスクが予想される。その中で，媒介動物の分布域が拡大する傾向や，高温化に伴って感染力が増大する傾向が見られることは，地球温暖化による影響評価を試みている多くの研究成果が示唆している。それに加えて，地球温暖化により気象災害が頻発化すると，感染症の発症リスクはさらに上昇することになる。感染症のリスクには，貧困，低栄養，低い衛生状態，水や食物由来の感染などが大きく関係しているからである。それらのリスクが高い途上国などでは，特に影響が大きくなる可能性がある。

地球温暖化による感染症のリスク程度や内容は感染症の種類によって異なるが，いずれにしても全般的にリスクが上昇すると考えられる。

採点基準としては，「**媒介生物や気象災害の具体例**」を提示しながら，人獣共通感染症の増加という状況につなげる説明が必要であった。

<採点基準>

地球温暖化 ⇒ **媒介生物**の生息域拡大 ＋ **気象災害**の頻発 → 公衆衛生の悪化

↑（媒介生物）蚊・ダニ　　↑（気象災害）洪水・日射量変動

再現答案を見るかぎり，本問の得点率も高いとはいえなかった。指定語句をそのまままつなげてしまったために，３点分の加点ポイントとしては不足している解答例が多かった。気象災害によって媒介生物が増加するという解答例では，指定語句をつなげただけであり，出題の意味がない。

温暖化の原因とさまざまなリスク

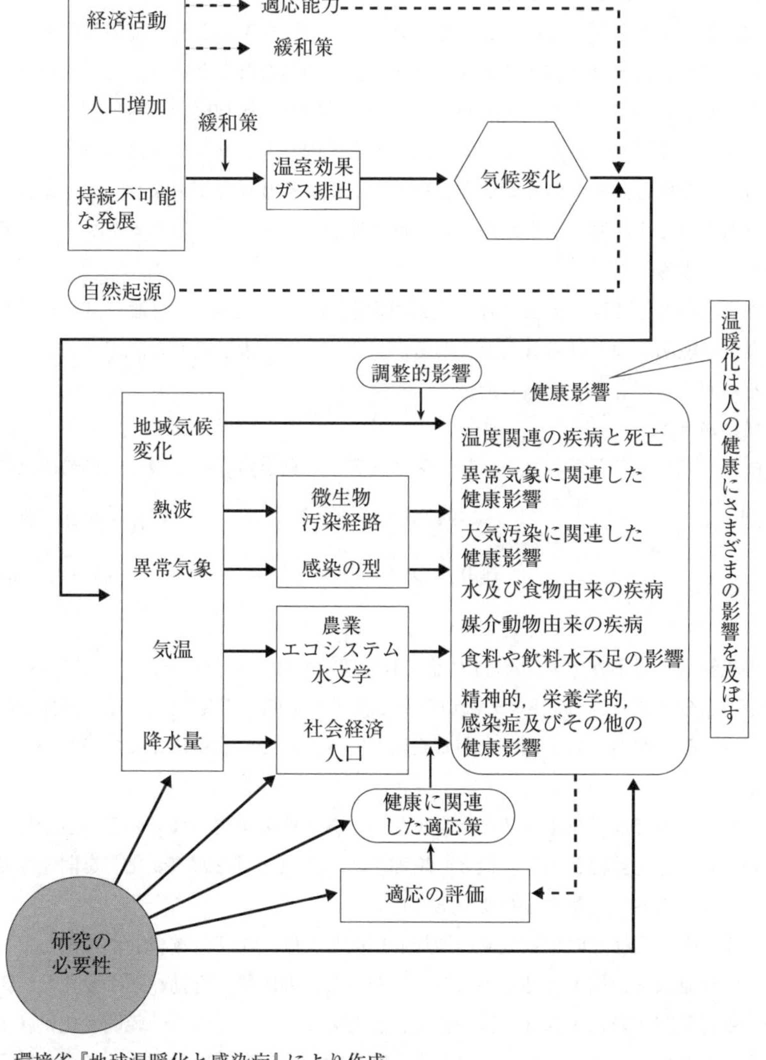

環境省『地球温暖化と感染症』により作成。

(3)では南アジア・東南アジアから東アジアが高リスク地域となっている理由が問われている。自然環境と生業の観点からなので，発展段階や食習慣を考慮する必要はない。また(2)で「地球温暖化が感染症の増加に影響する」と前提されているので，自然環境としてこの地域の気温の高さだけを指摘するのでは意味がない。南アジア～東アジアにおける自然環境とそれに由来する生業を，リード文中で指摘された発生要因に関連させることがポイントであった。

南アジア～東アジアということで，夏季(高日季)を中心とした高温多雨のモンスーンアジアや集約的な農業がイメージできる。集約的な農業ということは人口密度が高くなりやすいので，人との接触や「人と野生動物との接触機会の増加」につながりやすくなる。また鶏や豚などの舎飼いによる家畜飼育も，高リスクにつながりやすい。さらに，夏季と冬季という季節変化や季節風により渡り鳥が飛来し，人や畜舎に感染症を引き起こす病原体がもたらされる可能性がある。いわゆる鳥インフルエンザなどが当てはまる。

採点基準としては，高温以外の「**自然環境**」を指摘しながら，「**高リスクにつながる生業**」の説明につなげられたかであるが，３行という論述量から加点ポイントを意識した多面的考察も必要であった。

＜採点基準＞

南アジア～東アジア ⇒ モンスーンアジア → 夏季の高温多雨 → 集約的農業

モンスーンアジア ↓ 季節風 ↓ 渡り鳥の飛来 ──→ 高い人口密度

集約的農業 ↓ 稲作・畑作＋家畜飼育 ↓ 高い人口密度

再現答案を見るかぎり，本問の得点率も高いとはいえなかった。「自然環境」の指摘が不十分であり，「高リスクにつながる生業」説明も不足していた。稲作が指摘できても，それが高リスクにつながる要因という視点での論述になっていなかったといえる。

(4)では日本で近年発生リスクが高まりつつある理由が問われている。感染症発生要因の「人と野生動物との接触機会の増加」と「土地利用形態の変化」を関連させるので，具体的内容に言及する必要があった。

「人と野生動物との接触機会の増加」に関しては，なぜ接触機会が増加しているのかという原因を指摘する必要がある。すなわち人の居住・行動範囲が変化し，野生動物の生息範囲が変化すれば，接触機会に影響を与える。これらの範囲変化に「土地利用形態の変化」を関連させるのである。野生動物の生息範囲に宅地化を含む開発行為が及んだり，豊かな生態系を保持し生物多様性を保全する場としての里山が減少・荒廃することで，人と野生動物が接触せざるを得なくなる。なお環境省(自然環境局 自然環境計画課)の定義によれば，「里地里山とは，原生的な自然と都市との中間に位置し，集落とそれを取り巻く二次林，それらと混在する農地，ため池，草原などで構成される地域」とされる。人間の働きかけにより形成，維持されていた環境でもある。そのため，農林業の縮小による荒廃，人口減少や高齢化に伴う維持管理の担い手不足による荒廃という側面も里山の減少・荒廃理由として指摘できる。

採点基準としては，「開発行為」や「里山の荒廃」といった「**具体的な土地利用形態の変化**」を指摘し，「人と野生動物との接触機会の増加」に導く流れが要求される。

<採点基準>

土地利用形態の変化 ⇒ 里地里山の減少 ＋ 荒廃 → 接触機会の増加
↑(里地里山の減少) 宅地・リゾート開発　↑(荒廃) 過疎化・高齢化

再現答案を見るかぎり，本問の得点率はまずまずであった。ただし，「里山の減少」が指摘できても，「里山の荒廃」につながる近年の日本の状況にかかわる記述が，やや少なかったといえる。

設問Bでは，「1784〜1863年の船の航路」と「1980〜1997年の船の航路」を示した流線図が提示された。新旧2つの「流線図の特徴や変化」を読み取り，その理由が問われている。出題意図としては，「**航海に自然や人間活動がどう影響したかを問**」うており，「**水運の拡大や改善に技術がどう貢献したかを，地理学の知識と関連付けて説明する力も求め**」ている。

(1)では1784〜1863年の船の航路が水平な帯状となる理由が問われている。19世紀半ばまでの船の構造を考慮することが必要であった。

最初に建造された蒸気船は1783年とされているが，一般化されるのは19世紀後半以降であり，1784〜1863年という時期は帆船が中心であったといえる。また赤道付近と中緯度においての航路という制約から，海流や恒常風が関係することになるが，帆船を考慮すれば具体的な恒常風がポイントとなる。

1492〜93年のコロンブスの航海では，大西洋を東から西に移動する際には貿易風，西から東へ移動する際には偏西風を利用したことが知られている。その後のマゼラン一行の航海(1519〜22)や18世紀のクックの航海でも，東から西への移動には貿易風，西から東への移動には偏西風を利用することが多かった。なお，2022年は「世界一周」から500年という年でもある。

採点基準としては，船の構造にかかわる「**帆船**」を指摘したうえで，「**赤道付近の貿**

易風」と「**中緯度の偏西風**」を具体的に指摘することである。

<採点基準>

1784〜1863年 ⇒ 帆船 ← 恒常風の利用
↓
赤道付近 → 貿易風
＋
中緯度 → 偏西風

再現答案を見るかぎり，本問の得点率はまずまずであった。当時の船の構造にかかわる「帆船」の指摘率は高かった。ただし，「赤道付近の貿易風」と「中緯度の偏西風」のように具体的に指摘するのではなく，まとめた用語である恒常風にとどまる解答も少なくなかった。２つの事例が示されている場合には，「共通する理由を」という記述がないのであれば，２つに分けてそれぞれの理由を指摘したい。

⑵では20世紀末までにすたれた具体的航路の理由が問われている。図１－２で活発な航路なのに，図１－３では密度が低くなっている航路を読み取り，旧航路を経由する必要がなくなった理由を指摘することになる。

図１－３で新たに登場した航路や密度が高くなっている航路としては，スエズ運河やパナマ運河航路，アフリカ東岸，北太平洋や南太平洋航路があげられる。一方，すたれた航路としては南アメリカ大陸南端経由が読み取れる。代替航路としてのパナマ運河開通(1914年)により，北アメリカ大陸の東海岸から西海岸への移動および大西洋と太平洋間の移動距離や所要時間が大幅に短縮し，航海の難所でもあるマゼラン海峡やドレーク海峡経由の必要がなくなった。新航路が開通すると旧航路はすたれやすい。この点から，スエズ運河建設とアフリカ南端経由の関係性も思い浮かぶ。しかし，図１－３からはアフリカ南端を回航する船が一定程度読み取れる。南アフリカ発着の船舶が見られることも影響しているが，スエズ運河を航行できるスエズマックス(2010年基準で約16万トン)を超える大型のケープサイズ，紛争地域回避のため一定の需要がある。

採点基準としては，すたれた経路としては「**南米南端経由**」の「**マゼラン海峡**」ないし「**ドレーク海峡**」，その代替航路として「**太平洋と大西洋を短縮**」する「**パナマ運河**」の開通である。

<採点基準>

すたれた経路 ⇒ マゼラン海峡 → パナマ運河 → 太平洋と大西洋の短縮
ドレーク海峡　※1914年開通
↑
南米南端

再現答案を見るかぎり，本問の得点率もまずまずであった。ただし，すたれた経路の代替航路，その目的である「太平洋と大西洋の短縮」の指摘が不足する解答も散見された。またアフリカ南端経由とスエズ運河(1869年開通)や砕氷船の指摘も少なくなかったが，図１－３ではアフリカ南端経由が減少したといえてもすたれたと読み取ることは言い過ぎであろう。砕氷船についても，密度が高くなった北半球の緯度を考慮すると，適切な理由とはいえない。

⑶では水運の拡大状況や技術的な進歩の具体的な説明が要求されている。水運分布の拡大状況を読み取り，従来から具体的に進歩した技術として，等角航路の問題点につなげることが必要であった。

図１－２の時代である18世紀後半から19世紀半ばの航海には，メルカトル図法による海図が利用されていた。メルカトル図法は1569年にゲラルドゥス・メルカトルが発表した地図に使われた図法で，正角円筒図法でもある。経線は平行直線，緯線は経線に直交する平行曲線となり，等角航路が直線で表されるため，海図として利用されてきた。ただ，緯線はすべて赤道と同じ長さとなるため，高緯度地方に向かうにつれ実際の長さより拡大されてしまう。高緯度地方に向かうにつれ，距離や面積が拡大されることになり，等角航路と最短経路(大圏航路)との距離差が大きくなってしまう。

図１－３の時代である20世紀後半になると，ＧＰＳ衛星が打ち上げ(1978年)られ，目印のない海上での航法支援システムとして利用されるようになった。現在はアメリカ合衆国のＧＰＳ以外にも同様な衛星が打ち上げられＧＮＳＳと総称されるようになったが，地球上の位置情報が測位されることに変わりはなく，最短経路で目的地に航行することが容易になった。

採点基準としては，従来の技術としての「**天体観測**」や等角航路としての「**メルカトル図法**」利用，近年の技術としての「**ＧＰＳ**」や「**ＧＮＳＳ**」により「**最短経路**」ないし「**大圏航路**」が利用できるようになったという流れである。

＜採点基準＞

従来の技術 ⇒ 天体観測利用 → **等角航路** ← 海図，メルカトル図法
↓
最短経路（大圏航路）ではない
↓
近年の技術 ⇒ ＧＰＳ（ＧＮＳＳ）利用
↓
最短経路（大圏航路）→ 北半球の中・**高緯度**

再現答案を見るかぎり，本問の得点率は低かった。「等角航路の使い方」や北半球の中～高緯度における移動量拡大の理由となる「最短経路(大圏航路)」へのつながり

が不十分で，それを可能にした技術である「ＧＰＳ(ＧＮＳＳ)」の指摘が不足していた。技術的な進歩との関係で(3)においても砕氷船を指摘する解答例も少なくなかったが，図１－３の航路の位置を考慮すれば，「砕氷船」では出題意図に合致していないといえる。

解答

設問Ａ

(1)グローバル化の進展による人やモノの移動の増加。

(2)洪水のような気象災害頻発化による公衆衛生悪化と，蚊・ダニなどの生息域拡大による感染症の媒介生物との接触機会が増加する。
(60字)

(3)モンスーンの影響で夏季は高温多雨となり，集約的な稲作や畑作が行われて人口密度が高い。また人家周辺にも鶏や豚の飼育が多く見られ，湖沼や水田に飛来する渡り鳥を媒介して感染もしやすい。
(90字)

(4)人と野生動物の緩衝地帯であった里山は，過疎化での荒廃や開発により減少したため，人と野生動物の活動域が重なってきたから。
(60字)

設問Ｂ

(1)当時の大洋を渡る航海は，安定した風を必要とする帆船が中心であったため，赤道付近の貿易風と中緯度の偏西風を利用したから。
(60字)

(2)パナマ運河の開通で太平洋と大西洋の往来が短縮化され，南米南端回りとなるマゼラン海峡やドレーク海峡経由の航路がすたれた。
(60字)

(3)かつては簡易的な測量や天体観測，メルカトル図法など目的地までの進路を直線で示せる等角航路が利用された。現代は人工衛星によるＧＰＳの普及で，高緯度の大圏航路に近い航路で移動できる。
(90字)

第2問

解説　「南北アメリカの経済と社会」に関する出題であった。例年，第2問では各種の「統計資料読み取り」をテーマとする設問が出題されている。2022年度も，例年のテーマに沿った設問であったといえる。ただし，設問Aは「アメリカ合衆国」，設問Bは「ブラジル」を地域事例とする「地誌的要素」と関連させた出題でもあった。また2022年度は統計表に加え，設問Aでは「アメリカ合衆国(アラスカ・ハワイ州を除く)の州別人口変化」の階級区分図，設問Bでは「ブラジルの地域区分図」が提示され，複数資料を関連させた分析力が問われたともいえる。駿台予備学校における一部生徒の再現答案を見るかぎり，第2問の得点率は例年にくらべやや低かった。

設問Aでは，「アメリカ合衆国(アラスカ・ハワイ州を除く)の州別人口変化」の階級区分図と「4つの州の人口構成」データが提示された。2つの資料を読み取りながら「4つの州や中西部中心都市の人口変化理由」が問われている。東大の出題意図としては，「**アメリカ合衆国の地誌的な理解と共に，異なった要因による類似した現象の出現など，地域の変化を引き起こす複合的なメカニズムを説明する力を問う**」としている。

(1)ではア(カリフォルニア)州とイ(アリゾナ)州の人口増加率が異なる理由が問われている。両州における発展の時期と産業，また人口規模を考慮することもポイントであった。設問文中にも記されているように，増加率に差はあるものの，両州ともに人口が増加している。増加率が沈静化しつつあるカリフォルニア州ではあるが，下表で示したように，増加数は4州の中で最も多いといえる。ただ，カリフォルニア州は20世紀後半から増加率が低下しており，2010年からの10年間ではアメリカ合衆国の平均をも下回るようになった。カリフォルニア州財務局(2021年5月7日)は，州内の物価高や経済危機による生活費上昇で，2020年は人口減少を記録したと報道している。とはいえ2010年までの問題なので，人口の分母が大きいことで増加率が低下したという側面のほか，人口流入が低下してきたことを指摘すればよい。

	1970年(人)	1990年(人)	2010年(人)	2020年(人)	2010～2020年の増加率(%)
カリフォルニア	19,953,134	29,760,021	37,253,956	39,538,223	6.1
アリゾナ	1,752,122	3,665,228	6,392,017	7,151,502	11.9
アイオワ	2,824,376	2,776,755	3,046,355	3,190,369	4.7
フロリダ	6,789,443	12,937,926	18,801,310	21,538,187	14.6
アメリカ合衆国	203,984,000	249,623,000	308,745,538	331,449,281	7.4

アメリカ合衆国センサス他により作成。

一方のアリゾナ州は，州都フェニックス周辺で電気・電子産業や軍需産業を中心に先端技術産業の立地が今後も見込まれており，シリコンデザートとして注目されている。アリゾナ州経済機会局は2029年までの10年間に約55万人の雇用増加を予測している(2021年5月6日)。

なお，両州における最近の状況はＪＥＴＲＯ(日本貿易振興機構)の『ビジネス短信』でも報道されている。

採点基準としては，２つの時期において，「**人口が多い**」ア州は「**生活費ないし地価の上昇**」などで人口増加率が低下しているが，イ州は「**雇用増加**」などで人口増加率が高い水準を維持しているといった，両州の差異が明確であるかという点である。

＜採点基準＞

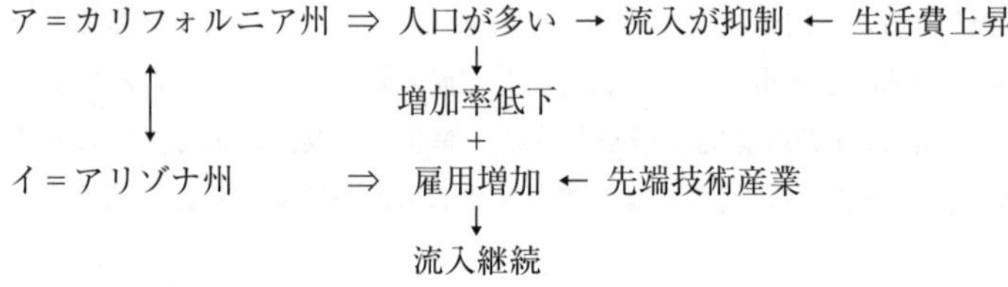

一部生徒の再現答案を見るかぎり，本問の得点率はやや低かった。「生活費ないし地価の上昇」という観点で，ア州からの流出，イ州への流入という記述が少なくなかった。しかし，1990～2010年において「どちらの州も人口は増加している」のである。「ア州は流入が抑制」され，「イ州の流入は継続」という観点からの説明が必要であった。

⑵ではウ(アイオワ)州とエ(フロリダ)州において75歳以上人口比率が高くなる理由の違いが問われている。自然環境，雇用・産業構造と人口増加率の違いに着目することがポイントであった。

図２－１からは内陸に位置し高緯度のアイオワ州と，半島で温暖な低緯度のフロリダ州という差異が読み取れる。さらに，人口増加率が低いアイオワ州と高いフロリダ州という違いも読み取ることができる。表２－１からはヒスパニック系の人口比率が低いアイオワ州と高いフロリダ州ということもわかる。アイオワ州の産業は全米３位の農産額，同２位の畜産額に代表される農業州といえる。一方のフロリダ州は外国人の人気として全米第２位(アメリカ大使館「アメリカン・ビュー」)とされる観光州である。温暖な気候のマイアミビーチや，ディズニーワールドやユニバーサル・リゾートなどのテーマパークも立地している。人口密度の低いアイオワ州は農業地帯で流入人口が少ない点，温暖な気候のフロリダ州は第３次産業をはじめとして生活基盤が整備されていると考えればよい。これらの点から，両州で75歳以上人口比率が高くな

る理由につなげることになる。

フロリダ半島の東海岸・西海岸の大都市圏内やレイク・デストリクト(湖地区)では，高齢者のためのリタイアメント・コミュニティの開発が顕著である。あるリタイアメント・コミュニティ(サン・シティ・センター，2005年9月)のアンケート調査では，サン・シティ・センターを選択した理由として，「温暖な気候(72%)」がトップで，「フロリダのライフスタイル(71%)」，「犯罪の少なさと安全性(34%)」，「生活費 の安さ(26%)」といった点があげられている。

採点基準としては，アイオワ州では「**経年による高齢者増**」や「**若年層流出**」，フロリダ州では「**高齢者の流入**」の理由となる「**温暖な気候**」や「フロリダのライフスタイル」といった点である。

＜採点基準＞

ウ ＝ アイオワ州 ⇒ 農業地帯 → 若年層の流出
　　　　　　　　　　↓
↕　　　　　　　少子高齢化 → 経年による高齢化

エ ＝ フロリダ州 ⇒ 温暖な気候 → 高齢者の流入
　　　　　　　　　　↓　　　　　　↑
　　　　　　　生活基盤の充実 → リタイアメント・コミュニティ

再現答案を見るかぎり，本問の得点率は高かった。アイオワ州における「若年層の流出」とフロリダ州における「高齢者の流入」といった対比が意識できており，その理由説明にも言及できていた解答が多かった。

(3)では中西部中心都市での人口減少につながる社会問題が問われている。基幹産業の斜陽化に伴う具体的な社会問題を2つ指摘する問題であるが，中心都市を意識することが必要であった。

ウ(アイオワ)州をはじめとして，農業地帯である中西部の人口増加率が低い。ただし，「中心都市」，「基幹産業の斜陽化」，「社会問題」という前提があるので，シカゴやデトロイトなどの「都心部の衰退」すなわちインナーシティ問題や産業の空洞化を意識すればよい。鉄鋼業や自動車工業などが衰退することで，失業率が増加してそれに付随する問題が発生し，治安の悪化も予想される。また公害発生などの住環境悪化によるインナーシティ問題が生じることもあるが，本問では「基幹産業の斜陽化」なので，この意味からのアプローチの必要性は低いといえる。

なお，本解説はインナーシティ問題と「問題」を付して言及しているが，もともとの都市地理学では「インナーシティ」だけで，治安悪化などにより都市内の他地域との交流が隔絶された低所得世帯が密集する都心近接地区という意味をもたせることもある。

採点基準としては，基幹産業の斜陽化による直接的影響として「**失業率の上昇**」，「**貧困層の増加**」，「**財政悪化**」などであり，その間接的影響として「**治安の悪化**」，「**地域コミュニティの崩壊**」などがあげられる。

<採点基準>

基幹産業の斜陽化 ⇒ 失業率の上昇，貧困層の増加，財政悪化
↓
治安の悪化，地域コミュニティの崩壊

再現答案を見るかぎり，本問の得点率は高いとはいえなかった。「失業率上昇」，「貧困層の増加」，「財政の悪化」など「経済的側面」の問題は指摘できても，「治安の悪化」や「地域コミュニティの崩壊」といった質的に異なる社会問題を2つ指摘するという点に課題が見られた。

(4)ではフロリダ州のヒスパニック系人口の比率が高い理由が問われている。政治的理由から亡命を意識することがポイントであった。

フロリダ州より南～南東側には西インド諸島が連なっている。ヒスパニックはスペイン語を母国語とするラテンアメリカ系住民のことであり，メキシコや西インド諸島，南アメリカ諸国なども含まれるが，「政治的理由」からキューバを導き出してほしかった。フロリダ半島南端から約200㎞に位置するキューバは，1898年の米西(スペイン)戦争を経てアメリカ合衆国の軍政下となり1902年に独立した。その後もアメリカ合衆国の影響下であったが，1959年のキューバ革命，60年に米系企業の国有化，61年の社会主義宣言を経て，ソ連との関係が強まった。とくに1962年にはソ連の核ミサイル基地建設が発覚し，アメリカ合衆国による海上封鎖でキューバ危機となり，アメリカ合衆国とキューバの関係は悪化する。1961～2015年まで両国は断交していたが，その時期にキューバからアメリカ合衆国への政治亡命が多かった。

採点基準としては，政治的理由の「**亡命**」であり，具体的な国名である「**キューバ**」ということになる。

<採点基準>

政治的理由 ⇒ 亡命 ← キューバ ← 社会主義国
↑
ヒスパニック

再現答案を見るかぎり，本問の得点率は非常に低かった。「旧スペイン領」と広すぎる概念の指摘であったり，「メキシコ」からの移民や「プエルトリコ」を指摘する解答が多かった。プエルトリコはアメリカ合衆国の自治連邦区であり，「政治的理由」

に当てはめづらい。メキシコは中南米諸国と「国境を接していない」という点で当てはまらない。政治的理由から「亡命」すなわち「キューバ」からの移民を連想したい問題である。判定材料がしっかりしているので得点率は高くなると考えていたが，第二次大戦後の社会の枠組みやシステム，基本的な歴史認識が不足していたようである。

設問Ｂでは，「ブラジルの地域区分図」と「地域別のＧＤＰと人口関連」のデータが提示された。５つに分けられた「ブラジルの地域的差異」が問われている。出題意図としては，「**ブラジルの社会経済的な特徴やその変化，直面する課題を，国土の広がりを頭の中に描き，各地域の自然環境や歴史的背景，地域間のつながりといった点に留意しながら理解し，説明する力を問**」うというものであった。

⑴ではＧＤＰと人口に関する統計データから，該当する地域(北部・北東部・南部)の判定が要求されている。人口規模とともに，2002～2018年のＧＤＰ増加割合や経済発展度に関連するＧＤＰ／人口も考慮する必要があった。

表２－２から，アはＧＤＰ／人口から経済活動が活発な先進地域，イは人口規模は大きいが発展度が遅れている地域，ウは人口規模は小さくＧＤＰ／人口も低いといえるが近年の成長率が高い地域と読み取れる。後の図のように，ブラジルはサンパウロやリオデジャネイロが含まれる南東部で人口が多く，経済も発展している。次いで人口が多く開発の歴史が古い北東部は，1763年まで首都が置かれたサルヴァドルやフォルタレーザを抱えているが，農業が中心であったことから産業の高度化が遅れた。GDP／人口が高い南部には都市計画の成功例とされるクリチーバや工業都市ポルトアレグレが位置し，平均的な経済水準が高いといえる。近年のＧＤＰ増加率やＧＤＰ／人口が高い中西部は，首都ブラジリアの整備や内陸部開発の影響が大きかったといえる。アマゾン川流域の北部はＧＤＰ／人口が低いといえるが，近年のＧＤＰ増加率は最も高く開発が顕著な地域といえる。

ブラジルの行政区分

ブラジル地理統計院（ＩＢＧＥ）資料により作成。

各行政単位の人口の比較

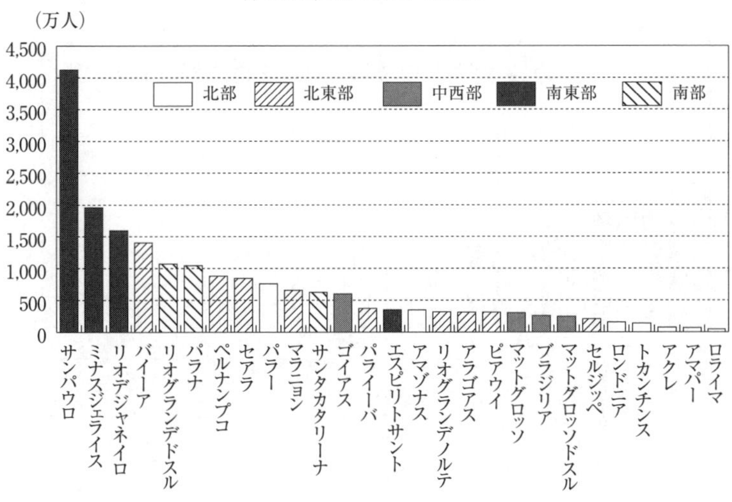

統計年次は2010年。

ブラジル地理統計院（ＩＢＧＥ）資料により作成。

各行政単位の域内総生産の比較

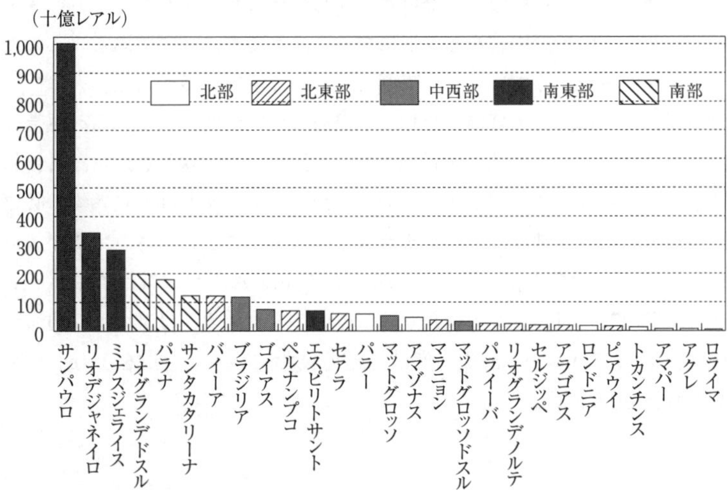

統計年次は2008年。

ブラジル地理統計院（ＩＢＧＥ）資料により作成。

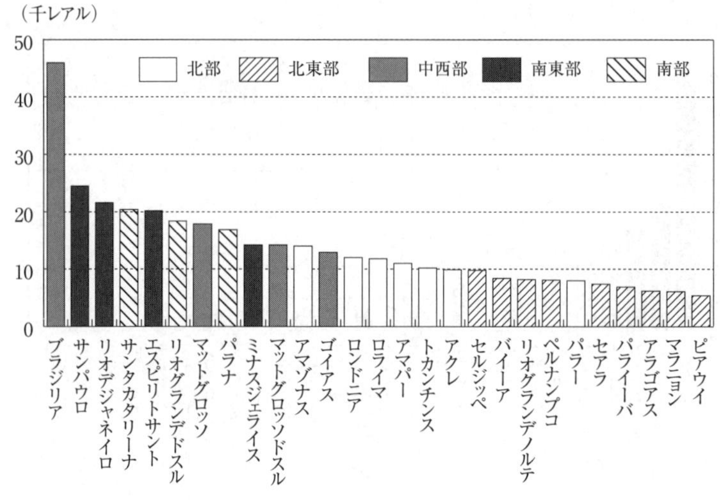

統計年次は2008年。

ブラジル地理統計院（ＩＢＧＥ）資料により作成。

再現答案を見るかぎり，本問の正答率は低かった。(1)の正答率は(2)や(3)の解答にも影響が出るため，慎重に正解を導かなければならなかった。また(2)や(3)に影響するということは，**(2)や(3)の設問内容をヒントにする**こともできたはずである。この点からの考察もできなかったようで，アを北東部としていた解答が多かった。

(2)では中西部やウ（北部）の経済開発や経済発展の内容が問われている。熱帯の内陸地域で開発が遅れていた両地域の成長理由を，自然環境を意識しながら，具体的な事例と指定語句をつなげることがポイントであった。(1)でウを北部と正答する必要があり，指定語句の自由貿易地区としてマナオスを導き出すことになる。マナオス自由貿易地区は，アマゾン開発の拠点として1967年に設立された。電気電子やオートバイなどの企業が進出し，日本企業も多数立地している。マナオスはアマゾン川河口から約1700㎞に位置しているが，海抜高度は70ｍ前後で，アマゾン川を１万トンクラスの外洋船が航行可能である。

マナオス自由貿易地域売上高推移

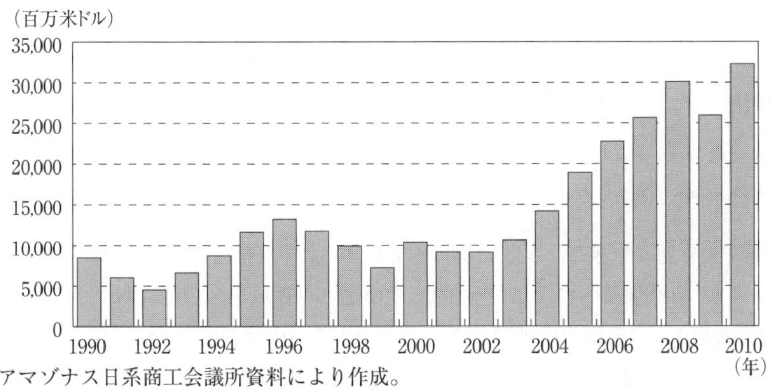

アマゾナス日系商工会議所資料により作成。

一方の中西部には首都ブラジリアが建設(1960年)されているが，近年はブラジル(マットグロッソ)高原の農地開発が進み，マットグロッソ州を中心に大豆栽培が盛んになった。ブラジルは2019年にアメリカ合衆国を抜き，世界１位の大豆生産国になっている。

大豆の主要州別生産量の推移

(千トン)
40,000
35,000
30,000
25,000
20,000
15,000
10,000
5,000
0

マットグロッソ州
パラナ州
リオグランデドスル州

1979/80　84/85　89/90　94/95　99/2000　2004/05　09/10　14/15　19/20
(年度)

2019/20年度は予測値。

CONAB「Grãos・Série Histórica」.により作成。

採点基準としては，経済開発・経済発展の具体例として，ウで「**自由貿易地区**」としての「**マナオス**」，中西部の「**ブラジル高原**」では「**農地開発**」の具体例として「**大豆**」

栽培に言及することである。

<採点基準>

ウ ＝ 北部 ⇒ **自由貿易地区** → マナオス or 工業化の進展
＋
中西部 ⇒ **ブラジル高原** → セラード開発 → **農地**開発
↓
大豆（・とうもろこし）栽培

再現答案を見るかぎり，本問の得点率も低かった。(1)の正答率が低かった点も影響しているが,自然環境への言及が不足し,中西部とウ地域を分けて説明できておらず,「自由貿易地区」の使用法に課題があったといえる。中西部の「大豆」栽培は指摘できても,「自由貿易地区」として「マナオス」の指摘は少なかった。なお,「マナオス」が指摘できた解答においても，1967年に指定された「自由貿易地区」ではあるが，2002年以降の指定として記述されている解答も少なくなかった。

(3)では南東部とイ(北東部)の経済格差が問われている。経済格差につながる歴史的な開発過程に着目する必要があった。

隣接する南東部と北東部であるが，(1)で記述したように，サンパウロやリオデジャネイロが含まれる南東部の経済は発展しているが，開発の歴史が古い北東部は農業が中心で産業の高度化が遅れた地域である。1500年ポルトガル人の来航以降，染料としてのブラジルボクの伐採,プランテーションでのサトウキビ栽培が発展し,サルヴァドルは砂糖と奴隷貿易の中心として栄えた。北東部は他地域に比べ州が細分化されるなど，農業経済が中心となり，工業化など産業の高度化が遅れた地域となった。一方の南東部は，北東部でのサトウキビや綿花栽培に代わり，コーヒー豆栽培が成功しただけでなく，工業化も進展した。またヨーロッパや日本から流入した移民の多くがサンパウロに定住するようになった。サンパウロはファベーラ(スラム)を抱える都市として知られており，地域内でも貧富の差が大きいといえるが，裏を返せば余剰労働力が集まる都市と考えることも可能で，ブラジル経済の中心を担う地域といえる。

採点基準としては,「**ＧＤＰ／人口　の格差**」を大きくする「南東部の特徴」としての「**工業化**」や「**産業の高度化**」,「北東部の特徴」としての「**農業地域**」や「**大土地所有制**」をそれぞれ指摘することである。

<採点基準>

「ＧＤＰ／人口　の格差」 ⇒ 北東部 → 農業地域 ← 大土地所有制
↓　　↕　　※サトウキビ栽培
所得差が大きい　　南東部 → 工業化，産業の高度化再現答案を見るかぎり，本問の得点率も低かった。表中のデータである「『ＧＤＰ／人口』の格差」にとどまり，南東部とイ地域の経済格差につながる「それぞれの特徴」を具体的に指摘できていなかった。⑵と同様で，２地域を分けて説明するという基本的な解答法が身についていないといえる。

⑷ではサンパウロやリオデジャネイロの巨大都市が抱える問題が問われている。発展途上国という点を前提としながら，指定語句をヒントにすることで，出題意図を汲み取る必要があった。

農村部での人口増加や生活難が発生すると，余剰労働力が就労の場を求めて，大都市への移動が増加する。しかし発展途上国の場合は，大都市においても十分な就労の場が確保できず，住居の確保も難しい。その結果，不良住宅地区が形成され，そこでは極貧層が集住した無法地帯になることもある。就労の場が確保できないことから，非公式な露天商・靴磨き・ウエイストピッカー(最終処分場で有価物を拾う人)などのインフォーマルセクターに従事する人が増加する。またストリートチルドレンも多くなる。

ところで，非公式部門と非正規雇用は異なる。非正規雇用は正規雇用(Regular employees)以外の有期雇用のことである。パート・アルバイト・派遣社員などであるが，国家統計に含まれないインフォーマルセクターとは異なっている。男女共同参画局のデータ(2020年)によれば，日本の非正規雇用労働者は女性54.4%，男性22.2%であった。

採点基準としては，サンパウロやリオデジャネイロが抱える問題としての「**スラム**」ないし「**ファベーラ**」，経済格差から低所得層の属性や出自につながる「**農村からの余剰労働力**」，「**インフォーマルセクターの具体例**」などである。

＜採点基準＞

サンパウロ・リオデジャネイロ⇒スラム（ファベーラ）← 農村からの余剰労働力
↑　　　　↓　　　　**※低所得層**
発展途上国の巨大都市　　　**インフォーマルセクター** ← 露天商，靴磨き
※ストリートチルドレン

再現答案を見るかぎり，本問の得点率は高いとはいえなかった。低所得者の属性やインフォーマルセクターの具体例など，指定語句をそのまま使用するだけでなく，修飾して使用するなど「指定語句の使用法」に課題があった。また，インフォーマルセクターを非正規雇用と同一視する解答も散見された。

解答

設問A

(1)人口が多いアは生活費の上昇で人口流入が抑制されたが，イは先端技術産業が立地するなど雇用機会も増加して人口流入が続いた。

(60字)

(2)ウは低出生率の白人が多い農業地帯であり雇用機会を求めた若年層が流出し，エは温暖な気候を求めて退職後の高齢者が流入した。

(60字)

(3)失業率の上昇による貧困層の増加と治安の悪化がみられること。

(30字)

(4)社会主義体制に反発しているキューバからの亡命者が多いから。

(30字)

設問B

(1)ア－南部　イ－北東部　ウ－北部

(2)ウではアマゾン開発の拠点都市マナオスに設けられた自由貿易地区で工業化が推進され，中西部ではサバナが卓越するブラジル高原のセラードで農地開発が進み大規模な大豆栽培地域が形成された。

(90字)

(3)産業の高度化が進んだ南東部に比べ，イはサトウキビ栽培を中心に大土地所有制が残存してＧＤＰ／人口も低く，所得差が大きい。

(60字)

(4)農村から流入した低所得層は仕事や住居を得られず，露天商や靴磨き等インフォーマルセクターに従事してスラムを形成している。

(60字)

第3問

解説　「日本の都市と農業」に関する出題であった。例年，第３問では「地誌的および日本関連問題」をテーマとする設問が出題されている。2022年度も，例年のテーマに沿った設問であったといえる。新旧の地形図を含め７つの資料が提示されているため，問題そのものの難易度ではなく，時間配分上苦戦していたようである。駿台予備学校における一部生徒の再現答案を見るかぎり，第３問の得点率が最も低かった。

設問Aでは，千葉県柏市北部の「1975年発行の地形図」と「2019年発行の地形図」のほか，1975年～2019年の間の変化に関するリード文と図３－２中の３地区における「年齢階層別人口構成の変化」も提示されている。「千葉県柏市北部を中心とした土地利用変化」を読み取り「柏市の変化」が問われているが，地域的差異や変化を意識し，時事的内容や今日的なテーマも考察させている。東大の出題意図としては，「**地形と土地利用との関係，交通体系の変化に対応した新しい施設の建設，地域の産業構造やまちづくりの変化について論じる力**」や「**人口に関する統計データから，住宅地の特徴を把握する力を問**」うことで，「**事象の変化を捉えるだけでなく，変化の要因を説明することを求め**」たとしている。

⑴では「1975年発行の地形図」における地形と土地利用の対応関係が問われている。台地面と侵食谷(谷地)・沖積平野(低地)における土地利用を読みとる基本的な問題であった。柏市は千葉県北西部に位置し，下総台地が大半を占めているが，北部には利根川の沖積平野が広がっており，中央部の台地を侵食する河川からは樹枝状の侵食谷も延びている。1960年代から東京のベッドタウンとしての開発が進んだが，図３－１からは開発前の地形と土地利用の対応関係が読みとれる。

地形図の読み取りは等高線から地形を，地図記号から土地利用を読みとることが一般的である。ただ，地形と土地利用は関連性が深いため，土地利用を示す地図記号から地形を判断することも可能である。すなわち，田が広がっている北東部は沖積平野であり，樹枝状に延びている田は侵食谷である。集落や針葉樹林が広がる地域は台地面であり，荒地が広がる柏通信所も台地面である。

採点基準としては，「**台地上の集落や森林(針葉樹林)**」と「**沖積平野や侵食谷の田**」といった読み取りである。

＜採点基準＞

台地 ⇒ 集落・森林（針葉樹林）
↕
沖積平野・侵食谷（谷地）⇒ 田

一部生徒の再現答案を見るかぎり，得点率はやや低かった。地形と土地利用の対応関係を読み取る基本的な地形図読図であるが，得点率の低さは意外であった。等高線から「台地」と「低地」を分けて，それぞれの「土地利用(地図記号)」と対応させればよいが，地形では「自然堤防」や「後背湿地」という記述，土地利用では「茶」や「果樹園」という記述が見受けられた。読図練習が疎かになっており，土地利用(地図記号)から地形の推測もできなかったようである。

⑵ではインターチェンジ付近に建設される施設が問われている。巨大な建物に着目しそれらをインターチェンジと関連させることがポイントであった。巨大な建物が読み取れる地域は「十余二工業団地」である。この一帯で建設された新たな施設である

が，「工業団地の敷地内も含め」とあるので物流倉庫をイメージしたかった。十余二工業団地は，図中の北西から南東に走る国道16号線が1970年に開通(野田～千葉)し交通インフラが整備されたことで，翌1971年に完成した。東京都心から30㎞圏という利便性を生かして，金属・機械器具・食品製造などの企業が立地した。図３－２では高速道路が建設されており，工場地帯が広がっていると読み取れる。ただし，近年は東京都心により近い流山インター付近に，日本最大級の最先端物流拠点が次々と建設されている。

採点基準としては，施設としての「**物流倉庫**」ないし「**物流センター**」，その背景としての「**交通体系整備**」や「**配送量増加**」，立地地点としての「**東京へのアクセスの良さ**」といった点である。

＜採点基準＞

施設 ⇒ 物流倉庫（センター，拠点）← 交通体系整備
↑　↑
配送量増加　→　東京や大消費地に隣接

再現答案を見るかぎり，本問の得点率は極端に低かった。下線部(2)では「インターチェンジ付近」や「工業団地の敷地内」で新たな施設が建設されてきているとある。多くの読図問題では地図中で具体的に読み取れる内容が問われるが，本問の場合は前後のリード文や設問から，下線部(2)の記述に当てはまる施設や変化理由が問われている。その設問意図が読み取れず難問となってしまったようで，インターチェンジ内に建設された発電所・変電所の指摘が多かった。また「工業団地の敷地内も含め」という記述に着目できれば,「物流倉庫(物流センター)」といった施設が予想され,その「立地の背景」も想像できたはずである。

⑶では「2019年発行の地形図」中の３地区と「年齢階層別人口構成の変化」の３地区を組み合わせることが要求された。「1975年発行の地形図」との変化状況から幼年人口(０～14歳)と高齢者人口(65歳以上)を意味づけることがポイントであった。

1975年地形図で①の小青田地区,②の柏の葉地区,③のみどり台地区を確認すると，小青田地区には屋敷林に囲まれた集落，柏の葉地区には柏通信所と記された荒地，みどり台地区には新興住宅地を読みとることができる。この点から，2010年代は経年により高齢者人口が多く，少子化が進んでいるＢ地区を③(みどり台地区)と判定できる。ただ，①(小青田地区)と②(柏の葉)は1975～2019年までに開発が進んだことを読み取ることは可能であるが，Ａ地区とＣ地区の判定は難しい。Ａ地区とＣ地区の年齢階層別人口構成からは，Ｃ地区を新興住宅地区と読み取ることは可能であるが，Ａ地区は高齢者人口が急増している反面で幼年人口も増加しているからである。小青田

地区には1975年時点で屋敷林に囲まれた集落があり，柏の葉地区には南部で高層建築物とみられるマンション群も読み取れることから，①をA地区，②をC地区と判定する方が妥当のように思われる。しかし，事実は異なっている。2021年9月30日現在の町丁別・年齢別人口統計(次表)を確認すると，A－②，B－③，C－①となる。

	0～14歳	15～64歳	65歳以上
小青田	36(23.8%)	98(64.9%)	17(11.3%)
小青田1丁目	158(16.6〃)	730(76.5〃)	66(6.9〃)
2丁目	202(20.5〃)	727(74.0〃)	54(5.5〃)
3丁目	326(26.4〃)	835(67.5〃)	76(6.1〃)
4丁目	127(26.9〃)	321(68.0〃)	24(5.1〃)
5丁目	249(26.0〃)	663(69.2〃)	46(4.8〃)
計	1,098(23.1%)	3,374(71.0%)	283(6.0%)
柏の葉1丁目	31(6.5%)	185(38.7%)	262(54.8%)
2丁目	175(16.6〃)	619(58.6〃)	263(24.9〃)
3丁目	91(10.3〃)	366(41.5〃)	425(48.2〃)
4丁目	0(0.0〃)	0(0.0〃)	0(0.0〃)
5丁目	261(28.2〃)	600(64.8〃)	65(7.0〃)
6丁目	152(22.7〃)	516(76.9〃)	3(0.4〃)
計	710(17.7%)	2,286(57.0%)	1,018(25.4%)
みどり台1丁目	44(6.6%)	338(50.5%)	287(42.9%)
2丁目	144(11.3〃)	720(56.4〃)	412(32.3〃)
3丁目	156(13.3〃)	595(50.9〃)	418(35.8〃)
4丁目	71(9.0〃)	394(49.9〃)	324(41.1〃)
5丁目	32(11.2〃)	165(57.9〃)	88(30.9〃)
計	447(10.7%)	2,212(52.8%)	1,529(36.5%)

住民基本台帳人口(2021年9月30日)により作成。

柏の葉は1990年に新設された町名であり，小青田1～4丁目は2017年に新設されたことから,2005年のつくばエクスプレス「**開業時に開発されていた②(柏の葉)**」と,「**開業後に開発が進んだ①(小青田，柏たなか)**」という差が影響しているが，その判断をこの2図だけで読み取らせることは無理である。もう少し情報，2010年以前の人口構成ないしは地形図の提示がほしかった問題である。なお，柏の葉は1～3丁目と5・6丁目(4丁目は公園)で人口構成が大きく異なっている。柏の葉は1～3丁目には高齢者用の住居施設も存在するが，出題者はこの点も考慮していたのか疑問である。狭い範囲・地域を判定する時には，その地域の特殊要因が影響することが少なくない。

再現答案を見るかぎり，本問の完答正答率も極端に低かった。やはりA地区とC地区が逆転していた解答が多かった。ただ，解説者としては判定不能と考えたい設問であり，A－①，C－②とする解答も評価したい。

⑷では「スマートシティ」をめざす新たな街づくりの特徴が問われている。指定語句をヒントにして今後必要となる事業につなげる内容にすることが必要であった。

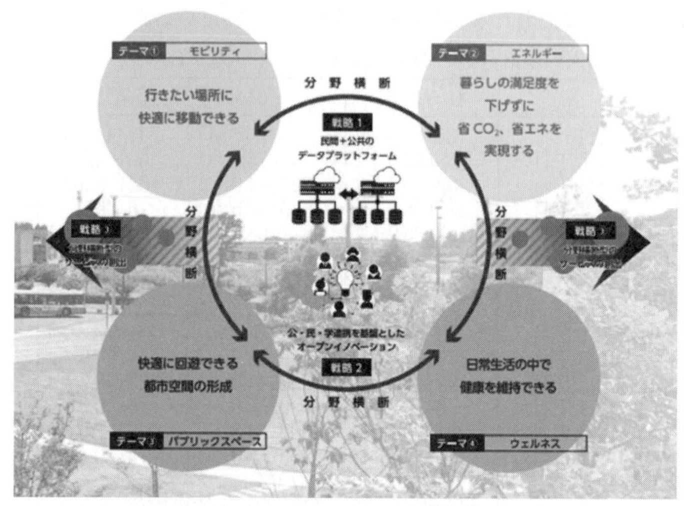

柏市『柏の葉スマートシティ実行計画[概要]』により作成。

内閣府によれば，スマートシティは「ＩＣＴ等の新技術を活用しつつ，マネジメント(計画，整備，管理・運営等)の高度化により，都市や地域の抱える諸課題の解決を行い，また新たな価値を創出し続ける，持続可能な都市や地域」とされている。2019年に柏市の「**柏の葉スマートシティコンソーシアム**」が，国土交通省が進めるスマートシティモデル事業の先行モデルプロジェクトに選定され，柏の葉スマートシティ実行計画が策定された。この実行計画では前ページ図のような4つのテーマと3つの戦略をかかげ，駅を中心とするスマート・コンパクトシティの形成を目指している。

採点基準としては,「新しい空間」から「**産学住一体化**」,指定語句の「情報通信技術」から「**AI(人工知能)利用**」や具体的な目的である「**環境配慮**」や「**環境整備**」,「高齢化社会」から「**持続可能**」といった内容を導き出せるとよかった。

＜採点基準＞

スマートシティ ⇒ **情報通信技術**の活用 → 環境配慮，環境整備 ← 産学住一体化
↑ ICT，AI
↓ **新規創業** → 雇用創出
＋
少子**高齢化社会**にも対応 → 持続可能

再現答案を見るかぎり，本問の得点率も低かった。指定語句の使用法に課題があったといえるが,「スマートシティ」という用語の把握度と新しい地形図やリード文から読み取れる「大学の新キャンパス」からの創造ができなかったようである。また高齢化社会の対策として若年層誘致といった解答も見受けられたが，このモデルは日本全体の先行プロジェクトという観点から，高齢化社会への対応といった視点がほしかった。「スマートシティ」という用語については現行(2024年度まで)の教科書では言及されていないため，出題適否の問題もあるが，現代社会の状況把握とともに指定語句をヒントにした論述に課題があったようである。

設問Bでは,「果樹5種における2018年の収穫量上位5都道府県」,「1960年以降のみかんとりんごの作付面積推移」,1990年以降の「みかんの輸出量と輸出先」と「りんごの輸出量と輸出先」が提示された。「日本の果樹生産や輸出」に関する問題であるが，細かい知識を要求する問題ではなく,「統計変化の理由」や「統計の分析力」が問われている。出題意図としては,「**日本の果樹生産について，その地域的特徴や時系列変化に対する理解を問い**」,「**時系列変化については，統計データを読み取り，食生活，気候，農業政策などの基礎知識と関連させながら総合的に説明することを求め**」ている。

(1)では果樹5種中のア～ウに該当する道府県の判定が要求された。果樹の特徴や他の生産県から判定する必要があった。

本問は東大での出題頻度が高い選択・組み合わせ問題ではなく，果樹生産の上位道府県を判定する問題であるが，果樹の特徴を考慮すれば難しくない。アは「**みかん**」や「**うめ**」の生産が第1位であり，とくに「うめ」生産が突出して第1位なので，紀州梅の産地和歌山県である。イはうめやブルーベリーの生産も上位であるが,「**りんご**」が青森県に次いで第2位なので長野県となる。ウは「**なし**」が第1位であることから

千葉県となる。「なし」は鳥取県というイメージも高いようであるが，第５位に登場している。千葉県が二十世紀梨の発祥地であり，松戸市(二十世紀が丘梨元町)にはその記念碑も建立されている。またブルーベリーの第５位にも登場しているが，⑵の出題意図を考慮すれば，東京近県を想定できたはずである。

再現答案を見るかぎり，本問の完答正答率は低かった。出題頻度の高い日本関連問題であるが，やはり日本地理の理解度が低いようで，アの和歌山県とイの長野県の正答率はまずまずであったが，「ウの千葉県」が難しかったようである。誤答として山梨県という解答が多かった。「**ぶどう**」や「**もも**」の生産第１位からくる果樹生産県のイメージが強かったのであろう。

⑵では東京都でブルーベリーの栽培が盛んな理由が問われている。ブルーベリーの特徴や大市場の東京都で栽培する理由から複数指摘する必要があった。

ブルーベリーは北アメリカ原産の低木果樹で，日本に導入(ハイブッシュ系)されたのは1951年とされる。暖地系のラビットアイ系は1962年に農林水産省によって導入され，1968年から東京都(小平市)で栽培が始まった。1990年代の健康ブームにより関東近郊での栽培が急増した。関東地方でブルーベリー栽培が盛んになった理由としては，試験栽培が小平市で始まったこと，関東ローム層が栽培に適した土壌であること，摘み取り目的の観光農園での栽培が盛んなこと，鮮度が重要視されたことなどがあげられる。さらに土地生産性や収益率が高いことも，関東近郊での栽培を可能にしたといえる。

採点基準としては，ブルーベリーの特徴である「**収益性の高さ**」や大市場への近接性を要求する「**鮮度**」や「**観光農園**」など，多面的な捉え方である。試験栽培地や土壌についての指摘は誤りではないが，大消費地での農業立地という側面を考慮してほしかった。

＜採点基準＞

東京 ⇒ 高地価 → 高い収益率が必要，観光農園
↓
ブルーベリー → 鮮度が重要 → 大消費地への近接性

再現答案を見るかぎり，本問の得点率も高いとはいえなかった。思いついた１つの理由だけで満足してしまったようである。多面的な捉え方や２点分の加点ポイントを意識することに課題があったといえる。

⑶ではみかんの作付面積が1960年以降一旦増加しその後減少した理由が問われている。増加している時期と指定語句をつなげるとともに減少する理由に外的要因を考慮することがポイントであった。1960年代の高度経済成長期に作付面積が増加した

背景には，1961年に制定された農業基本法の影響がある。農地改革により自作農は増加したが，他産業との所得格差が大きかったため，自立経営が可能となる農家の育成を目標とした。その手段としては，今後の需要増大が見込まれる農産物を選択して栽培するとともに，機械化を進めながら農業規模を拡大して生産性を向上する「選択的拡大」にある。需要が減少すると予想される農産物から変更するということであり，稲作・麦作から畜産・野菜・果物生産に転換することであった。いわゆるコメの減反政策は1969年以降であるため当てはまらず，農業基本法の影響で陸稲の作付面積が減少し，1960年代にみかんの作付面積は増加したといえる。しかし，その後は輸入果実の増加，みかん以外の果実生産増加，みかん価格低迷，生産調整や生産者の高齢化による廃園で作付面積は減少した。なお，近年は１人１日あたり果実消費量も減少傾向にある。

農林水産物の自由化の推移

	輸入数量制限品目	主な出来事	主な輸入数量制限撤廃品目
昭和30年(1955)		ガット加入	
35(1960)		121品目輸入自由化	ライ麦，コーヒー豆，ココア豆
36(1961)		貿易為替自由化の基本方針決定	大豆，しょうが
37(1962)	103 * 81		羊毛，たまねぎ，鶏卵，鶏肉，にんにく
38(1963)	76	ガット11条国へ移行	落花生，バナナ，粗糖
41(1966)	73		ココア粉
42(1967)	73	ガット・ケネディ・ラウンド決着(昭和39年～)	
45(1970)	58		豚の脂身，マーガリン，レモン果汁
46(1971)	28		ぶどう，りんご，グレープフルーツ，植物性油脂，チョコレート，ビスケット類，生きている牛，豚肉，紅茶，なたね
47(1972)	24		配合飼料，ハム・ベーコン，精製糖
49(1974)	22		麦芽
53(1978)	22	日米農産物交渉決着(牛肉・かんきつ)	ハム・ベーコン缶詰
54(1979)	22	ガット・東京ラウンド決着(昭和48年～)	
59(1984)	22	日米農産物交渉決着(牛肉・かんきつ)	
60(1985)	22		豚肉調製品(一部)

61(1986)	22		グレープフルーツ果汁
63(1988)	22〔39〕	日米農産物交渉決着(牛肉・かんきつ，12品目)	ひよこ豆
平成元(1989)	20〔37〕		プロセスチーズ，トマトジュース，トマトケチャ ップ・ソース，豚肉調製品
2(1990)	17〔31〕		フルーツピューレ・ペースト，パイナップル缶詰，非かんきつ果汁，牛肉調製品
3(1991)	14〔26〕		牛肉，オレンジ
4(1992)	12〔22〕		オレンジ果汁
5(1993	12〔22〕	ウルグアイ・ラウンド決着(昭和61年	
7(1995)	5〔8〕		小麦，大麦，乳製品(バター，脱脂粉乳等)，でん粉，雑豆，落花生，こんにゃく芋，生糸・繭
11(1999)	5〔8〕		米
12(2000)	5〔8〕	WTO農業交渉開始	

注：1) 輸入数量制限品目数は，各年末現在の数である(CCCN(関税協力理事会品目表)4桁分類。〔　〕内はHS(国際統一商品分類)の4桁分類)

2) 昭和37(1962)年4月，輸入管理方式がネガディブリスト方式となった。* は昭和37(1962)年4月の輸入数量制限品目数

3) 品目名については，商品の分類に関する国際条約で定められた名称によらず，一般的な名称により表記したものを含む。

4) 日米農産物交渉における12品目とは，①プロセスチーズ，②フルーツピューレ・ペースト，③フルーツパルプ・パインナップル缶詰，④非かんきつ果汁，⑤トマト加工品(トマトジュース及びトマトケチャップ・ソース)，⑥ぶどう糖・乳糖等，⑦砂糖を主成分とする調製食料品，⑧粉乳・れん乳等乳製品，⑨でん粉，⑩雑豆，⑪落花生，⑫牛肉及び豚肉調製品

5) 現在の輸入数量制限品目は，水産物輸入割当対象品目(HS4桁分類の0301，0302，0303，0304，0305，0307，1212，2106の一部)

農林水産省の資料により作成。

採点基準としては，1960年代の作付面積増加理由として「**高度経済成長期の需要増加**」や政策としての「**農業基本法**」があり，1970年代以降は生産調整につなげる「**生産過剰**」，「**輸入自由化**」，「**生産者の高齢化**」，「**需要減少**」で作付面積減少という流れが必要である。

＜採点基準＞

1960年代 ＝ 高度経済成長期 ⇒ 作付面積増加 ← **需要**増加，農業基本法
↓
生産過剰 → **生産調整** → 作付面積減少
↑　　　　　　　　　　　　↑
輸入自由化**政策**，**需要**低下　　　　生産者の高齢化

再現答案を見るかぎり，本問の得点率も高いとはいえなかった。図(作付面積)の変化について指定語句を考慮しながら説明する問題であるが，「増加時期の1960年代」の説明が不十分であり，「政策の使用法」にも課題が見られた。コメの減反政策による転換作物といった記述も見受けられたが，減反は緊急的生産調整を含めても1969年以降といえるので，増加理由の説明には使えない。「農業基本法」の選択的拡大という政策が関係している。また政策として，果実類の「輸入自由化」により生産調整ないし作付面積の減少につなげることも重要であった。輸出量の減少とつなげる解答例も見受けられたが，輸出量は1990年以降のデータなので，それ以前の指摘が必要であった。

⑷ではりんごの輸出量が増加している理由が問われている。輸出先の特徴ないしりんごの特徴と2002年に急増した点に着目する必要があった。

りんごの原産地はコーカサス(カフカス)山脈や天山山脈など諸説あるが，暑さに弱いことから亜寒帯～温帯で栽培されている。台湾をはじめとする亜熱帯や熱帯地方での栽培は難しい。図３－６の日本の輸出先を見ても，亜熱帯・熱帯地方が中心であることがわかる。ところで，図３－６からは2002年に台湾への輸出が急増したことを読み取れる。これは2002年に台湾がＷＴＯに加盟したことで，日本産りんごの輸入枠が撤廃され，関税が引き下げられたからである。また経済発展した地域において，日本産の高級りんごの需要が増加した点も大きかった。

採点基準としては，「輸出先の特徴」である「**経済成長した地域**」での需要増，2002年に着目した「**台湾のＷＴＯ加盟**」による輸入制限撤廃，「りんごの栽培条件」につながる「**冷涼な気候**」といった点である。

＜採点基準＞

りんご ⇒ 冷涼気候 ← 日本
↓
経済成長した温暖な地域への輸出 → 台湾 ← ＷＴＯ加盟
↓
輸入制限撤廃

再現答案を見るかぎり，本問の正答率も低かった。「輸出先の特徴」である「経済成長した地域」，「りんごの栽培条件」，図の読み取りにつながる「2002年の意味」，すなわち「台湾のＷＴＯ加盟」といった点が多面的に想像できていない解答が多かった。

ところで，世界で最も生産されている品種は「ふじ」である。この品種は1962年に青森県藤崎町で誕生した。誕生地の「藤」と象徴的な「富士山」にちなんで命名された。現在の日本でも最も一般的な品種となっている。

解答

設問Ａ

⑴高燥の台地上で集落や森林，侵食谷や沖積平野で田が見られる。

（30字）

⑵交通・通信技術の発達により多頻度小口配送が増え，大消費地である東京圏へのアクセスの良さから，物流倉庫が建設されている。

（60字）

⑶Ａ－②　Ｂ－③　Ｃ－①

⑷産学住が一体化した高付加価値かつ第三次産業中心の新規創業による雇用創出を行い，情報通信技術をいかして環境にも配慮し，今後の少子高齢化社会にも対応した持続可能な都市を目指している。

（90字）

設問Ｂ

⑴ア－和歌山県　イ－長野県　ウ－千葉県

⑵収益性が高い作物で，消費地へ鮮度を保持して輸送できるから。

（30字）

⑶高度経済成長期にはみかん需要を見越して作付が増加したが，1970年代以降は生産過剰から生産調整が行われ，また輸入自由化政策で流入が増加し，生産者の高齢化や需要の低下で作付は減少した。

（90字）

⑷ＷＴＯに加盟して輸入制限を撤廃した台湾や経済成長したアジアにおいて，冷涼な気候で栽培されたりんごの需要が増加したから。

（60字）

2021年

第1問

解説 「世界の環境と地形」に関する出題であった。例年，第1問では「自然環境関連問題」をテーマとする設問が出題されている。2021年度も，例年のテーマに沿った設問であったといえる。第1問全体で7つの資料が提示されており，図や統計表の特徴からの読み取りや判読力が問われている。駿台予備学校生徒における再現答案の得点率を見るかぎり，大問別では第1問の得点率はやや高く，やや易しかったようである。

第1問の設問Aでは，気候変化に対する国際的枠組みであるパリ協定を導入文としている。2016年発効のパリ協定は，1997年に採択された京都議定書(2005年発効)以降の気候変動に関する国際的枠組みである。地球の平均気温上昇を産業革命前に比べて2℃未満，できれば1.5℃未満を目指すとしている。この導入文に関連させて，地球の平均気温が2℃上昇するときの「平均気温3℃以上上昇する地域図」や「降水量変化図」,「雨温図」，2018年の二酸化炭素排出量が多い6ヶ国(地域)における「1900年以降の推移」や「一次エネルギー供給量」の資料が提示された。複数の資料から対応関係を読み取らせる読解力が要求された設問であった。東大の出題意図としては，「**気候変化の原因である二酸化炭素排出をもたらすエネルギー利用の特徴も国によって異な**」っているため，「**分布図と統計データを示して，気候変化とエネルギー利用の地域・国による特徴を説明することを求め**」たとしている。

(1)は地球の平均気温が2℃上昇した際に，気温が3℃以上上昇する地域の影響が問われている。図1－1から，平均気温3℃以上上昇する地域は北極海周辺と読み取ることができる。北極海で気温・水温が上昇すると，海氷面積が縮小する。2020年9月13日には1979年の衛星観測開始以降，2012年に次ぎ2番目に小さくなった。次ページの図のように，減少傾向にあることがわかる。

北極圏の海氷分布

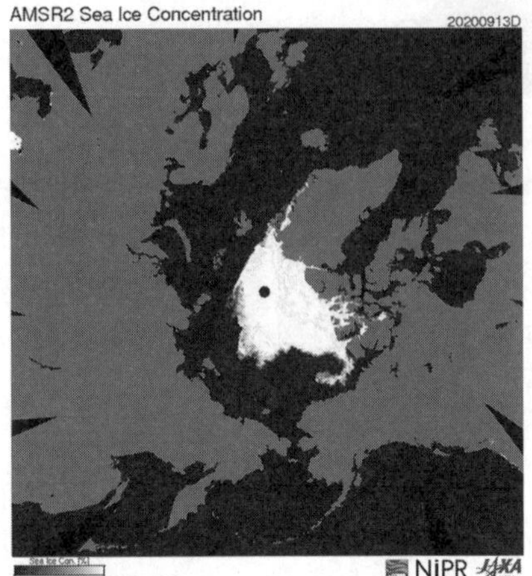

水循環変動観測衛星「しずくの観測データによる2020年9月13日の海氷分布域

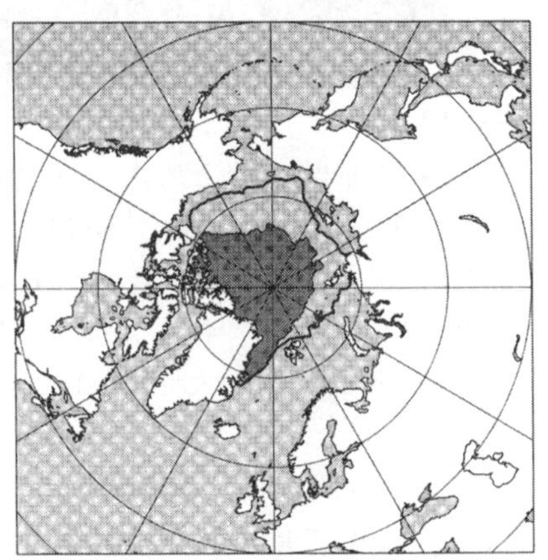

2012年9月の海氷分布域
1981～2010年における9月の平均的な海氷分布域の境界線
緯線は15°，経線は30°間隔。
地図は，正積図法で描かれている。

JAXAおよびNational Snow and Ice Data Center, University of Colorado Boulderの資料により作成。

北極海の海氷面積の年間最小値（9月）と7月の最小面積の年変化

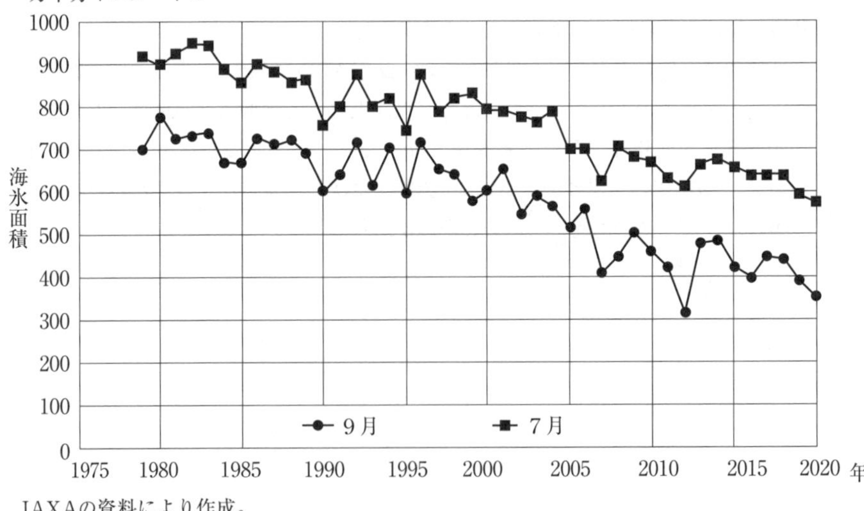

JAXAの資料により作成。

この結果，太平洋と大西洋を結ぶ北極海航路が開通するようになった。この航路はアジアとヨーロッパを結ぶ最短経路(大圏航路)となる。20世紀までは海氷や流氷の影響もあり航路開通に至らなかったが，近年の海氷面積縮小により，2020年は８月２日～10月28日までの88日間が航行可能であった。横浜とアムステルダム間は，スエズ運河経由の11,133海里が7,010海里に短縮されるとされ，所要時間と費用が大幅に削減できることになる。さらに，氷の海に閉ざされていた海底資源などの開拓も可能となる。地球上の未発見資源の1/4程度が埋蔵されているともいわれている。ただし，豊富な資源の存在が排他的経済水域の設定を含む深刻な領域問題になりつつある。問題点は他にも，ホッキョククジラやセイウチなどの海洋生物やホッキョクグマなどの動物に影響を与え，海水温変化による動物・植物プランクトンの増減から生態系への影響も懸念される。陸域では大量の温室効果ガスを含み「地球の時限爆弾」ともよばれる凍土の融解によりメタンガスが噴出し，クレーターないしサーモカルストといった穴や凹凸状の地盤が出現している。それに伴う地盤沈下や建物の変形なども報告されている。これらの影響について，指定用語を使用しながら説明すればよい。

採点基準としては，海氷の融解により北極海航路の利用や海底資源の開発といったプラスの影響，海洋生態系への影響といったマイナス面，また陸域の永久凍土融解による地盤の陥没などの指摘である。

＜採点基準＞

海域⇒海氷の融解→海洋生態系に影響　←負の側面
↓　↕
⇒北極海航路の利用＋海底資源採掘←正の側面
陸域⇒永久凍土の融解→地盤の陥没←メタンガス放出←負の側面

再現答案を見るかぎり，得点率は高かった。注目されているパリ協定に関連し，今日的な問題であったためであろう。ただし，指定用語を修飾していない解答も見受けられた。誤りではない解答より，加点ポイントのある解答例の方が得点率は高くなることを意識したい。

ところで，北極海の海氷が融解しても海面上昇にはつながらないが，グリーンランドや南極大陸の氷床が融解すると，海面が上昇する。氷山や流氷などの海氷は，海面上に漂いすでに海水面に影響を与えており，比重の関係から融氷しても海水の容積に変化がない。一方，南極大陸など陸上にある氷雪は直接海水面に影響を与えていないため，融氷水が海洋に流出すれば，海水の容積を増やすことになるからである。

(2)は温暖化により降水量が増加すると予想される地点と減少すると予想される地点

を，雨温図と関連させて読み取る問題であった。図１－３の雨温図に該当する地点を，図１－２の「降水量変化図」に対応させて，温暖化により降水量が減少する地点と増加する地点を読み取らせている。雨温図Ａは熱帯雨林気候（シンガポール），同Ｂはサバナ気候（ムンバイ），同Ｃは温暖湿潤気候（東京），同Ｄは地中海性気候（リスボン）である。雨温図の具体的地点が判定できなくても，気候区が判定できれば，熱帯雨林気候地域で降水量20％以上増加している地域や同5％以上減少している地域は読み取れない。Ｂのサバナ気候地域は気温や降水時期から北半球と判断できるため，東アフリカやインド西岸であれば増加となる。Ｃは北半球の温暖湿潤気候地域となり，中国南東部であれば減少となる。Ｄは北半球の地中海性気候地域であり，地中海周辺では減少となる。これらから，増加はＢと判定できる。減少の可能性はＣとＤであるが，雨温図からＣは中国南東部ではなく，Ｄは地中海周辺との推定が可能である。

再現答案を見るかぎり，降水量が増加する地点の読み取りは難しかったようである。増加地点をＡやＣとする解答が多かった。Ａ～Ｄの地点が特定できなかったとしても，雨温図からの気候区判定や世界各地のおおよその気候区理解ができていれば判定可能である。気候メカニズムの理解をこころがけてほしい。

⑶は降水量が減少すると予想される地域における災害が問われている。図１－２の「降水量変化図」から地域を読み取るとともに，降水量の減少すなわち乾燥状態を意識した災害を指摘すればよい。Ｄに該当する北半球の地中海性気候地域に限定する必要はないが，両半球の中緯度地域が中心である。農業地帯であり温帯林の生育地域であるため，降水量の減少は干ばつによる農作物被害や植生変化につながる。また，森林地帯の火災頻発化や拡大化も心配されている。例年のように繰り返されるカリフォルニアやオーストラリアの森林火災は，乾季に発生しやすく延焼面積が拡大傾向にあるとされる。

採点基準としては，１行２点分の加点要素として，乾燥によって発生しやすい自然的災害を複数指摘できたかである。

＜採点基準＞

（夏季の）乾燥⇒干ばつ＋森林火災

再現答案をみるかぎり，得点率は高かった。ただし，２点分の加点要素を意識できなかった解答も見受けられた。干ばつに関連する指摘は多かったが，火災に言及する解答がやや少なかったといえる。また，砂漠化に関する解答も見受けられた。ただし，降水量の減少という自然的側面からの災害であり，干ばつとの関係からも＋αとしてはあまり評価できない。

(4)は2018年の二酸化炭素排出量が多い６ヶ国(地域)において，図１－４の「1900年から2018年までの二酸化炭素排出量の推移」と図１－５の「2016年のエネルギー源別,国(地域)別供給量」中のａ～ｄに該当する国名・地域名を判定する問題であった。人口や経済規模，発展段階や変化の時期，一次エネルギー供給の特徴を考慮すれば難問ではない。図１－４からは，ａは1900年時点ですでに二酸化炭素排出量が多く，ｂは近年急増している。ｃは1990年以降減少し，ｄは1970年代以降大きな変化が見られないと読み取ることができる。図１－５からは，ａは石油と天然ガスの比重が高いが，相対的に原子力の割合も高い。ｂは石炭と石油の比重が高いが，天然ガスと原子力の比重が低い。ｃは天然ガスの比重が高く，ｄは石油の比重が高い。これらを考慮すれば，ａは以前から発展度が高く二酸化炭素の排出量が多かったＥＵ，ｂは近年急成長しているが発展途上で安価な石炭の依存度が高いインド，ｃは自国の天然ガス需要が高いが1991年のソ連崩壊で経済が低迷し二酸化炭素排出量が減少したロシア，ｄは石油危機後の経済停滞や産業構造の転換で変化が少ない日本となる。

	総排出量(百万ｔ－CO_2)		1人あたり(ｔ－CO_2)	
	1990年	2017年	1990年	2017年
中　国[1)]	2,122	9,302	1.86	6.67
アメリカ合衆国	4,803	4,761	19.20	14.61
Ｅ　Ｕ[2)]	4,024	3,209	8.42	6.26
インド	529	2,162	0.61	1.61
ロシア	2,164	1,537	14.59	10.64
日　本	1,042	1,132	8.43	8.94
世界計	20,521	32,840	3.88	4.37

1)香港を含む。　2)イギリスを含む28か国。
『世界国勢図会』により作成。

再現答案を見るかぎり，まずまずの正答率であったが，ｃとｄを逆に判定した解答も見受けられた。図１－４で1991年のソ連崩壊と日本のバブル崩壊で迷ってしまい，図１－５で天然ガスの比重が高いという点からの類推ができなかったようである。なお,日本のバブル経済期は株価や地価など資産価値の急激な上昇に伴う好景気であり，実体経済との関係はイコールではない。

(5)は図１－５をもとに，中国とアメリカ合衆国の一次エネルギー供給の特徴とそれに対する政策的対応が問われている。図からの読み取りを含め政策的対応について指定用語をヒントに説明することになる。図からは，中国の一次エネルギー供給は安価であるが二酸化炭素排出量の多い国内産石炭が中心であり，輸入石炭も含め世界全体の半分を占めていることがわかる。経済発展に伴い中国のエネルギー需要は高まっており，一次エネルギー供給も急増している。ただし，温暖化防止や環境対策の観点から，2016年に発表された「エネルギー発展第13次5カ年計画」では，安定的な電力供給の継続，風力発電や太陽光発電の再生可能エネルギー大量導入を前提とした電力システムの柔軟化が掲げられた。

再生可能エネルギー第13次5カ年計画　設備容量ベースの再生可能エネルギー導入目標(万kW)

	2010年(実績)	2015年(実績)	2019年(直近実績)	2020年(目標)
水力発電(揚水含まず)	21,606	31,954		34,000
風力発電	3,100	12,900	21,005	21,000
太陽光発電	80	4,318	20,468	10,500
再エネ合計(太陽熱，地熱などを含む)	21,606	50,472		67,500
全電力中の非化石エネ割合(揚水発電・原子力含)		35%	40.8%	39%

NEDOの資料により作成。

	太陽光発電量(億kWh)		一次エネルギー供給(石油換算，万t)	
	2010年	2017年	2010年	2017年
中　国	9	1,307	253,620	306,343
アメリカ合衆国	39	71	221,689	215,523
ドイツ	193	394	32,636	31,125
インド	117	260	70,078	88,194
イタリア	19	244	17,374	15,345
日　本	38	159	50,137	43,203
スペイン	71	144	12,769	12,601
イギリス	0	115	20,367	17,588
世界計	335	4,544	1,285,011	1,397,224

『世界国勢図会』により作成。

一方，アメリカ合衆国は石油と天然ガスの比重が高くなっている。オバマ政権(2009年～2016年)時はクリーンエネルギーへの投資拡大，利用促進を図ることでエネルギー供給の安定化を進めたが，トランプ政権(2017年～2020年)時は「アメリカ・ファースト」を掲げ，エネルギーコストを下げ，国内資源を最大限活用することで輸入原油への依存を軽減させた。その結果，国有地でのシェールオイルやシェールガスの開発を促進し，一次エネルギー自給率(2017年92.5%)を上昇させている。

図1－5中の再生可能エネルギーとは，水力発電，地熱発電，風力発電，バイオマス発電のほか，指定用語の太陽光発電などが含まれる。自然界によって補充・再生され，枯渇することのないエネルギーである。指定用語のシェールとは頁岩のことであり，頁岩中のシェールオイルやシェールガスを想定した用語といえる。

採点基準としては，中国とアメリカ合衆国に分けて説明する必要があり，中国は石炭中心の供給構造であるが再生可能エネルギーの比重を上昇させようとしていること，アメリが合衆国は石油や天然ガスの比重が高く国産のシェールオイル・ガス開発を進めている点の指摘である。

＜採点基準＞

中国⇒エネルギー需要→石炭中心

↓

再生可能エネルギーの普及←太陽光発電や風力発電等

アメリカ合衆国⇒石油や天然ガスの比重が高い

↑

国内産シェールオイル・ガスの利用

再現答案を見るかぎり，得点率はやや高かった。ただし，「図1－5をもとに」という指定があるにもかかわらず，図1－5の読み取りを疎かにした解答も見受けられた。とくに，指定用語の「太陽光発電」を図1－5中の再生可能エネルギーにつなげながら説明する点に課題があったといえる。

設問Bでは，人工衛星から撮影した「ガンジス川の河口付近」と「チェサピーク湾」の衛星画像が提示された。地形形成のメカニズムなど，基本的な理解度が問われた設問である。出題意図としては，「**衛星写真を読み解き，基本的な知識と組み合わせて，地形の特徴と発達史を論じる力を問**」うており，「**地形を活かした漁業の特徴とその持続を脅かす環境問題について説明を求め**」ている。

⑴は画像から読み取ることができる地形名称が問われた。画像から十分に判定可能であるが，ガンジス川河口やチェサピーク湾という著名な海岸なので，地形の具体例が把握できていれば容易な問題であった。

ガンジス川河口の人工衛星画像は2020年の名古屋大学で出題されたばかりであり，東大でも2001年のガンジス川下流域一帯に広がる低地の地形名称として出題されている。三角州を問う問題としては，東大では2016年，2008年，2002年にも出題されている。

チェサピーク湾はリアス海岸として知られている。リアス海岸は，河川により侵食された解析谷が沈水してできた入り江すなわち溺れ谷が，海岸線に対して垂直方向に伸びて連続することで，鋸歯状になった海岸線のことである。海岸線に対して平行な解析谷が沈水した場合はダルマチア式海岸とも呼ぶ。これらの沈水理由は陸地の沈降による場合もあるが,気候変動などによる海水面上昇の場合が多いと考えられている。

再現答案を見るかぎり，図１－６の三角州(デルタ)の正答率は高かったが，図１－７のリアス海岸の判定に苦戦したようである。図１－７の解答例として，エスチュアリーないし三角江という解答が多かった。「海岸線が内陸へ向かって細長く湾入」という特徴であり，エスチュアリー(三角江)の説明に用いられる「三角状の入り江」,「河口がラッパ状に広がる」といった記述にほど遠い。画像判定問題ではあるが，基本的な地形の具体例を地図帳で確認する作業がなおざりにされているため，リアス海岸の著名な事例であるチェサピーク湾と提示されても誤ってしまったのであろう。

(2)は(1)で解答した地形が異なっている理由が問われた。指定用語を使用しながら形成メカニズムを説明する必要があり，「土砂」をヒントにすることがポイントであった。三角州は河口付近において，下流から運ばれた土砂が堆積して形成された地形である。その形がギリシア文字(Δ)に似ていることからデルタとも呼ばれるが，河川の分流や土砂運搬量，海底地形や沿岸流などの侵食量から，円弧状，鳥趾状，尖状(カスプ状)に分けることもある。

リアス海岸は既述したように沈水海岸である。下流や内陸からの土砂運搬量が侵食量や海面上昇量より多ければ，沈水海岸にはならない。

採点基準としては，地形形成につながる土砂の使用法と地盤等の昇降を明確にすることにあり，対比関係の記述にする必要があった。

＜採点基準＞

三角州⇒土砂が河口に堆積して形成

↕

リアス海岸⇒海面上昇 or 陸地の沈降→河谷に海水が侵入して形成

再現答案を見るかぎり，図１－７の判定をエスチュアリーやフィヨルドとして説明しているため，得点率は高くなかった。エスチュアリーやフィヨルドも沈水地形といえるが，エスチュアリーは既述したように河口の形状，フィヨルドは氷食地形の説明が伴い，チェサピーク湾の説明と矛盾してしまう。自然地理はメカニズム理解と具体的事例の確認がワンセットであることを意識する必要があったといえる。

⑶はチェサピーク湾の主要な漁業形態が発達した理由と，その持続を脅かす環境問題が問われた。チェサピーク湾の地形から漁業形態を考慮し，その位置やボルチモア，ワシントンといった都市の存在から環境問題を考慮することが必要であった。

リアス海岸は「海岸線が内陸へ向かって細長く湾入している」ため，波が穏やかである。また遠浅の砂浜海岸と異なり，ある程度の水深が確保できることからも養殖漁業に適している。外洋に出かけるには距離が嵩むこともあり，沿岸漁業，沖合漁業，遠洋漁業の適地とはいえない。養殖に適した水産物としては，ワカメ，ノリ，カキ，真珠，タイ，ハマチなどが知られている。チェサピーク湾においてもカキの養殖が盛んであった。ただし，1960年代に工業排水や生活排水などで湾内の汚染が進んで衰退し，その後はレクリエーションの場としての利用が盛んになった。ただし近年は，日本から種ガキを導入し，再びカキ養殖が復活してきた。

環境問題としては，既述した海洋汚染の問題があげられる。ボルチモアやワシントンは，ボストンからつらなるメガロポリスの南部に位置し，人口が集中し工業も盛んな地域である。とくにボルチモアは製鉄業，造船業，石油化学工業が発展し，貿易港としても発展した。

採点基準としては，養殖業が発達したリアス海岸の特徴と海洋汚染につながる背景を具体的に説明できているかであった。

＜採点基準＞

漁業形態⇒養殖業←静穏な海域 or 水深が深い←発達理由

↓

環境問題→水質汚濁←工場排水 or 生活排水←閉鎖的海域

再現答案を見るかぎり，図１－７の誤答率の割にまずまずであった。養殖業の指摘は高く，環境問題の指摘も出題意図に即した解答例が多かった。ただし，環境問題の例として酸性雨も散見された。酸性降下物については海洋で希釈されるため，その影響指摘を評価できるかは微妙である。

再現答案からは，地理学的に難問とはいえない設問であっても，資料の読み取り方や指定用語の使用法に課題があり，設問文の読解力や地図学習が不足している受験生には難問となるようである。また東大の「自然環境関連問題」は，読図，メカニズムや法則性などの基本的な理解に，人文的事象を関連させることが必要だといえる。

解 答

設問A

(1)海域では海氷や氷河の融解で海洋生態系に影響が生じる反面，北極海航路の利用や海底資源採掘が見込まれる。陸域では永久凍土の融解で，凍土下のメタンガス放出による地盤の陥没が心配される。

(90字)

(2)減少－D　増加－B

(3)高温の夏季に乾燥する地域で，干ばつや森林火災が生じやすい。

(30字)

(4)a－EU　b－インド　c－ロシア　d－日本

(5)中国は石炭中心のエネルギー需要であったが太陽光発電や風力発電等の再生可能エネルギーの普及を図っている。アメリカ合衆国はシェールオイル・ガスの利用を進め石油や天然ガスの比重が高い。

(90字)

設問B

(1)図1－6三角州(デルタ)　図1－7リアス海岸

(2)三角州は上流から運搬された土砂が河口に堆積して形成され，リアス海岸は沈降や海面の上昇で河谷に海水が侵入して形成された。

(60字)

(3)静穏な海域で比較的水深が深く養殖業が盛んである。大都市近郊の閉鎖的海域では，工場・生活排水による水質汚濁が生じやすい。

(60字)

第2問

解説　「世界の言語状況と教育」に関する出題であった。例年，第2問は各種の「統計読み取り」をテーマとする設問が出題されている。2021年度における統計の提示は設問Bの1つだけであるが，その設問は統計表から派生させており，例年のテーマに沿った設問であったといえる。再現答案の得点率を見るかぎり，大問別で第1問より得点率は低かったが，例年との差はほとんどなく標準的であったといえる。

設問Aは，8年ぶりに図や統計表などの資料提示がない問題であったが，世界の言語状況に関するリード文が提示され，文中に空欄が設けられている。東大の出題意図としては，「**世界の言語状況に関して，国際社会で用いられる言語，母語が異なる人々の間での共通言語，多民族社会を構成する特定の集団の言語の事例に焦点を当て，今**

日の状況やそこに至る背景を歴史的視点や比較の方法を用いて説明する力を問う」としている。

(1)はその空欄に該当する言語をあてはめる問題であった。国連憲章が規定する国連の公用語は，中国語，フランス語，ロシア語，英語，スペイン語であったが，アラビア語も加わるようになった。知識要求型ともいえるが，リード文中には「総会や安全保障理事会の用語として用いられている」とある。このヒントに気づけば，（ア）と（イ）の判定は難しくないはずである。すなわち，安全保障理事会の常任理事国(アメリカ合衆国，イギリス，中国，フランス，ロシア)を考慮すれば，（ア）には中国語が該当することになる。また(イ)については，第一言語とする人口ではヒンディー語が多くなるが，西アジアから北アフリカにかけて20か国以上で使用されるアラビア語が該当する。ヒンディー語はほぼインドにほぼ限定されるため，国際語とはいいづらい。タンザニアやケニア両国で国語となっている(ウ)はスワヒリ語である。両国のほか，ウガンダやルワンダでも公用語となっている。第1言語よりも第2言語としての使用が多いとされる。スワヒリ語はバントゥー諸語の一つとされるが，バントゥー系諸民族とアラブ系商人との交易で，バントゥー諸語にアラビア語の影響が加わって形成された言語である。

(2018年)	言語人口(百万人)	主な使用国
中国語	1,311	中国，シンガポール他
スペイン語	460	スペイン，メキシコ，コロンビア他
英　語	379	イギリス，アメリカ合衆国，カナダ他
ヒンディー語	341	インド，フィジー，ガイアナ他
アラビア語	319	サウジアラビア，エジプト，スーダン他
ベンガル語	228	インド，バングラデシュ
ポルトガル語	221	ポルトガル，ブラジル，モザンビーク他
ロシア語	154	ロシア，ベラルーシ，カザフスタン他
日本語	128	日本
ラーンダ語	119	パキスタン，インド，アフガニスタン

『データブック　オブ・ザ・ワールド』により作成。

再現答案を見るかぎり，ウの正答率は高かったものの，アではドイツ語，イでは中国語という誤答が目立った。国連や安全保障理事会というヒントや言語人口の広がりを考慮できなかったようである。

(2)はインターネットの普及が国際社会で使われている言語の状況に与えた変化が問われている。インターネットの歴史理解度のほか，２点分の加点ポイントを示すことが必要であった。インターネットの普及に関する資料としては，2000年センター試験地理Ｂ本試験第１問問４の図２に示されている。いわゆる先進国での普及が早かったといえるが，その技術は1969年にアメリカ合衆国で開発されたこともあって，インドや南アフリカ共和国などの英語圏も比較的早かった。インターネットで使用される用語に英語起源のものも多く，英語の重要性が高かったからといえる。ただし近年は，他言語への互換性も高まり，下表のように英語圏以外のインターネット利用人口が増大し，多言語化してきたといえる。

言　語	話者人口(人)	ネット利用人口(人)	2000〜2020年の成長率(%)
英　語	1,531,179,460	1,186,451,052	742.9
中国語	1,477,137,209	888,453,068	2650.4
スペイン語	516,655,099	363,684,593	1511.0
アラビア語	447,572,891	237,418,349	9348.0
インドネシア語・マレー語	306,327,093	198,029,815	3356.0
ポルトガル語	290,939,425	171,750,818	2167.0
フランス語	431,503,032	151,733,611	1164.6
日本語	126,476,461	118,626,672	152.0
ロシア語	145,934,462	116,353,942	3653.4
ドイツ語	98,654,451	92,525,427	236.2
世界計	7,796,615,710	4,585,578,718	1170.3

「Internet World Statsによる2020年３月調査」により作成。

採点基準としては，２点分の加点要素を意識したいので，英語の位置づけ上昇と近年の多言語化を指摘したい。

<採点基準>

画一化⇒英語の地位上昇

↕

多言語化⇒近年は他言語の利用増大

再現答案を見るかぎり，得点率は高くなかった。英語に関する指摘はできても，他の加点要素が不足し，1点止まりであった。

(3)は多民族・多言語国家であるインドとインドネシアにおける連邦公用語と国語の広がりの差異が問われている。「地域語」などの指定用語をヒントに，明確な違いを指摘する必要があった。

インドの連邦公用語はヒンディー語であるが，その他に州の公用語が指定され，憲法への記載は22言語にのぼる。さらに，英語が準公用語として指定されている。そのため，ヒンディー語のほか，ベンガル語，ラーンダ語(パンジャービ語)，タミル語など，1万人以上の話者人口を数える言語は100を超えるとされる。インド全土で通じる言語は見当たらず，ヒンディー語でさえ「地域語」に過ぎないといえる。インドの紙幣が17言語で表記されていることはよく知られていよう。

一方のインドネシアは，インドネシア語が広く普及している。もともとのインドネシア語は，オランダ領時代の通商語であり，独立運動のなかで民族の統一言語としてスマトラ島中部リアウ州の一方言をベースに作られたとされる。インドネシアには，ジャワ語，スマトラ語，マドゥーラ語など約700言語があるとされるが，それらの言語やオランダ語からの借用語も多く見られる。インドネシアの建国5原則(パンチャシラ)にあるインドネシア統一の観点から，「ある民族の言語が国語になれば，その民族が国を支配する」としてインドネシア語が整備されたのである。この原則を受けて，インドネシアでは，イスラーム，カトリック，プロテスタント，ヒンドゥー教，仏教，儒教が平等に公認宗教として受け入れられている。

採点基準としては，インドのヒンディー語は地域語で使用地域が限定的，インドネシアの国語(インドネシア語)は統一言語として広範に使用されるといった対比関係を明らかにすることにある。

<採点基準>

インド⇒ヒンディー語が中・北部 or 地域語＋州公用語や準公用語の英語

↕

インドネシア⇒国民統一の国語→インドネシア語が広く使用

再現答案を見るかぎり，得点率は低かったといえる。指定用語を修飾して使用する以前に，インドとインドネシアにおける多言語の状況が理解できていなかったようである。とくにインドネシアの理解度が低く，そのためにインドとインドネシアの対比がうまくできず，両国の差異を明らかにすることができていなかった。

⑷はシンガポール，マレーシア，インドネシアの華人社会における中国語の有力な方言とその方言が広く用いられている歴史的背景が問われている。標準中国語（普通話）の北京語以外がなぜこれら諸国の華人社会に用いられているのかを，明らかにする必要があった。

東南アジアの華人社会は，中国南東部（華南地方）から移住した華僑（移民１世，中国籍保有）とその子孫（２世以降，現地国籍取得）が多い。中国人の海外移住は対外貿易が盛んになった８～９世紀の唐代，16世紀の大航海により活発になった商業時代も見られたが，大量流出期はイギリス東インド会社による19世紀の植民地開発で鉱山や農業の労働力として流出した時期である。政治経済的に不安定であった現在の福建省，広東省，海南省を中心とする華南地方から流出が多かった。また1904年以降，商工業者を糾合する商会が設立され，華人ネットワークが形成していく。そのため，華人社会では広東語や閩（びん）南語（福建語）の使用も多くなっている。

採点基準としては，華南地方の方言を指摘したうえで，華南地方からのプッシュ要因と移住者のつながりに関する指摘である。

＜採点基準＞

広東語⇒華南 or 広東省出身者の言語←鉱山労働者・農業労働者

↓

強い帰属意識

再現答案を見るかぎり，中国語の有力な方言の指摘はできていたが，歴史的な背景の得点率が高いとはいえなかった。歴史的背景につながる移住理由が整理できていなかったといえるが，この点は世界史でも頻出内容のはずである。他教科の知識が地理に活かせられなかったようである。

なお，現在の中国国内では標準中国語（普通話）の普及を進めており，少数民族の自治区においても民族語による教育から，標準中国語による教育に変更させている。その結果，2000年の標準中国語普及率約53％が，2015年に約73％，2020年には約81％にまで上昇している。

設問Bでは，アジア５カ国における「20～24歳人口（2015年）１万人に対する４つの国への留学者数（2016年）」が提示された。統計表から派生させた設問であり，例年通りの「統計読み取り」をテーマとする設問である。出題意図としては，「**国家間関係の形成における歴史的・文化的影響の理解を問**」うており，「**グローバル化の下での経済的変化が，どのような社会的帰結をもたらしているのかを論理的に説明することを求め**」るとしている。

(1)は表中のＡ～Ｃに該当する国が問われ，Ｃ国の留学先が他の国と大きく異なっている理由も問われている。「１万人に対する」という前提とともに，留学先を考慮してＡ～Ｃ国を判定する。そのうえで，Ｃ国において留学国の構成が他の国と大きく異なっている理由，すなわちオーストラリアとイギリスが多くなる理由を具体的に指摘する必要があった。

まず20～24歳人口１万人に対する４つの国への留学者数総計は，Ａ国は18.5人，Ｂ国は213.6人，Ｃ国は133.9人である。この値からインドはＡ国と判定可能である。インドの20～24歳人口は約１億2000万人(2020年)であるため，Ｂ国やＣ国の場合，各国に占めるインド人学生の比率が異常な数値になるからである。Ｂ国やＣ国の判定については，アメリカ合衆国に多いＢ国，オーストラリアやイギリスに多いＣ国から判定が容易なはずである。ただし再現答案を見るかぎり，Ａ国とＣ国の判定が逆になっている解答が目立った。インドの判定については，知識や感覚での解答でなく，指標操作すなわちインドの総人口などから20～24歳人口を推定し，Ａ国やＣ国をインドとした場合，各国にどれだけのインド人留学生がいることになるかといった視点からの考察ができなかったようである。

Ｃ国における留学国の構成を説明するためには，Ｃ国を正しく判定する必要がある。Ｃ国のプッシュ要因，地理的・歴史的理由からマレーシアと判定できれば，留学先が他の国と大きく異なっている理由説明は難しくない。プッシュ要因としては，ブミプトラ政策が影響する。マレー人を優先するため，公立の中等教育以上はマレー語となることや民族別入学割合が2002年まで存在していたことで，非ブミプトラ(中国系，インド系)は海外指向が強かった。地理的理由としては韓国やインドを考慮するためオーストラリアの近接性や留学コスト，歴史的理由としては旧宗主国のイギリスが導き出せればよいであろう。

採点基準としては，国内からのプッシュ要因としてのブミプトラ政策，オーストラリアが多い理由としての近接性，イギリスが多い理由としての旧宗主国となる。

＜採点基準＞

A－インド，B－韓国，C－マレーシア

⇓

C国⇒ブミプトラ政策→言語教育，民族別入学枠←マレーシア国内事情

↓　※～2002年

英語圏

↓

旧宗主国→イギリス＋オーストラリア←近距離

再現答案を見るかぎり，全体の得点率は低かった。A国とC国の判定が逆になっている解答のほか，C国を正しく判定できた解答例においても，C国の国内事情に言及できた解答がほとんど見られなかった。

⑵はオーストラリアが人気の高い留学国となっている理由が問われた。表中の5カ国に限定せず，人気の高い理由を考察する問題と読み取ることもできるが，5カ国とオーストラリアの関係性を含め，オーストラリア社会にも焦点をあて，プル要因を含めた多面的な理由から2つの理由を指摘する必要があった。

東アジアから南アジアの国々にとって，オーストラリアは表中の4カ国の中で相対的に近接する国である。この点から渡航費用などのコスト面の指摘だけでは⑴との差別化ができない。近距離から時差や生活の負担について言及するのがよいであろう。オーストラリアは4カ国の中で生活費が比較的少なくてすみ，ワーキングホリデーの受け入れも行っていることから，留学費用を抑えることも可能である。単なる旅行ではないので，自然環境からの指摘は出題意図からややずれる。とくに温暖な気候という側面では東南アジアから南アジアの人気にはつながらない。ところで，⑴ではマレーシアからのプッシュ要因を重視したが，⑵ではオーストラリアのプル要因が重要となる。そこでオーストラリア社会を考察すると，同国は多くの移民を受け入れ多文化主義(マルチカルチュラリズム)を体現する国として知られている。1970年代半ば以降，アジア諸国から多数の移民を受け入れており，貿易などの経済関係やスポーツ交流などでもアジアとの関係を深めている。

採点基準としては，留学者送出国とオーストラリアとの関係，オーストラリアが人気となるプル要因からの指摘が必要である。どちらか一方からの視点では，多面的視点とはいえない。

<採点基準>

オーストラリア⇒アジアから近距離→時差 or 渡航費用 or コスト or 負担が少

＋　※ワーキングホリデー

多文化主義→英語文化圏以外も寛容

再現答案を見るかぎり，得点率は高くなかった。2つ目の理由指摘が難しかったようである。英語に焦点を当てた解答については，表中の4カ国がすべて英語圏であるため，オーストラリアを選択する理由として評価できない。また豊かな自然や治安については，主観的な要素が大きいことから避けたいところである。客観的あるいは実証的な記述が望まれる。

(3)はB国から多くの若者が留学するようになった理由が問われている。何よりもB国の判定が正しいことが前提であった。

Bの韓国はアメリカ合衆国への留学が突出して多いが，相対的に表中の国々への留学も多くなっている。やや古いデータではあるが，次図からも明らかなように，2020年における韓国の総人口が中国の1/28，インドの1/27，日本の1/2の割に留学者数が多いことがわかる。国内の経済が発展しグローバル企業も増加しているが，市場が相対的に小さいことから，外国との関係が重要となる。大企業への就職は英語をはじめとする外国語の習得が必須であり，留学経験も重視している。所得水準の上昇や少子化，男子の徴兵制もあり大学進学率は上昇したが，国家自体も国際競争力を意識して，国外留学を支援している。

採点基準としては，国内の状況を明らかにするために，指定用語をヒントにしながら，具体的な記述が指摘できているかである。

<採点基準>

B国⇒学歴社会→国内大学への進学も厳しい←国内事情

↓　※教育熱心

海外留学を推進←政府や企業→国際競争力を高める

※企業の需要

再現答案を見るかぎり，得点率は高くなかった。B国の判定は正しいものの，留学が多くなる理由について指定用語を修飾・説明しながら使用していないために，評価できる加点ポイントが少なかったからである。指定用語を並べるだけで誤りではない記述より加点要素のある記述を意識したい。

中国人・インド人・韓国人・日本人の海外留学先（2007年）

中国

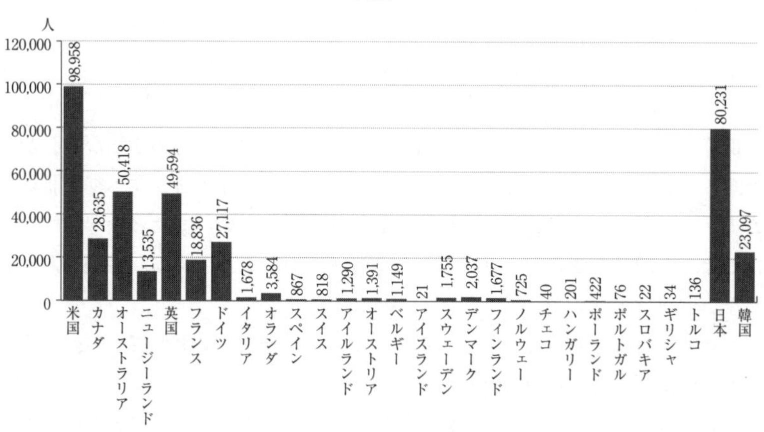

インド

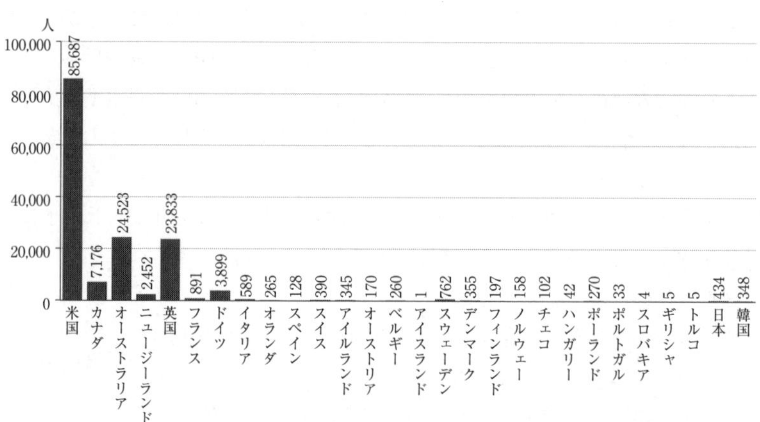

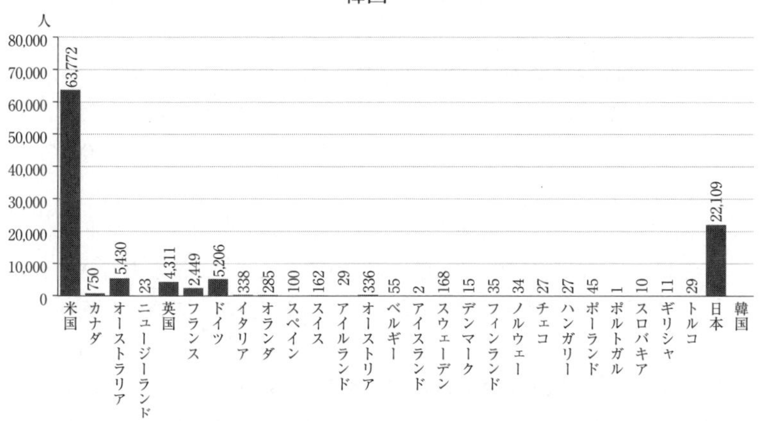

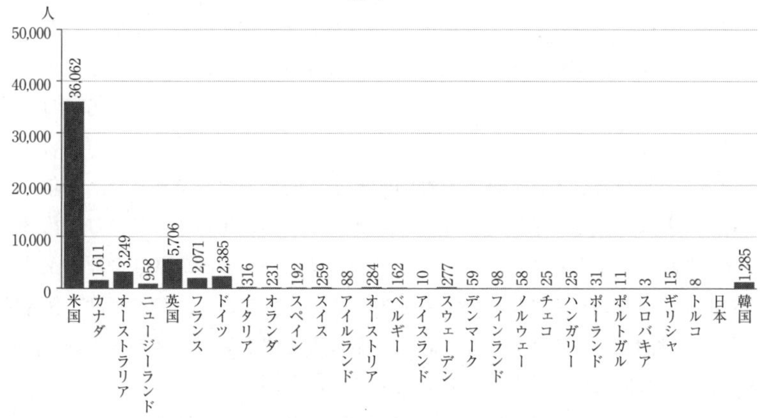

(注)OECD各国において登録されている海外からの留学生徒による。
「OECD, Education at a Glance 2009：Table C2.7(Web only)」により作成。

解 答

設問A

(1)ア－中国語　イ－アラビア語　ウ－スワヒリ語

(2)共通言語の英語を一層広めたが，近年は多言語化も進んできた。

(30字)

(3)インドはヒンディー語が中・北部にとどまり，複数の州公用語や準公用語の英語も広く使用される。インドネシアも様々な地域語はあるが，国民統一の国語としてインドネシア語が広く使用される。
（90字）

⑷広東語。かつて経済状況が厳しかった広東省など華南地方から，鉱山・農業労働者として移住した華僑の帰属意識が強かったため。
（60字）

設問B

⑴A－インド，B－韓国，C－マレーシア。C国ではブミプトラ政策により言語教育や大学入学に制約があったため，旧宗主国のイギリスや近距離で留学費用も安価なオーストラリアへの留学が多い。
（90字）

⑵アジアからは近距離で時差が小さく，渡航費用や生活への負担が少ない。また多文化主義により，英語文化圏以外へも寛容だから。
（60字）

⑶B国は学歴社会により国内大学への進学も厳しいことに加え，政府や企業が国際競争力を高めるため海外留学を推進しているから。
（60字）

第3問

【解説】　「世界と日本における女性の労働」に関する出題であった。例年，第3問は「地誌的および日本関連問題」をテーマとする設問が出題されている。第3問全体で3つの資料が提示されており，図や統計表の特徴からの読み取りや理由説明が要求されているが，設問Bでは日本の地方別の設問となっており，2021年度も例年のテーマに沿った設問であったといえる。再現答案の得点率を見るかぎり，大問別で第3問の得点率は第2問とほぼ等しく，標準的であったといえる。

設問Aでは，7ヶ国における「2002年と2017年時点の女性(25歳から34歳)の労働力率，管理職に占める女性の割合」が提示された。ＳＤＧｓの17目標に数えられる「ジェンダー平等を実現しよう」に関わり，その中の「政治，経済，公共分野でのあらゆるレベルの意思決定において，完全かつ効果的な女性の参画及び平等なリーダーシップの機会を確保する」というターゲットに関連する設問である。東大の出題意図としては，「**世界各国における女性の労働に関する統計データから，女性の社会進出状況についての知識を問う**」ており，「**違いが生じている社会経済的・文化的背景を説明することを求め**」るとしている。

⑴は表中のA～Cに該当する国が問われている。開示されている国をヒントに発展段階からタイプ分けするとともに，日本の現状把握が要求されている。

A国の特徴は女性の労働力率(25歳から34歳)が高く，管理職に占める女性の割合もフィリピンに次いで高くなっている。B国の特徴は女性の労働力率(25歳から34歳)が低く，管理職に占める女性の割合も低い。C国の特徴は女性の労働力率(25歳から34歳)が高いものの，管理職に占める女性の割合が低いといった点である。開示国をヒントにすれば，女性の労働力率(25歳から34歳)が高いA国とC国は発展段階の高いスウェーデンと日本のいずれかとなり，B国はA国とC国にくらべ発展途上でイスラーム文化圏のトルコと考えられる。また管理職に占める女性の割合が低いB国とC国は，男女の平等度指数を表す「世界ジェンダー・ギャップ報告書2021」において，対象156カ国中120位の日本と同133位のトルコと考えられる。女性の労働力率(25歳から34歳)と管理職に占める女性の割合を考慮すれば，A国はスウェーデン(ジェンダー・ギャップ5位)，B国はトルコ，C国は日本となる。

再現答案を見るかぎり，正答率は高かった。わずかにB国とC国の判定が逆になっている解答が見受けられたが，発展段階や宗教を考慮すれば容易なはずである。

なお，日本のジェンダー・ギャップ順位はG7の中で最下位(ドイツ11位，フランス16位，イギリス23位，カナダ24位，アメリカ合衆国30位，イタリア63位)である。日本より下位の国はイスラーム文化圏と小国のみといえる。

⑵はイスラエルが周辺国と比べて女性の労働力率が高い要因が問われた。周辺のアラブ諸国,イスラーム文化圏における女性の社会的地位の理解度も影響したといえる。イスラーム文化圏では女性の社会進出においてさまざまな制約を課している国が多いと世界経済フォーラム「世界ジェンダー・ギャップ報告書2021」は考えている。ただし，イスラーム文化圏すべてが画一的に経済・教育・保健・政治各分野への女性参画を制限しているわけではない。アルバニアはジェンダー・ギャップ総合25位，経済分野ではギニアが6位(日本は117位)，教育分野ではモルディブが1位(同92位)，保健分野ではキルギスが1位(同65位)，政治分野ではバングラデシュが7位(同147位)である。また，女性は保護される存在あるいは外敵から守るべき存在であり，不特定多数の労働の場への参加が少なくなるとする捉え方もある。

一方イスラエルでは，アラブ民族が少数派でイスラーム文化圏ではない。ユダヤ人が多数派であり，1951年に法の下における男女平等が宣言され，公的な面で同等の権利と義務を有するとされている。教育分野におけるジェンダー・ギャップ順位は同率1位(総合は60位)となっており，女性の社会参加率が高くなっている。女性の兵役義務も存在している。

採点基準としては，女性の労働力率が高くなるイスラエルの要因と周辺諸国で女性の労働力率が低くなる要因の対比ができているかである。

＜採点基準＞

イスラエル⇒女性の教育水準 or 経済水準が高い→社会進出

↕

周辺諸国⇒イスラーム諸国→女性の社会参加に消極的 or 制約

再現答案を見るかぎり，得点率は高かった。ただし，解答方法として，アラブ諸国の記述ばかりでイスラエルを主語とした記述が見られない解答も見受けられた。アラブ諸国を説明するだけでは，イスラエルを積極的に説明しているとはいえない。

(3)はフィリピンにおいて管理職に占める女性の割合が高い一方で，女性の労働力率があまり高くない理由が問われた。このタイプの問題は，女性の労働力率があまり高くない理由と管理職に占める女性の割合が高い理由の双方を答える必要がある。

まず女性の労働力率があまり高くない理由としては，発展段階などの経済状態や社会状況に起因する状況があげられる。世界最大の労働力輸出国とされるフィリピンは，国民の１割にあたる約1,000万人が海外に居住し，海外からの送金額が国内総生産の約１割に相当するとされる。フィリピン統計庁(2019年)によると，若年層(15～24歳)の失業率が14.4%(全体は5.4%)と高く，不完全雇用率も高いとされる。さらに，2019年に発表されたフィリピン国家経済開発庁(ＮＥＤＡ)の報告書によれば，恒常化している交通渋滞により通勤時間が長いこと，世話をする対象の家族や子どもの人数が多いことを指摘し，結婚後の共働きがしにくい傾向にあるとしている。また産休期間延長法(2019年２月)の成立を見越して企業が女性の採用を控えた点の指摘も見受けられたが，2002年時点から低いことを考慮するとあてはまるとはいえない。むしろ，管理職に占める女性の割合が低下した理由に該当するであろう。

一方で管理職に占める女性の割合が高い理由としては，アメリカ合衆国がもたらした男女均等労働権，同一賃金，参政権などの民主主義が一早く取り入れられたことがあり，1986年に女性初の大統領(～1992年)として就任したコラソン・アキノ氏が憲法改正し，「国家建設における女性の役割」を認め議員の一定割合が女性になるようにコントロールしたことなどもあげられる。1999年には女性国家公務員の採用・登用拡大の取り組みとして，空席ポストへは男女それぞれを推薦することにするなど，性別に関係なく優秀な人材を確保するシステムを構築している。フィリピンのジェンダー・ギャップ順位は17位(経済分野は18位)と，アジアでは最も男女平等度が進んだ国といえる(第２位はラオスの36位)。

採点基準としては，女性の労働力率があまり高くない理由と管理職に占める女性の割合が高い理由の双方について，それぞれ複数の加点要素を指摘しながら説明できるかである。

＜採点基準＞

フィリピン⇒貧富の差が大→就業機会が少←労働力率が低い
↓
女性⇒家事労働やインフォーマルセクター
⇓　※大家族
富裕層→高等教育の機会が多→管理職←制度的平等

再現答案を見るかぎり，得点率は低かった。「管理職に占める女性の割合が高い」理由と「女性の労働力率はあまり高くない」理由をそれぞれ複数指摘してほしい問題であるが，１つにとどまっている解答が多かった。とくに，「管理職に占める女性の割合が高い」理由につながる説明が不明瞭であったといえる。

設問Bでは，「2010年～2015年における女性の職業別就業者数の増減」と「1960年～2015年の合計特殊出生率の変化」が日本の地方別に提示された。日本に関する設問は毎年出題されているが，その中で日本の職業別統計や関連問題については2009年，2011年，2013年，2015年，2017年，2019年，2021年と隔年で出題されている。出題意図としては，「**日本における女性の就業や出生率の変化を統計データから読み取る力を問**」うており，「**特徴的な事象の変化について，要因を説明するとともに，地域差を産業構造の変化や人口移動から説明するための知識も**」求めている。

(1)は表中のア～ウに該当する職業名が問われた。イとウの数字には▲が付されており，販売従事者と同様に減少していることを意味する。ただし，絶対値に差があることから，各地方における減少数の絶対値に着目する必要があった。

2010年～2015年にかけての増減数は，アが＋61(千人)，イが▲79(千人)，ウが▲142(千人)である。しかも，首都圏(埼玉，千葉，東京，神奈川)や近畿(滋賀，京都，大阪，兵庫，奈良)においてウがイを大きく上回っていることから，アはサービス職業，イは農林漁業，ウは生産工程となる。次ページの資料は女性に限定した統計ではないが，近年の経済のサービス化やペティ・クラークの法則からも，農林漁業と生産工程が減少して，サービス職業部門が増加していることがわかる。イとウの判定はやや難しいが，農林漁業の総数が小規模になっていることから，比率ではない減少数は大きな値を示さない。また，製造業に該当する生産工程は，中京工業地帯を抱える中部(山梨，長野，岐阜，静岡，愛知，三重)の減少数が首都圏や近畿を極端に大きく上回っているので，イには該当しないとも考えられる。

職業（大分類）別15歳以上就業者の割合の推移―全国（平成12年～27年）

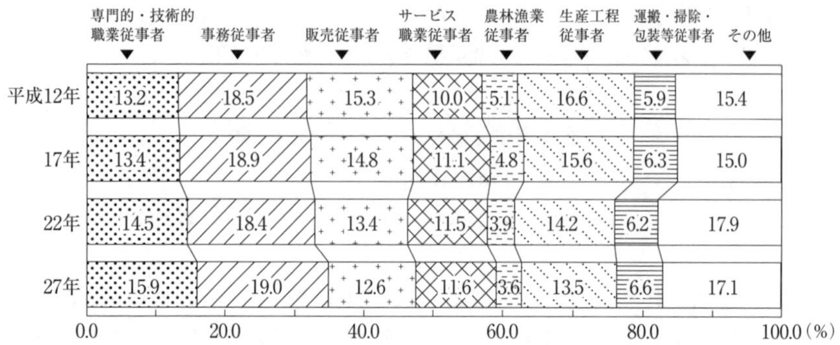

注）「その他」に含まれるのは，「管理的職業従事者」，「保安職業従事者」，「輸送・機械運転従事者」，「建設・採掘従事者」及び「分類不能の職業」である。

職業（大分類）別15歳以上就業者の推移―全国（平成12年～27年）

職業大分類	実数（千人）				割合（%）				平成22年と27年の差（ポイント）
	平成12年 1)	17年 1)	22年	27年	平成12年 1)	17年 1)	22年	27年	
総数	63,032	61,530	59,611	58,919	100.0	100.0	100.0	100.0	0.0
A 管理的職業従事者	1,857	1,497	1,420	1,395	2.9	2.4	2.4	2.4	－0.0
B 専門的・技術的職業従事者	8,299	8,272	8,634	9,380	13.2	13.4	14.5	15.9	1.4
C 事務従事者	11,654	11,614	10,981	11,206	18.5	18.9	18.4	19.0	0.6
D 販売従事者	9,662	9,118	8,004	7,411	15.3	14.8	13.4	12.6	－0.8
E サービス職業従事者	6,306	6,810	6,845	6,857	10.0	11.1	11.5	11.6	0.2
F 保安職業従事者	1,014	1,064	1,065	1,086	1.6	1.7	1.8	1.8	0.1
G 農林漁業従事者	3,199	2,963	2,328	2,145	5.1	4.8	3.9	3.6	－0.3
H 生産工程従事者	10,462	9,609	8,471	7,960	16.6	15.6	14.2	13.5	－0.7
I 輸送・機械運転従事者	2,576	2,334	2,088	2,009	4.1	3.8	3.5	3.4	－0.1
J 建設・採掘従事者	3,543	3,223	2,676	2,591	5.6	5.2	4.5	4.4	－0.1
K 運搬・掃除・包装等従事者	3,719	3,893	3,706	3,897	5.9	6.3	6.2	6.6	0.4
L 分類不能の職業	742	1,133	3,392	2,981	1.2	1.8	5.7	5.1	－0.6

1）調査年ごとに，職業分類の改定を行っており，過去の調査年の職業分類は改定後の職業分類に組み替えて集計している。また，一部の調査票を抽出して集計した抽出詳細集計に基づいて推計，集計しているため，基本集計（全ての調査票を用いた集計）とは一致しない。

再現答案を見るかぎり，得点率は低かった。アの判定はできていたが，イとウの判定が逆になっている解答が多かった。イとウにおける減少数の絶対値と各地方の減少状況に着目できなかったようである。農林水産業は衰退というイメージから，単純に減少数の多いウと思い込んでしまったようである。

⑵はウの生産工程と比較しながら，経済のサービス化が進んでいるにもかかわらず

販売従事者が減少してきている理由が問われた。どちらも減少している販売と生産工程を比較させているので，減少理由が異なることを意味している。販売従事者の減少については，自身の購入行動をヒントに考察することで，理由説明が可能だったのではないだろうか。

生産工程の従事者数は，工場の立地状況や運営方法に影響する。工場の立地数減少や自動化により，従事者数は減少する。同様に，商業施設数の減少や自動化が進めば，販売従事者数も減少する。ただし，工場や商店などの施設数の減少と自動化だけでは比較する意味はない。そこで，施設数が減少する具体的な理由説明が必要となる。

生産工程の立地場所は国内に限定する必要はない。生産に有利な場所が選択されるため，生産コストが大きくかかわる労働集約的な工業部門の海外移転などが影響して減少することもある。一方の販売は消費者とつながっているため，消費者と接触する部門が必要となる。ただし，販売・購入の場は店舗である必要がない。現在の商品を購入する際の行動を考えればよい。近年はＥＣ(Electronic Commerce，Ｅコマース，エレクトロニック・コマース)が注目されている。電子商取引のことであり，コンピュータネットワーク上での電子的な情報通信によって商品やサービスを売買するネットショッピングである。またキャッシュレスや電子マネー決済，セルフレジの導入などにより，販売者側の従事者は減少傾向にある。企業側から消費者への直接取引(B to C，Business to Consumer)も増加している。

日本のBtoC-EC市場規模の推移

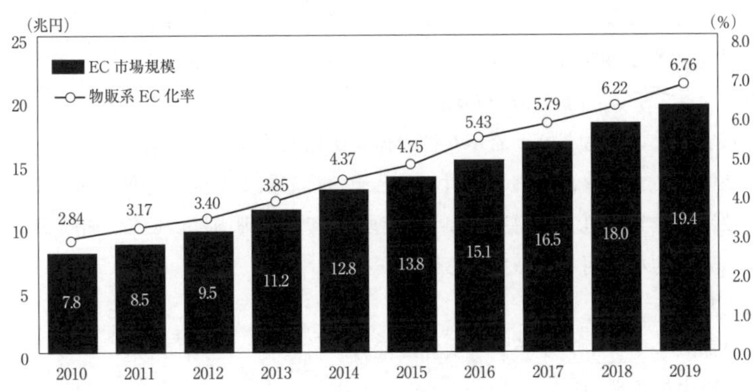

経済産業省「電子商取引に関する市場調査」により作成。

採点基準としては，従事者減少の理由として，生産工程や販売施設が減少した背景を具体的に説明することにある。また比較が要求されていることから，それぞれを論じる必要があり，対比すべき異なる理由に着目しなければならなかったといえる。

＜採点基準＞

ウ⇒自動化や海外移転により減少

↕

販売⇒インターネット取引 or ＥＣ(電子商取引)

＋

キャッシュレス or セルフ方式

↓

販売従事者の減少

再現答案を見るかぎり，得点率は低かった。ウの判定が誤っているために適切な比較となっておらず，販売従事者減少の理由説明も適切といいづらい解答が多かった。地理は現状認識力が重要であるが，現状や常識からの推測に課題が多いようである。

⑶は管理的職業従事者，専門的・技術的職業従事者，事務従事者の合計が首都圏で増加している理由が問われた。首都圏の特徴を明らかにしながら，指定用語に着目した増加理由につなげる必要があった。

表２中の首都圏(埼玉，千葉，東京，神奈川)は，中央官庁・企業本社・各種組織や団体本部など最終意思決定機能を有する中枢管理機能が集まり，日本における政治・経済の中心地域となっている。そのため，情報処理・通信技術者を含む専門的・技術的職業従事者や事務従事者の必要度が高く，両者の従事者は2010年～2015年の増加数が多くなっている。また情報処理・通信や事務などのオフィスワークは，デジタル化が進んできたこともあり，若年女性の需要が比較的高いといえる。

採点基準としては，首都圏の位置づけとその首都圏で女性の管理的職業従事者，専門的・技術的職業従事者，事務従事者が増加している理由について，指定用語を使用しながら論理的な説明となっているかである。

＜採点基準＞

首都圏⇒オフィスが多い←女性が就労

※中枢管理 ↓

事務部門のデジタル化→若年層の採用

再現答案を見るかぎり，得点率はやや低かった。首都圏の位置づけや「管理的職業，専門的・技術的職業，事務」との意味づけに課題が見られた。また，表３－２は「女性の就業者」という前提を忘れてしまった解答も少なくなかった。

⑷は1970年代以降，首都圏の合計特殊出生率が他の地方に比べて大幅に低下し，現在でも低い水準にとどまっている理由が問われた。合計特殊出生率の用語理解とともに，首都圏特有の理由に言及することが必要であった。「地誌的および日本関連問題」は時事的な理解が重要であるが，地理的思考力も要求されている。

合計特殊出生率は，15歳から49歳までの女性の年齢別出生率を合計した値で，１人の女性が一生の間に産む子どもの数に相当するとされる。男性は子どもを産むことができないため，2.0を上回らないと次世代の人口が減少するはずである。日本の場合は，その置き換え水準が2.06～2.07となる。ただし，以前の出生数や平均寿命の伸び具合により，2.0を下回っても一定期間人口の自然増加が続くこともある。

図３－１からは，首都圏の合計特殊出生率が1965年～1970年に全国平均より高かったことが読み取れる。その後，1970年代に大幅に低下し，1980年以降は北海道と並んで，最も低い水準になっている。若年層が多く出生数が死亡数を上回っていたとしても，また単位人口当たりの出生数が多くても，合計特殊出生率は低い値を示すことがある。若年層のうち未婚女性が多ければ，合計特殊出生率は低いのである。

いわゆる先進国の合計特殊出生率は低いとされる。子どもの位置づけが変化し，母体保護，育児費用などの経済問題や育児環境により，出産を抑制するようになるからでもある。また晩婚化や未婚化により，物理的に出生数が減少することもある。1950年時点における女性の平均初婚年齢は23.0歳（男性は25.9歳），平均初産年齢は24.4歳であったが，2015年における女性の平均初婚年齢は29.4（男性は31.1歳），平均初産年齢は30.7歳と晩婚化が進み，初産年齢も遅くなっている。また，女性の生涯未婚率（50歳）も1950年の1.5％（男性も1.5％）から2015年の14.1％（男性は23.4％）に上昇している。この晩婚化の理由には，女性の大学・短大への進学率が1950年の17.2％が2015年の54.5％に上昇したことがあげられる。晩婚化により晩産化が進むと出生数が減少するが，保育施設が不足し待機児童が増加する状況や多額な教育費負担を考慮すると，育児と仕事の両立が難しいからでもある。とくに首都圏では，地方にくらべ核家族化が進んでいることから，祖父母や親類からの援助が期待できず，育児・保育施設不足の観点から合計特殊出生率が低水準になりやすい。日本全体の合計特殊出生率は，1925年の5.11，1950年の3.65，2015年の1.45を経て，2019年は1.36（東京は1.15）となっている。

採点基準としては，1960年代後半から1970年代にかけて合計特殊出生率が高かった理由に言及し，1970年代以降の社会情勢とくに首都圏を意識して，合計特殊出生率を低下させる理由を複数指摘できているかである。

＜採点基準＞

1960年代後半⇒専業主婦率が高い

↕

1970年代以降⇒女性の高学歴化＋社会進出→晩婚化

⇓　　　　　　　　　　　　　　　　↓

保育施設不足→仕事と育児の両立が難→合計特殊出生率の低下

※核家族化

再現答案を見るかぎり，得点率はやや低かった。時間不足で空白となった解答も多かったようである。しかし，「高度経済成長期に人口が流入して出生率が高まった」とか「若年層が郊外に流出して出生率が低下した」など，「出生率」と「合計特殊出生率」の違いが理解できていない解答や，「1960年代後半から1970年にかけて合計特殊出生率」が高かった点を考慮していない解答も多かった。

ところで，合計特殊出生率の低下は女性の高学歴化や社会進出によるという考え方には注釈が必要である。2007年に京都大学で，「1970年から2000年の間に，アメリカ合衆国の女性の労働と出産の関係はどのように変化したか，40字以内で述べよ。」という問題が出題されている。下のグラフ中のア国がアメリカ合衆国，イ国が日本，ウ国がドイツ，エ国がフィンランドであるが，1985年～2000年のアメリカ合衆国とフィンランドは，女性労働力が上昇して合計特殊出生率も上昇したことを読み取らせている。

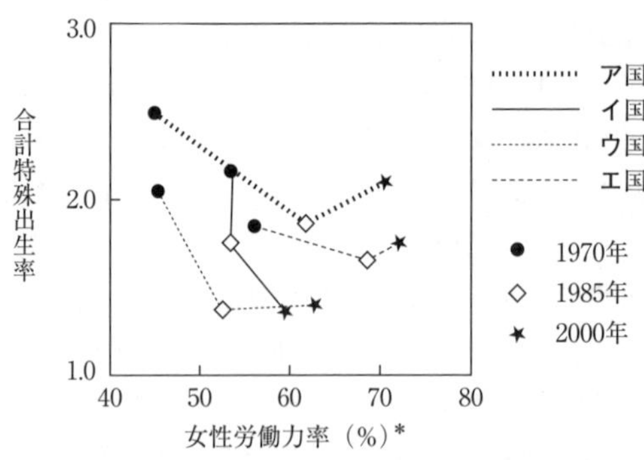

＊女性人口(15歳ないし16歳から64歳の女性)に占める女性労働力人口の割合。
内閣府男女共同参画局『少子化と男女共同参画に関する社会環境の国際比較報告書』により作成。

ＯＥＣＤの調査結果においても，2000年時点では育児休暇制度や補助制度が整備され，それらの取得環境も整っている欧米で，女性労働力率が高い国ほど合計特殊出生率が高い傾向にあるとしている。

合計特殊出生率と女性労働力率

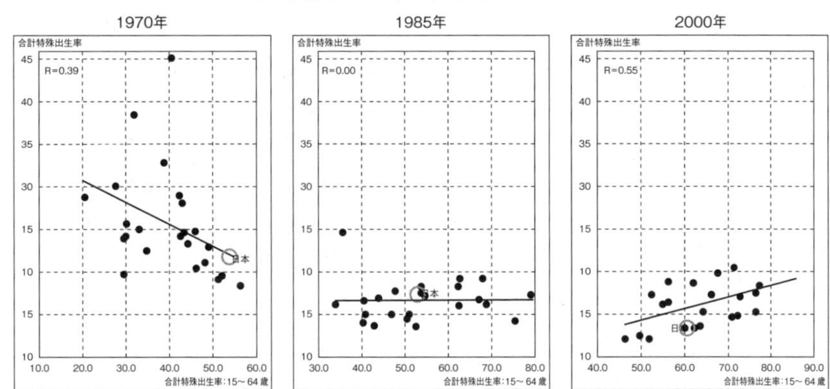

Recent Demographic Development in Europe 2004, 日本：人口動態統計, オーストラリア Births, No. 3301, カナダ：Statistics Canada, 韓国：Annual report on the Vital Statistics, ニュージーランド：Demographic trends, U. S.：National Vital Statistics Report. ILO Year Book of Labour Statistics
内閣府　男女共同参画会議「少子化と男女共同参画に関する専門調査会」
「少子化と男女共同参画に関する社会環境の国際比較報告書」（平成17年）により作成。

再現答案からは，地理学的に難問とはいえない設問であっても，資料の読み取り方や指定用語の使用法に課題があり，設問文の読解力や地図学習が不足している受験生には難問となるようである。

解　答

設問Ａ

(1)Ａ－スウェーデン　　Ｂ－トルコ　　Ｃ－日本

(2)女性の社会参加に消極的な周辺のイスラーム諸国に対し，イスラエルは女性の教育水準や経済水準が高く，社会進出しているから。

（60字）

(3)貧富の差が大きく就業機会は限られることから，貧困層の女性の多くは家事労働やインフォーマル雇用に従事する。一方，富裕層で高等教育を受けた女性は，男女平等で管理職に登用されやすい。

（89字）

設問Ｂ

⑴ア－サービス職業　イ－農林漁業　ウ－生産工程

⑵ウは自動化や海外移転により減少したが，販売はインターネットによる取引，キャッシュレス決済やセルフレジの導入で減少した。
（60字）

⑶中枢管理機能が集中した首都圏では，女性就労が多いオフィスや事務部門のデジタル化に対応するため若年層の採用が進んだから。
（60字）

⑷かつては専業主婦率が高く出生率も高かったが，1970年代以降は女性の高学歴化や社会進出で晩婚化が進み，教育費の負担も増大，保育施設不足から仕事と育児の両立が困難となり大幅に低下した。
（90字）

2020年

第1問

解説 「日本列島の地形と自然資源利用」に関する出題であった。例年，第1問では「自然環境関連問題」をテーマとする設問が出題されている。2020年も，例年のテーマに沿った設問であったといえる。3つの資料が提示されており，図や統計表の特徴からの読み取りや判読力が問われている。駿台の再現答案を見るかぎり，本設問の難易度はやや高かったようである。

設問Aでは地理院地図を用いて作成された3地域における「日本列島の地形断面図」が提示された。地形断面図から読み取ることができる特徴の差異が生じた理由，断面の該当地域で卓越する地形や農業形態の特徴，断面図における高度方向の拡大率などが問われている。地形を考慮すれば，断面アは③，断面イは②，断面ウは①である。東大の出題意図としては，「**小縮尺の地形断面図を用いて，日本列島の地形環境の地域特性に関する基本的な知識，および，それと農業・土地利用形態との関係についての理解度を問**」うており，「**比較地理的視点に立って，地域間にみられる相違点を的確に説明する能力**」を求めている。

(1)ではX山地とY山地，すなわち中国山地と四国山地の特徴の違いが問われている。指定語句を使用しながら，標高差や傾斜の差異を論理的に説明することがポイントであった。内的営力とは地球内部のエネルギーにより地形を変形させる力のことであり，外的営力とは地球表面に働きかけるエネルギーや生物などの働きにより地形を変形させる力である。具体的には火山活動・地震・地殻変動などが内的営力であり，風化・侵食・堆積などが外的営力である。両山脈はこれらの営力により形成された結果，比較的なだらかなX山地と急峻なY山地となったといえる。2010年に出題された問題では，Xの中国山地は侵食速度が小さく，Yの四国山地の侵食速度が大きいと読み取ることができる資料が提示された。このときには，侵食速度が大きい四国地方は年間降水量が2000mmを超えており，侵食速度が小さい中国地方の年降水量は2000mmを下回るといった降水量に着目させていた。しかし本問は侵食速度ではなく，地形的特徴が問われている。中央構造線(メジアンライン)の内帯側に位置するXの中国山地は高温低圧型変成を受けた領家変成帯で，外帯側に位置するYの四国山地は低温高圧型変成を受けた三波川変成帯である。また中国山地は古生代石炭紀(約3億6千万～約2億8千万年前)にアジア大陸東縁に形成された秋吉帯と呼ばれる付加体であり，中央構造線に近い四国山地より侵食期間が長いといえる。そのため，高峻な四国山地と準平原化している中国山地という差異につながっている。

採点基準としては,「Y山地→高峻＋X山地→なだらか」,「地殻運動→内的営力」,「侵食→外的営力」などである。再現答案を見るかぎり本問の得点率は平均的であったが,指定語句の使用法に課題が見られた。すなわち,指定語句を修飾する具体例などが示されず,単に指定語句を羅列するだけで加点ポイントが見いだせず,誤文といえない解答であっても得点率が低くなったといえる。

⑵ではZ山脈,すなわち奥羽山脈が出羽山地や北上高地にくらべ高峻である理由が問われている。1行論述問題なので,2点分の加点要素を簡潔に指摘することがポイントであった。Zの奥羽山脈は青森県の八甲田山系から栃木県の那須岳まで,約500kmにわたって連なる脊梁山脈である。奥羽山脈の②の位置には秋田駒ケ岳が聳えている。西側の太平山地や東側の北上高地にくらべ山頂は1,637mと高く,火山地帯である。出羽山地には鳥海山(2,236m),北上高地には早池峰山(1,917m)などの高峰,また出羽山地には田代岳,鳥海山や月山などの火山も見られる。しかし,②の断面に該当する太平山系や北上高地は非火山性であり,なだらかな地形である。よって,②の断面のZ付近が高峻となる理由を,火山という要素も考慮して説明すればよい。奥羽山脈は海溝軸にほぼ並行して分布する火山フロントに位置するため,マグマが生成・噴火する地表面に該当する。古生代・中生代の地層が分布する北上高地などにくらべ,現在でも地殻運動が活発であり,高峻になったといえる。

採点基準としては,「火山活動が活発」,「比較的新しい→褶曲や地殻運動」などである。再現答案を見るかぎり本問の得点率は低く,その意味で難問であった。Z山脈である奥羽山脈が出羽山地や北上高地にくらべて高峻な理由として,奥羽山脈が火山フロントに位置するという指摘はわずかに見られたが,その指摘のみにとどまり2点分の加点ポイントが不足する解答が多かった。

⑶のaは宍道湖,bは八郎潟で,どちらも海跡湖である。本問では八郎潟における干拓事業の社会的背景が問われている。現状の土地利用形態から類推することがポイントであった。八郎潟はかつて220㎢の面積で,琵琶湖に次ぎ日本で第2位の湖沼面積を有していた。1957年から干拓工事が始まり,1964年に大潟村が発足した。1967年からは入植者の公募が始まり,翌68年から営農を開始した。1950年代は農家の経営規模が小さく,人口増加により米の国内生産が不足して輸入も多かった。そのため,日本農業のモデルとなるような生産および所得水準の高い農業経営を確立し,豊かで住みよい近代的な農村社会を目指すことが,干拓の目的とされた。これを受けて,当初は1戸あたり10ha規模の水稲単作経営の営農とした。しかし,1960年代後半には国内需要を上回る生産を達成し,大潟村での営農開始の翌年である1969年から全国

で試験的な生産調整が始まり，1971年から本格的な生産調整となった。その結果，『大潟村　農業の紹介』によれば，以下のような水稲作付面積と転作の取扱経過があった。

1970年	新規開田抑制施策・米生産調整が始まり，４次で入植者の募集を断念
73	稲単作10haから当分の間，田と畑の面積をおおむね同程度とする15haの田畑複合経営に営農計画を変更
74	５次入植者に15haの配分，１～４次入植者には５haの追加配分
76	稲作上限面積が8.6ha
78	水田利用再編第１期対策で8.6haに対しても転作目標面積が配分
85	稲作上限面積が10haに拡大，ただし転作面積拡大
87	稲作上限面積が12.5haに拡大，ただし転作面積拡大
89	15haが全面水田扱い，ただし転作面積拡大

採点基準としては，「全国の模範 or 大規模経営」，「食料不足の緩和 or 食料増産」などである。再現答案を見るかぎり本問の得点率はやや低かった。大規模地形改変事業が行われた社会的背景として食糧不足の指摘は見られたが，本問でもその指摘のみにとどまり２点分の加点ポイントが不足する解答が多かった。予想される配点を意識した記述が課題であった。また20世紀半ばという前提があるにもかかわらず，新田開発，明治や江戸時代の記述もみられた。設問文の読み取りにも課題があったといえる。

⑷のｃは石狩平野，ｄは十勝平野である。本問では両平野で卓越する地形の名称と農業形態の特徴が問われている。差異を意識しながら卓越する地形に言及して，農業形態の特徴につなげることがポイントであった。石狩平野は，羊蹄山の火山灰の分布も見られるが，石狩川中下流に広がる沖積平野という側面の方が強い。約6,000年前には岩見沢近くまで浅海が入り込んでいたが，海水面の低下や石狩川が運んだ土砂によって陸化した。またかつては泥炭地が広がる地域であったが，山間地の腐植土を客土する土地改良，用水路建設や治水事業が行われ，稲作地帯に変貌した。十勝平野は，十勝川本支流の流域を占める平野である。十勝岳などからの火山灰に覆われた広い（洪積）台地と十勝川や支流の音更川・札内川などの河川沿いの狭小な沖積平野に分けることもできる。ただし，本問は石狩平野と十勝平野の差異に言及するので，火山灰に覆われた台地に着目すればよい。農業形態としては，稲作が広がる石狩平野に対し，十勝平野は地質の制約もあり小麦・ジャガイモ・テンサイ・豆類などの畑作や酪農・畜産地帯となっている。また農家１戸当たり平均経営規模は，北海道全体でも日本全体の10倍であるが，十勝地方は北海道平均を上回り，石狩地方の約３倍（北海道農政事務所）となっている。

採点基準としては，「ｃ→稲作＋ｄ→畑作」，「ｃ→沖積平野」，「ｄ→(洪積)台地」などである。再現答案を見るかぎり本問の得点率は平均的であった。それぞれの平野を説明するので，地形名称の対比が必要であった。またその地形に対応する農業形態の指摘も不足し，要求された項目への言及が十分とはいえず，高得点にはならなかったといえる。

⑸では地形断面図と日本地図から，水平方向に対する高度方向の拡張率が問われている。地図をヒントに，水平方向の距離を想定することがポイントであった。高度方向は1,000ｍ＝１kmが1.5cmで表されている。水平方向の断面は，アから読み取ると，およそ7.5cmで表されている。よって，島根半島から土佐湾までの距離判定が必要である。両地点間の距離認識を問う問題ではなく，同一経線上であれば，北端と南端の緯度差から計算すればよい。イやウから読み取るのであれば，同一緯線上の経度差から計算することになる。ただし，同一経線上の緯度差から求める場合は子午線周囲÷360×緯度差でよいが，同一緯線上の経度差から計算する場合は赤道周囲×コサイン(cosine)緯度÷360×経度差で求めることになる。アの水平距離はおよそ250km，イとウは200km強である。計算式は，以下の通りである。

アの場合⇒　$1.5 : 7.5 = X : 250$ から

$$7.5X = 250 \times 1.5$$

$$X = 375 \div 7.5 = 50$$

$k \times 10^{n} = 50$ を満たすｋとｎを求める問題であり，ｎは「１，２，５，」の中から選択するので，5×10^{1} 倍の拡張率となる。

採点基準としては，「ｋ＝５，ｎ＝１(完答)」であるが，再現答案を見るかぎり本問の正答率は低かった。水平方向の距離が想定できていない解答が多かったようである。

設問Ｂでは５つの県における「総面積と可住地面積１㎢あたりの人口密度」が提示された。第３問ではなく第１問で日本地理が出題されたので，受験生はやや戸惑ったようである。出題意図としては，「居住環境に関する数量的な資料から，地形の特徴を読み解く力を問うて」おり，「自然環境や経済・社会環境と地域間の結びつきや地域間の差異を，資源利用や経済行動の観点から説明することを求め」るとしている。

⑴では和歌山県と高知県に共通する地形的特徴が問われている。総面積と可住地面積における人口密度から類推する問題であるが，可住地面積の意味を考慮することがポイントであった。可住地面積とは「総面積から林野面積と主要湖沼面積(面積１㎢以上の自然湖)を差し引いた面積」であり，居住地に転用可能なすでに開発された土地である。提示された表１－１中や下表中のｂ／ａは，数値が高いほど該当県の人口

において可住地面積への集中度が高いことを示している。

県　名	可住地面積割合	林野率	山地率	b／a
長　野	22.3%	76.1%	85.1%	4.2
茨　城	61.4	31.2	23.7	1.5
和歌山	21.2	76.4	81.1	4.2
香　川	50.4	46.4	49.1	1.9
高　知	14.6	83.6	85.5	6.1
全　国	30.9	66.5	61.8	

※可住地面積割合は2018年，林野率は2015年，山地率2016年。
『データでみる県勢』により作成。

和歌山県と高知県に共通する指標としては，可住地面積割合が低く，林野率と山地率高い。ただし，同様な傾向は長野県にも読み取ることができる。それにも関わらず，和歌山県と高知県に限定しているので，長野県との差異に言及する必要もある。よって，内陸に位置し，平均高度の高い長野県と異なり，海洋に面しているが低平地が少ないといった指摘も必要となる。

県　名	平均高度	平均居住高度
長　野	1,033 m	644 m
茨　城	98	29
和歌山	316	52
香　川	162	32
高　知	405	60
全　国	378	68

※統計年次は2000年。
『統計で見る日本』により作成。

採点基準としては，「海洋に面する or 臨海」，「山地 or 森林の割合が高い」，「平野が狭小 or 可住地が少ない」などであるが，再現答案を見るかぎり本問の得点率は高いとはいえなかった。山がちという地形の指摘は多かったが，可住地となる平野の狭小さや長野県との差異に関する指摘がやや少なかった。

⑵は高知県と香川県で，ある重要な資源がやりとりされる理由を，該当する資源の供給と消費の両面から説明する問題である。水資源を想定し，高知県と香川県の位置や地形を考慮することがポイントであった。海に面している香川県であるが，中国山地と四国山地に挟まれた地域と考えることができ，夏季の南東季節風は四国山地，冬季の北西季節風は中国山地に遮られる。そのため，高松市の年平均降水量は1,150.1mm

で，高知市の2,666.4mmの半分に満たない。また徳島県との県境には讃岐山脈が走行するため，香川県内で導水できる水量豊かな河川も少ない。この水不足対策として，日本最大の灌漑用ため池で空海が改修したとして知られる満濃池(1.4㎢)をはじめ，１万４千(2014年，農林水産省農村振興局)を超えるため池が造られている。しかし，農業・工業・生活用水として水資源需要が増大しことから，需要が高まる夏季にはとくに水不足が顕在化するようになった。そこで吉野川総合開発計画を着手することになり，上流の高知県に早明浦ダムが1975年に竣工した。早明浦ダムからは香川用水が建設され，香川県の水資源の約３割，水道用水の約５割近くを依存している。高知県は降水量が多いだけではなく，水量が豊かな吉野川・仁淀川・四万十川などが流れている。また山がちな地形からダムも建設しやすく，四万十川本流には見られないものの，吉野川・仁淀川本流や四万十川支流(梼原川)にダムが築かれ他県にも送水されている。

採点基準としては，「水資源」，「高知県のダムから香川県へ送水」，「香川県→集水域が狭い or 生活・農業用水が多い」，「高知県→降水量が多い＋香川県→少雨」などであるが，再現答案を見るかぎり本問の得点率は平均的であった。ただし，水資源以外の指摘も散見された。また水資源の指摘や降水量の多寡に言及した解答であっても，高知県から香川県に送水される点を具体的に記述していない解答も少なくなかった。

⑶は長野県と茨城県のレタス出荷時期が異なる理由を，地形的要因と経済的要因から説明する問題である。地形的理由からの生産時期や消費地までの近接性を考慮した考察がポイントであった。2017年のレタス生産は１位長野県(37.9％)，２位茨城県(15.0％)であり，東京都中央卸売市場への出荷時期は次図のように長野県が５～10月，茨城県が３～５月と10～11月が中心である。

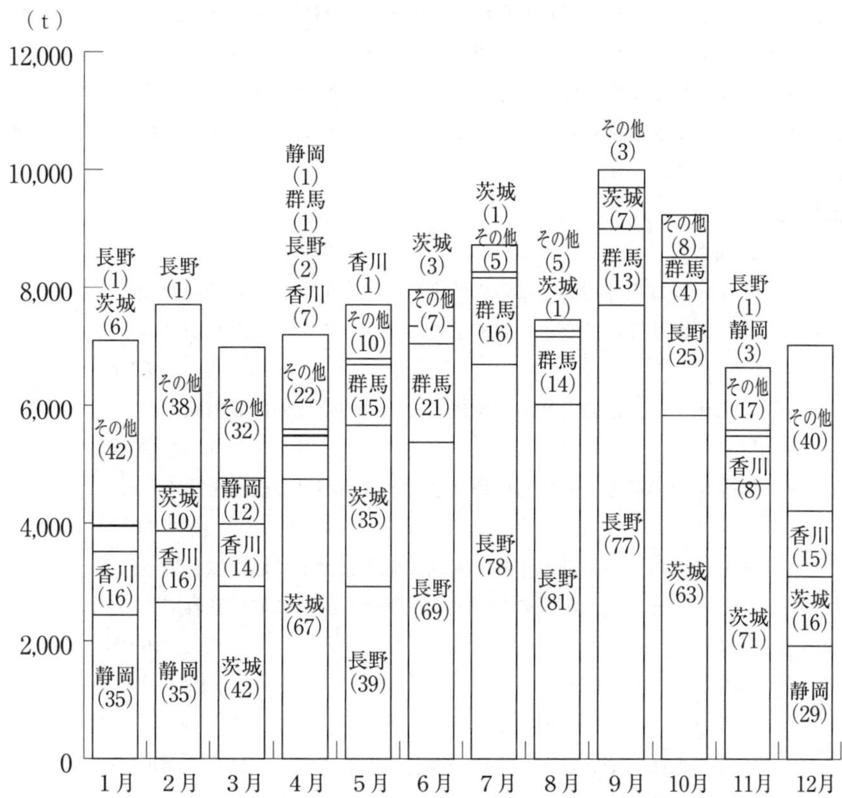

※東京都「平成21年東京都中央卸売市場統計年報」により作成。
都道府県は，東京都中央卸売市場への１年間の出荷実績の多い上位５都道府県
（　）内の数値は，月別出荷量全体に占める割合(%)。

レタスは西アジア原産の野菜で，第二次世界大戦後米軍の需要に応えるために広まったとされる。栽培に適した気温は高温になると苦味が増すため15～20℃程度とされており，栽培適地を米軍が調査し，冷涼な気候地域である長野県川上村の高原地域が栽培指定地となった。1960年代以降は食の洋風化・多様化を迎え，国内需要も高まっていく。長野県の高原地域が一大生産地となり得た理由としては，農協などの共販体制の確立，中央自動車道の開通など交通・輸送手段の整備，冷蔵設備など鮮度保持技術の進歩，栽培面での技術革新などもあったが，消費地近くで栽培条件を満たす地形的要因が大きかったといえる。

採点基準としては，「長野県→高地 or 栽培条件が適する」，「茨城県→近郊 or 平野→輸送費が小」，「長野県→夏期＋茨城→春 or 秋」などであるが，再現答案を見るかぎり本問の得点率はまずまずであった。ただし，長野県の栽培は端境期としたり，長野県と茨城県のレタス生産地としての位置づけや具体的な生産時期の指摘に関する課題も見受けられた。

解答

設問A

⑴Y山地は地殻運動などの内的営力が現在でも活動して高峻であるが，X山地は侵食などの外的営力が強かったためなだらかである。

（60字）

⑵火山活動が活発な地域に位置して比較的新しい褶曲山脈だから。

（30字）

⑶全国の模範となる新しい農業経営と食糧不足の緩和を図るため。

（30字）

⑷cは河川沿いの沖積平野で水利に恵まれ，主に稲作に利用されているが，dは火山灰質の台地で主に畑作や酪農に利用されている。

（60字）

⑸$5 \times 10^1$

設問B

⑴海洋に面しているが，山地や森林の占める割合が高く，河川周辺の平野が狭小なため，可住地となる低平地が少なくなっている。

（59字）

⑵集水域が狭く人口密度が高い香川県は，少雨となる夏季に生活・農業用水の消費が増加して水資源の供給が不足するため，年間を通して降雨に恵まれる高知県のダムから水資源の供給を受けている。

（90字）

⑶冷涼・高地に位置する長野は夏季に栽培条件が適し，都市近郊平野部である茨城は輸送費を抑え生産に適した春秋に出荷するため。

（60字）

第２問

解説　「世界の食料の生産と消費」に関する出題であった。例年，第２問では「統計読み取り問題」をテーマとする設問が出題されている。2020年度も，例年のテーマに沿った設問であったといえる。２つの資料が提示されており，図や統計表の特徴からの読み取りや判読力が問われている。再現答案を見るかぎり，３問中で本設問の得点率が最も高かったようである。

設問Ａでは19カ国における「1963年から2013年にかけての１人あたりのGDPの伸びと国民１人あたりのカロリー摂取量に占める動物性食品の割合の変化」に関する散布図が提示された。１人あたりGDPと動物性食品の割合の相関性が問われている。東大の出題意図としては，「食生活の変化に起因する環境問題についての知識を問」うており，「提示された資料から，国や地域により食生活の変化傾向が異なることを読み取り，その違いを高校地理の知識に基づいて考察し論じる力を問」うている。

⑴では食生活に占める動物性食品の割合が増えることで陸上の自然環境に及ぶ悪影響が問われている。動物性食品の生産による自然環境への働きかけに着目することがポイントであった。人口が増加している中で動物性食品の割合が高まるということは，動物性食品生産量の急増が予想される。また生産量が増大するということは，肉用家畜飼育頭数の増加につながる。さらに飼育頭数が増加するということは，飼育場の拡大や飼料の生産増が必要となる。陸上の自然環境に及ぶ悪影響なので，牧場や飼料作物栽培地拡大のための森林破壊が想像できる。森林破壊が深刻な地域は低緯度地域であり，熱帯林の破壊となる。その中で，減少量や減少率が高い地域がアマゾンである。アマゾンにおける熱帯雨林減少は，牧場の造成が最も大きな原因とされる。1990年代は約８割，2000年代以降も約６割にあたると考えられている。また，近年は家畜の飼料としても利用される大豆畑の開拓も増加している。大豆に限らず，家畜の飼料作物栽培地が拡大すれば，農地開拓が増加する。１kgの牛肉生産には11kgの穀物が必要とされることから，肉牛飼育場の開拓は自然環境へ大きな影響を与えるといえる。

採点基準としては，「牧場建設→森林伐採」，「生態系 or 植生→破壊」などである。再現答案を見るかぎり得点率はやや高かった。「陸上の自然環境に及ぶ悪影響」という要求項目が明確であり，１行論述という配点のわかりやすさが影響したと考えられる。ただし，動物性食品の割合増加と森林(熱帯林)破壊をつなげる直接的な原因指摘が不足する解答も散見された。

⑵では１～６のいわゆる先進国で動物性食品割合の増加率が低いまたは減少している理由が問われている。先進国における食生活変化や健康という観点に着目し，SDGsも考慮することがポイントであった。10～14の国のように，経済が成長すると動物性食品の割合が増加しやすい。価格の高い動物性食品の購入が可能となり，食生活の欧風化や多様化も進むからである。しかし，１～６の国の中には１人あたりGDPは上昇しているが，１～４の国のように動物性食品が割合低下したり，５～６の国の

ように上昇率の低い国も見られる。動物性食品の摂取量が一定レベルまで増加すると栄養状態は良好に向かうが，脂質摂取量が過剰になり野菜などの食物繊維摂取量が減少するといった食事バランスが急激に変化することで，生活習慣病(成人病)との関係が深い糖尿病・大腸がん・脂質異常症などの疾病が増加する。このような食生活と生活習慣病との相関性が明らかになってきたことから，1～6の国では，生活習慣病対策として動物性食品の摂取制限を進めたといえる。また，(1)でも指摘したように，肉用家畜の飼育のために穀物が消費されると，その生産のために陸上の自然環境に悪影響が及ぶことがある。食料1kgの生産効率を考慮し，SDGs「Sustainable Development Goals(持続可能な開発目標)」の観点から，先進国の消費者の中には動物性食品の摂取を避ける者もみられるようになった。地理は現在につながる内容が問われやすい。時事問題と直接つながらないと思っても，フードマイレージ(2019年第2問設問A(4)，2013年第2問設問B)やバーチャルウォーター(2017年第2問設問A(4))を意識させる問題も出題されている。今日的な視点につなげることができるかを考慮したいところである。

なお，15～19のように1人あたりGDPが少ない国は，人口が急増して飼料作物栽培の余裕がなかったり，文化的に動物性食品の摂取制限がみられ，動物性食品の割合が低くなっている。

採点基準としては，「先進国 or すでに高い」，「生活習慣病 or 成人病 or 健康問題」，「動物愛護 or 油脂摂取の制限 or 動物性食品の制限」，「環境保護 or 持続可能」などである。再現答案を見るかぎり得点率はやや高かった。簡単な資料読み取り問題であったためと思われるが，今日的なSDGsを意識した指摘が不足する解答も見受けられた。

(3)は2011年以来の4行論述問題であり，ペルーにおいて動物性食品割合がアルゼンチンやブラジルにくらべ低い理由が問われている。指定語句をヒントにしながら，国情の差異に着目することがポイントであった。ペルー・アルゼンチン・ブラジルは南アメリカに位置する3国であるが，2013年の動物性食品割合に大きな差がある。また1963年に同程度であったブラジルはその割合を急激に高めているが，1人あたりGDPが同様に上昇しているペルーの割合はあまり変化していない。隣接国でありながら大きな差異が見られるので，自然環境，人文・社会環境の違いに着目すればよい。太平洋に面するペルーには新期造山帯のアンデス山脈が走行しており，安定陸塊中心のアルゼンチンやブラジルと地体構造が異なっている。気候条件としては乾燥帯や寒帯の無樹林気候や高山気候が広がっている。自然環境の差異が，大規模に農牧業を展開することの制約となっている。さらに，次表のように，民族構成としては，コーカソイド中心のアルゼンチン・ブラジルに対して，ペルーは先住民比率が最も高くなっている。食料供給に関しては肉類の比重が高いアルゼンチン・ブラジルに対して，ペルーはいも類の比重が高いことがわかる。ジャガイモ・かぼちゃ・トマト・落花生・唐辛子などはペルーが原産地とされている。そのなかでジャガイモは400種類以上が栽培されており，4～5月が収穫期でその最後を飾る5月30日の「ジャガイモの日」前後にはジャガイモ祭り(Festival de la Papa)が開催されるなど，食生活や食文化に影響を与えていると考えられる。ジャガイモの利用法としては，伝統的なペルー料理のウアティア(Huatia)，保存食のチューニョなどが知られている。これらの諸点を，指定語句を使用しながら論理的に説明することになる。

	コーカソイド	先住民	熱量※	肉類※	いも類※
アルゼンチン	86.4%	3.4%	3,229kcal	309 g	120 g
ブラジル	53.7	0.4	3,263	274	153
ペルー	15	45	2,700	77	345

※1人1日あたり供給量(2013年)
『世界国勢図会』により作成。

採点基準としては，「太平洋側 or 新期造山帯 or アンデス山脈→山岳地帯」，「大規模 or 企業的→農業や牧畜業が発達しない」，「先住民→民族構成割合が高い」，「ジャガイモ or 伝統的→食文化」，「肉類→増えない or 少ない」などである。再現答案を見るかぎり得点率は平均的であった。指定語句を修飾せず羅列的な使用にとどまっていたり，具体的な「食文化」の指摘，図から読み取ることができるペルーとアルゼンチン・ブラジルの差異の指摘にやや課題があったといえる。

設問Bでは東南アジアの主要な米生産国について，3つの時期における「生産量，国内供給量，過不足量，自給率」が提示された。東南アジアの米関連問題は2009年・2004年・1997年にも出題されている。出題意図としては，「世界の特定の地域の国々に共通する主要な農産物の生産と消費に関する統計データから，両者を結びつけてその長期的動向の国ごとの違いを読み取る力を問」うており，「そうした違いをもたらした社会経済的・歴史的背景の理解を問う」としている。

⑴ではA～Eに該当する国が問われている。生産量・自給率という諸点や該当国の人口を考慮し，国内自給的な農産物である米という点に着目することがポイントであった。表2－1からは生産量順でD＞B＞C＞E＞A，国内供給量順でもD＞B＞C＞E＞A，自給率順でC＞B＞D＞E＞Aとわかる。生産量と自給率から，Aはマレーシア，Bはベトナム，Cはタイ，Dはインドネシア，Eはフィリピンとなる。

1997年の出題では国名判定をさせたうえで，論述問題として判断理由が問われた。2004年の出題では国名判定と該当国で生産量が増加・減少した理由が問われた。2009年の出題でも国名判定と該当国で生産量が増加した理由が問われている。単なる統計知識で判定可能であるが，1997年に出題されているように，統計の読み取りとして統計の特徴や相関性を考慮したい。米は生産量7.56億トン(2016年)のうち輸出量は0.40億トンで，輸出比率は5.3%であり94.7%が国内で消費されている。国内自給的作物と判定できることから，消費人口と関連することになる。

国　　名	国内供給量	人　　口	1人あたり消費量
D・インドネシア	44,929千トン	270,626千人	166.0kg／人
B・ベトナム	20,659	96,462	214.2
C・タイ	13,180	69,626	189.3
E・フィリピン	12,639	108,117	116.9
A・マレーシア	2,824	31,950	88.4

※国内供給量は2009～13年の年平均。
人口は2019年，1人あたり消費量は国内供給量÷人口で計算。
『国勢調査』他により作成。

上表の米生産量は単純な人口順になっていない。1人あたり消費量の多寡や食文化とかかわる消費人口が関係するからである。しかし，輸出比率の低さから，国内供給量と人口の相関性を読み取ることも可能である。統計は数値の意味や特徴，他指標との相関性から理解したいところである。

再現答案を見るかぎり正答率はまずまずであった。ただし，本設問は(2)や(3)の前提となる国名判定であるため，全問正解が要求される問題であった。生産量や自給率からB～D国の判定は容易であるが，A国(マレーシア)とE国(フィリピン)の判定が逆となった解答が散見された。

(2)ではマレーシアの自給率が低下している理由が問われている。(1)でA国をマレーシアと判定することが前提であり，その上で生産量・国内供給量の推移の特徴を説明することがポイントであった。マレーシアは他の東南アジア諸国以上の経済成長を記録し，人口増加も加わったことから，米の必要量が上昇して国内供給量が増加したといえる。さらに，表2－1から生産量は増加(Ⅰ期～Ⅲ期で1.43倍)しているが，国内供給量がそれを上回る増加率(同1.94倍)となっていることがわかる。そのため，不足量が増加し，自給率が低下していることもわかる。

国　名	Ⅰ期～Ⅲ期の生産量増加率	Ⅰ期～Ⅲ期の国内供給量増加率	1970～2010年人口増加率
マレーシア	43.3%	93.7%	161.5%
ベトナム	307.4	174.5	112.8
タイ	157.9	74.6	89.4
インドネシア	242.4	219.6	98.0
フィリピン	225.9	250.3	155.0

※表2－1及び『世界国勢図会』により作成。

ところで，マレージアの生産量増加率は他の東南アジア諸国の増加率に比べ低い。これは，国土が半島と島嶼で構成され，水量豊富な河川も少なく，水田適地が少ないという自然条件があげられる。さらに，マレーシアはマレー系，中華系，インド系などからなる多民族国家であり，マレーシア料理もそれぞれの民族の食文化によって成り立っている。米粉を使った麺料理のラクサをはじめ米食が中心といえるが，小麦やトウモロコシの消費も少なくない。これらの理由もあって相対的に生産量増加率が低くなったといえる。また(1)中の前ページの表のように，マレーシアにおける1人あたり消費量が東南アジアの中で少ない点も関係している。

採点基準としては，「国内供給量増加が生産量増加を上回る」，「輸入量増加」，「自給率低下」などである。再現答案を見るかぎり得点率はやや低かった。A国の判定を誤る解答のほか，生産量の増加量を国内供給量の増加量から自給率の低下や不足量の増加を考慮して指摘する点に課題が見られた。

(3)ではインドネシアにおいて自給を達成した理由が問われている。D国をインドネシアと判定することが前提であり，(2)で出題されたマレーシアとの差異を明確にすることがポイントであった。Ⅰ期の自給率は93%と国内自給が達成できていなかった。しかし，Ⅱ期とⅢ期は自給率が100%となり，目標である国内での自給が達成されたといえる。Ⅰ期～Ⅲ期の間で生産量は3.4倍ほどに増加して国内供給量の3.2倍を上回っており，人口の増加率(98%)も大きく上回っている。この理由には，灌漑施設が整備され高収量品種の導入といった緑の革命が大きく影響している。またインドネシアは1969年から国家開発5カ年計画を実施し，「食料自給達成のための農業および農業インフラの充実強化」を主要課題とした。肥料購入の補助金制度も，1998年に廃止されたが，整備されていた。これらの点が関係したといえる。

採点基準としては，Ⅲ期までを考慮すると補助金制度の整備よりも，「緑の革命 or 高収量品種導入 or 灌漑施設整備」,「国内生産量増加 or 供給量増加」,「国内自給達成」などが重要である。再現答案を見るかぎり得点率はまずまずであった。国内自給的な米の生産量からD国(インドネシア)の判定は容易であり，生産量増加の背景としての緑の革命は指摘できていた。ただし，自給率100％の意味が適切に指摘できていない解答も見受けられた。

解答

設問A

⑴大牧場の建設による森林伐採で生態系の破壊が深刻化している。

(30字)

⑵欧米の先進国では，動物性食品の過剰摂取による生活習慣病などの健康問題や環境保護意識の高まり，動物愛護もあり肉類や動物性油脂の摂取を控え，持続可能な社会を目指す動きも強まったから。

(90字)

⑶太平洋側に面するペルーは山岳地帯が多く，平地が広がる７や８と異なり，大規模な企業的農業や牧畜業が発達しなかった。また白人比率が高い７や８と異なり先住民の民族構成割合が高く，ジャガイモを中心とした伝統的食文化が維持され，肉類の消費が少ない。

(120字)

設問B

⑴A－マレーシア　B－ベトナム　C－タイ　D－インドネシア
　E－フィリピン

⑵経済成長や人口増加により生産量増加を上回る国内供給量増加のため，周辺諸国からの輸入量も増えて自給率が低下を続けている。

(60字)

⑶高収量品種導入や灌漑施設整備を進めて生産量を増加させ，国内供給量が増加した結果，国内での自給を達成できるようになった。

(60字)

第３問

解説　「ドイツと日本の人口動向」に関する出題であった。例年,第３問では「地誌的および日本関連問題」をテーマとする設問が出題されている。2020年度も，例年のテーマに沿った設問であったといえる。３つの資料が提示されており，図や統計表の特徴からの読み取りや判読力が問われている。再現答案を見るかぎり，本設問の得点率は第１問とほぼ同じであったが，最終問題で時間不足による未解答も見られたため，難易度が高いとはいえないように思われる。

設問Ａでは「ドイツの州別の人口増減率と2016年時点の州別人口」が提示された。ドイツにおける人口増減率の地域差や人口動向の変化が問われている。東大の出題意図としては，「地域の事象に関する説明文を読んで，それぞれの地域の位置を地図の上で特定」することと，「地域に関する統計データを活用し，地域差の特徴や要因を読み取るとともに，鍵となる語句を用いて，地域の人口や産業の変化について説明」することを求めている。

⑴はア～ウの説明文に該当する州を判定する問題であった。各説明文中のキーワードを見出すとともに，各州の位置を考慮することがポイントであった。アでは「豊富な石炭資源」(ルール炭田)，「重化学工業を中心とした工業都市」(ルール工業地帯，重工業三角地帯)，「コナベーション」(ルール地方)，「ライン川沿い」，「ヨーロッパにおける重要な中心地」(ブルーバナナ)から，ノルトライン・ヴェストファーレンと判定できる。イでは「エルベ川上流部」，「19世紀はドイツ工業の中心地」，「２つの中心都市」(ライプツィヒ，ドレスデン)，「交通の要衝」(ベルリン・フランクフルト・ミュンヘンへ連絡，ICE・RE・Sバーンの利用)，「かつての王国」(ザクセン王国)，「宮殿」(ツヴィンガー宮殿)からザクセンと判定できる。ウでは「２つの主要な河川にはさまれた」(ライン川，エルベ川)，「国際空港」(フランクフルト空港，世界初の航空会社所在地)，「高速道路の結節点」(アウトバーン)，「欧州中央銀行の本部」(フランクフルト)，「超高層ビル」(インネンシュタット西部，バーンホーフスフィールテル東部，ヴェストエント南部)から，ヘッセンと判定できる。

採点基準としては，「ア―５，イ―１６，ウ―６」を完答することである。配点は少なくても，後に続く⑵～⑷に関連することから失点は避けたいところである。再現答案を見るかぎり，アとウが逆となる解答がわずかに散見されたが，正答率は高かった。説明文ア～ウのキーワードが多く判定しやすかったほか，⑵～⑷の設問内容をヒントにすることもできたからであろう。

⑵では1990年～2000年にかけての人口増減率の地域差の特徴と要因が問われている。1990年代の社会状況をふまえ，地域差を意味づけて資料を読み取ることがポイントであった。表３－１からは，１・２・４～７・９・10の人口増加率が高く，11・14～16は人口減少率が高いといえる。すなわち，西部は人口増加，東部は人口減少と読み取ることができる。現在のドイツは，1989年までベルリンを東西に分断していたベルリンの壁が崩壊し，翌1990年に東西ドイツが再統一して誕生した。旧東ドイツは社会主義，旧西ドイツは資本主義の国であった。旧東ドイツは「社会主義

国の優等生」とも称されていたが，旧西ドイツとの経済・技術格差は大きく，民営化された旧国営企業の倒産が相次ぎ，失業者が増加した。その結果，旧東ドイツ地域から旧西ドイツ地域へ，若年労働力の移動が発生し人口増減率の地域格差につながったといえる。

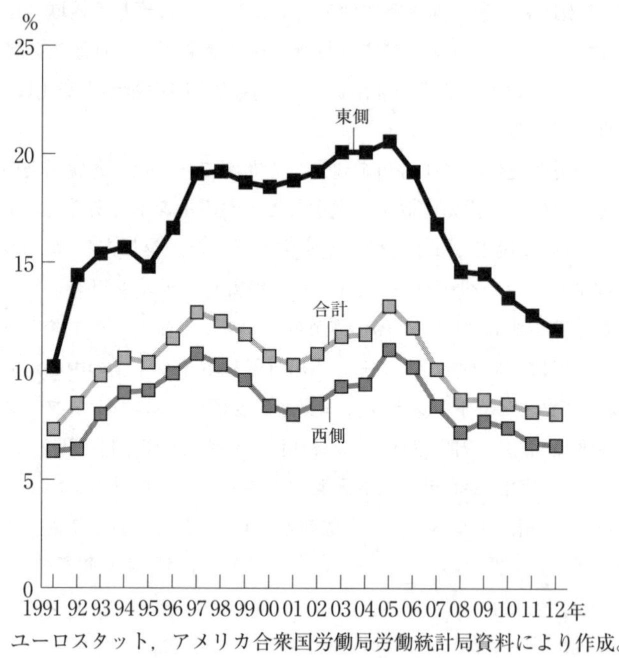

ユーロスタット，アメリカ合衆国労働局労働統計局資料により作成。

上図のように統一直後の旧東ドイツ地域の失業率は旧西ドイツ地域の２倍であり，１人あたりGDPや可処分所得は半分に満たなかった。現在の格差は縮小傾向にあるが，依然として旧西ドイツ地域の方が旧東ドイツ地域より経済水準は高いといえる。

採点基準としては，「ドイツ統一 or ベルリンの壁崩壊」，「東部→生産性の低い産業の衰退 or 失業者増大」，「東部から西部へ人口移動」などである。再現答案を見るかぎり得点率はやや高かった。1990年～2000年の間に起こったドイツ統一がイメージでき，東西ドイツの発展状況と地域別人口の推移を関連させることができたのであろう。ただし，東部の経済状況や失業者の増大といった具体的な記述が不足する解答も散見された。

(3)では西部ドイツにおいて，1970年代から1980年代にかけては人口増加率の南北格差が顕著であったが，2000年代以降は人口増減率の南北格差が顕著でなくなった要因が問われている。指定語句をヒントに具体的な産業構造を想定しながら論理的に説明することがポイントであった。西部ドイツは，1945年5月23日～1990年10月2日までのドイツ連邦共和国，旧西ドイツの地域に該当する。ハンブルクやブレーメンなどの北部は造船業，石油精製や鉄鋼業が盛んな地域であり，バーデン・ヴュルテンベルク州やバイエルン州などの南部は自動車工業や精密機械工業が盛んな地域である。そのような状況下で，1970年代に2度の石油危機が発生し，1970年代から1980年代にかけてはECへの新規加盟国が増加していた。旧西ドイツでは素材型や重厚長大型の工業が不振となる一方で，技術集約型や軽薄短小型の工業地域は業績が好調であった。産業の比重や労働力需要が第二次産業から第三次産業へと高度化した2000年代以降は，EU域内で西部ドイツの中心性が高まるとともにICTやIoTが西部全域で進行し経済のサービス化へ移行してきた。その結果，人口増減率における南北格差が縮小したといえる。なお現在のドイツ南西部は，ほぼ全域がヨーロッパの経済的・人口的発展地域であるブルーバナナの一部とされている。

採点基準としては，「国際競争力が低下→重工業地域」，「金融 or 流通 or 観光→サービス経済化」，「産業構造→高度化」，「ブルーバナナの一部 or EUの中枢管理機能集積などである。再現答案を見るかぎり得点率はやや低かった。指定語句の使用法に課題が見られたほか，南北格差の特徴的な地域を取り出せず北部全体と南部全体における格差と捉えたために，資料読み取りが難しくなったことも影響したのであろう。

(4)では近年の人口増加要因が問われている。2点分の具体的な社会増加要因を想定することがポイントであった。人口増減は，出生数と死亡数による自然増減と転入数と転出数による社会増減によりもたらされる。ドイツの場合は，下図のように，自然減が続いているものの，移民の流入増により人口が増加している。

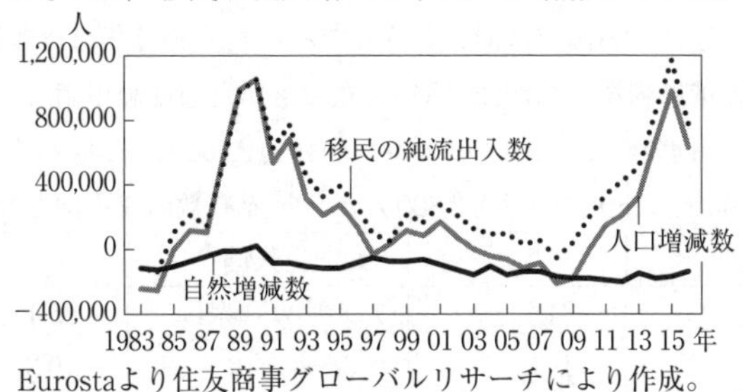

Eurostaより住友商事グローバルリサーチにより作成。

2010年代以降の移民は，高度経済成長期のトルコやイタリア，1990年前後における東ヨーロッパの旧ドイツ人や内戦が続いた旧ユーゴスラビアなどと異なり，2000年代以降にEUに加盟したポーランド・ルーマニア・ハンガリー・ブルガリアの中東欧4か国が増加した。次ページの表のように，2016年現在，中東欧4か国の移民数はトルコの移民数を上回っている。

	出身国	外国人数(千人)	比率
1	トルコ	2,797	15%
2	ポーランド	1,868	10%
3	ロシア	1,223	7%
4	カザフスタン	969	5%
5	イタリア	861	5%
6	ルーマニア	788	4%
7	シリア	521	3%
8	ギリシャ	443	2%
9	クロアチア	441	2%
10	セルビア	288	2%
11	オーストリア	280	2%
12	ウクライナ	272	1%
13	ボスニア・ヘルツェゴビナ	248	1%
14	ハンガリー	246	1%
15	ブルガリア	238	1%
—	中東欧4か国合計	3,140	17%
	合　計	18,576	

出典：ドイツ連邦統計局の資料により作成。

さらに，2015年から2016年にかけては中東での紛争により，シリア・アフガニスタン・イラク・パキスタンなどから多くの難民がドイツに流入した。2015年の難民庇護申請者数は47.7万人，2016年は同74.5万人であった。2017年には難民受け入れを20万人に制限する政策に転換したが，2018年現在でも新たな庇護申請170万人のうち，アメリカ合衆国が25万4,300人で第1位，ペルーが19万2,500人，ドイツが16万1,900人，フランスが11万4,500人，トルコが8万3,800人と，世界有数の受入国となっている。

発生国		受入国	
シリア	34.4万人	アメリカ合衆国	25.4万人
コンゴ民主	10.0	ペルー	19.3
アフガニスタン	5.7	ドイツ	16.2
中央アフリカ	4.5	フランス	11.5
ナイジェリア	3.8	トルコ	8.4

※統計は2018年のみ。「国連難民高等弁務官事務所」資料により作成。

採点基準としては，「ＥＵ拡大 or ＥＵ債務危機→移民」，「中東内戦 or シリア内戦→難民増加」などである。再現答案を見るかぎり得点率は平均的であった。ただし，転入の具体的事例を１事例で満足してしまい，２点分の加点ポイントに言及できなかった解答も少なくなかった。

設問Ｂでは「三大都市圏と東京都特別区部の転入超過人口の推移」が提示された。東京圏の中から東京都特別区部を取り出していることにも注目したい。出題意図としては，「日本の地域や大都市の地理的特徴がどのように変化したか，統計データから読み取」るとともに，「その変化の理由を，人口移動や産業構造変化と関連付けて説明」することを求めている。ところで，2012年センター試験追試では，以下の設問が出題されている。

問 3　次の図1は，日本の三大都市圏(東京圏*，名古屋圏**，大阪圏***)の転入超過数****の推移を示したものである。図1から読み取れることがらとその背景について述べた下の文章中の下線部①～④のうちから，**適当でないものを一つ**選べ。 15

*東京都，神奈川県，埼玉県，千葉県。
**愛知県，岐阜県，三重県。
***大阪府，兵庫県，京都府，奈良県。
****転入者数から転出者数を引いたもの。

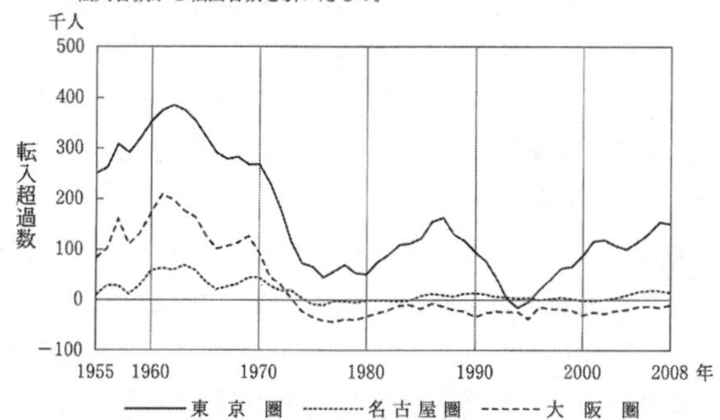

『住民基本台帳人口移動報告年報』により作成。

図　1

1950年代後半から1960年代には，①労働力需要の増大により，東京圏，名古屋圏，大阪圏の三大都市圏への大幅な転入超過がみられた。こうした転入超過により，東京圏から大阪圏にかけての地域には，多くの大都市・中都市が帯状に分布するようになった。これを②東海道メガロポリスとよぶこともある。1970年代後半になると，③大企業による本社機能の地方都市への移転が活発化したことにともない，三大都市圏への人口集中は弱まった。1980年代や，1990年代後半から2000年代には，東京圏のみが大幅な転入超過を示すようになってきた。これは，④経済のグローバル化にともない，東京が世界都市になってきたこととも関連している。

(1)では1960年代に人口が三大都市圏に集まってきた理由が問われている。高度経済成長期における産業構造の変化と産業立地を人口移動に絡めて想定することがポイントであった。2012年センター試験追試のリード文では，「1950年代後半から1960年代には，労働力需要の増大により，東京圏，名古屋圏，大阪圏の三大都市圏への大幅な転入超過がみられた」とある。高度経済成長期には，国土総合開発法(1950年)や農業基本法(1961年)が施行され，全国総合開発計画(1962年)が策定されたことなどにより，第一次産業から第二次産業へ産業構造の高度化が図られ，機械化や大規模化により生まれた農村の余剰労働力が三大都市圏へ移動して，工業労働者や第三次産業就業者へと変化した。三大都市圏を中心とする太平洋ベルト地帯ではさらなる工業化が進展し，労働力需要が増大したのである。さらに，大学への進学率も1955年の10.5%(男性15.0%，女性5.0%)が1975年には38.4%(男性43.6%，女性32.9%)へと上昇している。このような状況下で，増加する流入者を受け入れるため，1955年には日本住宅公団(現在の独立行政法人都市再生機構，UR都市機構)が設立され，1956年以降三大都市圏を中心に賃貸住宅，分譲住宅，大規模団地が次々に建設されていった。

採点基準としては，「高度経済成長期 or 産業構造の高度化 or 農業から工業へ」，「農村(地方)から三大都市圏へ or 三大都市圏に工場立地」，「雇用機会を求めた移動」などである。再現答案を見るかぎり「産業構造の変化」という観点を工業内における部門変化の指摘にとどまる解答も見られたが，得点率はやや高かった。1960年代前半という時期から高度経済成長期がイメージでき，余剰労働力や雇用という観点での人口移動に言及できたからであろう。

(2)では1980年代以降の三大都市圏における転入超過人口の動向が異なる理由が問われている。1960年代と異なる東京圏と大阪圏や名古屋圏との差異に着目することがポイントであった。(1)で出題されたように，1960年代は三大都市圏すべてで転入が超過していた。高度経済成長が終焉を迎えた1970年代には，三大都市圏への転出入状況は大きく変化し，東京圏の転入超過はわずかとなり，名古屋圏は転出入がほぼ拮抗，大阪圏は転出超過となった。1980年代になると，名古屋圏・大阪圏の転出入状況に変化はないが，東京圏の転入超過が拡大するようになる。いわゆるバブル経済が崩壊した1990年代前半には転出超過の年も見られたが，2015年まではほぼ東京圏のみの転入超過が続いた。東京圏への一極集中という状況に変化したといえる。

1980年代以降の日本は対米輸出の急増で世界最大の貿易黒字国となり，海外直接投資も増大した。国際化・情報化も進展したことで，中枢管理機能が集中する東京圏の重要度が一層高まり，転入超過が続いた。名古屋圏は日本の工業や貿易の中心である自動車産業が発達しているため，他部門の転出超過を穴埋めして転出入が拮抗を続けている。大阪圏は重工業の低迷や電気機械工業の海外移転などもあり，転出超過が続いている。

各大都市圏における50キロ圏県別人口は下表のようになっている。都府県人口の合計ではない点や自然増減も加わることから図３－２の傾向とやや異なっているが，2010年から2018年で圏域によって名古屋圏(40～50キロ)・大阪圏(30～40キロ)では人口が減少しており，東京圏の一極集中傾向を読み取ることはできるであろう。

東京50キロ圏圏別人口

	1980年※1	2000年※2	2010年※2	2018年※3
０～10キロ	3,752千人	3,206千人	3,543千人	4,077千人
10～20キロ	7,860	8,469	8,995	9,589
20～30キロ	5,377	6,776	7,595	8,037
30～40キロ	5,754	7,136	7,331	7,336
40～50キロ	3,596	4,749	4,714	4,907
計	26,339	30,335	32,138	33,947

大阪50キロ圏圏別人口

	1980年※1	2000年※2	2010年※2	2018年※3
０～10キロ	4,401千人	4,113千人	4,145千人	4,331千人
10～20キロ	3,664	3,821	3,899	3,952
20～30キロ	2,341	2,684	2,744	2,779
30～40キロ	2,702	3,108	3,137	3,104
40～50キロ	2,307	2,531	2,556	2,557
計	15,415	16,257	16,481	16,723

名古屋50キロ圏圏別人口

	1980年※1	2000年※2	2010年※2	2018年※3
０～10キロ	2,155千人	2,131千人	2,225千人	2,333千人
10～20キロ	1,821	2,165	2,307	2,403
20～30キロ	1,385	1,699	1,768	1,838
30～40キロ	1,840	2,046	2,098	2,209
40～50キロ	626	676	626	568
計	7,828	8,717	9,023	9,351

※１は国勢調査，※２は住民基本台帳(３月31日)，※３は住民基本台帳(１月１日)

採点基準としては，「東京圏→国際化 or 情報化の進展 or 経済のサービス化」，「東京圏→一極集中」，「名古屋圏→自動車工業の発展で横ばい」，「大阪圏→工業の低迷で転出超過」などである。再現答案を見るかぎり得点率はやや低かった。東京圏の一極集中は指摘できたが，大阪圏や名古屋圏をまとめてしまい，個別に捉えることができなかったほか，それぞれの都市圏の人口動向につながる具体的な理由が指摘できていない解答が多かった。

⑶では1990年代以降の東京圏内部における人口分布の空間構造変化が問われている。東京都特別区部は東京圏の一部という点を考慮することがポイントであった。1991年のいわゆるバブル経済の崩壊で，東京圏は転出超過を記録した。2011年第3問設問B⑶で出題されたように，東京圏において金融・保険業の破綻や再編が進んで転入者が減少し，出身地方へUターンし就農する人も増加した。その一方で，バブルが崩壊したことで上昇していた地価が下落した。業績が悪化した企業は，不良債権処理の必要から遊休不動産を手放す一方で，再開発が進められた。しかし，経済が低迷していた点やモータリゼーションの進展などもあり，業務施設，商業施設，宿泊施設を提供する高層建築物需要が低下していた。そのため，不動産価格が低下したこともあって，住居施設を提供する高層マンション建設も多くなった。これが東京圏への流入超過を再加速させた。ただし，1980年代はドーナツ化現象が進んでいたこともあり，東京都特別区部は転出超過であり，東京周辺部への転入超過が著しかったといえる。1990年代半ばになると，東京圏の転入超過の過半が東京都特別区部によりもたらされている。東京周辺部の転入超過は少なくなりつつも継続しているが，東京都特別区部は転出超過から転入超過の空間に変化したのである。

採点基準としては，「バブル崩壊」，「東京都特別区部→再開発による住宅供給」，「東京都特別区部→転出超過から転入超過へ」などである。再現答案を見るかぎり得点率はまずまずであった。ただし，転出超過から転入超過への転換という点の指摘が不足し，東京都特別区部を除いた東京圏が転出超過しているという誤った読み取りの解答も見られた。

地理学的に難問とはいえない設問であっても，時間配分，資料の読み取り方や指定語句の使用法に課題があり，設問文の読解力や地図学習が不足している受験生には難問となるようである。

解答

設問A

⑴ア－5　　イ－16　　ウ－6

⑵ドイツ統一後，生産性の低い産業が衰えて失業者が増えた東部地

域から，経済が発達し生活水準の高い西部地域に人口が移動した。

（60字）

⑶重工業地域は国際競争力が低下したが，金融・流通・輸送や観光などサービス経済化を進めて産業構造を高度化させ，ＥＵの中枢管理機関も集まり，南部の大半がブルーバナナの一部となったから。

（90字）

⑷ＥＵの拡大や債務危機，中東での内戦で移民・難民が増加した。（30字）

設問Ｂ

⑴高度経済成長期に産業構造が高度化し，農村からの余剰労働力が三大工業地帯を有す三大都市圏へ雇用機会を求めて転入したため。

（60字）

⑵東京圏は国際化・情報化の進展で，1990年代前半を除き転入超過が続き一極集中が進んでいる。名古屋圏は自動車関連産業が安定し横ばいを維持し，工業が低迷する大阪圏は転出超過が続いている。

（90字）

⑶東京都特別区部は転出超過であったが，バブル崩壊後は地価が下落して再開発が進み住宅供給が増えたため転入超過に転じている。

（60字）

2019年

第１問

解説 「自然環境と人間活動の関係」に関する出題であった。例年，第１問は「自然環境関連問題」をテーマとする設問が出題されている。2019年度も，例年のテーマに沿った設問であったといえる。４つの資料が提示されているが，図の特徴からの判読，図から読み取ることができる特徴が問われている。また，単に１つの資料を読み取るだけでなく，複数の資料を関連させた読み取りが要求された。さらに，設問Ｂではこれまで出題が少なかった「地理情報を地図化」する「メッシュマップ」が出題されており，その図からの計算問題も出題されている。再現答案の得点率を見るかぎり，第１問の難易度は標準的であったようである。

設問Ａでは「東アジアから東南アジアにかけての海岸線と主要な河川」図と「月平均降水量の変化」グラフが提示された。東アジアから東南アジアにおける自然災害への対策や原因にかかわる設問である。東大の出題意図は，「**気候の地域性を俯瞰的に理解する。また，自然環境と日常生活との関わりを考究する。さらに，地域の自然環境特性の変化と土地開発との関係をグローバルな視点から捉える。**」であった。

⑴は図中の地点と平均降水量を当てはめる問題であった。再現答案を見るかぎりＱとＲ，すなわちア(上海)とイ(プノンペン)の判定に誤答が見受けられた。モンスーンアジアにおける気候区を判定する問題であるが，気候区分布の把握度を確認するということではなく，気象現象のメカニズムや気候区基準の理解度が問われたといえる。すなわち，赤道からの距離からおおよその気候帯を推測し，グラフから年間降水量の多寡や雨季と乾季の状況を読み取る。赤道直下のウは熱帯雨林(Af)気候のシンガポール付近と判定できるので，Ｐがウとなる。ＱとＲは雨季と乾季を読み取ることができそうであるが，それぞれの最少雨月降水量と最多雨月降水量に注目する必要がある。ＱとＲの最少雨月降水量は60mm未満なので，熱帯であればAw気候ないしAm気候，温帯であればＲは２月の降水量が９月の降水量の１／10未満なのでCw，Ｑは12月の降水量は８月の降水量の１／10未満と読み取れないためCf(a・b)気候となる。アとイの位置から，アが温帯，イが熱帯と判定できる。上海は温暖湿潤(Cfa)なので，Ｑがア，Ｒがイとなる。気候区の判定基準の理解度が重要であった。

⑵は都市の周辺で巨大なため池が作られる理由と，家屋が高床式となる理由が問われている。**解答のポイントは，①ｃ川(メコン川)下流域の降水の特徴を理解しているか，②ため池の造成理由は適切か，③高床式となる理由は適切か**，などである。再現

答案を見るかぎり，雨季と乾季に「ため池」と「高床式」を絡めて言及することに課題が見受けられた。⑴からもｃ川（メコン川）の下流域は雨季と乾季が明瞭となるため，河川流量に大きな変動が生じる。雨季には河川の水位が上昇するため，川沿いの家屋は浸水被害が予想される。その対策として高床式となる。熱帯地域の高床式については風通しを良くしたり，湿気を下げたり，動物などの侵入防止などの目的もある。しかし，本問では河川水位に着目した解答が要求される。ため池については乾季の渇水期対策としての生活・農業用水確保となる。この点は日本のため池を想像することからも導き出せるであろう。ただしもう１点，巨大な理由も考えたい。都市周辺での水害対策とすれば，遊水池や調整池も想定できる。ため池にはこの機能も付加させたと考えられる。東南アジア最大の湖とされるトンレサップ湖（カンボジア）は，乾季の面積が2,500km^{2}程度であるが，雨季にはメコン川の河水がトンレサップ川を逆流し10倍に拡大することもある。天然の遊水池といえる。

⑶は具体的な植生を想定し，その破壊理由が問われている。**解答のポイントは，①植生は適切か，②海岸線周辺に関わる指摘となっているか，③人為的な減少理由に着目できたか，④複数の原因を指摘できたか**，などである。再現答案を見るかぎり，植生の判定は問題ないようであったが，植生減少の原因説明に課題が見受けられた。原因の指摘を一つの理由だけで完結してしまうため，加点ポイントが不足しているのである。地理の論述は，誤りでない解答よりも加点ポイントが多い解答が望まれる。そのために，多面的な考察が必要となる。

植生については，熱帯ないし低緯度，河川ｂ（ホン川）河口から河川ｃ（メコン川）河口，ベトナムの沿岸部なのでマングローブ林で問題ない。マングローブは，熱帯・亜熱帯の河口汽水域（潮間帯）に広がる塩性湿地の森林のことである。森林全体のことであり，マングローブという具体的な樹種ではない。

その植生が急速に減少している理由は，まず伐採などの人為的な側面を考慮することになる。ベトナムのマングローブ林面積は1943年の408.5万haから2012年には131.52万haへと１／３に縮小している。

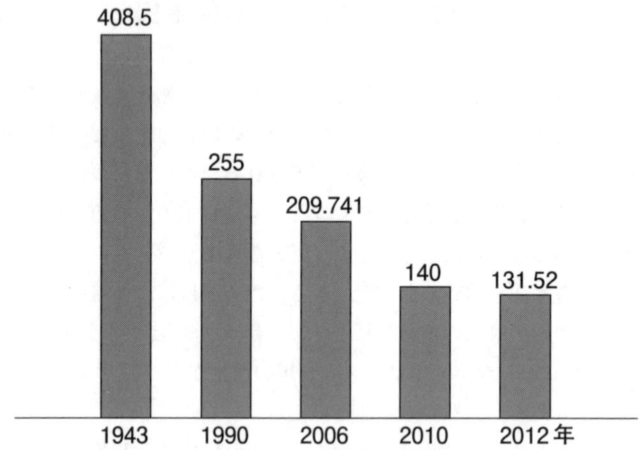

2017年5月7日付のTRITHUCvnより(単位：万ha)

近年の減少理由はエビの養殖場開発が最も大きい。ベトナムは日本のエビ輸入先第1位(2017年)でもある。ただし，エビ養殖が本格化したのは1986年のドイモイ政策以降である。それまでのマングローブ林減少は薪炭材・パルプ材用，農地造成のための伐採であった。ただし，農地造成ではあるが欧米・先進国資本によるプランテーションは，社会主義国のベトナムなので適切な表現とはいえない。

設問Bでは標高と人口に関するメッシュマップが提示された。単なる地形図の読図にとどまらず，「さまざまな地図」や「地理情報の地図化」というテーマでの出題は今後も予想される。出題意図は「**地形の形態と分布の特徴を理解し，数量的な表現と結びつける。また，地理の重要な統計指標を活用する。さらに，地形の特徴と，地形に規定される環境の要素を人間活動と関連付ける。**」であった。なおメッシュマップは1978年地理A(当時の分類では系統地理)において，起伏量・耕地率・人口に関して出題されている。

(1)はメッシュマップに示された平均標高に着目して地形の位置を判定する問題である。**解答のポイントは，①標高から地形が想定できるか，②河川の流れ方が読み取れたか，③要求された地形に言及しているか，④方位に対応した説明となっているか，**などである。再現答案を見るかぎり，メッシュマップに慣れていない受験生は戸惑ったと思われるが，「台地」の位置の説明が難しかったようであった。本問の場合は「海面」，「沖積低地」，「台地」，「山地」，「比較的大きな河川」の位置について，標高を示す図１－３のメッシュマップから読み取る問題であり，その読み取る地形も指示されているが，要求を満たせていない答案も見られた。「海面」は標高(海抜高度)０ｍであるので南西端となる。設問文中に「方位は上が北である」とあり，この点にも注意したい。「沖積低地」は河川の堆積作用によって形成された平野なので，まず河川の流路を読み取る必要があり，それを受けて河川沿いと河口に広がると読み取ればよい。「比較的大きな河川」は，水は高い所から低い所へ流れるという基本的理解から，北東から南西の「海面」に向かって流れていると読み取れる。「台地」は，日本では洪積台地を意味することが多い。ただし，周囲の平地より一段高い地形と捉えられれば，「沖積低地」と「山地」の間に広がる地形と読み取ればよい。「山地」は，国土地理院で使用している主要自然地域名称図(1954年，地理調査所)によると，地殻の突起部をいい，総括的な意味を持つものとされている。比較的大きな起伏や傾斜を有し平地より標高が高い地形といえるので，北西部や南東部で読み取れる。なお丘陵は，小起伏の低山性山地とされるが，山地のうち低地との高さが300ｍ以下のもの(1982年，国土数値情報作成調査)という定義も見受けられる。

⑵は１つのメッシュの面積を考慮して計算する問題である。再現答案を見るかぎり，正答率は高かったが，わずかながら誤答も見受けられた。単純な計算問題であるが，設問中の条件「各メッシュの大きさは縦横ともに500ｍ」や，「各メッシュにおける人口が100人単位」を見落としてしまうと，解答不能になってしまう。縦横すなわち南北・東西500ｍなので，各メッシュは0.5km × 0.5km ＝ 0.25km^{2}であり，図１－３や図１－４の総面積は３km × ３km ＝ ９km^{2}となる。人口は，図１－４中の数値を足し合わせると65となるが，100人単位(× 100)なので6,500人となる。よって，Ｘ地域(図１－４)の人口密度は，6,500人 ÷ ９km^2 ＝ 722人／km^2(有効数字３桁)である。

⑶はメッシュマップから地形と人口分布の関連性を読み取らせる問題である。**解答のポイントは，①具体的な地形に言及しているか，②人口密度が相対的に低い地形を読み取れたか，③人口密度が相対的に高い地形を読み取れたか**，などである。再現答案を見るかぎり，多面的な考察力に課題も見受けられた。⑴で具体的な地形が提示されているので，その地形イメージからでも人口分布を想像することはできる。しかし本問は，メッシュマップを読み取り，地形と人口を関連させなければならない。さらに人口分布なので，多い地域や少ない地域の両面から説明する必要もあるが，⑵で人口密度を求めているので，その平均値から相対的多寡を指摘すればよい。平均値が722人／km^{2}なので，メッシュ内(0.25km^2)の数値は２がほぼ平均である。「０～１」は少なく，「３以上」が多いと考えればよい。河川の流路周辺は「１～２」であるが，沖積低地全体では「１～10」が読み取れる。沖積低地内でも分布状況が異なってい

るため，沖積低地内で人口分布が多くなる地形にも言及できるとよい。第1問は「自然環境と人間活動の関係」であり，設問Aでは災害が意識されているので，微高地の自然堤防を導き出し，台地とともに相対的に人口が多いと読み取れるとよい。そして，海面を除き「0～1」が読み取れる地域は，(1)で読み取ったように標高の高い山地ないし山地斜面であり，相対的に人口が少ないと読み取ることもできる。

メッシュマップのような地理情報の地図化，自然地理と防災教育に関する分野は，2022年(令和4年度)から実施されている「地理総合」の重要テーマとなっている。共通テスト・東大ともに出題が増える可能性が高く，今後も注目したい分野である。

解答

設問A

(1)P－ウ　Q－ア　R－イ

(2)雨季の河川増水期の浸水対策として高床式となり，乾季の渇水期に生活・農業用水確保と洪水時の遊水池としてため池が造られた。

(60字)

(3)マングローブ。経済開発を背景に輸出用エビの養殖池や農業用地の造成，薪炭材やパルプ材の利用が増加し過剰伐採が進んだから。

(60字)

設問B

(1)北西部と南東部には山地がみられ，南西端の海面に向かって北東部から比較的大きな河川が流れている。河口の小規模な三角州と河川沿いに沖積低地がみられ，山地との間には台地も広がっている。

(90字)

(2)722人/km^2

(3)山地斜面や水害が生じやすい河川沿い，海岸部の人口は少なく，浸水被害が少ない微高地の自然堤防や台地は相対的に人口が多い。

(60字)

第2問

解説　「世界の国際貿易と国際旅行者」に関する出題であった。例年，第2問は「統計読み取り問題」が出題されている。2019年度も，例年のテーマに沿った設問であったといえる。3つの資料が提示されているが，図の特徴からの判読・判定問題や，統計を導入材料にしてその理由を説明する問題構成となっている。時事的な内容が含まれているため，教科書学習にとどまらず，最新の統計とともに新聞・テレビなどで報道されるニュースや特集にも注目する必要がある。再現答案の得点率を見るかぎり，第２問の難易度は標準的であったようである。

設問Ａでは「各国の輸入品の生産過程で排出された窒素量から，輸出品の生産過程で排出された窒素量を引いた差」のグラフが提示された。窒素の種類は，水溶性窒素，亜酸化窒素ガス，アンモニア，窒素酸化物，また農産物の生産過程，軽工業製品の生産過程，化石燃料の生産過程や火力発電で排出されるタイプに分けられている。この窒素の種類を読み取り，国名を判定するとともに地球環境問題を考察させている。東大の出題意図は，「**一般的な環境問題の背景を理解し，提示された資料を参考に環境問題の社会的背景を論じる。また，資料を各国の貿易上の特徴と結びつける。さらに，資料を国際貿易と環境問題の知識と組み合わせて読み解く。**」であった。

(1)は過剰な窒素排出によって生じる悪影響が問われている。複数の正答例が予想されるが，農産物や軽工業製品の生産工程，化石燃料の生産工程や火力発電で排出される窒素という排出原因に着目して指摘する必要があった。再現答案を見るかぎり，正答率は高かった。水溶性窒素やアンモニアから水質汚染，亜硫酸ガスから大気汚染，窒素酸化物から酸性雨，また一酸化二窒素（N_2O）は温室効果ガスとしても知られているので地球温暖化などが想定される。閉鎖性水域などで発生する赤潮は，窒素分などの富栄養化によってもたらされることから誤りとはいえないように思われる。ただし本設問では，生活排水や重化学工業の工場排水を主要因としていないことから，水質汚染という表現の方がよりよいといえる。また近年は赤潮の原因として，プランクトンを捕食する生物の減少，すなわち浄化作用の低下という側面が指摘され，埋め立てや護岸工事による浅瀬の減少が問題視されている。悪影響という広い捉え方なので，本問の場合は誤答として想定される解答例の方が少なかったといえる。

(2)は輸出品と輸入品における窒素排出量および種類別窒素排出量からの国名判定問題であった。再現答案を見るかぎり，正答率は低かった。国際貿易に伴う窒素排出の実態解明に世界で初めて成功したとされる，種田あずさ東北大学助教グループが発表した論文からの出題である。『ネイチャー・ジオサイエンス』に掲載された論文「国際貿易に伴う大量の窒素汚染」の添付資料からの出題であるが，あまりにも最先端な研究報告であり，設問文中の窒素が排出される生産過程をヒントにしても難しかったと思われる。（ア）と（イ），（ウ）と（エ）それぞれで国名判定が逆であっただけでなく，判定ポイントが不明確なためすべての判定を誤った解答も見受けられた。ただし，この論文はシドニー大学に提出された論文であり，窒素量が排出された該当年次の提示も不明である。受験生が判定するためのヒントは少なかったといえる。

窒素の種類を考慮すると，農産物や化石燃料の貿易から考察すればよい。（ア）は農産物や軽工業製品(繊維製品)，化石燃料の大輸入国と考えられる。(イ)は農産物を輸出できるが化石燃料の輸入国ないし火力発電の比重が高い国，(ウ)は化石燃料の輸出国であるが，農産物や軽工業製品の輸入国，(エ)は化石燃料の輸出国ないし火力発電の比重が高く農産物や軽工業製品の輸出国と考えられる。よって，(ア)は農産物や化石燃料の輸入大国である日本，(イ)は世界最大の原油輸入国(2017年)のアメリカ合衆国，(ウ)は石炭・原油・天然ガス輸出国のロシア，(エ)は石炭・原油・天然ガスの輸入国であるが石炭火力発電により製造した製品が多い中国となる。日本は，バーチャルウォーターやフードマイレージの値と同様に，窒素フットプリントにおいても他国由来のものが多いため，輸入元の環境を悪化させていると読み取ることもできる。

(3)はオーストラリアの主要輸出品と窒素排出量の関連性を説明する問題であった。**解答のポイントは，①輸出の多くなる理由が指摘できたか，②具体的な輸出品が指摘できたか，③窒素に関連させた輸出品となっているか**，などである。再現答案を見るかぎり，得点率はまずまずであったが，具体的な貿易品目の指摘や配点を意識した加点要素の指摘に課題が見られた解答も見受けられた。輸出が輸入を大きく上回っているので，窒素量の排出が多い輸出品の指摘や，輸入品が少ないことに言及すればよい。2018年における貿易統計(金額)は下表の通りである。

オーストラリアの主要輸出入品(2018年)

	輸出		輸入	
1位	石　炭	19.7 %	機械類	25.4 %
2位	鉄鉱石	18.7	自動車	12.8
3位	金(非貨幣用)	5.7	石油製品	8.2
4位	肉　類	4.0	原　油	4.5
5位	機械類	3.2	医薬品	3.8

『データブック　オブ・ザ・ワールド』により作成。

生産過程において窒素排出量が多い石炭や液化天然ガスなどの化石燃料輸出が多く，肉類などの畜産物の輸出も上位に登場する。そのほか，小麦・砂糖・綿花・羊毛などの農畜産物の輸出国としても知られている。輸出量が多くなる理由としては，資源が豊富であり農畜産業の大規模経営が可能で盛んに生産されているためであるが，国内市場が相対的に小さいことも関係する。さらに，純輸出入量なので生産過程で窒素排出量の相対的に少ない輸入品が多いことも関係している。

(4)は窒素排出量を削減するために国際的なルール作りが必要とされている理由が問われている。**解答のポイントは，①先進国以外に着目できたか，②世界全体の総排出量という観点に言及しているか，③国際貿易に関連させているか，④フードマイレー**

ジが意識できたか，⑤越境被害という観点を考慮したか，などである。再現答案を見るかぎり，環境問題につなげるフードマイレージの観点や先進国に対比させた発展途上国という観点からの指摘に課題が見受けられた。また3行分の加点ポイント(4～5点)に対して，多面的な視点が必要であったといえる。

国別の窒素フットプリントは，各国が国内で消費する製品やサービスを通じて与えている窒素負荷を測る指標であり，対象国で消費された製品やサービスが，生産，消費，輸送の過程において国内外で排出した(活性)窒素の量で表す。そのため，地球環境全体で捉えると，対象国が輸入量を増やせば輸出国での窒素排出量が増加する。また，先進国が規制しても発展途上国で規制しないのであれば，先進国企業が発展途上国に立地移動し，発展途上国で増加することも考えられる。さらに，国際貿易を通じて製品の移動量が増加すれば，移動に関わる化石燃料の消費量も増加することになる。年間の人為的な活性窒素生産量は，世界人口と1人当たり食料消費量の増加により増え続けており，すでに地球の許容量の約3倍に達しているといわれている。活性窒素による窒素汚染は生態系と人類の健康を脅かし深刻化していることから，2012年の「国連持続可能な開発会議(リオ＋20)」において，窒素汚染を含めた原因対策を緊急的に講じることが宣言されている。

本問は国際貿易に関連させる問題であるが，環境情報学の論文からの出題であるため，フードマイレージを考慮する必要もあった。東大の入試問題では，「フェアトレード」や「バーチャルウォーター」などの時事的内容について，それらの用語を使用せずに問うことが少なくない。本問もそのタイプの問題であったといえる。

設問Bでは「国際旅行者受け入れ数上位国」と「2005年と2015年における訪日旅行者数の上位国・地域」の資料が提示された。単なる統計の読み取りにとどまらず，その数値や変化の理由が時事問題に絡めて理解できているかが問われている。出題意図は「**世界の国・地域に関する統計データを読み取り，それぞれの地理的特徴と結びつけて理解する。また，世界の国・地域と日本との関係に関する統計データと，各国・地域および日本の状況とを結びつけて理解する。**」であった。

(1)は外国人旅行者受け入れ数上位国の判定問題である。外国人旅行者受け入れ数の知識だけでなく，人口1人あたり国民総所得から発展段階の考慮，外国人旅行者受け入れ数と自国人口100人あたり外国人旅行者受け入れ数から総人口を求める指標操作などで完答する必要があった。この国名判定は(2)につながるからである。再現答案を見るかぎり，正答率は非常に高かった。ただし，設問A(2)でも見受けられたが，「アメリカ合衆国」という解答に対して「アメリカ」や「米国」という記述も見受けられた。選択肢が「アメリカ合衆国」の場合は，それ以外の表記が誤記とされてもやむを得ない。独りよがりの判断ではなく，問題に忠実な解答が望まれる。

外国人旅行者受け入れ数の知識から，(ア)がフランス，(イ)がアメリカ合衆国，(ウ)がスペインとわかる。しかし，人口１人あたり国民総所得から，(イ)が最も発展段階の高い国，次いで(ア)，(ウ)の順となる。また，「外国人旅行者受け入れ数」÷「自国人口100人あたり外国人旅行者受け入れ数」で「自国人口」が求められる。(ア)は64.5百万人，(イ)は322.9百万人，(ウ)は46.0百万人となる。このような指標操作や各指標を関連させることで国名判定の精度はより高まるはずである。

⑵は(ア)国(フランス)と(ウ)国(スペイン)で外国人旅行者受け入れ数が多い理由を，自然的および社会的条件から説明する問題であった。両国に共通する自然的・社会的両側面の指摘であるが，外国人旅行者を多くすることにつながる必要がある。**解答のポイントは，①(ア)国と(ウ)国の判定は適切か，②自然的条件の適切な理由が指摘できているか，③社会的条件の適切な理由が指摘できているか**，などである。再現答案を見るかぎり，自然的条件が不十分な解答や，社会的条件の加点ポイントが少ない解答も見受けられた。また自然的・社会的条件が両国に共通していることや，外国人旅行者を多くすることにつながらない記述も少なくなかった。

フランスとスペインなので，観光客を多くする自然的条件の共通性としては，地中海性気候が関わってくる。夏季に晴天が続く温帯気候であることから，バカンスシーズンである夏季に訪問型・滞在型の観光需要が高まる。また，冬季も比較的温暖(バルセロナの１月平均気温9.3℃，マルセイユの１月平均気温7.1℃)であり，寒冷地からの避寒地としても人気が高い。社会的条件の共通性としては，両国ともEU加盟国で域内からの移動が自由であり，歴史的・宗教的な観光施設も多い。さらに，EU諸国は有給休暇をはじめ長期休暇を取得できる国が多いこともあり，ドイツ・イギリスや北ヨーロッパから地中海沿岸への観光客が多くなっている。

なお，2016年における観光客数(上位５か国)とその観光収入は次表の通りである。

観光客受け入れ上位国(2018年)

	国　名	観光客数	観光収入
1位	フランス	8,257.0万人	508.8億ドル
2位	アメリカ合衆国	7,560.8	2,447.1
3位	スペイン	7,531.5	606.1
4位	中　国	5,927.0	444.3
5位	イタリア	5,237.2	403.7

日本政府観光局(JNTO)資料により作成。

アメリカ合衆国にくらべ，フランスやスペインの観光客1人あたり収入が少ないことも特徴である。

(3)は中国とタイからの訪日旅行者が増加している共通理由が問われている。指定語句に修飾語を付しながら論理的に説明することになるが，中国とタイの変化にとどまらず日本の変化なども踏まえ多面的に説明する必要があった。**解答のポイントは，①中国とタイに共通な理由となっているか，②旅行者数に観光客以外が含まれることを意識しているか，③受け入れる日本側にも着目しているか，④指定語句を適切に修飾しながら使用できたか，⑤「入国管理」に関するビザなどに言及できたか**，などである。再現答案を見るかぎり，まずまずの得点率であった。ただし，指定語句「入国管理」の使用法に課題が見られる解答が散見されたほか，中国とタイに共通する理由が多面的に考察されていない解答も少なくなかった。

資料として提示された原資料は下表である。

訪日旅行者の変化

順位	国・地域	訪日旅行者数(万人，2015年)				訪日旅行者数(万人，2005年)			
		総数	観光客	商用客	その他※	総数	観光客	商用客	その他※
1	中　国	499.4	423.8	33.4	42.2	65.3	20.2	16.5	28.5
2	韓　国	400.2	352.0	33.7	14.5	174.7	121.6	38.7	14.4
3	台　湾	367.7	350.5	11.9	5.3	127.5	116.0	8.8	2.6
4	香　港	152.4	148.1	3.7	0.7	29.9	26.9	2.6	0.4
5	アメリカ合衆国	103.3	74.9	22.0	6.4	82.2	48.7	26.0	7.5
6	タ　イ	79.7	73.8	3.5	2.4	12.0	7.5	3.0	1.5

※その他には留学，研修，外交・公用，一時上陸客などが含まれる。

日本政府観光局(JNTO)資料により作成。

訪日旅行者には，観光客，商用客，留学・研修・外交・公用・一時上陸客などのその他客が含まれる。2005年～2015年における中国とタイからの訪日旅行者の増加は著しいが，その中心は観光客である。ただし，商用客やその他も増加している。海外進出企業総覧によれば，2017年における日本の海外進出企業(出資比率10%以上)は，1位中国(6,744社)，2位アメリカ合衆国(3,939社)，3位タイ(2,482社)である。2005年～2015年における進出企業増加数は，中国が4,404社から6,825社へ，タイが1,529社から2,318社へ増加しており，この影響もあるといえる。また同期間の1人あたり国民総所得は，中国が1,740ドルから7,930ドルへ，タイが2,720ドルから5,720ドルへと上昇している。格安航空便は2012年3月に日本初の格安航空会社が就航して，海外路線も拡張した。訪日旅行者(インバウンド)増加政策として，2009年の「観光立国戦略会議」において2020年に2,000万人を目標とした。しかし，2015年に1,973万人となったことから，2016年「明日の日本を支える観光ビジョン構想会議」で2020年に訪日外国人旅行者4,000万人に達成目標を変更した。民泊を含めた宿泊所整備や案内板などの多言語化，ピクトグラム(絵文字)変更など，受け入れ態勢の整備も行われている。さらに，ビザ発給要件の緩和や入国管理審査の簡略化も進めている。中国の場合は，2009年に年収25万元(約340万円)がビザ発行要件であったが，2015年には年収10万元(約190万円)となっている。年収の増加や貨幣価値の変化を考慮すれば，訪日可能な人々は急増したといえる。またタイは2013年に，15日以内の短期滞在に関してビザが免除されている。

解答

設問A

⑴酸性雨，大気汚染，水質汚染，地球温暖化などから一つ

⑵(ア)－日本　(イ)－アメリカ合衆国　(ウ)－ロシア　(エ)－中国

⑶国内市場が小さいため，肉類・小麦・羊毛などの農畜産生産物と石炭・天然ガスなどの化石燃料産出量の多くを輸出しているから。

(60字)

⑷先進国で規制されても発展途上国で増加するのであれば，世界全体の窒素排出量の削減にはつながらない。また貿易量が増加することで，輸送機関から排出される窒素で環境負荷も大きくなるから。

(90字)

設問B

⑴(ア)－フランス　(イ)－アメリカ合衆国　(ウ)－スペイン

⑵夏季の乾燥気候がバカンスに適しており，ＥＵ域内の自由移動を

背景にして長期休暇を取得できる国から旅行者の流入が多いから。
(60字)

(3)両国の経済発展で，商用客が増加しただけでなく，格安**航空**路線の開設や海外旅行が可能な**所得階層**が拡大した。さらに訪日客増加**政策**で，ビザ発給要件緩和など**入国管理**審査簡略化が進んだため。
(90字)

第3問

解説「日本の産業と国土」に関する出題であった。例年，第3問は「地誌的および日本関連問題」をテーマとする設問が出題されている。2019年度も，例年のテーマに沿った設問であった。2018年に引き続き2015年の国勢調査結果を利用した問題が出題されている。産業別就業者に関する設問は，2009年に産業部門別就業者の増減，2011年に産業別就業者の都道府県間移動に関する出題があり，東大が好んでいるテーマといえる。再現答案の得点率を見るかぎり，第3問の難易度はやや難しかったようである。

設問Aでは「2010年と2015年における都道府県別の産業分類別就業者比率」が提示された。表を読み取って考察する問題であるため，表中の変化を意識する必要があった。東大の出題意図は，「**地域の動態を筋道立てて解明し，地理的現象を引き出す特性を導き出す。また統計を活用し，地域に対する量的・質的影響を読み取る。さらに，地域の等質性と固有性を理解する。**」であった。

(1)は知識経済化・情報社会化の進展に関して，全国レベルでの地域的変化を考察させる問題である。知識経済化・情報社会化に該当する「情報通信業」と「学術研究，専門・技術サービス業」に着目することになるが，2010～2015年における変化の延長で考察する必要があった。**解答のポイントは，①知識経済化・情報社会化に関連する指標を読み取っているか，②表から読み取った全国レベルの変化となっているか，③読み取った内容につながる判断理由となっているか**，などである。再現答案を見るかぎり，資料を考慮していないため出題意図からずれてしまったり，誤った思い込みからの解答も多かった。また知識経済化・情報社会化に関連する産業分類を読み取れなかった解答も見受けられた。

表から読み取る問題なので，知識経済化・情報社会化に関連する産業は，「情報通信業」や「学術研究，専門・技術サービス業」を考慮すればよい。日本標準産業分類では，「情報通信業」を通信業，放送業，情報サービス業，インターネット付随サービス業，映像・音声・文字情報制作業の5つに分類している。「学術研究，専門・技術サービス業」は学術・開発研究機関，専門サービス業，広告業，技術サービス業の４つに分類でき，それらはさらに細分化することもできる。どちらの産業も高度な人材や情報の収集が必要であるため，東京の比重は高い。また，「知識経済化・情報社会化の進展が加速している」ため，日本全体の就業者比率は次表のように，情報通信業が2010年の2.7％から2015年の2.9％へ，同じく学術研究，専門・技術サービス業が2010年の3.2％から2015年の3.3％へ上昇している。ただし，2015年における東京以外の６道府県の比率は全国平均を下回っており，東京の上昇率にくらべ地方の上昇率は低い。よって，東京と地方の格差が拡大していると読み取ることができる。

全国における産業分類別就業者比率

	宿泊業，飲食サービス業	製造業	情報通信業	学術研究，専門・技術サービス業	医療，福祉	建設業
2010年	5.7 ％	16.1 ％	2.7 ％	3.2 ％	10.3 ％	7.5 ％
2015年	5.5	16.2	2.9	3.3	11.9	7.4

国勢調査による。

⑵は医療，福祉の就業者比率が高い都道府県の特徴が問われている。全国平均より高率の「高知県・沖縄県・北海道」の特徴となるが，２つの特徴を異なる視点から指摘するとともに，表中から読み取ることができる特徴にも着目する必要があった。**解答のポイントは，①表中から医療，福祉の就業者比率が高い都道府県を読み取れたか，②医療，福祉の就業者比率が高くなる理由説明ができたか，③それらに共通する地理的特徴が指摘できたか，④それらに共通する就業者比率が低い指標に着目できたか，**などである。再現答案を見るかぎり，類似する項目の指摘にとどまり，異なる視点を２つ指摘することが難しかったようである。また，地理的位置の差異や特徴につながる背景説明にも課題があったといえる。

高知県・沖縄県・北海道の地理的位置は，東京や大都市圏から離れた遠隔地である。高知県や北海道は過疎化・高齢化の進んだ地域が広がり，沖縄県は離島が多いことから福祉施設の就業者が多くなっている。また比率の高い産業分類があれば，低い産業分類もあるはずである。表中から３道県に共通する特徴を読み取ると，製造業の極端な低さがあげられる。全国平均は2010年16.1％，2015年16.2％であるが，両年次とも高知県と北海道は８％台であり，沖縄県は４％台に過ぎない。相対的に市場が小さく，また大市場から離れ，輸送費が多くなることから工業が不振といえる。なお，東京都の製造業就業者比率も全国平均を大幅に下回っているが，工業の地方分散や工場の海外移転などが関係しており，脱工業が進んだためで高知県・沖縄県・北海道とは理由が異なっている。

⑶は東日本大震災前後において被災地における産業構造の変化理由を説明する問題である。福島県において，増加・減少した産業部門をそれぞれ読み取り，東日本大震災に関連させて論理的に説明する必要があった。**解答のポイントは，①福島県の具体的被害に着目できたか，②低下した産業を読み取れたか，③上昇した産業を読み取れたか**，などである。再現答案を見るかぎり，解答の枠組みが具体的に指示されていることもあり得点率は高かった。ただし，被災地という観点を意識しすぎて，上昇した産業分野の読み取りが不足する解答もわずかながら見受けられた。

2010～2015年において，福島県で上昇した分野は「学術研究，専門・技術サービス業」，「医療，福祉」，「建設業」である。逆に低下した分野は「宿泊業，飲食サービス業」，「製造業」であった。変化の理由は，東日本大震災と関連させる必要があるため，全国平均を考慮しながら説明することになる。上昇した３部門のうちでは，福島県の「医療，福祉」上昇率は2010～2015年で1.0ポイントにとどまり，全国平均の同1.6ポイントより低い。よって東日本大震災の復興関連事業という点では，「学術研究，専門･技術サービス業」，「建設業」の指摘の方が重要度は高い。一方，「宿泊業，飲食サービス業」，「製造業」は全国平均以上の低下率であった。原発事故やインフラストラクチャー(社会基盤，経済基盤)の破壊といった東日本大震災の直接的影響，また風評被害による影響もあったといえる。

⑷は北海道と沖縄に共通した経済的特徴を読み取る問題である。共通して高い経済的産業分野や低い経済的産業分野をそれぞれ読み取ることになるが，⑵との差異にも注意する必要があった。**解答のポイントは，①北海道と沖縄県に共通した経済的特徴が読み取れたか，②共通して高い産業の読み取りは適切か，③共通して低い産業の読み取りは適切か**，などである。再現答案を見るかぎり，「経済的特徴」の具体例として読み取りが不適切であり，また⑵との差別化という観点からの考察に課題があったようである。

共通して全国平均より高い分野は「宿泊業，飲食サービス業」，「医療，福祉」，「建設業」であるが，他の５都府県とともに経済的特徴を考慮すると，「宿泊業，飲食サービス業」，「建設業」に注目することになる。「医療，福祉」は⑵**で問われているので，差別化という観点でも言及する必要性は低くなる。よって**，「宿泊業，飲食サービス業」の高さは豊かな自然環境や観光施設と絡め，「建設業」の高さは公共事業と絡めて考察すればよい。北海道と沖縄県では開発を進めるために，2001年まで北海道開発庁や沖縄開発庁が設置されていた。中央省庁再編により，現在は国土交通省北海道局，内閣府沖縄振興局などの管轄となっている。一方の低い分野は「製造業」，「情報通信業」,「学術研究，専門・技術サービス業」であるが,「情報通信業」と「学術研究，専門・技術サービス業」は他の地方3県との差異が明瞭ではない。よって,「製造業」の低さを地理的共通性である位置に着目して論じればよい。ただし,「製造業」は(2)でも指摘されている。そのため，都市と地方といった地理的位置を考慮した(2)との差異として，社会的視点を含めた説明が望まれたといえる。

設問Bでは「日本の5つの半島」に関する説明文と地図が提示された。2013年に出題された日本の工業都市と同様な説明文提示問題である。出題意図は,「**地域の事象に関する説明文を読んで，それぞれの地域の位置を日本地図の上で特定する。また，キーワードを用いて地域の人口や産業の変化について説明する。**」であった。

(1)は説明文に該当する半島の位置を地図中から選択する問題である。説明文中のヒントを見出す必要があり，第二次世界大戦後の日本経済の変動を理解しておくとともに，日頃からの地図学習も必要であった。再現答案を見るかぎり，完答が多かった反面，全問誤答という極端な解答も見受けられた。日本に関連する問題は毎年出題されているが，説明文中のヒントを読み取る基本的理解度に課題が見られるだけでなく，地図学習を疎かにしている受験生も多いといえる。

A半島は,「大都市の通勤圏」に位置し,「遠洋漁業の拠点」が置かれているので，②の三浦半島である。三浦半島に位置する横須賀市の人口は，1950年の25.1万人から1980年の42.1万人へと，高度成長期に急増している。また南端に位置する三浦市は著名な三浦「ダイコン」，キャベツ，スイカなど野菜の生産が盛んな地域であるが，三崎漁港は遠洋漁業の拠点になっており，日本有数のマグロ水揚げ港でもある。

B半島は,「リアス式海岸で知られ」,「真珠の養殖」,「大都市圏に比較的近い」ことなどからも，⑤の志摩半島である。風や波が穏やかで水深が確保できるリアス海岸は養殖業にも適しており，鳥羽の真珠島は1893年に世界ではじめて真珠の養殖が成功した地としても知られている。サミット開催地としても知られる賢島まで「私鉄」の近畿日本鉄道が延びており，1994年には複合リゾート施設の志摩スペイン村が開園している。

C半島は,「農業と漁業が中心的な産業」,「1960年代に大規模工業基地の建設が計画」,「核燃料廃棄物関連の施設」などから，①の下北半島である。むつ小川原開発計画は1968年に工業地帯開発計画の構想試案が発表され，1969年の新全国総合開発計画においても閣議決定された。しかし，1973年の第1次石油危機で計画は縮小され，1979年の「第2次石油危機で頓挫」している。一方，第2次石油危機を契機にむつ小川原国家石油備蓄基地が着工されて1985年に全面完成しているほか，同じ六ケ所村には各種放射性廃棄物を処理・処分してウラン資源を効率的に利用する核燃料サイクル基地が立地している。

(2)は大都市圏に比較的近い半島で高齢化や人口減少が進んだ理由が問われている。A(三浦)半島の状況を具体的に把握できていなくても，説明文中の「高度成長期に～住宅地開発が盛んに進められた」という記述や，近年の日本が抱える問題から想定することができた。**解答のポイントは，①高度成長期に住宅地開発が進められたことを考慮したか，②若年層に関わる指摘ができたか**，などである。再現答案を見るかぎり，A半島を主語とした理由説明ではなく，大都市や都心の人口増加を説明する解答が少なくなかった。出題意図を考慮すれば，A半島や大都市圏(厳密には圏を除き大都市の方がよい)に比較的近い半島を主語として考察する必要があった。

下図のように，三浦半島の中心都市である横須賀市は，高度成長期の1970年代から1980年代にかけての宅地開発で人口が急増した。しかし近年は人口が減少しており，2013年の転出超過は全国1位(住民基本台帳)を記録している。

横須賀市の人口・人口増減率・人口密度の推移　1909年～2015年(明治42年～平成27年)

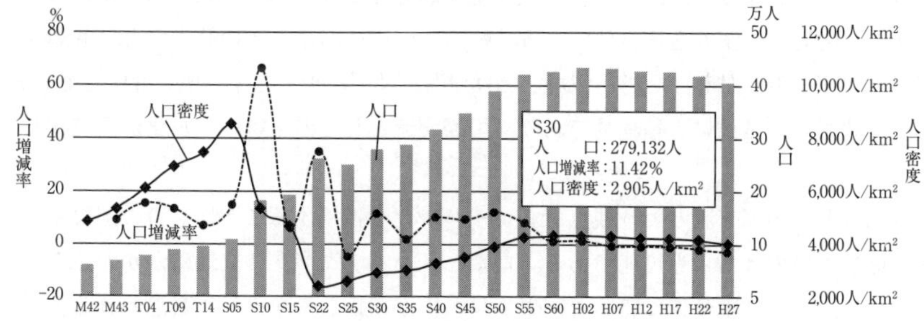

国勢調査，横須賀市により作成。

多摩ニュータウン(東京都)，千里ニュータウン(大阪府)，高蔵寺ニュータウン(愛知県)などにおいても，経年により初期入居者の高齢化が進む一方で新規入居者は減少し，居住者の平均年齢が上昇傾向にある。また，大学への入学や就職，結婚などを機に親元から転出することで，若年人口が減少する。さらに，2000年代になると日産自動車，関東自動車，住友重機械工業などの工場撤退や縮小，横須賀リサーチパークの規模縮小など，基幹産業の衰退により雇用も減少している。

(3)はD(国東)半島とE(能登)半島において，共通理由ではなく，それぞれの地域経済の変化を説明する問題である。空港の整備に関連させながら，それぞれの半島に適切な指定語句を，修飾しながら効果的に使用する必要があった。**解答のポイントは，①D半島とE半島の判定は適切か，②それぞれの地域経済の変化に言及しているか，**

③D半島とE半島に当てはまる指定語句を使用できたか，**④指定語句を適切に修飾しながら使用できたか**，などである。再現答案を見るかぎり，D半島とE半島の判定ができなかっただけでなく，両半島それぞれの説明ではなく，まとめてしまった解答が多かった。さらに，指定語句をどちらに使用すれば効果的になるかといった点で課題も見受けられた。

D半島は，「『昭和の町』として知られるまちづくり」，「海を挟んだ隣の県」，「ミカン」などから，⑦の国東半島となる。国東半島は奈良時代から「平安時代」にかけて六郷満山という独特の仏教文化が栄えた地であり，富貴寺「大堂」には極楽浄土の世界を表現し国宝に指定される木造阿弥陀如来坐像や大堂壁画が現存している。豊後高田市には昭和30年代の町並みを再現し，町おこしが2001年から進められている。また，1971年の大分空港開港や1984年のテクノポリス指定などで，集積回路やデジタルカメラなど先端技術産業の企業誘致も進んでいる。

E半島は，「棚田の風景」，「漆器産業」，「従来から水産業，観光業が盛ん」などから，⑥の能登半島となる。2011年に世界農業遺産に認定された白米千枚田は輪島市の棚田であり，輪島塗の漆器も知られている。輪島の朝市や温泉などの観光資源にも恵まれており，2003年に開港した能登(のと里山)空港には国際チャーター便も就航している。外国人観光客の誘致にも積極的であり，国際交流としてのグローバル化が活発化している。

外国人との国際交流という観点でグローバル化を指摘することは，Dの国東半島とEの能登半島のどちらも可能である。ただし，ハイテク産業の立地にかかわるグローバル化は，テクノポリスに絡めた国東半島の方が指摘しやすかったと思われる。

なお，③は伊豆半島，④は渥美半島である。本設問は，日本に関する地図学習の必要性を実感させる問題であったといえよう。

解答

設問A

⑴知識産業は高度人材や情報の収集が必要であり，情報通信業や学術研究等は東京への集中がさらに進み，地方との格差が拡大する。

(60字)

⑵過疎化・高齢化が進み福祉施設の多い地方や離島で比率が高く，大都市圏から離れているため，工業が不振で製造業の比率が低い。

(60字)

⑶原発事故やインフラの破壊，風評被害などで製造業や観光業は低

下，誘致を進めた学術研究や復興需要で建設業の比重は上昇した。

(60字)

(4)自然をいかした観光・サービス業や公共事業による建設業の比重が高く，大消費地から離れているため製造業の発展が遅れている。

(60字)

設問B

(1)A－②　　B－⑤　　C－①

(2)経年による高齢化が進み，工場の撤退で若年層が流出したから。

(30字)

(3)D半島では製造業の国際分業を背景にＩＣなどの**ハイテク産業**を誘致し，Ｅ半島では国際チャーター便の運航で**外国人**観光客を受け入れるなどの観光開発を進め，地域経済の**グローバル化**を進めた。

(90字)

2018年

第1問

解説 「地球環境と気候」に関する出題であった。例年，第1問は「自然環境と人間活動の関係」をテーマとする設問が多くなっており，2018年については人間活動との関係性や被災予測などが問われているが，例年のテーマに沿った設問であったといえる。駿台の再現答案を見るかぎり，基本的な気候メカニズムや容易な時事的問題であったために，大問別では第1問の得点率が最も高かったようである。

設問Aではハワイのマウナロアで観測された「1958年から2017年までの二酸化炭素濃度の変化」と「今世紀の二酸化炭素濃度増加のシナリオ」が提示された。パリ協定を意識した地球温暖化にかかわる問題であり，全体的に時事的要素の強い設問であった。なおパリ協定は，2016年に発効したものの翌2017年にはアメリカ合衆国が離脱を表明するなど，2017年に大いに話題となった(ただし，大統領が代わり2021年に復帰している)。

(1)では二酸化炭素濃度を増加させている具体的な人間活動が問われた。再現答案を見るかぎり，得点率は高かった。環境問題の基本であり，２つの人間活動という指定があったため解答しやすかったようである。採点のポイントは，①二酸化炭素の吸収と排出といった両面で考察できたか，②直接的な人間活動による二酸化炭素の増加理由となっているか，である。

まず「増加」ということから二酸化炭素の排出面に着目すると，燃焼をともなう化石燃料の大量消費があげられる。「温室効果ガスの排出」という解答だけでは，温室効果ガスに二酸化炭素以外も含まれ，「人間活動」という出題意図からややずれてしまうため，正答とはいいづらい。「エネルギー消費量の拡大」に関しても，再生可能エネルギーや自然エネルギーであれば二酸化炭素の増加に直接的にはつながらない。

次に二酸化炭素の吸収面に着目すると，2012年第２問設問Cにおいて森林の炭素蓄積量に関する問題が出題されている。森林面積に応じて炭素蓄積量が変化するため，森林伐採や植物の減少で光合成量が低下し，炭素が森林に蓄積されず大気中にとどまることになる。減少につながる吸収が抑制されるため，結果的に「増加」となるのである。

(2)では１年のうちで二酸化炭素の変化する原因が問われた。(1)を考慮した問題であり，再現答案の得点率は高かった。工業化の進展や生活水準の向上などにより，化石燃料の消費量が増加して，全体的には二酸化炭素濃度が上昇傾向にある。ただし，二酸化炭素が1年のうちに「減少」している時期があることにも着目しなければならない。採点のポイントは，①高日季に二酸化炭素が低下傾向を示すこと，②低日季に二酸化炭素が増加傾向を示すこと，③二酸化炭素濃度の低下につながる光合成が指摘できたか，である。光合成が活発な時期の二酸化炭素減少，不活発な時期の増加を繰り返しているが，全体的に二酸化炭素濃度は上昇傾向にあるといえる。

ところで図1－1は，あくまでハワイのマウナロアで観測された二酸化炭素濃度である。下図に示した温室効果ガス世界センター(WDCGG)が世界各地の観測データを集計した結果と似ているが，二酸化炭素濃度の観測地点は世界各地に置かれている。観測地点により増加や減少の程度に差が生じる。図1－1の変動は熱帯に位置するハワイであるため，その意味で夏季と冬季という四季を表す表現は避けたい。ましてや冬季の暖房による増加は適切とはいえない。

二酸化炭素濃度の変化(世界平均)

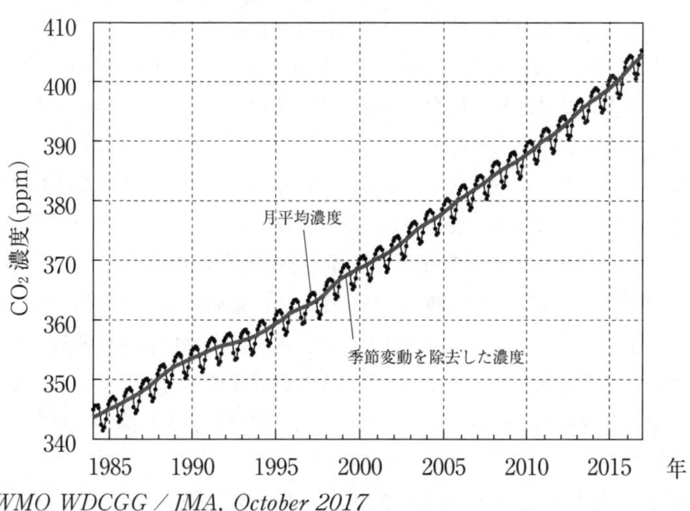

WMO WDCGG / JMA, October 2017

⑶では，2014年に発表された「気候変動に関する政府間パネル第5次評価報告書」で示されている二酸化炭素増加シナリオの差異を，人間活動の寄与度に着目させて予想させている。再現答案の得点率もまずまずであったが，下線の引き忘れのほか，指定語句のうち「固定」の使用にやや課題が見受けられ，場合分けしながら地球環境の予想に言及できていない解答も見受けられた。採点のポイントは，①AとDを場合分けしているか，②地球環境の予想に言及しているか，③時事的要素を意識しているか，④指定語句を修飾しながら使用できたか，である。

A～Dは地球温暖化を引き起こす効果(放射強制力)による4つのシナリオであり，

A(RCP＝代表的濃度経路 $8.5W/m^2$)は産業革命前に比べて4℃程度上昇するシナリオ，D(RCP2.6)は産業革命前に比べて2℃上昇するシナリオである。下表は1986年以降を基準としているが，産業革命前(1850年～1900年の平均)から1986年までで，すでに0.61℃上昇している。

基準年(1986年から2005年の平均気温)に比べての気温変化(単位：℃)

シナリオ		2046～2065年		2081～2100年	
		平均	可能性の高い範囲	平均	可能性の高い範囲
A	RCP8.5	2.0	1.4～2.6	3.7	2.6～4.8
B	RCP6.0	1.3	0.8～1.8	2.2	1.4～3.1
C	RCP4.5	1.4	0.9～2.0	1.8	1.1～2.6
D	RCP2.6	1.0	0.4～1.6	1.0	0.3～1.7

IPCC『第5次評価報告書』より作成。

Aはこのまま石油や石炭に依存した経済活動が継続するシナリオであり，Dはパリ協定のシナリオで，温室効果ガスの排出量を40%～70%削減するシナリオでもある。

ただし，図1－2は二酸化炭素の増加シナリオなので，単なるエネルギー消費の増加では加点できない。再生可能エネルギーや自然エネルギーを消費しても二酸化炭素の増加につながらないからである。また，パリ協定を意識した地球温暖化にかかわる問題であり，全体的に時事的要素の強い設問であった。

設問Bでは「1848年以降に発生した世界の熱帯低気圧の経路図」と「1970年に発生した世界の熱帯低気圧の経路図」が提示された。熱帯低気圧は水温の高い熱帯域の海洋上で発生し，暖気のみで構成されるため前線を伴わない移動性低気圧である。

(1)では強い熱帯低気圧の地域呼称とその発生地域を組み合わせて問われた。単純な知識問題であり経路図が示されているため再現答案の正答率は高かったが，具体的な地域の書き方がポイントであった。

台風は北西太平洋(北半球の東経100度～180度)の熱帯低気圧で，最大風速が17.2m/s(34ノット，風力8)以上とされるが，世界気象機関による国際定義では最大風速が32.7m/s(64ノット，風力12)以上がタイフーンとされている。同じくサイクロンはインド洋や南太平洋で最大風速が32.7m/s(64ノット，風力12)以上，ハリケーンは北東太平洋や大西洋で最大風速が32.7m/s(64ノット，風力12)以上の熱帯低気圧である。

(2)では熱帯低気圧の進路が変化する理由が問われた。具体的な経路図が提示されているため，再現答案の得点率は高かった。ただし，変化を生じさせる具体的な風の記述ではなく，風向にかかわる転向力(コリオリの力)や地球の自転にとどまる指摘も見受けられた。採点のポイントは，①北半球で北西，南半球で南西に進む理由が具体的に指摘できたか，②その後北半球で北東，南半球で南東に変化する理由が具体的に指摘できたか，である。

低気圧の回転方向は，転向力を受けるため，北半球では左回り（反時計回り），南半球では右回り（時計回り）に回転する渦状の雲群となる。しかし，これは回転方向の説明であり，低気圧の進路変化を直接的に説明する要因ではない。日本〜フィリピン，東アジアにおける台風の経路に顕著なように，低緯度は貿易風の影響を受け，中・高緯度で偏西風の影響を受けることでの進路変化となる。

⑶では南米大陸周辺で熱帯低気圧が発生しない理由が問われた。再現答案の得点率は高いといえるが，加点ポイントが一つだけにとどまる解答も見受けられた。採点ポイントは，①熱帯低気圧の発生メカニズムが理解できているか，②複数の加点ポイント（１行で２点分）が指摘できているか，である。とくに，南米大陸の周辺海域で発生メカニズムが整わない点を具体的に指摘する必要があった。

熱帯低気圧の発生は，偏東風波動説が知られているが，一定（26℃〜27℃）以上の海水温の高さが前提として挙げられる。南アメリカ大陸西岸には寒流のペルー（フンボルト）海流が流れているため，海水温が低い。東岸には暖流のブラジル海流が流れているが，大西洋東部を流れている寒流のベンゲラ海流の影響が強く，相対的な暖流ではあるが海水温が高いとはいえない。また，暖流の南赤道海流も流れているが，赤道周辺の低緯度では転向力が弱く，渦状の低気圧を発生させることができない。さらに，海水温がやや低いことから，上昇気流も弱く潜熱をエネルギー源として発達することができないのである。ただし，一度もハリケーンが発生していないわけではなく，2004年３月には「カタリーナ」と命名されたハリケーンが発生している。

⑷では熱帯低気圧が原因で被災者が増加すると予測される理由が問われている。大気の大循環など基本的な気候現象メカニズムの理解にとどまらず，自然災害にもつなげている。自然災害関連問題は東大で定番の問題であり，2016年第３問設問Ａや2011年第１問設問Ａでも出題されているが，2011年では被災者数の増加傾向を示すグラフも提示された。設問文で限定されているにもかかわらず熱帯低気圧の強度や発生頻度に言及してしまう解答も見られたが，これまでの出題頻度が高いこと，類似問題が出題されていることから得点率は高かった。採点のポイントは，①強度や発生頻度以外の予測になっているか，②自然の変化が指摘されているか，③社会の変化が指摘されているか，である。

2011年に出題された問題では，「自然災害による死者が減少傾向にあり，被災者数が増加傾向にある理由」が問われた。被災者数の増加については「災害危険性が高い地域での居住増加」や「防災・避難体制の整備」という観点の解答が要求されていたが，本問でも同様の視点が必要であった。世界的な人口増加という状況下で，具体的な災害危険地域の指摘が要求されたといえる。

ところで本問は，2022年度からの「地理総合」を意識した出題であったともいえる。新課程の「地理総合」では，「防災と持続可能な社会の構築」が重要テーマとなっており，「予想」や「予測」など「現代の地理的な諸課題を考察する」ことを目標としている。今後とも単なる事実の把握ではなく，論理的な「予想」や「予測」など，考察させる問題の出題が多くなると思われる。

解答

設問A

(1)森林伐採で吸収が減少し化石燃料の大量消費で濃度が増加した。

(30字)

(2)高日季は緑色植物による光合成が活発で二酸化炭素吸収量が多くなるが，低日季は光合成が不活発となり吸収量が低下するから。

(59字)

(3)Aは化石エネルギー消費を制限しないため，二酸化炭素濃度が増加し続け気温上昇が最大となる。Dは植林などでの炭素固定をはじめ二酸化炭素排出量を低く固定化し，気温上昇を最大限抑制する。

(90字)

設問B

(1)サイクロン―南アジア～東アフリカ

ハリケーン―北アメリカ～中央アメリカ

(2)低緯度では貿易風，中・高緯度では偏西風の影響を受けるため。

(30字)

(3)寒流や弱い暖流で海水温が低く，上昇気流も生じにくいから。

(29字)

(4)地球温暖化や人口増加により，低湿地や斜面・傾斜地の宅地化が進み，災害危険性の高い地域の居住が増加すると考えられるから。

(60字)

第2問

解説　「海域をはさんだ地域のつながり」をテーマとしているが，例年出題されている「統計を中心とした資料解析問題」である。統計分析問題は提示されている年次や指標の意味を考慮するとともに，指標を操作して比較・検討することも必要である。さらに，その統計を意味づけるとともに派生する問題の理解度が重要となる。再現答案を見るかぎり，複数の資料や内容に着目する点が難しかったようで，大問別では第1問に比べ第2問の得点率は低かったようである。

設問Aでは「2000年と2014年におけるコンテナ取扱量上位港湾の変化」と「2014年におけるばら積み船の出発国(地域)・到着国(地域)の組合せと輸送量」が提示された。2015年のスエズ運河拡張，2016年のパナマ運河拡張，またニカラグア運河の建設など国際海運が注目されているなかでの出題であった。

(1)では2000年と2014年において香港とシンガポールで順位変化の違いが生じた理由が問われている。香港の地位低下を取扱量の絶対的減少と思いこんだ解答が多かったため，再現答案の得点率は低かった。採点のポイントは，①香港の相対的低下が説明できているか，②シンガポールの地位に変化がない理由説明は適切か，③指定語句を修飾しながら使用できたか，である。

下表のように，香港の地位は低下しているが，取扱量が急減したわけではない。地位低下は絶対量の減少か，他の港湾の上昇による相対的地位低下かを判断する必要がある。1997年第2問設問Dでもタイの米輸出に関する問題が出題されており，「タイの米の輸出量が増加しているのに，総輸出量に占める米の輸出額の割合が低下している」理由が問われている。

コンテナ取扱量の変化(単位 千 TEU)

	2000年	2020年
上　海	5,613	43,501
シンガポール	17,040	36,871
寧　波	—	28,734
深　圳	3,994	26,553
広　州	—	23,192
青　島	2,120	22,005
釜　山	7,540	21,599
天　津	—	18,356
香　港	18,100	17,971
ロサンゼルス	4,879	17,327

『世界国勢図会』および 国土交通省『海事レポート』より作成。

香港は取扱量を維持しているが，シンガポールをはじめ上海や深圳の取扱量が増加した。2000年当時に比べ相対的に低下したのであり，上海・深圳・寧波など周辺(中国)

の港湾が整備され，コンテナを利用する工業製品の取り扱いが分散したからといえる。また，香港とシンガポールは中継貿易港として以前から発展していたが，シンガポールは東南アジア諸国の経済発展も影響して，コンテナ取扱量がさらに増大したといえる。

⑵では鉄鉱石と石炭のばら積み船到着国(地域)と輸送量からばら積み船出発国を判定させている。基本的な鉱産資源の輸送なので，再現答案の正答率は高かったが，(イ)でインドという誤答が散見された。⑶を考慮できれば，もっと正答率は高くなってもよかったと思われる。

(ア)は鉄鉱石と石炭の輸出国であり，日本の輸入先でもあるのでオーストラリアとなる。輸送量を考慮しても(ア)は大輸出国であることがわかる。(イ)は鉄鉱石の輸出国であり，日本の輸入先でもあるのでブラジルである。インドは，石炭や鉄鉱石の大生産国であるが，石炭は輸入国であり，鉄鉱石の輸出も少ない。さらに，一般炭の到着国(地域)にインドが登場していることからも正答とはなり得ない。

⑶では 2016 年に完了したパナマ運河拡張による東アジアの輸出入品輸送の影響を，具体的な品目を例に「予想」させている。設問Ａは資料をヒントに考察させる設問であり，直接資料に言及していない⑶ではあるが，⑵の表２－２がヒントとなっている。ただし，５つの指定語句を修飾しながら使用することに課題が見られたほか，表２－２を参考にできなかったようで，再現答案を見るかぎり得点率の低い解答例が多かった。採点のポイントは，①具体的な輸出品目と船種をつなげられたか，②具体的な輸入品目と船種をつなげられたか，③パナマ運河拡張と関連しているか，④指定語句を修飾しながら使用できたか，である。

パナマ運河に関連する問題は，2008 年の一橋大学第３問でも出題されている。日本の鉄鉱石輸入について，ブラジルに比べオーストラリアからの輸入が多い理由が問われていた。オーストラリアの距離的近接性が解答の一つのポイントであったが，ブラジルからの輸入はパナマ運河を経由するという制約も関係していた。鉱石運搬船(バルクキャリア)と呼ばれる「ばら積み船」に積載できる量の制約が価格に反映し，また運河を通過する時間的制約が供給への柔軟度に影響する。ニューオーリンズから東京へ 25 日ほどで輸送できる船舶は，船長 294 m・船幅 32 m から船長 366 m・船幅 49 m へ，積載量は従来の３倍になり，利用頻度や利用量が増大した。

東アジアとくに日本からアメリカ大陸東岸への具体的な輸出品は，機械類や自動車，消費財などである。これまではパナマ運河の制約から西岸に輸送し，機械類や消費財のコンテナは大陸横断鉄道や自動車に積み替えられ，陸上輸送を併用することも多かった。逆方向のアメリカ大陸東岸から東アジアへは，穀物などの農産物や鉱産資源などの輸送も陸上輸送距離の短縮や積み替え回数の削減が可能となり，大型ばら積み船を利用する大量輸送で輸送費軽減にもつながる。

なお，「ばら積み船」にタンカーや鉱石運搬船が含まれるとされているが，原油は中東からでありパナマ運河との関係が薄い。さらに，表２－２を考慮する必要もあるので，輸送品の例としては適当ではない。

設問Ｂは2013年第２問設問Ｂ以来の資料未提示問題であり，インド洋を取り巻く地域が出題された。環インド洋地域は，古くから交易や文化的交流，人的移動が盛んに行われているが，イギリスとの関係が深い地域である。

(1)では東南アジアと南アジアのムスリム(イスラム教徒)人口大国が問われたうえで，イランとＡ国(インドネシア)の統治のあり方の違いを宗教の位置づけに注目して比較させている。再現答案における国名判定の正答率は非常に高かった。ただし，後半のイランとＢ国に関する論述への意識が高過ぎ，国名判定を忘れた答案も見受けられた。その論述に関しては，得点率が低かった。政教一致と政教分離(世俗化)という対比ができた解答においても，宗教の最高指導者＝国王と捉えて政教一致や分離を論じている解答が見受けられた。採点のポイントは，①Ａ国の判定は適切か，②宗教と政治の関係性に着目できたか，③イランとＡ国の差異を見いだせたか，である。

東南アジアでムスリム人口が２億人を超え，世界最大のＡ国はインドネシアで問題ない。単なる人口を考慮しても正答にたどり着けるであろう。Ｂ国も南アジアで１億人を超えているのでインドである。インドはヒンドゥー教国として知られているが，ムスリム人口も10%を超えている。総人口が14億人を超えている(2021年14.1億人)インドなので，インドネシアに次ぐムスリム大国といえる。メッカが位置するサウジアラビアはイスラームの中心といえるが，総人口は3,595万人(2021年)ほどであり，ムスリム人口は東南アジアや南アジア諸国より少ない。

イスラーム国家は，イスラームを国教としシャリーア(イスラム法)を法律とする政教一致で，女性の社会進出に制約が多いと考えられやすい。イランはイスラーム(シーア派)を国教とするイスラム共和国であり，政教一致といえる。それに対してインドネシアは，イスラーム(スンニー派)中心ではあるが，イスラーム以外にキリスト教プロテスタント・カトリック，ヒンドゥー教，仏教も国教に指定して，どの宗教も憲法上で平等に権利が保障されており，政教が分離する世俗国家の立場をとっている。また女性の社会進出についても，スカルノ大統領(初代)の長女であるメガワティが第５代大統領(2001～04)に昇格している。イスラーム国家といっても，国家による差異があるといえる。

(2)では東南アジアや南アフリカ共和国でインド系住民が多い歴史的背景が問われて

いる。再現答案では歴史的背景となる旧イギリス植民地の指摘はできていたが，両国への移住の歴史的背景を同一視し，さとうきびと天然ゴムを使い分けていない解答が見受けられ，得点率は難易度の割にやや低かった。採点のポイントは，①歴史的背景が指摘できたか，②マレーシアと南アフリカ共和国の差異が指摘できたか，③指定語句を修飾しながら使用できたか，である。

両国はいずれもイギリスの植民地であったが，南アフリカは1910年にイギリス自治領南アフリカ連邦として成立し，1961年にはイギリス連邦から脱退して南アフリカ共和国となった。1931年のウエストミンスター憲章でイギリスと同格の主権を獲得し，1934年の南アフリカ連邦地位法で独立主権国家として規定されているため，正式な独立年としては1910年，1931年，1934年，1961年のいずれかとなるが，入試では1910年とすることが多い。マレーシアは1948年にイギリス領植民地の集合体であるマラヤ連邦(保護領)が成立し，1957年に独立した。1963年にはシンガポールとボルネオ(サバ州・サラワク州)を統合してマレーシアとなったが，1965年にシンガポールが独立している。

両国にインド系住民が居住するようになった背景は，イギリス植民地時代に遡る。19世紀後半からのさとうきび・天然ゴムプランテーション労働者として，同じイギリス植民地であったインドから導入された。鉱山労働者としての移住も見られたが，南アフリカ共和国はさとうきび労働者として，マレーシアでは天然ゴム労働者としての移住が多かったといえる。

なお，インド独立の父として知られるマハトマ・ガンディーは，南アフリカで弁護士として公民権運動に参加し，1947年のイギリスからのインド独立を指揮している。南アフリカとインドの歴史的関係性も把握しておきたい。

(3)では東南アジアからアフリカ東南部インド洋沿岸諸国に対して，貿易や投資が活発になると考えられる分野を，両地域の経済発展状況を踏まえながら説明させている。歴史的な交易や文化的・人的交流などの知識や理解度から将来を考察させる問題であるが，再現答案の得点率は低かった。解答例にはインフラ投資といった漠然とした記述も多く，両地域の経済発展段階に着目して，市場や直接投資という観点での指摘が不足していたといえる。採点のポイントは，①両地域の経済発展の状況を指摘しているか，②貿易や投資が増加する分野の指摘は適切か，③その理由説明は適切か，である。

環インド洋連合(IORA)は，1997年に結成された環インド洋地域協力連合が2013年に改称された組織で，インド洋に面する21カ国が加盟しているほか，日本・中国・アメリカ合衆国・イギリスなどの対話パートナーも7カ国で組織されている。海上安全保障，貿易・投資の促進，漁業管理，災害リスク管理，学術・科学技術協力，観光促進・文化交流を重点協力分野として，経済面での協力推進を目的としている。2017年には創立20周年を迎え，初の首脳会合が開催された。

東南アジア諸国とアフリカ東南部なので，東南アジアの方が相対的に経済発展しており，東南アジアからの工業製品輸出の活発化が予想される。また，アフリカ東南部は発展途上の地域であるため，潜在的な市場として期待でき，低賃金労働力の確保という観点での直接投資も考えられる。

本問も「～考えられるか」という発問形式であり，歴史的・地理的知識だけが要求されているわけではない。他地域の先行事例も考慮しながら，該当地域の事象がどのように変化するか，それを論理的に説明する問題であったといえる。

解答

設問A

(1)香港は中国の経済発展や周辺港湾の整備で工業製品の取扱量が分散し，シンガポールは東南アジアの中継機能を維持しているから。

(60字)

(2)(ア)－オーストラリア　(イ)－ブラジル

(3)東アジアとアメリカ大陸東岸の輸送は陸上輸送も利用したが，運河拡張による大量輸送で輸送費も低下し，電気機械などの輸出はコンテナ船，穀物や原燃料などの輸入はばら積み船利用が増加する。

(90字)

設問B

(1)A－インドネシア　B－インド

イランは宗教上の最高指導者が統治する政教一致であるが，インドネシアは政教分離で，イスラーム以外も国教として認めている。

(59字)

(2)イギリスの植民地時代に，マレーシアへは天然ゴム，南アフリカ共和国へはさとうきびのプランテーション労働者として移住した。

(60字)

(3)経済発展した東南アジアから潜在的市場のアフリカ東南部へ，工業製品の輸出が増加し，労働集約型工業への直接投資も増加する。

(60字)

第3問

解説「人口と都市」に関する出題であった。例年，第3問は「世界地誌や日本関連問題」をテーマとする設問が多くなっており，2018年の第3問についても，「人口と都市」ではあるが例年のテーマに沿った「日本関連問題」の設問であったといえる。日本関連問題は高校での学習が疎かになりやすい。日本全体の歴史的変化や都道府県ごとの統計に着目していない場合，得点率が低い難問となってしまう。再現答案を見るかぎり，大問別で第3問の得点率が最も低かったようであるが，その理由の1つに第3問の問題量が例年に比べて多かったこともあげられる。解答に要する時間が不足したため，結果的に難問化したともいえる。

設問Aでは2010年～15年の5年間で人口が増加した8都県のうちの「4都県における1985年以降の人口増減率変化」と「2010年～15年の都道府県別の人口増減率図」が提示された。2015年の国勢調査結果は2016年から段階的に公表されたことから，2018年が入試問題として扱える最初の年度であり，受験生にとっては初見のデータであったといえる。その意味でも時事的問題であるが，時事問題への関心度が不足している場合には，それだけで難問になったといえる。

⑴では1985年以降の人口増減率変化から該当する4都県を判定させている。2015年の国勢調査結果が発表されたことから予想された問題であるが，再現答案を見るかぎり，正答率は選択肢が提示されている割に低かった。B(東京都)の正答率は高かったが，A(沖縄県)の判定に苦戦していたようである。人口増加率の推移に着目するので，いわゆるバブル崩壊の1990年～95年に人口減少を記録しているBを，東京都と判定することは容易である。またバブル経済期に人口増加率が著しく高いCは埼玉県となるが，AとCは傾向が似ている。全体的な人口増加率の高さからの判定となり，人口増加率の高いAが沖縄県，Dが福岡県となる。ところで，人口増加率は自然増加率(出生－死亡)と社会増加率(転入－転出)の合計である。2010年～15年の人口増加率がほぼ同じ東京都と沖縄県であるが，東京都は社会増加，沖縄県は自然増加の影響によることも理解しておきたい。

⑵では山梨県と和歌山県で，人口減少率が周囲の都府県と比べて相対的に大きくなる共通理由が問われている。再現答案を見るかぎり，得点率は低かった。語群から適切な用語を選択する論述に不慣れであっただけでなく，物理的距離がほぼ等しい周辺県に比べて人口減少率が高くなる理由を，通勤や通学の可能性から考察できなかったようである。採点のポイントは，①物理的距離以外に着目できたか，②常住人口が減少する理由となっているか，③語群から適切な指定語句を選択し，修飾しながら使用できたか，である。

人口増減率と昼夜間人口比率

単位(%)

	人口増減率(2015〜20年)	昼夜間人口比率(2020年)		人口増減率(2015〜20年)	昼夜間人口比率(2020年)
北海道	−2.92	100.0	滋　賀	0.05	96.6
青　森	−5.37	99.9	京　都	−1.24	102.0
岩　手	−5.40	99.8	大　阪	−0.02	104.4
宮　城	−1.37	100.1	兵　庫	−1.26	95.3
秋　田	−6.22	99.8	奈　良	−2.92	90.2
山　形	−4.97	99.7	和歌山	−4.25	98.4
福　島	−4.23	100.1	鳥　取	−3.49	99.8
茨　城	−1.71	97.6	島　根	−3.34	100.1
栃　木	−2.08	99.0	岡　山	−1.72	100.1
群　馬	−1.72	100.0	広　島	−1.56	100.1
埼　玉	1.08	87.6	山　口	−4.46	99.6
千　葉	0.99	88.3	徳　島	−4.79	99.6
東　京	3.94	119.2	香　川	−2.67	100.1
神奈川	1.22	89.9	愛　媛	−3.64	100.1
新　潟	−4.47	100.0	高　知	−5.05	99.9
富　山	−2.96	99.8	福　岡	0.66	100.0
石　川	−1.86	100.2	佐　賀	−2.57	100.7
福　井	−2.53	100.2	長　崎	−4.71	99.7
山　梨	−2.99	99.3	熊　本	−2.68	99.7
長　野	−2.42	99.7	大　分	−3.64	99.9
岐　阜	−2.62	96.3	宮　崎	−3.12	99.9
静　岡	−1.81	99.8	鹿児島	−3.64	99.9
愛　知	0.79	101.3	沖　縄	2.37	100.0
三　重	−2.51	98.4	**全　国**	**−0.75**	**100.0**

昼夜間人口比率は，夜間人口100人当たりの昼間人口の比率。
『国勢調査』による。

上の表のように，東京都に接する山梨県ではあるが，東京都・埼玉県・神奈川県・千葉県が増加しているのに対して減少している。茨城県・栃木県・群馬県・静岡県と比較しても減少率は2倍近くとなっており，長野県の減少率も上回っている。和歌山県についても，大阪府の周辺府県では最も高い減少率であり，隣接する三重県の減少率も大きく上回っている。人口減少は自然減少と社会減少の合計であるが，出生数と死亡数の自然増減でさえ転入数と転出数の社会増減，とくに若年層の社会増減が関係してくる。若年層の転出が多い県では出生数が減少して少子高齢化が進みやすく，自然減少も大きくなりやすい。よって，若年層が転出する理由に着目することになり，その際に，就労・就学の場の存在，通勤・通学の可能性を考慮しながら，適切な指定語句を選択して論理的な説明が必要であった。就労・就学の場が県内に不足すれば，県外へ通勤・通学することが考えられる。しかし，さまざまな制約や時間距離がかかることから，通勤・通学が難しくなり，転出者が多くなって人口減少率が相対的に大きくなることがある。

⑶では三大都市圏に近い県で人口減少率が相対的に小さく遠い県で大きくなる理由と，同じ地方ブロック内でも人口減少率に差異がある理由が問われている。2015年の国勢調査結果が公表されたことから予想された設問であったが，再現答案を見るかぎり，得点率は低かった。②の同じブロックで県によって人口減少率に差異が見られる理由はまずまずの出来であるが，①の三大都市圏に近い県で人口減少率が相対的に小さくなる理由は，大都市圏の通勤・通学圏で昼夜間人口比率は低いが転出者が少ないという観点からの説明が多く，得点率が低くなっている。採点のポイントは，①三大都市圏に近い県や地方ブロックの一部県で常住人口が減少しなくて済む理由説明は適切か，②三大都市圏から遠い県で常住人口が減少する理由が想定できたか，③地方ブロックで人口減少率が小さくなる県を想定できたか，④語群から適切な指定語句を選択し，修飾しながら使用できたか，である。

前ページの表のように，北関東3県(茨城県・栃木県・群馬県)の人口減少率は全国平均を上回っているが，宮城県を除く東北地方や四国に比べ相対的に小さい。また昼夜間人口率を見ると，東京周辺3県(埼玉県・神奈川県・千葉県)より高く100に近い数値を示している。これは通勤・通学による転出が少なく県内にとどまる，すなわち県内就労・就学者が多いということでもある。

一方，人口が増加している九州地方の福岡県をはじめ，東北地方の宮城県，中国地方の広島県や四国地方の香川県で人口減少率が相対的に小さい。福岡県の福岡市，宮城県の仙台市，広島県の広島市は政令指定都市であり，「支店経済」の都市とも呼ばれ各地方の中心都市である。また香川県の高松市には，先の3都市とともに全国に8カ所しかない高等裁判所が設置されている。すなわち，福岡県・宮城県・広島県・香川県は交通の要所で各地方の中心都市が立地している県であり，雇用機会の多寡や少子高齢化の水準が相対的に低いといった点が人口減少率に大きく影響したといえる。なお，2011年の第3問設問B⑵においても，宮城県・香川県・福岡県において他都道府県から転入してきた人の割合が高い理由が問われている。本問はこの観点を導入できるので，過去問学習の重要性がわかる問題であったといえる。

設問Bでは「鹿児島，広島，金沢における地表起伏と人口集中地区の範囲をドットで示した地理院地図」が提示された。地形図の読図問題は2016年以降出題されていない(2022年に出題)が，「さまざまな地図と地理的技能」が現行課程の第1編に配されて，「地理情報と地図」や「地図と地域調査」の重要度が高まったことから，地理院地図をはじめ多種の地図が出題されるようになった。

⑴では３都市における当初の都市域と拡大した都市域を地形条件に関連させて読み取らせている。３都市の差異に着目することもポイントであったが，再現答案を見るかぎり，未解答が散見されるうえ，当初の都市域から拡大していった場所の地形読み取りが，それぞれ２点分の加点要素としては不足しているため，得点率がやや低かった。とくに，金沢と鹿児島・広島の差異を明確にする読み取りに課題があったといえる。採点のポイントは，①当初の都市域が地形を示しながら指摘できたか，②都市域の拡大した場所が地形を示しながら指摘できたか，③３都市の差異を意識できたか，である。

鶴丸城とも呼ばれる鹿児島城の城郭構造は平山城とされる。平山城とは平野の中にある小山や丘陵などに築かれた城のことである。ただし，後世に作られた概念でもあり，平城，山城，平山城の区分上の定義は確定しているわけではない。本問の場合は，「都市域は，この城跡の付近から拡大し始めた」を前提として，地理院地図に示されている城跡付近の地形を読み取り，人口集中地区の範囲からその後の都市域の拡大を読み取る問題である。錦江湾に面する鹿児島の場合は，背後に山・台地・丘陵を抱える麓から，低地や埋立地，さらにはシラス台地上にも拡大していったと読み取ることができる。また海岸線は人工的に造成されたと思われる形状が読み取れ，埋立地と考えることができる。

鯉城とも呼ばれる広島城の城郭構造は，太田川の三角州上に築かれた平城とされる。瀬戸内海に面する広島は，三角州上の城跡周辺から同心円状に，太田川の上流や下流へ拡大していき，河口付近では埋め立てや干拓なども行われたと読み取ることができる。

尾山城とも呼ばれる金沢城の城郭構造は，平山城とされる。日本海に面する金沢は，犀川と浅野川に挟まれた扇状地上の地形で，小立野台地の先端(尾山)に位置しており，そこから海岸へ向けて拡大したといえる。金沢市北方には砂丘地が広がっているが，この内灘砂丘は猿ヶ森砂丘(青森県)・鳥取砂丘に次いで，日本で３番目に大きな砂丘とされている。３都市の差異として，指摘したいポイントでもある。

⑵では広島と鹿児島における都市域の拡大によって増大した自然災害の共通性が問われている。読図問題であり，⑴と⑵の発問内容をヒントにしながら相互に関連させる問題であるが，再現答案の得点率はやや低かった。共通する２つの自然災害のリスクに関する指摘はまずまずであったが，その特徴に関しての記述は不足している解答が多かった。採点のポイントは，①共通する自然災害リスクを２つ指摘できたか，②⑴と関連させることができたか，③自然災害が発生する地域の特徴に言及できたか，である。

広島では2014年８月豪雨で「広島土砂災害」が発生した。秋雨前線に向かう暖湿流と不安定な大気を要因とする集中豪雨で，線状降水帯が停滞したため，花崗岩の風化土壌で覆われた斜面が崩壊している。

鹿児島では1993年豪雨の土砂災害が知られているが,2016年9月の台風16号でも，床上・床下浸水の風水害のほか土砂災害も発生している。

どちらの土砂災害も，広島は花崗岩の風化土壌の真砂土，鹿児島は火山灰土のシラスに覆われているため，脆弱で軟弱な地盤が要因である。そして，それらが分布する地域に宅地開発されたことで，大きな災害につながってしまった。さらに，金沢との差異を考慮すると，海岸低地への都市域拡大が読み取れる。埋立地への都市域拡大なので，台風などの低気圧接近による高潮被害，地震による液状化現象といったリスクが考えられる。地震による影響としては津波の可能性も皆無ではないが，前面の地形的な制約から津波による災害可能性が高いとはいえないであろう。

なお，自然災害は自然現象による災害であるが，人的・経済的被害が生じなければ単なる自然現象に過ぎない。自然災害の発生は，自然現象が起きやすい，あるいは起こしやすくする地域に宅地化や開発が進められたということでもある。

設問Cでは地方から大都市に転勤する２人の会話文が提示された。大都市内を中心業務地区と周辺(郊外)に分けて対比することや生活圏の捉え方がポイントであった。なお，会話文という資料は2021年からの共通テストを先取りした形式だといえる。

⑴では会話文の内容を踏まえて，大都市の土地利用と生活圏との関係を説明させている。再現答案では，大都市＝中心業務地区という観点での論述や，大都市内の中心業務地区と郊外というスケールの比較ではなく，大都市と地方というスケールの比較に言及した論述も見受けられ，得点率はやや低かった。採点のポイントは，①大都市を広範囲に捉えているか，②地区の対比的比較ができたか，③土地利用と生活圏との関係になっているか，④指定語句を修飾しながら使用できたか，である。

大都市の都心ターミナル駅や繁華街の周辺は,「都心はデパートや専門店，劇場などがあって便利」であるが,「家賃が高くてなかなか住めない」地区である。「都心から20分くらい離れた場所」は「まだ家賃が高そう」であり,「さらに離れた郊外」で「家の近くにスーパーマーケットや食料品店があると便利」となる。会話文をヒントに，大都市を広範囲に捉え，地域ごとの生活圏の特徴を，指定語句を考慮して説明することになる。

ところで，指定語句は修飾しながら使用することになるが,「中心業務地区」のような地理用語の場合は，用語の意味を説明しながら使用したい。本問の場合,「地価」については地域による高低,「生鮮食品」については具体例やタイプ，扱う店舗,「中心業務地区」については郊外と対比しながら立地する機能を考慮した施設などを指摘すればよい。

⑵では大都市において居住者が日用品の購入に不便や困難を感じさせる地域が生じた理由が問われている。日用品の購入という観点，居住者の属性やタイプ分けなどの想像力が問われた設問でもあった。再現答案では，「かつてはその利便性が確保されていた」という前提が考慮されず，出題意図から外れた解答も少なくなかった。居住者と店舗という異なる視点から多面的に考察することに課題があったようで，得点率は低かった。採点のポイントは，①「かつては利便性が確保されていた」という前提を意識しているか，②居住者の属性に着目できたか，③購入が不便となる状況が想定できたか，である。

「日常の買い物」なので，都心での買回り品購入ではなく，日用品や最寄り品の購入である。都心部の再開発による高級化やジェントリフィケーションではなく，今までの購入先の閉鎖や，居住者の高齢化による移動の制約を考慮することになる。その意味で，高度経済成長期などに建設された郊外のニュータウンのように，高齢化の進行などで需要が低下して小売店が撤退したり，いわゆる交通弱者，高齢化などにより移動手段が制約されることで買い物難民化する居住者が増えているといった点である。モータリゼーションが進展したことで，商店街のシャッター通り化やフードデザート化も，買い物の利便性低下の説明として適切である。ただし，２行分の加点ポイントという点で，高齢化社会の指摘は外せないところである。

解答

設問Ａ

⑴Ａ－沖縄県　　Ｂ－東京都　　Ｃ－埼玉県　　Ｄ－福岡県

⑵大都市への移動は地形的制約から時間距離が大きく，通勤・通学が不便であり，農村地帯では雇用機会も少なく転出が増加した。

（59字）

⑶三大都市圏に近い県や広域中心都市を有する県は，工業化やサービス業の進展で雇用機会が多いため他県への転出は少ないが，大都市から遠い県では過疎化・高齢化が進み，人口減少率が大きい。

（89字）

設問Ｂ

⑴鹿児島は台地・丘陵の麓から低地・埋立地や台地に拡大した。

（29字）

広島は三角州から海岸の埋立地・干拓地や斜面地に拡大した。

（28字）

金沢は谷口に広がる台地から河川下流や砂丘方向へ拡大した。

(28字)

⑵軟弱地盤地域に拡大したため，斜面地では豪雨時の土砂災害，埋立地では高潮による水害や地震による液状化のリスクが増大する。

(60字)

設問C

⑴地価が高い都心の中心業務地区では買回り品を扱うデパートや企業が立地し，地価が安い郊外の住宅地では生鮮食品などの最寄り品を扱うスーパーマーケットなどが立地するなど，職住が分離する。

(90字)

⑵郊外のニュータウンのように，若年層流出で購買力が低下して商業施設が撤退し，移動手段を持たない高齢者も増加しているため。

(60字)

2017年

第1問

解説 「島と海」をテーマとしているが，毎年出題されている「自然環境と人間活動を関連させた問題」である。自然環境の形成メカニズムを理解するだけでなく，その自然を利用したり克服したりして人間が生活している具体的事例まで，一体的に理解する必要がある。駿台の再現答案を見る限り，３設問中最も得点率が低かったようである。

設問Ａでは，「太平洋における火山島・サンゴ礁島の分布と排他的経済水域図」が提示された。太平洋における島嶼の形成メカニズムや自然環境が問われ，その経済状況も問われている。

(1)の再現答案を見ると，得点率は難易度の割に低かった。「太平洋の中央部」ということで，ハワイ諸島の形成メカニズムを考慮したい問題であった。しかし，設問文や図の読み取りができず，南太平洋の島嶼を説明した記述も見受けられた。また，ハワイの形成やプレート移動のメカニズムを加点要素に組み込んだ記述とすることに課題も見られた。

ハワイ諸島南東端に位置するハワイ島は，ホットスポット上に位置する火山島である。ハワイ島には，マウナケア山，マウナロア山，キラウエア山などの火山が見られ，キラウエア山は現在も噴火が続いている。その北西に島嶼が連なっているが，その理由はプレートテクトニクスにより説明する必要がある。すなわち，ホットスポット上で形成された火山島が，プレート移動にともない北西方向へ進み，その後にホットスポット上で新たな火山島形成が繰り返された。ホットスポットから離れるにしたがい，火山島は侵食や沈降が進み，サンゴ形成が進んでいったといえる。

(2)の再現答案を見ると，「規模の小さな島」という点だけに注目して多面的な考察ができず，そのため得点率が低かった。規模の意識が強すぎて，土壌の質や国土の分散といった本質的な地理的視点への着目が低かったといえる。また，近年注目されている海面上昇への指摘も少なかった。

サンゴ礁島の農業生産性は高いといえない。石灰岩性土壌は肥沃度が低いためである。鉱産資源に関しては，ナウルのようにかつて豊富であったりん鉱石が枯渇化している島嶼も少なくない。また，小島嶼の国土が分散しているため交通網整備に課題があり，かつては植民地として支配され，人口も少なく，市場としての魅力も高いとはいえない。その結果，サモアやトンガのように出稼ぎが多い国も見受けられる。さらに，近年は地球温暖化による海面上昇が指摘されており，ツバルのような水没危機に瀕している島嶼は，先進国への移民や先進国からの支援に頼ってもいる。

⑶の再現答案を見ると，2008年第1問設問Bで排他的経済水域に関して出題されていることもあり，用語の一定理解はできている記述が多かった。ただし，得点率は高いとはいえなかった。また，「領海と排他的経済水域」の比較問題であるため，対比する必要もあったが，「海里」を具体的に使用した対比ができなかった解答も見受けられた。指定語句の使用法に課題があり，羅列使用であるため加点ポイントが不足していたといえる。さらに，下線の引き忘れも散見された。

国連海洋法条約による領海は，基線から最大12海里までの範囲で，沿岸国の主権が及ぶ水域である。沿岸国の平和・秩序・安全を害さないことを条件として，沿岸国に事前通告せずに領海を他国船舶が通航する無害通航権は認められている。ただし，沿岸国は自国の領海内において主権に基づき領海使用の条件や航行を規制することもできる。

排他的経済水域は，基線から200海里までの範囲で，水産・鉱産資源に対する探査，開発，保全および管理を行う排他的な権利を有する水域である。他国船舶の自由航行は認められており，沿岸国が航行の規制や禁止することは認められていない。また，人工島・施設の設置，環境保護・保全，海洋科学調査に関する管轄権が及ぶ水域であり，海洋環境の保全義務があるともいえる。領空は領土と領海の上空であるが，排他的経済水域の上空には適用されない。

なお，2008年に出題された問題では「最近の基準では大陸棚の縁辺部が200海里以上であることを地形・地質的に裏付けることができれば，最大350海里か，2,500m等深線から100海里のいずれか遠い方までを排他的経済水域と同等とすることができるようになった」理由が問われている。豊富な海底資源の存在が明らかになったことから，それら資源の権利にかかわる排他的経済水域の拡張が，国家の経済的利害にかかわるようになってきたからである。

⑷の再現答案を見ると，得点率は高かった。しかし，a（南鳥島）とb（沖ノ鳥島）の島名が逆転した組合せ，外国の島名を記述した解答も散見された。単なる知識ではあるが，日本の島名と外国の島名のどちらを解答するかで，資料の読解力も判定できる。bの排他的経済水域が北東部や北西部で途切れていることから，少なくともbは日本の領土である島名を指摘する必要があった。

日本の範囲は，北端が北緯45度33分の択捉島（北海道），南端が北緯20度25分の沖ノ鳥島（東京都），東端が東経153度59分の南鳥島（東京都），西端が東経122度56分の与那国島（沖縄県）である。このうち，択捉島はロシアに占拠されており，現在日本の施政が及んでいない。北方領土を含めた日本の国土面積は約38万km^{2}であるが，領海は約43万km^2，排他的経済水域は約447万km^{2}である。国土面積は世界第61位であるが，排他的経済水域は第6位，領土＋排他的経済水域では第9位となっている。日本は島嶼国であることから，領土の割に，領海や排他的経済水域の広いことがわかる。

⑸の再現答案を見ると，未解答者が多かった。難問で白紙となった者もいたかもしれないが，設問という認識ができない，すなわち単に問題を見落とした者も多かったようである。本設問だけ5問構成と問題数が多いことや，次ページに位置し，資料に近い位置というレイアウト上の理由が影響したといえる。とはいえ，このような失点は避けなければならない。なお，本問も比較問題なので，問われている「小笠原諸島の年降水量が少ない」理由ではなく，「南西諸島の年降水量が多い」という観点からのアプローチもできたはずである。比較問題の解答法にも課題があったといえる。

那覇の年平均降水量は父島より多く，5～9月は7月を除き月降水量が200mmを超えている。一方の父島は最多雨月の5月でも151mmにとどまっている。11月を除き月降水量は那覇の方が多く，5～9月の降水量(1,233.0mm)は父島(610.7mm)の2倍近くになっている。すなわち，この時季の降水原因を考慮すればよい。5～6月は梅雨，8～9月は台風を考慮することになり，那覇は梅雨や台風の影響が強いが，父島はそれらの影響が弱いということになる。また，降水量が少ないということは上昇気流の発生が少ないということでもある。父島は高気圧(小笠原気団)の影響が強いため，下降気流が卓越しやすく，降水が比較的少ないと考えることができる。

(1991～2020年平均，単位mm)

	1月	2月	3月	4月	5月	6月	7月	8月	9月	10月	11月	12月	年
那覇	101.6	114.5	142.8	161.0	245.3	284.4	188.1	240.0	275.2	179.2	119.1	110.0	2,161.0
父島	63.6	51.6	75.8	113.3	151.9	111.8	79.5	123.3	144.2	141.7	136.1	103.3	1,296.1

気象庁資料により作成。

設問Bでは，「世界3～5番目の大島の海岸線図」すなわち，カリマンタン(ボルネオ)島・マダガスカル島・バフィン島(カナダ)が提示された。それら3島の位置から見られる自然環境や産業の特徴が問われている。

⑴の再現答案を見ると，得点率はまずまずであった。ただし，思い込みなどにより，設問通りに解答できず，島名を答えた解答例も散見された。また，a(カリマンタン)島とc(バフィン)島で誤答が見受けられたが，地図学習が不足しているだけでなく，⑵や⑶などの後の問題からフィードバックさせて前の問題の解答を確認するという作業ができていないようである。

世界の大島7位までは，『理科年表』によると，

（万 km^2）

1位	グリーンランド(217.6)
2位	ニューギニア(78.6)
3位	カリマンタン(ボルネオ)(74.3)
4位	マダガスカル(58.7)
5位	バフィン(50.7)
6位	スマトラ(47.4)
7位	本　州(22.8)

である。日本の他の島は，北海道が21位，九州が37位，四国が50位に位置している。このうち，北極線が通過する島はグリーンランドとバフィン島，赤道が通過する島はカリマンタン島とスマトラ島でニューギニア島もほぼ赤道直下である。マダガスカル島は南回帰線が通過しており，北回帰線が通過する島は上位7位までは見当たらない。北回帰線が通過および付近に位置する著名な島としては，台湾，ハワイ諸島，キューバ島などがあげられる。なお，カリマンタン島には，インドネシア・マレーシア・ブルネイの3か国の領土がある。同一島が3国に分断されているのは，カリマンタン島のみである。

⑵の再現答案を見ると，⑴の正解者の得点率は高かった。⑴の判定が影響する問題の典型例である。⑴を誤答すると，リアス(式)海岸などの誤答につながってしまう。また，2点分の加点ポイントを確保するという課題もあったといえる。本問は地理の基本レベルの問題であるが，具体例の地図学習を疎かにしていた受験生には難問であったといえる。

フィヨルドは，氷河によって形成されたU字谷が沈水した海岸地形であり，峡湾とも呼ばれる。氷河が斜面を下る際に地面を深く削り取るため，水深が深く断崖絶壁となりやすい。また，湾口から湾奥までの幅があまり変わらず，細長い形状になりやすい。南半球のニュージーランド南島やチリ・アルゼンチン南部のパタゴニア地方にも見られるが，北半球の規模は大きく事例も多い。グリーンランドのスコルズビ湾やノルウェーのソグネフィヨルドなどは，200km内陸にまで入り込んでいる。

なお，リアス海岸は，河川により侵食されて形成した開析谷が沈水して溺れ谷となり，それが連続して鋸の歯のように複雑に入り組んだ入り江となっている。氷河の侵食ではないため，低・中緯度に見られる海岸地形である。日本の海岸線では，三陸海岸，豊後水道の両岸，若狭湾などに典型例が見受けられる。

⑶の再現答案を見ると，⑴の正解者であっても，得点率が低かった。カリマンタン

島では地体構造と関係が深いとされる原油や天然ガスの指摘も可能であるが，マダガスカル島の説明が難しい。比較問題という観点から共通した自然要素からの特徴指摘が重要であり，本設問の流れは緯度を考慮しているため，気候や植生に着目した産業の特徴を説明する必要があったといえる。また本問においても，3行分の配点を考慮した加点ポイントの不足が少なくなかった。3行分の配点を意識できず，両島における特徴を1点ずつ指摘しただけで満足してしまったようである。

カリマンタン島は，内陸の山岳地帯を除き，熱帯雨林気候下に位置している。1994年にも出題されているように，植生はフタバガキ科(ラワン)が卓越する熱帯雨林である。先住民の焼畑を中心に，熱帯材を伐採する林業地帯でもある。ただし，近年はパーム油やバイオ燃料需要の高まりにより，油やしを栽培するプランテーションが拡大している。なお，新期造山帯が走行する地域でもあり，原油・天然ガス・石炭などのエネルギー資源に恵まれた地域でもある。

マダガスカル島は東部と西部で自然環境に差異が見られる。東部は年間を通して降水量が豊富な湿潤地帯で，熱帯雨林気候下に位置している。一方の西部は乾季の見られるサバナ気候や乾燥気候が卓越する。東部に移住したマレー系民族が稲作を伝播させたが，西部での農耕は難しく遊牧や観光業が発達した。とくに観光業は，マダガスカル島で見られる動植物種の約9割が固有種とされるなど，観光資源が豊富である。ジュラ紀後期(1億6000万年前)にアフリカ大陸から分離したため，独自の進化を遂げたことがその理由と考えられている。なお，安定陸塊の同島は鉱産資源の埋蔵量も多いが，現状では未開発資源が多くなっている。

解答

設問A

(1)ホットスポット上に形成した火山島が，プレートとともに移動しながら沈降し，離れるにしたがってサンゴ礁を発達させていった。

(60字)

(2)石灰岩質土壌は農耕に不向きで鉱産資源も乏しく，狭小で分散した国土が産業発達を阻み，海面上昇に伴う水没の危機もあるから。

(60字)

(3)領海は国家の主権が及ぶ沿岸から12海里までである。排他的経済水域は水産・海底資源に対する沿岸国の主権と環境保護・保全の管轄権が及ぶ200海里までで，他国船舶の航行の自由は認められる。

(90字)

(4)a－南鳥島　　b－沖ノ鳥島

⑸高日季に南西諸島は梅雨前線や台風により多雨となるが，小笠原諸島は梅雨がなく小笠原高気圧の影響で台風も比較的少ないから。
(60字)

設問B

⑴ａ－赤道　ｂ－南回帰線　ｃ－北極線(北極圏の南限)

⑵氷食谷に海水が浸入して形成された峡湾のフィヨルドが連なる。
(30字)

⑶ａ島は熱帯雨林気候下での焼畑や林業，プランテーションでの油やし栽培が盛んである。ｂ島は湿潤な東部で稲作，乾燥する西部で独自進化を遂げた動植物相を資源とする観光産業が発達している。
(90字)

第2問

解説　「世界の水資源と環境問題」をテーマとしているが，毎年出題されている「統計を中心とした資料解析問題」である。統計分析問題は提示されている年次や指標の意味を考慮するとともに，指標を操作して比較･検討することも必要である。さらに，その統計を意味づける背景や派生する問題の理解度が重要となる。再現答案を見る限り，本設問は３設問中最も得点率が高かった。

設問Ａでは，「７か国の水資源」に関する統計表が提示された。⑴以外の問題においても資料中の統計を参考に解答を組み立てていけばよいが，資料の読み取り方や参考にする解答法にやや課題も見られた。

⑴の再現答案を見ると，正答率は高かった。ただし，ア(オーストラリア)とイ(カナダ)の判定を逆にした解答も散見された。年平均降水量と年降水総量，水資源量と１人あたり水資源量からの指標操作ができなかったようである。同様の統計は2005年にも出題されており，カナダはその際にも問われている。過去問学習の重要性が実感できる。年平均降水量と年降水総量から国土面積が，水資源量と１人あたり水資源量から人口を求めることができる。それぞれの自然環境からの判定だけでなく，指標操作による判定も有効であることは認識しておきたい。

与えられた指標の数値から，ア国とイ国は年平均降水量の割に年降水総量が多いことがわかる。そのうち，イ国の水資源量が多くなっている。ウ国は年平均降水量が多く，エ国は年平均降水量が少ない。４か国の選択肢が提示されているので，これらの点から判定は可能である。ただし，指標を操作することで，各国の判定はより確実となる。すなわち，年降水総量÷年平均降水量＝国土面積であり，水資源量÷１人あたり水資源量＝人口となる。計算上，ア国の面積は774万 km^2，人口は2,397万人となる。同様に，イ国の面積は999万 km^2，人口は3,594万人となる。さらに，ウ国の面積は33万 km^{2}で人口は3,033万人，エ国の面積は1.7万 km^{2}で人口は計算不能となる。これらの点から，ア国は乾燥気候が卓越し蒸発量が多いことから水資源量が少なくなるオーストラリア，イ国はア国とほぼ等しい年平均降水量であるが蒸発量が少なく湖沼や河川の水資源が多いカナダ，ウ国は熱帯雨林気候で降水量が多いマレーシア，エ国は砂漠気候で降水量が少ないクウェートと判定できる。

世界各国の降水量等

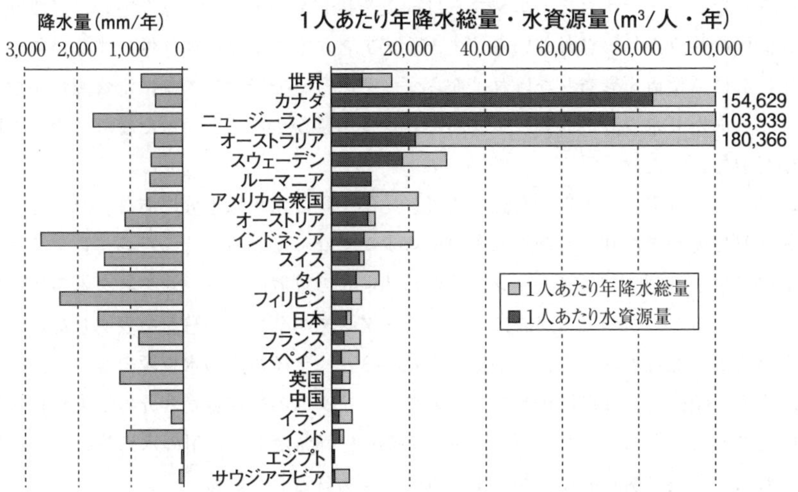

(注) 1．FAO(国連食糧農業機関)「AQUASTAT」の2014年4月時点の公表データをもとに国土交通省水資源部作成。
2．「世界」の値は「AQUASTAT」に「水資源量[Total renewable water resources(actual)]」が掲載されている177か国による。

(2)と同様の問題は2005年に出題されていることもあり，再現答案の得点率はまずまずであった。ただし，水資源量が多くなる理由の指摘にとどまり，多面的な視点からの加点ポイントが不足している解答も少なくなかった。

2005年は「水資源量がきわめて少なくても農業が可能であることの理由」が問われている。農業を可能にする理由なので，外来河川のナイル川からの導水・灌漑を指摘すればよかった。一般に，水資源の賦存量は，降水量から蒸発散量を差し引き，面積を乗じて算出される。ただし，国際河川などが流入する場合は，表流水や地下水などを考慮して算出する場合もある。この点からも，本問では水資源量を多くする理由として，エジプト国外から流れてくる外来河川のナイル川の存在を指摘すればよい。ただし，これだけでは加点ポイントが少ない。表2－1からは年降水総量と水資源量について他国と比較することが可能である。エジプトを除くすべての国で年降水総量の方が水資源量を上回っているので，年降水総量が少ない理由も指摘したい。すなわち，砂漠が広がる乾燥気候地域ということである。わずかな記述であるが，加点ポイントを増やすという意識が必要である。

(3)の再現答案を見ると，やや苦戦している解答が目立った。エチオピアの水資源の特徴を自然と社会の両面から説明する問題であるが，エジプトとの関係を意識しなければならない。エチオピアとエジプトは国境を接しているわけではないのに，設問文では両国の対立が指摘されている。エチオピアとエジプトとの関係性，すなわちナイル川における位置を考慮しなければならず，そのうえで降水量の割に水資源量が少ない，1人あたり水資源量の割に1人あたり水使用量が少ないといった統計表の読み取りが必要であった。

エチオピアは青ナイル川の水源に位置し，年平均降水量は十分にある。ただし，10月～2月は乾季であり，有効な水資源量も少なくなっている。そのため，青ナイル川からの導水が計画され，スーダン国境から40kmの位置にルネッサンスダムの建設を始めた。すると，このダム建設に下流のスーダンやエジプトが懸念を表明した。エジプト水資源・環境省はこのダムが稼働を始めると，ナイル川の水資源の2～3割を失い，ナセル湖の貯水量が減少して，アスワンハイダムの発電量が3分の1失われると主張している。さらに，エジプトは人口の96～98%がナイル川の水に依存しているといわれ，農業に壊滅的な打撃を受ける恐れがあるとしている。

(4)の再現答案を見ると，得点率はまずまずであった。日本での水資源の間接的利用，すなわちバーチャルウォーター(仮想水)の理解度を，指定語句を使用しながら説明する問題である。水資源に関する統計は2005年にも出題されており，バーチャルウォーターについても間接的な出題として2013年に出題されている。本問も過去問学習の重要性を実感させる設問であったといえる。また東大の入試問題では，京大・一橋大・名古屋大などが地理用語を直接使用しながら内容説明を要求するのと異なり，地理用語を直接使用せずに内容説明を要求する発問が見られる。その典型例の問題でもあった。

バーチャルウォーターとは，主に農産物・畜産物の生産に要した水が，農産物・畜産物の輸出入に伴って売買されるという捉え方であり，仮想水とも呼ばれている。工業製品の生産においても考慮できるが，農畜産物に比べて少量であることから，バーチャルウォーターに含めないこともある。また，生産物を輸入国側で生産したときに必要となる水の量を間接水，輸出国側で使用した水を直接水と区別することもある。

日本は世界１位のバーチャルウォーター輸入国である。農畜産物の輸入が多く，自給率の低い国ではバーチャルウォーターの値が大きくなる。また，肉類などを輸入する場合は，飼料作物の栽培に要する直接水もかかわるため，バーチャルウォーターの値は大きくなる。

農畜産物１kgの生産に必要な仮想水

農畜産物	水量
米	3.6トン
小麦	2.0トン
とうもろこし	1.9トン
大豆	2.5トン
牛肉	20.6トン
豚肉	5.9トン
鶏肉	4.5トン
卵	3.2トン

日本の仮想水輸入の品目別割合

農畜産物	割合
牛肉	45.3%
小麦	18.6%
大豆	16.0%
とうもろこし	12.4%
豚肉	4.3%
その他	3.4%

日本の仮想投入水総輸入量(2005年)

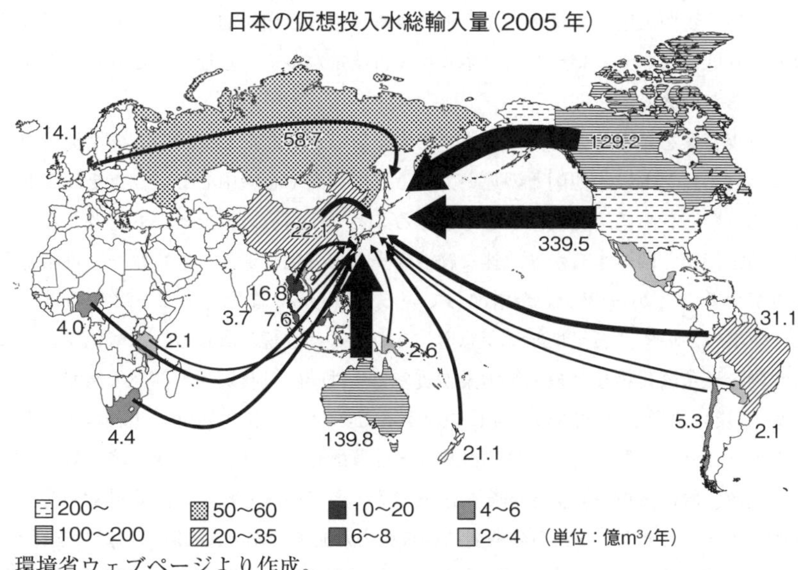

環境省ウェブページより作成。

設問Ｂでは，PM2.5と化石燃料の関連性を意識させており，2012年のエネルギー供給量世界上位５か国における「2002年と2012年時点でのエネルギー供給の構成表」が提示された。PM2.5とは粒子径が2.5㎛(0.0025mm)以下の微小粒子状物質であり，その発生源は自然起源と人為起源に分けることができる。

⑴の再現答案を見ると，正答率は非常に高かった。ただし，わずかながらB（インド）の判定にブラジルなどの誤りが見られた。各国の特徴や増加傾向からの判定ができず，供給量が多くなる理由も推定できなかったのかもしれない。化石燃料別の供給量や10年間で急増している点を考慮すれば判定は容易で，失点は許されない問題であった。

エネルギー供給量は，工業化が進展し生活水準の高い国で多くなるが，人口規模の大きな国であれば１人あたり消費量が少なくても全体量は多くなりやすい。14億人以上の人口を有する中国とインドがロシアや日本より多くなる理由はこの点にある。また，設問文中に「近年，PM2.5の問題が深刻化」とあり，表２－２からエネルギー供給量の急増を読み取ることができる。この点から，工業化の進展が急速な新興国と考えればよい。

なお１人あたり消費量や供給量は，面積大国や人口密度の低い国で多くなりやすい。人口密度が高い国や地域ではエネルギー消費を共有し共同利用できるが，人口密度が低い国や地域では個別に消費せねばならず，「集積の利益」が享受できないからである。さらに，資源大国でもエネルギー消費量や供給量は相対的に多くなる。発展段階が日本より低いといえるロシアのエネルギー供給量が多くなる理由はこれらの点が関係しているといえる。

⑵の再現答案を見ると，得点率はまずまずであった。ただし，PM2.5の増加理由として統計表をヒントに，他国との違いである急増傾向や石炭中心という点を読み取る必要があった。さらに，発展段階を考慮することで，環境対策などにも言及したい。

⑴の判定根拠と関連するが，急速な経済成長や工業化により，エネルギー供給量が急増していることからPM2.5が増加しているといえる。また，表２－２からは，中国とインドにおいて，石炭供給量が急増していることも読み取れる。二酸化炭素・窒素酸化物・硫黄酸化物などの大気汚染物質の発生は一般に石炭＞石油＞天然ガスとなるため，石炭の急増がPM2.5の増加につながったともいえる。さらに，化石エネルギーを消費することで二酸化炭素・窒素酸化物・硫黄酸化物が発生するが，環境対策を実施して脱硫・脱硝技術や装置を開発・設置することで削減でき，二酸化炭素の発生量も抑制できる。しかし，これらの開発には技術力が必要であり，設置には資金を伴う。費用対効果や生活水準，社会的成熟度などを考慮すると，発展途上国では工業開発が優先され環境対策は後回しになりやすい。この点からも削減が遅れ，PM2.5が増加したといえる。

⑶の再現答案を見ると，正答率は高くなかった。微粒子の大量発生理由が問われているにもかかわらず，偏西風や季節風など，微粒子がもたらされる理由を指摘する解

答が見られた。出題意図の読み取り，読解力に課題があったといえる。また，人口密度が希薄な地域を想定しているので，人為的な影響である焼畑なども正答にならない。自然現象による発生を考慮しなければならなかった。単なる統計読み取りだけではなく，その統計を意味づける背景や派生する問題の理解度が重要であったといえる。

自然起源のPM2.5としては，黄砂や黄土などの土壌，乾燥地や海洋などからの海塩，火山噴火による火山灰などがあげられる。火山灰などはPM2.5より大きな粒径も少なくないが，土壌のほか海塩や火山灰も許容解と考えてよいだろう。

世界のPM2.5分布(2001～06年)

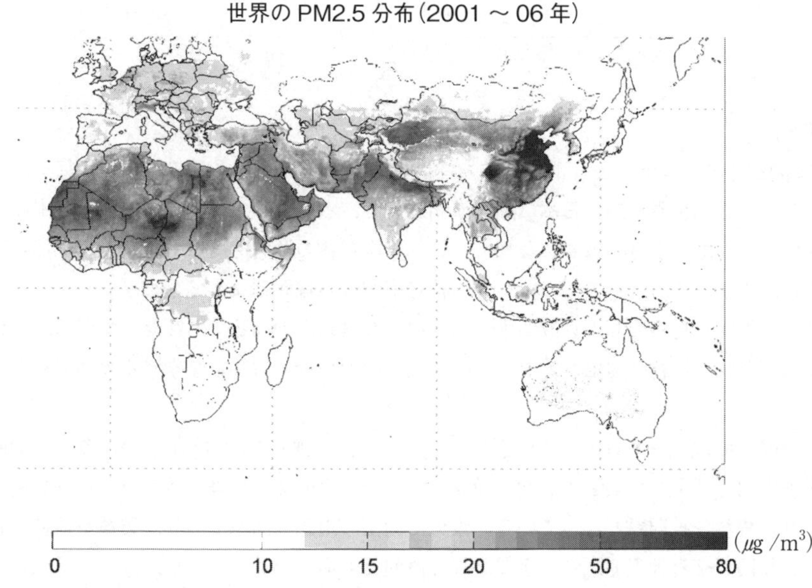

2010年アメリカ航空宇宙局公表資料により作成。

解答

設問A

(1)ア－オーストラリア　　イ－カナダ　　ウ－マレーシア
　エ－クウェート

(2)砂漠地帯で降水は少ないが，外来河川のナイル川が利用できる。
(30字)

(3)ナイル川の水源に位置し，一定の降水はあるが乾季もあり有効な水資源量は少ない。そのため，河川上流にダム建設を進めている。
(60字)

(4)多くの穀物や肉類を輸入する食料自給率の低い国では，輸出国に作物栽培や家畜の飼育に必要な水も使用させているといえるから。

(60字)

設問B

(1)A－中国　B－インド

(2)急速な経済成長や工業化の過程で，大気汚染物質の排出が多い石炭を含む化石燃料の消費が増大したが，環境対策は不十分なため。

(60字)

(3)砂漠地域における黄土

第3問

解説 「ヨーロッパと日本の産業・社会の変化」をテーマとしているが，毎年出題されている「世界地誌や日本に関する問題」である。このテーマのなかで，日本関連問題は高校での学習が疎かになりやすい。日本全体の歴史的変遷や発展過程，都道府県ごとの統計に着目していない場合，得点率が低い難問となってしまう。

再現答案を見る限り，3設問中では標準的な難易度の問題であった。ただし，資料が多用された最終問題であるため，時間配分の関係で未解答となりうる設問でもあった。

設問Aでは，ヨーロッパ4か国における「人口の推移」，2014年における「年齢階層別人口」，「主要な職業の男女別構成比率」の3つの図表が提示され，それらを関連させた資料分析問題となっている。東大で頻出の地誌的問題であり，業種や地域の特徴を相関させる地理的思考力が問われた設問でもあった。

(1)の再現答案を見ると，正答率はまずまずであった。ただし，イ(スペイン)とウ(ドイツ)という組合せ，イ(スペイン)とエ(ブルガリア)という組合せを，逆に取り違えた解答も見られた。3つの資料それぞれの特徴や関連性からの判定ができなかったようである。人口推移の大きな変化や転機となる時期，年齢階層別人口の特徴や変化，主要な職業の比率など，判定にかかわるポイントを読み取ることが重要である。その意味で，資料解析問題であったといえる。なお本問の国名判定が後の(2)～(4)に影響する構造であるため，(1)の判定に細心の注意を払う必要があった。

図3－1からは1975年以降の人口の推移を読み取ることができるが，そのなかでエ国は1990年以降人口が減少している。(3)で解説することになるが，1990年が転機となると判定できるので，社会主義国から体制が転換したブルガリアと判定できる。イ国は1975年以降の人口増加率が最も高く，図3－2からは1995年時点ではア国や

ウ国に比べて高齢化の進展が遅かったと読み取ることができる。西ヨーロッパの3国中最も成熟度が低かったと読み取ることができるので，イはスペインと判定できる。さらに，アは高齢化が1995年当時から進んでいるが，出生率も維持していることからスウェーデン，ウは少子化が急速に進展していると読み取ることができるのでドイツと判定できる。

なお，表3－1からは発展段階なども想定できる。管理的・専門的・技術的職業の比率が高いア国とウ国は発展段階や社会の成熟度が高く，先進的な国と判定できる。さらに，生産工程・労務的職業が低い国は，工業部門が低調ないし経済のサービス化が進展したと考えることができる。

(2)は(1)の正答が前提となる。再現答案を見ると，ウをドイツと判定できた正答者における得点率はまずまずであった。ただし，年齢階層別人口を示した図3－2の読み取りとして，コーホートという同期間に出生した集団の変化に着目できず，ガストアルバイターという知識を強引に組み込ませた解答も見受けられた。これでは資料読み取り問題の意味がない。資料提示問題の解答法に慣れておく必要がある。

1995年は25～34歳の年齢階層が最も多かったが，2014年は45～54歳の年齢階層が最も多い。19年経過したことから，年齢階層もそれに応じてシフトしたと読み取ることができる。44歳以下の全階層で比率を低下させているが，45歳以上は55～59歳の階層を除き上昇している。高齢化が進むとともに，少子化も顕著だと判定できる。よって，少子高齢化により派生する経済上の問題点を，同様な状況にある日本を参考に考えればよい。高齢者が多くなれば年金や福祉関係費の支出が多くなり，社会保障費が増大することになる。その状況下で労働力，とくに若年労働力が減少すると，生産力や国家の税収が低下して国家財政が悪化しやすい。また，1人あたりの税負担増加も予想される。さらに，消費意欲の高い若年層の減少は，市場の縮小につながることもある。

なお，ウ(ドイツ)の図3－1と図3－2を関連させると，1995年時の29歳以下の年齢階層の人口が増加していると読み取ることができる。19年後にあたる2014年の20～49歳の比率が，1995年の29歳以下より多くなっているからである。よってこの19年間で，転入者が転出者と死亡者の合計を上回ったといえる。ただし，本問は人口構造の変化による経済的問題なので，ガストアルバイターや移民・難民の流入による社会的問題を指摘する必要はない。

(3)も(1)の正答が前提となる。再現答案を見ると，エをブルガリアと判定できた正答者における得点率はまずまずであった。ただし，人口の推移を示した図3－1において，急減が始まる1990～95年の状況が見出せない解答も見られた。また，エ国は

1990年前後に人口を減少させる劇的な出来事があった国なので，この点を考慮して(2)〜(4)など後の設問内容から(1)など前の解答を見直すこともできるはずである。

1990年前後は東欧革命(1989年革命)の時期である。東欧革命は1989年6月ポーランドにおける非共産党国家の成立や11月のベルリンの壁崩壊から始まり，1991年のソビエト社会主義共和国連邦の解体，1992年のアルバニア社会主義人民共和国の崩壊や2000年まで続いたユーゴスラビア紛争を含むこともある。東ヨーロッパに含まれるブルガリアも，1989年に共産党政権が崩壊し，1990年にはブルガリア人民共和国からブルガリア共和国へ国名を変更している。このような体制の変換により，国内の社会不安が増大し，東欧の市場を失うとともに国内経済も縮小していった。将来への不安もあり，2014年の19歳以下が20歳以上に比べ急減したように出生率が低下して自然減となっている。また，2014年における35〜39歳の年齢階層が1995年の15〜19歳に比べ大幅に減少しているように，出稼ぎなどの移民も増加し社会減も記録するようになる。2007年EU加盟以後も，その傾向に変化は見られない。

(4)も(1)の正答が前提となる。再現答案を見ると，アをスウェーデンと判定できた正答者における得点率はまずまずであった。ただし，指定語句の修飾法に課題があり，加点ポイントが見出せない解答も見受けられた。また，本設問も(1)の国名判定が影響する構造であり，(1)の判定に細心の注意を払う必要があった。さらに，スウェーデンで青壮年層の人口規模に比べて年少層の人口規模が大きい理由を政策的側面に焦点をあてて説明する問題であるが，年少人口とは15歳未満人口であり，指定語句に「女性の社会進出」が提示されていることから，出産・育児を意識する必要があった。

年少層の人口規模が大きいということは出生数が多いということである。図3－2を見ると，15歳未満の5歳ごとの年齢階層人口が増加傾向にあることがわかる。出生数が増加し，合計特殊出生率が相対的に高い水準を維持している理由は，出産奨励政策や育児手当の支給だけでなく，子どもを産みやすい，育てやすい労働環境が整っているからである。経済協力開発機構(OECD)の「雇用アウトルック2015」によれば，25〜54歳女性の就業率は，日本の71.8％に対してスウェーデンは82.8％であった。また，国会議員の45％が女性であり，一定数が女性に割り当てられるクオータ制が採用されている。スウェーデンでは女性の社会進出が前提となっているため，子どもを産みやすく，育てやすい労働環境を整えていなければ社会が成り立たないのである。

スウェーデンの出生率の推移と家族政策

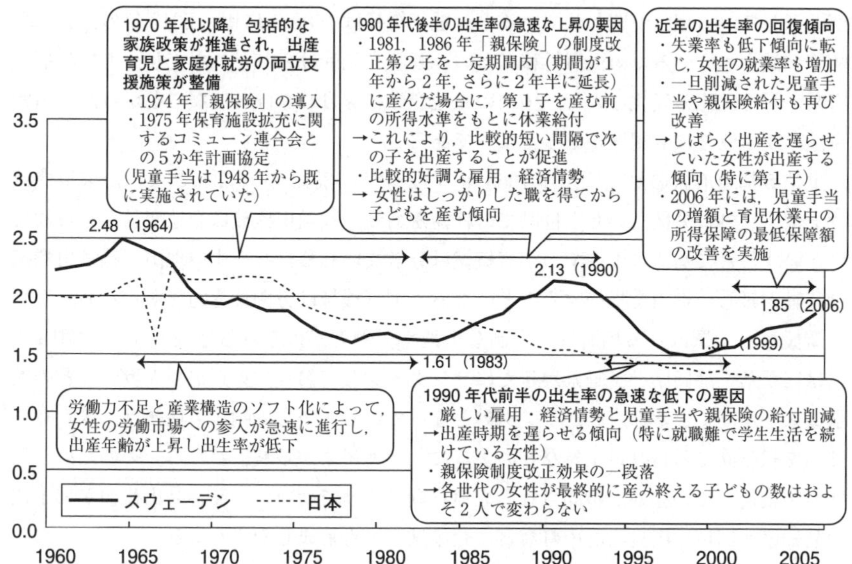

Council of Europe : Recent demographic developments in Europe 2003(2003 ～ 2006 は Sweden Statistics による)，厚生労働省 : 人口動態統計により作成。

設問Ｂでは日本工業の主要業種における「製造品出荷額等の変化，上位５都道府県と対全国比」，地方の５県における「出荷額等の変化と上位２業種」が提示され，それら資料の変化を説明する問題であった。東大で頻出の日本関連問題であり，業種や地域の特徴を相関させる地理的思考力が問われた設問でもあった。

(1)の再現答案を見ると，正答率は高かった。ただし，Ａ(東京)とＢ(大阪)を取り違えた解答，Ｂ(大阪)とＤ(千葉)を取り違えた解答もわずかに見られた。多くの業種が提示されているので判定できるものから考えればよいが，2013 年の統計だけでなく，1963 年や 1988 年などの過年次，日本経済について重要な高度経済成長期やバブル景気時期に着目して推測することが難しいようである。地理的統計に示されている最新データの把握も重要ではあるが，そのデータに至る経緯や経過も重要である。

1963 年は高度経済成長期に当たり工業化が進展し，太平洋ベルトを中心に重工業が立地した。ＡとＢはその当時の工業の中心であり，京浜工業地帯が最大の工業地帯であったことから，Ａが東京都，Ｂが大阪府となる。Ｃは食料品工業が第１位であることから北海道，Ｄは化学および石油製品･石炭製品，鉄鋼業の比重が高いことから，大市場に隣接しそれらの工業が盛んな市原市を抱える千葉県となる。

⑵の再現答案を見ると，やや苦戦していたようである。上位5都道府県の対全国比が低下している理由が問われているが，電気機械は1988年に比べ2013年の全国出荷額等が減少しているため，海外移転という解答も見受けられた。ただし，上位5都道府県の対全国比の変化なので，国内の立地変動に着目しなければならなかった。出題意図の読み取りにも課題があったようである。

上位5都道府県の対全国比が1963年の72％から2013年の33％となった電気機械は上位県以外に分散ないし上位県での停滞があり，輸送用機械は立地変動が見られないということになる。よって，電気機械は分散ないし移動しやすい理由，輸送用機械は移動が難しい理由を指摘することになる。電気機械は労働集約的であるため，工場の新設などで選ばれる場所は，安価な土地や労働力が得られる地域となる。2013年には三重県・静岡県・長野県が新たにランクインしており，東京都や大阪府などの製造コストが高くなる都府県がランク外となっている。一方の輸送用機械は，3万点の部品を組み立てる自動車工業などのように，関連産業が多岐にわたる。そのため，関連産業集積地での立地が指向され，立地移動は容易ではない。製造品出荷額が第1位の愛知県豊田市や広島県府中町など，企業城下町も形成しやすくなる。

⑶の再現答案を見ると，得点率がやや低かった。出荷額等の増減率が大幅な減少となった県における出荷額等の上位業種や，わずかな減少にとどまった県における出荷額等の上位業種に着目しながら指定語句を使用することが難しかったようである。とくに「デジタル家電」や「輸出」などの語句を，どのように修飾して使用するかがポイントであった。なお，該当期間には東日本大震災も発生しているが，その指摘は本問の趣旨には合わないといえる。

2008～13年にかけて大幅な減少を記録した県は秋田県・山形県・長野県，わずかな減少にとどまった県は福岡県と大分県で問題ない。前者は東北日本，後者は九州と読み取ることも可能であるが，出荷額等の上位業種が示され，指定語句を使用する問題なので，大幅な減少を記録した県は電子部品等と情報通信機械が中心で，わずかな減少にとどまった県は輸送用機械・化学・鉄鋼が中心と読み取ることができる。この業種と指定語句をつなげるので，デジタル家電に組み込む情報通信機械や電子部品中心の諸県は大幅に減少し，表3－2でも読み取ることができるようにアジアなどへの海外移転や国内での生産比重の低下が見られる。一方，輸送用機械・化学・鉄鋼は輸出競争力が高いため，出荷額等は維持したといえる。

解 答

設問A

⑴アースウェーデン　イースペイン　ウードイツ　エーブルガリア

⑵若年労働力が減少して市場の縮小や労働力不足となり，少子高齢化により社会保障費が増大し，国民の税負担増や財政難となった。

（60字）

⑶社会主義体制の崩壊で経済が混乱し，出生率は低くなったが死亡率は高まり，ＥＵ加盟後も国外への出稼ぎ労働者が増加したから。

（60字）

⑷女性の社会進出を支える出産・育児への支援や給与補償制度といった労働環境が整備された結果，合計特殊出生率が上昇している。

（60字）

設問Ｂ

⑴Ａ－東京　　Ｂ－大阪　　Ｃ－北海道　　Ｄ－千葉

⑵輸送用機械は関連産業の集積が必要で移動は難しいが，労働集約的な電気機械は交通網整備で安価な土地や労働力を求め分散した。

（60字）

⑶大幅減の県は，情報通信機械や電子部品を組み込むデジタル家電が低賃金のアジア諸国で生産比重を高めたためで，小幅減の県は，輸出競争力や付加価値の高い輸送用機械・化学の生産が多いから。

（90字）

2016年

第１問

解説 2016 年度から新課程の入学試験となり，地理では「様々な地図と地理的技能」の扱われ方が注目されていた。本設問においての地図としては，段彩図や階級区分図が提示されており，東大でもこのテーマを意識した出題が見られたといえる。また，地誌的要素の強い設問が第１問に配されたのは，2012 年以来であった。

設問Ａでは，いわゆる段彩図が提示された。アラスカ州とハワイ州を除くアメリカ合衆国本土の人口分布を示したものであり，人口密度が高いほど濃色になる地図である。

⑴ではアメリカ合衆国における人口分布の東西差をもたらす自然的要因が問われた。問題文で示されているように，東半分と太平洋岸で濃色となっており，人口密度が高い。すなわち人口が多いとわかる。大局的な差をもたらした自然的条件なので，居住に向いている地形や気候に着目して説明すればよい。

図１－１において，およそ西経 100 度より東側で相対的に人口が多く，太平洋岸を除く西側で相対的に人口が少ないことが読み取れる。西経 100 度は年降水量 500mm の等降水量線にほぼ一致し，東側の農耕地域と西側の灌漑・放牧地域を分け，アメリカ合衆国の農業地域区分に大きく関係している。また，ロッキー山脈をはじめとする環太平洋造山帯が走行する西側に対し，東側にはアパラチア山脈が走行するが相対的に低平な地形となっている。この自然的差異が人口分布に影響を与えたといえる。

難問ではないが，１行で２点分の自然的要因に言及しなければならない。また，東半分と西半分のどちらを説明しているのか，主語のわからない説明や，地形ないし気候のどちらか一方で満足するのであれば，高得点は望めない。

⑵は⑴を受けた問題であり，相対的に人口が少ない地域内において人口密度が高い地域の社会的・自然的要因が問われている。ただし，「発生」という用語だけに着目してしまうと，都市を建設した時期だけに限定してしまいやすい。本問では「このような地域の発生」なので，人口密度が高くなった過程も考慮したい。

社会的要因はＡ(コロラド州デンヴァー)やＢ(アリゾナ州フェニックス)の地域を想起しながら，現在の発展に寄与した先端技術産業を指摘できればよい。デンヴァーはシリコンマウンテン，フェニックスはシリコンデザートのそれぞれ中心都市である。半導体やエレクトロニクス産業，航空機産業などが発展し，今日では観光都市としても知られるようになった。発生理由が問われているが，人口密度が高くなるためには発展した理由も重要となる。そのうえで，部分的であり面的な広がりが見られないことから，交通にも言及したいところである。アメリカ合衆国の場合は，大陸横断鉄道の開通が重要になる。両都市とも19世紀中に大陸横断鉄道(現ユニオンパシフィック鉄道)が開通しており，東部からの入植が始まった。当初は，デンヴァーは鉱山都市，フェニックスは農業開拓地として発展した。さらに，航空交通にも着目したい。2014年の利用者数では，デンヴァー国際空港が世界17位(2020年は8位)，フェニックス・スカイハーバー国際空港が世界26位(2020年は24位)にランクインしている。どちらも世界有数の空港面積や利用者数を有するハブ空港として機能しており，周辺地域の中心地となっている。このような交通網の整備が産業の発展につながり，人口密度を高くしたといえる。

自然的要因については(1)を克服する状況を提示すればよい。1858年に建設されたデンヴァーは標高が1マイル(約1,609m)に位置することから，「マイル・ハイ・シティー」(The Mile High City)とも呼ばれているが，ロッキー山脈の麓であり，コロラド川水系のサウスプラット川とチェリークリーク川が合流する地点でもある。ヒラ川が流れるフェニックスは1867年の灌漑事業により開拓され，1911年にはルーズヴェルトダム(旧ソルトリバーダム)も建設されている。どちらの都市も乏水地の中の豊水地であり，利水条件は良好である。この利水条件が，産業や住民を引き付ける前提になったといえる。

(3)は中西部における人口分布の空間的パターンを読み取る問題であるが，「中西部」の位置的理解がポイントであった。伝統的な中西部とは，1787年の北西部条例で定義されたいわゆる五大湖地方と，ルイジアナ買収によって広がった地域の一部である。アメリカ合衆国国勢調査局の区分では，アイオワ州・イリノイ州・インディアナ州・ウィスコンシン州・オハイオ州・カンザス州・サウスダコタ州・ネブラスカ州・ノースダコタ州・ミシガン州・ミズーリ州・ミネソタ州の12州を「アメリカ合衆国中西部」としている。ほぼアパラチア山脈周辺以東の北東部とほぼ西経100度以西に当たる西部との間に位置する地域である。ただし，この知識を有していなくても，(1)で「中西部」は東半分に含まれる地域と示されている。

図１－１から人口分布を読み取ると，全体的に人口密度の高い地域と低い地域の中間であるが，ところどころに高密度地区が点在していると読み取れる。この特徴を生み出す背景を，「交通」，「集落」，「農業」という指定語句に着目させ，それらの用語を使用しながら説明することになる。

この地域の開拓に大きな影響を与えたのは，1862年に成立したホームステッド法であり，その土地区画制度でもあるタウンシップ制が関係する。ホームステッド法は自営農民の育成を目的とした法律で，５年間の居住・開墾により160エーカー(約65ha)の土地を無償で与える自営農地法のことである。そして，この160エーカーの土地を生み出す土地区画の制度がタウンシップ制である。６マイル四方(約93km^2)の土地を一つの単位とし，それを36セクションに細分化し，１セクションをさらに４分割する。計144のクォーター(１クォーター＝約65ha)に１戸ずつの農家を立地させるため,散村となりやすい。ホームステッド法によらない農業以外の開拓の場合は,大陸横断鉄道などの陸路と河川などの水路が接続する結節点に，集落，集散地や都市が立地していった。こうして，人口密度がやや低い地域に都市が点在する状況が誕生した。

本問は指定語句を使用する問題である。そのため，指定語句の使用法に工夫が必要であるが，それ以上に「中西部」地域の読み取りが重要であった。「中西部」という用語に特別な意味が付されているため，(3)を独立させて，用語の響きだけで判断すると誤りやすい。

設問Ａは(1)〜(3)の関連性に着目するとともに，設問文の出題意図に合致した解答,すなわち読解力が大いに影響した問題であったといえる。

設問Ｂでは，リード文が提示された。そして，そのリード文中の下線部に関して発問されている。しかし，下線部は発問のための単なる導入部であり，表１－１の読み取りがポイントになった設問といえる。

(1)ではメガロポリス(ボスウォッシュ，巨帯都市)の地位低下理由が問われている。統計データを読み取らなければ，地位低下からメガロポリスの衰退や企業・人口の流出とつなげやすい。2012年第１問の表２に示されているように，北部や五大湖周辺からサンベルトに企業や製造業被雇用者が流出し，工業の衰退傾向があるといえる。また産業の高度化によって，第２次産業の低下が先進国や古くからの工業地帯で起こりやすい。

しかし，表１－１によれば，1950〜2000年の間にメガロポリス全域の人口は1.5倍以上に増加している。それにもかかわらず「全米におけるメガロポリスの地位の低下」としているのは，対全米人口比率が1950年の20.9%から2000年に17.3%へと低下しているからである。あくまでも相対的な地位低下ということになる。

相対的な地位低下を説明するためには，メガロポリスを上回る他地域の成長に言及しなければならない。さらに，国内だけの視点にとどまらず，国外からの流入(移民)にも着目する必要がある。南部や太平洋岸の諸州では，ヒスパニックと呼ばれる中南米からの移民や，東アジアからの移民などがメガロポリスに比べて多くなっている。さらに，カトリック信者や移民者の出生率は比較的高い。このような点から，メガロポリスの地位低下を説明すればよい。

ところで，メガロポリスはフランスの地理学者ジャン・ゴットマンにより，1957年に命名された用語である。アメリカ合衆国北東部のボストン～ワシントンにかけての地域である。この地域は，個々の都市を越えて一体的に機能している地理的空間であり，大都市圏が連鎖状に重なり合った都市群となっている。日本の東京～神戸にかけての地域を東海道メガロポリスと呼ぶこともあるが，アメリカ合衆国の事例にならった呼称である。

(2)はメガロポリス内部での人口分布の変化が問われているが，この問題も統計からの読み取り問題といえる。一般に郊外化が進んだことは容易に想像できるが，表1－1では中心都市の人口は減少していない。中心都市の人口は停滞しており，統計数値からドーナツ化現象や都心部の衰退を読み取ることはできない。あくまでもメガロポリスにおける中心都市の人口割合が低下しただけである。本問も実数と割合の違いを意識したい問題であった。

表1－1からは1950～2000年の間に，郊外地区人口は約5倍に膨れ上がり，メガロポリス全域に占める人口割合も3倍以上になったと読み取れる。周縁都市(エッジシティ)の都市化・郊外化が進展したためである。統計から読み取る問題なので数値の中身に言及する必要はないが，富裕者が郊外に移動し，中心都市において低所得者層，マイノリティーやエスニックグループの比重が高まっている。数値に変化はなくても，その意味や内容が変化していることもあるのである。

(1)と(2)における統計の読み取りは難しくない。しかし，統計を読み取らず，リード文だけからの判断や思い込みにより難問化してしまう問題であった。

(3)はジェントリフィケーションと呼ばれる変化を具体的に説明する問題である。用語の意味が理解できていれば難問ではないが，単なる都市再開発(Urban renewal)，再建型再開発(Redevelopment)を説明するだけでは高得点につながらない。高級化(Gentrification)の内容を指摘することがポイントであった。

1958年にオランダのハーグで開催された都市再開発に関する国際会議において，都市再開発は都市環境が悪化した既成市街地の居住環境を再生させる都市更新(Urban renewal)とされた。そしてその手法や内容には，再建(Redevelopment)，修復(Rehabilitation)，保全(Conservation)の3タイプが含まれるとした。ただし，ハード面の再開発が行われて従前(再開発前)の構成員などが再入居するといった内容では，高級化や上層化というジェントリフィケーションの概念に当てはまらない。従前地域に居住していた低所得者，高齢者，マイノリティーなどに代わり，富裕者層が増加して地域を再生・活性化し高級化することがポイントである。

代表的なジェントリフィケーションが進んだ地域としてニューヨークのソーホー地区があげられる。老朽化した倉庫や工場跡に貧困者層やカウンターカルチャーの人々が流入していたが，1980年代以降各種の再開発が実施されて旧住民が転出を余儀なくされ，現在は高級住宅・商業地に変貌している。ボストンの埋立地で貧困地区として知られていたサウスエンド地区においても，歴史的街並みが保存されるとともに文教地区として活性化している。

用語説明に関する問題は，過去にも「穀物メジャー」(2002年第1問設問B(2))が問われている。用語の詳細な理解は必要であるが，解答には制限字数という制約がある。そのため，加点ポイントにカウントされる重要な内容の整理が必要となる。

設問Cでは，ヨーロッパ諸国における6つの指標(「移民率」，「国民一人当たりGDP」，「失業率」，「全人口のうち，正教徒の割合」，「全人口のうち，イスラム教徒の割合」，「全人口のうち，スラブ語派言語を母語とする者の割合」)に関する階級区分図が提示された。総合的な理解度が試された問題である。

(1)は各指標と階級区分図を対応させる問題である。このタイプの判定問題は，自分でわかりやすい指標から判定するとともに，似ている分布ないし指標(ａとｄ，エとカ)に着目するとよい。選択肢と階級区分図の数が一致しているので，消去法を含め類推することができるはずである。

図1－2(a)は，モルドバ・ルーマニア・ブルガリア・ギリシャ・ジョージア(グルジア)・アルメニアで高い値を示している。ギリシャと東ヨーロッパの国々であり，「全人口のうち，正教徒の割合」と判定できる。

(b)はスペイン・ギリシャ・旧ユーゴスラビアが高い。金融危機のギリシャ・スペインで高くなっていることから，「失業率」と判定できる。時事的要素の強い問題であるが，2016年のセンター試験地理Ｂにおいても，第4問問4中の図3で次の失業率に関する散布図が提示されている。この問題が復習できていれば，大いにヒントとなったであろう。

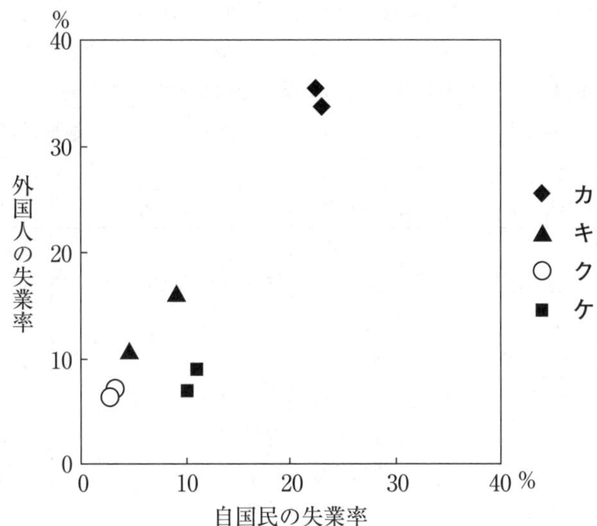

統計年次は2012年。
OECDの資料により作成。

図　3

図3カはギリシャ・スペイン，キがオランダ・フランス，クがスイス・ノルウェー，ケがハンガリー・ポーランドである。使用される出典により若干データは異なるが，基本的な内容を把握できていれば，判定可能である。

(c)はノルウェー・スウェーデン・デンマーク・スイス・アイルランドが高くなっている。北ヨーロッパやスイスで高いことから，「国民一人当たりGDP」となる。高福祉地域で経済が安定している北ヨーロッパは国民一人当たりのGDPが高く，産油国でもあるノルウェーはとくに高い。国連統計によれば，2013年の国民一人当たりのGDPは103,586ドル(2020年は65,871ドル)で，日本(38,528ドル，2020年は39,990ドル)の3倍近い額になっている。

(d)はポーランド・チェコ・ウクライナ・クロアチア・ボスニア＝ヘルツェゴビナが高い。(a)と同様で，いわゆる東ヨーロッパが高くなっている。この点から「全人口のうち，スラブ語派言語を母語とする者の割合」と判定できる。一般に正教徒とスラブ系民族の関係性は強い。しかし，スラブ系民族が多数を占めるポーランド・チェコ・クロアチアではカトリックが優勢である。この差異には注意しておきたい。

(e)はトルコ・シリア・イラン・イラク・アゼルバイジャン・ウズベキスタン・トルクメニスタン・アフガニスタンで高くなっている。西アジア～中央アジアで高いことから，「全人口のうち，イスラム教徒の割合」と判定できる。

(f)はエストニア・カザフスタン・スイス・アイルランド・クロアチアで高くなっている。多民族国家のスイスや民族の移動を進めた旧ソ連の一部で高くなっていることから，「移民率(移民が全人口に占める割合)」と判定できる。国連統計による主要国の移民率(2020年)は，以下の通りである。

国　名	移民率	国　名	移民率
バチカン	100%	ノルウェー	15.72%
アラブ首長国連邦	88.13%	アメリカ合衆国	15.30%
カタール	77.27%	エストニア	15.02%
シンガポール	43.14%	イギリス	13.79%
オーストラリア	30.14%	オランダ	13.76%
スイス	28.79%	フランス	13.06%
カナダ	21.33%	ロシア	7.97%
カザフスタン	19.88%	イラン	3.33%
スウェーデン	19.84%	日　本	2.19%
ドイツ	18.81%	中　国	0.07%

(2)は移民率が高い特定の国の共通性を問う問題である。×を付した国々が旧ソ連の構成国(エストニア，ラトビア，カザフスタン)と判定するのは容易である。ただし，1行2点分の加点ポイントを意識する必要があった。また(1)の判定が(2)の解答に影響する東大の典型的な出題形式であり，相対的に高くなる要因を具体的に指摘する問題でもある。

エストニアの民族構成(2011年)はエストニア人69.7%，ロシア人25.2%となっており，移民率(2013年)が16.3%と高くなっている。これは，第二次世界大戦以降のソビエト体制下において，ロシアおよび旧ソビエト連邦の一部住民をエストニアの工業都市へ移住させる政策が関わっている。

ラトビアの民族構成(2011年)はラトビア人62.1%，ロシア人26.9%となっており，移民率(2013年)は13.8%である。第二次世界大戦中に人口が急減したリガに，ソ連政府はロシア人の集団移住を行っている。

カザフスタンの民族構成(2014年)はカザフ人65.5%，ロシア人21.5%となっており，移民率(2013年)は21.1%である。19世紀中からロシア人農民が大量に移住しており，旧ソ連時代にも移住が進められた。

3か国とも旧ソ連解体以前に移住が進められている。旧ソ連解体以後はロシア人の比率および移民率も低下傾向にあるが，東ヨーロッパにくらべて，依然として移民率は高いといえる。

解答

設問A

(1)東半分は湿潤で平地が広いが，西半分は乾燥地や山岳地が広い。

(30字)

(2)山麓に位置する都市で河川からの利水が可能であり，航空交通なども発達したことから，先端技術産業が集積して人口も流入した。

(60字)

(3)タウンシップ制による土地区画で開拓された大規模農業地域であるため，散村状態で人口密度はやや低いといえるが，集散地となる河川の合流点や鉄道交通の結節点に大規模な集落が点在している。

(90字)

設問B

(1)全米からサンベルトへの企業や人口の流出，また南部や太平洋岸では移民や出生率も高いため，メガロポリスが相対的に低下した。

(60字)

(2)中心都市の人口は飽和し，郊外で都市化が進み人口が急増した。

(30字)

(3)都心部の衰退地域を一掃する再建型，歴史的建築物を修復・保全しながら地域の高級化を進める再開発により，低所得者が流出して高所得者が流入するとともに，新たな高級商業施設も立地した。

(89字)

設問C

(1)(a)－エ　(b)－ウ　(c)－イ　(d)－カ　(e)－オ　(f)－ア

(2)旧ソ連時代に，ロシアからの集団移住を積極的に進めたため。

(29字)

第2問

解説　第2問では，グラフ・統計・雨温図などの多様な資料が提示されている。統計資料の読み取り問題は東大の定番であり，例年第2問での出題が多い。基本的な統計が示されるため難問ではないが，指標の意味を考慮せず，指標操作を疎かにすると難問化する場合もあるので，読み取りの練習を積む必要がある。

設問Aでは，主要な植物油の世界生産量の推移のグラフ，主要国の搾油量とその原料となる農産物の生産統計，４つの首都に関する雨温図が提示され，複数の資料からヒントを見出し判定する問題でもある。

(1)はグラフや統計中の植物油を特定する問題であるが，(1)→(2)の順に考察すると難しい。出題者も，生産量の推移だけから具体的な植物油を特定させようとは考えていないと思われる。(2)中の該当国の首都の雨温図から，気候を判定しながら該当国を想定し，そこから植物油を推測できればよい。複数の資料を関連させて正答を見出させる，作業的な考察力が問われたといえる。すなわち，Ａの場合は雨温図(a)の熱帯雨林気候に該当する国を(2)で選択させ，生産上位国や近年の生産量推移の状況から該当する植物油を判定するという手順である。同様に，雨温図(b)の亜寒帯冬季少雨気候，雨温図(c)に該当する南半球の温暖湿潤気候，雨温図(d)の亜寒帯湿潤気候に該当する国をそれぞれ(2)で選択し，生産上位国や近年の生産量推移の状況からＢやＣに該当する植物油を判定すればよい。今後はこのタイプの問題が増えていくと思われる。

ただし，表２－１の統計データのみで判定しても，Ａの植物油の搾油量第１位がインドネシアなのでパーム油となる。ココヤシ油(コプラ)の生産量もインドネシアは多い(26.3%)が，第１位はフィリピンである。パーム油はアブラヤシの果実から得られる植物油で，マーガリンのほか，石鹸の原料やバイオディーゼル燃料としても利用されている。

Ｂはアメリカ(合衆国)やブラジルが上位に登場していることから大豆油となる。とうもろこし油(コーン油)の生産と迷いがちであるが，とうもろこし油はアメリカ合衆国が過半を占め，中国・ブラジル・日本の生産量が多い。大豆油は食用油のほか，マヨネーズやマーガリンの原料としても利用されている。

Ｃはドイツ・カナダ・インドが登場することから菜種油となる。オリーブ油はスペインやイタリアをはじめとする地中海周辺での生産が多く，ごま油はミャンマー・中国・インド・日本での生産が多い。菜種油は食用油としての用途が多いが，ヨーロッパなどではバイオディーゼル燃料としても注目されている。

表２－１だけで判定は可能であるが，(2)で問われる(a)～(d)の国も参考にして，完答を目指さなければならない問題である。

(2)の(a)は，パーム油やアブラヤシで第２位の生産国であり，(a)の首都は雨温図から熱帯雨林気候と判定できるので，マレーシアとなる。かつては，マレーシアがアブラヤシ生産の過半を占めていたが，近年はインドネシアでのプランテーション栽培が多くなり，2007年以降第２位となっている。

(b)は大豆や菜種の生産が多く，その植物油は第１位の生産国となっている。また首都は雨温図から亜寒帯冬季少雨気候と判定できるので，中国となる。生活水準の向上もあり，大豆・菜種とも中国は世界最大の輸入国にもなっている。

(c)は大豆やひまわりの生産が多い。また首都は雨温図から南半球の温暖湿潤気候と判定できるので，アルゼンチンとなる。大豆の生産からオーストラリアではないと判断できるが，オーストラリアの首都キャンベラは西岸海洋性気候であり，この点からの判断も可能である。アルゼンチン国内ではひまわり油の需要が多いものの，輸出用に遺伝子組み換え作物として大豆生産が伸びている。

(d)はひまわりの世界第1位生産国となっている。また首都は雨温図から亜寒帯湿潤気候と判定できるので，ウクライナとなる。ひまわりは正教会で禁止された油脂食品に含まれていなかったことから，ロシアとともに栽培が広まったとされている。

(3)は植物油の需要増加要因を2つ説明する問題である。2012年には「中国で大豆油を含む油脂類が大量に輸入されている背景」が問われており，過去問学習の重要性が実感できる問題であった。ただし，油に注目させた問題であり，2009年に出題された「中国で大豆の輸入量が急激に増加している理由」とは出題意図が異なっている。飼料作物としての出題と油脂作物（油糧作物）ないし植物油としての出題では解答すべき内容が異なることにも注意したい。

植物油の採取を目的とする油脂作物としての用途は，食用油としての利用が多いほか，塗料や印刷用インキを含む工業用や潤滑油，薬用や化粧用，かつての灯用やバイオディーゼルなどの燃料用などがある。その中で，人口増加率を上回る勢いで増加させるようになった要因なので，生活水準の向上に伴って増加する食用油，近年の環境問題対策として注目されているバイオディーゼルなどの燃料用が指摘できればよいであろう。ただし，単なる食生活の変化では「中国の大豆輸入」のように，飼料作物としての位置づけなのか，油脂作物としての位置づけなのかはっきりしない。さらに，単なる需要の増大では用途が明らかにされておらず，人口増加率を上回る急増要因の説明にはならない。これらの点を考慮した説明が必要となる。

(4)は油やしの生産拡大が引き起こす環境問題について指定語句を使用しながら説明する問題であった。(1)での判定が影響するが，(4)の問題文をヒントにして(1)のAを判定することもできたといえる。解答に当たっては，前後の問題文をヒントにできる場合もある。時事的内容が問われたといえるが，基本的なものであり，指定語句の使用法がポイントであった。

既述したように，アブラヤシの果実から生産されるパーム油の用途は広い。本問では，「生産拡大が引き起こす環境問題」を，「生物多様性」と「二酸化炭素」という指定語句を使用して説明することになる。2010～15年の間にパーム油の生産量は1.3倍になっており，それに対応してアブラヤシ栽培地も拡大していった。この栽培の中心はインドネシアやマレーシアの熱帯地域であり，従前の熱帯林が伐採されて拡大したことになる。すなわち，本問は熱帯林の破壊に伴う環境問題を説明すればよい。

熱帯雨林には地球上の生物の50～70%が生息していると考えられており，複雑な生態系の維持には欠かせない地域である。そこに生息する動植物からは人間が食用とする農産物が提供され，薬成分の抽出・製造にも役立っている。さらには，腐葉土の培養に伴い海洋資源につながる食物連鎖の出発点ともなっている。生物多様性の維持に熱帯林の保護は欠かせないといえる。

森林自体の機能としても，森林の保水機能や大気浄化機能，気象条件緩和機能が注目されている。森林の葉層が太陽の入射光を遮って気温の上昇を抑制するだけでなく，光合成により二酸化炭素を吸収して酸素を放出するため，温室効果ガスの吸収に役立つと考えられている。森林破壊は二酸化炭素を放出するのではなく，二酸化炭素の吸収量が減少するのである。

ところで，アブラヤシは一度植樹すると約40年間高い生産力を保持するとされている。1haあたりのパーム油生産量は3.7トンで，菜種油(0.8トン弱)の5倍近くに達する。これらの点から，アブラヤシ栽培が盛んになり，経済的生産樹齢の40年を考慮して，改植用の栽培地造成が行われ，熱帯での伐採が盛んになるのである。この点は，2015年第1問設問B(4)につながる問題意識でもあった。

設問Bでは，5か国における主要農産物の自給率が提示された。自給率から該当国を判定させるとともに，トルコやメキシコの農業の特徴が問われている。東大では，2009年にもヨーロッパ各国と日本の食料自給率に関する問題が出題されており，頻出のテーマといえる。

(1)は自給率に該当する国を中国，アメリカ合衆国，タイから選択する問題であり，基本レベルの問題である。米や小麦，砂糖類などから判定は容易である。本問では(2)以下の解答に影響を与える構成ではないが，(1)が前提となって(2)以下が出題される場合も少なくないので，完答したい問題である。

(イ)国は米や小麦の自給率が100%を超えていることから，米や小麦の輸出国であり，アメリカ合衆国と判定できる。2012年の輸出統計でも，米は世界5位，小麦は世界1位の輸出国である。

(ロ)国は小麦の自給率が0なので，小麦の非生産国である。需要のすべてを輸入に頼っていることになる。その一方で，米は輸出国になっている。この点から，サバナ気候地域で小麦の栽培が不向きなタイとなる。2012年は政府の籾担保融資制度の問題で世界第3位の米輸出国に地位を低下させたが，2013年では第2位(2020年は第3位)になっている。

(ハ)国は小麦の輸入を読み取ることができるが，米と小麦はほぼ国内生産で賄っていることから中国となる。中国の米と小麦の生産量はそれぞれ世界第1位であるが，約14億人の人口を抱える大国であるため，国内消費量が多く輸出国になっていない。

(2)はトルコの農業の特徴を自然環境・社会条件に関連づけながら説明する問題である。その際に，統計の自給率を考慮しなければ発問の意味がない。特徴的な自給率につながる自然環境や社会条件であり，100%を上回る意味にも言及しながら，特徴的な農産物が生産される背景に着目しなければならなかった。

自給率100%とは国内生産量と国内消費量が等しいという意味である。100%を超えている場合は輸出超過国であり，100%に満たない場合は輸入超過国ということになる。この点から，トルコは小麦や果実の生産・輸出などに特徴があるといえる。

自然環境については，新期造山帯の山がちな地形が広がっているが，気候に着目したい。アナトリア高原の内陸部ではステップ気候も見られるが，沿岸部を中心に地中海性気候が卓越する。この自然環境と農業を組み合わせればよい。すなわち，地中海式農業の説明となる。夏季に乾燥する気候を活かしたブドウ・オリーブ・オレンジ類などの果実類栽培と，冬季の温暖な気候を活かした小麦栽培が特徴といえる。また，砂糖類の生産も盛んであるが，これは温帯～亜寒帯で生産される甜菜(テンサイ，ビート，砂糖大根)からの精製である。

野菜や肉類も輸出されている。これはトルコの位置や経済政策が関係する。トルコはヨーロッパに隣接し，EU加盟を希望している。農産物輸出の多くはEU向けであり，ドイツ・イギリス・イタリア・フランスなどとの貿易が多い。

(3)はメキシコの農産物自給率につながる背景を説明する問題であった。(2)と異なり，自然環境を考慮する必要はない。ただし，(3)のメキシコは「全般的に自給率が低い」中で特定の農産物が100%を上回っているのであり，(2)の「全般的に自給率が高い」トルコと状況が明らかに異なっている。低いものと高いものが併存するメキシコの理由を，社会経済的状況と関連させて説明するので，「全般的に自給率が低い」理由も言及しなければならない。本問においても問題文の読解力が関わっていたといえる。

メキシコの農産物自給率から，トルコなどにくらべて極端な農業の特徴を読み取ることができる。穀物などは輸入中心であり，野菜などは輸出向けが多い。農産物は，国内自給方針というよりも，生産を特化させると同時に，国際競争力の低い農産物を輸入に依存するという型が読み取れる。この型を推進させている理由は，NAFTA(北アメリカ自由貿易協定，現USMCA)に求めることができる。NAFTAはカナダ・アメリカ合衆国・メキシコの3か国によって署名され，1994年に発効した自由貿易協定である。この協定により，貿易にかかわる関税が撤廃され，競争力の高低で農産物生産に特徴が生じたのである。メキシコでは温暖な地域で低賃金労働力による生産が有利な野菜類や果実類の生産が増加し，アメリカ合衆国やカナダ向けの輸出も増加した。その一方で，大規模な企業的穀物農業で生産される穀物は，生産コストの安価なアメリカ合衆国やカナダからの輸入が拡大した。タコスやトルティーヤの原料となり，主食ともいえるとうもろこしの自給率も，1992 年の 100％から 2005 年には 67％まで低下している。

2015 年第 2 問設問 B⑶では日本へのかぼちゃ輸出に関する出題も見られた。ただし，本問では大局的に判断する問題なので，日本との FTA よりもカナダやアメリカ合衆国との NAFTA を考えることになる。

解答

設問 A

⑴A－パーム油　B－大豆油　C－菜種油

⑵(a)－マレーシア　(b)－中国　(c)－アルゼンチン　(d)－ウクライナ

⑶新興国の経済成長で生活水準が向上して食用油の需要が増え，環境問題の観点からバイオ燃料や工業用原料への需要も増えたから。

(60 字)

⑷プランテーションの拡大により，生物多様性に富む熱帯林の破壊や，光合成による二酸化炭素吸収量の減少で温暖化が懸念される。

(60 字)

設問 B

⑴(イ)－アメリカ合衆国　(ロ)－タイ　(ハ)－中国

⑵冬季が湿潤で温暖な地中海性気候を活かして，小麦や果樹・野菜の栽培が行われ，関税同盟のＥＵ市場などへの輸出が盛んである。

(60 字)

⑶ＮＡＦＴＡ締結後，アメリカ合衆国から安価な穀物が輸入され，低賃金の労働力を利用して栽培する野菜や果実を盛んに輸出する。

(60 字)

第３問

解説　第 3 問は地形分類図や等高線図，グラフ・地図などの資料読み取り問題である。2 年おきに出題(2009 年，2011 年，2013 年，2015 年)されている地形図ではないが，地形分類図や等高線図が提示された。新課程の「様々な地図と地理的技能」を意識した出題ともいえる。

設問Ａでは，地形分類図と図中のＰ地点における累積地盤沈下量の推移グラフが提示された。例年，自然地理に関係する設問は第１問に多かったので戸惑った受験生もいたようであるが，日本関連問題とすれば第３問での出題もおかしくない。本設問も資料の読み取り問題であるため，本問に割ける時間配分が得点率に大きくかかわったといえる。

⑴は地形分類図中の地形名称を読み取る問題であり，平野の基本的な地形が問われている。この地域の地形分類図は2012年の名古屋大学でも出題されており，出題頻度の高い地域であることがわかる。

アの地形は，山地と氾濫原に挟まれた地域であり，扇状地と読み取ることは容易である。地形図の読図問題としても出題されやすい地形なので，扇状地が形成されるメカニズムと位置を理解しておきたい。

イの地形の判定はやや戸惑ったかもしれない。高校地理で自然堤防は氾濫原を構成する地形という認識だからである。ただし，図３－１では河川蛇行部の拡大図も提示しており，この図から氾濫原＝後背湿地と捉えさせ，イの地形を河川両岸沿いに限定させている。ここから判定可能となる。ところで，自然堤防は頻繁に出題されている。たとえば，2011年第１問B⑴，2002年第３問A⑶では，単に自然堤防を解答させる問題であった。これは，自然堤防という用語に誤字の多いことが関係していると思われる。「堤防」ではなく「提防」という誤答が多かったからともいえる。自然にできるので，手は使わない。土へんでなければならないわけである。

ウの三角州(デルタ)の出題も多い(2008年第１問A⑵，2002年第３問A⑴，2001年第１問B⑴)。こちらは誤字との関係はないが，過去問学習の重要性を証明する問題といえよう。三角州は河口部に位置する地形であるが，図３－１の地域では埋立地・盛土地が造成されたため，内陸に分布しているように見える。

⑵は複数の河川を合流させず流路を直線状に整備する目的が問われている。地図から濃尾平野西部には，東から木曽川・長良川・揖斐川の三川が流れているが，木曽川と長良川，長良川と揖斐川の合流点に堤防が施され，三川が分流していることがわかる。この堤防がなければ木曽川の水が長良川に流れて長良川で洪水が，また長良川の水が揖斐川に流れて揖斐川で洪水が起きやすくなる。これを防ぐための堤防であるが，２点分の加点要素をどのように獲得するかがポイントであった。

木曽三川流域は，2011年第１問設問Bでも出題されたように，輪中集落が見られる地域である。水害の常襲地であり，水害のたびに家屋や田畑が流され，人的被害も多かった。こうした対策のための輪中集落であり，木曽三川の改修であった。江戸時代の木曽三川は内陸で合流していたが，河床の高さが木曽川→長良川→揖斐川の順に低くなっていたため，揖斐川に水が集まり洪水が起こりやすかった。そこで，宝暦年間(1751～64年)に三川分流治水(宝暦治水)の工事が行われた。

ただし，1行での説明なので，図3－1から読み取れるレベルでよい。合流を避けているので，合流に伴う洪水を防止する。そして，伊勢湾へ直接排水させたのである。分流させている堤防が，長良川と揖斐川間で伊勢湾に到達していないように読み取ることもできる。しかしこれは，堤防より下流が埋立地・盛土地であり，当時は分流させて伊勢湾に排水していたとわかる。

⑶は地図上の地点Pにおける累積地盤沈下量から，沈下理由と安定化理由を社会的背景とともに説明する問題であった。2012年に東京の地盤沈下に関する問題が出題されており，累積沈下量のグラフについては2003年の東京都立大学で，東京都江東区亀戸と大阪市西淀川区百島の事例が提示されている。

地盤沈下の理由は，①地下水の過剰揚水による広域的沈下，②地下掘削時の排水による周辺部沈下，③建物加重等による沈下，④地震の地殻変動による沈下などが考えられる。その中で，図3－1のP地点は，埋立地・盛土地に位置していることから不安定な地盤上の建物加重等による沈下の可能性も考えられる。しかし，1960～75年頃まで急激に沈下し，その後は安定しているので，「地下水の過剰揚水による広域的沈下」が最も適当である。

地下水の汲み上げにより，砂礫層などの帯水層の水位(圧力)が低下し，軟弱な粘土層中の水分が帯水層に移動することで，粘土層が収縮して地盤が沈下する。とくに1960～75年頃なので，高度経済成長期の工業用水・生活用水用の過剰揚水ということになる。その地盤沈下が1975年頃を境に一気に止まり安定化している。劇的な変化ともいえるので，自然現象ではなく，人為的な理由が関係したと考えられる。1974年の旧公害防止条例による汲み上げ規制が大きく，東京や名古屋周辺では代替水源も確保されて，沈下が沈静化した。この代替水源の確保による地盤沈下対策は，東京や名古屋以前に，大阪で1960年代から工業用水道の建設といった形で始められていた。この効果から東京や名古屋の対策が生まれたといえる。

⑷ではウの三角州(デルタ)における自然災害と被害軽減のための有効な対策が問われている。東大で出題頻度の高い自然災害の理解度が問われた問題である。三角州(デルタ)という地形や位置から，特徴的な自然災害を想定することになるが，⑵で問われた洪水を指摘するのであれば，⑷の出題の意味は薄くなる。また，具体例を2つ挙げることになるが，質的な違いを考慮した自然災害に着目したいところである。さらに，適当な自然災害が指摘できても，それらの被害を軽減する対策が理解できていなければ，自然災害名称の単なる把握にすぎない。1999年第3問で日本の自然災害が出題されているが，本問とともに学習のあり方を提示してくれた問題といえる。

三角州は河口に出現し海に面していることから，海洋の影響を受けやすい。そのため，高潮や津波の被害が予想される。高潮の原因は，台風などの低気圧が接近することで海面にかかる圧力が低下し，吸い上げ効果や向岸風などの吹き寄せ効果などが起こることで，潮位が上昇することである。満潮が重なるとその被害は大きくなる。1959 年の伊勢湾台風では，名古屋港で 3.89m の潮位上昇を記録している。その被害軽減に有効な対策としては，防潮堤や河口堰の建設があげられる。ただし，河口堰の場合は河川水と海洋水の入れ替えを阻害し,生態系に影響を与えることも予想される。

地震に伴う自然災害も予想される。ただし，津波の場合の被害は周辺の地形に影響される。また，高波という点で高潮と類似しており，被害軽減につながる有効な対策も類似する。地盤が不安定な三角州ということから，質的差異に着目して，本問では液状化現象を指摘したいところである。液状化現象は，地震の際に，地下水位の高い砂地盤が振動により液体状になる現象である。その結果，比重の小さな構造物は土中から浮き上がり，比重の大きな構造物は埋没などを通して倒壊することもある。その有効な対策としては,地盤を改良することや建築物の基礎工事で対応することであり,地盤の固化や地下水を汲み上げて非液状化層を厚くすること，建築物の杭を地盤が安定している基盤にまで打ち込むことなどがあげられる。

設問Ｂでは，山形県鶴岡市の市町村合併の変遷図が提示された。現在の鶴岡市はいわゆる平成の大合併に当たる 2005 年に発足しており，面積($1,311.53km^2$)は東北地方最大である。しかし，その中心となる旧鶴岡市は 1924 年に市制施行され，庄内平野南部の中心都市であった。もちろん鶴岡市と判定できなくても解答可能である。その際に，なぜ等高線図や人口集中地区を示した市町村境界図が提示されているのかという出題意図を考慮しなければならない。

⑴では 1950 年当時の市町村境界の設定根拠が問われているが，1950 年・1965 年・2010 年時の市町村境界図をもとに解答する問題である。提示された資料から，等高線による判定と人口集中地区を考慮して，境界設定方法を考えることになる。

図３－３からは,南部山間地で等高線を読み取ることができる。その等高線をたどってみると，村内に谷を含み，尾根線が各村の境界となっている場合が多い。山間地や農業地域では用水確保が重要であるため,利水状況を考慮した境界が設定されやすい。尾根線が分水嶺となり，利水共同体が１つの村を構成したといえる。分水嶺による境界は，市町村レベルにとどまらず，日本国内では都府県境界での採用も多い。世界でもいわゆる山岳国境は分水嶺といえる。

一方，1950 年当時におけるＡ市の境界は，等高線からの判断ができない。一部で河川などの自然的境界と一致することも予想できるが，それでは人口集中地区を示した図３－４を読み取らせる意味がない。自然的境界による設定だけでは無理があるといえる。1965 年や 2010 年の人口集中地区は，1950 年当時のＡ市域内に位置していると読み取れるので，いわゆる都市的地域としてＡ市の境界を設定したと考えられる。

⑵は 1965 年と 2010 年の間に鶴岡市の人口集中地区の面積が３倍弱になっているのに対し，人口は約 30％しか増加していない理由が問われている。同じ人口密度で面積が３倍になれば，人口も３倍になるはずである。人口集中地区全体の人口密度が低くならなければ，約 30％増にとどまることはない。ただし，人口集中地区の基準は満たしていなければならない。この点を考慮した記述が本問の難しさである。さらに，面積が３倍に，すなわち周辺に拡大した理由にも言及しなければならない。

鶴岡市を事例にまとめられた国土交通省の『コンパクトシティの計画と実践』を参考にすれば，1965 年当時の人口集中地区における人口は 2010 年には減少したようである。しかし，本問の出題観点は，「人口集中地区の面積が３倍弱になっているのに対し，人口は約 30％しか増加していない理由」である。生活の利便性が広範囲に向上したことから人口が分散したと考えられる。その利便性向上に大きく影響するのが，モータリゼーションの進展である。中心地区から離れても移動が容易となったため，周辺地区での居住が増加し，人口集中地区の面積は３倍弱に拡大した。しかし，新しく人口集中地区に移動した人口は古くからの人口集中地区などから移動した住民が多いため，人口集中地区全体では約 30％の増加にとどまった。すなわち，人口集中地区は低密度化して広がったといえる。

⑶は市町村合併に伴う行政上および生活上の問題を説明させる問いである。近年の時事的問題の把握度や応用力が問われたといえるが，市町村合併に関する問題は，2015 年に続き２年連続である。行政上すなわち公共サービスについては 2005 年にも出題されている。ただし，本問は行政側からの視点と住民側からの視点という立場の相違からくる問題を説明しなければならない。１つの事象であっても立場をかえて見ることで，見える内容が変わってくる。そして，その点を意識した多面的な考察がポイントになった問題といえる。

市町村合併により変化することは，自治体の面積が拡大し，人口が増加するということである。そして，合併された自治体の役所が新しい市役所に統合されるということでもある。そのため，行政上の問題としては，新市役所が提供する公共サービスの範囲が拡大し，新自治体への移行による事務作業なども増大するとともに，財政規模も拡大させる必要が生じる。また，人口増加により，住民の意向を汲み上げにくくもなりうる。

生活上の問題としては，合併された旧町村では役場の廃止や公共施設の集約化により，公共サービスの享受にこれまで以上の移動が必要となる。とくに，山間地などの交通弱者にとっては，公共サービスが享受できなくなる可能性もある。また，住民の意向が届きづらくなることも予想される。1つの事象をどちらから考えるか，主語のたて方で表現方法も変わってくる。ところで生活上の問題という観点で,「学校・病院・商店・バス路線等の統廃合により不便になる」とする解答も予想される。しかし，これらの統廃合は市町村合併に伴うものではない。とくに，病院・商店・バス路線などの移転や統廃合は，地域住民数や採算性との関係であり，過疎化に伴って発生する問題である。合併により移転や統廃合をする必然性はない。小・中学校の統廃合に関しても，合併と直結するわけではない。ただし，行財政上の観点から，最終的に小・中学校の統廃合が起こる可能性は高くなるであろう。

解答

設問A

(1)ア－扇状地　イ－自然堤防　ウ－三角州(デルタ)

(2)合流点付近の氾濫を防止して，海への排水を速やかにするため。
(30字)

(3)高度経済成長期の工業化により，地下水が過剰に汲み上げられて地盤沈下したが，汲み上げを規制する公害対策により安定化した。
(60字)

(4)低気圧や台風に伴う高潮被害を受けやすいため，防潮堤や河口堰が有効である。また軟弱地盤で液状化の被害を受けやすいため，地盤の固化や建築物の杭を基盤まで深く打ちこむことが有効である。
(90字)

設問B

(1)A市は平野部に位置し人口が集中する都市的地域，農村の山間部は分水嶺を境として，水の利用を共有する地域ごとに設定された。
(60字)

(2)モータリゼーションの進展により人口集中地区周辺部に居住する人口は増加したが，平均的には低密度の人口集中地区であるため。
(60字)

(3)行政上は公共サービスの提供範囲が拡大し，住民の意向を反映させづらくなる。生活上は町村役場や公共施設が集約されるため，交通弱者が行政サービスを享受できなくなり地域格差も生じやすい。
(90字)

2015年

第1問

解説 「自然環境と人間活動との関係」に関する設問であり，例年通りの出題テーマであった。駿台生の再現答案の得点率を見る限り，3大問のうち得点率が最も高く，易しかったようである。

設問Aでは「地形図」が提示された。地形図の読図問題は，近年2年おき(2009年・2011年・2013年・2015年)に出題されている。新課程の指導要領において，「地理B」は，様々な地図の読図や作図などの作業的，体験的な学習によって身に着けた地理的技能，系統地理的な考察によって習得した知識や概念を活用して，現代世界の諸地域の特色や諸課題を地誌的に考察する科目とされている。また，文部科学省の読解力向上プログラムにおいても，文章のような「連続型テキスト」及び図表のような「非連続型テキスト」を幅広く読み，これらを広く学校内外の様々な状況に関連付けて，組み立て，展開し，意味を理解することを重視しており，「様々な地図と地理的技能」を大項目に格上げし，教科書の最初に位置づけている。東大では2012年に「オルテリウスの世界地図」も出題されており，新課程を意識した対応と考えてもよいであろう。その中で，2015年の地形図読図問題は3年次の比較となっている。2011年と2013年は新旧2年次における比較であったので，変化したともいえる。また，単なる地形や土地利用変化の読み取りにとどまらず，変化をもたらす時代背景の理解度も要求されている。ところで，問題文・地形図注記に記されている「縮少」は「縮小」の誤記である。受験生は注意してほしい。

(1)は，1916年当時の土地利用を，自然的・社会的理由から説明させている。2011年の北海道大学でも出題された出題頻度の高い地域であり，扇状地(「台地」)と氾濫原(「低地」)という自然的制約や，大正時代の日本という時代背景が問われている。

「台地」東部では，卓越した土地利用として桑畑と針葉樹を読み取ることができる。この土地利用に，自然的理由や社会的理由を関連させるわけである。さらに，「低地」と対比させるので，「扇状地上の桑畑」に着目すればよい。扇状地は扇頂・扇央・扇端に分けられるが，本問で重要な場所は「扇央」となる。扇央の自然条件は，河川水が伏流して水無川となる乏水地である。そのため，大量の用水が必要となる土地利用は難しい。また，1916年という時期は第一次世界大戦中であり，主戦場となったヨーロッパに代わり，アメリカ合衆国やアジア市場への生糸輸出が増加した，大戦景気にあたる。

河川沿いの「低地」は，氾濫原にあたる地域であるが，水田を読み取ることができる。利水条件がよいため，大量の用水が必要となる土地利用も可能となる。当時(1911～15年)の1人あたり米消費量は年間130.7kgと，2012年(精米)の56.3kgの2倍以上であり，稲作可能地域では米作りが盛んに行われた。

なお，伏流した河川の湧水が見られる扇状地の扇端は，河川沿いの「低地」に比べ標高も高く，洪水危険性が低いことから，集落が立地しやすい。

(2)は，1951年の「台地」の一部の土地利用が1916年と比べて大きく変化した状況を，変化を可能とした技術にからめて説明する問題である。地形図の読図問題は，問題の解答につながる内容が図中に示されている。本問では「西天龍水路」をみつけることがポイントであった。西天龍水路は，1919～39年にかけて，長野県岡谷市川岸から伊那市小沢までの約25kmに建設された幹線水路である。天竜川から取水し，右岸において1,000haを超える開田につながった。標高750m前後に建設されたこの水路の西側は桑畑や針葉樹林が広がっているが，東側は圃場が整備されて田に変化し，灌漑の効果が窺(うかが)われる。2002年の地形図では読み取りづらくなっているが，西天龍水路は中央自動車道の東側に現存しており，田と畑の境界にほぼ一致している。読図問題は，地形図中から正答を探し出す問題である。本問で問われた「技術」についても，地形図中で判定できない「技術」は読み取れないし，出題されない。丁寧に読み取り，探せるかがポイントとなる。

(3)は，2002年の土地利用が1951年と大きく変化した内容と，変化を引き起こした諸要因を説明する問題である。1951年と2002年を比較する問題であるが，1916年の自然的制約を克服しなければ2002年につながらない。さらに，1951年と2002年における具体的な差異に着目しなければならない。この点から，単なる土地利用の現象変化にとどまる読図では地理的理解につながらないのである。

「低地」では，1951年に卓越していた水田が，建物や工場の記号に代わり，宅地化などの開発が進んだことがわかる。これは，天竜川に堤防が建設されるなどの河川改修が行われ，氾濫危険性が低下したためである。また，多数の道路も建設され，この地域の利便性が向上したことも影響している。

「台地」では，西天龍水路西側の変化が大きい。西天龍水路東側は，水路より標高が低いため，1951年時点で田に変化した。しかし，西側は桑畑や針葉樹林が卓越したままであった。それが，2002年において変化する。1951年に卓越していた桑畑は，2002年に読み取れなくなり，畑・果樹園や工業団地・ゴルフ場などに変化している。畑・果樹園への変化は，農業的土地利用に変わりないが，養蚕業の衰退という側面がかかわってくる。養蚕業は蚕を飼育し，繭から生糸を作る産業であり，その蚕のエサに桑が必要となる。生糸の需要は，第二次世界大戦以前に国内外で高かった。しかし，大戦前に海外市場を失い，戦後の化学繊維の普及などにより，衰退した。工業団地・ゴルフ場への変化は，市場や利用者との交通アクセスが関係する。中央自動車道の開通により，名古屋や東京への時間距離が短縮し，搬入・搬出や利用者受け入れの利便性が向上したためである。また，工業については，臨海および市場立地型工業からの産業構造の転換や，先端技術産業の発達といった変化も大きかったといえる。

ところで，(1)と(3)は２地点の対比を明確にして説明する必要がある。「それぞれについて」説明する必要があるが，再現答案においても「低地」と「台地」の共通理由としてまとめてしまうなど，対比に課題が見られる答案が散見されている。

設問Ｂでは「アジアの湿潤な地域の山岳における植生帯の分布図」が提示された。(1)〜(4)は独立した問題であるが，(2)〜(4)は(1)の正答が前提となる出題構成となっている。このタイプの問題は，今年度の第２問・第３問にも見受けられる。(1)の配点は高いと考えることはできないが，ある程度の所要時間を費やしても，(1)の完答をめざしたいところである。

(1)は，図中のＡ〜Ｄに該当する植生帯を選択する問題である。語群の選択肢が解答箇所よりも多くなっている。私立大学の入試問題では当たり前の出題形式であるが，東大ではこれまで語群の選択肢数と解答箇所が同数の組み合わせ問題（第２問設問Ａ(1)及びＢ(1)，第３問設問Ａ(1)およびＢ(1)）として出題されていたので，戸惑った受験生もいたようである。

本問は，標高０ｍの緯度に着目し，北回帰線以北の植生を考慮すればよい。また，最も高緯度ないし冷涼な植生帯から考察してもよいであろう。「湿潤な地域」という前提からステップを外し，日本の緯度帯を考慮することでサバンナも外せるはずである。そして，低緯度ないし高緯度から順に当てはめればよい。

(2)は，低緯度地域の垂直分布においてＣの植生帯が存在しない理由を問う問題であるが，(1)でＣの判定が正答となる必要があり，さらに指定語句を使用しなければならない。指定語句は解答のヒントであり，出題意図への誘導でもある。ただし，単に指定語句を羅列するだけでは高得点にはつながらない。指定語句を修飾しながら論理的な文章にする必要がある。

本問では，「低温」と「落葉」をどのように使用するかがポイントである。葉には，光合成を行うはたらきのほか，根から吸い上げた水分を蒸発させるはたらきがある。寒さが厳しく水分を十分に吸収できない冬には，水分不足で枯れないために葉を落とす必要がある。落葉は低温や乾燥という厳しい環境変化に耐えるための防御行動でもある。そのため，気温の「年較差」が大きい地域では落葉するが，低温状態が継続する地域では落葉する必要性が薄れてしまう。その状況に適した樹種にすでになっているからである。カラマツ(落葉松)を除く針葉樹は一般的に常緑針葉樹であり，落葉はしない。なお，気温や降水量変化だけでなく，塩害や虫害による防御反応としての落葉もある。

⑶は，ロシアと同様にB(針葉樹林)が多い日本で，木材生産が現在あまり行われていない理由を説明する問題である。日本の林業に関しては2006年にも出題されており，2010年には緑のダム，2012年には地球の肺と呼ばれる森林の機能に関する出題も見られた。大問全体ではないが，小問レベルでの出題も多いことに注意したい。

日本の森林率は，下表のように，先進国中最も高いレベルにある。素材需要については，1960年頃まで国産材が約9割を占めており，木材生産が盛んであった。薪炭材を除く2010年の国産材供給量(1,906万 m^3)は，1960年の国産材供給量(6,376万 m^3)の3分の1以下に低下している。木材全体の自給率は18.9％(2010年)にすぎない(2021年は3,372万 m^3，41.1%)。このように，木材生産が減少した理由には，生産コストの高さ，林業従事者の減少や高齢化，安価な外材輸入などがあげられる。そのため，2006年にも出題されたように，伐採されない放置林が増えている。また，保安林ないし公益林としての機能により，保護される森林も増大している。いずれにしても，1つの理由だけで満足せず，配点を考慮しながら多面的に考察する必要がある。

主要国の森林率(2019年)　　(単位：％)

国　　名	森林率(対国土面積比)
フィンランド	66.2
日　　本	66.0
スウェーデン	52.9
ロシア	47.7
カナダ	35.1
アメリカ合衆国	31.5
中　　国	22.8
世　　界	30.1

『世界国勢図会』により作成。

⑷は，東南アジアにおけるD(常緑広葉樹林)において，従来の伝統的な焼畑と異なり，近年の伐採・火入れが大幅な森林面積の減少につながる理由を問う問題である。新旧の「焼畑」の差異ではなく，「伝統的な焼畑」と「近年の伐採・火入れ」の差異である。思い込みは禁物となる。

焼畑農業は，熱帯から温帯にかけて伝統的に行われてきた粗放的な農業形態である。

草木を焼き払うことで開拓するが，以下の効果があるとされる。

1．草木を燃焼させて得た灰は，酸性土の中和剤や肥料となる。

2．焼土することで，土壌の窒素組成が変化し，土壌が改良される。

3．熱によって，種子などの休眠を覚醒させる。

4．雑草や病害虫の駆除を行える。

そして，数年間作物を栽培した後に耕作地を移動し，農地を一定期間放置して草木を復活させる。そのため，移動農法と呼ばれることもある。一定の休閑期間を経て再度利用するため，循環的・持続的な農耕といえる。伝統的焼畑では，休耕期間を短縮したり，焼畑面積を拡大したりすることはない。休耕期間の短縮や焼畑面積の拡大は，上記の効果を阻害することにつながるからである。

その一方で，人口増加により焼畑面積が拡大し，休耕期間が短縮することで，森林破壊につながるという考え方もある。確かに，伝統的な焼畑農耕民の地域で人口が増加した場合，理論的には考えられる。しかし，その際の問題点を承知しているのが伝統的な焼畑農耕民である。そのため，人口の間引きを含め，自然や森林に負荷をかけないサイクルが意識されている。焼畑が森林破壊につながるのは，新たな焼畑に参加する新住民や何らかの政策により，伝統的な焼畑地域から移動させられた場合である。

近年の伐採・火入れは「森林面積の大幅な減少につながる」ということなので，森林の再生を意識しない略奪的利用が行われているということである。東南アジアの常緑広葉樹林帯における焼畑以外の土地利用なので，プランテーション農園や養殖池の造成などを想定できればよい。なお，南アメリカのアマゾンであれば，牧場建設の影響が大きかったが，近年は大豆栽培用地の開発も多いようである。

ところで，「循環」というキーワードは，2003年の工業用水の「循環」利用，2007年の窒素の「循環」，2011年の資源リサイクルとして4年おきに出題されていた。2015年は，「焼畑」をテーマにして「循環」を考察したともいえる。

解答

設問A

⑴養蚕や稲作が主要産業であったため，地下水位の低い「台地」東部の扇央は桑畑，河川周辺で利水条件のよい「低地」は水田に利用された。その中間で洪水を避けられる扇端に集落が立地している。

(90字)

⑵「台地」東部の750m付近に建設された水路で，標高が低い東部の灌漑が可能となり，桑畑から圃場整備が進んだ水田に変化した。

(60字)

(3)「低地」では河川改修や道路整備が行われ，水田は宅地や工場に変化した。「台地」では高速道路が建設され，養蚕の衰退や先端産業などの発達を背景に，桑畑は畑・果樹園や工業団地に変化した。

(90字)

設問B

(1)A－ツンドラ　B－針葉樹林　C－落葉広葉樹林
　D－常緑広葉樹林

(2)気温の年較差が小さい地域であり，標高の高い地域も低温が続くだけで変化がなく，季節変化で落葉する広葉樹は生育しないから。

(60字)

(3)山地林が多くコスト高であるうえ，林業従事者の減少や高齢化が進んで放置林も多くなり，安価な輸入木材への依存も増えたから。

(60字)

(4)伝統的な焼畑は一定のサイクルで地域を循環したが，近年はプランテーション農園や養殖池造成用の伐採で再生を考慮しないため。

(60字)

第2問

解説 「統計を中心とした資料解析問題」として，2015年度は「世界の貿易」が出題された。地理統計の本質にかかわる設問となっており，また単に統計や知識の暗記学習だけでは対応できないことを示す設問であったといえる。なお，駿台生の再現答案の得点率を見る限り，得点率は低く，難しかったようである。

設問Aでは「アフリカ3カ国(南アフリカ，ナイジェリア，モロッコ)の貿易統計」が提示された。例年通りの統計分析で貿易相手国の特徴や貿易構造の課題などを問うているが，(1)の国名判定が後に続く問題の得点率に大きく影響する構成になっている。

(1)は，貿易相手国と貿易額などから統計に該当する国を選択する組み合わせ問題である。後の(2)～(4)の問題もヒントにすることができる。すなわち，A国とB国の判定には，主要輸出相手国がヒントとなり，C国は輸出額が輸入額を大きく上回るだけでなく，経済・社会発展上の課題が見られる国だということである。

A国の貿易相手国はフランスとスペインが上位にあり，両国との地理的近接性からも，A国＝モロッコの判定は容易である。また，A国とB国の輸入相手国に産油国のサウジアラビアが登場している。C国の輸出相手国は先進工業国のアメリカ合衆国が最上位である。これらの点から，A国とB国は産油国ではなく，C国はアメリカ合衆国が必要とする品目の供給国と考えることができる。

再現答案を見る限り，B国とC国の判定が難しかったようである。これは，輸出額と輸入額からの推測にとどまり，貿易相手国の検討が疎かになっていたからと考えられる。B国をナイジェリアと判定した場合，産油国のナイジェリアが同じく産油国のサウジアラビアから何を輸入するのかといった疑問が生じる。すなわち統計の読み取るべきポイントがわかっていなかったのであろう。

(2)は，A国(モロッコ)とB国(南アフリカ)における主要輸出相手国の特徴とその背景を説明する問題である。貿易や様々な交流は，歴史的・文化的・地理的近接性が大いに影響する。宗主国・植民地の関係をはじめとして歴史的・文化的な交流が盛んであった国との貿易額は多くなり，近隣諸国との貿易額も多くなりやすい。さらに，該当国が必要とする品目を有する国との貿易額も多くなるであろう。

A国の貿易相手国の上位に登場するフランスとスペインは，モロッコの旧宗主国といえる(2020 年はスペイン 23.9%，フランス 22.0% の順)。モロッコは 1956 年に旧フランス領地域が独立するが，翌年には旧スペイン領の地域も一部を除き返還された。ただし，ジブラルタル海峡に面するセウタ，地中海に面するメリリャなどはスペイン領にとどまっている。

B国の南アフリカは鉱産資源大国として知られている。輸出額(2012 年)の上位にも金(非貨幣用)・白金族・鉄鉱石・石炭などが登場する(2020 年は白金・自動車・金(非貨幣用)の順)。ただし，原油や天然ガスなどの流体化石燃料の産出は少ない。これらの点を考慮して，輸出相手国の特徴を意味づけることになる。

統計は覚えるものではなく，意味づけをして理解するものである。統計の読み取り方が理解できていない者には難問であったようである。

(3)は，C国(ナイジェリア)の貿易構造に反映される経済・社会発展上の課題を説明する問題である。原油のモノカルチャー経済国という視点のほかに，社会発展上の課題として，時事的問題にも言及できればよかった。「ボコ・ハラム」という固有名詞は厳しいとしても，昨今の時事的問題やビアフラ戦争が想起できれば，宗教的・民族的対立にも言及できたであろう。

2012 年におけるナイジェリアの輸出貿易は，69.2%が原油，8.6%が石油製品であった(2020 年は原油 75.4%，液化天然ガス 11.2% の順)。原油のモノカルチャー経済国と考えてよいだろう。そのために，モノカルチャー経済の問題点が指摘できる。モノカルチャー経済とは，特定の農産物や鉱産物などの一次産品生産に左右される国家経済のことである。そのため，特定の一次産品生産量・輸出量や価格変動が国家経済に大きく影響する。ナイジェリアの場合は原油なので，消費国や他の産油国の動向による国際市場価格の変動に影響されてしまう。

また，国内の地域紛争による影響も見逃せない。近年，キリスト教徒との対立が鮮明となった「ボコ・ハラム」というイスラム系組織が注目されている。2013年の非常事態宣言や2014年のキリスト教徒拉致事件などが知られているが，この時事的問題が把握できていなくても，ビアフラ紛争は確認しておきたい。ビアフラ戦争は，イボ人対ハウサ人・ヨルバ人，東部対北部・西部，産油地域対非産油地域，キリスト教対イスラム教，フランス・南アフリカ対イギリス・ソ連といった対立の構図があった。地域的ないしグループ間対立も経済・社会発展上の課題と考えてよいであろう。

⑷は，アフリカ諸国で中国からの輸入が急増している理由を説明する問題である。「中国からの輸入」と「中国からの輸出」という側面を捉えることで，多面的な視点からのアプローチが可能となる。ただし，このテーマは教科書で言及されておらず，単なる統計データだけでは「中国からの輸入急増理由」を理解することは難しい。新聞・テレビや書籍からの時事的情報の吸収が必要だといえよう。

中国にとってのアフリカは，市場として，原料産地として重要度を高めている。アフリカ諸国の多くは，これまで先進国の市場としての地位が低く，欧米や日本企業の進出が遅れていた。また，経済発展が急速な中国にとっては，必要な資源の供給場として開発する必要性が生じていたともいえる。そのため，中国系企業の進出や開発援助が多く，それらにより中国からの必要物資輸入を増加させた。

アフリカにとっての中国は，安価な製品の供給国という位置づけがある。アフリカ諸国は，経済開発などにより一部で所得上昇も見られるが，相対的には発展途上にあり，裕福な状況にはない。工業製品の購入可能層は増えたものの，先進国の高価な製品を購入できる層は依然として少ない。ただし，中国では安価な製品が生産されているため，中国からの輸入が増加したといえるのである。

設問Bでは「日本の生鮮野菜の輸入統計」が提示された。新旧2年次における輸入生鮮野菜に関する問題であるが，「特定の野菜の輸入量が増加している理由」や「輸入相手国の自然・社会条件」を意識させており，単なる統計把握以上の内容が要求されている。地理の本質にかかわる設問であり，統計や知識の暗記学習だけでは対応できないことを示す設問であったといえる。

⑴は，(ア)～(ウ)に該当する生鮮野菜を判定する問題である。1キログラムあたりの平均単価をヒントにすることになる。A国において2013年の輸入金額第1位品目となった(ア)は，1997年の1キログラムあたりの平均単価を考慮すると，重量あたりの平均単価が安い生鮮野菜と判断できる。同様に，(イ)は重量あたりの平均単価が高い生鮮野菜となる。(ウ)は重量あたりの平均単価が(ア)より高く，(イ)より安いと考

えられる。ジャンボピーマン(パプリカなど)，たまねぎ，まつたけの組み合わせなので，高価な「(イ)＝まつたけ」と安価な「(ア)＝たまねぎ」というイメージは常識的に有しておきたいところである。(ウ)については，(ア)と(イ)の判定から，ジャンボピーマン(パプリカなど)と判断できる。さらに，ジャンボピーマンに含まれるパプリカは，ハンガリーで改良されたとされ，1993年に輸入が解禁された。日本では比較的新しい生鮮野菜であり，オランダからの輸入や，2013年にはB国からの輸入金額第1位品目となったことからも判定可能である。

ところで，本問では問われていないが，A～C国も判定したい。韓国，中国，ニュージーランドの組み合わせなので，生鮮野菜の輸入額が最も多いA国は中国，パプリカの輸入が多いB国は韓国，かぼちゃの輸入が多いC国はニュージーランドとなる(下表参照)。

野菜の主な輸入先(2013年)

野　菜(輸入量)	輸　入　割　合
たまねぎ(30.2万t)	中国84%，アメリカ合衆国10%，ニュージーランド3%
かぼちゃ(10.5万t)	ニュージーランド50%，メキシコ45%
ピーマン(3.4万t)	韓国66%，オランダ19%，ニュージーランド14%

『日本国勢図会』により作成。

⑵は，A国(中国)で(ア)(たまねぎ)，B国(韓国)で(ウ)(パプリカ)の生産が増加した理由を，自然的・社会的条件に触れながら説明する問題である。A国の(ア)とB国の(ウ)は日本向けに輸出用の生産が行われているが，自然的な差異も考慮しなければならない。また，B国の(ウ)についてはオランダでの生産も読み取れる。中国と韓国，韓国とオランダにおける生産そして輸送面の対比から考えたいところである。

中国におけるたまねぎ生産は，広大な国土を背景に，通年で収穫がなされている。しかも，安価に生産できコストも安い。近年は日本の企業と協力し，日本の需要に対応した栽培や管理方法を導入し，日本向け輸出を念頭に置いた生産も行われている。

韓国のパプリカ生産は，日本向けの輸出に特化した施設栽培で行われている。本格的な栽培は1995年から始まったとされ，オランダ式ガラス温室が導入されて，生産が急増したようである。日本でパプリカ輸入が始まった初期はオランダ産が最も多かったが，平均単価を低下させた韓国からの輸入は2001年にオランダを上回るようになった。韓国からのパプリカ輸入の増加を考える本問の場合は，統計中にオランダまでが表記されていることから，オランダとの関係性にまで言及したいところである。

⑶は，メキシコとC国からかぼちゃの輸入が多い理由を，自然的条件に触れながら説明する問題である。「かぼちゃ」に関しては，トンガからの輸入がセンター試験で

も出題されている。近年はトンガでのかぼちゃ生産は急減しているが，なぜ南半球の小国であるトンガで日本向け生産が行われたのかが理解できていれば，「端境期」というキーワードが想起できたはずである。

日本のかぼちゃ生産は北海道が中心であるが，下図のように，東京都中央卸売市場の入荷実績で国産が中心となるのは6～12月の時期となる。その一方で，12～6月には国産が減少するため，海外からの輸入に依存していることもわかる。2～5月にかけてはニュージーランド, 11～7月にかけてはメキシコから輸入されている。また，メキシコからの輸入は，北海道産が増加する8～10月を除く時期であり，日本の需要に柔軟に対応できている。メキシコの自然条件については，南半球に位置し，北海道とは季節が逆転しているC国＝ニュージーランドとは異なる表現を意識したい。

(1)でも述べているが，本設問ではA～C国の判定は要求されていない。しかし，(2)や(3)においてA～C国の自然的・社会的条件が問われているため，国名判定は不可欠である。なぜこの国からの輸入が多いのか，この点に着目して統計を意味づけする。そんなメッセージが聞こえる問題でもある。

平成24年　かぼちゃの月別入荷実績

（東京都中央卸売市場計）

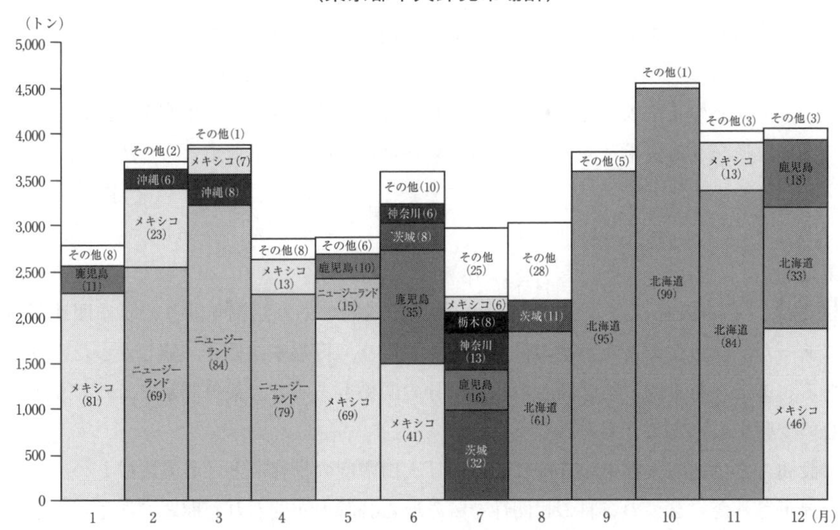

資料：農畜産業振興機構「ベジ探」(原資料：平成24年東京都中央卸売市場年報)

注：(　)内の数値は，月別入荷量全体に占める割合(%)である。

解答

設問A

⑴A－モロッコ　B－南アフリカ　C－ナイジェリア

⑵Aは旧宗主国で歴史的・地理的に近い国が中心で，Bは豊富な鉱産資源への需要が高く，経済規模の大きな工業国が上位を占める。

(60字)

⑶Cは国際価格変動が大きな原油輸出に頼るモノカルチャー経済国で，地域間の経済格差や宗教の差異による民族間対立も存在する。

(60字)

⑷インフラ整備や資源開発で進出した中国企業による物資調達と，所得上昇で安価な中国製品の購入が可能になって輸入が拡大した。

(60字)

設問B

⑴(ア)－たまねぎ　(イ)－まつたけ
(ウ)－ジャンボピーマン(パプリカなど)

⑵Aは広大な国土で重量単価の安い㈠の周年供給が可能なため，Bはオランダよりも近く㈢の日本向け施設栽培が盛んとなったため。

(60字)

⑶亜熱帯気候下で温暖な冬季も栽培可能なメキシコ，日本と季節が逆転する南半球のC国は，日本の端境期に収穫・出荷できるため。

(60字)

第3問

解説　「日本の都市と社会の変化」に関する設問であり，例年通りの日本関連問題であった。駿台生の再現答案の得点率を見る限り，得点率は低く，難しかったようである。また，第1問・第2問との時間配分の関係もあって，最終問題までたどり着けない受験生もいたようである。

設問Aではある大都市の3区における「人口密度の推移」と「職業構成」のグラフが提示された。2つの資料の相関性を読み取る読解力が問われた問題であるが，都市の内部構造や地域分化が理解できていないと，相関性を読み取る根拠すら見出すことはできなかったであろう。

⑴は，1965年と2010年における常住地と従業地の職業構成から該当区を判定する問題である。人口密度の推移と職業構成の変化のどちらかだけで該当する区を判定す

ることは難しい。しかし，それぞれを材料にすると，ア～ウとA～Cを関連させることは可能である。アは管理的職業や事務の比率が相対的に高く，生産工程等の比率が相対的に低い。イは生産工程等の減少率が大きい。ウは輸送・建設業などが含まれるその他の比率が高く，従業地としては管理的職業の比率が相対的に低い。またAは1960～95年にかけて人口が減少するドーナツ化を経験しているが人口密度は高い。Bは1950年代以降一貫して人口が増加している。Cはいち早く1955年から人口が減少し始めているが，1995年以降は人口増加率が最も高い。これらを組み合わせるわけであるが，大都市において都心・周辺部・新興地域の特徴，すなわち都市機能や内部構造から人口流動や職業などを想定できれば，完答することができるはずである。

アは，相対的に高い管理的職業や事務の比率，相対的に低い生産工程等から，都心地区と想定できる。都心地区は，都市内でいち早く飽和状態となり人口が減少し始めた地区でもある。また，近年の都心再開発により，人口増加率も高くなっている。これに合致するのはC区となる。

イは，生産工程等の減少率が大きいことから，都心周辺の中小工業地区と考えられる。中小工業や家内工業が集積している地域は，都心周辺部と考えられる。人口密度は高くなると考えられるため，A区となる。「生産工程等」は，「技能工，生産工程従事者および単純労働者」(1965年)，「生産工程従事者」(2000年)を指すと注記に示されているが，やや不親切である。何が「生産工程」なのかは，捉え方が異なっており，あくまでも国勢調査の区分にすぎないからである。国勢調査の「生産工程」は製造業従事者であり，農林漁業従事者は含まれていない。

ウは，輸送・建設業などが含まれるその他の比率が高く，管理的職業の比率が従業地において相対的に低い。都心からやや離れた地域と考えられる。これに当てはまるのは，1950年以降人口増加が続いているB区となる。

なお，人口密度や職業構成を考慮すると，3つの区は東京特別区であり，ア＝C＝中央区，イ＝A＝荒川区，ウ＝B＝練馬区となる。ただし，この区の特定は難しく，要求もされていない。

ところで，今年度の問題には不親切および不備な箇所が散見される。作問としては雑であった。第1問の「縮少」という誤記，第2問設問Bの「1キログラムあたり」と第3問設問Bの「1市区町村当たり」という表記の不統一，第3問図3－2における注記の不親切および2010年の職業構成を示しながら「生産工程従事者」(2000年)という誤記などである。さらに，問い方に関しても設問A(2)のような不親切な問題も見られた。

(2)は，A区とC区で1960年代から1970年代にかけて人口密度が急速に低下した理由を問う問題である。A(荒川)区とC(中央)区が想定できなければ難問となる。

両区とも，1960年代から1990年代半ばまで転出が転入を上回り，社会減少により人口が減少しているが，人口減少の理由は異なっている。A区の場合は，都心周辺の中小工業地区であるが，高度経済成長期の産業構造転換，コスト増による国際競争力の低下などにより，工場の地方分散や海外移転が進み，工業労働者が転出した点が大きく影響している。

C区の場合は，都心地区であり，高度経済成長期からいわゆるバブル経済の時期にかけて中枢管理機能の集積などが進み，土地の高度利用が進展した。地価が上昇するとともに，住環境が悪化していった。そのような時期に，B区や新興地域など郊外でのニュータウン建設や宅地開発が進み，常住人口が郊外に転出して人口が減少するドーナツ化現象が進んだ。「ドーナツ化現象」などの重要項目は，単なる用語把握にとどまらず，その状況が生まれる社会背景と具体的統計で意味づけする体系的理解が必要である。

ところで，本問は⑴を誤答すると難問となるだけでなく，ア～ウの特徴を誤って認識しても正答となり得る(マイナス×マイナス＝プラスのように)構成になっている。設問としてはA区とC区を問うのではなく，ア(中央)区とイ(荒川)区を問う形式の方が，仮に⑴が誤答であっても挽回のきく問題になりえた。ア区とイ区を問えば，管理的職業や事務機能が高い地域のア区，生産工程等の比重が高い地域のイ区と判定できるので，それぞれの人口減少理由も説明しやすかったのではないであろうか。本問もやや不親切な問題であったといえる。

⑶は，C区で1990年代後半以降に人口密度が上昇に転じた理由を問う問題である。本問も⑴を誤答するとやや難しくなる。その代わり，C＝ア＝中央区と判定できれば，都心回帰を促した住宅供給型の都心再開発が想定できたであろう。ただし，1行2点分の加点ポイントが含まれているか否かが得点の分かれ目になったともいえる。

C区は，A区と同様に，1995年以降上昇に転じている。ただし，その増加率は著しく高い。これは，いわゆるバブル経済の崩壊にともない，業務用地域としての需要が低下したこと，地価下落により住宅地域としての採算が可能になったこと，交通の利便性が高い地域への需要が若年層を中心に高まったことなどにより，住宅を供給する再開発が実施されることになったからである。東京都心部においても，港区の六本木ヒルズ，汐留シオサイト，品川グランドコモンズなどに住宅棟を含む再開発ビルが建設されている。中央区においては，晴海・勝どき地区の再開発事業が進んでいる。

次ページに，第1回国勢調査からの中央区(1947年までは日本橋区と京橋区)の人口を示しておいた。人口の集中と減少・分散の状況を読み取ることができる。

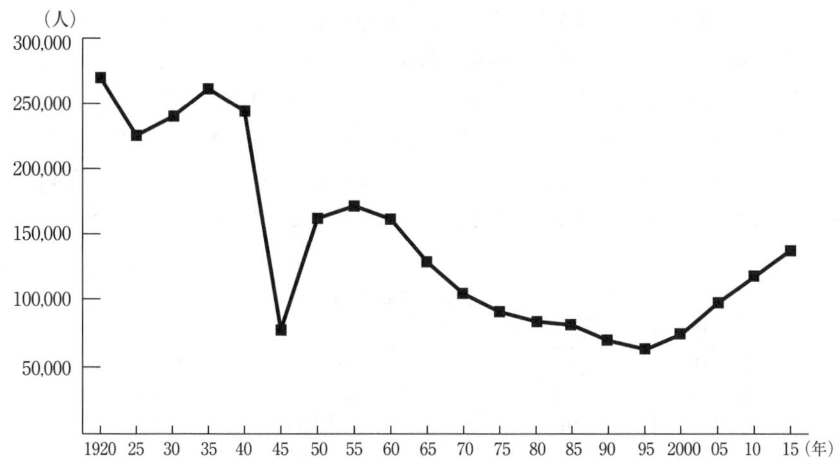

※1945年は資源調査法に基づく人口調査，他は国勢調査人口

設問Bでは6つのデータに関するグラフが提示された。選択肢に該当するグラフを判定させる問題であるが，①は東京都都心3区，②は東京都多摩市，③は北海道夕張市という地方自治体であり，④～⑥は日本全体にかかわるデータとなっている。

⑴は，6つのデータに関する組み合わせ問題である。これまでの選択式問題は3択ないし4択であったので，6択，しかも①～③は限定された地域に関する指標ということから，戸惑った受験生もいたようである。ただし，①の「都心」というキーワード，②で「ニュータウン」，③で「炭鉱町」が想定できれば完答できたはずである。

①の東京都都心3区(千代田区，中央区，港区)の人口推移は，「都心」という用語や設問Aから，1960年から1995年にかけて減少し，その後急増しているBと判定できる。②の東京都多摩市の人口推移は，多摩「ニュータウン」が連想できれば判定できる。また,「大規模ニュータウンでは,全体の人口は減少していないにもかかわらず,地区によっては，小学校の統廃合がなされているところがある」という1997年に出題された問題を思い出すことによっても，Eと判定可能なはずである。③の北海道夕張市の人口は，炭鉱の最盛期でもある1960年の11.7万人から減少を続け，2020年(国勢調査)では1万人を下回っている(7,734人)。2007年には財政再建団体になっており，人口流出に歯止めがかかっておらず，Dと判定できる。④の全国の高齢者率については，少子高齢化により，上昇傾向が続いているAと判定することは容易である。⑤の全国の完全失業率は，国内景気が影響する。高度経済成長やいわゆるバブル経済の好景気に低下しているFと判定できるであろう。⑥の1市区町村当たりの人口は，

自治体数が関係する。(2)の解答につながるが，政策等により自治体数が変更すれば，1市区町村当たりの人口は大きく変化する。近年の平成の大合併，かつての昭和の大合併により，大きく上昇したCと判定できる。

(2)は，2009年に関連問題が出題されている。1950～60年代は昭和の大合併，2000～10年は平成の大合併の時期にあたる。1889年の市制町村制施行以降の市町村数の変遷は，下表のようであった。1市区町村当たりの人口は日本の総人口を自治体数で除して計算するので，自治体数の減少は1市区町村当たりの人口の増加につながるわけである。

市町村数の変遷

年	市	町	村	計
1888	－	(71,314)		71,314
89	39	(15,820)		15,859
1922	91	1,242	10,982	12,315
45	205	1,797	8,518	10,520
56	498	1,903	1,574	3,975
95	663	1,994	577	3,234
2010	786	757	184	1,727
23	792	743	183	1,718

総務省資料により作成。

昭和の大合併は，1953年の町村合併促進法により進められた。行政事務の効率的な処理を行うために実施され，8,000人以上の規模を標準とした。8,000人という数字は，新制中学校1校を効率的に設置管理していくために必要と考えられた人口でもある。

平成の大合併は，2002年の地方自治法の改正や，2004年の市町村の合併の特例に関する法律の一部改正により進められた。少子高齢化や厳しい財政状況の中で「行政基盤を強くする」という名目であり，合併した自治体には権限の委譲や税の優遇といった特典が与えられた。

なお，本設問は1行論述問題である。解答には2点分の加点ポイントを意識したい。

設問Cでは「3大都市圏における就業者の常住地別内訳」，「A町から東京都23区への通勤者数の推移」，「B市から大阪市への通勤者数の推移」の統計やグラフが提示された。統計の差異やグラフ変化の理由が問われているが，指定語句や資料中の指標に着目した読解力が解答へのポイントになっている。とくに，指定語句は出題者が想定した解答例中の使用用語でもあるため，大いにヒントとしたい。

(1)は，大阪大都市圏と名古屋大都市圏の通勤者数とその構成比から，両大都市圏の特徴の差異について指定語句を使用しながら説明する問題である。市外からの通勤者数や就業者総数から大都市圏の広狭を説明する問題であるが，指定語句を大阪市と名古屋市に１つずつ振り分けて使用するだけにとどまり，対比することに苦労していたようである。

表からは，中心市内常住者の就業者数，中心市以外の同一府県内からの就業者数，他府県からの就業者数とその構成比が示されている。構成比だけから見ると，名古屋大都市圏において，名古屋市内に常住する就業者の構成比が高いため，名古屋市内で「住宅地開発」が進んだと考えた受験生も多かったようである。しかし，中心市内常住者の就業者数は大阪市の方が多い。2005年の中心市における国勢調査人口も，名古屋市の2,215,062人(2020年は2,333,406人)に対し，大阪市は2,628,811人(2020年は2,754,742人)と大阪市の方が多い。また，就業者総数を考慮すれば，大阪大都市圏は名古屋大都市圏の1.5倍であり，中心市以外からの通勤者も多いということになる。よって，大阪市の吸引力は名古屋市より強い，すなわち中枢管理機能の集積度が高いことになる。さらに，通勤者の移動手段である鉄道網が整備され，沿線での住宅地開発が進み，大阪市の影響圏の方が名古屋市より広いと考えることができる。

⑵は，Ａ町とＢ市における大都市圏中心市への通勤者数の変化から，郊外住宅地とその後の変化について指定語句を使用しながら説明する問題である。単に変化の数値を言及するのではなく，変化の背景も言及しなければならない。

Ａ町とＢ市は，ともに1985～95年まで中心市への通勤者数が増加しており，1995～2005年は通勤者数が減少した。これは，それぞれの時期における社会・経済状況が関係している。

1980年代半ばから1990年代初めは，いわゆるバブル経済の時期であった。都心や中心市における地価の上昇が著しく，住宅地は通勤可能な郊外へ広がっていった。Ａ町とＢ市は中心駅から50～60km圏に位置することから，ドーナツ化現象で人口が増加していった時期と考えることができる。

1995～2005年にかけては，図３－１に示されているように，都心などに人口が回帰した。「団塊世代」の子ども，「団塊ジュニア」すなわち第２次ベビーブームの世代が転出した時期である。設問Ａ⑶で既述したように，いわゆるバブル経済が崩壊し，地価が下落し，住宅供給型の再開発が進んだことが関係する。

1995～2005年の通勤者減を「団塊世代の定年」で説明した受験生も多かったようである。しかし，この説明には無理がある。「団塊世代」とは第１次ベビーブームの世代のことであり，1947～49年生まれの人々である。1995年には46～48歳，2005年でも56～58歳である。「団塊世代の定年」が直接的原因ではないことがわかる。人口統計の場合は「コーホート」，すなわち同年(または同期間)に出生した集団という概念で，経年によって何歳になったかということを意識する必要がある。

ところで，「団塊世代」とは堺屋太一氏の造語であるため入試問題での使用に疑問が残る。従来からの地理用語は「第１次ベビーブームの世代」である。ただし，東大で出題されたので出題者によっては許容範囲になるということなのであろう。

解 答

設問Ａ

⑴ア－Ｃ　イ－Ａ　ウ－Ｂ

⑵Ａは労働集約的な中小工場が多かったため，産業構造の変化から工場の移転に伴い労働者が流出した。Ｃは中枢管理機能の集積などにより地価が高騰し，宅地開発が進んだ郊外へ居住者が流出した。

（90字）

⑶バブル崩壊で地価が下落し，住宅供給型の再開発が進んだため。

（30字）

設問Ｂ

⑴Ａ－④　Ｂ－①　Ｃ－⑥　Ｄ－③　Ｅ－②　Ｆ－⑤

⑵全国で市区町村の合併が進められ，自治体総数が減少したから。

（30字）

設問Ｃ

⑴大阪市は名古屋市よりも中枢管理機能の集積度が高く，郊外に伸びる鉄道が整備されており，沿線の住宅地開発も進められたから。

（60字）

⑵バブル経済による地価の上昇で，通勤可能な距離帯に住宅地が開発されて人口が分散した。しかし，バブル崩壊による地価下落で，再開発が進んだ都心などへ団塊世代の子世代などが流出している。

（90字）

2014年

第1問

解説 世界と日本の化石燃料と再生可能エネルギーに関する設問である。例年は第1問に自然環境と人間活動を関連させた問題が出題されているが，2014年は環境問題や立地条件などの小問のみであり，自然環境の比重が低かった。化石エネルギーに関する出題は2011年以来であり，発電に関する出題は2007年以来であった。設問Aでは二酸化炭素排出量上位国やバイオマス燃料の特徴や問題点が問われ，設問Bでは具体的な再生可能エネルギーの判定や立地条件などが問われている。駿台生の再現答案の得点率を見る限り，3大問のうち第1問の得点率が最も高く，易しかったといえる。

設問A

下線の施されたリード文が提示され，統計で示された二酸化炭素排出量の上位4カ国,バイオマス燃料の特徴や問題点が問われている。環境問題が扱われているものの，自然環境ではなく人為的要素が強い環境問題なので，戸惑った受験生がいたかもしれない。ただし，問題自体は基本的であり，難易度は高くなかったといえる。

(1)は，提示された統計から二酸化炭素排出量上位4カ国を問う問題である。二酸化炭素排出量上位国の知識や1人あたり排出量から発展段階を類推することで，該当国を判定することは可能である。人口大国や工業国で二酸化炭素排出量比(%)が多くなり，発展段階の高い国や面積大国で1人あたり排出量(トン)が高くなるからである。そのため，単なる知識問題と思われやすいが，本問は指標を操作することでより正答に近づくことができる問題でもあった。日本の二酸化炭素排出量比(%)や1人あたり排出量(トン)と(ア)～(エ)国の統計を比較することで,(ア)～(エ)国のおよその人口を求めることができるからである。その方法は,下表のように二酸化炭素排出量比(%)と1人あたり排出量(トン)を日本と比較し，二酸化炭素排出量比(%)÷1人あたり排出量(トン)＝Xを計算すればよい。

国	(ア)	(イ)	(ウ)	(エ)	日本
二酸化炭素排出量比(%)	6.42	4.66	1.42	1.39	1
1人あたり排出量(トン)	0.62	1.91	0.15	1.25	1
X	10.35	2.44	9.47	1.11	1

Xは該当国の人口に相当するため,(ア)国は日本の人口(1.28億人)のおよそ10.35

倍で13.25億人,(イ)国は2.44倍で3.12億人,(ウ)国は9.47倍で12.12億人,(エ)国は1.11倍で1.42億人となる。(エ)国をドイツとする誤答も見受けられたが，この指標操作により,(エ)国は日本より人口が多い国となり，ロシアと判定できたはずである。センター試験にもつながる考え方であるが，統計問題では指標操作も意識したい。

(2)は，バイオマス燃料の燃焼が地球温暖化につながらないとされる理由を，指定語句を使用しながら説明する問題である。光合成と二酸化炭素が指定語句であるが，光合成は,「光合成色素をもつ生物が行う，光エネルギーを化学エネルギーに変換する生化学反応」や「炭酸同化作用」といった生物学的説明が要求されているわけではない。「地球温暖化につながる二酸化炭素はどのように生産されるか」,「二酸化炭素は光合成によってどうなるか」,「結果として地球温暖化につながらない」という論理的な説明をすればよい。ただし本問では，結論ともいえるカーボンニュートラルや温室効果ガスを増やさない「相殺」という内容を伝える表現の不足する答案が見受けられた。解答としては，燃焼にともなって排出される二酸化炭素が，光合成によって吸収されるため最終的に相殺されて，温室効果ガスの増加につながらないカーボンニュートラルとなるという流れが必要であった。

石炭については，植物の化石燃料であることから，カーボンニュートラルと勘違いしてしまうかもしれない。しかし，埋蔵地域などは生物圏ないし大気圏から離脱しており，植物生育も著しく隔たった時期であるため，排出される二酸化炭素が多いカーボンネガティブといえる。

ところで，カーボンニュートラルという考えに対する問題点も存在する。植物由来原料を使用したとしても，製造・輸送の過程で化石燃料を使用すれば二酸化炭素の排出量が吸収量を上回ることもある。また,植物全体量が減少すれば吸収量も減少する。さらに，エネルギー資源をすべて植物由来に転換させると，植物を育てるための広大な土地が必要となる。たとえば，日本では国土面積の約7倍(エコロジカル・フットプリント)がさらに必要とされている。

(3)は，アメリカ合衆国とブラジルにおけるバイオマスエネルギーの原料として使用されている植物が問われており，アメリカ合衆国のバイオマスエネルギー生産によって生じている問題も問われている。すなわち，記述問題と論述問題が合体しており，時事的情報の把握度などもポイントとなっている。ただし，論述の意識が強すぎ，単純な記述問題の解答を忘れてしまった答案も見受けられた。さらに，問題点をひとつあげて満足した解答も見受けられた。配点を意識しながら，加点ポイントを多面的に考察することが必要である。

アメリカ合衆国ではトウモロコシからのバイオエタノール生成が多く，ブラジルではサトウキビからの生成が多い。この点は基本知識といえる。かつてはアメリカ合衆国でのバイオエタノール生産はブラジルより少なかった。ブラジルは原油や石炭などの化石エネルギー資源が不足していたことから，石油危機の影響が大きかったため，いち早く生産を開始したからである。ところで，トウモロコシとサトウキビでは，サトウキビから生産する方が効率は良い。バイオエタノールとは，バイオマス(生物資源)を発酵させ，蒸留して生産されたエタノールのことである。その生成には，酵母が代謝できる糖を得た後，酵母によるアルコール発酵で低濃度のエタノール溶液を生成し，それを濃縮・蒸留する過程を経る。そのため，酵母が代謝できる糖に糖化する工程が必要となるトウモロコシよりも，酵母が代謝できる糖を多く含んでいるサトウキビの方がバイオマスエタノールの原料に適しているとされる。それにもかかわらずアメリカ合衆国でトウモロコシが利用されているのは，トウモロコシの生産量が多いためである。アメリカ合衆国におけるトウモロコシの生産量は，３億6,025万トン(2020年)であり，世界の31.0%を占めている。一方のサトウキビは，3,275万トン(2020年)であり，世界の1.8%にすぎない。

トウモロコシは大量に生産されているが，食料・飼料として重要な穀物である。その用途にバイオエタノール生成が加わり，需給バランスに影響がでたため，トウモロコシ価格が上昇し，食料事情が悪化した。メキシコでは，トウモロコシを原料とするトルティーヤの価格が2006年８月からの半年間で約７割値上がりした(下図)ことから，数万人規模の抗議デモが発生している。またアメリカ合衆国においては，大豆からトウモロコシ栽培に変更する農家が増加した結果大豆価格が上昇するなど，他作物における需給バランスにも影響が及んでいる。

トウモロコシ価格の推移

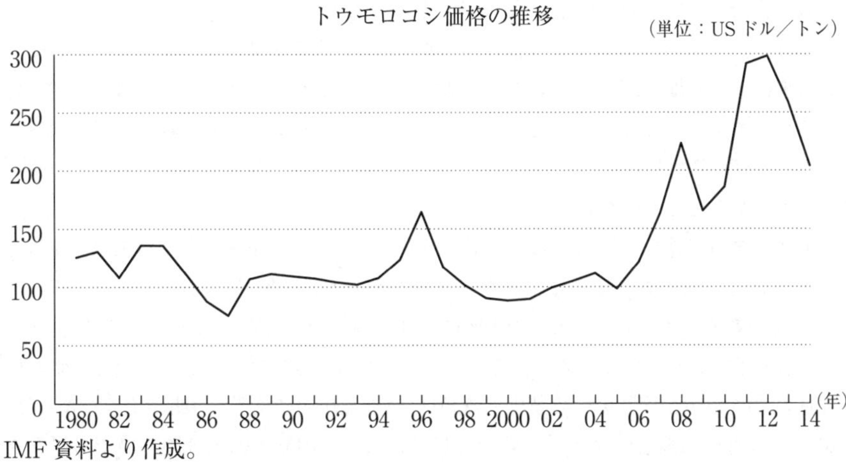

IMF資料より作成。

設問B

日本における発電能力(設備容量)の推移図や2つの発電能力の上位県が示され，具体的な再生可能エネルギーの判定や再生可能エネルギーの立地条件などが問われている。2つの資料から該当する再生可能エネルギーを判定する⑴が正答できないと，⑵や⑷にも影響してしまう。そのため，⑴が本問の得点率を左右する問題であったといえる。

⑴は，図表中のA～Dに該当する再生可能エネルギーを判定する問題である。設備容量の単なる推移だけでなく，設備容量の単位，増加に転じた時期，表1－2中に登場する都道府県などをヒントに考える問題でもある。⑵でも問われるAは1995年以降停滞していることから，様々な制約があって設備容量が伸びない地熱となる。表1－2に登場する上位県に火山や温泉観光地が多いことからも判定可能であろう。また，Dの設備容量は桁違いに多いことから水力との判定も容易にできる。ただし，Bの風力とCの太陽光の判定がやや難しかったようである。それでも，図1－1で示されているように，初期投資や電力買い取りなどの普及政策が強化された2009年からCの増加率が高くなっていることや，表1－2で示された道県の発電能力(設備容量)から，Bが風力，Cが太陽光と判断できる。

2009年以降における増加率の違いは，2009年からの電力買い取り制が影響した。太陽電気の購入補助制度が復活し，太陽光発電による余剰電力を高価で買い取る制度が開始されたからである。また，Bは発電能力(設備容量)上位に北海道・東北地方が登場するため，日照時間や日射量との関係が低いと判断できる。当初の太陽光発電は，住宅屋根が多く，太陽電池の設置数が多くなる東京・大阪・神奈川などで発電能力(設備容量)が多かったが，近年は広大な用地を確保できる電気事業者が進出し，福島・茨城・岡山が上位(2021年度)となっている。

⑵は，再生可能エネルギーのA(地熱)が1995年以降設備容量の伸びを停滞させている理由を，立地条件とともに問う問題である。Aが地熱と判断できれば，立地条件は容易である。ただし，「国立公園内」に熱源が多いと指摘できても，国立公園内であるとなぜ設備容量が伸びないのかという観点，すなわち「開発規制」というキーワードや内容が不足していた。

地熱は火山活動など地球内部の熱源に由来する熱エネルギーであり，地熱発電はその地熱を用いている。産業技術総合研究所の資料(2021年)によれば，日本(2,347万kW)は，アメリカ合衆国(3,000万kW)・インドネシア(2,779万kW)とともに，三大地熱資源国とされているため，開発ポテンシャルは大きいといえる。ただし，地熱資源量の80%以上が国立公園の特別保護地区・特別地域内に位置し，開発できなかった。2012年3月に環境省が発表した新たな指針により，国立・国定公園の中でも景観を維持するうえで重要な区域を除いて，小規模な発電設備の建設を認めることになった。さらに，公園の外から傾斜をつけて公園内の地下を掘削する工法により，環境保全に影響を及ぼさなければ発電所建設が容認される方針に変更された。地熱資源量が豊かな国立･国定公園内の開発が規制されていたため，設備容量が停滞していたのである。2012 年以降国立・国定公園内の開発が可能となったが，温泉地との共存共栄が課題となる他，国立・国定公園の景観を損ねないことが前提となる。

ところで，地熱は 1995 年以降停滞しているが，太陽光や風力は 1995 年以降増加しはじめている。これは，地熱の制約条件に対し，太陽光と風力の推進政策も影響している。この点にも言及できれば，さらなる加点ポイントになるであろう。

⑶は，太陽エネルギーによらない再生可能エネルギーを選択する問題である。「水力」という誤答も若干見受けられたが，正答率は高かったといえる。再生可能エネルギーとは，絶えず資源が補充されて枯渇することのないエネルギーであり，利用する以上の速度で自然に再生するエネルギーである。その意味で，風力・水力・地熱・太陽光は再生可能エネルギーであり，設問Aで問われたバイオマスも該当する。本問は前記４つの再生可能エネルギーの中から太陽エネルギーによらないものを解答するので，地熱となる。

水力は水量や落差などが関係し，位置エネルギーや運動エネルギーを利用することから太陽エネルギーとの関係はないと考えた受験生もいたようである。しかし，水量のもとは降水である。降水は蒸発や上昇気流，冷却などが関係するため，太陽エネルギーがかかわっている。本問では，気候のメカニズムに太陽エネルギーが関係するという基本認識が確認されていた。

それに対して，地熱は火山活動など地球内部の熱源に由来する熱エネルギーであり，地熱発電はその地熱を用いて行うため，太陽エネルギーを由来としない発電方法である。この地熱発電の特徴は，第１に地球内部の熱源に由来し資源の枯渇がないこと。第２に太陽エネルギーに由来しないため天候・時間・季節による出力変動が少なく安定した出力が得られること。第３に燃焼を伴わないエネルギー採取なので温室効果ガスの排出増につながらないこと。第４にエネルギー密度が高いことから単位面積あたりで比較的大きな出力が得られること。第５に発電技術が確立しており発電コストも比較的安いこと。これらの長所ないし有利性があるため，地熱の有効利用が考えられるようになったのである。

⑷は，B (風力) の立地条件を自然条件の面から説明する問題であった。単に「強風」では，加点ポイントが不足する。１行で２点が配点されるという意識をもちたいところである。また，「北西季節風」では冬季限定型であり，日本海側だけでなく太平洋

側にも面している青森県と北海道の立地条件としては，適切とはいえない。さらに，「年間を通した強風」が必要であり，その状況につながる自然条件が必要となる。

日本風力発電協会などによれば，風力発電の立地要件として以下の６点があげられている。

1．年間平均風速が一定水準以上で風況が良いこと。

2．民家から離れ，風量発電機設置に十分なスペースがあり，土地利用規制がないこと。

3．重量物・長尺物の運搬可能な道路・港湾が利用可能なこと。

4．自然環境や社会環境など地域への悪影響が小さいこと。

5．連携可能な容量を有する送電線が近くにあること。

6．地元の協力がえられること。

これらの諸点から，青森県や北海道における自然条件の優位性を指摘することになる。すなわち，１～４を意識しながら１行で述べればよい。

本設問では，設問Aと設問Bを通じて近年注目されている再生可能エネルギーが扱われた。このような時事問題に対応するため，日ごろから新聞やテレビなどのマスメディア報道にも注目しておきたい。

解答

設問A

(1)アー中国　イーアメリカ合衆国　ウーインド　エーロシア

(2)燃焼で放出される二酸化炭素は，植物生育時の光合成で吸収されるため，温室効果ガスを増やさないカーボンニュートラルだから。

(60字)

(3)アメリカートウモロコシ，ブラジルーサトウキビ

他作物からの転作で生産量は増加したが，燃料用の増加で食用・飼料用の供給が減少し，価格高騰を招き，食料事情が悪化している。

(60字)

設問B

(1)Aー地熱　Bー風力　Cー太陽光　Dー水力

(2)火山地帯に立地し，熱源の多くが開発規制下の国立公園内にあるため，建設が難しく，他発電のような優遇策も受けられないから。

(60字)

(3)地熱

(4)人口が希薄な臨海部を有し，年間を通して強い風が得られる。

(29字)

第2問

解説 ヒト・モノ・情報の流動に関する設問である。通信や情報といった出題分野は新しいテーマであるが，統計を利用した出題や地誌的問題の出題とすれば例年通りである。設問Aでアメリカ合衆国と通信量が多くなる理由，通信・情報量からの国名判定やインドの通信量がアメリカ合衆国以外とは少ない理由が問われている。設問Bでは世界の主要都市圏の国際空港における国際旅客数と国際航空貨物取り扱い量の変化理由が問われている。駿台生の再現答案を見る限り，3大問中で得点率が最も低かった設問であった。

設問A

アメリカ合衆国を中心とする音声電話の通信量の分布図と，世界の10カ国における人口100人あたりのインターネット利用者数および1人あたりの国際電話の平均年間通話時間の資料が提示され，アメリカ合衆国と通信量が多くなる理由，通信・情報量からの国名判定やインドの通信量がアメリカ合衆国以外とは少ない理由が問われている。

(1)は，イギリスとプエルトリコでアメリカ合衆国との通信量が多い理由を問う問題である。2地域が示されている場合は，東大の特徴でもある「異なる理由」に着目する必要があった。設問文においても「これらの理由を，あわせて2行以内～」とあるため，共通性に着目するのでは意味がない。設問文の読解力が要求され，過去問学習の成果が反映できる問題でもあった。

国際ないし遠距離の通信量が多くなる理由は，その地域間で業務関連ないし親族・友人どうしの通話絶対量が多いからである。本問では「異なる理由」に着目することになるため，イギリスとは業務関連，プエルトリコで親族・友人間の通信量が多くなると考えればよく，それぞれの理由を明らかにする必要が生じることになる。

イギリスのロンドンは，ニューヨークとともに世界の二大金融センターであり，世界最大の外国為替市場を有している。グローバル化が進展し，世界最大の経済大国であるアメリカ合衆国とは，この点だけでも通信量が多くなる。さらに，英語が共通言語となっており，歴史的にも関係が深い。

一方のプエルトリコはアメリカ合衆国領であるが，1898年のパリ条約でスペイン領から変更された自治領で，パリ条約後に本土への移住が増加した。アメリカ合衆国国勢調査局によれば，アメリカ合衆国本土にプエルトリコ系人口は約490万人(2011年)

居住しており，自治領人口の約 380 万人を上回っている。そのため，業務関係よりも，親族・友人間の通信量が多くなる。なお，英語も公用語となっているが，スペイン語使用者が圧倒的であり，この点も親族・友人間の通信量を多くさせた理由といえる。

⑵はアメリカ合衆国とインドの通信量が急増している理由を問う問題であり，2014 年度のセンター試験においても出題されたテーマであった。インドと日本・韓国・中国を比較させており，アジア諸国の中で，発展段階が相対的に低いインドとの通信量がなぜ多いのかを問うているわけである。すなわち，日本・韓国・中国には見られないアメリカ合衆国との関係性を述べることになる。

2014 年度センター試験地理Ｂ第２問問５においても，「② インドに立地したコールセンターでは，コストが大幅に低下した国際電話を用いて，アメリカ合衆国向けの顧客サービスが多く行われている。」が正文として示されている。コールセンターなどの情報サービス業務やソフトウエア開発が盛んなために，アメリカ合衆国との通信量が多くなったわけである。よって，アメリカ合衆国とインドにおいて，情報サービス業やソフトウエア開発が盛んになる理由を考えればよい。まず通話の道具となる言語であるが，インドにおいて英語は準公用語であり，会話の障壁にならない。さらに，時差に関しては，インドの標準時は GMT ＋ 5 h30′ であり，アメリカ合衆国とは半日程度の時差となる。ということは，アメリカ合衆国が夜半のときに，インドは日中となる。アメリカ合衆国が終業した時間からインドで始業できることになる。また，インドは発展途上国で賃金水準が低く，IT 技術者も多い。これらの点は，アメリカ合衆国にとって，日本・韓国・中国には見られない有利性となる。そのため，⑷でも問われることになるが，インドは他国にくらべアメリカ合衆国との通信量が多くなるのである。なお，コールセンターはフィリピンの立地が急増し，2014 年以降第１位になったとされている。

ところで，センター試験と東大の入試問題は，解答方法が異なるものの，資料読み取り問題が多く，論理的思考が要求される問題など，出題観点が似ている。また，センター試験の文章選択問題は，東大の１～３行論述の解答例としても利用できる。2014 年度は，バッティングしたテーマであったことから，この点を再確認できたのではないだろうか。

⑶は，人口 100 人あたりのインターネット利用者数と，１人あたりの国際電話の平均年間通話時間(分)から該当する国名を判定する問題である。アメリカ合衆国と数値が近い(ａ)･(ｄ)と異質性が予想される(ｂ)･(ｃ)というグループ分けに着目したい問題でもあった。統計が示されている問題は，単なる知識だけで解答するのではなく，示された指標の意味を考慮するとともに，指標の統計を操作し，明らかになっている

国などを参考にして，解答につながる理由を意識したいところである。

人口100人あたりのインターネット利用者数は，発展段階が関係する。すなわち，先進国でその数は多くなり，発展途上国で少なくなる。表２－１では，問われている（ａ）～（ｄ）国は先進国と判断できる。しかし，１人あたりの国際電話の平均年間通話時間には差異がある。その中で，国名が示されているアメリカ合衆国をヒントに考えると，アメリカ合衆国と似ている（ａ）・（ｄ）と，異なる（ｂ）・（ｃ）に分けることができる。

判定する国はアイスランド，シンガポール，日本，フランスなので，まずヨーロッパのアイスランド・フランス，アジアのシンガポール・日本と分けることができる。次いで国の規模や民族構成の多様度などを考慮すれば，（ａ）をアイスランド，（ｂ）を日本，（ｃ）をシンガポール，（ｄ）をフランスと判断することは可能である。金融立国として知られる小国でインターネット利用者率が高いアイスランド(2022年で99.7％)，多民族国家(2010年は中国系74.1％，マレー系13.4％，インド系9.2％)で外資系企業の進出が多く観光業も盛んなシンガポールといった側面が，それぞれの指標数値の高さを物語っている。

⑷は，インドにおいてアメリカ合衆国との通信量を除けば，インターネットや国際電話の利用が低調な理由を，インドの社会状況を踏まえて説明する問題であった。インドの社会状況としては，「人口大国」，「カースト制の存在」，「発展途上国」など様々な指摘が可能であるが，本問の正答につながる指摘が必要である。出題意図を汲み取る読解力が，本問でも必要であったといえる。

⑵で明らかにしたように，インドはIT産業の発展で注目されており，また図２－１で示されているようにインドとアメリカ合衆国間の通話量はかなり多い。しかし，表２－１で示されているように，人口100人あたりのインターネット利用者数や１人あたりの国際電話の平均年間通話時間(分)は他国にくらべて低調である。図２－１は絶対量，表２－１は単位人あたりといった差異があるため，発展段階および総人口が影響していると考えることができる。2021年現在でインドの人口は14億人を超え，１人あたり国民所得は1,910ドル(2020年)である。ただし，総人口の多さを指摘するだけであれば，中国(2021年で14.3億人)との差異を示せない。中国の１人あたり国民所得は10,160ドル(2020年)であり，発展段階ないし所得水準の差にも注目したい。さらに，カースト制が残存し，地域格差や民族格差が顕著である。このような社会状況が見られるため，インドでは全体が発展しているわけではない。インターネット利用者率も，中国の75.6％(2022年)に対し，インドは46.3％(2022年)にとどまっている。すなわち，平均的国家観は発展途上国となり，そのために情報格差(デジタルデバイド)

も著しいといえる。

設問B

世界の主要都市圏における国際旅客数(1990年～2010年)の変化と国際航空貨物取り扱い量の変化(1990年～2010年)を表すグラフが示され，その変化理由が問われている。交通に関する問題としては2010年以来であった。また，設問Aと同様に統計を中心とした資料解析問題であったといえるが，注記の読み取りも影響した問題であった。

(1)は，ヨーロッパの主要都市圏で国際旅客数が伸びている理由を説明する問題である。ロンドンが提示されているため「シェンゲン協定」を使用しながらの説明はできないが，設問文から「EU」を意識することや，「1990年」という時期に着目する必要があった。設問文の読解力が影響したともいえる。

シェンゲン協定とは，ヨーロッパの国家間において国境検査なしで国境を越えることを許可する協定である。EC(ヨーロッパ共同体)に加盟していたベルギー・オランダ・ルクセンブルク・フランス・西ドイツの5カ国が，1985年にルクセンブルクのシェンゲンで調印し,1995年にスペインとポルトガルを含めた7カ国で発効した。現在は，27カ国でシェンゲン圏を構成しているが，イギリスやアイルランドは国境検査を維持しており，正式な参加をしていない。ただし，EUの改正基本条約であるアムステルダム条約(1997年発効)において，「人の移動の自由」が認められており，EUの拡大とともにヨーロッパの主要都市圏で国際旅客数は増加することになった。1990年から2010年に大きく伸びた理由は，EU加盟国が1990年の12カ国から2010年の27カ国(2013年にクロアチアが加盟したが2020年にイギリス脱退)に増加した点が大きい。

また，(2)に関しても当てはまることであるが，資料に注記が示されている場合は，それらの記述もヒントにしたい。本問の場合は，「都市圏内にある複数の空港の国際旅客数(トランジットを含む)」である。ロンドン大都市圏には5つの空港があるため，必然的に国際旅客数は多くなる。ただし，同一空港で乗り換えなどが可能となる狭義のハブ空港の定義には当てはまらない。

(2)は，東アジアの主要都市圏において国際航空貨物の取り扱い量が大幅に増加した共通理由を問う問題である。(1)でも記したように，本問でも資料の注記がヒントになる。すなわち，「1990年の上海の数値は掲載されていない」である。つまり，1990年には上海浦東国際空港(1999年開港)が開港されていないということである。また香港国際空港は1998年，ソウル郊外の仁川国際空港は2001年に新規開港し，台湾桃園国際空港(2006年に名称変更)も2000年に第2ターミナルビルが供用開始となるなど，

2000年前後に相次いでハブ空港として整備された。

ただし,「ハブ空港」の指摘だけでは,多面的な考察とならず,論述字数および加点ポイントは少ない。得点も低くなるといえる。やはり本問の場合は,貨物取り扱い量が増加する本質的な理由についても言及する必要があった。すなわち「生産量の増加」や「経済発展」に関する指摘である。

1990年と2010年(2020年も参考に示した)の貿易額(輸出入合計)を比較すると,以下のようになる。

(単位:百万ドル)

	1990年	2010年	2010年/1990年	2020年
香　港	164,682	823,367	5.0倍	1,118,542
韓　国	134,860	891,596	6.6倍	980,131
中　国	115,436	2,974,470	25.8倍	4,655,916
台　湾	121,933	525,837	4.3倍	635,246
日　本	521,747	1,462,208	2.8倍	1,276,779

『日本国勢図会』より作成。

このように,日本と比較しても貿易額が急増したことがわかる。本問のデータは「取り扱い量」であり,「単一の空港」であるため,この統計とのずれは生じてしまうが,東アジアでの「生産量の増加」や「経済発展」の一端を窺(うかが)い知ることは可能であろう。また,グローバル化や多国籍企業の進出など,国際分業が加速している点を加味できれば,解答例としてはよりよいものとなる。

解答

設問A

(1)世界金融の中心の一つで英語圏のイギリスは商取引の通話が,自治領のプエルトリコは出稼ぎ労働者が多く親族間での通話が多い。

(60字)

(2)インドには英語力のある優秀な技術者が多く,両国の時差を利用したソフトウエア開発や情報サービス業務が行われているため。

(59字)

(3)a－アイスランド　b－日本　c－シンガポール
d－フランス

(4)農村人口が多く,貧富の差が大きい発展途上国であることから,情報インフラの整備が遅れ,通信機器の普及率も低くなるため。

(59字)

設問B

(1)ＥＵ内では，市場統合が進んで移動の自由が認められ，東欧の民主化で新規加盟国も加わり，観光客や労働者の移動が増えたから。

(60字)

(2)東アジアで国際分業が進み，電子機器・部品の生産拠点となり，ハブ空港も整備され，部品や完成品の航空輸送が増加したため。

(59字)

第３問

解説 ヨーロッパの国々の産業と貿易に関する設問である。設問Ａでは，輸出品構成と研究開発支出割合からの国名判定と，「第３のイタリア」の特徴や北欧諸国でGDPに占める研究開発支出の割合が高くなっている理由説明が要求されている。設問Ｂではドイツ，フランス，スペインにおけるEU域内・域外貿易やEUの貿易赤字国の統計が示され，フランスの貿易の特徴，スペインの自動車貿易，EUが貿易赤字を抱える相手国の具体的理由が問われている。日本関連ではないものの，例年通り地誌的要素の強い問題であったといえる。

設問Ａ

2010年におけるヨーロッパの主要国についての輸出品構成と研究開発支出の割合が示され，それらの比率から該当する国名を判定させ，「第３のイタリア」の特徴や北欧諸国でGDPに占める研究開発支出の割合が高くなっている理由を語群中の用語を使用させながら説明させている。

(1)は，図３－１中のＡ～Ｄに該当する国を，オランダ，スイス，ノルウェー，ポーランドから選択する問題である。輸出品構成の特徴や研究開発支出の割合に特徴が見出せるので，判定は容易なはずである。たとえば，Ｃは輸出品構成において鉱物燃料・非鉄金属が約70％を占めているため，エコーフィスク油田，スタートフィヨルド油田などが知られる産油国ノルウェーと判定できる。2021年における輸出品構成でも，天然ガス(34.2％)・原油(25.7％)だけで過半を占めている。なお，エコーフィスク油田の原油はパイプラインでイギリスのティーズサイド(ミドルスブラ)，天然ガスはドイツのエムデンへ輸送されている。

Ｄは輸出品構成の40％近くを化学・医薬品が占めている。一次産品の輸出構成が低いことからも，内陸の山岳国で資源が乏しいスイスとなる。スイスは，機械・化学・医薬品などの高度技術および高付加価値産業が盛んで，国際金融や観光業も盛んな国である。やや難しいのはＡとＢの判定である。ただし，食品・農産物原料の輸出が多いAがオランダ，機械類の輸出が多く研究開発支出が少ないBはポーランドと判定することは可能であろう。オランダは，2019年においても，チーズやバターが世界第2位の輸出国であり，肉類も世界第3位の輸出国となっている。ポーランドは，2004年のEU加盟前後から，電気機械や自動車工業の外資系企業進出が進み，2021年の輸出品構成も第1位が機械類(25.1%)，第2位が自動車(8.6%)となっている。

ところで，図3－1には国内総生産(GDP)に占める研究開発支出の割合も示されている。研究開発支出は先進国や工業国でその割合が高くなりやすい。ただしB国は，輸出品構成に占める機械類の割に研究開発支出が少ないといえる。この点から，先進国といいづらく，労働集約的な工業が盛んと判定することもできる。輸出品構成だけで判断するのではなく，研究開発支出の割合も考慮することで，より正答に近づくことができたのである。複数の指標や資料が提示されている場合には，その両者に矛盾が生じない解答を考慮したい。

(2)の語群から用語を選択して使用する論述は6年ぶりの出題であり，戸惑った受験生もいたようである。解答例は無数に存在するが，3～4点の加点ポイントを意識する必要があり，1つの観点だけでなく複数のポイントが必要となる。

本問では，「第3のイタリア」における繊維産業の特徴を説明する問題である。「第3のイタリア」とは，大資本による工業化が進んだイタリア北部，農業への依存が高く工業化の進展が遅れているイタリア南部とは産業構造や社会構造が異なることから呼ばれるようになった地域概念である。中小企業や職人による伝統工業が発達する地域でもある。「第3のイタリア」に該当する地域に明確な定義はないともいえるが，イタリア中部のエミリア＝ロマーニャ州周辺(ボローニャ)を中心に，ヴェネツィア(ヴェネト州)からフィレンツェ(トスカーナ州)を指すことが多い。

これらの地域では，専門化された分野において高度な技術を有した中小企業が集積し，中小企業間でネットワークを形成して，生産活動への対応を柔軟に行っている。すなわち，

1．古くからの伝統工業地域で地場産業が多い。
2．職人などの個人事業主が中心である。
3．「少量多品種」の手作り商品が基本である。
4．職人間の生産者ネットワークが緊密である。
5．市場の動向に敏感な対応が可能である。

これらの特徴を有しているために，デザイン性の高い高付加価値のブランド商品が生産されるのである。ただし，伝統を守るために排他的となっているわけではない。ネットワークや市場の動向把握のため，最新の技術動向にも注視しており，伝統と最

新の融合も考えている地域といえる。

(3)も語群から用語を選択して使用する論述問題であった。指定語句使用問題は得点差が開きやすいが，本問においても，北欧諸国の特徴につながる用語選択や修飾語を加えながらの使用に課題が見られた解答も少なくなかった。

研究開発支出とは新たな技術や製品を開発するための費用であり，先進国やトップ企業での支出が多くなりやすい。(1)のポーランドでも見たように，労働集約的な工業国や発展途上国では，相対的にその費用支出は少なくなる。2013年度センター試験地理B第2問問4におけるGDPに占める研究開発費の割合(表2)においても，フィンランドはアメリカ合衆国や韓国より高い割合を拠出しており，発展途上国でもあるメキシコの割合は低くなっている。ただし本問では，ヨーロッパの先進国にあっても，スウェーデンやフィンランドといった北欧諸国でとくに高くなっている理由を解答しなければならない。北欧諸国に共通する理由が問われているのである。

北欧(北ヨーロッパ)は，アイスランド・ノルウェー・スウェーデン・フィンランド・デンマークの5カ国である。2021年の人口は，アイスランドが37万人，ノルウェーが540万人，スウェーデンが1,047万人，フィンランドが554万人，デンマークが585万人といずれも人口大国とはいえない。そのため，内需による経済発展の余地は小さく，グローバル市場を前提として，輸出やサービス展開を行う企業が多く相対的に研究開発支出が多くなっている。スウェーデンのエリクソン(通信機器)・イケア(家具)，フィンランドのノキア(通信機器)，デンマークのレゴ(玩具)，ノルウェーのヤラ(窒素肥料)，アイスランドのオズール(義肢メーカー)などである。

また，福祉や教育を充実させており，やや古いデータであるが2001年の福祉支出(対GDP比)は以下の通りであった。

(%)

国	福祉支出 (除く教育費)	福祉支出 (含む教育費)
デンマーク	29.2	37.9
スウェーデン	28.9	38.2
フィンランド	24.8	32.3
ノルウェー	23.9	33.2
アイスランド	19.8	23.2
アメリカ合衆国	14.8	19.4
日本	16.9	18.6

OECD，UNDP資料により作成。

アメリカ合衆国や日本などとくらべて，GDPに占める福祉・教育関係支出が多いことがわかる。この高い教育支出が高度人材の育成につながり，次の表のような高いIT競争力(世界経済フォーラム)を生み出したといえる。

IT競争力ランキング(2022年)

3位	スウェーデン
6位	デンマーク
7位	フィンランド
10位	ノルウェー
13位	日本
24位	アイスランド

世界経済フォーラムにより作成。

ところで，指定語句使用問題は，単に指定語句をつなげるだけでは得点にならない。さらに，指定語句を修飾しながら，出題意図に則って論理的な説明にする必要がある。なお，指定語句には下線を引くことも指示されているが，引き忘れている答案も少なくない。制限時間間際に書き換えた場合に引き忘れることが多くなるので注意したい。

設問Bではドイツ，フランス，スペインにおけるEU域内・域外貿易やEUの貿易赤字国の統計が示され，統計で示された貿易収支となる理由が問われている。EUにおける域内分業の状況が問われた問題といえる。

(1)フランスの機械類や輸送用機器貿易の特徴を問う問題である。フランスは域内・域外とも貿易赤字を記録しているが，EU域内との赤字幅は大きく，その理由として機械類や輸送用機器の貿易収支が指摘されている。表3－1から機械類や輸送用機器の具体的な赤字額を読み取ることはできないが，輸出上位品目に「自動車」・「航空機」が登場しているので，これらの輸出品目をヒントにすればよい。

フランスの自動車メーカーとしてはルノー・プジョー・シトロエン，航空機メーカーとしてはエアバスが知られている。この中で，輸出上位品目をあえて4位まで示し「航空機」を登場させていることを考慮し，トゥールーズのエアバス社を思い出すことができれば，解答を構成するフレームをつくることができるはずである。

エアバス社はフランス・ドイツ・イギリス・スペインに跨(またが)る国際協同会社であるが，本社はフランスのトゥールーズに置かれている。ただし部品などの生産は，胴体や垂直尾翼がドイツ，水平尾翼がスペイン，主翼はイギリス，そしてフランスで操縦室や車輪などが製造されて，トゥールーズで最終組立が行われる。エアバス社は域内から部品を輸入し完成品として域外に輸出するという「域内分業」の典型的な企業である。

フランスは，労働集約的な「安価な製品」を域内から輸入し，「高価な製品」を域外輸出するという側面が全くないわけではない。しかし，⑴〜⑶の発問内容や資料を考慮すると，EU内における部品生産と完成品生産の「域内分業」という捉え方が要求されていたといえる。

⑵は，スペインには世界的に知られている自動車のブランドが見られないのに，自動車が輸出第1位になっている理由を問う問題である。この問題においても，EUのキーワードといえる「域内分業」からの説明が可能である。ただし，本問は3行が要求されているので，「賃金水準が低い」ことから「外資系メーカー」が進出という流れだけでは高得点が期待できない。「域内関税」・「EUの生産拠点」・「近年の状況」など，要求行数や配点を意識した解答量が必要であり，4〜5点の加点ポイントがほしい問題である。

スペインの自動車生産は，2011年で世界第9位，ヨーロッパではドイツに次ぐ第2位の生産国であり，フランスやイギリスを上回っている。ただし，他社ブランド製品を製造するOEM生産に特徴がある。ドイツのフォルクスワーゲンやオペル，アメリカ合衆国のフォード，フランスのルノーなどが進出している。

スペインに外資系の自動車メーカー進出が増加した理由は1986年のEU加盟が関係する。国策会社でもあった自動車メーカーのセアトがフォルクスワーゲンの子会社となり，また外資系のメーカーも進出した。EUに加盟することで域内貿易の関税が撤廃されたため，EUの先進国にくらべ労賃の安いスペインに，労働集約的な部門である組立工場が進出して生産拠点となった。2019年においても乗用車生産は224.8万台であるが，輸出は186.7万台に上っている。スペインで組み立てて完成品にして輸出する構図が見て取れる。

ただし，近年はさらに賃金水準が低い東ヨーロッパ諸国がEUに加盟したことから，チェコ・スロバキア・ルーマニアなどでの生産が増加している。そのため，スペイン国内では，モロッコやルーマニアなどの外国人労働者を受け入れ，生産や輸出を続けている。

⑶は，EU全体の貿易収支が赤字となっている相手国別にその理由を問う問題である。「それぞれの相手国」なので，中国，ロシア，日本との赤字理由に差異を見出さなければならない。中国とロシアをまとめた解答も散見されたが，それでは出題意図に即した解答とはいえない。問題文を正確に読み取り，出題意図を汲み取れないと，失点につながる見本のような問題でもあった。

EUの対中国貿易(2010年)に占める比率は，Eurostatによれば，玩具・乳母車・スポーツ用品の81.8%，事務用機器(PCを含む)54.2%，通信設備50.1%，アパレル・

衣料45.5%，電気機器(含む部品)38.4%である。労働集約的で比較的付加価値額は低いが大量に輸入しているため，EUは中国に対して巨額な貿易赤字を計上している。

対ロシア貿易においては，原油と天然ガスの輸入が際立っている。Eurostat(2012年)によれば，ロシアの原油輸出の84%，天然ガス輸出の76%がEU向けとされている。燃料資源のロシア依存があまりにも大きいことから，輸入先の分散も考慮されはじめた。とくに,2014年のクリミア(クリム)半島危機後は,ロシアへの経済制裁といった意味からも輸入先の分散・変更が計画されるようになった。

対日本貿易は，2012年以降一時貿易黒字となったが，貿易赤字を計上することが多かった。その中心が機械類や自動車などの高付加価値製品で先端技術製品であった。2011年においては，日本の輸出額の45.2%が原動機・コンピュータ部品などの機械類，同17.9%が自動車・自動車部品である。

このように，EUが貿易赤字となる中心的な品目に差異が見られる。ただし，単なる品目ではなく，それらをまとめる特徴を見出したい。とくに，中国と日本からは工業製品の輸入が多くなっているが，付加価値の高低や技術段階にも言及しないと異なった理由の説明にはつながらないといえる。

＜資料＞(2020年)

相手国	輸出	輸入	貿易収支
中　国	2,322	4,404	－2,082
ロシア	903	1,080	－177
日　本	630	627	3

単位は億ドル。EUは27か国。世界国勢図会より作成

解答

設問A

(1)A－オランダ　B－ポーランド　C－ノルウェー　D－スイス

(2)伝統工業が集積した地域で，家族労働を用いた中小企業が核となり，生産者間の情報交換でデザイン性の高い商品を生産している。(60字)

(3)人口が少なく国内市場も小さい福祉国家なので，教育を充実させ高度人材を育成し，医学・ＩＴ技術などの開発に力を注いだから。(60字)

設問B

⑴自動車・航空機の組立工場があるため域外貿易は黒字だが，これらの部品を域内から調達するため，域内貿易は赤字となっている。

(60字)

⑵ＥＵ加盟当時は相対的に賃金水準が低く，域内関税が撤廃されたので，外資系メーカーが進出して生産拠点となった。近年は域外からの安価な出稼ぎ労働力を利用し，生産・輸出を続けているから。

(90字)

⑶中国からは労働集約的な工業製品，ロシアからは燃料資源，日本からは先端技術製品の輸入が多く，輸出額を上回ってしまうから。

(60字)

2013年

第1問

解説 本大問は気候と地表環境に関する問題とされているが，設問Aでは風化作用の強度分布を示した図を参考に，風化作用に強弱が起こる理由や地表環境が問われている。設問Bでは長野県西部地震(1984年)前後の地形図から，地表環境の変化が問われている。自然環境と自然災害をテーマとした設問であったといえる。自然災害に関する問題は，2011年や2008年にも出題されており，出題頻度が高い。また，東日本大震災や異常気象にともなう気象災害を経験し，予想される東南海・南海(南海トラフ)地震への対策などもあり，今後も出題頻度が高まる(2016年，18年，21年，22年，23年にも出題)と考えられる。

設問A

風化作用が4段階に分かれた強度分布が示されている。難問ではないが，風化作用の意味を，「風による分解」のみに限定してしまうと正答を導くことができない。風化とは「地表の岩石が風雨や太陽光などによって破壊され，物理的・化学的に変質すること」であり，降水の影響が非常に大きい。基本用語の正確な理解が影響する問題でもあった。

(1)は，高緯度と低緯度の2つの緯度帯に存在する風化作用が弱い地域の理由を説明する問題である。図1－1の凡例に注意すると，本設問では凡例3(風化作用が微弱な地域)の出現理由を考察すればよい。凡例3は，北極海を取り巻く地域，南極大陸，北アフリカからアラビア半島にかけての北回帰線周辺，ユーラシア大陸内陸部に見られることがわかる。高緯度と低緯度に分けるので，高緯度では北極海を取り巻く地域と南極大陸，低緯度は北アフリカからアラビア半島にかけての北回帰線周辺を想定すればよいであろう。また第1問は，「気候と地表環境に関する問題」であり，地表環境の説明理由に気候的側面を意識させている。そのため，高緯度では凍土という土壌が分布するうえ「氷河に覆われた地域を含む」と示されており，この点からも凍土や氷河につなげる気候を指摘し，風化への影響が最も弱くなる状況を指摘する必要がある。同様に，低緯度に該当する北回帰線周辺では，砂漠につながる気候を示しながら，降水が少ない状況を指摘すればよい。

ところで，風化には岩石をつくる鉱物間の結合を緩めて破壊する物理(機械)的風化と，化学反応によって岩石が分解・溶解する化学的風化などがある。物理的風化は，気温変化や結氷現象などによる膨張・収縮により，岩石が礫や砂に変わっていく現象である。そのため，高緯度地域では物理的風化が強くなりやすい。一方の化学的風化は，地表水や地下水などで特定成分が溶出し，岩石中の鉱物が別の鉱物に変化していく現象である。そのため，温暖湿潤地域では化学的風化が強くなりやすい。本設問は，図を読み取ってその理由を説明する問題であるが，物理的・化学的風化の説明を要求するものではない。図からは，凡例３が寒帯・亜寒帯気候地域と乾燥帯気候に該当するので，降水量が少ないために風化作用が弱い点を指摘することになる。

(2)は，風化作用の激しい地域において植物の生育に好ましい条件を問う問題である。植物の生育に必須な条件としては，水・光・温度・空気・養分であり，有害因子がないといった点も挙げられる。ただし，これらの条件を列挙するだけでは論述問題として出題した意味がない。問題文には「土壌条件を除外すれば」とあるため，水・光・温度に着目し，図１－１を読み取って，「土壌中の養分が溶けて流出してしまう」地域の説明をすることになる。凡例４は「侵食が激しい…」とされているが，「風化作用の強度は様々である」とも補足されているので，凡例１（風化作用が極めて活発な地域）に該当する地域を考慮すればよい。赤道を中心とする低緯度地域，アフリカ大陸南東部やオーストラリア東部などから大陸の東岸地域でも，凡例１が広がっていることがわかる。

赤道を中心とする低緯度地域は，一部ステップ気候地域も含まれているが，熱帯から温帯気候地域が中心である。また，西岸に比べ東岸の分布が顕著であることもわかる。これらの点から，低緯度や大陸東岸の気候を，十分な水・光・温度の供給，すなわち降水量・日射量・気温に関連させて，植物の生育に好ましい条件の説明とすればよい。

本設問では一般的に好ましい条件という観点から説明すればよいが，すべての植物が多雨，日射量の多さ，高温を好んでいるわけではない。穀物を例にすると，米は多雨，日射量の多さ，高温を好んでいるといえるが，小麦やとうもろこしは米に比べ少雨，少ない日射量，低温を好んでいる。植物の生育に好ましい条件は，植物によって変わるのである。

(3)は，ガンジス・ブラマプトラ川下流域とジャワ島において，土壌の更新をもたらす自然的要因を問う問題である。「土壌が繰り返し更新」から運積土を考慮することになるが，「(a)と(b)それぞれ」という記述もみられるため，それぞれの地域で異なる運積土の理由説明が必要となる。

ヒマラヤ山脈南麓のガンゴートリー氷河を水源とするガンジス川と，ヒマラヤ山脈北側のチベット高原南部を水源とするブラマプトラ川は，バングラデシュで合流している。ガンジス川の河川延長は2,510km，ブラマプトラ川は2,840kmとされ，両河川を合わせた流域面積は162万km^2(理科年表2023)に及んでいる。河川延長が長く，流域面積も広いことから，気候帯や降水の時期が地域により若干異なっているが，ガンジス川流域は6～9月に南西季節風の影響で雨季となり，下流のバングラデシュでは定期的な洪水に見舞われる。2004年6月には，バングラデシュ国土の約60％で洪水に覆われている。標高10m以下の土地が90％以上を占めるデルタ地帯であるため，洪水に見舞われやすい地形なのである。サイクロンによる洪水なども加えると，年間25億トンにのぼる土砂がガンジス川下流デルタに供給されると考えられている。

ガンジス・ブラマプトラ川下流域では沖積土が広がっているが，ジャワ島では窒素やカリウムが豊富な火山性土壌が分布している。ジャワ島では年中スコールに見舞われ，その激しい雨は土地の栄養分を洗い流してしまうが，火山性土壌は貧栄養の熱帯土壌に，ミネラルなどの栄養分を供給する役割をはたしているのである。インドネシアは新期造山帯，環太平洋火山帯に位置し，アメリカ合衆国・ロシアに次いで世界第3位の活火山大国である。歴史上の世界の火山10大爆発にも，インドネシアのクラカタウ山・タンボラ山・ガルングン山の噴火がカウントされている。これらの火山噴火により，火山灰土や火山砕屑物が供給される。とくにジャワ島は塩基性噴出物であり，スマトラ島などのシラス質噴出物より肥沃な土壌となる。ジャワ島も年間降水量が多く洪水に見舞われることが少なくない。しかし，「(a)と(b)それぞれ」という記述から出題意図を考慮すれば，洪水以外の理由を指摘する必要がある。

設問B

長野県西部地震(1984年)前後の2万5千分の1地形図から，地表面の変化を読み取らせる設問である。2年ぶりの地形図読図問題であった。長野県西部地震は，1984年9月14日，御嶽山麓の長野県木曽郡王滝村直下を震源として発生したM 6.8の地震である。震源の深さは2kmと極めて浅い地震であり，延長15kmの北東－南西方向の断層と，直交する延長5kmの北西－南東方向の断層が活動したと考えられている。王滝村では震度6(烈震)とされているが，震度計が置かれていなかったこともあり，震源の真上の震央部では震度7(激震)との推測もある。御嶽山南側では「御嶽崩れ」と呼ばれる山体崩壊が発生し，死者･行方不明者29名を数えている。ただしこの「御嶽崩れ」は，地震による直接的被害というよりも，前日までの連続雨量が150mm以上を観測した地域もみられることから，降水が土砂崩れを誘発しやすい状況にしたと考えられている。

(1)は，土砂崩れ前後の地形図から，風景の変化を問う問題である。風景の変化を読図する問題であり，地形図から読み取れる項目だけで解答すればよい。地形図には等高線，標高，崖や植生などの地図記号が示されているので，標高や地形の変化，植生の変化なども読み取ることができる。図1－2アの**X**付近は，等高線から標高2,300m

程度の尾根に当たると読み取れる。一方の図1－2イでは，土砂崩れの発生により，X付近の標高は2,150m程度になっており，等高線の走行具合いから谷などの凹地に変わっている。また，周囲には岩や土の崖を読み取ることができ，針葉樹の植生記号が見られなくなり砂礫地に変わっている。ただし，本設問は1行で風景の変化を説明する問題である。読み取ることができる風景をすべて指摘する余裕はない。優先順位を考慮する必要がある。本設問は「土砂崩れ」という地形変化を意識させているので，尾根から谷へ，あるいは凸部から凹部へといった地形の変化を中心として指摘し，余裕があれば植生に言及する程度で十分である。読図問題は，地図記号などを頼りに解答を探す問題であり，時間をかければ必ず正答を見出すことはできるが，要求字数を考慮した優先順位にも注意したいものである。

⑵は地表面の変化から土砂の流下を考察させる問題である。「御嶽崩れ」と呼ばれる山体崩壊では，体積約3,450万m^3の土砂が伝上川（地形図イのZ付近を流れている川）の両岸を削り，下流の濁川温泉を飲み込んでいった。平均時速80km～100kmというスピードで，10kmほどの距離を流下していった。Zより下流では3kmにわたって土砂の堆積が見られ，氷ヶ瀬の渓谷では厚さ30m以上の土砂が堆積し，谷が埋まってしまったところもある。ただし，本設問はこのような知識の有無を問うものではなく，地形図中の等高線や地図記号から変化を指摘できればよい。

地形図イのY付近は砂礫が広がっており，地形図アにあった針葉樹は見られなくなっている。土砂は標高の低い谷に沿って流下したが，スピードが速く，土砂量も多かったことから，谷壁を越えてYの尾根に乗り上げたと考えられる。そして，小三笠山が壁となり，Z付近の谷に流下していった。その際，伝上川の両岸を侵食したようで，右岸（西）側には岩の崖が顕著に認められるようになった。また，谷底の標高も低くなったと読み取ることができる。地形図アの南西端には1,610mの主曲線が描かれているが，地形図イでは1,600mの計曲線が読み取れるからである。

⑶は，土砂崩れによって下流部で発生する災害の可能性を問う問題である。2つの災害可能性につながる論理性が必要であったほか，多面的な考察や質的な相違を意識する必要もあったといえる。

長野県西部地震による死者･行方不明者は29名，家屋被害は全壊14棟，半壊73棟，一部損壊517棟（砂防学会）に及んでいる。このうち，死者・行方不明者の大半と全壊した家屋はすべて土砂崩れによるものであった。このように，土砂崩れそのものにより，人命被害や家屋の倒壊・流出が発生する。さらには，道路の寸断や電気・水道・情報などのライフラインにも影響が出てしまう。王滝村では，道路が寸断され，村の有線放送が途絶し，電話連絡はもとより救助活動ができない状況に陥り，陸の孤島と化した。

その他，タイムラグで被害が発生することもある。崩壊した土砂が河道を塞いでしまうと，天然の堰止湖(河道閉塞，天然ダム，土砂ダム)が生じることになり，そのダムが決壊することで下流に洪水がもたらされることもある。ダム決壊による過去の大規模な災害事例としては，1847年の善光寺地震や1858年の飛越地震が挙げられる。天然の堰止湖は，地震にともなう土砂崩れだけでなく，豪雨にともなう土砂崩れによっても生じることがある。2011年の台風12号により，奈良県上北山村では約2,400mmの降水量を記録し，土砂崩れが発生した。堰止湖は17カ所で形成され，そのうち8か所が決壊している。

深い渓谷を流れていた王滝川では，決壊による大規模災害にはつながらなかったが，「自然湖」と通称される堰止湖を生じている。3kmほどの長さを有するこの「自然湖」には，現在カヌーの基地が設けられており，自然体験ツアーが実施されている。

解答

設問A

⑴高緯度は低温で，低緯度は亜熱帯高圧帯の影響で，それぞれ大気中の水蒸気量が少ないため，降水にともなう風化が弱くなるから。

(60字)

⑵低緯度や大陸東岸では，貿易風や季節風により温暖で湿潤な大気が供給され，気温，日射量，降水量などの諸条件が恵まれている。

(60字)

⑶(a)は季節風やサイクロンによる洪水で，定期的に上流から肥沃な土壌が供給される。(b)は噴火によって排出された火山灰や火山砕屑物が風化され，生成された養分を含んだ土壌が新たに供給される。

(90字)

設問B

⑴アの尾根は，イでは斜面崩壊により凹地となり植生も失われた。

(30字)

⑵Y方向に流下した土砂は小三笠山付近まで到達したあと，南西の谷に沿って周辺を侵食しながら地形を改変し，Z方向に流下した。

(60字)

⑶土石流により家屋の倒壊やライフラインを寸断するほか，河道を堰き止めて土砂ダムを形成し，決壊による洪水被害も考えられる。

(60字)

第2問

解説　第2問は世界の農業と水産業に関する問題とされているが，設問Aは海岸線近くに山脈が走行する3地域の図を参考にして周辺の気候メカニズムを説明する問題が中心であり，その地域に農作物と家畜名を絡ませている。設問Bは農業に関する問題であるが，フードマイレージや仮想水も意識した今日的な視点が問われている。設問Cでは漁獲量と養殖業生産量の統計を参考に，国名判定や水産業の現状が問われている。本設問でもTAC(漁獲可能量)という時事的な状況把握が必要であった。地理は多くの資料が提示され，その知識量や分析力だけが要求されているように思われがちであるが，過去の事実認識や理解を中心とする歴史に対して，現在の理解が要求されていることから，今日的な視点や時事的な状況把握が必要な教科といえる。

設問A

図中に示された緯度・経度から，**地域A**はアンデス山脈が走行するペルー南部，**地域B**はアトラス山脈が走行するアルジェリア北部からチュニジア北部，**地域C**は西ガーツ山脈が走行するインド南西部と判定できる。これら3地域の自然環境や土地利用が問われている。

(1)は，**地域A**と**地域B**において，砂漠気候の出現する理由が問われている。難問ではないが，砂漠気候を画一的に捉えるのではなく，該当地域を意識しながら，砂漠となる気候メカニズムの多面的かつ複合的な理解が必要であった。

地域Aの砂漠気候は海岸側に出現する。内陸側は，低緯度であるため高温多雨地域となり，熱帯気候や温暖冬季少雨気候である。それに対して海岸側は，低緯度であるものの，沖合いを流れる寒流のペルー(フンボルト)海流の影響を受け，コスタと呼ばれる砂漠地帯となっている。緯度によっては海岸砂漠や熱帯砂漠，西岸砂漠と呼ばれることもある。寒流上の大気は周辺に比べ冷たく，水蒸気量も少ない。その大気が陸上に移動すると，低緯度の温暖な大気の下に潜り込むことになる。冷たい大気の方が暖かい大気よりも質量があるためである。その結果，大気が安定することになり，上昇気流が起こらず，降水がみられなくなる。このような現象は，気温の逆転現象と呼ばれている。チリ北部のアタカマ砂漠やナミビアのナミブ砂漠なども，同様な形成メカニズムで知られている。

地域Bの砂漠気候は内陸側に出現する。緯度を考慮すると，亜熱帯(中緯度)高圧帯の影響を受けやすい位置にあり，亜熱帯(中緯度)砂漠と呼ばれる地域にも該当する。年中高気圧の影響を受け，下降気流が卓越することから，降水がみられない。このような砂漠の例に，北アフリカのサハラ砂漠やアフリカ南部のカラハリ砂漠などが当てはまる。ただし，ほぼ同緯度に当たる**地域B**の海岸側は地中海性気候となり，砂漠気候ではない。冬季には降水がみられるわけであり，海洋からの偏西風の影響が関係する。よって，亜熱帯高圧帯とアトラス山脈に湿潤風が遮られる風下帯(雨陰砂漠)で説明することになる。雨陰砂漠の例としては，アメリカ合衆国のモハーヴェ砂漠やアルゼンチンのパタゴニアなどが当てはまる。

なお，砂漠が出現する理由として，隔海度が大きい，すなわち海から遠くなるために，水蒸気の供給量が少なくなることも挙げられる。このような理由で生じるものは，内陸砂漠と呼ばれたりする。中国のタクラマカン砂漠や中国からモンゴルにかけてのゴビ砂漠などが当てはまる。

(2)はアンデス山脈における農作物と家畜を問う基本問題であり，失点は避けたいレベルである。センター試験でも頻出である「高度による農業変化」が問われているが，東大では2006年第1問設問B(3)において，「ペルー東部のアンデス山系東斜面における土地利用の特徴」について，「高度」，「放牧」，「熱帯作物」という指定語句を使用しながら説明させる問題が出題されている。高度による土地利用ないし農牧業の変化は，緯度による水平変化を垂直軸に置き換えたものである。代表的な事例とともに理解しておきたい。

概ね2,000m以上の山岳地帯なので，ケチュア帯(2,300～3,500m)・スニ帯(3,500～4,000m)・プーナ帯(4,000～4,800m)での代表的農作物と家畜を挙げることになる。ケチュア帯ではとうもろこしや小麦，スニ帯ではばれいしょ(じゃがいも)や大麦が栽培されている。本設問ではこれらはいずれも正解となりうるが，アンデスを原産地とし主食となる農作物を考慮すると，ばれいしょが最もよいであろう。ばれいしょを凍結・融解させながらつくるチューニョやモラヤは，先住民の伝統的な保存食としても知られている。

家畜は農作物の栽培が難しいプーナ帯で放牧されている。リャマ・アルパカ・ビクーニャなどである。この中では，リャマの飼育頭数が最も多く，荷物の運搬用，毛や皮を衣類に利用したり，食肉とすることもある。一般に，農作物の栽培が可能な地域では耕作を中心とし，農耕の難しいところが家畜飼育となる。乾燥地域や寒冷地域で行われる遊牧なども，農耕が難しいことが関係している。

(3)はインド南西岸の降雨時期とその理由を問う問題である。インド南西岸は，インド洋(アラビア海)からもたらされる湿った南西季節風により，高日季に当たる5～10月にかけて雨季となる。南西季節風が西ガーツ山脈を越えるときに，地形性降雨をもたらすからである。マンガロールをはじめとするこの地域は，年間3,000mm以上の降水量を記録しているが，5～10月に95%以上の降雨が集中している。

一方，11～4月は乾季となる。インド南西岸は北東季節風の影響を受けることになるからである。すなわち，この地域に吹く北東季節風は，大陸上からもたらされるために乾燥しており，西ガーツ山脈をはさんだ風下側となるからである。

一般に，夏季は比熱の小さい大陸上が暑くなりやすく，比熱の大きい海洋上は暑くなりづらい。そのため，陸上の大気は上昇しやすく，海上から大気の移動すなわち風が吹く。冬季はその逆であり，大陸から海洋に向かって風が吹くことになる。これは，気候のメカニズムの一例であり，インド南西岸に限定した特殊事例ではない。地誌的な問題であっても，メカニズムや法則性から考えることで，正答を導き出すことは可能である。

⑷は海岸地帯の主食となる農作物や山麓の丘陵地帯の代表的商品作物が問われている。この地域は北緯10度周辺という低緯度である。海岸地域は標高が低いことからも熱帯・亜熱帯性の作物であり，⑶からも多雨地域と考えられる。さらに，主食という制約もあるので，アは米となる。小麦やとうもろこしは高温・多湿の地域での栽培は難しいが，米は高温・多湿の地域での栽培が向いている。

イは，代表的な商品作物なので，茶である。西ガーツ山脈南部の丘陵地帯は，「ニルギリ」と呼ばれる紅茶の産地として知られている。現地の言葉で「青い山脈」を意味するニルギリは，ダージリン・アッサムと並ぶインド３大紅茶に数えられている。くせのないやわらかな味が特徴であり，最高級の茶は１～３月が採取時期とされるが，年間で５万トン以上の生産が行われている。茶の栽培には，年平均気温13℃以上で，年降水量1,500mm以上，排水性の良い弱酸性土壌が向いているとされている。⑶で降水理由が問われており，地域Cはモンスーンの影響が強い地域と認識させたうえでの設問である。「ニルギリ」という名称を要求した問題ではなく，低緯度の多雨地域かつ丘陵地帯という条件を考慮できれば，正答を導き出すことは難しくなかったであろう。デカン高原という思い込みと⑶をヒントにすることができないと，「綿花」といった誤答につながってしまう。

東大の問題は，A，B，Cといった設問内では問題が関連し合っており，問題文自体や前後の問題にもヒントや解答の方向性が示されていたりする。この点も意識したいものである。

設問B

適地適作での大規模生産の問題点を指摘し，その問題点を具体的に説明する問題である。問題文中には適地適作の長所を指摘したうえで，「このことによってどのような問題が生じると考えられるか」を考察させている。見方を変えることで，一方の長所が他方で短所になる。このことを，国際取引を例にして考えさせているわけである。そのため，今日的な視点からの説明も必要となる。

まず，国際取引ということから，生産者と消費者という観点に着目するとよい。生産者が最適な農産物を大規模に単一生産するということは，モノカルチャー経済になるため，異常気象や国際価格変動の影響を受けやすくなる。生産国がモノカルチャー経済の国であれば，国家経済が不安定にもなる。一方，消費者にとっては価格変動の影響で家計を圧迫する可能性がある。消費国としては，自給率低下にともなう供給不安や安全性の問題が生じ，伝統的文化や食文化が破壊されることにもなりかねない。

ただし近年は，これら従来からの問題にとどまらず，国際取引それ自体に着目した今日的な問題が提起されるようになっている。すなわち，仮想水(バーチャルウォーター)やフードマイレージという考え方である。

仮想水とは，農畜産物や工業製品の生産に要した水の量であり，その水が輸出入にともなって売買されているという考え方である。ただし，工業製品の生産に必要な水の量は農畜産物の生産に必要な水に比べ少ないことから，農産物の国際取引に付随する問題と考えられている。世界的に水不足が深刻な問題となるなかで，仮想水の移動の不均衡が指摘され，環境問題として捉えられるようになったのである。環境省の資料によれば，下図のように，日本は世界各地から多量の仮想水を輸入していることがわかる。

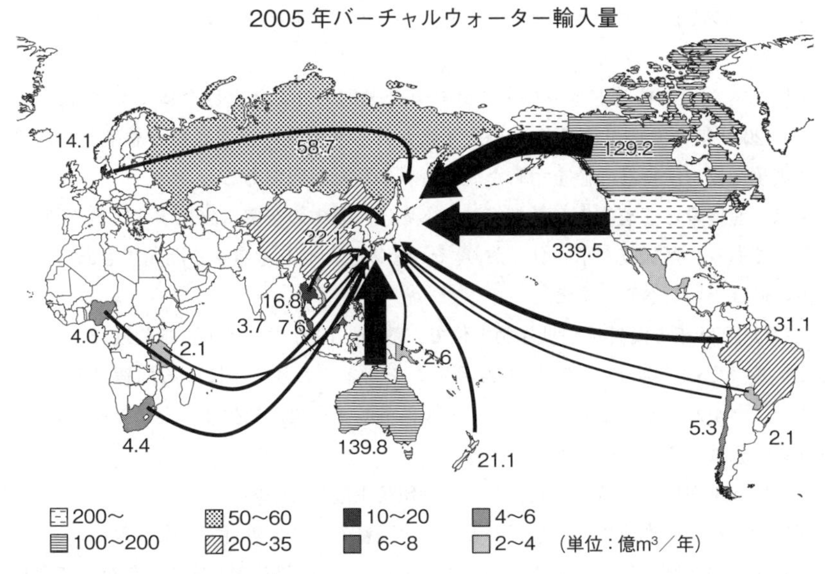

環境省ホームページ資料により作成。

フードマイレージとは，食料の輸送量と輸送距離を定量的に把握することを目的とした指標ないし考え方である。食料の輸送にともない排出される二酸化炭素が，地球環境に与える負荷に着目したものである。食料の生産地と消費地が遠ければフードマイレージは大きくなり，輸送にともなう二酸化炭素の排出により，環境への負荷も大きくなる。日本はこの値も大きく，農林水産省の資料によれば，2001年時点で，下表のようになっている。

主要国のフードマイレージ　（トンキロ／人）

国	トンキロ／人
日　本	7,093
韓　国	6,637
イギリス	3,195
ドイツ	2,090
フランス	1,738
アメリカ合衆国	1,051

農林水産省資料により作成。

本設問は，「モノカルチャー」や「食料自給率の低下」といった従来から指摘された側面に＋αできるかがポイントであった。農産物の輸送や移動といった観点，フードマイレージや仮想水などの今日的な視点からの説明も必要であったといえる。

設問C

中国・ペルー・インドネシア・アメリカ合衆国・日本と世界全体における，1970年から2009年の漁獲量の推移，2009年における漁獲量の世界順位と養殖業生産量，養殖業生産量÷漁獲量の値を示した表を資料にした問題である。

(1)は，漁獲量と養殖業生産量の統計を参考に，表中の空欄に該当する国名を判定する問題である。選択肢が示されており，その組み合わせを考慮する問題でもあるので，失点は避けたいレベルである。

(ア)は1970年の漁獲量が世界第1位であるが，1980年には1／5程度にまで急減している。その後2000年には1,000万トンを超えており，年による漁獲量の変動が大きいことがわかる。このことから，エルニーニョ現象が発生するとアンチョビーの漁獲量が急減するペルーと判定できる。

(イ)は近年漁獲量が増加傾向にあり，養殖業生産量も多いことから，インドネシアと判定できる。海藻類やエビなどの養殖業生産量の多さに着目できなければ，アメリカ合衆国との区別は難しいであろう。また(イ)は，続く(2)の問題につながっており，(2)も意識しながら解答することも可能であった。

(ウ)は残ったアメリカ合衆国であるが，養殖業生産量÷漁獲量の値すなわち(b)／(a)

が小さいことが特徴でもある。(2)の解答にもつながることであるが，養殖業は海岸線が相対的に長い国や湿潤気候が広がり内水面の多い地域で生産量が多くなりやすい。アメリカ合衆国の場合は，広大な大陸国家で降水量が少ない地域が広く，動物性蛋白質の摂取も肉類が多い国である。そのため，人口の割に漁獲量が少ないだけでなく，養殖業の生産量も少ないのである。

(2)は，インドネシアで養殖業生産量÷漁獲量の値が高くなっている理由を問う問題である。漁獲量についてはアメリカ合衆国と大差ないことから，インドネシアの養殖業生産量が多くなる理由を自然的・社会的条件から説明すればよい。なお，(1)で(イ)の判定を誤ると，必然的に本設問も失点してしまう流れでもある。

インドネシアの養殖業は，近年になって急成長しはじめた。2005年の約200万トンが2009年には470万トンを超え，わずか4年で2倍以上に成長している。この生産量を増加させている主要因は海藻養殖による。マレーシアやフィリピンで盛んであった海藻養殖が導入され，養殖業生産量が飛躍的に増加した。養殖された海藻類は，乾燥させてアメリカ合衆国やヨーロッパにも輸出されているが，加工されていないため製品単価が安く，輸出額は多いとはいえない。インドネシアで養殖業生産量が最も多いものは海藻類であり，輸出額で重要なのが「エビ」となる。

本設問では具体的品目が要求されているわけではないが，「輸出額」の多い「エビ養殖」を意識しても誤りとはいえない。インドネシアのエビ養殖は，1961年日本の水産物輸入自由化を受け，1970年代以降本格化していく。インドネシアは，海岸線の長い島嶼国であるため，海藻類などの海洋養殖やエビなどの汽水池養殖の適地が多い。しかも，熱帯地域に位置することから，成長や生育が早いなどの有利性がある。さらに，発展途上国でもあるため，賃金コストをはじめ生産コストが安い。先進国の企業にとっては進出条件に適していたといえる。

(3)は水産資源を管理するための国際的な取り組みが必要とされる理由を，具体的な水産資源の例を挙げ，指定語句を使用しながら説明する問題である。「排他的経済水域」，「総量規制」，「消費量」，「生息場所」といった指定語句を羅列するだけでは高得点にならない。「国際的な取り組み」を意識し，加点ポイントを組み込みながら，論理的に説明する論述力が必要である。

TAC(Total Allowable Catch：漁獲可能量)は，地域別，魚種別に設定されている。日本では，漁獲量が多く国民生活上で重要な魚種，資源状態が悪く緊急に管理を行うべき魚種，日本周辺で外国人により漁獲されている魚種といった基準から，マアジ，マサバおよびゴマサバ，マイワシ，サンマ，スケトウダラ，ズワイガニ，スルメイカなどが指定されていた。ただし，これは日本独自の指定であり，国際的取り組みという観点から適当な例ではない。やはり，マグロ類のような広範囲に回遊する魚種(高度回遊性魚種)が出題意図に合致している(ただし，2017年にクロマグロが追加指定された)。

マグロ類は，2006年11月の大西洋マグロ類保存国際委員会において，総漁獲枠3万2千トンを段階的に減らし，2010年には2万5千トン(2割減)とすることが決議された。生息場所が地域限定的ではなく，広範囲を回遊することから，仮に排他的経済水域内であっても乱獲につながらないように総量規制を厳しくした。世界的な新しい資源管理方法であり，国際的な取り組みといえる。

クジラ類については，魚ではないものの水産資源であり，具体例の候補と考えることができる。国際的な取り組みについては，国際捕鯨委員会で1982年からの商業捕鯨モラトリアム(一時停止)の採択や，1994年の南極海60度以南のサンクチュアリー(聖域化)が決議されるなど，捕鯨そのものを禁止しようという動きである。ただし，「消費量」という指定用語を考慮すると，最適な例とはいえないであろう。

本設問においてもTAC(漁獲可能量)という時事的な状況把握が必要であった。第2問は全体として，今日的な視点や時事的な状況把握が必要であったといえる。

＜資料＞2020年　(万トン)

国名	漁獲量	養殖業
中　国	1,345	7,048
インドネシア	699	1,485
ペルー	568	14
インド	552	864
ロシア	508	29
アメリカ合衆国	425	45
ベトナム	342	462
日　本	322	100

世界国勢図会より作成。

解答

設問A

(1)Aの海岸側は，寒流のペルー海流の影響による気温の逆転現象で大気が安定し，降水量が少ない。Bの内陸側は，亜熱帯高圧帯の影響下で風下帯にも位置し，降水が少なく高温で蒸発量も多いから。

(90字)

⑵　ばれいしょ(じゃがいも)，リャマ(アルパカ)

⑶5～10月。南西季節風の影響を受け，地形性降雨が生じるから。

(30字)

⑷　アー米　　イー茶

設問B

農産物の供給は輸出国の気象変動や政情に左右されるため，輸入が不安定になりやすい。また，生産や流通過程において，大量の水や化石燃料が消費されるため，環境への負荷が大きくなりやすい。

(90字)

設問C

⑴　アーペルー　　イーインドネシア　　ウーアメリカ合衆国

⑵熱帯海域が広くて海岸線が長いことや人件費が安いことから，アジアでの需要が多い海藻類やエビなどの輸出用養殖が盛んなため。

(60字)

⑶マグロは回遊するため，生息場所が各国の排他的経済水域から公海まで広がっている。その消費量増大で，乱獲による資源量減少が心配され，養殖マグロも含めた国際的な総量規制が必要となった。

(90字)

第3問

解説　経済・産業の変化と人口に関する問題であるが，設問Aでは日本を含む6カ国における都市と農村別の人口ピラミッドを参考に，国名判定や提示された年齢階層となる理由が問われている。設問Bでは日本の5つの工業都市に関するリード文と5都市の人口推移グラフが提示され，都市名や工業の業種判定，人口減少理由や工業政策の推進理由が問われている。日本地誌と日本経済の変遷を関連させるなど，地理的思考での解答が要求された。日本に関する問題は頻出であるが，駿台生の再現答案では例年得点率が低い。2013年度も得点率は最も低くなっており，日本地理対策が東大地理における大きな課題といえる。

設問A

図3－1は，2000年代前半における日本・韓国・アメリカ合衆国・インドネシア・スペイン・中国の都市と農村別の人口ピラミッドである。都市と農村それぞれの人口

を100として，年齢階層別の人口構成比率で示されている。そのため，この比率だけで人口の絶対数を判定することはできない。

(1)は人口ピラミッドに該当する国名を判定する問題である。男女別ではなく，都市および農村別である点や都市と農村それぞれの人口を100とした比率にしている点などに注意が必要であるが，読み取り方に大きな相違はない。発展途上国や出生率の高い国は富士山型，先進国や出生率が低い国は釣鐘型，人口減少や高齢化率の高い国はつぼ(紡錘)型となりやすい。

Aは近年の出生数減少と高齢者層が比較的少ない点，Bは近年の出生数減少と高齢者層が比較的多い点，Cは出生数が多い点と高齢者層が比較的少ない点に特徴があるといえる。人口ピラミッドは幼年人口と老年人口を読み取ることが重要であり，そこから発展段階などを推測すればよい。また，その国特有の歴史，現状や政策を考慮できれば，判定はより容易となる。Aは，30年ほど前から出生率が低下したが高齢者は少ないので，一人っ子政策(1979～2015年)を実施し，老年人口比率が低い中国である。Bは，出生率が低く老年人口比率が高いことから，先進国のスペインとなる。Cは，出生率が高く老年人口比率が低いことから，発展途上国のインドネシアである。

なお，『世界国勢図会』による各国の都市人口割合(2020年)と年齢別人口割合(年次は注記参照)は，次の表の通りである。

(%)

	都市人口率	0～14歳	15～64歳	65歳以上
日　　本	91.8	11.9	59.5	28.6
韓　　国	81.4	12.8	72.9	14.3
アメリカ合衆国	82.7	18.6	65.4	16.0
中　　国	61.4	17.9	68.6	13.5
スペイン	80.8	14.5	65.9	19.6
インドネシア	56.6	24.5	68.7	6.7

※年齢別人口割合は，日本が2020年10月1日，韓国が2018年11月1日，アメリカ合衆国が2018年7月1日，中国が2020年12月31日，スペインが2020年1月1日，インドネシアが2020年7月1日時点である。

(2)は，アメリカ合衆国の都市において，30～44歳の年齢階層と0～14歳の年齢階層の比率に差がない理由を社会的側面から問う問題である。30～44歳の年齢階層と0～14歳の年齢階層の比率に差がないということは，ほぼ同じ人口数ということになる。また，両階層に30歳の差があるということは，親と子の年代ということにもなる。すなわち，親と同じ数の子どもが産まれているということである。

一般に，一人の女性が一生の間に産む子どもの数の平均値である合計特殊出生率は，先進国では低くなりやすい。国連の推計値(2005～10年)では，世界平均の2.56に対し，日本は1.27，ドイツ1.32，イタリア1.38，カナダ1.57と，世界平均を大きく下回っている。一方発展途上国では，ニジェール7.15，アフガニスタン6.63，東ティモール6.53のように高い数値を示している。親と同数の子どもが誕生する場合は2.0という数値に近づくので，平均寿命の変化や移民などがみられなければ，日本・ドイツ・イタリア・カナダでは人口が減少し，ニジェール・アフガニスタン・東ティモールは人口が急増することになる。

同期間におけるアメリカ合衆国の合計特殊出生率は2.09である。世界平均より低いものの，2.0より高くなっている。先進国ではアイスランドの2.10に次ぎ，多産を奨励しているノルウェー・フランスの1.89やスウェーデンの1.87を大きく上回っている。この理由には，出生率の高いヒスパニックを中心とする若年層の移民が多いという点が挙げられる。カトリックを信仰するヒスパニックは多産傾向があるほか，移民者は家族を持つ願望が強く，子どもをたくさんもうける傾向もあるためである。

ただし，本設問では「30～44歳の年齢階層と，その子の世代である0～14歳の年齢階層の間にほとんど差がみられない」という点に着目しなければならない。単に出生率が高いということであれば，子の世代である0～14歳の年齢階層が多くなっているはずである。ここに，合計特殊出生率が2.0，すなわち置き換え水準に近いために「ほとんど差がみられない」ことを指摘する必要が生じる。人口の置き換え水準とは，人口が増加も減少もしない均衡した状態となる合計特殊出生率のことであり，若年層の死亡率が関係するため国により若干異なるが，2.1前後となる。2.0とならない理由は，子どもを産む年齢に到達するまでに死亡する女性もみられるからである。この置き換え水準に近い値であるからこそ，「30～44歳の年齢階層と，その子の世代である0～14歳の年齢階層の間にほとんど差がみられない」のである。

<資料>2020年

国名	合計特殊出生率
日　本	1.34
韓　国	0.84
中　国	1.70
アイスランド	1.72
ノルウェー	1.48
フランス	1.83
スウェーデン	1.66
ドイツ	1.53
アメリカ合衆国	1.64
カナダ	1.40
世　界	2.39

データブック　オブ・ザ・ワールドより作成

(3)は，韓国の都市では日本に比べて高齢化が進んでいない理由を，指定語句を使用しながら説明させる問題である。「人口移動」や「高度経済成長」という指定語句の使用法に注意するほか，高齢者人口の絶対数にも着目する必要があった。

人口ピラミッドからは，韓国の都市において30～49歳人口比率が高く，老年人口比率が低いことを読み取ることができる。また日本では都市と農村の年齢階層に大きな差が見られないのに対し，韓国では都市と農村に大きな差が認められる。農村と比較しても，30～49歳人口比率が極端に高いことがわかる。

ところで，人口を考えるときには「コーホート」という考え方を導入するとよい。コーホートとは，共通した因子を持ち，観察対象となる集団のことである。人口学では，同期間(同年)に出生した集団を意味している。学問的な定義をすればこのようになるが，要するに，30～49歳人口は30～49年前，1950年代後半～70年代前半に生まれたということである。ただし，都市においてその親の世代(50歳代以降)の比率が低いことから，都市で生まれたというよりも，農村で生まれ都市に移動したと考えることができる。

韓国は，1965年の日韓基本条約以降1997年のアジア通貨危機まで，高い経済成長を続けた。発展の中心は漢江が中央を流れるソウルであり，「漢江の奇跡」と称されている。1970年代前半の「漢江の奇跡」までは合計特殊出生率も4.0を超えるなど出生数も多く，その世代がソウルなどに流入したのである。韓国統計庁の資料では，ソウル特別市の人口は1970年の543万人から1991年には1,092万人(最大人口)にまで膨れ上がった。1970年からは新しい村という意味の「セマウル運動」が始まり，農村の近代化や農業生産力の拡大などが推進されたが，結果的には農村から大都市への人口移動が加速している。

ところで，韓国では高齢化が進んでいないことから老年人口の絶対数が少ないといえる。この理由には朝鮮戦争(1950～53年)が関係している。韓国側の資料では，この期間に民間人を中心に133万人が犠牲になったとされる。1950年における韓国の総人口が約1,885万人(国連推計)とされているので，その死亡率の高さが窺(うかが)い知れる。

移民大国と新興工業国における人口構成や人口移動の特徴は，その国の歴史や経済の発展経過を考慮し，他国との差異に着目しながら理解しておく必要がある。

設問B

大牟田市(福岡県)，豊田市(愛知県)，新居浜市(愛媛県)，日立市(茨城県)，室蘭市(北海道)という5つの工業都市に関する問題である。高度経済成長期を経験した者にとっては基本的レベルであるが，1990年代以降に生まれた者にとっては，教科書等で学ばなければならない歴史であったといえる。図に示された人口規模からは，E市が突出しているものの，A～C市は人口規模および人口推移が類似しており，ヒントになっていない。

(1)はリード文に該当する5つの都市を都市群から選択する問題である。判定すべき都市と選択肢の数が同数なので，リード文のヒントを的確に読み取ることができれば，完答できる問題であった。しかし，完答率は低く，3都市すら正解できた答案も多くはなかった。新居浜と日立を取り違えた答案が多く，大牟田と室蘭を取り違えた答案も少なくなかった。

A市は福岡県大牟田市である。大牟田市は，福岡県の最南端に位置する都市で，有明海に面している。1889年に三井財閥へ払い下げられた三池炭鉱の石炭資源を背景とし，石炭化学工業で発展した。1959年には208,887人(最大人口)を記録しているが，エネルギー革命の進行で石炭化学工業が衰退し，1997年の三池炭鉱閉山などで人口は減少している。現在環境リサイクル産業や大牟田テクノパークなどへの企業誘致を進めているが，2023年8月1日現在の住民基本台帳人口は107,319人である。

B市は北海道室蘭市である。室蘭市は，北海道の南西部に位置する都市で，太平洋と内浦(噴火)湾の境に突き出した絵鞆(えとも)半島を中心に広がっている。1872年の室蘭港開港以降に石炭の積み出しが始まり，1907年日本製鋼所室蘭製作所の操業，1909年北海道炭礦汽船輪西製鐵所(現在は北日本製鉄所室蘭地区)の操業により，「鉄のまち室蘭」と称され発展した。1969年には183,605人(最大人口)を記録しているが，製鉄所の大規模な合理化や周辺都市の発展により人口は減少している。人口密度は北海道では札幌市に次いで高いが，山がちな地形で平地が少なく，周辺の登別市や伊達市，苫小牧市などへの転出が続き，2023年8月31日現在の住民基本台帳人口では76,623人となっている。

C市は愛媛県新居浜市である。新居浜市は，愛媛県の東予に位置する都市で，燧灘(ひうち)に面している。江戸時代に開坑された別子銅山と，非鉄金属・産業機械・化学工業など,住友グループとその協力企業群により発展した。1981年には135,396人(最大人口)を記録しているが，住友グループの企業戦略による産業構造の転換や工場移転などにより人口は減少傾向にある。ただし，東予東部における中心性は現在も残り新たな企業進出もみられ，2023年7月31日現在の住民基本台帳人口は114,527人と，大牟田市や室蘭市に比べ微減にとどまっている。なお，1973年に閉山した別子銅山の所在地は別子山村という別の自治体であったが，2003年に新居浜市に編入されている。

D市は茨城県日立市である。日立市は，茨城県の北東部に位置する都市で，太平洋に面している。1905年に赤沢銅山が買収され，日立鉱山と名称が変更されたのち発展した。日立製作所の創業の地として知られているが，同社はもともと日立鉱山の機械部門にすぎなかった。日立製作所および日立グループの企業城下町であるが，同社の本社は東京に移転している。1985年の国勢調査人口では218,111人を数えているが,近年の日立グループ再編などにより人口が減少している。輸出入拠点の一つとして日立港を整備しているが，2023年7月1日現在の住民基本台帳人口は166,936人と減少傾向が続いている。なお,日立鉱山は1981年に閉山されているが,かつては別子銅山・足尾銅山とともに，日本3大銅山に数えられていたこともあった。

E市は愛知県豊田市である。豊田市は，中心市街地が愛知県のほぼ中央に位置しているが，2005年の6町村編入により岐阜県や長野県と県境を接するようになり，愛知県下最大の面積(918.47km^2)を有する都市となった。2023年8月1日現在の住民基本台帳人口は417,193人を数え，名古屋市に次いで県下第2位であり，1998年以降中核市に指定されている。ところで，この地域は以前から豊田市と呼ばれていたわけではない。1958年までは挙母(ころも)(市)という名称であったが，トヨタ自動車が本社を置く企業城下町であり，1959年1月1日をもって豊田市に改名されたのである。豊田市における2019年の製造品出荷額(工業統計，従業者4人以上の事業所)は15兆1,717億円で，日本全体の4.7%，第2位の川崎市(4兆828億円)の4倍近くとなっている。その約9割を，自動車関連工場の出荷額が占めているのである。

(2)は，リード文中の空欄に該当する工業を，業種群から選択する問題である。(1)の都市判定を誤ると業種選択も誤りやすくなる。ただし，空欄前後に示されたヒントを的確に読み取ることができれば，具体的都市名が判定できなくても，正答を導き出すことは可能である。文章を正確に読み取らず，知識に頼ろうとすると，連鎖的な誤答につながってしまう見本のような問題でもある。

A市の大牟田やC市の新居浜からアの「化学」，B市の室蘭からイの「製鉄」を導き出すことは容易である。仮に都市の判定を誤ったとしても，「海外からの石炭や原油が工業原料」から「化学」を導き出せる。「製鉄」についても，「戦前から国内資源に依存」から石炭をイメージしたい。また鉄鉱石については，倶知安（くっちゃん）の鉄鉱石や噴火湾一帯の砂鉄を原料にしている。何よりも「戦前から」の工業であり，「高度経済成長期に太平洋ベルトに臨海コンビナートが形成」が大きなヒントである。D市の日立からウの「電気機械」，E市の豊田からエの「自動車」を導き出すことも容易である。仮に都市の判定を誤ったとしても，「オイルショック後もハイテク工業化を進め」から技術革新や製品の多様化が進んだ「電気機械」を導き出せる。「自動車」については，「日本を代表する」工業であり，２～３万点の部品を組み立てる総合工業であるため，「工業出荷額の約９割を占める」企業城下町になりやすいことからも推測可能である。

⑶は日立市の人口が1985年～90年の時期から減少している理由を問う問題である。「1985年～90年」という時期に着目できれば，「バブル経済」ないし「プラザ合意→円高」といった点がイメージできるであろう。また「電気機械」工業が判定できていれば，「工場の海外移転」や「産業の空洞化」が想定できたはずである。そのなかで，人口減少につながるストーリーを考えればよかった。やはり，文章読解力が関係した問題でもあったといえる。

日立市は，市の人口の約40％が日立製作所およびグループ会社の従業員かその家族とされ，日立製作所および日立グループの企業城下町と呼ばれている。日立製作所は，1908年に建設された日立鉱山の機械修理工場が母体であり，1920年に完全独立した。1960年代には日本最大の製造業地として知られ，ピーク時は市内に1,000を超える機械・電機・輸送機などの事業所が立地していた。しかし，1985年プラザ合意以降の円高やNIEsの発展，合弁企業の設立や海外進出，テレビや半導体部門の撤退にみられる事業再編も加速し，市内の事業所数も700カ所ほどに縮小している。

⑷は，豊田市において，工業の業種の幅を拡げる政策を進めている理由を問う問題である。工業は一次産品ではないものの，「モノカルチャー経済」がイメージできれば，難問とはいえない。モノカルチャー経済とは，農林水産物や鉱産物など特定の一次産品生産・輸出に左右される国家経済のことである。異常気象などによる生産量の変化，国際市場での価格変動などにより，国家経済への影響が大きい。この問題点を，単一工業への依存に応用すればよい。本設問は，応用力や地理的思考が試された問題ともいえる。

豊田市の輸送用機械器具の出荷額(2019年)は14兆2,675億円で，同市の製造品出荷額合計の94.0%を占めている。すなわち，輸送用機械器具以外の出荷額は9,042億円，6.0%にすぎない。輸送用機械器具すなわち自動車工業，トヨタ自動車の事業再編などが生じた場合，豊田市の財政は一気に変化し，自治体としての存続すら危ぶまれる。またトヨタ自動車の経営状態が良好であっても，本社や工場の移転などにより，自治体財政は激変する。近年は，自動車の国内生産や国内販売が減少しており，輸出も減少傾向にある。それに対して，各自動車メーカーの海外生産は増加している。多国籍企業としての自動車メーカーの販売額や利益が増加しても，国内での税収増や雇用増につながらないこともある。単一業種や単一企業グループに依存した場合，このような可能性も起こりうる。そのため，景気変動などの影響を少なくするため，雇用の場を確保しておくためにも，業種の幅を拡げる政策を進める必要があるといえる。

また，このタイプの問題では，一つの理由だけで満足し，複数の理由に言及しない答案も多くなる。論述行数を考慮し，配点を意識した答案の作成も課題といえるであろう。

解 答

設問A

(1)A－中国　B－スペイン　C－インドネシア

(2)ヒスパニックを中心とする若年層の移民が，雇用機会の多い都市に集中し，置き換え水準近くにまで出生率を押し上げているから。

(60字)

(3)高齢層の人口は朝鮮戦争の影響もあって少ないうえに，漢江の奇跡以降の高度経済成長で，都市に若年層の人口移動が進んだため。

(60字)

設問B

(1)A－大牟田　B－室蘭　C－新居浜

D－日立　E－豊田

(2)ア－化学　イ－製鉄　ウ－電気機械　エ－自動車

(3)円高により労働集約的工業の海外移転が進み，人口が流出した。

(30字)

(4)単一業種への依存は景気変動の影響を受けやすく，海外生産へのシフトや国内需要の飽和で，雇用の場を拡げる必要もあるため。

(59字)

2012年

第1問

解説 設問Aはユーラシアの自然・産業・文化，設問Bはアメリカ合衆国の経済統計を題材とする地誌的な大問であった。そのうち設問Aでは地図やグラフ，設問Bでは統計表やグラフが提示されており，複数の資料を関連させた読み取り，分析問題となっている。

設問A

北緯50度を中心とするユーラシア大陸の地図，3地点における気温(℃)の年変化グラフ，4カ国における家畜の飼育頭数を示したグラフが提示され，3地点に該当する月平均気温グラフの判定とその理由，家畜の飼育頭数からの該当国判定，2つの湖に関する特徴と最近の変化，2国の宗教が問われている。

(1)気温の年変化を表したグラフに該当する地点を判定し，その判定根拠を説明する基本問題である。地点の判定は比較的容易であるが，その説明に関して沿岸と内陸といった隔海度のみで論じている解答が少なくなかったようである。単なる隔海度だけでは3地点の判定は難しい。沿岸と内陸，さらに西側と東側という位置関係や標高にも着目しなければならない問題であった。

まず3つのグラフの中で冬季の平均気温が最も高いウを考えてみると，夏季の7月はアより低温となっている。気温の年較差が最も小さいことを読み取ることができる。よって，沿岸部ないし海洋の影響を最も受けやすい地点と判定できる。北緯50度という偏西風帯に位置していることを考慮すれば，大陸西部に位置し，暖流の北大西洋海流の影響も受ける地点aと判定することができる。

次いで夏季の気温が高いアのグラフを考えてみると，冬季はウを大きく下回り，気温の年較差も大きいといえる。この点から隔海度の大きな内陸という判定も可能であるが，これだけではイのグラフとの差別化が難しい。イの方が冬季に低温となっており，冬季の気温に着目すれば，イの方が隔海度は大きいとも判断できる。そこで，冬季に低温となる理由を考える。3地点はほぼ同緯度なので，標高と降水量といった判断基準があげられる。a～c地点の位置から，aはキエフ(166m)付近，bはカラガンダ(553m)付近，cはウランバートル(1,307m)付近と考えられる。標高からの判断も可能のように思えるが，厳密な地点が明記されておらず，標高もはっきりとはわからない。12～2月の降水量については，カラガンダが63.9mm，ウランバートルが7.7mmであり，明らかにウランバートルの方が少なくなっている。これは，ウランバートルの位置が冬季にシベリア高気圧の影響を受けやすく，乾燥するためであり，これが低温になりやすいことの説明となる。寒極の南に位置するｃ地点であり，シベリア高気圧の影響を受けて低温になりやすいと考えることができる。これらの点から，アがｂ，イがｃとなる。

本問は３地点の判定が要求されている。一つの理由では２地点の判定にとどまってしまう。３地点をそれぞれ言及する必要があるため，多角的な考察ができていない論述では，論理的に地点の判定ができないといえる。

⑵ 1997年と思われるデータから該当国を判定する問題である。本問は最新のデータを使用していない点で議論もあるが，選択肢中の国家の特徴から飼育されている家畜を類推する問題と考えられれば，難問とはいえない。自然環境と飼育される家畜には一定の相関性があるため，飼育頭数の細かい知識を要求しているわけではなく，地理的思考で解答を導き出せる問題である。

Ｗ(ポーランド)，Ｘ(ウクライナ)，Ｙ(カザフスタン)，Ｚ(モンゴル)の気候に着目すると，湿潤気候(西岸海洋性気候，亜寒帯湿潤気候)が卓越するＷとＸ，乾燥気候(ステップ気候，砂漠気候)が卓越するＹとＺに分類することができる。家畜については，牛は食用としての肉牛，生乳を搾る乳牛，農耕や運搬の動力としての役牛などとして飼育されるが，適度な降水量(約500mm以上)のある地域が向いている。一方，羊や馬は牛より少ない降水量の地域でも飼育が可能である。これらの点から，カとキはカザフスタンとモンゴルのいずれか，クとケはポーランドとウクライナのいずれかとなる。

カとキはどちらも羊・山羊の飼育頭数が多いといえるが，カはキにくらべ羊・山羊と馬の飼育頭数が多く，キはカにくらべ牛の飼育頭数が多い。遊牧が可能な発展段階や人口数・人口密度がかかわる家畜の種類，歴史的背景などの文化を考慮すれば，カがモンゴル，キがカザフスタンとなる。一方，クはケにくらべ牛や羊・山羊の飼育頭数が少なく，総家畜数も少なくなっている。発展段階や国土・自然環境を考慮すれば，クがポーランド，ケがウクライナとなる。

なお，2020年のデータは以下の通りである。

(万頭)

	牛	羊・山羊	馬
モンゴル	473	5,777	409
カザフスタン	785	2,006	314
ポーランド	628	32	19
ウクライナ	309	121	22

ウクライナにおける家畜の飼育頭数が大幅に減少している。

⑶湖S(バイカル湖)と湖T(アラル海)における水深や水質，最近の変化が問われている。2行(60字)以内という少ない字数で説明しなければならないため，配点を意識し，加点ポイントを含めながら簡潔な文章構成にすることが難しい問題である。論述字数は少ないものの，要求された項目の説明が盛り込めなければ，問題文の読み取りができていないとみなされることにもなる。

バイカル湖は，ロシア(シベリア連邦管区)南東部の寒冷地帯に位置する構造湖(断層湖)で，世界最深の淡水湖である。地溝(バイカルリフト)の陥没部にあたり，南北680km，東西50km(最大幅80km)ほどの三日月型の湖で，面積は世界第7位の約3.2万km^2，貯水量約2.4万km^3はカスピ海についで第2位の大湖である。水質は世界最高の透明度を誇るとされたが，近年は製紙工場から工業排水が流入し，森林地帯での化学薬品散布などの影響もあり水質の悪化が進んでいる。流出河川がアンガラ川のみであることから湖水の交換率も低く，一度汚染されるとその被害は大きくなりやすい。バイカルアザラシやバイカルチョウザメなどの固有種も多く，生態学的にも極めて貴重な湖でもあるが，1987～88年にはバイカルアザラシの大量死が発生した。これなども水質汚染の影響と考えられている。また，世界最古の古代湖で，地球の歴史上の主要な段階を示す顕著な見本ともされており，1996年には世界遺産に登録されている。

アラル海は，1960年くらいまで，面積6.7万km^2で世界第4位の大湖として知られていた。しかし，カラクーム運河が建設(1954～88年)され，アラル海に流入していたアムダリア川からトルクメニスタンに導水が始まると，湖面面積は急減していった。1995年度(第1問)の東大入試問題においても，下図および下表の資料が提示されて，「アラル海の湖水位が近年低下した理由」が問われている。

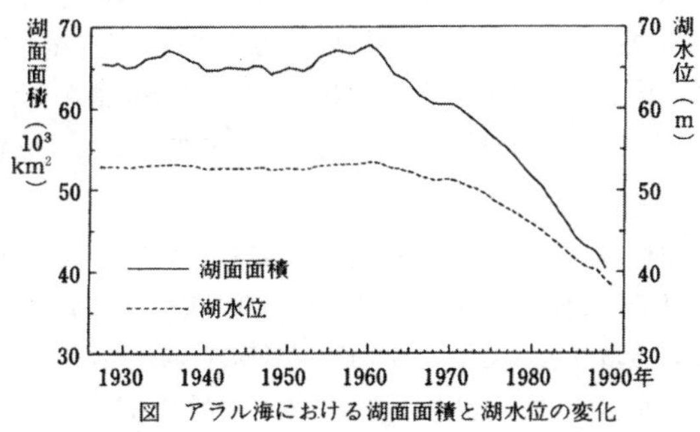

図　アラル海における湖面面積と湖水位の変化

表1

期間(年)	湖への流入水量の内訳(km³/年)				湖面からの蒸発量(km³/年)
	河川流入量	湖面降水量	地下水流入量	合計	
1927-60	55.0	8.2	3.5	66.7	54.2
1960-70	42.0	8.4	3.5	53.9	53.3
1970-85	16.5	6.6	3.5	26.6	46.7

この表1からも河川流入量の減少が読み取れ，それが図に示された湖面面積の急減につながったことを容易に想像することができる。湖の水位についても，1960年代には年平均20cm，1970年代には年平均60cmのペースで低下した。塩分濃度は1％程度であったものが海水(3.3～3.8％)を上回る5％以上となり，水産業は壊滅した。干上がった湖底に堆積した塩分，農薬や化学肥料などが風で拡散することから，周辺地域で呼吸器・腎臓疾患が増加したとの報告もある。

なお，カラクーム運河は「運河」という呼称から交通路だけのイメージを持つ者もいるようであるが，灌漑および水道用としても利用されている。とくに，綿花栽培地の拡大やトルクメニスタンの首都アシガバードの主要な給水源として貢献した。しかし，その一方で運河周辺の地下水位を上昇させて塩害を引き起こすなど，環境破壊の主要因ともなっている。

⑷最も信仰されている宗教は，ポーランドがカトリックであり，モンゴルがチベット仏教である。

スラブ系のポーランドは966年にキリスト教を受容した。1054年にはキリスト教が東方教会と西方教会に分裂したが，ポーランドは西方教会のカトリック教国となっている。スラブ系は東方教会というイメージが強いようであるが，ウクライナ・ベラルーシ・ロシアの東スラブ系やセルビア・ブルガリアなどの南スラブ系と異なり，ポーランド・チェコ・スロバキアなどの西スラブ系はカトリック信仰者が多数を占めている。

モンゴルは歴史的にチベットとの関係が深い。1240年にモンゴル帝国はチベットに侵攻したが，この時代にチベット仏教がモンゴルに浸透したと考えられている。チベット仏教はラマと呼ばれる僧侶を尊崇することから，ラマ教と呼ばれ仏教と異質な宗教とされることもあった。しかし，チベットにおいて7世紀から14世紀にかけてインドから仏教を直接取り入れた歴史的背景，信仰の要素が後期インド仏教と同じといった点から，地理ではチベット仏教と呼ぶのが一般的である。

本問は該当国の宗教を解答する基本問題であるが，宗教のスケール対比(カトリック－チベット仏教ないしキリスト教－仏教)も意識したい。様々な分類や対比問題の場合は，対照となるスケールの統一も重要となる。

設問B

アメリカ合衆国における州別･地域別経済統計が提示され，該当する州の位置判定，雇用変化の地域的特徴，1967年から1987年と1987年から2008年までの時期でみられた製造業被雇用者数の変化が問われている。統計表を読み取り，地域的な特徴を地図から見出す問題といえる。

⑴統計数値から該当州の位置を判定する問題である。州の判定という点から細かい知識が要求される難問と考えられやすいが，表1中の州人口や産業の特徴と，図4中のアメリカ合衆国内の位置を関連させて判定する基本問題であった。一つの指標だけで判断する場合は正確な数値把握が必要となるが，ここでは各指標を相互に関連させる地理的思考で考えればよい。

表1からは，ａは人口が多く工業が盛んな州，ｂはとうもろこしの生産が盛んな州，ｃは2005年から2009年に失業率が急増した州，ｄは小麦の生産が盛んな州，ｅも小麦の生産が盛んであるが人口の少ない農業州と判定できる。アメリカ合衆国におけるおよその州別人口，農業地域区分や工業地域が把握できていれば，州名が判定できなくとも，位置の判定は容易である。ａは50州の中でカリフォルニア州に次いで人口(2021年)が多い③(テキサス州)，ｂはアイオワ州に次いでとうもろこし生産量(2021年)が多い④(イリノイ州)，ｃは自動車の町デトロイトが位置する⑤(ミシガン州)，ｄは全米第1位の小麦生産量(2021年)を示す②(カンザス州)，ｅは全米第2位の小麦生産量を示し人口が4番目に少ない①(ノースダコタ州)となる。

⑵各州における産業の相違が失業率の変化にどのように関係したかを読み取らせる問題である。資料を読み取るだけでも一定の点数は得られるが，高得点とするにはその変化につながる時事的な内容にも言及したい。なぜ2005年から2009年の失業率を指標としているのか，指標の選定理由にも着目する必要があったといえる。

まず表1からは，10州すべてで失業率が高くなっていることがわかる。ただし，2009年の数値や2005年から2009年にかけての増加割合に地域的な差異を認めることができる。2005年の失業率は，ノースダコタ州の3.4％を除いて，5.0％～6.8％と地域による大きな差を認めることはできなかった。しかし，2005年から2009年にかけての失業率の増加は地域によって異なるために，2009年の失業率は，ノースダコタ州の4.3％を除いて，6.7％～13.6％へと地域差が大きく広がっている。この点に着目して，ａ(テキサス州)･ペンシルバニア州・ｄ(カンザス州)･ｅ(ノースダコタ州)とｂ(イリノイ州)･ｃ(ミシガン州)･オハイオ州・インディアナ州・ケンタッキー州・テネシー州で差異があると読み取ることができる。前者の4州は2009年の失業率が8.1％以下と低く，2005年から2009年の増加も0.9％～3.1％にとどまっている。一方後者の6州は2009年の失業率が10.1%以上と高く,2005年から2009年の増加も4.3%～6.8%と高くなっている。

これらの州の位置を図4に当てはめ，表2の地域名を参考にすると，ペンシルバニア州を除き，西北中部と西南中部の州は失業率の増加割合が低く，東北中部と東南中部の州は増加割合が高いと読み取れる。さらに，産業の特徴を考慮すると，農業の比重が高い前者と製造業の比重が高い後者という関係も見出すことができる。解答する地域的特徴は，位置的な特徴と産業的な特徴の二面から述べられればよい。

要因については，2005年から2009年の失業率を提示していることから，この間にあったアメリカ合衆国における出来事や経済状況が関係すると予想できる。さらに，製造業が盛んな州で失業率の増加割合が高いことから，景気変動が影響を与える出来事となる。これらの点から，2007年のサブプライムローン問題に端を発し，2008年のリーマン・ショックにつながる世界金融危機，2009年のGM(ゼネラルモーターズ)経営破綻が要因とわかる。

本問に限らず近年の東大は，時事的な社会状況の把握度を要求する問題の出題頻度が上昇する傾向にあるといえる。

(3) 1967年から1987年(第1期)と1987年から2008年(第2期)の変化を説明する問題である。2011年度第1問設問B(3)でも「変化の違い」が問われている。2年連続で出題された形式であり，問題文の読み取りと資料の読み取り方，文章化の練習の必要性が痛感された問題といえる。

1967年から1987年までの第1期では，アメリカ合衆国全体の製造業被雇用者数はわずかに減少しているが大きな変化はないと読み取れる。ただし,地域ごとにみると,A(ニューイングランド)・B(中部大西洋岸)・C(東北中部)の製造業被雇用者数が大きく減少し，その構成比も低下していることがわかる。一方，D(西北中部)・E(南部大西洋岸)・F(東南中部)・G(西南中部)・H(山岳部)・I(太平洋岸)は，製造業被雇用者数を大きく増加させ，その構成比も上昇している。いわゆる北東部が減少し,南部から西北中部以西が増加したことになる。北東部の産業が停滞して企業が他地域に移転し，新規の先端産業などが南部から西北中部以西に立地したためである。1992年度第1問設問Bでも出題されているが，北緯37度以北のフロストベルトから北緯37度以南のサンベルトへ(白人)労働者が移動したという状況がわかる。

1987年から2008年までの第2期では，アメリカ合衆国全体の製造業被雇用者数が大幅に減少している。第1期にくらべ第2期の構成比が上昇した地域も含めて，すべての地域で製造業被雇用者数は減少している。

よって，第1期では北東部から南部・西部に製造業被雇用者が移動したと考えられるが，第２期では国外に製造業被雇用者が移動ないし国内の製造業低迷による人員削減と考えられる。ただし，高所得国のアメリカ合衆国から国外に製造業被雇用者が大量移動することは考えづらい。すなわち，第２期はアメリカ合衆国の製造業が新興国の台頭により全体的に停滞し，国内で製造業被雇用者が他産業，とくに第３次産業に転出したと考えられる。経済のサービス化が進んだのである。

本問では地域別の状況説明にとどまり，アメリカ合衆国全体の「変化の違い」に言及できていない解答も少なくなかったようである。資料分析の問題は与えられた指標全体を考慮する必要がある。なぜこの指標が使用されるのか，そして指標をヒントに考察できれば，出題者が要求する解答がみえてくるものである。

解答

設問Ａ

⑴ア－ｂ　イ－ｃ　ウ－ａ

大陸西部は暖流と偏西風で冬季の気温低下が小さいが，東に行くに従ってその影響が弱くなり，東部では寒冷な高気圧が発達する。

（59字）

⑵カ－Ｚ　キ－Ｙ　ク－Ｗ　ケ－Ｘ

⑶寒冷気候下で世界最深の断層湖Ｓは工場排水で水質が悪化し，乾燥気候下の塩湖Ｔは運河建設等の人為的要因で湖面が縮小した。

（59字）

⑷Ｗ－カトリック　Ｚ－チベット仏教

設問Ｂ

⑴ａ－③　ｂ－④　ｃ－⑤　ｄ－②　ｅ－①

⑵金融危機以降失業率は上昇したが，農業が盛んな西北・西南部で上昇率は低く，東北・東南部の製造業が盛んな地域の方が高い。

（59字）

⑶第１期は被雇用者が北東部・五大湖地域から南部のサンベルトへ移動した。第２期は新興工業国の台頭で製造業が低迷し，経済のサービス化も進み，労働者は第２次産業から第３次産業に移動した。

（90字）

第2問

解説 設問Aは各種農作物の輸出，設問Bは中国の農産物貿易，設問Cは炭素蓄積量の増減を題材とする「世界の農林業」に関する大問であった。そのうち，設問Aと設問Cは統計表やグラフが提示されている。

設問A

米，とうもろこし，コーヒー，茶における2008年の輸出額上位6位までの統計とそれらの国の1988年・1998年の輸出額順位が提示されている。その資料を参考にしながら，該当する農作物や国名，輸出額増加の理由や貿易に関する新しい試みの内容を問う構成である。

(1)登場する輸出国や輸出額などから農作物を選択する問題であり，基本的な問題である。農作物の品目4つで選択肢が4つ，すなわちすべての選択肢をあてはめる問題なので，完答が要求されるレベルである。Aはコロンビア・インドネシアからコーヒー，Bはインド・アメリカ合衆国・パキスタンから米，Cはケニア・中国・インドから茶，Dはアメリカ合衆国の比率の高さやアルゼンチン・フランスからとうもろこしと判定するのは容易である。なお，表1の統計は生産量ではなく輸出額であるため，生産地が本国になくてもAではドイツ・ベルギー，Cではイギリス・ドイツがランクインしている。他国で生産されたものがドイツ・ベルギー・イギリスのブランドで輸出されていることがわかる。

(2)表中の空欄国を判定する問題であり，これも完答が要求されるレベルである。(1)でAはコーヒーと判定できたので，(ア)はブラジル，(イ)はベトナムとなる。農作物の場合は自給作物と商品作物の相違により，生産量の割に輸出量(額)が少ないあるいは多いといったことが起こりうる。コーヒーの場合は，嗜好品であり先進国への輸出が中心の商品作物であるため，上位4カ国の生産量と輸出額に相関性があることもわかる。一方，Bの米は国内自給的作物であるため，国内の消費人口に応じた生産が行われやすい。米の生産量に関する問題は2009年度，生産量と貿易量に関する問題は2004年度・1997年度に出題されており，東大で好まれているテーマであることがわかる。3年度ともタイとインドネシアを判定する問題が出題されており，2012年度も(ウ)のタイが要求されている。(イ)のベトナムについては，2009年度に問われただけであるが，3年度とも資料中に示されている。

ところで，第5位のパキスタンには注意したい。センター試験においても，パキスタンが米の輸出国(2008年度・2003年度)という点で出題されている。バングラデシュにくらべ生産量は少ないが，輸出用の生産が行われていることは把握しておきたい。Cの茶も嗜好品であるが，大生産国の中国やインドは大消費国でもあることから，生産量の割に(エ)のスリランカやケニアの方が輸出上位国となっている。Dのとうもろこしは食用・飼料用としての生産が多い。生産量の多いアメリカ合衆国が第1位の輸出国であるが，(ア)のブラジルより生産量の少ないアルゼンチンやフランスの輸出額が上位となっている。米にくらべると輸出用商品作物といえるが，飼料用でもあるため単位量あたりの価格が安いという特徴もある。

(3)(イ)国(ベトナム)がA(コーヒー)とB(米)の輸出額順位を大きく上昇させた「共通理由」を説明する問題である。「共通理由」であるが,「緑の革命」という解答も多かったようである。「緑の革命」という用語の意味が理解できておらず,「ベトナムの社会状況」や「ドイモイ」が把握できていなかったことになる。「緑の革命」や「ドイモイ」は教科書レベルの基本用語である。教科書の学習を疎かにすると，このレベルの問題でも失点してしまうといえる。

ところで「緑の革命」は，1940年代から60年代にかけての高収量品種の開発および導入により，土地生産性を向上させて穀物の増産を達成した農業革命であるが,2012年度のセンター試験(地理B)でも出題されている。そこには,

> 「緑の革命」は，①小麦，米などを主な対象として，品種改良による高収量品種の導入・普及や灌漑施設の整備などによって，②土地生産性を大幅に向上させるものである。こうした改良品種を取り入れたいくつかの国では，穀物自給率を上昇させることに成功し，貧困や飢餓の問題を改善することに貢献した。
>
> 一方で，改良品種の栽培は農薬や化学肥料の投下を前提としており，生態系，人体への悪影響に加え，③農業生産の化石燃料への依存を強めることになった。さらに,「緑の革命」は，④自給的農業を営む地域にかたよって普及したほか，政治的安定性などの条件によって成功した地域とそうでない地域が生じた。

とあり，下線部①～④のうちで適当でないもの(④)を選択させる問題が出題されている。ベトナムのような輸出国でも「緑の革命」は進展したが，対象農産物は米･小麦･とうもろこしの穀物であり，コーヒーと米の輸出を増加させた「共通理由」とはいえない。「緑の革命」の意味が理解できていれば,「共通理由」としては「ドイモイ」の方をあげることになる。

「ドイモイ」政策は1986年に始まった。ドイ＝変える，モイ＝新しい，というベトナム語であり，日本語では「刷新」と翻訳されている。中国の改革開放政策をモデル

にし,「市場経済の導入」と「対外開放」を柱としている。この政策下で,世帯人口に比例して均等・均質な土地が分配され,それまでの利潤追求を否定した社会主義的計画経済から利潤追求を肯定した市場経済へ移行した。労働意欲が上昇し,外国からの技術や資本導入も可能になったことから,生産量は急増した。その結果,ベトナムのコーヒー輸出量は1997年にインドネシア,2000年にはコロンビアを追い抜いて,ブラジルに次ぐ世界第2位となった。米の輸出量についても,2004年にアメリカ合衆国を追い抜き,2005年以降はタイやインドとともに3大輸出国となっている。

なお,(1)~(3)は関連する問題であるため,相互にヒントとなりうる。(1)を受けた(2)ではあるが,(2)をヒントに(1)を考え直すこともできる。同様に,(2)を受けた(3)ではあるが,(3)の問題文をヒントに(2)の(イ)国を考え直すことも可能である。問題の相互関連性に着目することも重要である。

(4)フェアトレードについて指定語句を使用しながら説明する問題である。問題文や指定語句をヒントに解答することは可能であるが,フェアトレードという今日的なテーマを把握しておくことが有利であった。フェアトレードという用語は収録されていない教科書や用語集もあるため,プランテーションと勘違いした解答も多かったようである。その結果,第2問の中では得点差が開きやすかった問題であったといえる。

フェアトレードは,公正取引や公平貿易とも訳される。「最低買い入れ価格を保証し,公正な価格で商品を輸入することにより,発展途上国の生産者の所得水準の向上,経済的自立を促す」(『地理用語集ちゃーと&わーど』駿台文庫)運動である。立場の弱い発展途上国の生産者や労働者の生活を改善し,持続的な生活向上を支える国際協力の一つでもある。

フェアトレード運動の原型は,1940年代のオルタナティブトレード(もう一つの形の貿易)にあるとされる。ただし,当時は世界的な運動とまではいかず,輸入側が一次産品を不当に安く,生産コストを下回る価格で購入し,生産者の貧困を放置する状況が続いていた。先進国で自給できない一次産品を発展途上国に生産させるため,発展途上国では必要な自給用作物の生産ができず,食料不足や飢餓が発生する。先進国が発展途上国の飢餓を作り出している構造ともいえた。そこで,生産者に適切な労働対価が直接渡るしくみとして,1988年にオランダでフェアトレードラベル運動が始まり,1997年には世界各国の運動組織が一つにまとまって,国際フェアトレードラベル(FLO;Fairtrade Labelling Organizations International)という国際ネットワーク組織が設立された。現在,コーヒーでは国際相場にかかわらず最低買い入れ価格が保証され,紅茶では生産1kgあたりの奨励金が支払われている。「他に比べて割高であっても(フェアトレード品を)購入しようとする」消費者の動きがみられるのである。

＜農産物輸出国＞2020年

順位	コーヒー	米	茶	とうもろこし
1	ブラジル	インド	ケニア	アメリカ合衆国
2	ベトナム	ベトナム	中　国	アルゼンチン
3	コロンビア	タ　イ	スリランカ	ブラジル
4	インドネシア	パキスタン	インド	ウクライナ
5	ホンジュラス	アメリカ合衆国	ベトナム	ルーマニア
6	ドイツ	中　国	ウガンダ	フランス

『世界国勢図会』により作成。

設問B

中国の2008年における農産物(加工品を含む)輸入額と輸出額の数値をもとに，中国における農産物貿易の背景が問われている。出題時点としては比較的新しい統計が示されていることからも，「近年」の時事的状況の理解度を問う問題といえる。

(1)「油脂類が大量に輸入されている背景」が問われている。大豆油が油脂類に含まれることから，2009年度第2問設問Cの「大豆の輸入量が急激に増加している理由」を意識しすぎ，「家畜飼料としての大豆」という観点にとどまる解答も多かったようである。過去問学習は必要であるが，設問を的確に読み取り，出題意図に沿った解答作成を心がけなければならない。

油脂とは，脂肪酸とグリセリンの化合物である。一般に，常温で液体のものを脂肪油(油)，固体のものを脂肪としている。脂肪油の例としては，大豆油・パーム油(ヤシ油)のほか，オリーブ油・コーン油・菜種油などが含まれる。脂肪の例としては，バター・マーガリン・ラードなどが含まれる。また，潤滑油・石鹸・化粧品・バイオディーゼルなどに加工されて利用されてもいる。そのため，生活水準の向上や工業化の進展などにより，油脂類の消費量が増大することになる。

消費量が増加するのであれば，それらを調達しなければならない。調達方法には，国内での増産や不足分の輸入が考えられる。油脂類の大量輸入の背景は，中国の経済発展や消費人口の増加が関係しているのである。ただし，国内増産が可能であれば，大量輸入の必要はない。2008年度第1問設問A(4)でも出題されたように，工業化の進展や過耕作により黄河の断流現象や水不足が顕著になっており，「退耕還林」などの政策を進め農地の拡大が難しい状況にある。この点にも言及しながら，大量輸入の背景が論じられればよい。

(2)農産物の加工食品輸出が多い理由を問う問題である。中国という国家としての特徴だけではなく，加工食品，調理済み食品，冷凍食品という品目へも注目したい問題である。単なる農産物輸出では，品目をあえて提示した意味が曖昧になってしまう。本問はその点での多面的な考察が必要であった。

日本は中国から農産物を輸入しているが，その中心は生鮮・冷蔵野菜，調整品を含む冷凍野菜，加工食品などである。生鮮・冷蔵野菜については総輸入量の64％(2021年)，冷凍野菜は45％(2021年)を占めている。麺類や菓子などの農産加工品から畜産加工品まで多岐にわたる加工食品についても，中国からの輸入が増加している。

この輸入増加の背景は，日本にくらべ中国の農産物が安価に入手できるため，日本の大手資本が輸入契約を結んだり，合弁で日本へ輸出する企業を設立したことにある。また，冷凍コンテナなどの輸送・流通システムの整備も影響している。

これを本問の「中国では，～これらの品目が主要な輸出品目となっている背景」に置き換えればよい。中国を主体として考えれば，日本や韓国などにくらべ人件費が安く，生産コストが抑えられる。安価に生産できるので，輸出が可能となる。そのための合弁企業などを設立し，輸出が盛んになったわけである。

ただし，これだけでは一次産品や工業製品輸出の説明と差別化できない。本問では単なる農産物ではなく，加工食品などの品目も提示されている。加工食品にする意味にも言及したい。近年は，消費者の選好やライフスタイルの変化によって，インスタント，レトルト，冷凍食品などが人気となっている。これらの消費者ニーズに合わせた商品開発も盛んであるが，生産者側からみると，これは付加価値を与え利益率を高めることにもつながるといえる。

ところで，中国は日本の食糧基地といったイメージもあるが，食料自給率(重量)は100％を割り込んでいる。(1)で登場した大豆などは生産量よりも輸入量の方が多く，とうもろこしや肉類についても輸入量が輸出量を上回っている(2019年)。

設問C

地域別の炭素蓄積量の推移が提示され，炭素蓄積量の増減理由が問われている。問題文中に「地球上の森林(地上部)には約289ギガ(10^9)トンの炭素が蓄積されている」という森林と炭素蓄積量との関係が指摘されているが，炭素蓄積量の増減は森林の増減に影響されるという読み取りができなかった者もいたようである。問題文の読解力が得点差につながる問題といえる。

(1)AとBの地域を判定し，炭素蓄積量減少の要因を説明する問題である。A地域は，「『地球の肺』とも言われている広大な熱帯林を有している」ことから，南米と判定できる。「地球の肺」とはアマゾンの熱帯雨林，セルバのことである。B地域は，「人口の増加率が最も高い」ことから，アフリカと判定できる。問題文中のヒントから地域の判定は容易であるが，炭素蓄積量の減少につながる熱帯林減少の理由を一面的に捉えただけの解答もみられたようである。理由説明には多面的な視点が必要であり，本問では内発的要因や外発的要因といった捉え方に着目する必要があったといえる。

ところで炭素蓄積量についてであるが，「炭素蓄積量＝幹体積(㎥)×容積密度(ｔ／㎥)×拡大係数×(１＋地上部・地下部比)×炭素含有率」で求めるため，厳密には炭素蓄積量＝森林面積という関係ではない。森林面積の推移は下図のようであり，炭素蓄積量の推移と完全には一致していないことがわかる。

森林面積の推移(1990－2020年)

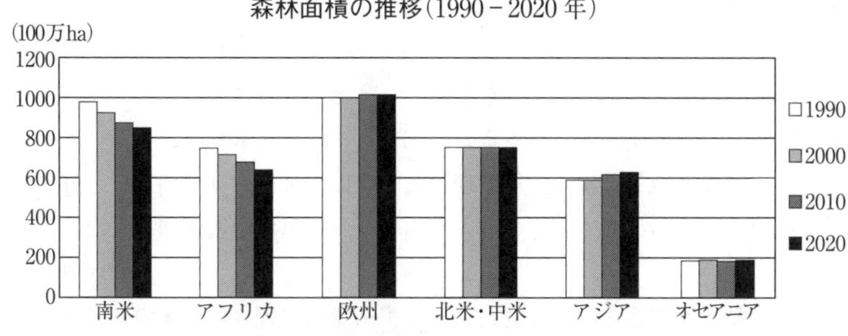

FAO『世界森林資源評価(FRA)2020』より。

これは樹種，樹齢，容積などによって炭素蓄積量が異なるからであるが，それでも炭素蓄積量の増減と森林面積の増減に関連性があることは読み取れるであろう。よって，本問は南米とアフリカにおける熱帯林減少を説明できればよい。

熱帯林の減少は，森林の農地転用，用材伐採，鉱山開発などが主要因といえる。これらの指摘は難しいものではないが，さらに一歩進めて，これらの行為が国内向けの内発的要因なのか，先進国からの要請や輸出などの外発的要因なのかといった捉え方まで考慮してほしい。

⑵ＣとＤの地域を判定し，⑴とは逆に，炭素蓄積量が増加している要因を説明する問題である。２地域は，「化石燃料消費量も多い」といった記述から先進工業国の多い地域と判断できる。そして，「国民一人あたりの二酸化炭素排出量が最も多い国は，Ｄ地域に含まれている」ことから，Ｄはアメリカ合衆国(ただし，2008年のデータでは国民一人あたりの二酸化炭素排出量が最も多い国はオーストラリア)が含まれる北中米，Ｃがヨーロッパ(含むロシア)となる。

アメリカ合衆国やヨーロッパ(含むロシア)では，森林面積が増加していることが上図より読み取れる。これは，植林が進んだためである。京都議定書において認められた二酸化炭素吸収源としての森林は，1990年以降の人為活動が行われた森林で，「新規植林」・「再植林」・「森林経営」に限られた。このことが，環境意識の高まりとともに，行政による森林保全や植林を進めさせたといえる。

なお，炭素蓄積量がやや減少しているＥはアジア，総量が少ないＦはオセアニアである。アジアは減少傾向にあるが，「退耕還林」の影響もあって，2005～10年の森林純増加面積は中国が世界１位である。

本問では「炭素蓄積量の増加」を「二酸化炭素排出量の増加」と読み違え，ピントのずれた解答もみられたようである。⑴と⑵は関連しているが，問題文の適切な読み取りや問題としてのストーリー性も考慮したいものである。

解答

設問Ａ

⑴Ａ－コーヒー　Ｂ－米　Ｃ－茶　Ｄ－とうもろこし

⑵㋐－ブラジル　㋑－ベトナム　㋒－タイ　㋓－スリランカ

⑶ドイモイ政策による市場原理導入で農民の労働意欲が向上し，外国企業からの技術や資本の導入も加わり，輸出用生産が増加した。

(60字)

⑷消費者が開発途上国の農民と国際相場変動が大きい作物のフェアトレードを行うことで，貧しい農民の持続可能な農業を支援した。

(60字)

設問Ｂ

⑴経済成長による食生活の向上や人口増加で，油脂類の摂取や工業原料としての利用が増加したが，国内では生産拡大が難しいため。

(60字)

⑵人件費が安く原料調達も容易なため外資との合弁企業を設立し，鮮度や付加価値を高める点からも加工した食材の輸出が増加した。

(60字)

設問Ｃ

⑴自給目的の薪炭材の過剰伐採や焼畑，輸出目的の用材伐採や牧場建設，商品作物栽培のための農地拡大で森林が伐採されたため。

(59字)

⑵環境保護意識が高まり，森林の保全・保護や植林が進んだため。

(30字)

第3問

解説　設問Aは1570年に作成されたオルテリウスの世界地図，設問Bは数値地図を題材とする「地図」に関する大問であった。どちらも初見の資料と思われるが，図1は古地図ということで戸惑った受験生も多かったようである。

設問A

本地図の製作者である16世紀フランドル(現ベルギー)の地理学者アブラハム・オルテリウス(1527～98)は，近代的地図製作の創始者として知られている。図1は，1570年に刊行された『地球の舞台(Theatrum Orbis Terrarum)』に収録された世界地図である。

地図の図法や作成に関しては，平成元年の学習指導要領の改訂で「図法については深入りしないこと」とされていた。しかしその後，平成11年，平成21年の新学習指導要領を通じて「地図」の重要度が高まり，「様々な地図と地理的技能の取り扱い」として，「地球儀や地図の活用」といった内容が含まれるようになった。地図の作成や活用に関する内容は，今後も重要度を増していくと考えられる。

(1)特定の緯線名を解答させる問題であり，完答が要求されるレベルである。現在のおよその位置関係を考慮しても，ａが赤道，ｂが北回帰線，ｃが北極線ないし北極圏と判定することは容易である。ｃの北極線という用語の使用頻度は低いように思われるが，2009年度第1問設問Aにおいても使用されている。

赤道は，アフリカのほぼ中央部・ヴィクトリア湖を通過し，マレー半島の南端をかすめながら南アメリカのアマゾン川河口も通過している。北回帰線は，サハラ砂漠を通過してアラビア半島東端やインダス川河口をかすめ，台湾を通過してカリフォルニア半島南端やキューバ島のすぐ北側を通過している。北極線は，アイスランド北端からオビ川河口，ユーラシア大陸東端付近を通過し，カナダのバフィン島やグリーンランド南部も通過している。これらの位置関係は，現代の地図で確認しておきたい。

(2)ｂ(北回帰線)とｃ(北極線，北極圏)の意味が問われている。自然現象を理解する基本であり，地理に限らず，理系科目でも学習済みの内容であるが，用語の意味に無関心のまま使用している受験生も多かったようである。

北回帰線は，赤道傾斜角の補角の緯線であり，北緯23度26分に位置している。ただし，毎年微妙な変動があり，秒レベルで変化している。この緯線に特別の名称が付されている理由は，太陽の南中高度が鉛直(90度)となる北限だからである。太陽が地表を照らす角度は季節や時刻によって変化するが，最も角度が大きくなる太陽の角度を南中高度という。この南中高度が鉛直になる範囲が，北回帰線から南回帰線の間になる。北回帰線上で太陽の南中高度が鉛直になる日を夏至という。2012年では6

月21日(2019年は6月22日)であるが，閏(うるう)年その他の影響で前後することがある。冬至は12月21日前後(2023年は12月22日)であり，南回帰線上で太陽の南中高度が鉛直になる日である。3月20日前後(2023年は3月21日)の春分の日は南半球から北半球へ，9月22日前後(2023年は9月23日)の秋分の日は北半球から南半球へ，赤道上を太陽が通過する日でもある。

北極線は，北緯66度33分付近の緯線である。赤道傾斜角の関係で，夏至のときには一日中太陽が沈まない白夜，冬至のときには一日中太陽が昇らない極夜となる。北半球で白夜や極夜が出現する南限でもある。南半球で白夜や極夜が出現する北限は，南緯66度33分付近の南極線である。

北極線よりも北極圏の使用頻度の方が高いように思われる。ただし，英語 Arctic Circle の“Circle”は「線」を表すため北極線の方が正しい。北極線以北が Arctic であるため，北極線よりも高緯度の範囲全体が北極といえる。言語的には以上のようになるが，入試レベルで考えた場合，北極圏という用語を誤りとするのは難しい。

本問の解答として，気候や植生などを指摘した受験生も少なくなかったようである。地学の分野においても，北極海とツンドラ気候区を合わせて北極圏とする場合がある。しかし，本問は「緯線が，それぞれどのような自然現象の境になっているのか」を説明する問題である。気候や植生などは緯線ではっきり区分できるものではない。赤道，北回帰線，南回帰線，北極圏，南極圏など特別に名称が付されている理由や定義にも注意したいものである。

(3) 16世紀の位置決定方法や地図の精度に関する状況を，指定語句を使用しながら説明する問題である。入試での出題頻度が低かったことから，「地図の図法や作成」に関する分野の学習が疎かになっていた可能性がある。白紙の答案も少なくなかったようである。

地球上で数理的な位置を示す場合は，緯度と経度が利用される。その緯度と経度の計測には，16世紀当時天文測量が用いられていた。緯度については，観測地点から見た天の北極の高度角で測定できる。天の北極と北極星はずれている(約0.7度)が，その差がわずかであることから，北極星の高度を六分儀等で測定することでもおよその緯度が測定可能である。しかし，経度については，太陽や恒星が観測地点を通過した時刻と，基準となるグリニッジ天文台(本初子午線)を通過した時刻の時間差から算出する。地球は1日(24時間)で1回転(360度)することから，1時間が15度であり，1秒が経度15秒分に相当する。そのため，正確な時刻の測定が要求される。16世紀当時持ち運び容易な振り子時計では，正しく時を刻むのは重力加速度が等しい同一緯線上だけであり，正確な経度を決定するのは難しかった。さらに，波浪により揺れの大きい海上では振り子に影響がでるため，揺れる船上でも正確な時を刻めない。これらの問題を解決するためには，高精度の時計が必要であったが，1735年に温度や揺れに強いクロノメーターが製作されるまで待たなければならなかった。

現在は，GPS(全地球測位システム)やGIS(地理情報システム)による位置情報の測定・利用技術が出現し，世界測地系により緯度・経度が確定している。日本では，2001年に測量法が改正されて日本測地系から世界測地系へ移行し，従来の緯度・経度に修正が加えられた。なお，日本の緯度・経度の基準となる日本経緯度原点は，東京都港区麻布台(旧東京天文台，現国土交通省狸穴分室)に設置された。ただし，2011年の東北地方太平洋沖地震の影響で変動があったため，下記のように再定義がなされている。

緯度：北緯35度39分29秒1572

経度：東経139度44分28秒8869

(4)当時の地図の不正確さを，代表的な地域を例示しながら「(3)とは異なる原因」から説明させる問題である。古地図が示されており，「代表的な地域の例」というヒントにもなる問題文もあるため易しい問題であるが，(3)に引きずられて白紙という答案も少なくなかったようである。資料の分析力や問題文の読解力が影響したといえる。

本問は位置決定における技術的側面以外なので，「1570年に作成した世界地図」に着目したい。現在の地図にくらべて，陸地の割合が大きく，北極圏・東アジア・南アメリカ大陸南部・南極・オーストラリアなど，場所によって歪みが大きな地域も見受けられる。これらの歪みの大きな理由は，この地図が西ヨーロッパで作成されたことにある。地図を作成する場合は，その時点(1570年)で得られた情報からの作成であり，しかも作成者が知る範囲となる。未知の地域は推測によることにもなるのである。

たとえば，1520年のマゼラン海峡「発見」により，南アメリカ大陸の南側に陸地の存在が認められた。ただし，それはティエラ・デル・フエゴとされ，現在のフエゴ島と南極大陸を一体化させていた。フエゴ島と南極大陸が離れた陸地とされたのは，1578年のフランシス･ドレークによってである。オーストラリア大陸についても，ヨーロッパ人が初めて到達したのは17世紀初めとされるが，1644年のアベル・タスマンや1770年のジェームズ・クックまで待たなければならなかった。このような状況下では，現在と同様な地図を作成するのは無理であったといえる。

ところで，これまでの視点は「フランドル(現ベルギー)の地理学者オルテリウスが作成した世界地図」からの説明であり，ヨーロッパから見た世界地図ということになる。日本の行基図の例を出すまでもなく，各地域で作成されていた地図がすべて取り込まれていたわけでもない。まさに，ヨーロッパ中心の世界観からの世界地図と考えてよいであろう。この点にも注意を向けなければ，視点の偏りや差別意識の払拭にはつながらない。

設問B

資料として，東京都心および周辺部の標高を示した数値地図が提示された。数値地図とは，電子的に処理可能な数値情報として記録した地図のことであり，本問では５ｍメッシュ(標高)が採用されている。コンピュータシステムで表示・加工することが可能であり，地理情報システム(GIS)で分析する際の基礎データともなる。

⑴凡例を考慮して地図を読み取り，人為的な影響での変化事例や原因を説明させる問題である。本図では10ｍ以上の地域で標高の高低差を読み取ることは難しいが,「人為の影響」と指定されているため，不自然な標高(凡例)を探し出せればよい。

問題では，Ａ地区に限定されている。Ａ地区では，周辺部にくらべて標高の低い地域が広がっていることや，北西から南に向かって流れる河川の両岸の標高が高くなっていることを読み取ることができる。

河口付近の海抜高度が低いのは当たり前である。ただし，Ａ地区の大半は凡例から海面より低い０ｍ未満の標高であること，Ａ地区より下流地域の方が標高は高いと読み取れること，河川は標高の高いところから低いところに流れることなどを考慮すると不自然であると判定できる。

この０ｍ未満の地域は，地盤沈下が影響している。この「０ｍ地帯」は江東区・墨田区・葛飾区・江戸川区にまたがっているが，ここは第二次世界大戦以前からの工業地帯であり，工業用水としての地下水の揚水が盛んであった地域である。1960年代に規制が進むまで，盛んに地下水が揚水され，これが影響して地盤沈下した。

さらに，天然ガスの採掘も影響する。ここは1972年まで採掘されていた南関東ガス田に該当する。この地域での採掘は1930年代から始まり，水溶性のガスが含まれる地下水の揚水が行われていた。現在は地盤沈下を抑制するため，水溶性の天然ガスが含まれている鹹(かん)水(地下水)の汲み上げは禁止されている。これらの規制により，現在の地盤沈下は沈静化しているようである。

なお，南関東ガス田における天然ガスの商業生産は，現在でも千葉県の茂原市付近で行われている。しかし，地下開発にともなったガス爆発などの事故は，茂原市以外でも起こっている。2004年の九十九里いわし博物館での爆発，2007年の渋谷区温泉施設での爆発，2010年の千葉県大多喜町交番での爆発なども天然ガス由来とされている。また，1923年の関東大震災時の大規模火災については，地震によってこのガス田から遊離した天然ガスの影響という指摘もある。

北西から南に向かって流れる河川の両岸の標高が高くなっていることも読み取るこ

とができる。この点については，地盤沈下などもあって河川周辺の洪水危険性が増大したこと，高潮や津波に対する堤防の構築や高規格堤防(スーパー堤防)へのかさ上げに由来している。また，河川の流路についても改修が行われたと読み取ることは可能である。ただし，標高を示した数値地図からの読み取りなので，標高の不自然さを指摘しその理由に言及する解答の方が出題意図に合致しているといえる。

本問は，「標高」や「人為」というキーワードが意識できれば易しい問題である。読図の基本問題であるが，時間不足や設問Aに引きずられて高い得点率とはいえなかったようである。読図は解答を地図中から探す問題であるが，出題頻度が上昇していることもあり，地図や地形図の読み取りの練習が今後のポイントにもなるであろう。

(2)河川の暗渠化が進んだ理由を，指定語句を使用しながら説明する問題である。河川の暗渠化は都市部ないし市街地で進められるため，地方や農村部では馴染みが薄いかもしれない。ただし，問題文中に簡単な説明が付されており，指定語句というヒントや解答の誘導もあるため，難問とはいえないレベルである。

暗渠とは，地中に埋設された河川や水路のことであり，地上で目視できる河川や水路(開渠)に「フタをかけ，地中化すること」である。暗渠の歴史は明治時代に土管などを使用した暗渠排水に求めることができるが，都市部における暗渠化は高度経済成長期以降に本格化した。都市化が進むとともに，過密化や工業化が進展すると，生活排水とともに工業排水の下水道整備が重要となる。その下水道整備が遅れると，生活排水などが小河川に流れこみ，ドブ川化してしまう。すると悪臭を放つようになり，都市としての景観にも影響が出る。東京の場合は，高度経済成長下で東京オリンピックの開催が加わったこともあり，河川の上部空間に高速道路を建設したことや，下水道化のための悪臭対策などもあって暗渠化が進んだ。文部省唱歌として知られる「春の小川」のモデルとされる渋谷川支流の河骨川も，この時期に暗渠化されている。

暗渠化されると，利用可能な空間や利用可能性が拡大することにもなる。河道を上層と下層の二層構造にすることで，東京の北沢川緑道や根川緑道，曳舟川親水公園のように上層では生活環境の整備が可能となる。また，江戸六上水の一つである三田上水や千川上水，さらには仙川用水などは，暗渠化により道路拡幅用地となっている。

本問は指定語句使用問題であるが，「拡幅」や「都市化」の使用法に課題のみられた解答が多かったようである。指定語句をつなげた「都市化による都市圏の拡幅」という表現で意味が通じるか，また問題文中の内容を取り込んだだけの「1960年代に都市化が進んだ」では加点対象として評価はできない。用語の正確な理解や指定語句の修飾のしかたについて，加点ポイントを稼げるような記述が望まれる。指定語句を単につなげただけでは，得点とはならないことに注意してほしい。

⑶日本の大都市沿岸部に形成された人工島に，立地適性がある公共施設を例示しながら，立地理由を説明する問題である。公共施設の例は無数に存在しうるが，本問では「大都市沿岸部」や「人工島」に立地適性がなければならない。また，2009年度第1問設問Aでも出題されているように，解答例の候補が複数ある場合には，理由が多面的に説明できるものを選択したい。一つの理由(ごみ処理→「迷惑施設」，空港→アクセス)だけで満足しては，高得点にはならない。配点を考慮した加点ポイントを意識したいところである。なお，空港については，空港建設のための人工島造成であり，既存の人工島に立地させるという捉え方には適していない。

人工島に該当する公共施設である。公共施設については，都市計画法･建築基準法･土地区画整理法･道路法･都市再開発法など，その法令により個別に定義されている。また，自治体によっても捉え方は一致しているとはいえず，共通で厳密な定義は存在していないと考えてもよい。出題者自身も地理受験者に厳密な基準を要求しているとは考えづらく，「公共事業によって建設される施設」といった程度の捉え方でよいと思われる。

人工島は，人工的に造られた島である。そこは既存の陸地から離れており，周辺の住環境などへの制約がないところでもある。また，大都市沿岸部と限定していることから，①大都市としての必要性，②立地上の有利点，③予想される問題点の回避といったポイントに合致する公共施設および理由が望まれる。

そのなかでも，③予想される問題点の回避に注目したい。一つの事象には必ず表と裏があり，見る立場を変えると答えが変わることもある。たとえば，第3問設問A⑷にも関連するが，コロンブスの「新大陸発見」という表現をどう捉えるか。「新大陸」や「発見」という用語に問題があるほか，ヨーロッパ側からの評価と先住民側からの評価という立場の相違でも大きく異なるであろう。多面的な視点とは，文字通りに「複数のあり方や見方」で考えるということである。その意味で，公共施設が立地する長所だけでなく，他地域に立地するときには調整すべき問題が生じるが，そこに立地することでそれらの問題を回避できるといった視点にも留意したいところである。

解答

設問A

⑴a－赤道　b－北回帰線　c－北極線(圏)

⑵bは太陽回帰により南中高度が90度に達する地域の北限であり，
cは北半球において白夜と極夜が出現する地域の南限である。

(58字)

⑶緯度や経度は，南中時の太陽や北極星の高度角など，天文観測で

算定されていた。ただし，経度の計測は，南中時間を正確に計る時計が必要であったため，緯度に比べて不正確になりがちであった。

(90字)

⑷ヨーロッパ人が未踏ないし航海頻度が少ない南極大陸や南アメリカ大陸南部は形の歪みが大きく，陸地面積も過大に表現された。

(59字)

設問B

⑴A地区では地下水や天然ガスの汲み上げによる地盤沈下の影響で0m地帯が広がっている。また河川の形状と両岸の標高から，河川の氾濫防止を目的とした流路の直線化と堤防建設が読み取れる。

(89字)

⑵都市化に伴う過密化や河川の汚濁が進んだため，生活環境の改善と道路の拡幅や歩道の整備用に空間の有効利用が必要であった。

(59字)

⑶ごみ処理場。生産・消費が活発な大都市沿岸部は大量の生活・産業廃棄物の処理用地が必要であり，悪臭や環境対策も容易だから。

(60字)

2011年

第1問

解説 第1問は，設問Aが自然災害に関連する問題，設問Bが地形図の読図問題で，「自然と人間」に関連する出題であった。資料としては，自然災害の頻度分布図(階級区分図)，グラフ，地形図が提示された。問題自体は基本的問題であり難問とはいえないが，地形図の読図練習を疎かにしていた受験生にとっては設問Bが難問となった可能性もある。

設問A

自然災害に関連する問題は，小問レベルで2010年の「ダムと環境」に関連する問題，08年の「河川流域における自然災害」，04年の「自然環境の利用」，02年の「日本の自然環境」として出題されており，1999年には「日本の自然災害」という大問でも出題されている。2011年以降においても2013年，16年，18年，21年，23年に出題されており，自然環境と人間活動を関連させた問題として，自然災害関連問題は頻出問題といえる。

(1)自然災害の頻度分布図から，具体的な自然災害を判定する問題であった。大雨や地震などによる土石流や斜面崩壊を含む斜面災害と洪水や高潮などの水害が明らかにされているので，ｃ～ｆの頻度分布図に，火山災害，干ばつ，地震災害，風害を当てはめることになる。

ｃ～ｆの頻度分布図のなかでは，新期造山帯や火山の分布に着目するだけで，ｄとｅの判定が容易なはずである。すなわち，日本やインドネシアを含む環太平洋地域での発生回数が多いｄとｅは，火山災害と地震災害のいずれかとなる。2011年3月11日の東北地方太平洋沖地震(東日本大震災)，04年12月26日のスマトラ島沖地震の記憶は新しい。また，プレート境界に位置する新期造山帯のほぼ全域で発生回数が多いｅに対し，アルプス＝ヒマラヤ造山帯での発生回数が少ないｄという相違が見られる。環太平洋造山帯は，海洋プレートが大陸プレートの下に潜り込む地域が広いことから地震や火山が多く，環太平洋地震帯，環太平洋火山帯などとも呼ばれている。一方，アルプス＝ヒマラヤ造山帯は，大陸が衝突して形成した褶曲山脈が多いことから火山が少ない。ここから，ｄは火山災害，ｅは地震災害となる。

ｃとｆについては，サハラ砂漠南縁のサヘル地域や赤道付近に着目することで，判定が容易である。サヘル地域での発生回数が多いｃは干ばつ，北東貿易風と南東貿易風に挟まれた赤道無風帯付近での発生回数が少なく，高緯度地域での発生回数が多い

f は風害となる。

⑵日本とアメリカ合衆国における災害頻度の相違を説明させる問題である。設問文の記述にあるように，斜面災害と水害といった「両国の相違が生じた原因」を「地形および人口の分布」に関連させなければならない。受験生の再現答案では，「地形および人口の分布」を斜面災害と水害に関連させていない解答が散見された。斜面災害が多い日本と少ないアメリカ合衆国から，単純に斜面が多い日本と少ないアメリカ合衆国とするのでは，出題した意味がない。アメリカ合衆国西部には環太平洋造山帯が走行しており，斜面地形が少ないというわけではない。アメリカ合衆国の平均標高は 762 m（US Geological Survey）であり，日本の平均標高（382 m：地理情報データブック）より高くなっている。単なる地形の指摘にとどまらず，両国で該当する災害が多くなる理由の説明に工夫が必要であった。

設問文には，「図の作成に用いられた自然災害は，死者が 10 人以上，被災者が 100 人以上，政府が非常事態を宣言，政府が国際支援を公式に要請，という 4 つの基準のうち，少なくとも 1 つを満たす」とある。自然災害は，自然現象の変化によって，人命や社会生活に対する被害が生じる現象である。これらの点を考慮すると，「居住地域の地形」を意識することになる。居住地域と無居住地域で同様の自然現象が発生したとしても，居住地域では自然災害となるが，無居住地域では自然現象にすぎないこともある。よって，日本では斜面災害が起きやすい場所にも居住者が多く，アメリカ合衆国では水害が起きやすい場所での居住者が多いということになる。

総務省統計局（2016 年）によれば，日本の国土は 61.0％が山地，11.8％が丘陵地，11.0％が台地であり，低地は 13.8％にすぎない。人口密度は 336 人／km^2（2021 年）で，アメリカ合衆国（34 人／km^2）の 10 倍である。この点から，日本では低地以外の斜面地まで居住していると考えられる。一方のアメリカ合衆国は，983.4 万 km^2（2020 年）の広大な面積を有し，人口密度も低いことから，斜面災害の発生しやすい地域での居住が少ない。居住条件のよい平坦地での人口が多いといえる。ただし，広大な平坦地が広がるミシシッピ川流域の中西部は洪水常習地であるため，水害が多くなっている。1950 年代以降，堤防やダムなどの洪水対策が進展したが，住宅や企業は氾濫原での立地が多く，洪水の被害は減少していない。1968 年には全米洪水保険法がアメリカ合衆国連邦議会により可決され，洪水保険制度が運用されるほどである。

⑶資料が提示されているときには，その資料の特徴を読み取る必要がある。図 2 は，1960 年代半ばを境に，P の死者数が減少し，Q の被災者数が増加している。すなわち，自然災害は死者数を多く生じさせる災害から被災者数を多く生じさせる災害へと変化したことになる。自然現象の頻度や強度に大きな変化がないとすれば，本問は 1960

年代半ば以降「死者数を減少させた理由」ないし1960年代半ばまで「死者数が多かった理由」と，「被災者数を増加させる理由」ないし「被災者数が少なかった理由」を問う問題となる。また，1960年代半ば以前は「被災者数の割に死者数が多い」と考えることができ，「自然災害が死亡につながりやすい」ことを意味している。同様に，1960年代半ば以降は「死者数の割に被災者数が多い」と考えることができ，「被災者数が増えたものの自然災害での死亡が回避されやすくなった」ことを意味している。これらの点を，３行分の配点を考慮して，理由を複数指摘できるかがポイントであった。

死者数の減少には，医療技術の進歩による救命だけでなく，堤防やダムなどの防災構造物の構築が寄与している。さらに，行政からの避難勧告システムも大きく影響している。平成21年(2009年)までにすべての自治体において，津波・洪水・土砂災害などの自然災害を予測し，その被害範囲を地図化したハザードマップの作成が目指された。避難経路や避難場所が図示されていることもあり，人的被害の軽減に役立っている。2000年の有珠山噴火の際は，有珠火山観測所が噴火を予知し，ハザードマップに従って史上初めて噴火前に周辺住民や観光客の避難が完了していた。2019年に非常災害に指定された台風19号をはじめとする水害においても，予想された地域で氾濫被害が観測されており，ハザードマップの有効性が確認された。

一方，被災者数は増加している。これは，人口の増加により災害危険性の高い地域への居住増加，自然破壊による災害の頻発といった負の側面，災害予測による避難および避難勧告のマニュアル化による「死亡を回避するための被災者数増加」といった側面も関係している。防災システムの整備が「死者数を減少させて被災者数を増加させた」ともいえるのである。

ただし，防災システムはこれまでの自然災害を踏まえて構築されたものであり，予想以上の規模や想定外の現象が発生すると，多大な死者数を計上することになる。2011年3月11日に発生したM(マグニチュード)9.0の東北地方太平洋沖地震と大津波では，1896年の明治三陸地震(M8.2)の死者・行方不明者数(21,959人)を超え，避難者数も約53万人(３月14日政府発表)にのぼったとされた(警察庁の発表によれば，2023年3月1日時点で死者15,900人，行方不明者2,523人であった)。マグニチュードとは，地震が発するエネルギーの大きさを表した指標値であり，地震の揺れを表す指標の震度とは異なる。マグニチュードの算出方法は時代や地域により若干異なっているが，近年のマグニチュードはMw(モーメントマグニチュード)が採用されている。マグニチュードが1増えるとエネルギーは約32倍，２増えると1000倍になる。1995年の阪神・淡路大震災(兵庫県南部地震)のMwは6.9とされることから，東北地方太平洋沖地震は兵庫県南部地震の1000倍以上のエネルギーであったといえる。M8.5程度の地震を想定した防災システムでは，被害が大きくならざるをえなかったといえよう。

設問B

地形図読図問題は，1984～2001年まで出題されなかった。この点から，「東大では地形図の読図問題は出題されない」と思われることがあった。しかし，2002年に19年ぶりで出題され，2009年そして11年と，この10年間で3回目であり，その後も13年，15年，22年に出題されており，地理院地図(2018年，23年)などの出題も見られる。学習指導要領の改訂で，1997年入試から地図学習が重視されたこともあって，定番化してきたといえる。

(1)集落が立地する地形を読み取る問題である。自然堤防の読み取りは，地形および読図問題の基本である。地形図読図の基本的な練習をしたか否かによって，得点差がついたと思われる。

X，Y，Zの各集落は河川沿いのYとZ，やや離れた地域にも広がるXと読み取ることができる。ただし,これでは共通の地形名称とはいえない。他の共通項としては,集落周囲の土地利用がある。各集落の周囲は，図3では(⊥⊥)，図4では(||)に囲まれている。わずかに記号は異なっているが,(⊥⊥)と(||)は田を表す地図記号である。現在の地図記号は，昭和40年式以降のものであり，田は(||)に統一されている。しかし,それ以前の大正6年式の田は,乾田(||)，水田(⊥⊥)，沼田(⊥⊥)に分かれていた。すなわち，各集落の立地場所は水田に囲まれていることになる。自然発生的な集落は低湿地に立地するとは考えづらく，ここから立地場所は自然堤防と考えられる。

自然堤防は，氾濫原のなかで，河川によって運搬された土砂が堆積して形成された微高地である。微高地であることから浸水被害が少なく，また水はけがよいため湛水被害の期間も短くなる。自然堤防上は集落や畑としての利用が多いが，河川に近いこともあって利水条件がよく，後背湿地での水田耕作にも便利な位置にある。

微高地であることから，自然堤防は地形図上の等高線を読み取ることで判定できると考えている受験生が多い。しかし，等高線で判断できる自然堤防は少ない。2万5千分の1地形図では主曲線が高度差10mごと，5万分の1地形図では主曲線が同20mごとに描かれることから，後背湿地にくらべ数m程度の微高地では，等高線で自然堤防という地形を表すことはできないのである。そこで，土地利用から判断することになる。なぜ河川に隣接して集落が見られるのか，なぜ水田が広がる地域に集落・畑・果樹園が島状に分布するのかといった点に着目する。河川に隣接していても水はけがよいから水田として利用できない，洪水危険性が少ないから集落が立地していると想像し，それらの場所を自然堤防と考えることになる。

(2)KとLの集落は河川に近いが，X，Y，Zと異なる地形に立地している。本設問は，集落立地場所の扇状地の特徴を説明する問題であった。指定語句をヒントにし，効果的な説明ができたか否かがポイントである。

扇状地は，河川が山地から平野や盆地に流れ出る地点に形成される。谷口を頂点として砂礫などが扇状に堆積した地形であり，沖積平野の一部でもある。扇状地の頂点付近を扇頂，中央部を扇央，末端部を扇端と呼んでいる。扇頂は，扇状地地形のなかでは最も標高の高い地点である。勾配がきつく面積が小さいため大規模な集落立地は難しいが，山地と平野の境であるため谷口集落が立地することもある。扇央は砂礫層が厚いため，河川が伏流して地下水位が低くなり乏水地となる。水が得にくく，洪水時には砂礫が運ばれることから，自然発生的な集落立地は難しい。扇端は堆積層が薄いことから地下水面が浅く，伏流水が湧水して水を得やすいため，古くから集落や水田が立地する。

KとLの集落の山側は，図3では桑畑，図4では果樹園が多い。集落より河川(津屋川)側には田が見られる。よって，KとLの集落付近から水利が良くなると考えられ，集落は扇端に立地していると判断できる。扇状地はその成因からも土石流や洪水の危険性が高いが，扇端は山地から最も離れていることから災害危険性が低い。またKとLの集落は河川にも近いが，後背湿地よりも標高は高いことから，津屋川による水害の危険性も低くなっている。

(3)新旧の地形図から，河川Aの北側と南側における「土地利用の変化の違い」を論述する問題であった。単に北側と南側における「土地利用の違い」にとどまるのであれば高得点は望めない。設問文から解答すべき内容を把握する読解力が得点差につながったといえる。

図3の北側の土地利用は，自然堤防上の集落のほか，水田や乾田が卓越し，稲作用の用水池や用排水用水路などを読み取ることができる。また揖斐川や津屋川などに囲まれた地域であり，堤防に囲まれた輪中地域でもある。一方の南側は，わずかな後背湿地で田が見られるほか，扇状地が広がっている。(1)で既述したように扇端には集落が立地しているが，扇央の大部分では桑畑が広がっている。

図4の北側は圃場整備が進められ，道路や温室の新設も読み取れる。しかし，大部分の土地利用は水田のままで変化は限定的である。これは，北側が洪水常習地で低湿な地域であることから，水田としての土地利用には適しているが畑作は難しいこと，水害危険性から大規模な宅地開発も難しいためである。一方の南側は，扇央部を中心に土地利用が大きく変化している。広大な桑畑は果樹園に変化し，国道などの道路整

備により宅地開発が進むとともに，わずかながら工場も進出している。

本設問では，まず「土地利用の変化の違い」を読み取らなければならないので，北側は変化が見られず，南側が大きく変化したという枠組みとなる。そして，その理由を論述する必要があるので，北側は地形的な理由から土地利用を変化させることが難しいこと，南側は産業構造の変化や土木技術の進歩などにより大きく変化したことに言及すればよい。その際，4行という論述量と配点などを意識しながら加点要素を組み込んでいくことになる。

南側では桑畑が減少して果樹園が増加しているが，これは戦前に発展していた養蚕業が衰退し換金性の高い果樹栽培に転用したためである。扇央部は河川の伏流により地下水位が低くなり，水田としての利用が難しかったことも影響している。また，羽根谷を流れる河川(平時は伏流した水無川)の流路を固定して水害危険性を軽減し，名古屋の郊外に位置し交通路が整備されたこともあって，宅地開発や工場進出が進んだといえる。

解答

設問A

(1) c―干ばつ　d―火山災害　e―地震災害　f―風害

(2)山がちで人口密度の高い日本は斜面地まで人口が分布するが，平坦地が広いアメリカ合衆国は河川流域や低地での人口が多いため。

(60字)

(3)人口増加や開発により自然破壊が進み，災害危険性の高い地域への居住が増加したため被災者も増加した。しかし，防災技術や医療の進歩，避難勧告など防災体制が整備されたため死者は減少した。

(90字)

設問B

(1)自然堤防。浸水などの水害危険性が低い微高地であり，河川流域の後背湿地に隣接するため，水田耕作や水利条件も恵まれるから。

(60字)

(2)伏流した地下水が湧出する扇状地の扇端に立地しているため水が得やすく，扇頂部や河川沿岸にくらべて洪水や土砂災害が少ない。

(60字)

(3)輪中集落が見られる北部は低湿な洪水頻発地であり，圃場整備が進み温室も立地したが，水田としての土地利用に変化はない。山地東麓の扇状地が広がる南部は，流路固定で洪水危険性も低下して宅地化が進み，養蚕業の衰退で桑畑から果樹園への変化が見られる。

（120字）

第2問

解説 第2問は，設問Aが金属資源，設問Bがレアメタル，設問Cは非金属資源を題材とする「資源と環境」に関する大問であった。金属資源の生産量，レアメタルの生産割合，硫黄の供給内訳に関するグラフを読み取らせ，該当する資源の判定や特徴，生産量推移の理由や資源政策などが問われている。工業製品や農産物の資料読み取り問題は頻出であるが，鉱産資源に関する問題は2001年の「エネルギー消費」以来であり，金属資源に限定すれば1992年の「ボーキサイト生産量」以来となる。表面的には鉱産資源の統計問題であるが，論理的思考を要求するというこれまでの出題意図に変わりはない。また，時事的要素が強いことから，新聞やテレビなどで報道されるニュースや特集への関心度も得点に影響したといえる。

設問A

金属資源に関する本設問は，水銀，鉄，銅，鉛といった金属資源の生産量を判定させるとともに，生産量の推移理由や生産量と消費量の乖離性を説明させるものであった。具体的な用途をイメージできるか否かもポイントであった。

(1)鉱石生産量の折れ線グラフから，該当する金属資源を判定する問題である。グラフ下の注記に着目し，生産推移だけでなく単位にも着目できたかがポイントであった。図1の特徴としては，生産量を急増させているA，増加傾向のB，一定のC，急減したDである。また，注記の単位に着目すれば，生産量が多い順にA，B，C，Dとなる。これらの点から，Aは鉄，Bは銅，Cは鉛，Dは水銀と判定できる。

鉄は機械製品だけでなく，様々な工業製品に使用され，汎用性が最も広い。工業製品には不可欠であることから，長らく産業のコメと呼ばれてきた。近年は中国・インド・台湾・トルコ・ベトナムなどで生産量を急増させているが，銑鉄生産量の64.4%，粗鋼の52.9%(2021年)を中国が占めている。

銅は電気伝導性が高いことから，電気産業の発達に伴って需要が増大した。アメリカ合衆国の生産量は減少傾向にあるが，チリやペルーでは増加傾向にある。

鉛は腐食が進まず加工もしやすいことから，鉛蓄電池(バッテリー)や水道管などとして利用される。中国・オーストラリア・アメリカ合衆国などが生産の中心である。

水銀は各種金属と合金(アマルガム)をつくりやすく，歯科治療用，金メッキや精錬用に利用されていた。また，水銀のみでも医療用の血圧計や体温計などとして利用されてきた。アルジェリア・スペイン・メキシコ・トルコなどが，1974年に水銀生産国グループ(IGMPC)を結成している。

⑵金属D（水銀）の生産量が減少に転じた理由を説明する問題である。⑴での資源判定が前提となるが，金属Dは1990年以降生産量が減少している。資源の枯渇化に加え1990年ということで東欧革命や旧ソ連の崩壊を連想した再現答案も見られた。しかし，水銀は地殻などでの資源量が比較的豊富であり，IGMPCに旧ソ連が加わっていないなど東欧革命との関係もない。水銀の毒性が強いことから使用が控えられ，代替品の開発が進んだこともあって生産量が減少したのである。

水銀の毒性がもたらした公害としては，水俣病や新潟水俣病などが知られている。日本の四大公害（訴訟）に数えられる水俣病と新潟水俣病は，アセトアルデヒド製造過程で使用した無機水銀がメチル化した副産物の有機水銀を原因としている。アセトアルデヒド自体も人体にとっては有毒であり，建築材から放出されるアセトアルデヒドはシックハウス症候群の原因物質としても知られている。ただし，アセトアルデヒドは繊維産業の中間製品である酢酸や酢酸ビニル製造に必要な物資であり，1960年代半ばまでは繊維産業に関連した生産が多かった。さらに，有機水銀自体は農薬として使用されていたが，1970年代初めにはイラクで有機水銀中毒により多数の死者が発生している。

このような事件が発生したため，有機水銀の使用禁止や水銀化合物の使用が回避され，代替品の開発も進められた。体温計などはデジタル式に，水銀電池は酸化銀電池，アセトアルデヒドに関してはこれを含まない建築材の使用，電気化学方式によるアセトアルデヒド生産は水銀を使用しない石油化学方式への転換が図られた。また，水銀入り農薬については，日本では農薬取締法の改正により，1971年から販売禁止となっている。有毒性からくる使用規制は，1970年前後から始まっている。減少に転じたのはなぜ1990年以降かを考慮すると，単なる採掘・販売・使用規制だけではなく，代替品の開発により規制強化が進められたことが大きいからとなる。

現在の日本は水銀の輸出国として知られているが，水銀規制にも積極的であり，2011年1月24～28日には「水俣条約」とも呼ばれる水銀条約の国際会議を千葉で開催している。なお，水銀に関する「水俣条約」は2017年8月に発効した。

⑶「全消費量」は「鉱石からの生産量」の2.2倍ということなので，鉱石からの生産量をXとすると，全消費量は2.2Xということになる。すなわち，「鉱石以外からの生産」が1.2X分あるということである。この視点を導けるか否かが本問のポイントであった。本設問にも当てはまるが，2011年度の問題は全体的に時事的要素が強かったといえる。

鉱石以外からの生産ということは，他の物質製造過程の副産物として生産されているか，それまで使用されていたものを回収して再利用のいずれかとなる。鉛は採掘および製錬が比較的容易で，副産物として金や銀を取り出すことはあっても，他の物質製造過程の副産物としての生産は少ない。よって，回収してリサイクルしたものの消費量が多いということになる。

鉛の場合も中毒症状を引き起こすことがあるため，顔料・ガソリン・水道管などで無鉛化による生産の動きもある。しかし，鉱石生産量は減少しておらず，消費量自体も減少しているわけではない。これは，急性毒としては強毒といえないため，体内蓄積との関係が薄い製品での使用が継続しているからである。本設問における出題のポイントは「鉱石以外からの生産」にあるので，使用済みバッテリー(鉛蓄電池)や遮音・遮蔽用鉛板からのリサイクルが鉱石生産量の割に消費量を多くさせる理由となる。

日本では，鉱産物の自給率が低くこれらを輸入に依存せざるをえないことから，鉛に限らずリサイクルが盛んである。2001年4月からは家電リサイクル法(特定家庭用機器再商品化法)も施行されている。国内資源が少ないことから，工業製品中の部品などとして利用された金属を回収しようということである。近年は「都市鉱山」という用語が盛んに使用されるようになった。「都市鉱山」とは，家庭やゴミ処理場などで廃棄された家電製品の中に存在する有用な金属資源を，鉱山に見立てた用語である。1980年代から使用されていた用語であるが，近年のレアメタル価格高騰などにより，廃棄された携帯電話やパソコンの部品からレアメタルを回収する対策が進められ，「都市鉱山」という概念が再評価されている。「都市鉱山」という観点から見ると，日本は世界有数の資源大国になる。物質・材料研究機構(2008年)によると，金は世界の埋蔵量の16%，銀は同22%，液晶パネルや太陽電池などに使用されるインジウムは同61%を占めているとのことである。2021年に開催された東京オリンピック・パラリンピックのメダルは，「都市鉱山」(2017.4～19.3に回収)資源から製造された。

設問B

帯グラフで示した5つのレアメタル(マンガン・ニッケル・コバルト・タングステン・バナジウム)の生産割合に関する問題であった。レアメタルとは，非鉄金属のうちで，埋蔵量が少なく抽出の難しい希少金属のことである。マイナーメタルと呼ばれることもある。他の金属に添加して合金を作るほか，電子材料や磁性材料として利用されるなど，先端技術産業での需要が高く，「産業のビタミン」などと呼ばれてもいる。

(1)レアメタルの上位3ヶ国の生産割合から，資源供給上の特徴および問題点を導き出すものである。難問とはいえないが，生産国の特徴をどのようにまとめるかがポイントであった。

図2中の5つのレアメタル生産地は，中国，アフリカ諸国，ロシア，カナダなど特定の国や地域に偏在している。とくに，中国やアフリカ諸国のような開発途上地域が

多く，これらの地域は政策・政情不安や経済情勢変化などにより供給不安を起こしやすい。2010年9月の尖閣諸島中国漁船衝突事件後に，レアメタルの一種であるレアアース(希土類)が輸出規制されている。レアアースは「工業の調味料」などとも呼ばれる。磁性体や発光ダイオードに使用され，携帯端末，ハイブリッド車，コンピュータのハードディスクドライブなどには欠かせない。このレアアースは，2009年当時97%(2016年は81.4%)が中国で生産されていたのである。

レアメタルの問題点は，採掘可能な埋蔵量や生産量が少ない希少金属であること，その生産地は偏っており供給体制にも不安があること，先端技術産業に必要不可欠であるが現状では代替品が開発されていないことなどが挙げられる。このように安定供給に不安があり，将来の入手困難や価格高騰が予想されていることから，安定供給のための政策が考えられているのである。

(2)設問A(3)と同じく，今日的なテーマであり，時事的問題の把握度が要求されている。新聞やテレビなどで報道されるニュースや特集への関心度が得点に影響したといえる。消費国では，「産業のビタミン」として先端技術産業には欠かせないレアメタルを安定供給するために，生産国との長期輸入契約や開発輸入以外にも，備蓄やリサイクルが進められている。

日本の備蓄政策としては，1983年改正の金属鉱業事業団法によって，国家備蓄42日分と民間備蓄18日分の計60日分の国内備蓄が行われている。対象品目は，図2に示されたマンガン・ニッケル・コバルト・タングステン・バナジウムのほか，クロムとモリブデンを含めた7品目であるが，インジウム・リチウム・レアアースも検討されている。価格高騰や供給不足時には国内市場への放出が行われる。

リサイクル政策としては，廃棄された電化製品からの資源リサイクルが進められている。2000年には循環型社会形成推進基本法において，3Rの考え方が導入された。3Rとは，リデュース(Reduce：発生抑制)，リユース(Reuse：再使用)，リサイクル(Recycle：再生利用)のことで，ゴミの発生を抑制しながら，製品を再使用するとともに，回収して再資源化し最終廃棄物の減量化を進めようとするものである。Repair(修理)，Refuse(購入拒否)，Rental(賃貸)，Retrieve Energy(熱回収)などを加え，4R・5R・7Rといった呼称もあるが，これらは共通の定義とはいえず，日本では3R政策として認識されている。

設問C

図3から資源名を判定し，それを受けて，この資源の回収が増加している理由を問う問題である。設問文や指定語句をヒントにすることや，時事的な情報の収集や関心度がポイントになったといえるが，設問AやBにくらべ難しかったようである。

(1)折れ線グラフで示した非金属資源の供給内訳などから，該当する資源(硫黄)を問うものである。設問文中の「日本の鉱山からも採掘されていた」や枯渇ではなく「近年は採掘されないようになった」という表現，(2)の「石油」，「天然ガス」から回収されるという知識，指定語句の「大気」，「雨」などをヒントにできれば解答は可能である。

日本は鉱産資源の大輸入国であるが，石灰岩と硫黄は自給が可能であった。石灰岩は珊瑚などの生物起源と温泉水の化学的沈殿として生成され，硫黄は火山性のガスに含まれていることから，火山国の日本ではこれらが豊富に埋蔵されているのである。

ただし，近年の硫黄は，本設問文で記されているように，天然ガスや石油からの回収が多い。その理由は，硫黄および硫黄酸化物が金属腐食の原因物質，悪臭や大気汚染といった公害や酸性雨などの環境問題を引き起こす物質だからであり，天然ガスの液化や原油の精製過程から比較的容易に回収できるからでもある。

なお硫黄の利用は，肥料・繊維・化学薬品などの化学工業で多い。とくに，硫黄から製造される硫酸は，あらゆる産業分野で使用され，化学工業上最も重要な酸で，最も利用範囲が広い薬品となっている。

(2)独立した問題ではなく，(1)と関連している。(1)を正答することが前提となるが，設問文や指定語句からの推理力も必要であった。既述したように，硫黄の用途は広く，利用するための回収という側面もある。ただし，設問文中の「石油」・「天然ガス」といった化石燃料や「大気」・「雨」という指定語句から，「酸性雨」という環境問題を連想したい。これが出題意図であり，「酸性雨」が想定できれば，鉱物からの生産が減少し，回収量が増加している理由がなぜなのかを想像することも可能であろう。

酸性雨は，化石燃料の燃焼などにより大気中に放出された硫黄酸化物や窒素酸化物が水蒸気や酸素と反応して，硫酸や硝酸に変化することで生じる。日本では，大気中の二酸化炭素を飽和溶解度になるまで純水に溶かした水素イオン濃度であるpH5.6を下回る雨・雪・霧の総称と定義している。中性のpH7.0未満の雨全体を酸性雨と呼ぶわけではない。また，pH5.6以下になったからといってすぐに被害が現れるわけでもない。さらに，全世界共通の定義というわけでもなく，アメリカ合衆国のようにpH5.0以下とする国もある。

酸性雨の被害としては，土壌を酸性化させて樹木を枯死させたり，湖沼を酸性化させて魚類など水生生物を死滅させたり，銅像などの歴史的建造物やコンクリートなどを融解させるといった直接的なものが知られている。さらに，森林の消滅や生態系の破壊につながり，地球環境に大きな影響を与えることにもなる。酸性雨は，ヨーロッパでは「緑のペスト」，中国では「空中鬼」や「空中死神」などと呼ばれている。

発生源としては，硫黄酸化物が工場や火力発電所から，窒素酸化物は自動車や船舶からが多かった。そこで，現在は発生源に脱硫装置や脱硝装置を取り付け，硫黄酸化物や窒素酸化物の排出を削減している。Jパワー(電源開発株式会社)磯子火力発電所では，最新鋭の排煙脱硫装置により硫黄酸化物の95%以上が除去されているとのことである(2011年1月13日朝日新聞)。さらに，硫黄分に関しては，原油から石油製品に精製する過程，天然ガスは液化する過程で除去されている。

原因物質が気体であることから，風などで運ばれ越境し，発生源から離れた地域での被害も報告されている。原因物質の発生量が少ない北ヨーロッパにおける湖沼の酸性化や，日本では冬季に酸性度が日本海側で高くなるなどが越境被害の事例として当てはまる。そのため，ヨーロッパ諸国を中心にして，1979年には長距離越境大気汚染(防止)条約が締結され，越境大気汚染の防止対策が義務付けられている。

解答

設問A

(1)A―鉄　B―銅　C―鉛　D―水銀

(2)有毒性のため採掘・使用が規制され，代替品開発も進んだため。

(30字)

(3)回収した使用済みバッテリーや電池からリサイクルされるため。

(30字)

設問B

(1)中国やアフリカ諸国など開発途上国に生産が偏っているため，当該国の政情不安や政策変更で，供給不安や価格高騰が懸念される。

(60字)

(2)安定供給のために産出国と長期輸入契約を結ぶとともに，開発輸入や備蓄，廃棄された電化製品からのリサイクルを推進している。

(60字)

設問C

(1)硫黄

(2)化石燃料に含まれる硫黄酸化物は，燃焼により<u>大気</u>中に放出されて<u>大気</u>汚染や酸性<u>雨</u>の原因物質となる。そこで環境負荷を小さくするため，石油や天然ガスの<u>精製</u>過程で硫黄を回収し利用している。

(90字)

第3問

解説　「日本の人口と人口移動」に関する大問であり，設問Aが日本の出生数と死亡数に関連する基本的な問題，設問Bが都道府県間の人口移動に関する資料読み取り問題であった。日本および人口に関する問題は，いずれも頻出テーマである。資料としては，統計表を中心に，折れ線グラフや棒グラフが出題されている。統計表やグラフを単独で利用する問題も見られるが，複数の資料を関連させることで正答が導き出せる問題もあった。その意味で，資料のデータを的確に読み取る分析力が要求された問題ともいえる。

設問A

日本における出生数の推移と死亡数の推移に関連する基本的な問題であり，その人口動態の理由と自然増加率の高い都道府県に共通する理由を資料から読み取らせる設問であった。日本の少子高齢化という全体的な特徴のほか，地域性を考慮した理解も重要であったといえる。

(1) 1970年代前半に出生数のピークが見られる理由を問う問題であった。子どもの出生数が増加したということは，1人の女性が一生の間に産む子どもの数の平均である合計特殊出生率が増加したか，子どもを産む世代が多かったかといった理由が関係する。合計特殊出生率は，1925年は5.11，1947～49年は4.54～4.32，1971～74年は2.16～2.05であり，増加したわけではなくむしろ減少している。合計特殊出生率が低下しているのに出生数が増加していることになるので，子どもを産む世代が多かったことが理由となる。

図1は1955年から始められており，1947～49年の第1次ベビーブームが示されていない。ただし，第二次世界大戦(太平洋戦争)後の第1次ベビーブームは日本の人口動態を考える上で最重要の事項である。1971～74年の第2次ベビーブームを説明するためには，この項目に言及する必要があるのはいうまでもないであろう。

第1次ベビーブームは，戦地からの帰還兵，満洲や台湾などからの帰国者が増加し，戦争終結による安心感も加味されてもたらされたといえる。1947～49年の3年間で約800万人が誕生しており，1949年だけでも約270万人が産まれている。2010年の出生数が約107万人(2022年は約77万人)であることからも，この時期の多さが際立っている。戦争終結後に出生数が増加する現象は，ヨーロッパや北アメリカでも起こっており，アメリカ合衆国ではこの時期に産まれた世代をベビーブーマーと呼んでいる。

第1次ベビーブーム時に生まれた世代を，「団塊の世代」と呼ぶこともある。ただし，「団塊の世代」は作家の堺屋太一氏が1976年に発表した小説のタイトルであり，地理用語ではないのでこの時点での使用は避けた方がよかった。ただし，2015年第3問で「団塊世代」が指定用語に登場しているので，今後の使用は問題ないといえる。

指定語句にある「出生率」は，人口1,000人当たりの出生数を指している。ただし，「合計特殊出生率」として使用することも可能である。単に「出生率が高まった」とするだけでなく，「合計特殊出生率は低下したが」といった意味合いで使用する場合は，親世代の数が多かったので「出生数が多かった」というつながりが必要となる。

なお，1966年の「ひのえうま」の年に出生数が落ち込んでいる。これは，「ひのえうま生まれの女性は気性が激しく，夫を尻に敷き，夫の命を縮める」，「夫を喰い殺す」という迷信を嫌い，出産を控えたためである。

(2)「1955年以降の65歳以上人口が急増し続けているのに，1980年代半ばまで死亡数はほぼ一定で増加していない」理由を考察させる問題である。出生数と死亡数との間には一定のタイムラグが存在するが，老年人口と死亡率との間には一定の相関性が存在する。よって，老年人口の死亡率が低下したということになり，「平均寿命の延び」という観点を容易に導き出せるはずである。

日本の平均寿命は，1955年現在で男性が63.60歳，女性が67.75歳，1980年現在では男性が73.35歳，女性が78.76歳であった。医療・福祉・衛生水準の向上，食糧事情・栄養状態の改善，生活水準の向上などにより，1955～80年の間で男性が約10年，女性が約11年，平均寿命が延びたことになる。その後も平均寿命は延びている。2009年現在では男性が79.59歳(2022年は81.05歳)，女性が86.44歳(2022年は87.09歳)であり，男女平均では世界最長寿国である。世界平均(2019年)では男性が70.8歳，女性が75.9歳と推計されており，日本の長寿ぶりがうかがい知れる。

世界の65歳以上人口率は，2005年現在の国連推計で，男性が6.3%，女性が8.2%であった。それに対し，日本の65歳以上人口率は，2010年9月15日現在(総務省発表)で，男性が20.3%(2023年は25.9%)，女性が25.8%(2023年は32.0%)であり，世界一(2010年の男女平均で23.1%，2019年は28.4%)の水準にある。国連の定義では，65歳以上が高齢者とされており，その比率が7%以上になると高齢化社会，14%以上になると高齢社会，21%以上になると超高齢社会としている。日本はすでに超高齢社会の状況にあり，少子高齢化に拍車がかかり，2005年から人口減少社会に突入したとされる。厚生労働省によれば，2010年は12万3千人の人口が減少した(2022年の推計は55万6千人の減少)とのことである。

(3)表1で示された都府県の自然増加率が高くなる理由を問う問題である。沖縄県を除く9都府県の位置に着目するとともに，注記に示された「自然増加率は出生数と死亡数の差」に着目できれば，「出生数の高い理由」や「死亡率の低い理由」に言及する必要性に気付くはずである。

2009年における日本全体の平均年齢は44.6歳(2020年は48.7歳)であるが，表1の10都府県はすべて全国平均より若くなっている。また，0～14歳の幼年人口割合は東京を除いて全国平均より高く，65歳以上の高齢者人口割合や高齢者人口を15～64歳の生産年齢人口で割って求める老年(高齢者)人口指数は，兵庫を除いて全国平均より低くなっている。よって，表1の10都府県は，出生数が多くなり，死亡数が少なくなる条件を備えているといえる。

ただし，本設問は沖縄県を除いた9都府県の自然増加率が上位にある共通理由を説明する問題である。そこで，9都府県の位置や産業構造なども考慮することになる。表1中の沖縄県を除く9都府県は二大都市圏と愛知県・福岡県である。かつての四大工業地帯であり，三大都市および地方中枢都市を抱える地域でもある。地方から就学・就労のための転入者が多い地域であり，相対的に若年層が多くなり，幼年人口が多くなるとともに，老年人口が少なくなっているのである。

表1に示されているように，沖縄県の自然増加率は高い。ただし，社会増加率も高いわけではない。2008年10月からの1年間では，－0.05％であり社会減を記録している。沖縄県の合計特殊出生率(2009年)は，日本全体の1.37を大きく上回る1.79を記録しており，老年人口割合は17.5％と低い。これが，沖縄県の自然増加率を高くさせている理由となる。

＜資料＞2021年　(単位‰)

都道府県	人口増加率	出生率	死亡率
東　京	－2.7	7.2	9.7
神奈川	－0.1	6.5	10.0
埼　玉	－0.6	6.3	10.5
千　葉	－1.5	6.3	10.6
愛　知	－3.4	7.4	10.2
沖　縄	0.7	9.9	9.2

総務省，住民基本台帳より作成

設問B

都道府県間の人口移動に関する問題で，設問Aにくらべ難問であったといえる。産業別・年齢階層別の都道府県間移動データ，他都道府県からの転入者数，産業別人口移動の変化など初見と思われる資料も提示されているが，設問文や資料相互間，他の小問をヒントに考えることで解答につなげることができる。本設問も，資料分析力が要求された設問といえる。

(1)各産業就業者における都道府県間移動者の割合と都道府県間移動者の年齢階層別

構成比から，該当する産業名を判定する問題である。初見の資料と思われる表2単独で判断するのは難しいが，判定しやすい産業から当てはめるとともに，表3の産業別人口移動の変化をヒントにしながら年齢層を考慮すれば，正答を導き出すことは可能である。ただし，農業以外の判定はやや難しい。

農業は，耕地において作物を栽培する産業である。土地が必要であることから，簡単に移動できるわけではない。よって，都道府県間移動者の割合が最も低いdとなる。年齢階層別構成比は55歳以上の高年齢者比率が高くなっている。定年・早期退職などにより出身地にUターンし，実家の後継者となるといった理由が関係しているからである。

製造業は，単に工業と呼ばれることが多い。原材料を加工したり，部品を組み立てたりすることで，製品化する産業である。工場で就労することから，都道府県間移動者の割合は比較的小さいcとなる。

金融・保険業は，資金の調達や融資を行う産業である。郵便貯金・銀行・信用金庫，保険会社や証券会社などが含まれる。金融機関は，一定の期間ごとに転勤があり，20歳代後半から40歳代前半の都道府県間移動者数が多くなる。しかし，20歳代前半までの移動者は少ないのが特徴でありaとなる。

サービス業は，第三次産業と同義で使用されることがある。ただし，本設問の場合は，日本標準産業分類の定義(2002年)である「電気・ガス・熱供給・水道業，情報通信業，運輸業，卸売・小売業，金融・保険業，不動産業，飲食店，宿泊業，医療，福祉，教育，学習支援業，複合サービス事業，公務に分類されない産業」を指している(2007年に名称が若干変更されている)。30歳代までの就労者が多いことから，都道府県間移動者も30歳代までが中心となるbである。

(2)宮城県，香川県，福岡県で他都道府県から転入してきた人の割合が高い理由を説明させる問題である。「香川県の理由」にも着目しながら，「支店経済」+ α を指摘することがポイントであった。

宮城県には仙台市，福岡県には福岡市･北九州市といった政令指定都市が含まれる。とくに，仙台市・福岡市は支店経済都市として扱われることが多い。支店経済都市とは，全国規模で展開する企業の支社・支店・地域子会社が集中する都市であり，地元企業より大企業の支店に経済を支えられている都市という意味である。

ただし，支店経済都市には様々な定義が存在する。流通拠点都市を支店経済都市とする場合もある。共通理解の定義ではないため，使用には注意する必要がある。

仙台市と福岡市は，札幌市・広島市とともに「札仙広福」と一括され，支店経済の代表的な都市とされるが，地方中枢都市(第四次全国総合開発計画での用語)ないし広域中心都市(都市地理学での用語)でもある。また高松市は，第四次全国総合開発計画において地方中核都市とされた。高等裁判所の所在地である８都市(札幌・仙台・東京・名古屋・大阪・広島・高松・福岡)のひとつでもある。

本設問では，県単位の割合であること，札幌市を含む北海道の割合が低いことを考慮すると，「支店経済」という言及にとどまるのでは満点とはいえない。宮城県・香川県・福岡県の位置にも着目し，複数のポイントを指摘する必要があった。仙台市や福岡市は交通網が整備され，香川県は本四連絡橋により中国地方と四国地方を鉄道で結ぶ交通の要地となっている。この点にまで言及したい問題である。

⑶Ａ群とＢ群において，他都道府県からの転入者数と産業別人口移動に差異が生じた理由を，指定語句を使用しながら説明する問題である。表２をヒントにするとともに，Ａ群において「２期間の増減率が減少」しているが，あくまでも「転入者の絶対数が減少」しただけであり，社会減や転出増とイコールではないという理解も必要であった。２期間を通して，Ａ群の転入者数がＢ群より多いことに変わりはない。また変化の特徴的な産業は，変化率の絶対値が大きい順に並べられている。増減数の大きい順ではないことにも注意したい。

表３の特徴としては，Ａ群で転入者の絶対数が多いものの減少していること，サービス業は転入者が増加しているものの金融・保険業，製造業，卸売・小売業が減少傾向にあることもわかる。一方のＢ群は，転入者の絶対数は少ないものの増加していること，農業をはじめサービス業や卸売・小売業も増加していることがわかる。

また，表３の期間は1985年～1990年と1995年～2000年である。この期間を選んだ理由も考えたい。1985年～1990年は，いわゆるバブル景気の時期である。1985年のプラザ合意により急激な円高が進み，投機の過熱などで資産価格が一時的に高騰した。その結果，金融・保険業の就労者が急増している。1995年～2000年は，いわゆるバブル崩壊後の時期である。景気が低迷し，地価が下落したことから株価も低迷し，不良債権が増加していった。その結果，銀行や証券会社の金融破綻，金融再編が進み，Ａ群において金融・保険業の転入者数減少につながった。

さらに，指定語句は解答の方向性を示している。「空洞化」という用語をどのように使用すればよいか，そして「年齢」階層別構成比にも着目せよという誘導ないしヒントとして提示されているのである。

転入者が多いＡ群ではあるが，その数は減少している。このことを，1985年のプラザ合意を想起しながら，「空洞化」を使用して説明する。Ｂ群は転入者が少ないものの，農業や第三次産業でその数が増加している。このことを，表２を意識しながら，高年齢層や若年層といった「年齢」階層と産業を関連させて論じればよい。「自然環境」の使用法はややとまどうが，「自然環境」が豊かなＢ群，「自然環境」を活かした農業といった使用で十分である。

2011年度の問題は，論述字数が減少している。しかし，資料数が増加し，相関性に着目しながら分析する必要があった。作業の複雑化という意味での難問化という捉え方ができる。ただし，これまでの出題形式と大きく変化していないことから，資料解析や論述練習，指定語句使用論述の演習をどれだけ行ったかがポイントになったといえる。また，幅広いテーマや観点から出題されるため，「地形図は出題されない」といった思い込みは排除しなければならない。このような点から，他大学で出題された問題の演習や，各分野の相互関連性に着目して横断的な理解を心がけることの重要性が再認識されたといえる。

解答

設問Ａ

⑴太平洋戦争終了直後に生まれた第１次ベビーブーム世代が親となり，出生率を上昇させて，第２次ベビーブームが起こったため。

（59字）

⑵医療，福祉の向上で死亡率が低下し，平均寿命が延びたため。

（29字）

⑶いずれも大都市圏に位置し，就業機会に恵まれ若年労働力の流入が多く出生率が高い。また高齢化率の低さから死亡率も低いため。

（60字）

設問Ｂ

⑴ａ―金融・保険業　ｂ―サービス業　ｃ―製造業　ｄ―農業

⑵交通要地に位置し，県庁所在地は各地方の中心都市であるため。

（30字）

⑶産業の空洞化やバブル崩壊で就労機会の減少したＡ群は，絶対数は多いが転入は減少傾向にある。自然環境が豊かなＢ群は，退職者や高年齢層の就農，若年層の第三次産業への就労で増加している。

（90字）

2010年

第1問

解説 第1問は「世界と日本のダムと環境」に関連する出題で，図形表現図やグラフが提示された。問題自体は基本的問題であり難問とはいえないが，地理的事象を相対的に捉える考え方や出題意図に沿った解答など，設問自体の読解力も要求された。⑴では「気候に関連づけて」，⑵では「地域差が生じた相対比較」，⑶と⑸では「指定語句からの推測」，⑷では「降雨量と流出量の相関性」に注目することがポイントであった。また図2の流量ハイドログラフは，1999年度第3問の自然災害に関する設問でも出題されており，過去問学習の重要性が痛感されたといえる。

⑴はザンベジ川のカリバダムとエニセイ川のクラスノヤルスクダムの建設目的の違いを，気候に関連づけて論じる問題であった。「気候に関連づけて」という条件を考慮しながら，2つのダムの対照的内容を具体的に指摘することが難しかったようである。

ザンベジ川は，アンゴラ・ザンビア・コンゴ民主共和国の国境付近を水源とし，アフリカ大陸南東部を流れ，インド洋のモザンビーク海峡に注いでいる。アフリカで4番目の大河であり，流域には世界三大瀑布に数えられるヴィクトリア滝，世界最大の人造湖とされるカリバ湖などがある。ザンビアとジンバブエの国境にまたがるカリバ湖は，カリバダムによってつくられ，電力や用水の供給を目的としている。カパーベルトでの銅精錬用電力供給が有名であるが，「気候に関連づけて」ということなので，干ばつ対策や灌漑用水の確保が重要となる。カリバダム周辺は，温帯夏雨気候やステップ気候のように乾季がみられ，農業用水の安定確保が難しい地域である。

エニセイ川は，シベリアを北流して北緯70度以北の北極海に流れ込む水系である。北緯70度という高緯度が河口であるため，結氷期間は下流の方が上流より長くなる。そのため，上流で融雪・融氷が進んでも下流では結氷したままの期間があり，融雪洪水を招きやすい。エニセイ川の下流で湿地が広がっている理由には，凍土の融解とともに，この融雪・融氷洪水があげられる。クラスノヤルスクダムをはじめとして，エニセイ川上流に位置するダムは，工業地帯への用水や電力供給以外に，この融雪洪水防止の目的がある。「気候に関連づけて」解答するため，結氷につなげる寒冷ないし亜寒帯(冷帯)気候に言及しながら，ザンベジ川と異なる融雪洪水の防止を指摘することになる。

⑵は日本各地の流域における侵食速度の相違から，地域差が生じた要因を考察させ

る問題であった。侵食速度は，侵食を働きかける降水や風といった外的要因，侵食可能な地形や地質の存在が関係する。外的要因のなかでは，第１問の出題意図や「流れ込んで堆積」といった記述から，降水量に着目したい。侵食速度が大きい中部地方は年間降水量が2,000mmを超えており，侵食能力は高いと考えられる。一方，侵食速度が小さい中国地方の年降水量は2,000mmを下回っている地点が多い。ただし，山陰地方の年降水量は日本の平均(1,700mm～1,800mm)よりやや多いので注意してほしい。

侵食に影響を与える地質については，中央構造線の内帯側に位置する中国山地が高温低圧型変成を受けた領家変成帯で，外帯側に位置する四国山地が低温高圧型変成を受けた三波川変成帯である。しかし，本問ではこの専門的知識を要求しているのではなく，高峻な中部地方・四国地方と準平原化している中国山地といった内容を考慮した指摘で十分である。中部地方や四国地方の山地は高峻であるために侵食されやすく，中国山地は低くなだらかであるため侵食可能量が少ない。この要素と降水量を組み合わせればよい。

ところで，中国山地は侵食されやすい花崗岩質が多いにもかかわらず侵食速度が小さい。これは四国山地より早く侵食されたため，現在の侵食速度が小さくなったからである。かつて侵食された花崗岩は，鳥取砂丘などの海岸を形成したと考えられている。

本問のような比較問題では，明らかな相違点が一つ見出せただけで満足してしまうことが多い。しかし，論述字数や配点を考慮すると，一つの理由だけで満点は難しい。論理的な解答につなげるためにも，中部地方・四国地方と中国地方の自然環境を複数指摘することがポイントになったといえる。

(3)はダムに土砂が堆積することによって生じる諸問題を，指定語句を使用しながら説明する問題であった。ダムの目的には，治水(洪水調節・不特定利水など)や利水(灌漑用水・工業用水・上水道用水・水力発電など)がある。複数の目的を有するものは多目的ダムという。また，河川法のダムとは別扱いになるが，治山ダムや砂防ダムなどもある。本問の場合は設問全体の出題意図や指定語句から，治水や利水を含めた多目的ダムを想定すればよい。

ダムが建設されるときには貯水容量が公表される。しかし，この貯水容量は完成時のものであり，ダム湖に土砂が堆積すると貯水容量は減少する。貯水容量が減少し貯水量が少なくなると，治水機能や利水量に影響する。また，その影響はダム湖だけにとどまらず，ダム湖の上流や下流にも及ぶ。指定語句の「洪水」や「海岸」は，ダム湖での土砂堆積で流域全体にどのような影響がでるか考察せよ，というヒントも提示していることになる。

まずダム湖では，貯水量が減少することで「洪水」を防止する治水機能が低下する。さらに「水資源」については，農業・工業・生活用水の確保が難しくなり，発電も含めた利水機能が低下する。黄河中下流に位置する三門峡ダムでは，黄土高原から流出する黄土の堆砂により，完成から２年で貯水池が埋没してダム機能が麻痺している。

下流では，ダム湖での取水増加により，流水量が減少して「水資源」としての取水が困難になることがある。さらに土砂運搬量が減少するため，海岸への土砂供給が少なくなり，海岸侵食が進んでしまう。ナイル川河口の三角州減少，信濃川周辺の取水問題や砂丘地縮小などの問題が指摘されている。ただし，新潟平野周辺の砂丘地縮小については，上流のダムだけではなく，大河津分水路建設の影響も大きい。

ダム湖の上流でも影響がでてくる。ダム湖に土砂や水が貯まることで河川上流の流速が低下し，上流の河床でも土砂が堆積しやすくなる。その結果，上流での「洪水」危険性が増大することになる。天竜川上流などで指摘されてきた問題であるが，2009年８月には徳島県の那賀川でダム水位の急上昇による上流の「洪水」が発生している。

本問では，指定語句を修飾しながら論理的な文章とすることはもちろんであるが，ダム湖だけを意識するのではなく，上流や下流を含めた水系全体を考慮することがポイントになったといえる。

⑷は森林が「緑のダム」と呼ばれる理由を，降雨量と流出量の相関性から読み取らせる問題であった。なお，図２の流量ハイドログラフは，1999年度第３問の自然災害に関する設問でも出題されており，過去問学習の重要性が痛感される問題でもあった。

資料を読み取らせる問題の場合は，資料から何を読み取るべきかではなく，資料から何を読み取ることができるかという意識をもちたい。本問では降雨量・流出量とその総量，それらの増加傾向，そして降雨開始後の時間を読み取ることができる。それらを組み合わせてみると，Ａは降雨開始直後から流出し，降雨量とともに急増・急減し，降雨終了後は流出も停止している。降雨に敏感であることから，保水・貯水機能がほぼ認められないと読み取ることができる。よって，Ａは裸地となる。Ｂは降雨開始後10時間程度流出していないが，降雨量が最大となった直後から流出量を急増させ，降雨終了後も流出している。一定の降雨量を保水・貯水していると考えられるが，その機能はＣより低く，治水(流量調節)能力は高いといえない。よって，Ｂは水田となる。Ｃは降雨開始後20時間程度まで流出量変化が読み取れない。その後流出は見られるが，降雨量の変化に対応した流出にはなっていない。降雨終了後にも一定量を長時間流出しており，流量調節機能が高いといえる。よって，Ｃは緑のダムとも呼ばれる森林となる。

森林の保水・流量調節能力が高い理由には，腐葉土などの土壌が関係している。この土壌はスポンジ状の多孔質であり，降雨時には空隙に水を蓄え，降雨終了後は蓄えた水を徐々に放出する機能を有している。また森林は土壌中から水分を吸い上げて蒸散させ，川に流れ込む水の量を少なくさせる働きもある。C(森林)の流出量合計がA(裸地)やB(水田)より少ないことも読み取ることができるはずである。

本問の解答例にはこの点も言及しているが，解答時間や配点を考慮すると，ダムの機能を意識して，C(森林)の降雨量と流出量の相関性を説明できれば十分であろう。

(5)は積雪や氷河である「白いダム」の役割を，指定語句を使用しながら説明する問題であった。(4)の「緑のダム」と比較する問題である。２項目や２地点の比較問題の場合は，「Xが～であるのに対し，Yは…である。」といった解答法が望まれる。しかし，本問の解答は，(4)で「緑のダム」を説明させているので，あえて言及する必要はない。その相違点を明確にしながら「白いダム」の役割を説明できればよい。

「緑のダム」は，(4)で解説したように，保水・流量調節機能が高い。積雪や氷河は水を蓄えており，貯水効果は大きい。その意味で「白いダム」と呼ばれているが，土中や森林自体に水分を蓄える森林と異なり，積雪や氷河という形で蓄えているため，気温の上昇により融雪・融氷が進み，徐々に流出することになる。すなわち，「白いダム」から流出するのは，降雪のあった冬季や氷河が形成された時期とずれることになる。指定語句の「季節」・「流出」・「渇水」はこの点を考慮したものであり，これらの指定語句を使用しながら，「緑のダム」と異なる役割を説明すればよい。

多雪地帯の「白いダム」は多量の水を蓄えていることが知られている。たとえば，利根川上流の矢木沢ダム流域における融雪直前までの積雪量は，ダム本体の２～３倍とされている。このような多量の積雪は，気温が上昇すると融雪し，河川に流れ込む。とくに日本海側に流れ込む融雪量は多く，信濃川河口の新潟市の降水量は４～５月が最少雨月であるにもかかわらず，４月の信濃川における流量は年平均流量の２倍以上にもなっている。すなわち，いわゆる渇水期にも「白いダム」は水を供給していることになる。とくに水需要が増加する夏季の渇水を防ぐ機能を有しており，冬季の降雪が十分でない場合は夏季の渇水につながる可能性もあるといえる。

本問の指定語句は難解なものではないが，そのために指定語句を修飾しながら，論理的なストーリーを組み立てることがポイントになったといえる。

第１問では指定語句使用・不使用，資料提示・非提示などの問題が見られるが，全体的には，２地点ないし２項目の相対的比較を要求する問題である。対照的な用語や内容を意識しながら地理的事象を理解するという学習姿勢が問われた問題であったといえる。

解答

⑴乾季が明瞭なザンベジ川のダムでは農業用水確保，亜寒帯気候で冬季に凍結するエニセイ川のダムでは融雪洪水防止の目的がある。

(60字)

⑵中部・四国地方は壮年期の高峻な山地で，降水量も多く侵食速度は大きいが，中国地方は山容がなだらかで侵食量が少ないから。

(59字)

⑶貯水量の減少で農業・工業・生活用の水資源が不足し洪水抑制機能が低下する。上流は河床上昇などで洪水危険性が増大し，下流では土砂運搬量減少や水位低下で取水困難，河口の海岸侵食が進む。

(90字)

⑷C。森林は落葉から形成される腐葉土に水を蓄え，保水能力が高く流出量も少ない。そのため，降雨直後に流出量を急増させず，降雨後には一定の水量を長時間かけておだやかに流出させるから。

(89字)

⑸積雪や氷河として蓄えられた水分は，春から夏にかけて融雪水や融氷水として流出するため，水需要が高まる季節や夏季の渇水がみられる地域に一定の水を供給し，産業・生活用水を提供している。

(90字)

第2問

解説　第2問は東大に特徴的な統計分析問題である。設問Aに関しては，統計数値の体系的理由づけが要求されている。日本への入国目的を観光と商用などに分ける捉え方，台湾やインドの訪日目的などは2009年度第1回東大実戦(駿台)で出題されており，模擬試験の重要性を再認識させた問題でもあった。設問Bでは経済的諸機能の集中や産業構造変化など，単なる知識の把握にとどまらず，深い理解度が要求されており，指定語句をヒントにした論述力が得点に影響したといえる。

設問A

「東アジア・東南アジア・南アジアの6か国(地域)国籍保有者の日本入国目的」に関する問題である。⑴の国(地域)名判定問題は「ウ」と「エ」だけの要求であるが，⑶や⑷の問題を考慮すると，「ア」と「イ」も含めたすべてを正解する必要があった。⑵は⑴の判断理由を問う問題であるが，表中に示されている統計の具体的説明に言及することが難しかったようである。⑶はア(国・地域)から日本への観光目的に関する問題であった。再現答案ではア(台湾)とイ(中国)の判定を誤った者が散見されたほか，観光地の具体例を誤っている者も少なくなかった。(4)は「イから日本への旅行者数」と「日本からイへの旅行者数」が不均衡の理由を問う問題であり，時事的な話題への関心度が大きく影響したといえる。

(1)センター試験(共通テスト)や私立大学でも頻出の国(地域)名判定問題である。総数や入国目的を考慮すれば，正答は容易に導き出せたであろう。総数は該当国(地域)の発展段階や日本までの距離などが関係する。また，(3)や(4)の設問をヒントにすることもできる。総数の違いからアとイは中国と台湾のいずれか，ウとエはインドとフィリピンのいずれかとなる。イは(4)の設問文をヒントにすれば，日本からの旅行者が多いこともわかる。この点からアが台湾，イが中国となる。近年の日中貿易の増加や合弁企業設立，技術交流などから商用比率が高いこともヒントとなる。

総数の少ないウとエに関しては，入国目的に着目すればよい。ウは親族訪問ほかを目的とする入国者が多く，エは商用目的が多い。ここから，ウがフィリピン，エがインドとなる。

(2)総数の少なさから，平均所得が低く，日本までの距離が遠いフィリピンとインドがウとエになる。そして，2国の判定には入国目的が関係する。親族訪問比率が高いということは，日本国内に親族が多いということになる。2008年末現在で日本の登録外国人は221.7万人であるが，フィリピン国籍は21.1万人を数え，中国(65.5万人)，韓国・朝鮮(58.9万人)，ブラジル(31.3万人)に次いで第4位の多さとなっていた(2022年末も第4位)。日本国内には興行ビザで入国するフィリピンからの出稼ぎ労働者が多い上に，日本人の配偶者となり日本国籍を取得した元フィリピン国籍者も少なくない。そのため，フィリピンからの親族訪問比率が高くなっているのである。

インド国籍の登録外国人数は2.2万人(2008年末)であり，フィリピン国籍の10分の1程度である。よってインドの親族訪問者はフィリピンより少なくなる。一方，商用比率が過半を占めている。これは，日本のIT産業の発展にともない，ハイテク産業などを中心に経済発展を遂げつつあるインドから，商用での訪日が増えてきたためである。インドからの入国者の訪問先(2007年)を調べてみると，東京(63%)・神奈川(23%)・大阪(22%)・千葉(19%)・京都(16%)・愛知(14%)の順(『国際観光白書』)となっている。2019年の述べ宿泊数(『宿泊旅行統計調査』)による比率は東京43.7%，大阪12.1%，神奈川10.6%，京都8.3%，千葉4.6%，愛知3.1%であった。訪問先が三大都市圏・工業地帯中心であることも，このことを裏付けている。

＜資料＞国籍別在留外国人の割合(2022年末現在)

307.5万人	中国	ベトナム	韓国	フィリピン	ブラジル	ネパール	その他
%	24.8	15.9	13.4	9.7	6.8	4.5	24.9

出入国在留管理庁資料により作成。

(3)アの台湾からの訪問先は，東京(47%)・大阪(23%)・千葉(22%)・神奈川(17%)・京都(15%)・北海道(10%)の順となっている。インドと似ているが，愛知に代わり北海道が上位に登場している。京都・奈良以外の具体例を２つ挙げる問題なので，東京と北海道が適当である。大阪・千葉・神奈川などは東京との差別化が難しいため，目的が異なる訪問先を指摘した方がよい。

東京は知名度の高い国際都市であり，高品質の電化製品などの買物やテーマパーク訪問などの魅力がある。東京は外国人の訪問先としては最も人気が高く，台湾以外からの訪問者も第１位となっている。これは，成田空港や羽田空港などの国際空港を抱えていることも大きいが，秋葉原・浅草・お台場・銀座・渋谷・新宿といった都市型観光の人気スポットが多いためである。

北海道への訪問については，台湾との緯度差が関係する。台湾は北回帰線付近に位置するため，日本のように明瞭な四季が見られない。北海道の爽快な夏，四季の変化に富む雄大な自然が魅力となっているようである。なお，温泉やウインタースポーツについては，台湾には温泉が多いこと，ウインタースポーツの愛好者が多いとはいえないといった点から積極的な理由として評価できない。『国際観光白書』によれば，台湾からの入国者は７月と10月が多く，12～１月にかけては最も少ない時期になっている。

本問は難問といえるが，訪問先に関するデータは2009年度第１回東大実戦で出題されていたことから，模試の復習を行った者と未受験者でその差が大きかったといえる。

(4)日本とイ(中国)の間の旅行者数に不均衡が生じている理由を問う問題である。そのため，日本からの旅行者数が多くなる理由と，中国からの旅行者数が少なくなる理由の両面を考察する必要がある。さらに，一つの視点の単なる表と裏という２要因ではなく，質が異なる２要因を考えたい。これが，多面的な見方につながっていくのである。不均衡が生じているということは，日本と中国が同質でなく，地理的な相違点が見られるということである。面積，地形，気候，位置，人口，発展段階，文化などが全く同一ということはありえない。その中で，旅行という行動に大きく影響を与える要素を考えていくことになる。また自分が旅行をするのであればといったように，自分に置き換えて見ることも解答を導き出すヒントになるであろう。

旅行という行動には，交通費・宿泊費・施設利用費などの諸費用が必要となる。とすれば，両国の発展段階，所得水準や物価水準などが関わってくる。発展段階・所得水準・物価水準の高い国や地域からそれらの低い国への旅行は割安感があり，逆の流れは割高感が生じることになる。2007年の1人当たりGNI(国民総所得)は日本の37,790ドル(2020年は40,770ドル)に対し，中国は2,370ドル(同10,160ドル)である。急成長を遂げている中国であるが，1人当たりで見ると，日本の16分の1程度にすぎなかった。すなわち，日本から中国へは割安，中国から日本へは割高となる。日本から中国への旅行者を多くさせる理由の一つとなる。また，中国経済の発展には日本企業の進出という側面もある。『海外進出企業総覧』によれば，中国において出資比率が10%以上の日系現地法人数は1998年の2,588社から2008年には5,017社へと倍増している(2021年は6,913社)。世界計では24,952社から21,548社へと減少している(ただし2021年は33,015社)ので，日本企業の中国シフトが鮮明であることがわかる。よって，商用目的は入国者総数増加の一要因であるといえる。ただし，観光目的の入国者にくらべその数は少ない。

多面的に考える場合は，中国から日本への入国者が少ない側面も指摘したい。既述したように，中国から日本へは割高感があり，これが日本への旅行者が少ない理由の一つでもあった。しかし，これでは所得水準というキーワードの表と裏にすぎず，多面的とはいえない。やはり，日本への旅行者が少なくなる，あるいは少なくさせる制限に言及する必要がある。2009年7月1日に日本政府が中国人の個人観光ビザ発行を開始したが，このことは，それまで個人観光ビザを発行していなかったことを意味する。2000年に添乗員が同行する団体旅行者への観光ビザの発行を解禁したが，不法就労などを危惧し，個人の観光ビザの発行を認めていなかったのである。また2009年に解禁された個人観光ビザの発行についても，年収25万元(約350万円)以上の個人に限定している(なお，2015年にはさらに年収5万元(約94万円)に引き下げられた)。このような制限もあり，中国から日本への入国者が少なかった(ビザ発給要件が緩和された結果，2019年のインバウンドは959.4万人，アウトバウンドは267.6万人と逆転している)のである。

そのほか，観光資源に関する記述も可能ではあるが，これは主観的な要素も大きい。本問が要求する2つの要因は，所得に関連した記述と各種制限の存在を指摘することが最も適当である。質的な相違に着目して，多面的に指摘することがポイントであったといえる。

設問B

「東アジア4か国(地域)の首都や国内の地域格差，産業構造の変化」に関する問題である。(1)は雨温図に該当する都市名を判定させる問題であるが，AとCの判定が難しかったようである。(2)は首都への集中と地域間格差を是正する政策を説明する問題であるが，指定語句を修飾しながら論理的な文章とすることが難しかったようである。(3)は産業構造の変化の特徴とその背景を説明する問題であるが，指定語句の使用法に課題が見られたほか，台湾の現状理解が不足している者も少なくなかった。

(1)雨温図には月ごとの平均気温と降水量が示されている。月平均気温からは4地点の緯度を相対比較でき，月降水量からは内陸か沿岸かといった位置を判定することが可能である。

A～Dにおける冬季の月平均気温を比較すると，Dが最も暖かく，次いでB，AとCはほぼ同じと読み取ることができる。台北(25° 05′ N)は，他の3都市にくらべ一段異なる低緯度(北京39° 52′ N，ソウル37° 35′ N，東京35° 41′ N)であるため，Dと判定することが容易である。相対的に降水量が多いことも，Dが台湾ということを裏付けている。Bについては，AとCにおける冬季の月平均気温が温帯と亜寒帯(冷帯)の境界付近であることから，東京に該当することを判定できるはずである。

AとCの判定は，降水量に着目すれば難しくない。降水量はA＞Cと読み取ることができる。降水量は，一般に沿岸＞内陸であり，隔海度が影響しやすい。ソウルはインチョン(仁川)の東，北京はテンチン(天津)の北西でどちらも内陸に位置するが，北京の方が隔海度は大きく，西に広大な陸地も広がっている。よって，降水量が相対的に多いAはソウル，降水量が相対的に少ないCは北京となる。ソウルの外港インチョン，北京の外港テンチンは確認しておきたい都市でもある。

AとCの判定が難しかったようであるが，地図帳を見る習慣と，理論や法則性を具体例で確認する作業の重要性が問われた問題であったといえる。

(2)全国(地域)の人口に占める当該都市の人口比率が最も高い都市はソウルであり，再現答案を見る限り，この正答率は高かったようだ。『データブック』によれば，ソウル18.9%，北京1.0%，台北11.2%，東京7.4%(23区)であり，ソウルの集中度が突出している。インチョン市や京畿道を含めたソウル首都圏にまで広げると，韓国人口の50%近くになり，ほぼ韓国国民2人に1人といった割合になる。

国土面積の0.6%にすぎないソウルへの集中は人口にとどまらない。地域別総生産額(2000年)も20%を超えており，首都圏にまで広げるとやはり50%近くになる。企業本社(1995年)はソウル特別市だけで韓国全体の57.2%，首都圏では75.9%を占めている。そのほか，首都機能や大学，工場などの集中度も高く，ソウルは日本の東京以上の一極集中という状況にある。この集中の背景には，朝鮮王朝からの中央集権的な統治体制が影響しており，1960年代から80年代にかけての軍事政権下で地方自治の停止状態が続き，国家権力の影響力が絶大であったことも関係している。

このような一極集中を是正し，「国家による国土と資源の保護と均衡のとれた開発・利用のための国家計画」を進めるべく，国土建設総合計画法が1963年に制定されている。釜山・大邱・仁川・光州・大田・蔚山が広域市に指定されて地方分権を進め，馬山や群山の輸出自由地域指定，新幹線や高速道路の建設など，地方のインフラ整備にも力を入れている。さらに，ソウルのスプロールを抑制するためにグリーンベルト地帯を設けて土地利用規制を実施し，工場や大学の総量規制，中央政府の機関・権限や企業本社の地方分散なども推進した。

ソウルにおけるこのような具体的事例を認識している受験生は少なかったと思われるが，本問では，指定語句やロンドン・東京などの著名な事例をヒントにしながら，論理的な文章を作成する能力が問われていたといえる。その際，首都ソウルへの集中抑制と地方振興といった，首都(中心)と地方を対照させる観点が必要であった。

なお，2012年に発足した世宗特別自治市へ行政機関の移転も進められている。

(3)アジアNIEsとして注目されてきた台湾の工業は，1980年代半ばまで，相対的な低賃金労働力を背景にし，労働集約型の繊維工業や電気機械工業が牽引した。1966年に高雄，1972年には台中にも輸出加工区が指定されると，輸出指向型工業の発展はさらに拍車がかかった。しかし1980年代半ば以降は，台湾での賃金水準が高騰するとともに，85年のプラザ合意で円高基調となったことから，日本企業がASEAN諸国を中心とする海外への進出を活発化させた。さらに89年には台湾経済の成長を受けて，台湾ドルが変動相場制へ移行した。これらの結果，より低賃金のASEAN諸国や中国が台頭するようになり，労働集約型の電気機械工業や繊維工業の国際競争力は低下していった。

付加価値を高める必要が生じた台湾では，技術集約型であるICやコンピュータなどの電子工業の育成に力を注いでいく。アメリカ合衆国のシリコンバレーをモデルにして1980年に設立された新竹科学工業園区において，ハイテク産業の技術研究や開発が促進されていった。こうして90年代には，世界最大のパーソナルコンピュータ製造国(地域)となった。

また1980年代までは，台湾外から台湾の製造業への直接投資が，台湾から台湾外の製造業への直接投資を上回っていた。台湾は投資の受け入れ国であったが，90年代になると海外への投資国へと変化した。とくに投資の対象先となったのは中国である。97年に香港が中国に復帰すると，投資額は急増した。政治的には課題のある中国・台湾関係であるが，台湾企業による対中国投資は拡大している。その業種は労働集約的な製造業であり，日本と同様に産業の空洞化も指摘されている。

中国の１人当たりGNI10,160ドル(2020年)に対し，台湾は同29,202ドル(2020年)である。台湾はアジアNIEsに数えられ，世界銀行でも高所得国(地域)に位置づけられる。日本では中国の省に位置づけるが，発展段階は中国の平均レベルを大きく上回り，日本と同様な産業構造の変化が進んでいることを理解しておきたい。

解答

設問Ａ

⑴ウ―フィリピン　エ―インド

⑵総数が少ない両国は経済水準の低い遠隔地で，ウは在留者への親族訪問比率が高く，エはＩＴ産業の発展で商用比率が高いから。

(59字)

⑶品質の高い商品が購入できてテーマパークも多い東京，夏の涼しさや冬の雪など四季の変化や自然が楽しめる北海道の人気が高い。

(60字)

⑷日本との所得水準差からイへの旅行が割安となり，日本企業の進出で商用訪問も多いが，日本への入国には各種制限があったため。

(60字)

設問Ｂ

⑴Ａ―ソウル　Ｂ―東京　Ｃ―北京　Ｄ―台北

⑵ソウル。首都機能や政府機関の移転が進められており，人口・工場の流入や立地を規制する制限開発区域も導入された。また高速鉄道や高速道路網を整備し，地方における工業開発を推進している。

(90字)

⑶台湾では低賃金労働力が豊富なＡＳＥＡＮ諸国や中国の台頭で，労働集約型工業の国際競争力が低下した。そのため，蓄積した資本と技術を背景に，電子機器などの技術集約型工業中心へ変化した。

(90字)

第３問

解説　Ｃ⑴とＣ⑶の一部を除いて，日本の交通と都市に関する問題であった。再現答案を見る限り，問題分量が多く時間不足となった可能性もあるが，得点率が最も低い設問であった。設問Ａでは⑴で「ジャストインタイム」という用語理解，⑵では1955年～2005年における日本の産業構造変化の具体的説明が不十分な答案が多かった。設問Ｂでは，港湾の具体的判定は要求されていないが，周辺地域の特徴を指摘するため，すべての港湾判定を正解できなければならなかった。設問Cでは，ドイツの地名判定の正答率は高かったが，指定語句が効果的に使用されておらず，得点差が開きやすい問題であった。

設問A

「日本国内における輸送機関別貨物輸送の推移」に関する問題である。⑴は内航海運と自動車による貨物輸送の推移と製造業の変化を関連させる問題であった。指定語句の意味が把握できていないため，指定語句を日本の産業構造変化に関連させながら論理的な文章とすることが難しかったようである。⑵は鉄道による貨物輸送が見直されている理由を問う問題であった。自動車の短所や鉄道の長所を考慮しながら，複数の加点要素に言及し，時事的な内容にも着目して論じるという点が重要であった。

⑴図1から内航海運の特徴を読み取ると，1955年から75年までは比率を増加させているが，1975年から2005年にかけては比率を低下させている。ところで，なぜこのグラフは1955年から始めているのであろうか。ここにも出題者の意図が隠されているのである。すなわち，高度経済成長期，石油危機といった大きな転換期に，内航海運はどのような推移を示したか，そしてその理由も説明させたいのである。理由説明には内航海運の特徴が関係する。比重が増加しているときは，内航海運の長所がその時代に合致していたといえる。逆に，比重が減少する理由は，内航海運の長所が時代に合わなくなり，短所がクローズアップされるようになったからである。

内航海運の長所は，大量・安価に輸送ができ，重量・大型物資の輸送も可能な点にある。1950年代後半から73年までの高度経済成長期は，重厚長大型の工業が発展した。すなわち，石油化学・鉄鋼・非鉄金属工業などの素材型産業，造船業や大型の製造業である。また，これらの素材型産業の原料は海外に依存しており，工場の立地も臨海部が中心であった。そのため，高度経済成長期は内航海運の比重が高まったのである。

図1から自動車輸送の特徴を読み取ると，高度経済成長期以降，一貫して比率が増加していることがわかる。自動車輸送の長所は，ドアトゥードアの戸口輸送や小口輸送が可能で，内陸での輸送弾力性も高い。高度経済成長期は，所得の上昇や高速道路網の整備も加わり，モータリゼーションも進展した。1973年の石油危機後は，産業構造が転換し，多品種少量生産や軽薄短小型の電子工業も発展した。さらに，物流センターが高速道路のインターチェンジ周辺に誕生するようになり，在庫を最少にして生産コストを削減する輸送システムであるジャストインタイムも採用されるようになった。ジャストインタイム(JIT)方式は，トヨタ自動車の生産方式として知られており，「必要なものを，必要な時に，必要な量」だけ輸送・生産することである。これにより，生産過程の無駄をなくして経済効率を高めることが可能となり，組立工場

では在庫を抱えないために部品工場から頻繁に輸送を行わせ，自動車輸送の重要性が高まっていったのである。

⑵鉄道輸送の比率低下は，⑴で明らかにした時代背景が鉄道輸送に合致していなかったからである。鉄道輸送の長所としては，従来から定時性や大量・安価・安全輸送が注目されてきた。ただし，路線開設に多額の設備投資が必要であり，輸送弾力性が低いといった短所も見られた。さらに，内陸での工場立地が進み，多品種少量生産や頻繁な輸送への対応，鉄道輸送だけで最終目的地に輸送することも難しかった。そのため，鉄道による貨物輸送は，比重を低下させてきた。

しかし，近年は鉄道による貨物輸送が見直されている。日本では，運輸省(現国土交通省)が1991年4月からモーダルシフトを推進している。モーダルシフトとは，自動車や航空機による輸送などを鉄道や船舶による輸送などに代替することである。モーダルシフトが進むことで，交通渋滞の緩和や交通事故の減少，省エネ効果，排気ガスによる大気汚染や酸性雨の削減，二酸化炭素削減による地球温暖化への歯止めといった効果が期待されている。

自動車が最も大きな要因である交通渋滞の緩和や交通事故の減少は，自動車利用数が減少することで実現可能となる。省エネ効果については,『運輸関係エネルギー要覧』(運輸省)によると，鉄道のエネルギー効率は自動車(営業用)の5.9倍，航空の48.5倍，内航海運の1.1倍となっている。『国土交通白書』によれば，貨物1トンを1km輸送するときに排出する二酸化炭素は，鉄道を1とすれば，自動車が7.5倍，内航海運が1.8倍であり，環境にやさしい輸送機関は鉄道ということがわかる。さらに，もともとの長所である定時性や大量・安価・安全も加わり，鉄道が再評価されているのである。

本問では，見直される契機となった環境問題の指摘は欠かせないが，$+\alpha$となる複数の視点を組み入れることができるか否かがポイントでもあった。

設問B

「苫小牧港・千葉港・横浜港・名古屋港の取扱貨物」に関する問題である。⑴は(ア)(名古屋港)と(ウ)(横浜港)に共通する輸出品目を指摘しながら，周辺地域の特徴を論じる問題であった。(ア)と(ウ)の判定を誤るだけでなく，周辺地域の特徴への言及に課題が見られた。⑵は(イ)(千葉港)と(エ)(苫小牧港)で異なる輸入品目を指摘しながら，周辺地域の特徴を論じる問題であった。(イ)と(エ)で異なる輸入品目を指摘し，その輸入品目に周辺地域の特徴を関連させることが難しかったようである。

⑴まずは,(ア)と(ウ)の港湾を判定しなければならない。(ア)は輸出量・輸入量ともに多く，総貨物量が最大であることから名古屋港となる。(ウ)は輸出量が第2位で，総貨物量が第3位という点から横浜港である。この判定ができれば，両港に共通する

輸出品目は完成品自動車となる。財務省「貿易統計」によれば，2018年現在においても，完成品自動車の輸出は横浜港で22.1％，名古屋港で25.0％を占め第1位である。自動車部品も横浜港で4.9％，名古屋港で17.5％を占めてそれぞれ第2位の取扱額であった。

神奈川県には日産自動車の本社が所在し，横浜市・横須賀市・平塚市に工場が立地している。さらに，川崎市には三菱ふそう，藤沢市にはいすゞ，後背地の埼玉県にはホンダ，東京都には日野自動車が工場を立地させている。これらの完成品自動車の輸出港として横浜港が位置づけられている。

愛知県にはトヨタ自動車の本社が所在し，豊田市に複数の工場が立地しているほか，田原市にも完成品組立工場が立地している。さらに，名古屋市には三菱ふそう，岡崎市には三菱自動車，豊川市にはスズキ自動車，三重県鈴鹿市にはホンダが工場を立地させている。これらの完成品自動車の輸出港として名古屋港が位置づけられている。

また，横浜港周辺は京浜工業地帯であるため，各種機械工業や自動車関連部品の生産が盛んである。名古屋港周辺も中京工業地帯であり，各種機械工業や自動車関連部品の生産が盛んである。苫小牧市・千葉市・北九州市にくらべ都市の規模が大きく，総合工業地帯に位置している。これらも両港周辺の特徴といえる。

本問では，「周辺地域で自動車工業が盛んであるため自動車の輸出が多い」といったレベルでは高得点は望めない。(ア)や(ウ)の港が特定できる表現法や＋αの指摘も付け加えたいところである。

(2)(イ)と(エ)の港湾を判定しなければならないが，(1)の判定ができていれば苫小牧港と千葉港のいずれかとなる。どちらも輸出量に対する輸入量の比率が高いが，総貨物量・輸入量や国内フェリーの有無を考慮すれば，(イ)が千葉港，(エ)が苫小牧港となる。

国土交通省「港湾統計」によれば，2018年における千葉港の輸入量上位品目は，原油(35.8％)・LNG(液化天然ガス)(29.1％)・揮発油(8.2％)・鉄鉱石(6.9％)の順であった。2017年の苫小牧港の輸入量上位品目は，原油(43.0％)・石炭(28.2％)・動植物性製造飼肥料(4.3％)・木材チップ(3.7％)・とうもろこし(3.2％)の順であった。両港とも原油が第1位であるが，備蓄用・発電用の比重が高い苫小牧港に対して，千葉港では石油化学工業の原料としてLNGとともに利用されている。さらに，鉄鋼業も盛んであるため鉄鉱石の輸入も多い。千葉港が位置する京葉工業地域は，日本の他の工業地域と異なり，化学工業と金属工業の出荷額がそれぞれ機械工業を上回っている。この点は千葉港周辺における工業の大きな特徴といえる。

苫小牧港の輸入品目のなかでは，木材チップ・動植物性製造飼肥料・とうもろこしが特徴的である。これは，港周辺で製紙・パルプ工業が盛んであることや，後背地で農業・牧畜業が盛んなことと関係している。木材チップは製紙・パルプ工業の原料であり，動植物性製造飼肥料・とうもろこしは家畜用の飼料でもある。苫小牧港が位置する道央工業地域全体では鉄鋼業も盛んであるが，原料の鉄鉱石と石炭は室蘭港で輸入されており，製鉄所も室蘭に立地している。よって，鉄鋼業は苫小牧港周辺の特徴と考えることはできない。

本問では単なる輸入品目の相違ではなく，周辺の工業や産業を意識しながら輸入品目を指摘し，その品目に関連した周辺地域の特徴につなげるといった論理的な組み立てがポイントであった。

設問C

「ドイツと日本における都市の分布」に関する問題である。(1)はリード文中の空欄補充問題であった。ドイツの鉄道路線上の基本的な地名や都市名を問う問題であり，正答率は高かったようである。(2)は(ウ)(東海道新幹線)の路線上で大都市が立地した理由を論じる問題であった。指定語句を修飾しながら効果的に使用する点に課題が多かった。(3)はドイツと日本における都市分布の差異とその理由を説明する問題であった。「都市機能」という指定語句を修飾しながら効果的に使用することが難しかったようである。

(1)ドイツの高速鉄道であるICE(Inter City Express)路線を材料にして，図2とリード文をヒントに，基本的な地名や都市名が問われている。

(a)はエルベ川河口近くで中世以来の自由都市として知られ，ドイツ第2の都市であるハンブルク特別市(2016年：178.7万人)と，ローマ植民市で世界遺産の大聖堂がある都市として知られるケルンの間に位置する工業地帯なので，ルールである。ルール工業地帯は，ルール炭田とライン川流域の水運を背景に鉄鋼・機械・化学工業などが発達する西ヨーロッパ最大の工業地帯である。ノルトライン・ヴェストファーレン州の中心に位置し，南はルール川，西はライン川，北はリッペ川で境され，ドルトムント・エッセン・デュイスブルクなどの工業都市が立地している。

(b)はルール工業地帯とケルンの間に位置する河川なので，ラインである。ルール川もライン川の支流であり，両河川はデュイスブルクで合流している。ライン川はスイスアルプスを水源とし，ドイツとフランスの国境を北流したあと，ドイツ西部に入り，オランダのロッテルダム付近で北海に注いでいる。全長約1,300kmの国際河川であり，河口近くのユーロポートからスイスまで水運が通じている。このユーロポートからバーゼルまでのライン川流域はヨーロッパの先進工業地域であり，経済的に発展しているブルーバナナ(イギリス南部から北イタリア)に含まれている。

(c)ドイツ最大の金融都市はフランクフルトである。ライン川に合流するマイン川下流，ヘッセン州南部に位置し，人口73.2万人(2016年)のドイツ第5の都市である。ドイツ銀行をはじめとする多くの銀行の本店所在地であり，EUの銀行である欧州中央銀行の本店も立地している。首都ベルリンは政治の中心であるが，フランクフルトは経済の中心といえる。また，フランクフルト国際空港は，フランスのシャルル・ド・ゴール空港，ロンドン・ヒースロー空港と並ぶヨーロッパの重要なハブ空港でもある。さらに世界有数の証券取引所もあり，世界経済に影響を及ぼす世界都市とされている。

(d)バイエルン州の州都はミュンヘンである。首都であるベルリン特別市(2016年：352.0万人)，ハンブルク特別市に次ぐドイツ第3の都市(同145.0万人)である。BMWの本社が立地し，メルセデス・ベンツのシュツットガルト，フォルクスワーゲンのヴォルフスブルクと並び，自動車工業が盛んである。また，大小多数のビール醸造所が立地し，世界最大のビール収穫祭であるオクトーバー・フェストが開催される都市としても知られている。(3)の解説で言及されるようにドイツは連邦制の国家で地方分権傾向が強いが，バイエルン州内では他都市との規模差が大きく，一極集中型のプライメートシティとなっている。

(e)ドイツ最大の都市は首都ベルリンである。ベルリンは第二次世界大戦後の冷戦時代には東西に分断(1949年)され，東ベルリンは旧東ドイツの首都，西ベルリンはアメリカ合衆国・イギリス・フランスの共同信託統治領となり実質的な西ドイツの飛び地に組み込まれた。1961年に構築されたベルリンの壁が1989年に崩壊し，1990年に東西ドイツが統一されると，西ドイツのボンから首都機能も移転し東西統一ドイツの首都となった。首都機能の移転が終了したのは2001年である。最大都市で政治の中心ではあるが，金融と交通の中心はフランクフルト，産業の中心はルール地方やハンブルク・ミュンヘンであり，ドイツは首都への一極集中状態にはない。

(2)(ウ)の路線は，600kmの区間に200万人以上の都市を3都市読み取ることができる。ここから，(ウ)は東海道新幹線と判定できる。(エ)はほぼ600kmの路線で，約350kmの位置に100万人の都市を読み取ることができる。ここから，東北新幹線と判定できる。

(ウ)の東海道新幹線沿線には，東京のほか，川崎・横浜・静岡・浜松・名古屋・京都・大阪・神戸などの政令指定都市が立地している。東京・名古屋・大阪の三大都市圏が連続する巨帯都市の東海道メガロポリスであり，京浜・中京・阪神の三大工業地帯や東海工業地域もつながり太平洋ベルトの一部である。

本問では，「このような特徴が生じた理由」が問われている。よって，単なる現状説明だけでは高得点は望めない。なぜこのようなメガロポリスや工業地域が形成されたのかを指摘する必要がある。

三大工業地帯は，明治政府の殖産興業政策により育成され，第二次世界大戦中の壊滅的打撃を経て復興した。北九州工業地帯を含めた四大工業地帯では，工業化が進展した結果，地価の高騰や用地不足，公害などが加速するとともに，地方との地域格差も拡大していった。政府は，さらなる工業化の進展を模索するため，全国総合開発計画を策定して新産業都市や工業整備特別地域を指定するとともに，四大工業地帯の中間地域にあたる静岡県や瀬戸内海沿岸などに新たな工業地区を育成する太平洋ベルト地帯構想を提唱した。

この構想により三大工業地帯周辺の発展が加速し，三大都市圏へのさらなる人口集中が進むことになった。三大都市圏には地方から人口が流入し，人口規模が大きな巨大都市が連続するメガロポリスを形成・強化していったといえる。

(3)ドイツの正式国名は，ドイツ連邦共和国である。14州と首都ベルリン・ハンブルクの２特別市で構成されている。連邦制とは，複数の国家や行政上の強い権限を有する州政府が存在し，それらが１つの上位政府によって統治される国家のことである。国土面積の広いロシアやアメリカ合衆国，小国でもいわゆる多民族国家のスイス，数多くの君主国や都市国家が並立していたドイツなどで採用されている。(1)で示したように，ドイツでは政治，金融，交通，産業などの都市機能の中心が分散している。また州レベルの権限も強く，地方分権が進んでいる。そのため，100万人以上の人口を有する都市は，ベルリン・ハンブルク・ミュンヘンの３都市にとどまり，人口最大のベルリンでもドイツの総人口の4.2％程度である。

一方の日本は，中央集権の国家である。中央集権とは，行政や政治機能の権限と財源が中央政府に一元化されている国家のことである。首都である東京23区の人口は939.7万人(2018年)と日本の総人口の7.4％に過ぎないが，その面積は日本の0.2％にも満たない地域である。郊外を含めた東京都では日本の総人口の10.9％となり，東京を中心とする50km圏では26.8％が集中している。人口規模で第２位の横浜市(373.8万人)も東京の大都市圏内に位置づけられる。日本の総人口は減少傾向にあるが，東京の社会増加率はプラスである。すなわち，東京への人口集中は現在も継続中なのである。

さらに日本の場合は，東京に金融・産業・交通・情報などが集中しており，人口以外も一極集中の状況にある。

本問は，ドイツと日本における人口規模のばらつきの相違を指摘し，指定語句を使用しながら差異を生じさせた理由を説明する問題である。論理的な説明が求められているのは当然であるが，「都市機能」という指定語句を修飾しながら効果的に使用することが高得点へのポイントになったといえる。

2010年　解答・解説

解答

設問A

⑴高度経済成長期は重厚長大の素材型産業が臨海に発達し，内航海運が増大した。石油危機後は内陸の軽薄短小型産業も発達し，生産管理のジャストインタイム方式導入で，自動車の比重が高まった。

（90字）

⑵地球温暖化対策の二酸化炭素削減や交通渋滞を緩和するため，省エネ効果があり定時性も高い鉄道へのモーダルシフトを模索した。

（60字）

設問B

⑴㋐と㋒の周辺は，各種機械・自動車工業の発達する中京工業地帯と京浜工業地帯が広がり，自動車の完成品や部品を輸出している。

（60字）

⑵㋑周辺では石油化学工業や製鉄所が立地することから，原油・ＬＮＧや鉄鉱石の輸入が多い。㋓周辺では製紙・パルプ工業や牧畜業が盛んなことから，木材チップや動植物性飼肥料の輸入も多い。

（89字）

設問C

⑴ａ―ルール　ｂ―ライン　ｃ―フランクフルト
　ｄ―ミュンヘン　ｅ―ベルリン

⑵㋒は京浜・中京・阪神の三大工業地帯と東海工業地域が発展し，地方から人口が流入して巨帯都市のメガロポリスを形成したため。

（60字）

⑶ドイツは連邦制を採用したため，各州の中心都市に人口と諸機能が分散している。日本は中央集権国家であり，東京を中心とする首都圏に人口と政治・経済・文化などの都市機能が集中している。

（89字）

2009年

第1問

解説 第1問では統計地図や地形図が出題された。問題自体は基本的な読図問題であり難問とはいえないが，設問A－(2)・(3)では出題意図を考慮してどの地域を選択するか，設問の読解力と地理的センスも要求されたといえる。また設問Bでは，東大で地形図は出題されないと思い込んでいた受験生は，地形図を見た瞬間に動揺したかもしれない。

設問A

「森林密度と年平均流出量との関係」に関する出題であった。森林と年平均流出量がともに多い地域，森林と年平均流出量がともに少ない地域，年平均流出量は多いが森林は少ない地域に3分類し，該当する地域，その特徴や理由を問うている。統計地図の関連性に着目させ，設問に該当する地域を読み取らせる問題であるが，対比しながら説明する点やポイントにつながる複数内容の指摘，それらの論述内容に適する具体的地域の選択など，論述の基本問題であったといえる。また，得点となる解答例は複数存在するため，論理性のある文章構成が要求されている。

(1) aは低緯度の赤道付近であるため，「森林の名称」としての熱帯雨林，「樹種」としての常緑広葉樹といったキーワードを思い浮かべることは容易である。ただし,「樹種の構成」とされているため，林相にまで言及したい。また，「両者の違い」を述べる必要があるためaとbで対比できる項目を示しながら説明する必要性も生じる。

採点のポイントとしては，①aとb両地域の森林が示されているか，②両地域の樹種構成が説明されているか，③両地域の対比という意識で相違点に着目できているかといった点が挙げられる。

すなわち，aでは森林の呼称でもある「熱帯雨林」，林相としての「多層林」あるいは「多相林」，樹種としての「常緑広葉樹」などを挙げればよい。なお，「ジャングル」という用語は低層にも日光が届き低木やつる性植物が豊富なアフリカや東南アジアの熱帯雨林に使用し，低層に日光が届かないためコケ類などの生育にとどまる南アメリカの「セルバ」と分けて使用することもある。よって，限定して使用されることがある「ジャングル」や「セルバ」という用語の使用は避けた方がよいであろう。

bではaとの相違を明確にするため，対義語を意識した用語を採用して論述したい。すなわち，森林呼称の「冷帯林(亜寒帯林)」，林相としての「純林」，樹種としての「針葉樹」，針葉樹の純林を意味する「タイガ」などが必要となる。

⑵図から森林と年平均流出量が少ない地域を読み取り，読み取った地域の年平均流出量がともに少ない理由を説明する問題である。北半球ではグリーンランドから北極海諸島，モンゴルから中央アジア・西アジア・北アフリカ，アメリカ合衆国西部などを読み取ることができる。南半球ではオーストラリア西部から内陸部，アフリカ南西部，南アメリカのパタゴニア地方などが該当する。

年平均流出量が少なくなる理由としては，流出のもとになる降水量が少ない，蒸発量が多い，降水が陸地にとどまり流出しないといった点が当てはまる。図から読み取った地域と当てはまる理由を結びつけることになるが，その理由をもたらす原因にも触れておきたい。

採点のポイントとしては，①適切な地域が読み取れているか，②年平均流出量が少なくなる理由は適切か，③その原因に言及しているかといった点が挙げられる。読み取った地域により理由や原因が異なるため，解答は複数存在する。

すなわち，亜熱帯高圧帯(中緯度高圧帯)の影響による西アジアから北アフリカ，アフリカ南西部，オーストラリア西部から内陸部，内陸や風下の影響によるモンゴルから中央アジア，パタゴニア地方，極高圧帯や低温の影響によるグリーンランドから北極海諸島を指摘できればよい。

「理由は２地域に共通であっても構わない」ため，北半球の北アフリカと南半球のオーストラリア中西部といったオーソドックスな事例を挙げて説明してもよい。ただし，異なる理由を挙げて説明できるのであれば，地理的センスはより高いといえる。

⑶本問は⑵と同様に森林が少ない地域であるが，年平均流出量が多い地域を挙げ，その理由を説明する問題である。相対的な観点からの読み取りであり，多い・少ないといった主観が影響する。該当する地域について読み取ることが可能な事例が多いことから，本問も解答は複数存在するといえる。

森林が少ない理由としては，降水量の少なさ，気温の低さ，標高の高さといった自然的理由，開発などの人為的理由が挙げられる。熱帯林の破壊や砂漠化などの環境問題の場合は，森林の減少する理由といえるが，年平均流出量は多いが森林は少ないという本問の資料や出題意図から読み取る地域に当てはまるとはいえない。また，年平均流出量が多いという条件があるため，降水量の少ない地域も適当ではない。

採点のポイントとしては，①適切な地域が読み取れているか，②自然的理由の場合は適切な理由を指摘しているか，③人為的理由の場合は適切な理由を指摘しているかといった点が挙げられる。２つの地域は北半球・南半球と分けて指摘する必要はないが，地理的な一定の隔たりを有する地域を指摘する必要はあるといえる。

すなわち，代表的な地域としては西ヨーロッパから南ヨーロッパ，スカンディナヴィア半島西岸，インド南西岸，ヒマラヤ山脈東部南麓，中国南東都，チベット高原，北極海沿岸などであり，樹林の育成を阻害する気温や乾季などの自然的理由，樹林を減少させた開発行為などの人為的理由を指摘すればよい。

⑵との相違点を明確にする必要から，雨季の流量の多さや人為的な側面に着目することも重要な指摘である。また，多い・少ないという点では主観的な捉え方が影響してしまう。森林密度は薄墨以下，年平均流出量は600mm以上の地域を読み取り理由を説明することができればよりよいといえる。

設問B

「青森県岩木山周辺の地形図読図」問題であった。センター試験レベルの基本的な読図問題であるが，地形図の出題は2002年度以来7年ぶりであり，読図対策を疎かにしていた受験生の中には戸惑った者も少なくなかったようである。地形図は出題されないなどの思い込みから限定した分野の学習にとどまらず，地理の全分野を学習するとともに，各分野の相互関連性に着目して横断的な理解を心がけることが重要である。

⑴標高400m付近を境にして地形変化を読み取る問題である。読図問題は地形図に描かれている地理的事象を見つけるものであり，正答を探し出す問題である。丁寧に読み取ることができれば，必ず高得点が取れる問題でもある。地図記号などの約束事を把握していない者，苦手意識を植え込んでいる者や読図練習の不足している者が，自分から難問にしているだけなのである。

地形図から地形を読み取る場合は，地図記号と等高線，地名などから判断することになる。具体的には三角点，崖や凹地の地図記号，等高線の粗密などからの傾斜，～台や～高原などの地名で読み取ることができる。また，畑や田といった土地利用からも，なぜこの土地利用が出現するのかと考えることで，地形読み取りのヒントにつながるはずである。

採点のポイントとしては，標高400m付近を境にして①適切な地形が読み取れているか，②それぞれで見られる対照的な地形を説明しているか，③指定語句を修飾して使用しているかといった点が挙げられる。指定語句をヒントにして出題意図を読み取り，２地域における地形の相違を明確に説明する必要がある。

すなわち，標高400m以上では等高線の密度から急傾斜，地図記号や地名などから侵食**谷**や溶岩地形，標高400m以下では等高線の密度から緩傾斜，指定語句や土地利用などから侵食された**土砂**の堆積といった流れを指摘できればよい。

⑵　岩木山は津軽富士とも呼ばれ，標高1,625mの成層火山である。円錐形の美しい山容を見せる山であるが，山頂は三峰に分かれている。岩鬼山(巌鬼山1,456m)と鳥海山(1,502m)は外輪山の一部であり，岩木山は鐘状形の中央火山丘である。青森

県最高峰で津軽平野全域から眺められるが，見る方向によって異なる形となる。本問はこの観点からの出題である。また，津軽一帯の信仰を集める岩木山神社や津軽藩主を祀る高照神社もあり，信仰の山としても知られているが，本問はこれらの知識を要求しているわけではなく，地形図読図により判定することになる。

Xからは西北西に入り込んでいる谷線から岩鬼山・岩木山・鳥海山の三峰を見ることができる。Yからは前方に当たる鳥海山を見上げることができるものの，鳥海山と岩木山の標高差と距離から，岩木山の山頂は鳥海山に隠れて見ることはできない。

採点のポイントとしては，①山頂周辺の標高が読み取れているか，②XとYの対照的な相違点が指摘できているかという点が挙げられる。また，岩木山の「山頂付近」をどの範囲で設定するかにより解答内容は異なることになる。

すなわち，岩木山の山頂に限定すれば，Xからは岩木山山頂は見えるが，Yからは山頂が見えない。岩木山を外輪山一帯に広げるならば，Xからは山頂部は三峰となり，Yからは鳥海山のみ見ることができるとなる。

(3)「この地域」とは地形図で読み取ることができる地域のことである。具体的な観光開発事例と自然環境を当てはめることになる。岩木山一帯は，白神山地西端の十二湖から青森湾に至る津軽国定公園に含まれ，風光明媚な景勝地として知られている。

具体的な観光施設としては，津軽岩木スカイラインが8合目まで，そこから鳥海山の山頂近くまでロープウェイが通じている。山麓には東北自然歩道が整備され，岳地区や百沢地区には「♨」の地図記号を読み取ることができる。さらに，岩木山百沢スキー場，青少年スポーツセンターやゴルフ場などの読み取りもできる。

採点のポイントとしては，①自然環境と関連させた具体例となっているか，②質的な違いを考慮した具体例を指摘しているかといった点が挙げられる。

すなわち，風光明媚な自然からの津軽岩木スカイラインやロープウェイ，東北自然歩道，広大な山麓を利用したスポーツセンター，スキー場やゴルフ場，火山の恩恵でもある温泉といった関係を挙げればよい。また，観光開発の特徴でもあるため，観光客の年齢層や季節に関する指摘を考慮してもよいであろう。スポーツセンターなどのレジャー施設や温泉などの保養施設を通して幅広い年齢層を集客しており，スキー場やゴルフ場，温泉などを通して通年型の観光・保養地域となっている。

ただし，あくまでも「自然環境を生かした観光開発」なので，神社などの山岳信仰に関する施設の指摘は出題意図からずれている。

解答

設問A

(1) aの熱帯雨林は林相複雑で硬木の常緑広葉樹が多いのに対し，b

の亜寒帯林はタイガと呼ばれる針葉樹の純林が広がり軟木が多い。

(60字)

(2)北半球で高緯度のグリーンランドは低温・少雨，オーストラリアの内陸部は亜熱帯高圧帯の影響下にあり少雨で蒸発も著しいため。

(60字)

(3)イタリア半島やインド南西岸は，雨季の流出量が多くなるが，厳しい乾季で森林の生育が難しく，開発による伐採も多かったため。

(60字)

設問B

(1)傾斜のきつい400m以上では噴出した溶岩や侵食谷がみられ，そこで侵食された土砂が400m以下で堆積し勾配が緩やかになった。

(60字)

(2)Xから山頂は見えるが，Yからは手前の鳥海山に隠れ見えない。

(30字)

(3)スキー場やゴルフ場など広大な山麓を利用したレジャー施設，火山の地熱を利用した温泉などで幅広い年齢層を年中集客している。

(60字)

第2問

解説　第2問は東大に特徴的な統計分析問題であった。地理教師としては解答しやすい問題であるが，受験生レベルではやや苦戦している再現答案が少なくなかった。現役生を中心に，設問A(1)や設問B(1)の国名判定問題での誤答が見られた。地理で扱う基本テーマで難問といえず，過去にも東大で出題されたテーマであるが，過去問学習と体系的理由づけを疎かにしている受験生も多かったのであろう。この点で第1問と同様に得点差がつきやすい問題であったといえる。

設問A

「ヨーロッパ各国と日本の食料自給率や農業の特徴」に関する問題であった。現役生の中には(2)の前提となる(1)の国名判定を誤る者が散見された。農産物の特徴から自給率を意味づけし判定するといった，地理的思考過程に課題があるといえる。また，(4)・(5)は統計表から相関性を読み取る問題であるが，東大では資料を変えて毎年出題されている。指標の意味を吟味しながら，地理的な意味づけを行う作業が必要となる。

(1)センター試験や私立大学でも頻出の国名判定問題である。全体の自給率や品目の特徴を考慮することで正答を導き出すことは容易であるが，勝手な思い込みをせず，農産物の生産に関わる特徴から判断する必要があった。また，(2)で(イ)国と(ウ)国の判断理由を要求していることから，(イ)国と(ウ)国の判定を誤ると，(2)の得点も失うことになる。

(ア)～(ウ)国の穀類としては小麦を考慮する必要がある。穀物の自給率の高さ，全体の自給率の高さを考慮しても(ア)国をフランスと判定することは容易である。フランスはヨーロッパの農業大国として知られており，穀類自給率がとくに高い。EUの輸出補助金削減などにより，1980年代に250%あった小麦自給率は2003年に166%(2019年は200%)へ低下しているが，それでも国内消費量を大きく上回る生産を行っており，2020年時点では世界第4位の輸出国となっている。

(イ)国のイギリスは表中のすべての指標が自給率100%を下回っている。ただし，穀類はほぼ自給できている点や野菜類の自給率の低さに特徴がある。穀物の自給率は1970年の59%，総合食料自給率は46%から上昇した。これはEUの共通農業政策(Common Agricultural Policy：CAP)下の農業補助金を含む農業構造改善事業の成果であり，選択的拡大計画(The Selective Expansion Program)の影響が大きかったといえる。ただし，鮮度が重要視され日本の自給率でさえ相対的に高い野菜類の生産については，気候的制約条件などが影響し，かえって自給率を低下させている。

(ウ)国のスペインは，野菜類や肉類における自給率の高さが特徴的である。スペインはフランスやイギリスに比べ工業が遅れていたこともあり，農産物は輸入に頼れず自給が基本であった。また，EU域内では温暖な気候で野菜生産に向いている点，乾燥した高原であるメセタを中心に牧畜業が盛んであり，これらが野菜類と肉類自給率の高さや，輸出の多さにつながっている。なお，温暖な気候という点は果実生産にも影響を与えており，オレンジ類の世界最大の輸出国(2020年)となっている。

(2)(1)で解答した(イ)国と(ウ)国の判断理由を要求していることから，単なる知識を要求しているのではなく，正答に辿り着くまでの論理的思考過程を確認しようとしていることがわかる。また，農業生産面から自給率の数値を意味づける必要があり，イギリスとスペインの農業を取り巻く状況や農畜産物の生産に関わる特徴を理解している必要もある。

イギリスの農業労働者は全就労者の1%程度であるが，農業従事者1人当たりの農地面積が49.8ha(2019年)と規模が大きい。また，集約的な穀物栽培も行われており，機械化も進展している。そのような状況下で，EUの共通農業政策による助成金も支給されており，農業は保護されている。収益性の劣る大麦栽培から小麦栽培に変化し，経営規模の拡大と専業化が共通農業政策下で進んだといえる。

南ヨーロッパに位置するスペインの農業労働者は全就労者の4%であるが，西ヨーロッパ諸国に比べると高い水準を維持している。急速な工業化が進展しているが，乾燥するメセタでは粗放的自給農業地帯が広がっており，羊や豚の飼育も盛んである。また，地中海式農業が広がる南部では温暖な気候を利用した果樹・野菜栽培が盛んである。とくに，灌漑施設が整備されたバレンシア地方では生産性の高い園芸農業も行われている。

採点のポイントとしては，①評価すべき指標が適切に読み取れているか，②それが消去法ではない両国の判定根拠となっているか，③イギリス農業の特徴を指摘できているか，④スペイン農業の特徴を指摘できているかといった点が挙げられる。

すなわち，イギリスにおいては，企業的(大規模)穀物栽培や共通農業政策により穀物がほぼ自給されるようになった流れが必要となる。また，スペインとの対比で冷涼な気候を指摘してもよい。スペインにおいては，温暖な気候下での野菜の高い自給率，盛んな牧畜による肉類の高い自給率といった流れが必要となる。

(イ)国がイギリスなので(ウ)国はスペインといった消去法による判定では，判断理由を明確に示したことにはならない。積極的に判断できるポイントを的確に読み取ることが必要である。

＜資料＞食料自給率(2018年)

国	穀類	いも類	野菜類	肉類
フランス	176	130	72	103
イギリス	82	87	43	77
オランダ	10	150	347	253
スペイン	71	62	210	152
日　本※	28	73	80	53

※ 2020年
『データブック・オブ・ザ・ワールド』から作成。

(3)オランダの農業の特徴と国土の特性を結びつける問題である。本問も指標の農畜産物に国土を関連させなければならない。ライン川下流の低湿地帯に位置するオランダは，国土面積が狭いながらも，海岸沿いの砂丘地，干拓地のポルダー，東部の高地に分けることができる。オランダの特徴ともいえる干拓は11世紀に始まったとされるが，近代的な干拓は1612年，世界遺産にも登録されているベームスター干拓地から始まっている。著名なゾイデル開発計画は1927年からであり，1932年にゾイデル海を締め切り，それにより生じたアイセル湖を干拓していった。

オランダの農業は高度に集約化・機械化されており，表1のデータでもわかるように，野菜や花卉(かき)の園芸農業と酪農を含めた牧畜業が盛んである。2022年の農産物・

食料品輸出額はアメリカ合衆国に次いで世界第2位となっている。園芸農業や酪農は鮮度保持が重要なポイントとなるが，ドイツ・イギリス・フランスの大消費地に近いという有利性がある。この農業の特徴を，オランダの位置関係だけでなく，国土に関連させて統計の説明をすることになる。

採点のポイントとしては，①オランダにおける国土の特性を複数指摘できているか，②その国土の利用に該当する農業が指摘できているか，③表中の指標を考慮しているかといった点が挙げられる。

すなわち，低湿な干拓地であるポルダーでは酪農が盛んで，肉類を生産する牧畜業も行われていることを指摘する必要がある。高燥な砂丘地帯では園芸農業が盛んで，野菜や花卉の輸出用生産が行われていることを指摘すればよいであろう。

なお，いも類は北部での生産が多いこと，穀類は単位面積当たりの収益性が低いこともあって国土面積の狭いオランダでは自給率が低いことなどの特徴を意味づけることもできるが，2行以内という制限や重要度を考慮すると，言及する意味は低いといえる。

(4)生産額ベース自給率を熱量ベース自給率で割った比率の下位10道県が低い値を示す理由と，下位10道県に共通する農業の特徴を関連させる問題である。熱量の割に生産額が低い農産物を生産している地域ということになる。本問では設問文をヒントに該当する農産物を考えるという方法と，表2中の道県から共通する農産物を見出すという方法がある。

設問文から考える場合は，熱量が高い農産物，価格が安い農産物，熱量が高く価格が安い農産物を生産する道県という捉え方ができる。表2からは，2005年における日本全体の熱量ベース自給率40％に比べ，熱量ベース自給率が高いことから比較的農業の比重が高い地域と考えることができる。そして，北陸や日本海側の道県が多く，北海道を除けば田(水田)率が高い稲作地帯であることもわかる。

採点のポイントとしては，①共通する農業の指摘は適切か，②該当する農産物の単位当たり熱量の特徴は指摘できているか，③該当する農産物の単位当たり価格の特徴は指摘できているかといった点が挙げられる。

すなわち，農業の特徴としての稲作地帯，米の単位当たり供給熱量が高いこと，米の単価が安いことなどを指摘すればよい。県の位置や自然環境に関する指摘は共通する農業の特徴を2行以内で説明する必要があるため，言及する余裕はないといえる。

なお農林水産省の食料需給表によれば，2022年における日本人の1人・1日当たりの総供給熱量は2,259kcalであるが，米が477kcal，小麦が299kcal，いも類が41kcal，肉類が179kcal，野菜が66kcal，果実が66kcalなどとされる。単位面積当たりの供給熱量(農林水産省「平成15年産作物統計」)は，米を100とすると小麦は63，野菜は43にとどまっており，米が主要食料で，供給熱量が高いこともわかる。また，米価は銘柄や生産地によって異なるが，2023年1月現在の全銘柄平均では60kg当たり13,946円(相対取引価格)とされ，単位重量当たりの価格が安い(1kg≒232.4円)こともわかるであろう。

(5)表3は(4)の表2とは逆に，熱量ベース自給率の割に生産額ベース自給率が高い上位10都府県を示している。その中で，大都市圏およびその近郊以外，すなわち地方ないし遠郊農業地帯が上位にある理由と，それらの地域に共通する農業の特徴を関連づけて説明する問題である。

まず，地方ないし遠郊農業地帯を選び出す必要があるが，宮崎・長崎・愛媛・高知などが該当する。山梨・和歌山・静岡などは大都市圏近郊といえるが，これらの県を考慮しても解答に大きな影響はないであろう。

採点のポイントとしては，①表中から大都市圏以外を判定できたか，②共通する農業の指摘は適切か，③該当する農業における熱量と生産額の相関関係が示せているかといった点が挙げられる。

すなわち，野菜や果樹などを栽培する遠郊農業地域ないし輸送園芸農業地域であること，農産物の単位当たり熱量は低いこと，単位当たりの価格が高いことなどを指摘できればよい。宮崎ではきゅうり・ピーマンなど，長崎ではみかん・レタスなど，愛媛ではみかん・いよかんなど，高知ではなす・ピーマンなどの栽培が盛んである。

なお，山梨ではぶどう・ももなど，和歌山ではみかん・うめなど，静岡では茶・みかんなどの栽培が盛んであり，大都市圏以外の県と同様な特徴があるといえる。

設問B

「東南アジアにおける米の生産」に関する問題であった。難問とは思えない(1)の国名判定を誤った者が少なくなかった。東南アジアにおける米の生産量や貿易量に関する問題は，1997年度・2004年度にも出題されている。1997年度には，「インドネシア，タイ，ベトナム，ミャンマーの生産量と消費量の統計からインドネシアを含む3国を判定」させ,「インドネシアの判断理由」を問う問題が出題された。2004年度には,「米の生産量上位12カ国についての生産量・輸出量・輸入量から国名を判定」させる問題が出題されている。国名判定を誤った者は，米は自給的作物であり貿易量が少ないこと，そのため生産量は人口規模との関連性が強いという基本原則が理解できていないということであり，過去問学習および理解を疎かにしていたことがわかる。

(1)米はアジアで総生産量の約90%(2020年)が生産されている。また，総生産量7.6億トン(2020年)のうち輸出量は4,560万トン(2020年)であり，輸出比率は6.0%にすぎない。すなわち，94%は生産国内にとどまるということであり，アジアの自給的作物という特徴が強いことになる。また，自給的作物ということは，消費人口の多寡が生産量の多寡に影響するということになる。

アジアの人口上位3カ国は中国・インド・インドネシアの順であるが，米の生産上位3カ国も2019年まで中国・インド・インドネシアの順であった。本問の4カ国を人口の上位順に並べるとインドネシア・フィリピン・ベトナム・タイであるが，生産量の上位順ではインドネシア(ア)・ベトナム(イ)・タイ(ウ)・フィリピン(エ)となる。人口に比してフィリピンの生産量が少なくなり前記の相関性と異なっているが，地理的理由づけを行うことで説明が可能となる。すなわち，フィリピンはスペインやアメリカ合衆国の統治時代に，宗教や食文化に欧米の影響が強くなり，1人当たりの米の消費量が少ないためである。

ア国を2016年まで世界第1位の米輸出国であったタイと判定した者もいたようである。しかし，米は自給的作物で輸出量が少ないことから，タイの生産量は人口の多いインドネシアやベトナムを下回るのである。

ところで，アジアの人口第4位はパキスタン，第6位は日本(2020年)であるが，パキスタンの生産量はアジアで11位，日本は同10位(2020年)となっている。これらの理由も地理的に説明可能である。米の栽培条件には降水量が影響するため，乾燥傾向が強く小麦の生産が多い西アジアの生産は少なくなる。米の生産はモンスーンアジア中心なのである。一方，日本はモンスーンアジアであるが，人口に比して生産量が少ない。かつての日本は生産量が今以上に多く，緊急的生産調整が行われた1969年の前年に当たる1968年には玄米換算で1,444.9万トンであった。それが2020年には776.5万トンへと急減している。生活水準の向上に伴い，食生活の多様化が進み1人当たり米消費量が減少したためである。一般的な法則の例外に当たることから，日本の米生産の状況が2004年度にも出題されたといえる。一般法則を理解することで，出題される内容も予測可能となる。

⑵グラフからア国のインドネシアで1970年代から80年代にかけて，生産量が急増している理由を問う問題である。米生産の一般法則を踏まえ，なぜ1970年代なのか，なぜ急増できたのかを説明することになる。

1960年前後はア〜ウ国の生産量に大きな差がなかった。当時からインドネシアの人口は他国を大きく上回っていたことから，輸入などで不足分を補っていたことが推測できる。その点からも生産量を増大させる必要があったわけである。

採点のポイントとしては，①単なる人口増加率ではなく消費人口数に着目しているか，②生産量の急増につながる緑の革命に言及しているか，③生産量を増加させるための条件整備にも着目しているかといった点が挙げられる。

すなわち，人口数に対応した食料安定供給の必要性に言及すること，緑の革命や高収量品種を導入したこと，灌漑施設整備や農業改善事業が行われたことなどの内容を指摘できればよい。

米における緑の革命は，1960年にロックフェラー財団がフィリピンのマニラ郊外に設立された国際稲研究所(IRRI)へ資金を提供し，高収量品種の開発に着手したことに始まる。1966年にはミラクルライスとも呼ばれるIR－8が開発され，モンスーンアジアの食料不足が改善していった。インドネシアには1968年に導入され，灌漑設備の整備，機械化の進展，農薬や化学肥料の使用が進められた。これらが，生産量を大きくさせた理由である。

なお，緑の革命には機械の導入，農薬や化学肥料の購入などが必要となるため，貧しい農民への普及は進まず，貧富の差が拡大したといった問題も生じている。

設問C

「中国における大豆輸入」が急増している理由を問うている。指定語句を補足しながら効果的に使用するとともに，加点ポイントを含めた論述にする必要があった。生産量が増加している中で輸入量が急増している理由に言及できたか否かがポイントでもある。

グラフからは，生産量と輸入量のどちらも増加傾向にあることがわかる。中でも輸入量は1990年代後半以降急増していることを読み取ることができる。1995～2005年までの10年間で輸入量は10倍以上になっており，人口増加率以上に輸入量や消費量が増加していると判定することもできる。

消費量が増加とすると，人間の食生活において直接消費が増加したと考えやすい。ただし，食用作物であっても，油脂作物などの工芸作物や飼料作物などとして利用することも可能である。大豆は，枝豆など直接食用として，また味噌や豆腐など加工食品として利用されるほか，採油用植物原料として，家畜の飼料としても消費される。このような大豆の特徴と指定語句をヒントに，グラフ中の消費量急増と中国の現状を関連づけることになる。

採点のポイントとしては，①所得水準の向上による食生活変化を指摘できているか，②大豆の用途を説明しているか，③国内産の増加分だけでは足りないというニュアンスが指摘できているかといった点が挙げられる。

すなわち，経済発展により所得水準が向上したこと，それにつれて肉類(牛肉・豚肉など)の消費が増加したこと，家畜の飼料としての大豆需要が増加したこと，そのため国内産だけでは不足することなどを指摘できればよい。

なお，中国の1人当たり国民総生産(GNP)や国内総生産(GDP)は1990年の370ドル(GNP)，95年620ドル(GNP)，2000年の847ドル(GDP)，05年の1,692ドル(GDP)，10年の4,354ドル(GDP)，20年の10,229ドル(GDP)と急増している。肉類生産量も1990年の2,628万トンから95年には5,260万トン，2000年には6,282万トン，05年には7,836万トン，17年には8,653万トンへと急増している。

解答

設問A

(1)アーフランス　イーイギリス　ウースペイン

(2)冷涼湿潤なイギリスでは，企業的な穀物生産や共通農業政策で穀物類の自給がほぼ達成されているから。温暖なスペインでは，野菜栽培に適しており，羊や豚の牧畜も盛んで肉類生産も多いから。

(89字)

(3)低湿な干拓地ポルダーでは牧草が栽培され乳牛が飼育されるが，高燥な砂丘地帯では輸出用の野菜や花卉が集約的に栽培される。

(59字)

(4)主食で高熱量の米の生産が多い道県であるため，熱量自給率は高くなるが，米単価が安いため熱量と生産額自給率との差は小さい。

(60字)

(5)野菜や果樹などの園芸農業が盛んな県であり，それらが供給する熱量は小さいが，単価は高いことから，熱量に比べ生産額が高い。

(60字)

設問B

(1)アーインドネシア　イーベトナム　ウータイ　エーフィリピン

(2)ア国は世界4位の人口大国であるため食料需要が大量なので，緑の革命による高収量品種導入と灌漑施設整備などを行ったから。

(59字)

設問C

所得水準の向上で食生活が多様化し，肉類消費が急増したため，飼料となる大豆が国内生産だけでは不足するようになったから。

(59字)

第3問

解説 人口変化や市町村合併は予想されていたテーマであり，浪人生を中心に得点率が高かったようである。時事的要素の強い問題であり，時事問題を地理的に理解するという心がけを有していた受験生にとっては易しかったといえる。

設問A

「産業別従業者数の変化」に関する設問であった。⑴は従業者増減数や従業者の都道府県別割合から該当する産業名を判定する問題であり，⑵は福祉関係部門や公共工事部門の増減理由を問う問題であった。どちらも時事的要素が含まれており，産業の地域的特徴の理解と現代社会における時事問題を地理的に理解するという意識づけが重要であった。

⑴表中の空欄に該当する産業名を解答する問題である。5つの空欄に5つの候補であるから，すべての候補を当てはめる選択問題といえる。表中の指標には全国の従業者数と近年の増減数，都道府県別の対全国比が示されている。この特徴から判定することになるが，産業自体の特徴も考慮するとよい。

また，表中で明らかにされている「社会保険・社会福祉・介護事業」，「総合工事業」の数値もヒントにしたい。全国の従業者数からは，現段階でその産業の影響力や裾野の広さなどが判定できる。近年の増減数からは，近年の社会環境とその産業の関係性を読み取ることができる。都道府県別の対全国比からは，その産業の特徴を推測することができる。とくに，都道府県人口比から大きく異なる数値や他産業と異なる数値などに着目するとよい。ただし，これらの判定材料を横断的に関連させないと，すべてを正しく判定することは難しい。

たとえば，(b)と(c)の第1位がそれぞれ北海道と愛知になっていること，(d)では東京の集中度が高いことなどが特徴となる。(a)・(c)・(d)は従業者増減数がプラスとなっており，(b)と(e)は減少している。増加数では(a)，増加率では(d)が高いことも読み取ることができる。

これらを考慮しながら産業別の従業者数を意味づければ，(a)は人口比に応じて従業者がおり，近年の重要度は以前より高まっていると考えることが可能で，医療業と判定できる。(b)は北海道が第1位という特徴があり，従業者減を考慮すると，輸入依存が高まった食料品製造業と判定できる。第1位の占有率も低く，全国的に分散していることも特徴である。(c)は愛知が第1位，静岡が第2位という自動車工業が盛んな県が上位に登場するという特徴があることから，輸送用機械器具製造業と判定できる。(d)は東京の集中度が高く，増加率が高いことから，近年急速に発展しているIT産業が含まれる情報サービス業と判定できる。残った(e)は消去法でも解答可能であるが，積極的な判定根拠を読み取りたい。すなわち，ビジネス需要なども多い東京，観光スポットの多い北海道や静岡がランクインしていること，交通網の高速化などの影響で時間距離が短縮し需要が低下した宿泊業と判定すればよい。

⑵「社会保険・社会福祉・介護事業」の増加理由と，「総合工事業」の減少理由を問う問題である。どちらも増減数が大きく，近年の社会環境を反映していると推測できる。また，「総合工事業」は欄外において，「各種の建築・土木事業をさす」と注記されている。資料の注記は，あえて記していることから，解答を導く重要なヒントになることが少なくない。

「社会保険・社会福祉・介護事業」には，「保険」・「福祉」・「介護」などのキーワードが含まれており，高齢者を意識した産業であることがわかる。「総合工事業」には「土木事業」が含まれている。土木事業は，道路・橋梁・鉄道・堤防建設，河川改修や上下水道整備など公共的な建設工事の総称でもある。

採点のポイントとしては，①「社会保険・社会福祉・介護事業」が増加した背景の指摘は適切か，②「総合工事業」が減少した社会的背景を理解しているか，③「総合工事業」の特徴が理解できているかといった点が挙げられる。

すなわち，「社会保険・社会福祉・介護事業」が増加した理由としては，高齢化の進行による介護・福祉関係需要の増加という社会環境を指摘する必要がある。「総合工事業」が減少した理由としては，経済の低迷や財政赤字を受けて，公共事業の費用対効果や必要性のチェックなどが厳しくなり，公共事業の削減が進められたという指摘が必要である。

社会保険制度としては2000年4月より介護保険制度が導入されている。公共事業費に関しては，2001年6月に閣議決定された「今後の経済財政運営及び経済社会の構造改革に関する基本方針」いわゆる「骨太の方針第一弾」において，公共投資関係費の削減が盛り込まれて以来減少傾向となっている。このような細かい政策制度改変を把握することは難しいが，日本の社会環境の変化には注意しておきたい。

設問B

地方での町村数減少という統計を提示し，「市町村合併の理由」を問う問題であった。市町村合併は地方が顕著であり，三大都市圏内の受験生にはあまり身近ではなかったともいえるが，少子高齢化や財政再建に関連し，今日的テーマであり理解しておく重要テーマでもある。

出題時の市町村合併は，1965年に施行された「市町村の合併の特例に関する法律(旧合併特例法)」が2005年3月31日に失効したことを受けて，同年4月1日から施行された「市町村の合併の特例等に関する法律(新合併特例法)」により進められている。

同法は2010年3月31日に効力を失う時限立法(限時法)であり，それまでに合併をして補助金などの優遇を受け財政の建て直しを行おうとした市町村が少なくない。

ただし，いわゆる平成の大合併は，2005年以前から始まっている。旧法下で「地方分権一括法」も施行され，合併特例債発行などの優遇が始まっていたからである。いずれにしても，平成の市町村合併は，少子高齢化の進展，生活圏の広域化，行政ニーズの多様化・高度化といった状況下で，地方分権の推進や地方財政の健全化などを目的にしたのである。地方分権や地方財政というキーワードで考えた場合，2005年時点で2つの政令指定都市，2つの中核市と5つの特例市(2015年に廃止)を抱え，豊かな税収を有するAの神奈川県では合併の必要性が低く，1つの特例市のみで税源が少ないBの山梨県では合併の必要性が高かったといえる。ただし神奈川県においても，相模原市が周辺の町と合併して政令指定都市となったことから，自治体数は減少している(2023年1月現在で，神奈川県は19市14町村，山梨県は13市14町村)。

採点のポイントとしては，①日本の社会経済状況が把握できているか，②自治体数減少の直接的理由が指摘できているか，③指定語句を修飾・説明しながら使用しているか，④論理的な文章になっているかといった点が挙げられる。

すなわち，地方圏では少子高齢化による年齢構成の変化が顕著であること，税収減で財政悪化していること，社会保障費が増加することから財政の改善が必要なこと，そのために公共サービスの効率化や行政コストの削減が求められ，市町村合併が進められたことを指摘すればよい。

いわゆる平成の大合併における具体的な自治体数は，2000年4月1日の3,229自治体(671市，1,990町，568村)から2009年4月1日には1,777自治体(783市，802町，192村)へと変化(2023年1月末現在では792市743町183村の1,718自治体。東京23区を除く)している。また，政令指定都市は2009年4月1日に岡山市が加わり，18市となった。さらに，神奈川県の相模原市は2010年，熊本市は2012年に指定されている。

設問C

「生産年齢人口と老年人口の推移」に関する設問であった。(1)は指数変化のグラフから大都市圏内の地区を判定させる問題であり，(2)は生産年齢人口と老年人口の推移の特徴を住宅供給の経緯と関連づけて説明させる問題であった。(1)は生産年齢人口の増減などから判定は容易であり，(2)は1997年度に出題された類題(大都市に関する第3問)学習などによっても解答を導き出すことは難しくなかったといえる。

(1)生産年齢人口と老年人口の指数変化グラフに，大都市圏の都心，郊外，両者の中間に位置する3市区を当てはめる問題である。1980～2005年までという期間であるが，この期間は図にも示されているように，それぞれの地区に大きな変化が見られる。その中で図1のイは特徴的な推移を示している。1985～95年にかけては，生産年齢人口の減少が読み取れる。その後は増加に転じているが，2000～05年に急増したと読み取ることができる。アは，1980～90年にかけて急増しているが，1990年以降は停滞している。ウについては大きな変動がなく，15～64歳人口である生産年齢人口の変化は少なかったことがわかる。

一方，図2の老年人口は，ア・イ・ウのいずれも増加している。高齢化が進行したともいえるが，増加率はア＞ウ＞イとなり，その差は非常に大きい。老年人口は65歳以上の人口であり，この年齢層の移動が多いとも考えづらい。1980年→2005年であり，25年間という捉え方だけではなく25年後という考え方が必要になってくる。図1と図2を関係づけながらア～ウを判定することになるが，日本の社会経済状況の変化を理解していることも必要である。

すなわち，生産年齢人口が1980年代に急増したアは，人口が急増したと推測が可能で，郊外と判定できる。イは1985～95年の人口減少期を過ぎ近年急増しているので，再開発などにより人口が回帰している都心と判定できる。生産年齢人口の変化が少なく，高齢化の進行が日本全体の平均と類似しているウは，1980～2005年にかけて大きな変化が見られなかった都心と郊外の中間と判定できる。

なお，本問を正答しない限り，(2)の説明は意味をなさなくなってしまう。判定には細心の注意を払うだけでなく，資料を読み取るときには判定根拠を論理的に説明できるように心がけたい。

(2)本問は生産年齢人口と老年人口推移の状況を，住宅供給の経緯と関連づけて説明する問題である。1980～95年における都心と郊外の人口増減を簡潔に述べれば，都心の人口減と郊外の人口増ということになる。すなわち，ドーナツ化現象が見られたということになる。

人口が増加するということは自然増と社会増が関係するが，本問の場合は15歳以上の資料なので社会増を考えればよい。転入を促す住宅建設を考慮することになる。また，人口が減少したということは社会減であり，転出を促す理由があったということにつながる。その上で，生産年齢人口の変化がないにもかかわらず，なぜ老年人口が急増しているのかという説明も必要となる。

採点のポイントとしては，①都心の状況を適切に読み取っているか，②その人口推移の説明は適切か，③郊外の状況を適切に読み取っているか，④その人口推移の説明は適切か，⑤経年といったポイントを考慮しているかといった点が挙げられる。

すなわち，1985～90年にかけて変動が大きいので，バブル経済ないし都心の地価高騰によるドーナツ化現象に言及し，近年の都心で地価が下落し，再開発ないし高層マンション建設が進み，若年層の回帰が見られること，郊外では経年により高齢化の進行が急速であることを指摘できればよい。

ところで，本問のキーワードの一つである「経年」という考え方は，以前にも出題されている。1997 年度の第 3 問では「20 年以上前に入居が開始された大規模ニュータウンでは，全体の人口は減少していないにもかかわらず，地区によっては，小学校の統廃合がなされているところがある。このような現象が起こる理由を 2 行以内で述べよ」というものであった。解答のポイントには「経年による小学生の減少」が挙げられる。過去問を学習することで，出題者の問題意識がわかる好例といえよう。

解 答

設問A

(1) a－医療業　b－食料品製造業　c－輸送用機械器具製造業
d－情報サービス業　e－宿泊業

(2)高齢化の進行により介護・福祉関係需要が急増し，財政緊縮化による公共事業の削減や経済の低迷で総合工事業が大幅に減少した。

(60 字)

設問B

地方圏では老年人口の増大と生産年齢人口の減少という年齢構成の変化が顕著である。そのため税収減と社会保障費増に悩まされ，財政改善と公共サービスを効率化すべく市町村合併が推進された。

(90 字)

設問C

(1)ア－郊外　イ－都心　ウ－中間

(2)1980年代からのバブル経済により，都心は地価高騰や生活環境の悪化，郊外は住宅建設が加速しドーナツ化が進んだ。しかし近年の都心は，地価下落や再開発で高層マンション建設も進み若年層が回帰してきた。一方，郊外では経年により老年人口が増加している。

(120 字)

2008年

第１問

解説 世界の主要河川と海域に関する問題である。設問Ａは，河川の流路図を用いた問題で，農業・環境問題に関連させた出題である。設問Ｂは，海洋法に関する問題である。平素の授業や教科書・地図帳をよく理解していれば十分解答可能であるが，時事的要素も問われている。

設問Ａ

河川は気候や地形などの自然環境を反映しており，その水資源を利用して産業が立地するなど，人為的環境にも大きくかかわってくる。また，内陸と海洋などを結ぶため，地理的にも重要である。本設問では５つの大河川流域がテーマとなっている。

(1)河川の流域面積は理科年表などの資料と若干異なっているが，経緯線上の絶対的位置関係と年降水量・年平均気温から，河川自体の判定は容易である。この種の問題は，平素からの地図学習が効力を発揮するところである。ａはナイル川，ｂは黄河(ホワンホー)，ｃはミシシッピ川，ｄはガンジス川，ｅはアマゾン川である。各河川ともスケールが示されており，本流・支流の流路図からおおよその流域面積が算出できる。判定しやすい河川から処理していくとよい。ａ中の20°Ｎ・30°Ｅはナイル川の第三激流(滝)付近であり，北方にアブシンベル・フィラエ(ヌビア遺跡群)世界遺産がある。また，30°Ｎ・30°Ｅ付近にエジプトの首都カイロが位置する。表中では，年降水量が最も少なく年平均気温が高いウに該当する。ｂ中の40°Ｎ・110°Ｅ付近はホワンツー(黄土)高原にあたり，北方には三大鉄鋼コンビナートの一つパオトウ(包頭)がある。流域面積が最も小さく平均標高が最も高いオに該当する。また，平均して最も高緯度を流れることから平均気温が低くなっている。ｃ中の40°Ｎ・100°Ｗ付近はロッキー山脈東麓のグレートプレーンズにあたり，西方に「標高１マイルの都市」と呼ばれるデンバーがある。上流は高緯度を流れるため年平均気温も低く，支流も多いことから流域面積が２番目に広いイに該当する。また，ミシシッピ川河口の30°Ｎ・90°Ｗ付近にはニューオーリンズが位置している。それぞれの経緯度付近の代表的な都市や地名も把握しておきたい。ｄ中の30°Ｎ・80°Ｅ付近はヒマラヤ山脈南麓にあたり，南西方にインドの首都デリーがある。年降水量が多く平均標高が高いエに該当する。ガンジス川の中・下流部は標高の低いヒンドスタン平原を流れるが，支流のブラマプトラ川(チベットではヤルンツァンポ川)はチベット高原南部を東西に貫流した後南流し，バングラデシュで合流する。ｅ中の０°Ｎ・60°Ｗ付近は熱帯雨林のセルバが卓越し，南方には河港都市マナオスがある。流域面積・年降水量・年平均気温がすべて最大(高)のアに該当する。

(2) a はナイル川，b は黄河，c はミシシッピ川である。河口部で共通する地形なので，三角州(デルタ)となる。a のナイル川河口部には円孤状三角州が，c のミシシッピ川には鳥趾状三角州が発達している。b の黄河河口部は形状のタイプ分けとしては典型例ではないが，波浪卓越型で円弧状三角州に近いといえる。

21世紀になって多数の犠牲者を出したのはミシシッピ川河口部である。その災害を引き起こした自然現象は，2005年8月末にアメリカ合衆国のフロリダ，ルイジアナ，ミシシッピ，アラバマの各州を襲った超大型のハリケーン(カトリーナ)である。避難者は100万人以上，死者は1,800人を超えた。被害は特にルイジアナ州ニューオーリンズ市が深刻で，8月30日に市北部ポンチャートレイン湖の堤防が決壊するなど，大量の湖水等によって大洪水となった。北アメリカ南部の海域で勢力を強めた熱帯低気圧であるハリケーンには女性名が付けられることが多く，「カトリーナ」は，それ以前にも大西洋北部で1981年，1999年，2005年に，太平洋北東部で1967年，1971年，1975年にも使われた名称である。

(3)ナイル川は中下流域で砂漠地帯を貫流する外来河川である。コンゴ民主共和国とウガンダの国境に位置するルウェンゾリ山に源を発しビクトリア湖を経て北流する白ナイル川と，エチオピア高原のタナ湖に源を発する青ナイル川が，ハルツーム付近で合流して地中海に注いでいる。気候は河口からハルツーム付近まで砂漠気候(BW)，南スーダンから上流域はサバナ気候(Aw)が支配的であるが，BW から Aw への漸移帯にはステップ気候(BS)が卓越している。なお，青ナイル川上流のエチオピア高原には温帯夏雨気候(Cw)も見られる。年降水量が極端に少ないエジプトでは，ナイル川の水とその肥沃なデルタが国家を支えてきた。アスワンハイダムが完成するまでの数千年間，洪水時の沖積土を利用したいわゆる湛水灌漑(ベイスン灌漑)による農業が，ナイルデルタとその河谷(ナイルバレー)で営まれてきた。1960年代に入って急激に人口が増加しはじめると，食糧と電力確保が急務となり，ナセル大統領は不毛の砂漠を一大農業地帯に変える計画に着手した。まず旧ソ連の援助によりアスワンハイダムを建設した。このダムの完成(1970年)により，総貯水量1,550億 m^3 のナセル湖と約40万 ha の農地が得られた。また，常時灌漑が可能となり，従来の単作農業から多毛作農業へと変容した。今日では数種の作物を組み合わせた輪作農業が普及している。ナイルデルタでは綿花と米，ナイル河谷ではさとうきびの栽培が行われた。1970年代後半からは，収益性が低下した綿花・米に代わって，野菜・さとうきび・果実などの作付面積が拡大した。ただし，近年は小麦の栽培が不振で，輸入に依存する状況が続いている。アスワンダムの上流に10年の歳月を経て完成したアスワンハイダムは「20世紀のピラミッド」ともいわれるが，一方では種々の悪影響ももたらした。人造湖のナセル湖の貯水能力は巨大であるが，水は砂漠にしみ込み湖面からも蒸発するため，実際には満水にならない。また，地下水面が高い場合は塩分が上昇しやすく，地表に種々の塩類を集積させるため農耕不適となり，いわゆる耕地の不毛化・塩害化が起こってしまう。ダム完成以前は増水期があり，洪水がこの有害な塩分を洗い流したほか下流に肥沃な土壌を供給させる機会でもあった。しかしそれがなくなり，農民は水路を動力によって維持するだけでなく，肥料も買わなければならなくなった。この経済的負担は小・貧農民を圧迫し，離農へと追いやった。他にも住血吸虫病(寄生虫による伝染病で肝硬変・膀胱炎などの原因となる)の被害拡大や，ナイル川が地中海に運び込む有機物の栄養分激減による地中海沿岸部のイワシ漁壊滅などの問題が発生している。

なお，2017年第2問で出題されたように，エチオピアの青ナイル川にダムが建設され，エジプトへの影響が懸念されている。2019年11月には，アメリカ合衆国の仲介により，エチオピアとエジプト，スーダンの関係3か国で話し合いがもたれている。

(4)bの黄河とcのミシシッピ川の流域では，畑作が中心であり，連作などによる過度な耕作で土壌が疲弊し，ともに土壌侵食が深刻である。中国では，政府により水土保持(土壌流失防止)工事が実施され，黄土高原では乾燥に強い樹木が植林されている。チンハイ(青海)省，シャンシー(陝西)省などでは山地を封鎖して放牧や焼畑などを禁止し，植林や草地整備などを行う「黄河水土保持生態プロジェクト」をスタートさせて「退耕還林」を進めている。アメリカ合衆国では，耕地の高低を考えずに大型機械を使って耕作する農家が増加しており，それが土壌侵食に拍車をかけている。少しでも傾斜がある耕地では，雨や風などで表面の肥沃な土壌が流失しており，1トンの小麦を生産する際に1トンの肥沃な土壌が流失するとされた。これらを防ぐため，等高線状に耕地を造成する等高線耕作や防風林造成などの対策がとられている。

設問B

日本は海に囲まれた島嶼国であり，世界有数の排他的経済水域を有している。また，複数の領土問題をかかえているため，領海や排他的経済水域などにも影響がでている。その意味で，領海と排他的経済水域の差異は理解しておきたい。

(1)空欄補充は基本的な知識問題なので得点源にしたい。太平洋側を流れる暖流である日本海流(黒潮)は，日本海側に流れる対馬海流を分流して北上する。プランクトンは寒流である千島海流(親潮)より少なく透明度が高いため，海の色は濃い藍色を呈し黒潮と呼ばれている。千島海流は千島列島に沿って南下し，プランクトンが豊富なため寒海性魚類が多い。魚介類を育てる親という意味で親潮といわれている。大陸棚は，1958 年の第 1 次国連海洋法会議で海岸から水深約 200m までの浅い棚状の海底とされた。太陽光線が海底まで達し，陸地から栄養分が供給されるため好漁場となる。地学的には大陸の一部とされる。排他的経済水域(EEZ：Exclusive Economic Zone)とは，国連海洋法条約(1994 年発効)締結国に設定が認められている海岸の基線から 200 海里の水域である。この範囲を大陸棚とする定義も登場した。水産資源および海底資源の探査・開発・保存・管理などに沿岸国の主権が認められている。航行・上空飛行では公海と同じ性格を持ち，自由に航行できる。日本の国土面積は 38 万 km^2 で世界第 61 位(2017 年)であるが，排他的経済水域は 447 万 km^2 で世界第 6 位(フランスやイギリスの海外領土分を除く)である。

(2)大陸棚は延長大陸棚を含めると，1994 年に発効した国連海洋法条約第 76 条 4 項(a)(1)で堆積岩の厚さが大陸斜面脚部までの距離 1 %以上，(2)で大陸斜面脚部から 60 海里までという地形・地質の基準も設定している。また，同法 5 項(1)で領海基線から 350 海里を越えてはならないこと，(2)で 2,500m 等深線から 100 海里を越えてはならないことという限界も述べている。地下資源(鉱床)の埋蔵は地形・地質条件によるところが多く，深海底にはマンガン団塊・コバルトリッチクラスト・熱水鉱床などが分布する。マンガン団塊は，太平洋の深海底などに分布する球状の小塊で，マンガンを主成分とし，銅・ニッケル・コバルトなどを含んでいる。コバルトリッチクラストは，マンガン団塊の一種であるが，コバルトを特に多く含むものをいう。熱水鉱床は，海底火山活動の見られる海域に分布する。海域の割れ目を通して噴出しており，噴出孔とその周辺には，熱水からの沈殿物が堆積し，スモーカーと呼ばれる煙突状の構造やマウンド(小高い山)構造をつくる。これらの沈殿物には，金・銀・銅・鉛・亜鉛などの有用金属が大量に含まれ，陸上の金脈よりも高い金含有量を示すものもある。排他的経済水域が拡大されれば，資源ナショナリズムを背景に，深海底や 350 海里までの鉱物資源にも沿岸国の権利が及ぶことになる。

解答

設問A

(1)a－ウ　b－オ　c－イ　d－エ　e－ア

(2)地形－三角州(デルタ)　自然現象－ハリケーン
都市－ニューオーリンズ

(3)砂漠気候下で灌漑によるオアシス農業が行われており，ダム建設に伴う肥沃土の供給減，不適切な灌漑による塩害が発生している。

(60 字)

⑷過剰耕作に伴う植生破壊や土壌疲弊により土壌侵食が深刻化しているため，b流域では耕地を森林に戻す退耕還林政策，c流域では土壌の流出を防止する等高線耕作や防風林の植林が行われている。

（90字）

設問B

⑴ア－日本海流(黒潮)　イ－千島海流(親潮)　ウ－大陸棚
　エ－排他的経済水域

⑵エは水産資源や海底資源の開発に排他的な権利を有する水域である。近年の技術革新や陸上資源の枯渇化により，豊富な資源を有するエの帰属を明確にすることが，海底資源の確保につながるため。

（90字）

第2問

解説　鉄鋼業と環境問題をテーマとしているが，グラフや統計表などの資料読み取り問題である。資料は1960年以降の推移や1970年の統計が示されるなど，現在の地理的事象につながる歴史的事実や経緯の理解の必要性も物語っている。

設問A

鉄鋼生産とエネルギー効率に関する問題であった。主要鉄鋼生産国の統計は頻出であり，工業化や経済発展の過程と関連させて理解したい。

⑴⑵の導入ともなる基本問題であり，統計を用いた主要国の鉄鋼に関する問題である。統計問題は東大の定番で，しかも基本的な内容が問われる問題なのでしっかりと正答したい。まず急増しているエは，急激な経済成長を成し遂げている中国である。1990年頃までの中国の国内産業は繊維工業などの労働集約的な製造業が中心であった。2000年頃から日本などの外資・技術導入により，電気・電子部門や鉄鋼業などの資本集約型産業が強化された。2005年頃からは鋼材の輸出も増えたが，これは2001年WTO加盟後の経済成長で国内需要以上に生産が急増したためである。1960年代から1970年代初頭に急増したアは，高度経済成長による生産の増加と考えられる日本である。イは1960年代以前から生産が多かったが，その後の停滞でほぼ横ばい状態が続いているのでアメリカ合衆国となる。ウは1960年にはイのアメリカ合衆国に次ぐ生産量があることから，1960年代以前からの工業国であるドイツとなる。オは1970年代後半から生産が盛んになってきたので韓国となる。

⑵「鉄鋼生産においてエ国とオ国でエネルギー効率の違いが生じた理由」であり，「鉄鋼生産」に限定している点をふまえ，4行分の論述・加点ポイントを指摘できる

か否かにかかっていたといえる。エ国の中国は，自国の鉄鉱石を利用しているが，通常の鉄鉱石(Fe の占める割合は 40 ～ 50%)に比べ低品位(Fe の占める割合が約 30%)のため，生産コストが高くなってしまう。1985 年，シャンハイ(上海)市パオシャン(宝山)区に新日本製鉄の全面協力でパオシャン製鉄所が完成したが，地方では計画経済下で造られた古い製鉄所が操業し続け，エネルギー効率の悪い石炭も多く使用されていた。また，中国には小規模な鉄鋼メーカーが 800 社以上もひしめき，非効率的な老朽化した設備で過当競争を繰り広げていた。鉄鋼メーカーが各地に分散していることが技術の向上を阻害しているとされたが，1990 年代以降の経済成長下で“質より量”の生産が行われた。一方，オの韓国では，1965 年の日韓基本条約に伴う援助資金の導入と八幡製鉄･富士製鉄(合併して新日本製鐵，現在の日本製鉄)や日本鋼管(現 JFE スチール)からの技術導入により，ポハン(浦項)市にポハン総合製鉄所(現ポスコ)が建設された。韓国は自国に石炭・鉄鉱石が乏しいため，大半を輸入に頼っており，高品質の石炭・鉄鉱石が輸入されている。鉄スクラップから製鋼する電気炉が多いのも環境負荷を少なくしている。鉄鋼の生産法は，一般的に高炉・転炉法と電気炉法がある。高炉・転炉法は，エネルギー消費が大きく，二酸化炭素の発生も多い。電気炉法は，すでに還元された鉄スクラップを用いるため，エネルギー消費量や二酸化炭素発生量ともに高炉・転炉法より少ない。

ところで，中国の鉄鋼生産の効率はこの 10 年余りで著しく向上した。下表のように，世界上位 10 社の顔ぶれも，2005 年当時と大きく異なり，中国中心になっている。

＜資料＞鉄鋼メーカー別粗鋼生産量

	2005 年	2021 年
1 位	ミタル・スチール(オランダ)	宝鋼集団(中国)
2 位	アルセロール(ルクセンブルク)	アルセロール・ミタル(ルクセンブルク)
3 位	新日本製鐵(日本)	鞍鋼集団(中国)
4 位	POSCO(韓国)	日本製鉄(日本)
5 位	JFE スチール(日本)	江蘇沙鋼集団(中国)
6 位	上海宝鋼集団(中国)	ポスコ(韓国)
7 位	US スチール(アメリカ合衆国)	河北鋼鉄集団(中国)
8 位	ニューコア(アメリカ合衆国)	建龍集団(中国)
9 位	コーラスグループ(イギリス)	首鋼集団(中国)
10 位	リバ(イタリア)	タタ・スチール(インド)

『世界国勢図会』により作成。

＜資料＞主要国の粗鋼生産

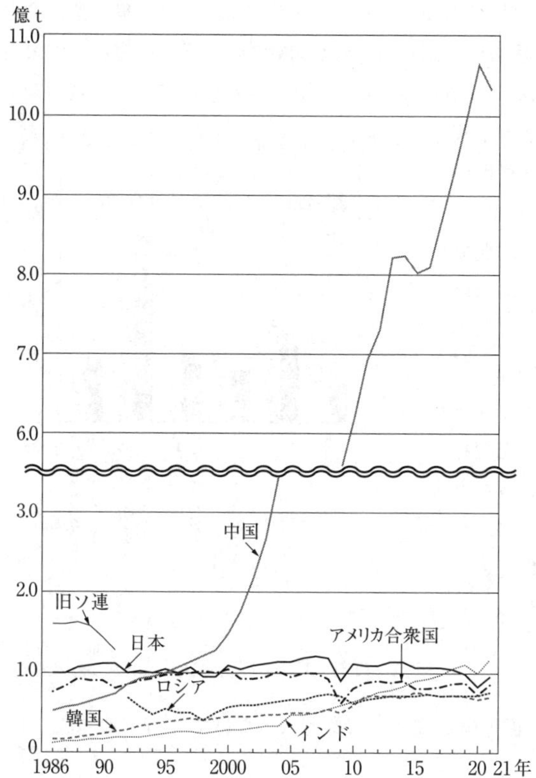

『世界国勢図会』により作成。

設問B

ピッツバーグ都市圏の変化を問う問題であった。時事的な内容も問われており，旧来の知識では解答が難しい問題も見られる。ただし，ピッツバーグに関する問題は2006年の京都大学でも出題されており，本設問は重箱の隅をつつくレベルの知識要求問題ではない。他大学でも出題されている出題頻度の高い問題には注意しておきたい。

(1)「ピッツバーグ都市圏における産業構造の変化」に関する問題であったといえる。ピッツバーグは，アメリカ合衆国ペンシルヴェニア州西部に位置する都市である。付近で産出される石炭と五大湖周辺で産出された鉄鉱石が結び付き，鉄鋼の街として栄えていった。「アメリカのバーミンガム」と呼ばれたこともある。大手鉄鋼会社であるUSスチール発祥の地であり，本社も置かれている。工業都市としてのピッツバーグは，1950年頃から「煙りの街」と呼ばれるほど大気汚染・水質汚濁などの環境汚染が著しかったが，1970年代までは鉄鋼業を中心に発展していった。しかし，1980年代以降，アジア・ヨーロッパ諸国の台頭により，アメリカ合衆国の鉄鋼産業は衰退した。ピッツバーグにおいても多くの鉄鋼関連工場が閉鎖され，多くの労働者が失業し，人口流出と都市環境の悪化が起こった。そこで，ピッツバーグ市は，大気汚染や河川の浄化に努力し，大気汚染・水質汚濁の街から良好な環境を誇る都市へと再生させていった。

2006年に京都大学で問われた問題では，2000年時点のピッツバーグにおける「主要な産業に従事する者の割合」が提示されている。「ルネサンス計画」により，教育・医療・社会などのサービス業が盛んな都市に変化し，先端技術産業と大学の街に生まれ変わったとされる。ただし，京都大学の資料からは，製造業が全米平均の半分程度の比重となったと読み取ることができる。

＜資料＞主要な産業に従事する者の割合

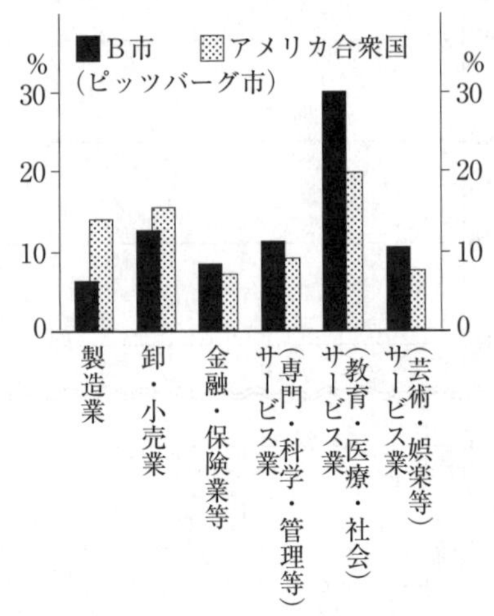

資料：U.S. Census Bureau: *Census 2000.*

(2)統計の分析問題であり，指標の統計変化を有機的につなげて「市街地の広がり」を説明させる問題であった。

資料には，1970年と1990年における総人口や中心地区と周辺地区に分けた人口の変化，市街地面積の変化が示されている。人口は中心地区が減少し周辺地区が増加している。また，総人口自体が減少しているなかで市街地面積が増加しているので，市街地の人口密度は低下していると読み取ることもできる。よって，中心地区では環境の悪化や鉄鋼業の衰退により人口が流出し，周辺地区では人口が流入するドーナツ化現象が進んだ。その結果として，市街地面積も拡大したといえる。

(3)「エネルギー消費および環境問題の変化」を問うているが，(1)の知識と(2)の分析問題を融合しているため，「ピッツバーグのルネサンス計画」という知識の有無が大きく影響したといえる。

ピッツバーグは1980年代以降鉄鋼業が衰退し，閉鎖された工場の跡地では再開発が行われて高層オフィスビル，スタジアム，ホテルなどを建設するとともに，企業誘致を行い都市再生に努めた。現在では先端技術産業と大学の街として生まれ変わり，

「アメリカで最も住みやすい街」の一つに数えられるようになった。ピッツバーグは「繁栄→衰退→再生」というプロセスを経験したが，都市の再生は同市が策定した計画によるところが大きい。鉄鋼業から先端技術産業に転換したということは，エネルギー多消費型工業からエネルギー消費や環境汚染の少ない産業に転換したことになり，エネルギーの消費量が減少した。そして，大気汚染などの環境問題の改善につながっていったといえる。

解答

設問A

(1)アー日本　イーアメリカ合衆国　ウードイツ　エー中国
オー韓国

(2)エ国は国内の低品位資源も大量に使用し，計画経済下で建設され老朽化した技術水準の低い小規模工場も残存している。それに対して，オ国は高品位の輸入資源を利用し，海外から最新鋭の進んだ設備を導入しながら，大規模銑鋼一貫工場で効率よく生産するため。

(120字)

設問B

(1)石油危機や新興国の台頭により，重厚長大型の鉄鋼業が衰退し，先端技術を導入したハイテク産業やサービス産業中心へ変化した。

(60字)

(2)中心地区から周辺地区へ人口が流出し，市街地面積は拡大した。

(30字)

(3)エネルギー多消費型の鉄鋼業の衰退や省エネルギー型産業への転換，ルネサンス計画などの再開発で人口や産業が分散し，中心地区に良好な空間が創出されて，大気汚染などの環境問題は改善した。

(90字)

第3問

解説　海外で生活する日本人と日本で生活する外国人に関する3つの統計表からの出題である。発展段階や歴史的関係性などの地誌的要素と時事的要素が融合されており，全体的に得点差の開きやすい問題であったといえる。

設問A

海外在留邦人に関する問題である。在留邦人を長期滞在者と永住者に分けているが，それぞれの意味や20年間の変化から，該当する国名を判定し，永住者の多い理由が問われている。

⑴日本人の国別海外在留状況から国名を判定する問題であるが，選択肢は特徴が異なる国であるため容易である。

2005年度の海外在留邦人数調査(各在外公館調べ)によれば，全世界に在留している日本人の数は，戦後初めて100万人を突破し，1,012,547人となった。在留邦人(永住者と長期滞在者)総数は，アメリカ合衆国(351,668人)，中国(114,899人)，ブラジル(65,942人)，イギリス(54,982人)の順となっている。最も在留邦人の多い北米地区に対して，大洋州やアジアで暮らす日本人の増加率の方が高くなっている。また，aは永住者の比率が高く1985年当時から関係が深いこと，cは永住者が少ないものの長期滞在者が急増していることなどにも着目したい。

なお，他国の傾向とブラジルが異なっていることも読み取れる。この20年間では永住者が減少し，在留邦人総数も減少しているからである。これは，日本国籍を有する移民の自然減が影響したためである。

＜資料＞海外在留邦人数と国内に在留する外国人

国　名	総　数(人)	長期滞在者(人)	永住者(人)	在留外国人(人)
アメリカ合衆国	418,842	195,582	223,260	60,804
中　国	102,066	97,926	4,140	761,563
オーストラリア	94,942	33,705	61,237	10,831
タイ	78,431	76,342	2,089	56,701
カナダ	74,362	23,852	50,510	10,926
イギリス	65,023	37,844	27,179	18,959
ブラジル	47,472	3,678	43,794	209,430
総　計	1,308,515	751,481	557,034	3,075,213

総数，長期滞在者，永住者は2022年10月1日現在。
在留外国人は2022年12月31日現在。
『海外在留邦人数調査統計』，『在留外国人統計』により作成。

⑵オーストラリアで在留邦人が増加した理由を問う問題であるが，地誌的要素と時事的要素が融合されている。

オーストラリアは，1970年代からマルチカルチュラリズム(多文化主義)政策を採用しており，世界各国から移民を受け入れている。日本との経済関係の強化や文化交流も進展し，ワーキングホリデー・留学生・駐在員・退職者などとして，幅広い年齢層が暮らしている。オーストラリアは，治安が良く，気候も熱帯気候から温帯気候まで変化に富んでいるが，寒冷地や自然災害は比較的少なく，1970年代以降の円高による物価の割安感もあり，暮らしやすい国となっている。ここでは，オーストラリア全体のことではなく，ゴールドコーストやブリズベンで永住者が増加している理由なので，両地域の自然環境を考慮しなければならない。温暖な気候や豊かな自然などの過ごしやすさであり，ゴールドコーストやブリズベン一帯は，海洋リゾート地となっていることが長期滞在者の多い理由である。オーストラリア政府は，シドニーやメルボルンなどの都市部での人口急増を抑制するとともに，より専門性の高い人材の地方分散化を図るため，SIR(独立移住)ビザを設けている。3年の一時滞在が基本ではあるが，大都市以外の地方都市で3年間のうち2年間居住し，さらにそのうちの1年間フルタイムで働けば，2年後には永住権に切り替えることができる制度でもある。これにより地方各地に居住する永住者が増加している。さらに，55歳以上で一定の資産・収入条件を満たせば退職者ビザによる移民が可能となる。高齢者にとっては，過ごしやすい自然環境が移住の大きな理由となったであろう。

設問B

在留外国人の中でブラジル人が増加した理由を問う問題であり，指定語句使用問題であった。頻出問題ではあるが，「未熟練労働力」などの用語理解度や指定語句の使い方により，得点差が開いたと思われる。

日系ブラジル人は，ブラジルに移民として渡った日本人の子孫である。ブラジルは世界最大の日系人居住国で，約250万人ともされる日系人が居住している。戦前の日本の農村は貧しく，政府がブラジルへの移民を奨励したため，ブラジルが最大の日本人移民受入国となった。戦後も移民した日本人は見られたが，ブラジルでは経済の停滞や石油危機以降の激しいインフレーション(年間インフレ率が100～200%)に見舞われ，経済的苦境が続いた。一方日本では高度経済成長後も安定成長を遂げていたため，移民の流れは逆転した。日系ブラジル人の日本での就労現象は，すでに1980年代初頭，日本国籍を持つ一世から始まったといわれている。ただし，日本国籍のある移民一世の就労に問題はないが，外国籍を取得している二・三世には他の外国人同様，専門技術を持たなければ就労ビザが発給されないため，観光ビザで来日し就労(不法就労)するといったケースも目立った。さらに，日本国内ではバブル経済の好景気で労働力が不足するようになった。また，好景気で日本人労働者の賃金水準が上昇し，円高による国際競争力の低下も危惧された。このような状況下で，1990年に出入国管理法が改正され，日系人については未熟練労働力であっても，日本国内での合法的な滞在と就労が可能となった。日本に滞在する日系ブラジル人は，愛知・静岡・神奈川の3県を中心に，群馬県の太田市や大泉町などでも多い。これらの地域には自動車工業が発達しており，低賃金で雇用できる期間労働者(期間工)が不足していることが大きかったといえる。

設問C

海外長期滞在者の多い都市に関する問題である。長期滞在者の目的や急増理由などを，語群から語句を選択しながら説明する問題でもあった。選択すべき語句と語句の使用法により，記述内容や難易度が大きく変わったといえる。

(1)語群中の用語をヒントにしながら，４都市の共通性に着目し，４都市全体に関連する変化理由を説明する必要がある。

ニューヨーク・香港・シンガポール・ロンドンは，1995年当時から長期滞在者が多かった。また，いずれも金融業が盛んな都市として知られている。1990年代のバブル経済期には日本の銀行・証券会社などの金融機関が，業務拡大のためこれらの都市に進出した。しかし，世界的な経済の停滞や金融危機で，金融機関の再編や撤退を余儀なくされた。1995年以降の都市銀行再編としては，

年	都市銀行の再編
1996	三菱銀行＋東京銀行→東京三菱銀行
1997	北海道拓殖銀行の経営破綻
2001	さくら銀行＋住友銀行→［三井住友銀行］
2002	三和銀行＋東海銀行→UFJ銀行
	第一勧業銀行＋富士銀行＋日本興業銀行→［みずほ銀行］
2003	大和銀行＋あさひ銀行→［りそな銀行］
2006	東京三菱銀行＋UFJ銀行→三菱東京UFJ銀行→［三菱UFJ銀行］(2018年)

［　］2023年に現存する都市銀行

などがあげられる。このような再編により，業務の縮小や撤退があり，他都市にくらべ低い伸び，もしくは減少を示したといえる。

(2)「なぜ上海が急増したのか」という捉え方のほかに，「どうなれば急増するか」や「未使用の用語からどのようなストーリーが作れるか」という発想の柔軟性も必要な問題であった。2005年には「成田空港から北京や上海に向かう航空便の利用者数が増加している理由」を問う問題も出題されており，過去問学習の重要性が改めて実感されたといえる。

中国での邦人長期滞在者の状況を見ると，2002年63,098人，2003年76,168人，2004年98,172人，2005年114,170人と推移した。長期滞在者の83％が民間企業関係者本人とその家族である。民間企業関係者のほかの長期滞在者としては，自由業関係者・留学生・政府関係職員・報道関係者などである。対中国ビジネスの拡大に伴って中国での長期滞在者が増加している。上海の後背地である上海市郊外・蘇州・杭州にはIT関連などのビジネス地区や日本企業の投資地域があり，上海・江蘇・浙江を合わせた上海経済圏には，５万人を越える日本人がいる。超高度成長を経験している上

海経済圏は，ビジネスチャンスの拡大が望めることや2010年の上海万博に向けて，日本人滞在者が増加した。ところで，「経済の上海」に対する「政治の北京」では，日本人滞在者が停滞気味である。北京の滞在者は2002年7,120人，2003年7,535人，2004年7,561人と3年間でほとんど変化していない。

＜資料＞上位10都市(在留邦人数)

順位	2010	2015	2020	2022
1	ロサンゼルス都市圏 (69,426)	ロサンゼルス都市圏 (68,689)	ロサンゼルス都市圏 (67,501)	ロサンゼルス都市圏 (65,044)
2	ニューヨーク都市圏 (57,429)	バンコク (48,700)	バンコク (58,783)	バンコク (56,232)
3	上海(中国) (50,430)	上海(中国) (46,115)	ニューヨーク都市圏 (39,850)	ニューヨーク都市圏 (38,263)
4	大ロンドン市 (35,662)	ニューヨーク都市圏 (44,636)	上海(中国) (39,801)	上海(中国) (36,614)
5	バンコク (33,967)	シンガポール (36,963)	シンガポール (36,585)	大ロンドン市 (32,947)
6	シドニー都市圏 (25,808)	大ロンドン市 (36,721)	大ロンドン市 (32,257)	シンガポール (32,743)
7	シンガポール (24,548)	シドニー都市圏 (30,448)	シドニー都市圏 (31,405)	シドニー都市圏 (28,872)
8	バンクーバー都市圏 (22,326)	バンクーバー都市圏 (26,999)	バンクーバー都市圏 (26,661)	バンクーバー都市圏 (28,197)
9	香港(中国) (21,297)	香港(中国) (26,869)	香港(中国) (23,791)	ホノルル (23,529)
10	サンフランシスコ都市圏 (16,587)	サンフランシスコ都市圏 (18,777)	ホノルル (23,735)	香港(中国) (23,166)

各年の10月1日現在の数（人）　2013年上位9都市
外務省「海外在留邦人数調査統計」により作成。

解答

設問A

⑴a－アメリカ合衆国　　b－イギリス　　c－タイ

⑵温暖な気候で治安のよいリゾート地であり，定年退職者を中心とする高齢者が，円高による生活コストの低廉化もあって増加した。

(60字)

設問B

円高や賃金水準の上昇で国際競争力が低下する一方，バブル経済下で低賃金の未熟練労働力も不足していた。そのため出入国管理法を改正し，日系移民の子孫に限り滞在・就労制限を緩和したから。

(90字)

設問C

⑴日本の金融再編や海外の金融危機により，金融センターであるこれらの都市に進出した銀行や証券などの金融機関が撤退したため。

(60字)

⑵上海は豊かな後背地と多くの消費人口を有する巨大な市場で，工業化や都市開発が進展し，多くの日系企業や工場が進出したため。

(60字)

2007年

2007

第1問

解説 ヨーロッパの自然環境に関する設問である。ヨーロッパの地誌問題は2000年度に出題された地中海沿岸以来の出題である。自然環境とエネルギー資源に関する内容であるが，時事的な内容も問われており，自然環境と人間生活の関連性を意識した設問といえる。

設問A

空欄のあるリード文を材料にした，私立大学の入試問題に似たタイプの出題で，2003年以来4年ぶりの形式である。前後の文脈に注意しないと，解答のピントがずれてしまうことがある。

(1)アは「氷河の侵食作用が形成した谷地形」から氷食谷となるが，「その特徴的な横断面形」とあることから，U字谷が正解となる。U字谷は，山岳部のV字谷が谷氷河の流下によって斜面や谷底が大きく侵食された結果，その横断面がUの形をしているのが特徴である。

イはU字谷に「海水が侵入してできた」ので，フィヨルド(峡湾)となる。フィヨルドは，沈水海岸の一つであり，両岸が急崖で，水深が深く，奥行きも深いのが特徴である。天然の良港となるが，後背地が狭いため漁港として発達することが多い。フィヨルドは，ノルウェー西岸のほか，グリーンランド，アイスランド，スコットランド(イギリス)，アラスカ州(アメリカ合衆国)，チリ南部，ニュージーランド南島南西部などに発達している。

ウは「土壌がやせている」「バルト海南部沿岸地域やイギリスで」の農業であり，「P地域」の農業とも関連するので，酪農が最も適している。北海に面したイギリスやデンマーク，ドイツ北部やスカンディナヴィア諸国では，ヒースランド・ハイデなどと呼ばれる荒地が多く，気候も比較的冷涼であるため，穀物栽培にはあまり適していない。そのため，牧畜が中心となる。またP地域では，飼料作物・牧草を栽培して乳牛を飼育し，牛乳・ヨーグルト・生クリーム・バター・チーズなどの酪製品が生産されている。

エは「P地域」，つまりスイスとオーストリア西部のティロル地方であり，「大きな標高差と気候の季節変化を生かし」ているので，移牧が最も適している。P地域では，夏季にアルプと呼ばれる高山放牧地で乳牛を飼育し，短い春季・秋季は中間放牧地での飼育，冬季は平地に戻って舎飼いする垂直的な移動形式の酪農が発達している。これを移牧(トランスヒューマンス)というが，移牧は垂直的移動に限定せず水平的移動を含める場合もある。

(2)図1中のAはダブリン，Bはコペンハーゲン，Cはモスクワである。それぞれの都市の気候は，A・Bが西岸海洋性気候(Cfb)，Cが亜寒帯湿潤気候(Df)に該当する。X，Yは，ともに最寒月平均気温が－3℃以上～18℃未満で，降水量の季節変化が小さく，最暖月平均気温が22℃未満となる西岸海洋性気候である。ただし，Yは，Xよりも最暖月平均気温は低いが最寒月平均気温が高く，気温の年較差が小さいこと，各月別降水量も総じて多いことから，より海洋性気候の様相を呈した都市と判断できる。よって，Yは暖流である北大西洋海流上の暖かくて湿った大気が偏西風によってもたらされ，その影響を大きく受けるAのダブリンとなり，Xが大西洋から離れたBのコペンハーゲンとなる。よって，最暖月平均気温が10℃以上，最寒月平均気温が－3℃未満，最多雨月降水量(7月)と最少雨月降水量(2月)が10倍未満で亜寒帯湿潤気候のZがCのモスクワとなる。

(3)氷期と現在(後氷期，間氷期)の海岸線の位置関係を述べるので，その間の海面変化の要因を考察する必要がある。地殻変動の一つである造山運動に伴う陸地の緩やかな隆起や沈降もあるが，ここではやはり氷河とりわけ大陸氷河(氷床)の盛衰が重要なポイントとなる。地球上の水の総量は約14億km^3と一定であるが，氷期にはバルト海を中心にスカンディナヴィア氷床と呼ばれる大陸氷河が発達し，一定の水が陸上に蓄積されていた。現在は，大陸氷河の荷重で浅い窪地となっていた地域に，海水が侵入している。よって，氷期には海退(海岸線が沖合へ後退し，大陸棚などの浅い海底が陸化する現象)していたが，現在は海進(海面上昇または陸地の沈降により，陸地側に海水が侵入する現象)し，北海・バルト海などの広い大陸棚をもつ付属海が形成されたといえる。

(4)ヨーロッパ北西部の海岸沿いでは暖流の北大西洋海流が北流し，偏西風により温暖な大気がもたらされるため，スカンディナヴィア半島西岸は，北緯66度33分以北の北極圏でも西岸海洋性気候が分布している。そのため，キルナ鉄山(スウェーデン)の積出港として知られるナルヴィク(ノルウェー)，北緯71度のハンメルフェスト(ノルウェー)，ロシアのムルマンスクのような高緯度でも不凍港が存在する。これに対して，スカンディナヴィア半島東岸は，同海流の影響をほとんど受けないため，ナルヴィクより低緯度側であるにもかかわらず，ボスニア湾の湾奥に位置するルレオなどは冬季に凍結する。ただ，水深の深い水域は水の循環により，凍結しづらい。水深が深いフィヨルドで不凍港が見られる理由は，この点も影響する。

(5)問題文に「水質が変化し，生態系の破壊が深刻化」だけでは，この環境問題として生活排水や工場排水による水質汚濁なども予想される。ただし，高緯度地域の「湿地や湖」であり，人口や工場などが少ないため，水質汚濁は考えづらい。やはり，酸性雨が該当する。酸性雨は，火力発電所・工場・自動車などで化石燃料を大量に使用することにより，大気中に硫黄酸化物(亜硫酸ガス，SOx)や窒素酸化物(NOx)が排出され，それらが雨に取り込まれて，pH5.6以下の強い酸性の降雨や乾いた粒子状物質となって地上に降りそそぐ現象である。いわば硫酸や硝酸が降りそそぐので，湖沼が酸性化し，魚類の死滅などの湖沼生態系に悪影響を及ぼす。さらに，森林の立ち枯れ，土壌の酸性化，文化遺産や歴史的建造物の大理石や金属を溶食・腐食させるなどの悪影響も及ぼす。

人口が少なく工業大国とはいいづらい北ヨーロッパで酸性雨の被害が報告される理由は，ルール工業地帯などから酸性化物質が越境して吹き込み，それらが雨滴に取り込まれるためと考えられている。公害先進地域としても知られるヨーロッパ諸国は，積極的な環境問題対策に取り組んでおり，国民の意識の高さがストックホルム(スウェーデン)での国連人間環境会議の開催(1972年)や長距離越境大気汚染条約(1979年)の採択につながったといえる。

設問B

人間生活に密接に関係する電力の発電量構成をテーマにした設問である。時事的要素が強く，火力発電の燃料資源やその他の発電方式にも注目する必要性を気づかせてくれる設問であった。

(1)火力発電には燃焼させる燃料資源が必要であり，その中心は化石燃料である。火力発電用の化石燃料とは石炭・石油・天然ガスであるが，デンマーク・フィンランドでは石炭の産出がない。そのため，かつては石油火力発電が中心であった。しかし，第二次石油危機の発生を受けて国際エネルギー機関(IEA)が「石炭利用拡大に関するIEA宣言」を採択し，石油火力発電所の新設禁止が盛り込まれた。そのため，新設の火力発電所は安価な石炭，価格変動が小さくクリーンエネルギーの天然ガス利用に移行し，従来の石油火力発電所も石炭や天然ガスに燃料を転換している。

(2)バイオマスとはバイオ(生物資源)とマス(量)の合成語で，バイオマスエネルギーは生物が自然環境の中で合成する再生可能な燃料となる。問題文にある家畜の糞尿や木屑のほか，稲わら・もみ殻などの農産廃棄物，サトウキビ・トウモロコシ・イモなどのデンプン・糖質作物，海藻などの水生生物，ヤシなどの油脂植物なども原料となる。これらのバイオマス資源は，年間1,600～2,000億t生産されているといわれ，枯渇の心配がないばかりか，加工しやすく，コストも安い。また，バイオマスの燃焼などで大気中に放出される二酸化炭素(CO_2)は，光合成により大気中から吸収された二酸化炭素が放出されただけと捉えられる。酸素と二酸化炭素の量はバランスが取れており，汚染物質の排出が少なく，環境負荷が小さいことから地球に優しいエネルギーといえる。そのため，バイオ燃料(廃棄物を含む)は，2016年現在で世界の一次エネルギー供給の9.8％を構成するまでになっている。

(3)デンマークは，ユーラン半島とシェラン島などの大小400以上の島々からなる。最高地点でも標高171mにすぎず，北海から恒常風の偏西風が安定して吹きつける。こうした自然環境は水量と落差がほしい水力発電は難しいが風力発電に適しており，総発電量(2020年)の56.8％までを風力発電が占めている。

(4)2003年の統計においてデンマークは火力発電中心で水力発電が0であり，ノルウェーは水力発電中心で火力発電が0である。自然環境が関係する発電は水力・風力・地熱などであるが，本問は水力を考慮すればよい。すなわち，水力発電に適した地形や小地形の有無を考慮することになる。デンマークは水力発電に不適な平地と緩やかな丘陵地が中心であり，大河も見られないことから火力発電と風力発電に大きく依存している。ノルウェーは2,000m級のスカンディナヴィア山脈が海岸と並行して走行している。また，年降水量が2,000mmを超える地域もあり，融雪水も豊富である。さらにU字谷の懸谷やフィヨルドなど大きな落差も得られる。そのため，総発電量の91.8％(2020年)を水力発電が占めている。

(5)アイスランドは，大西洋中央海嶺の延長上にあたる海嶺部分が陸化した島国である。海嶺は，プレートテクトニクスによれば広がる境界に該当し，マントル対流の上昇部にあたる。そのため，ホットスポットでもあるアイスランドは火山活動が活発で，火山・温泉が多く，家庭の暖房として温泉熱や地熱を利用しており，電力でも総発電量(2020年)の31.2％を地熱に依存している。

解答

設問A

(1)ア－U字谷　イ－フィヨルド　ウ－酪農　エ－移牧

(2)X－B　Y－A　Z－C

(3)寒冷な氷期には大陸氷河が発達し海面が低下していたため，現在の大陸棚などの浅い海底は陸化して，海岸線は沖へ海退していた。

(60字)

(4)暖流の北大西洋海流が北流して海水温が高く，水深も深いため。

(30字)

(5)化石燃料の大量消費により酸性雨が降り，湖沼が酸性化した。

(29字)

設問B

⑴石炭，天然ガス

⑵廃棄物の有効活用で枯渇の心配はなく，価格変動が小さく安価である。また燃焼時に有害物質の排出が少なく，環境負荷も小さい。

（60字）

⑶風力

⑷国土が比較的平坦なデンマークに比べ，海岸沿いに山脈が走行するノルウェーは降水と融雪水，落差に恵まれ，水力発電に適する。

（60字）

⑸地熱。プレートの広がる境界に位置し，火山活動が活発である。

（30字）

第2問

解説　食料と環境に関する設問である。農牧業や食料問題は自然環境や人口と並んで出題頻度が極めて高い分野である。設問Aは統計表を資料にした例年よく見られる設問であるが，設問Bの窒素に焦点を当てた図表解析問題はやや意表を付かれた問題であったかもしれない。しかし，図の矢印を冷静に吟味できれば，内容的には決して難問ではない。

設問A

1人あたり食料供給量から国家の特徴を読み取らせる設問である。国家の特徴は，発展段階，位置，文化などを多面的に考察する必要がある。また，本設問の各問いは関連性があるため，⑴の判定がとくに重要となる。

⑴表中の12カ国は，発展途上国のアジア4カ国とアフリカ2カ国，先進国のヨーロッパ3カ国，ヨーロッパ系人種が移住した「新大陸」3カ国である。また判定すべき4種類の食料のうちのいも類は，⑶で示されているさつまいも，じゃがいも，キャッサバ(マニオク)，タロ，ヤムなどである。水産物は魚介類や海藻であり，海洋や河川・湖沼などの水域を考慮する必要がある。肉類は⑷で示されている牛肉，豚肉，鶏肉，羊肉などである。食文化や生活環境により供給量が影響する。乳製品には生乳のほか，チーズ・ヨーグルトなどの生乳加工品も含まれる。鮮度保持や加工技術，食文化などが影響する。さらに，A～Dの食料供給量に関する国家の特徴として，Aは全体的に消費量が少ないがモンゴルで極端に少なく，Bは低緯度の発展途上国で少なく，Cはヨーロッパ系の国で多く，Dはアフリカで多いと読み取れる。これらを総合的に考慮すれば，Aは水域の少ない内陸国のモンゴルで極端に少ないことから水産物，Bは牛

肉などの肉食が少ないインドの値が小さいことから肉類，Cはヨーロッパでの食文化を考慮することで乳製品と判定できる。Dは低緯度のナイジェリアやタンザニアで多いことから，小麦・米に代わるでんぷん質を供給してくれるいも類となる。表中の国のなかで，インドの乳製品は肉類供給量の割に多いことに注目しておきたい。インドでは，自然環境による食文化の違い，宗教上の理由による肉食の禁忌(タブー)や菜食などが存在する。北部は小麦が主食で肉料理も多いが，南部は米が主食で野菜料理が多い。また，ヒンドゥー教徒は牛肉，イスラム教徒は豚肉を食さず，肉料理は鶏肉と羊肉が中心である。菜食者(ベジタリアン)は，魚・肉・卵を食べず，大豆・ギー(水牛の乳を加工した乳脂肪)・乳製品を摂取する。また，インド人はカレー料理の後にラッシーと呼ばれる乳酸飲料も好んで飲む。バターの生産量(2014年)は世界第1位(世界全体の38.1%)となっている。

⑵Aを水産物とする判断理由が問われている。最も数値が低いモンゴルは，海洋から遠い内陸国であり，乾燥気候が卓越しているため，水量豊富な河川は少なく，大きな湖もない。そのため，内水面漁業も盛んではない。これに対して，最も数値が高いノルウェーは，広大な大陸棚やバンクに面し，寒暖の海流に近く，フィヨルドにより自然の良港にも恵まれている。古くから漁業が盛んな臨海国であり，さけ・にしん・たらなどの漁獲が多い。

⑶インドネシア・ナイジェリア・タンザニア・ブラジルに共通する気候は熱帯気候である。さつまいも，じゃがいも，キャッサバ，タロ，ヤムなどのいも類のうち，じゃがいもは冷涼性の作物であり，さつまいもは中国で圧倒的に生産・消費される。キャッサバ，タロ，ヤムは熱帯性の作物ではあるが，キャッサバの生産量はじゃがいもに次ぎ，タロ，ヤムを大きく上回る。いも類各種の生産量(2005年)は，じゃがいも3億2,310万トン，キャッサバ2億306万トン，さつまいも1億2,939万トン，ヤム3,986万トン，タロ1,059万トンである。

＜資料＞2020年

	生産量(万トン)	第1位(%)	
じゃがいも	35,907	中国	21.8
キャッサバ	30,266	ナイジェリア	19.8
さつまいも	8,949	中国	54.7
ヤム	7,483	ナイジェリア	66.9
タロ	1,284	ナイジェリア	25.0

『データブック　オブ・ザ・ワールド』により作成。

⑷豚の飼育頭数(9億6,030.5万頭，2005年)のうち，中国は世界の約半分(50.9%)を占めていた(2020年は42.7%)。ドイツは北部でライ麦・じゃがいもの輪作と豚の

飼育による商業的混合農業が盛んで，ハム・ソーセージ・ベーコンなどの加工技術が発達し，豚の腸を使用したフランクフルトソーセージが有名である。スペインではアンダルシア地方を本場とするハモン・セラーノと呼ばれる塩味を効かした生ハムの生産が知られるほか，近年はイベリコ豚の産地としても有名である。

＜資料＞2020年

牛肉		豚肉		鶏肉		羊肉	
国名	万トン	国名	万トン	国名	万トン	国名	万トン
アメリカ合衆国	1,235.7	中国	4,113.3	アメリカ合衆国	2,049.0	中国	274.7
ブラジル	1,010.0	アメリカ合衆国	1,284.5	中国	1,514.4	オーストラリア	69.0
中国	603.4	ドイツ	511.8	ブラジル	1,378.7	ニュージーランド	45.8
アルゼンチン	316.8	スペイン	500.3	ロシア	457.7	アルジェリア	33.6
オーストラリア	237.2	ブラジル	448.2	インドネシア	370.8	イギリス	29.6
メキシコ	208.1	ロシア	428.2	メキシコ	357.9	インド	28.1
世界計	6,788.3	世界計	10,983.5	世界計	11,950.5	世界計	988.5

『世界国勢図会』により作成。

⑸センター試験・二次・私大入試でもよく問われる，中国の農業地域区分の問題である。中国は，年降水量300mmや海抜3,000mを結ぶ線を境にして，以東が農業地域，以西が遊牧地域に大別される。さらに農業地域は，年降水量1,000mmとほぼ一致するチンリン(秦嶺)山脈とホワイ川(淮河)を結ぶ線(チンリン・ホワイ線)によって，降水量の少ない以北の畑作地帯と降水量の多い以南の稲作地帯に大別される。中国の農業地域区分で最も重要な境界線である。東北地方・華北地方などの畑作地帯は，小麦を中心とする麦文化で，麺・マントウ・ギョウザなどが多く食される。小麦の栽培地域は，１月の平均気温－６℃以下で春小麦を中心とする北部と１月の平均気温－６℃以上で冬小麦を中心とする南部に細分化される。一方，華中地方・華南地方・四川地方などの稲作地帯は，米飯・お粥などの米文化が広く浸透している。なお，中国のその他の農業地域区分の基準をあげると，年降水量1,200mmは以北の四川水稲地域，長江米・小麦地域と以南の南西水稲地域，水稲・茶地域に細分化する。また，１月の平均気温10℃は，北側の水稲・茶地域と南側の水稲二期作地域の境界となる。

⑹ブラジルと並び牛の飼育頭数が多いインドでは，牛糞は，天然肥料や住宅の建築補助材(壁面など)となるほか，饅頭あるいは煎餅状にして天日乾燥させ，古くから薪炭とともに重要な家庭燃料となってきた。現在でも家庭燃料の１割以上を占めており，牛糞を幾重にも積み上げて作った長期保存用のやや丸みを帯びた円錐状の塊が，全国の農村地帯のあちらこちらで見られ，インド特有の農村風景を醸し出している。

牛糞を地下に埋め込んだタンクに流し込んでガスを発生させ，これを台所の熱源と室内のガス灯に利用する技術も開発されている。1980年代以降は，台所ゴミも利用できるようになり，この装置はバイオガス・プラントと呼ばれている。このように，インドでは牛糞燃料としての利用度も高いため，CRW(Combustible Renewables and Waste，薪炭・農産物の残留物・動物の排泄物・都市廃棄物などの可燃性再生可能エネルギー・廃棄物を総称)の一次エネルギー全体に占める割合(2003年)は38.3%と極めて高かった(世界全体は11.5%)。

設問B

2003年には工業用水の循環利用に関する出題が見られたが，本設問では農業に関連する窒素の循環利用が出題されている。リサイクルや循環利用は，東大のキー概念の一つといえる。循環に着目した設問は，その後も2011年，15年と4年ごとに出題された。

⑴都市化が進んだ現代社会では，1935年の窒素循環は想像できなかったかもしれない。しかし，歴史的事実として，また発展段階の過程として，循環利用は意識しておきたい。人間から田・畑へ向かう窒素の矢印は，1935年には確認できるが1990年には見られない。このことからも，1935年には人間が排出した糞尿(人糞や尿)や食後の残留物(生ゴミなど)などが循環利用されていたことがわかる。糞尿や生ごみは栄養素の一つである窒素分が含まれ，発酵作用によって自然肥料の厩肥や堆肥となり，田畑に投入されていたのである。

⑵図から明らかなことは，1935年にあった人間から田・畑，田・畑から鶏・豚・牛，鶏・豚・牛から田・畑への矢印が消失して地域内での循環がなくなり，一方通行となっている。また，鶏・豚・牛，田・畑に対しては1935年には地域外からの矢印が見られず，地域外から人間への窒素移入および人間から東京湾への窒素移出が大幅に増加している。よって，田・畑への新たな矢印は自然肥料に代わる地域外から購入した化学肥料の投入を意味し，鶏・豚・牛への新たな矢印は生草・乾草・根菜類・稲わら・かす類などの粗飼料に代わる地域外から購入した濃厚飼料(配合飼料が多い)の供給を意味する。また，地域外から人間への矢印が大幅に太くなったのは，第二次世界大戦後とりわけ1960年代以降の高度経済成長によって国民の所得水準が大幅に向上し，食生活も大幅に改善され，食生活の多様化とともに小麦(パン)・肉類・乳製品・野菜・果実などを通じて，域外依存度の上昇と熱量(カロリー)摂取量が増加したことを意味する。さらに，鶏・豚・牛から東京湾へ矢印は，窒素が直接流出するようになったことも意味している。

⑶東京湾の海洋汚染に関する問題である。窒素は栄養素の一つであり，海洋への窒

素分増大は富栄養化をもたらすことになり，海洋汚染につながることになる。海洋汚染は，河川からの有機物や有害物質の流入，船舶や海底油田からの油の流出，有害廃棄物の不法投棄などによってもたらされる。河川から有機物や有害物質が流入する背景には，都市化・工業化の進展による生活排水・工場廃水の増加も考えられるが，本問は食料の生産や移動に絞った図なので，そこに言及する必要はない。富栄養化とは，湖沼や内海・内湾のような水の停滞しやすい閉鎖性水域に工場廃水や家庭排水を通して栄養塩類が流入し，植物性プランクトンや藻類(水草)が異常増殖する現象である。富栄養化によってプランクトンが短期間のうちに異常繁殖すると，水面が赤褐色に変色する赤潮が発生する。その結果，多くの魚介類も死滅し，水質汚濁がさらに進む。死滅したプランクトンやヘドロが分解するときには，多くの溶存酸素が消費され，酸素欠乏状態となる。このような低酸素水塊が海面に上昇してきたものが青潮である。赤潮発生後と同様に魚介類が死滅し，水質汚濁がさらに進むという悪循環に陥る。その結果，東京湾での海の生態系を破壊し，水産業(漁業)にも影響を与える。

解答

設問A

⑴A－水産物　B－肉類　C－乳製品　D－いも類

⑵漁業国のノルウェーが多く，内陸国のモンゴルが少ないから。

(29字)

⑶キャッサバ

⑷豚肉

⑸東部の年降水量1,000㎜とほぼ一致するチンリン山脈・ホワイ線以北の冷涼少雨地域で小麦，以南の温暖湿潤地域で米が栽培される。

(60字)

⑹住宅壁材や建築補助材，乾燥させて家庭用燃料に利用される。

(29字)

設問B

⑴肥料として利用するための人間が排出した糞尿や生ごみである。

(30字)

⑵1935年当時は栽培した作物を飼料とし，家畜の排泄物を作物栽培の肥料とするなど，窒素は循環していた。しかし，1990年は購入した飼料で飼育し排泄物が再利用されず，窒素は東京湾に流出した。

(90字)

⑶閉鎖性水域に窒素が流入して富栄養化が進み，プランクトンの異

常繁殖で赤潮そして青潮が発生し，魚介類や漁業に被害を与えた。
(60字)

第3問

解説 日本とアメリカ合衆国の産業に関する設問である。設問Aは日本の10都市の人口・商業統計に基づく産業構造の特色，設問Bはアメリカ合衆国の5州の工業統計に基づく産業構造の特色および日系自動車工業の現地生産に関する問題である。

設問A

東大入試では，1993年度から毎年日本関連問題が出題されている。その内容は，自然環境から産業，都市など多岐にわたっている。日本に対する受験対策は軽視されがちであるが，十分な対策が必要である。

(1)小売業は，デパート・スーパーマーケット・コンビニエンスストアなどの小売店であり，消費人口が重要となるため，人口規模との関連性が高い。C群を除き，人口1人あたり小売業販売額に大きな差がないことでもこのことがわかる。一方卸売業は，小売店が仕入れる卸売業者や企業が集中する各地方の中心都市で販売額が多くなる。そのため，A群(ア＝福岡，イ＝仙台)のような広範囲の卸売圏をもつ地方中枢都市(広域中心都市)は，小売業販売額に比して，卸売業販売額が多くなっている。その結果，卸売小売比はB群以下のグループよりはるかに高い数値を示すことになる。

(2)「都市圏」「昼夜間人口比率」という使用語句がヒントとなろう。「昼夜間人口比率」は，2005年にも出題されているように，夜間人口(常住人口)100人当たりの昼間人口の割合(%)を示したものである。当然のことながら，大都市圏で中心都市の郊外に位置する住宅衛星都市は，通勤・通学で中心都市へ人口移動が見られるため，昼間人口が少なくなる。移動者は常住地での消費活動ができない。東京圏の埼玉・千葉・神奈川県や東京都多摩地区の諸都市では，昼夜間人口比率が90%を下回る都市も多い。また，住宅衛星都市でも商業集積は見られ日常生活に支障はないものの，東京23区や大阪市のような多くの商業的施設が集中する大都市圏の中心都市に消費生活を依存している住民も多い。一方，地方中心都市(地域中心都市)は，その地方で形成される都市圏の中心地機能を果たすため，人口規模は大都市圏の住宅衛星都市と変わらなくても，周辺住民の消費生活を含めた商業集積がなければならない。そのため，卸売業販売額だけでなく，小売業販売額も多くなる。以上のことから，B群(ウ＝福山，エ＝富山)を地方中心都市(地域中心都市)，C群(オ＝市川，カ＝枚方)を住宅衛星都市とみなして論述すればよい。

(3)E群(ケ＝宇和島，コ＝燕)の都市が特定できなくとも，「地場産業」という指定語句から2都市のいずれかが「水産物」加工などの水産業が発達していることは推測できよう。地場産業とは，広義には一定地域に集中して産地集団を形成し，地元資本が，その地域の分業化された地域の素材・資源(含む労働力)を使って，特産品を製造する産業を指す。狭義には，在来型の地域に根ざした伝統的産業を指している。いずれにしても中小企業が多い。E群は生産地と消費地をつなぐ流通ネットワークの中心地となり，それぞれの地域で卸売業の中心地として機能するため，有力な地場産業をもたないD群(キ＝三次，ク＝白河)の都市に比べて卸売小売比が高い。著名な地場産業としては，南部鉄器(盛岡)，伝統こけし(鳴子)，将棋の駒(天童)，結城つむぎ(結城)，金属洋食器(燕)，輪島塗(輪島)，眼鏡枠(鯖江)，刃物(関)，西陣織(京都)，うちわ(丸亀)，タオル(今治)，有田焼(有田)，竹細工(別府)，大島つむぎ(奄美)などが知られている。また絹織物・綿織物・麻織物，陶器・漆器・磁器・和紙・刃物など，明治維新以前から形成されたもののほか，洋家具，メリヤス，手袋，洋傘，洋食器，自転車など，明治維新以後に欧米から導入された産業もある。さらに，伝統を受け継いだ産地がある一方で，海外市場に販路を拡大し，新しい技術を取り入れながら特色ある産地形成を維持しているなど，その内容も多様化している。もっとも，近年は，円高の進行や発展途上国の工業化，バブル崩壊後の金融機関の貸し渋り・貸しはがしなどで苦境に立つ地場産業も少なくない。ケの宇和島は，愛媛県南部，南宇和地方の中心都市で，みかん栽培のほか，真珠･ぶり(はまち)の養殖，かまぼこなどの水産加工が盛んである。コの燕は，新潟県中部，越後平野南部の都市で，第一次世界大戦後，やすりや銅器製造から洋食器製造に転換し，国内最大の生産地に発展した。2019年現在も金属洋食器の90%は燕を中心とする新潟県で生産されているが，輸出の伸び悩みなどから他の製造業も含めて，郊外に工業団地が造成されている。

設問B

アメリカ合衆国の面積は，ロシアを除くヨーロッパより広い。そのため，大西洋岸と太平洋岸，北部と南部で産業構造や文化に地域的な差異が見られる。アメリカ合衆国を画一的に捉えるのではなく，地域的な特徴にも注目したい。

(1)判定しやすい州から考えればよい。まず，Dは製造品出荷額が5州の中で最も少なく，紙・パルプの割合が相対的に高い。これらの点から，人口規模が小さく，カスケード山脈を中心にモミなどの常緑針葉樹の伐採が盛んな北西部のワシントン州(人口774万人，2021年)と判定できる。製造品出荷額が多いA～Cのうち，Aは電気機械・電子部品の割合が高いことから，世界最大のIC産業集積地であるシリコンヴァレーを有するカリフォルニア州(同3,924万人)である。Bは石油・化学の割合が高いことから，全米最大の中部内陸・メキシコ湾岸油田を中心に全米最大の原油産出量を誇り，ヒューストンを中心に石油化学工業が発達したテキサス州(同2,953万人)となる。Cはデトロイトを中心に自動車工業が盛んで，輸送用機械器具の割合が高いミシガン州(同1,005万人)である。

(2)Cのミシガン州最大の都市・デトロイトは，1701年にフランス人が入植して建設された。現在の発展につながるのは，1805年大火後の都市計画であり，1903年フォード・モーターの自動車工場建設である。それ以来，フォードとともに「BIG3」と呼ばれたGM(ゼネラルモーターズ)・旧クライスラー(現ステランティス)も集積し，通称「モータウン」と呼ばれる世界の自動車産業の一大中心地へと変貌した。そのため，現在もミシガン州は，自動車を中心とする輸送用機械器具の製造品出荷額に占める割合が高い。Dのワシントン州では，コロンビア河谷開発公社(CVA)によってコロンビア川にグランドクーリーダムが建設された。その結果，コロンビア盆地で小麦栽培が拡大するとともに，ダムからの電力供給によってアルミニウム工業(スポケーン)，シアトルで航空機産業が発展し，第二次世界大戦後は，軍需利用から平和的利用へと転換しながら，「ボーイング社」を中心に航空機産業がいっそう発展した。そのため，ワシントン州は，ミシガン州の自動車と異なり航空機を中心とする輸送用機械器具の割合が高い。

(3)1950年代後半からの高度経済成長期に，日米貿易は日本の大幅黒字となり，1950年代後半の繊維を皮切りに，1960年代には鉄鋼，1970年代にはカラーテレビ，1980年代には自動車・VTR・半導体・工作機械などが貿易摩擦の対象となった。そのため，日本は貿易摩擦を解消する方策として，繊維(1957年)，鉄鋼(1969年)，カラーテレビ(1977年)，工作機械(1987年)と次々に対米輸出自主規制を行った。自動車業界も1981年に乗用車輸出自主規制を行っており，それが日系自動車メーカーをアメリカ合衆国での現地生産へと踏み切らせる要因となった。工場は，カリフォルニア州やカナダのオンタリオ・ブリティッシュコロンビア州などにも展開しているが，主に分布したのはデトロイトが位置するミシガン州からインディアナ・オハイオ・ウェストヴァージニア・ケンタッキー・テネシー・アラバマ・ミシシッピ州にかけての諸州である。この結果，日系自動車メーカーの海外生産に占めるアメリカ合衆国の割合(1985～2003年)は30～40%を占めるようになり，1990年代後半以降は，アメリカ合衆国での現地生産台数が日本からの輸出台数を上回るようになった(2003年は輸出台数159万台(現地生産台数281万台)。そのため，日本からの輸出台数は頭打ちでも，米国乗用車市場での日本車のシェアは徐々に拡大している。日系自動車メーカーの工場がミシガン州からミシシッピ州にかけて数多く立地するのは，総合組立工業である自動車工業に不可欠の関連産業が，デトロイトと結ばれたハイウェー沿いに数多く集中し，部品が調達しやすいためである。自動車工場と関連工場が一定距離内にあることで，輸送コストを抑え，迅速な対応が可能となる。また，ハイウェー沿線諸州が豊富な労働力を背景に企業優遇税制措置などを講じて企業誘致をしたことも立地を加速させた。さらに，ニューヨークを中心とする北東部の消費市場に近いことも，この地域への工場立地の背景であった。

<資料>

日本の自動車生産　　単位：万台

年	生産	（輸出）	海外生産
1990	1,348.7	583.1	326.5
2000	1,014.1	445.5	628.8
10	962.9	484.1	1,318.2
20	806.8	374.1	1,537.7
22	783.5	381.3	1,696.2

『日本国勢図会』により作成。

解答

設問A

(1)人口の多いA群は，広域中心都市として大きな卸売商圏を有し，人口と比例する小売額以上に卸売額が増大し卸売小売比が大きい。

(60字)

(2)地方都市のB群は一定の商業集積が見られるが，C群は大都市圏に位置する衛星都市で通勤者が多く，昼夜間人口比率が低いから。

(60字)

(3)ともに地方小都市であるが，E群は洋食器などの地場産業や水産物の水揚げがあり，生産地として一定の卸売機能を有するから。

(59字)

設問B

(1)A－カリフォルニア州　B－テキサス州　C－ミシガン州　D－ワシントン州

(2)C州は自動車の生産，D州は航空機の生産が中心となっている。

(30字)

(3)これらの州への立地は，北東部の大市場に近く，広大な用地や労働力の確保，優遇税制で有利であり，自動車工業が盛んなデトロイトと高速道路で結ばれ，関連工場での部品調達も容易だったから。

(90字)

2006年

第1問

解説 南アメリカの自然と産業に関する設問である。南アメリカ地誌の出題は1993年以来である。気候の問題は本質的な理解度を確認しており，農業に関しては資料からの応用力が試され，貿易問題は資料分析力が問われている。

設問A

基本的な雨温図の読み取りの問題である。ここでは，ケッペンの気候区分が理解できていれば，解答は容易である。ただし，イとエにおける差異の見極めがポイントとなる。

⑴雨温図は月平均気温と月降水量の年変化であり，両者の特徴からａ～ｄの判定ができる。アは気温が高い夏季に降水量が少ない。イは年間を通して月平均気温が一定で，降水量が多くなる時期が２度ある。ウは年間を通して降水量が少ない。エはイと同様に年間を通して月平均気温が一定であるが，降水量が多くなる時期は１度である。

都市ａはエクアドルの首都キトで高山気候(H)，ｂはペルーの首都リマで砂漠気候(BW)，ｃはボリビアの首都ラパスで高山気候(H)，ｄはチリの首都サンティアゴで地中海性気候(Cs)の特徴を読み取ることができる。高山気候を呈するａのキトとｃのラパスの判定がポイントとなる。キトは赤道直下に位置し，気温の年較差が極端に小さい。ラパスは南緯16度30分に位置しているため，気温において１月の夏と７月の冬の差がわずかに読み取れる。また，イに比べエの方が気温は低いことから標高の違い(キト→2,794m，ラパス→4,058m)もヒントとなるが⑵も参照してほしい。

⑵イの判断根拠が問われている。イとエはどちらも高山気候の特徴を有しているが，ａとｃで判断を分けなければならない。ａとｃの標高が異なるため，気温だけでの判断も可能であるが，これはａとｃの標高把握が前提となる。やはりイとエの判定はそれぞれの位置に着目して，降水量の変化理由を考慮したい。赤道直下に位置するａは太陽回帰の関係で高日季が２度あり，回帰線に近いｃは１度となる。降水量は地形の影響や季節風などとの関係もあるが，位置の違いから降雨時期が異なりやすく，大きな判定根拠となる。

ところで，高山気候を除けば，気温の年較差は緯度の位置関係からも理解できる。一般に緯度が高くなるにつれて，気温の年較差も大きくなる。南アメリカ大陸の気候区は，地域と共に理解しておきたい。赤道付近のセルバは熱帯雨林気候(Af)や熱帯モンスーン気候(Am)，その高緯度側のリャノ(北半球)やカンポ(南半球)ではサバナ気候(Aw)，内陸部のグランチャコはサバナ気候(Aw)と温暖冬季少雨気候(Cw)，パンパは温暖湿潤気候(Cfa)，パタゴニアはステップ気候(BS)と砂漠気候(BW)が卓越する。また，太平洋岸は赤道付近の熱帯雨林気候(Af)から南下すると，サバナ気候(Aw)→ステップ気候(BS)→砂漠気候(BW)→ステップ気候(BS)→地中海性気候(Cs)→西岸海洋性気候(Cfb)と変化し，大陸南端部にはツンドラ気候(ET)が見られるが，亜寒帯気候(D)は見られない。

設問B

農産物生産量統計からの出題である。国名判定問題は品目や統計の読み取るポイントがあり，ペルーの土地利用は資料の活かし方がポイントとなる。

(1)国名判定問題であるが，農産物の特徴や生産量に着目すれば容易である。カでは熱帯性のサトウキビと冷温帯性のジャガイモが見受けられる。アンデスが原産地とされるジャガイモは土中で生育することから栽培可能範囲が広く，標高の高い地域でも栽培されている。よって，カはペルーと判定できる。キでは他国に比べて生産量が極端に多い。この点から，キはラテンアメリカで最大の人口と面積を有するブラジルと判定できる。クでは亜寒帯性のテンサイや耐乾性で地中海性気候地域での栽培が多いブドウが見受けられる。よって，地中海性気候も見られるチリと判定できる。ケでは熱帯性のバナナやサトウキビが見受けられる。サトウキビはカやキと共通するが，他の作物や生産量を考慮すれば，エクアドルと判定できる。

(2)サトウキビの栽培条件は，年平均気温が16～18℃以上で，年降水量は1,200～1,500mmとされる。成育期は高温多雨，収穫期は高温乾燥を好み，排水良好な肥沃な土地で，サバナ気候に適する。利用目的の中心は，茎を圧搾し蔗汁から生産される砂糖である。そのほか，搾粕(バガス)は燃料，人造板，パルプ，飼料などに用いられる。葉は飼料や敷料に，また廃糖蜜はアルコールやアセトンなどの原料に利用される。さらにサトウキビからはラム酒も蒸留される。ただし，砂糖以外の原料として，近年最も注目されているのは，バイオエタノールの原料としてである。ブラジルでは石油危機時に不足していたエネルギーの代替として利用され，バイオエネルギーの生産大国となっている。このように，サトウキビはさまざまな分野で有効利用の研究が進められているが，針葉樹の5倍以上の光合成能力を有していることから，地球温暖化や森林資源の保護などにも貢献することが期待されている。

(3)標高差が大きいアンデス山脈では，高度によって土地利用や植生が大きく異なる。アンデス山脈東斜面では，低地から高地に向かって，植生は熱帯雨林→温帯林→亜寒帯林と変化していく。山岳地帯でも標高の低いユンガ帯(～2500m)では，サトウキビ・バナナなど熱帯性の商品作物が栽培されている。最近では米や大豆も広く栽培されるようになった。ケチュア帯と呼ばれる標高2,500～3,300mの温暖な地域では，トウモロコシ・小麦などが栽培されている。アンデス住民の主食でもあるジャガイモは標高3,300～4,200mのスニ帯と呼ばれる高地で栽培されている。トウモロコシも主食であるが，日常の主食としてはジャガイモの需要が高い。標高4,200m以上のプナ帯と呼ばれる寒冷地では，耕作限界以高にあたるため，家畜のリャマやアルパカの飼育が行われている。アルパカからは良質の毛をとることができ，古くから織物の原料として利用されてきた。リャマは毛質がアルパカより劣るとされるが，荷役用の家畜として役立っている。なお雪線は標高4,500m付近であり，これより高所は雪に覆われた不毛地帯である。

設問C

輸出品の構成割合から，ブラジルの貿易特徴や産業構造の変化を説明する問題である。細分化された輸出額の産業分類に着目して，その分類の特徴を考慮する必要がある。

⑴輸出品目からは，その国の産業構造を見ることができる。エクアドルの輸出品は一次産品である農産物・鉱産物の割合が高く，典型的な開発途上国型輸出構成となっている。農産物ではバナナ・切り花など，鉱産物では原油が中心である。ペルーは，製造品の中で軽工業製品や基礎金属の割合が高い。非貨幣用の金鉱のほか，銅鉱の開発プロジェクトがアメリカ合衆国・カナダ・日本の融資援助により進められており，銅の輸出割合も高い。ブラジルは，製造品の輸出額の割合が極めて高く，工業化が進展していることがわかる。製造品の内訳は，自動車・機械類・鉄鋼など工業製品の割合が高くなっている。付加価値の高い完成品である。

⑵ブラジルが発展した時代区分に，サイクルと呼ばれる区分方法がある。最初は「砂糖サイクル」で，北東部を中心にサトウキビの栽培が盛んになり，16～17世紀に最盛期をむかえた。18世紀初頭～末期にかけては，中東部を中心に金やダイヤモンドなどの宝石が発見されて「黄金サイクル」(ゴールドラッシュ)が起こった。19～20世紀にかけては，南東部のサンパウロ州・パラナ州を中心に「コーヒーサイクル」が起こった。20世紀前半はコーヒーや鉄鉱石などに依存したモノカルチャー経済中心の国であったが，1930年代になるとコーヒーに頼っていた経済から脱却するために輸入代替品の工業化を促進させる「工業サイクル」へと進んだ。政府による鉄鋼・発電などの基幹産業育成，道路などのインフラ(産業基盤)形成を行った。第二次世界大戦後は重化学工業が発展し「ブラジルの奇跡」といわれる程の経済成長を成し遂げ，ラテンアメリカ最大の工業国に成長した。石油危機後の不況により停滞した時期もあったが，1990年の経済自由化政策により公営企業の民営化や外資導入も進み，自動車・鉄鋼などほとんどの工業製品が国内で生産されるようになり，輸出品の約半分は付加価値を高めた工業製品によって占められるようになった。しかし，近年は中国

との貿易が盛んになり，一次産品の輸出割合が上昇している。

<資料>輸出品目割合(2020年，％)

	エクアドル		ペルー		ブラジル	
1位	魚介類	26.3	銅鉱	23.7	大豆	13.7
2位	原油	23.0	金(非貨幣用)	16.6	鉄鉱石	12.3
3位	野菜・果実	21.4	野菜・果実	13.4	原油	9.4
4位	装飾用切花等	4.1	銅	5.7	肉類	8.1
5位	カカオ豆	4.0	魚介類	3.3	機械類	5.5

『世界国勢図会』により作成。

解答

設問A

(1)ア－d　イ－a　ウ－b　エ－c

(2)気温の年較差が極端に小さい常春の高山気候で，太陽回帰にともなう雨季が2度出現することから，赤道直下の都市と判断した。

(59字)

設問B

(1)カ－ペルー　キ－ブラジル　ク－チリ　ケ－エクアドル

(2)バイオエタノール(燃料，飼料，パルプ，酒)

(3)低地ではサトウキビやバナナなどの熱帯作物が栽培され，高度上昇によりトウモロコシやジャガイモなどの温帯・冷帯作物栽培に変化する。耕作限界以高では，リャマやアルパカなどが放牧される。

(90字)

設問C

(1)エクアドルは一次産品，ペルーは軽工業品や基礎金属の輸出比率が高いが，ブラジルは金属製品や機械類などの完成品比率が高い。

(60字)

(2)コーヒーや鉄鉱石などに依存したモノカルチャー経済から，経済自由化以後は鉄鋼や自動車などの高付加価値工業化が進展した。

(59字)

第2問

解説　森林と木材に関する問題である。2001年度(第2問)の問題は森林の公益的機能に着目させていたが，2006年度は森林の生産的機能に着目している。

2006年　解答・解説

設問A

３つの指標から国名を判断する問題であるが，指標の特徴から国名の推定が可能となる。まず，木材生産量中の用材と薪炭材の生産割合から経済の発展段階が推測できる。一般に，先進国では用材，発展途上国では薪炭材の比率が高くなる。また，針葉樹の割合からは国家の位置が推定できる。いうまでもなく，針葉樹の割合が高ければ高緯度，低ければ低緯度となる。さらに，森林面積割合や生産量の多寡でも国家の規模や需要が予想できる。

用材と薪炭材の生産割合から，ａ・ｃ・ｅが先進国，ｂ・ｄが発展途上国と推測できる。また，針葉樹の割合から，ａ・ｃ・ｅが中・高緯度国，ｂ・ｄが低緯度国と推定できる。さらに，木材生産量から，ｂ・ｅが需要大国，ａ・ｃ・ｄが需要中～小国と予想できる。そのほか，森林面積割合を考慮すれば，ａは森林面積率が高い北ヨーロッパの先進国のフィンランドとなる。ｂは低緯度の発展途上国で，人口も２億人を超え，燃料としての薪炭材の生産量が多いインドネシアとなる。ｃは先進国であり，西岸海洋性気候で牧草地は多いが森林の少ないニュージーランドとなる。ｄはｂと同様の低緯度に位置する発展途上国であるが，生産量が少ないのでタイとなる。ｅは先進国で，森林面積割合が低いのに生産量が多いことからタイガの面積が広大なカナダとなる。

設問B

林齢と木材供給量の資料読み取り問題である。林齢は植林してからの年数なので，集団の将来予測を計算する人口ピラミッドのコーホート法を応用すればよい。木材供給量は国産材と外国産材に分けていることに着目すればよい。

⑴ 1960年代以降の各年（５年ごと）に植林された面積の変化を読み取るのであるから，2002年の図を基本に判断すればよい。林齢39～35年は1960年代前半～後半，同34～30年は1960年代後半～1970年代前半，同29～25年は1970年代前半～後半，同24～20年は1970年代後半～1980年代前半，同19～15年は1980年代前半～後半，同14～10年は1980年代後半～1990年代前半，同9～5年は1990年代前半～後半の植林に当てはまる。植林面積は長期的な減少傾向を示し，しかも５年単位の対比で考慮すると，林齢15～29年の５年間減少量がほぼ等しいことから，減少率が高まっていることも読み取れる。

⑵ 1980年代以降の伐採面積は，国産材供給量と関係する。また，人工林の伐採面積は，人工林の総面積と植林面積から推測できる。図の脚注にあるように，1981年，1990年，2002年の人工林の総面積はほぼ横ばいである。これに対して，下図の国産材の木材供給量は人工林と天然林の合計であるが，1980年から2000年にかけて伐採面積は，徐々に減少していることが読み取れる。

次に人工林の林齢は，1981～2002年にかけて，林齢29年以下が減少し，林齢30年以上は増加していることがわかる。1981年では林齢20年以上の面積は5年単位で減少傾向にあるが，2002年では林齢44年まで増加している。よって，植林面積以上に伐採面積が減少し，人工林の高林齢化が進んだといえる。

⑶指定語句を図に当てはめて考えるとよい。まず「輸入自由化」から外国産材の割合が増加するであろうこと，次に「木材価格」から国産材と外国産材の価格を想定して供給量に意味づけすればよい。日本が木材の全面輸入自由化に踏み切ったのは1964年であるが，この知識がなくとも，下図で木材供給量に占める外国産材の割合が1960年代以降急激に高まっていることから，木材の輸入自由化に踏み切ったことは類推できよう。第二次世界大戦(太平洋戦争)中，アメリカ合衆国から石炭の供給がストップされたため，日本は軍需用として大量の木材を伐採した。そして，第二次世界大戦後，スギなどの植林を行った。1960年代の高度経済成長期には木造建築の住宅需要が高まったが国内の森林は若木が多く，国産材だけでは需要に追いつかなかった。木材の輸入自由化後の1960年代後半以降は外国産材の依存度が大幅に上昇している。さらに，1985年のプラザ合意に伴う円高の進行によって，外国産材の木材価格は相対的に低下し，国内林業の採算性は悪化して，良質で安価な外国産材の割合がさらに高まった。新たな植林が減少するとともに，林齢が高い人工林の伐採も減少していった。

設問C

チップ(chip)は木材の小片のことである。チップの原木は間伐材，製材・合板材・家具の廃材，荷台・箱・住宅の解体材も使用される。

⑴木材を細かく切ったチップは，パルプの原料となる。パルプは，木材その他の植物体を機械的・化学的に処理した繊維状物質で，紙や板紙の原料となる製紙用パルプと，レーヨン・セロファンなどの原料となる溶解用パルプとがある。国内生産(2003年)ではその約99%，輸入(2003年)ではその約95%が製紙用パルプである。そのほかの用途としては，ガーデニング用・燃料用・バイオ用などもあるが，⑵につながる解答としては適しておらず，利用量もわずかである。

＜資料＞パルプ用チップ(2022年，万トン)

	供給量	
		うち針葉樹
国産	391	77.5%
輸入	1,059	16.0%
計	1,449	32.7%

日本製紙連合会資料により作成。

⑵日本は，南洋材をマレーシア，インドネシア，フィリピンなどの熱帯アジア，北

洋材をロシア，米材をアメリカ合衆国・カナダなどから輸入してきた。そのため熱帯アジアでは燃料用の薪炭材とともに，輸出用用材の大量伐採によって熱帯林の破壊が進んだ。その対策として，フィリピン，インドネシアなどでは森林資源を保護する観点から丸太の輸出を規制し，ベニヤ板の原料となる合板類や家具など，付加価値を高める形での輸出を促進した。チップに変化した一因も高付加価値化に当てはまる。

また，日本国内でも1950年代半ばから廃材や薪炭材がチップ化されるようになり，1964年には日本のチップ専用船が北アメリカから輸入を開始するようになった。

解答

設問A

a－フィンランド　b－インドネシア　c－ニュージーランド
d－タイ　e－カナダ

設問B

⑴新たに植林された面積は減少傾向で，減少率は拡大している。
（29字）

⑵伐採面積は減少し，伐採に適した高林齢の森林が残されている。また，人工林面積に大きな変化がなく，平均林齢は上昇している。
（60字）

⑶高度経済成長期の需要増大や木材輸入自由化により，安価で質のよい外国産材の輸入が増加した。その結果，国内の木材価格が低迷し，高齢化や後継者難も進み林業が衰退し，人工林が放置された。
（90字）

設問C

⑴パルプ（紙）

⑵環境保護運動の高まりで丸太の輸出が制限され，チップ加工などの高付加価値化や製材の残材である国産チップ利用も増えたため。
（60字）

第3問

解説　産業の地理的変化に関する問題であるが，世界に関しては先進国と発展途上国といった発展段階，日本に関しては中心と周辺といった地理的位置を考慮する問題であった。

設問A

パソコンの生産量変化と利用状況を，経済発展段階に関連させて読み取る設問である。また，表から読み取れる特徴を示しながら，その理由を論述させるといった東大入試ではよく見られる出題形式でもある。ただし，パソコン生産は大きく変化しており，<資料>を参照して近年の特徴を再認識してほしい。

(1)デジタルカメラ，ハードディスクドライブ，パソコン，録画再生機，カーオーディオ，携帯電話，カラーテレビ，カーナビゲーションなど，主要電子機器の地域別生産(2002年)ではアジアが60%以上のシェアを占めているが，とりわけデジタルカメラ(100%)，ハードディスクドライブ(98.6%)，パソコン(90.4%)はアジアが90%以上と圧倒的なシェアを誇っている。このうち，パソコンは中国(44.7%)・台湾(28.2%)が全体の4分の3近くを占めていた。2000年までは台湾が世界最大の生産地域であったが，中国が飛躍的な成長を遂げており，2015年現在はパソコン(98.1%)，タブレットデバイス(81.8%)，携帯電話(78.3%)，デジタルカメラ(60.4%)，カラーテレビ(48.3%)，ハードディスクドライブ(37.1%)など，世界最大の生産国となっている。中国が電子機器生産で飛躍的成長を遂げた背景には，豊富な低賃金労働力を安定して得られることと最終製品の組立工程において部分品(＝モジュール)の規格を共通化させる電気製品の「モジュール化」の進展があげられる。最終製品の製造つまり組立作業は労働集約的であり，より人件費が安い中国が有利となる。東南アジアにおけるパソコン生産は，2000年代前半にマレーシアの生産量が増加しており，シンガポールに代わり第1位になった。しかし2016年現在，パソコンの生産国は中国・日本・韓国の3カ国のみとなっている。

<資料>パソコン生産(千台)

	1995年	2000年	2005年	2010年	2015年	2016年
中国	1,230	24,669	163,245	318,420	270,389	259,077
台湾	7,157	32,660	9,546	0	41	6
韓国	1,600	7,370	4,155	1,200	1,300	1,140
日本	6,050	9,888	4,012	5,350	3,714	3,310
マレーシア	318	2,260	3,509	0	0	0
シンガポール	5,800	2,250	1,166	0	0	0
ヨーロッパ	14,490	17,180	5,160	0	0	0
北アメリカ	17,760	30,130	2,500	0	0	0
南アメリカ	0	1,320	250	0	0	0
世界計	54,405	128,207	194,333	324,970	275,444	263,533
(日系企業)	*7,670*	*13,698*	*7,894*	*6,790*	*5,074*	*4,483*

『世界国勢図会』により作成。

(2)半導体部品を用いるパソコンの生産は，労働集約的な組立産業の典型であり，(1)で既述したように，先進国やアジアNIEsに比べて人件費の安い中国が有利となる。そのため，日系やアメリカ合衆国系企業などの外資系のほかに，民族資本の台頭が著しい中国の生産が急増していた。シェンチェン(深圳)などの臨海部の経済特区のほか，近年は内陸部のシーアン(西安)が「西部大開発計画」の拠点となり，「西安高新開発区」は「デジタルシルクロード」と呼ばれる情報産業の一大中心地になっている。日本国内では1995年にウインドウズ95が発売されて以来，インターネットの急速な普及に伴うパソコン市場の拡大が見られたが，現在はその拡大基調も鈍化傾向にある。ただし，先進国では商品のライフサイクルが短く，買い替え需要がある。かつての爆発的な市場拡大は見られないが，研究開発部門は需要の高い日本にも立地している。労働集約的な製品でもあることから，外的要因としての中国などの動向，内的要因としての国内市場の成長鈍化や生産工程の分化，そして賃金水準に着目すればよい。

(3)情報通信産業(IT産業)を国家的事業として力を入れている韓国・マレーシアに関する問題である。指定語句から，「政府」が「経済発展」のために「人的資源」をどうするのかと考えれば，論述の骨子ができあがるであろう。韓国は，1997年のアジア通貨危機以後，国家的事業としてIT戦略を位置づけ，外資も規制から導入へと転換した。その結果，IT関連産業は世界的な生産拠点に成長し，表2のように，人口千人あたりパソコン普及台数(2002年)は日本を上回るまでになった。また，インターネット利用者数の人口比(60.3%，2003年)も，世界平均(11.1%)や日本(44.9%)を上回っている。一方のマレーシアは，1981年に当時のマハティール首相が日本を模範として経済発展を図ろうとする「ルックイースト政策」を打ち出し，1986年には外資導入政策を進めた。その結果，エレクトロニクス産業が急成長し，主要電子機器の生産(2002年)では，デジタルカメラ，ハードディスクドライブ，パソコン，録画再生機，カーオーディオ，カラーテレビなどが世界の上位5位以内に入っている。また，韓国同様，人口千人あたりパソコン普及台数(2002年)もこうした国家戦略と付随して高くなっている。ただし，インターネット利用率は大きく変化しており，＜資料＞を参照して近年の特徴も再認識してほしい。

<資料>

	インターネット利用者率（2020年，％）	1人あたり国民所得（2020年，ドル）
アメリカ合衆国	90.9	64,310
日　本	90.2	40,770
イギリス	94.8	40,114
韓　国	96.5	32,193
マレーシア	89.6	10,209
タ　イ	77.8	6,988
中　国	70.4	10,150
インド	43.0	1,950
世界	59.1	10,936

『世界国勢図会』により作成。

設問B

高等学校卒業者の就職先の変化に関する統計から，その特徴や変化理由を問う設問である。統計分析問題ではあるが，地方の状況が理解できていないと，難問となったであろう。

⑴東京圏で就職する高等学校卒業者の割合が減少し，県内就職者の割合が増加するということは，東京圏のpull要因の弱体化，地方圏のpush要因の低下がある。また指標には高卒就職者数も提示されている。高卒就職者の絶対数の変化も考慮する必要がある。

1969年の新全国総合開発計画により，東京などの巨大都市と地方都市を結ぶ新幹線・高速道路網や地方空港が整備された。また1977年の第3次全国総合開発計画により，定住圏構想などの地方振興も進められた。東京圏に比べて安価な労働力，土地が得られる地方圏，とりわけ東京圏との結びつきが強い東北地方では，各地方自治体の企業誘致政策もあって，東京圏からの工場進出が活発に展開した。そのため，雇用機会が増加し，高等学校卒業者も地元の地方都市に雇用を求めるようになった。

語群を考慮すれば，この考え方に誘導しているといえる。ただし，高卒就職者数の減少を考慮すれば，東京圏への就職希望者は大学へ進学するようになったこと，高卒での就職希望者数が減少したため地元での就職が容易になったという点も指摘できる。

⑵九州地方において1980～90年に東京圏で就職する高等学校卒業者の割合が増加しているので，東京圏のpull要因の上昇と他地域のpull要因の低下を考慮すればよい。また，1980年代なので，1985年のプラザ合意に伴い円高が進行したバブル経済期の社会情勢を踏まえた論述をする必要がある。バブル経済期は，国際都市として地位が向上した東京(圏)にさまざまな高次機能が一極集中した時期であり，光ファイバー通

信の普及(1980 年～)，インターネットの開始(1984 年)，電気通信の自由化(1985 年，電電公社から NTT へ)など情報化が一層進展した時期でもある。そのため東京圏の割合上昇に対して大阪圏を含むその他への就職先別割合が低下した。

(3)宮城県と福岡県の県庁所在地である仙台市と福岡市は札幌市や広島市とともに地方中枢都市(広域中心都市)に位置づけられている。地方中枢都市は東京・大阪・名古屋などの国家的な中心都市(三大都市)に次ぐ都市で，各地方における中枢管理機能をもつ都市である。仙台は東北新幹線によって最短 1 時間 31 分(2020 年 1 月)，福岡(博多)は東海道・山陽新幹線によって最短 4 時間 52 分(同)，航空機では最短 1 時間 55 分(同)で到着できる位置にある。そのため，東北地方・九州地方の中心都市として，商業・金融などの大企業の支店・営業所などが集中している。政令指定都市としての人口の多さもあってサービス経済化が進み，それぞれの地方で最大の雇用機会を提供する都市となっている。なお，サービス経済化とは，産業の高度化によって脱工業社会がさらに進み，経済構造の主流が第 2 次産業から第 3 次産業へと代わる現象である。

解答

設問A

(1) a－中国　b－台湾　c－マレーシア

(2)低賃金労働力を得られる中国などの海外に生産拠点が移転し，国内では普及が進んだため，生産より研究開発が中心となったから。

(60 字)

(3)両国政府は情報インフラ整備に重点的投資を行いながら経済発展を目指すとともに，情報関連分野の人的資源の育成に努めている。

(60 字)

設問B

(1)東北地方では安価な土地と労働力，新幹線開通や高速道路整備を背景に企業誘致を推進した結果，県内の雇用機会が増大したため。

(60 字)

(2)バブル経済の発生と国際化や情報化の進展により，東京圏への高次機能の一極集中が進み，大阪圏の相対的地位が下がったため。

(59 字)

(3)高速交通網により中央との結合が強い地方中枢都市の仙台・福岡では，大企業の支店や商業・金融業などが集積してサービス経済化がより進み，地方の中枢管理都市として雇用が拡大しているため。

(90 字)

2005年

2005

第1問

解説 世界の植生および水資源に関する問題である。2003年3月には第3回世界水フォーラムが琵琶湖・淀川流域で開催され，翌年には日本水フォーラムが設立されている。本問は水資源への関心が深まりつつあるなかでの出題であった。

設問A

代表的な熱帯雨林，長草草原(プレーリー)，砂漠の植生分布地域における農業や環境問題などについての設問である。Pは熱帯雨林，Qは長草草原(プレーリー)，Rは砂漠となる。この判定を誤ると，(1)～(3)の得点は期待できない。

(1)Pの地域には熱帯雨林が卓越している。よって，「熱帯雨林の利用とその問題点」という頻出テーマに関する問題となる。減少している熱帯林の広さは年間約1,540万ha(1981～90年)にのぼるといわれ，これは日本の国土面積の約4割に相当する。かつては陸地面積の16%を占めていた熱帯林であるが，この50年で半分近くになったといわれている。熱帯林が減少する要因は地域によってさまざまである。

南アメリカの熱帯林(セルバ)では，1970年代からブラジル政府によって開発が始められた。アマゾン川流域で，トランスアマゾニアンハイウェイやカラジャス計画の開発が進められ，それと共に，牧場開発や入植者による過剰な焼畑農業も行われた。これは大規模に行われたため，熱帯林に与えたダメージは致命的であった。

アフリカの熱帯林では，人口増大の結果，耕地としての開拓のほか，エネルギー資源としての薪炭材の採取も進み，植生が著しく減少した。

東南アジアの熱帯林では，日本を中心とする先進国の合板材輸入の増大で，用材としての大量伐採が進み，植生が破壊された。特にラワン材などは陰樹であるため植林が難しい。また，えび養殖池造成のためのマングローブ林破壊や，天然ゴムや油ヤシ用のプランテーション開発のための森林伐採も深刻な問題である。

森林破壊の原因は多様であるが，それにより引き起こされる影響は，生態系の破壊，二酸化炭素(CO_2)の増加，表土の流出，干ばつ，砂漠化などいろいろな問題が生じ多岐にわたっている。森林が消失すると，地力が低下するとともに涵養能力が低下し，土壌侵食や土砂災害，洪水などが生じる。また，熱帯林は地球温暖化の原因となる二酸化炭素の吸収源であるばかりでなく，地球上の生物種の約50～60%が存在するため，生物多様性の保持のためにも欠かすことはできない。特にアマゾン川流域は，単位面積あたりの生物種が多く，破壊により将来有用であろう生物資源が失われていくことも危惧されている。

⑵Qは長草草原の卓越する地域である。夏の気温が高く，年降水量が約500mm程度の半乾燥地域で生育する温帯草原である。ウクライナからカザフスタン・南シベリアにかけて分布するチェルノーゼム，アメリカのプレーリー土，アルゼンチンのパンパ土などの土壌で腐食層質を多く含む肥沃な黒土が分布している。これらの地域で行われている農業は，小麦栽培を中心とする企業的穀物農業で，世界の穀倉地帯となっている。企業的穀物農業は，輸出を目的として行われ，コストを下げるために大資本のもとで大型機械を利用して行われる。労働生産性は極めて高く，土地生産性は低いといわれていたが，近年は科学的な農法などにより土地生産性も高くなっている。

⑶Rは砂漠地帯であり，「Rに隣接する地域」なので，砂漠化に関する問題となる。砂漠化は出題頻度の高いテーマである。1994年に発表された砂漠化対処条約(UNCCD)によれば，砂漠化の定義は，「乾燥，半乾燥，乾燥半湿潤地域におけるさまざまな要素(気候変動および人間の活動を含む)に起因する土地荒廃」である。本問では，自然的要因と人為的要因の二方向から考えるとよい。指定語句の「降水量」は長期的な気候の変化によって減少したという自然的要因として使用する。一方「農耕」は，人為的要因で使用することになる。一般に乾燥･半乾燥地域の農耕地は，放牧地，天水農地，灌漑農地として利用されるが，人口増加が進むと，放牧地では過放牧，天水農地では食料確保のための過耕作，灌漑農地では不適切な灌漑によって塩類土化が進み荒廃しやすい。被害規模が大きい代表的な砂漠化地域としては，サハラ砂漠南縁のステップ(BS)～サバナ(Aw)気候に位置するサヘル地方があげられる。

設問B

水資源と農業に関する問題であるが，統計資料中の指標の特徴や指標操作を行うことで類推する分析力も要求されている。

⑴水資源と農業に関する統計から国名を判定させる問題である。「降水量」と「耕地面積に占める灌漑面積の割合」でおおよその国が判定できる。まず(a)は，降水量が2,620mmと群を抜いて多い。このことから，選択肢の中では国土の大半がAf気候に属し，降水量の多いインドネシアと判断できる。(b)は，比較的豊かな降水量の割に耕地面積に占める灌漑面積の割合が高い。灌漑が必要な農業が行われていると考えられ，インドと判断できる。(c)については，降水量が少ない割に耕地面積に占める灌漑面積の割合が少ない。灌漑に頼らない畑地などが広いことを意味し，高緯度で国土が広いカナダと判断できる。以上のように，指標の数値から国名の判定は可能である。ただし，「降水総量」と「降水量」から国土面積が計算でき，この操作からの判定も可能となる。すなわち，「降水総量」÷「降水量」＝国土面積であるため，(a)は4,990km^3

÷ 2,620mm = 190.5万 km^2, ⒝は 3,846km^3 ÷ 1,170mm = 328.7万 km^2, ⒞は 5,205km^3 ÷ 522mm = 997.1万 km^2となる。これらの面積から，国名の判定も可能となる。これが指標操作である。

⑵エジプトは，国土全体が砂漠(BW)気候に属し，表からも読み取れるように水資源量は極めて少なく，畑作に必要とされる年間500mmの降水量も満たしていない。このような不利な条件にありながら，農業が行われ，しかも灌漑比率が100%となっている。この灌漑農業を可能にしているのは，アフリカ大陸東部を北流する外来河川のナイル川である。「エジプトはナイルの賜物」といわれるように，古代からナイル川は上流部の集水地域からの豊富な水と，氾濫の度にもたらされる肥沃な土壌で，農耕を可能にしてきた。1970年には，治水と定期的な収穫を得るためのアスワンハイダムが完成した。その結果，大規模な灌漑設備によって安定した水の供給が可能となった。ただし，その一方で下流域では土壌肥沃度が低下し，沿岸部での漁業の不振などの弊害も発生している。エジプトに限らず水資源が乏しい地域での灌漑農業に関して，種々の問題を理解しておく必要がある。

⑶日本とフランスの農業形態についての比較を問う問題であり，両国の農業の特徴が問われている。フランスは，南部の地中海沿岸で地中海式農業が行われているものの，主に混合農業が盛んである。混合農業での穀物生産の中心は小麦である。小麦は乾燥に強く，年間500～750mmの降水で生育できるため，年平均降水量750mmのフランスでも天水での栽培が可能となる。一方日本は，降水量だけをみれば湿潤な気候であるが，梅雨や台風などの時期に降水が集中する。また，急峻な国土地形のために，河川が急流で海洋への流出率が高く，農業に十分活用できない水資源が多い。さらに，降水の地域差も大きい。しかし，古くから地域ごとに灌漑依存度の高い水田耕作が受け継がれ，種々の工夫のもとに灌漑設備を整えてきた。日本とフランスの比較は，栽培耕作に使用する水資源が用水か天水によるものか，稲作か畑作であるかという対比が重要である。

⑷企業的に大規模な灌漑農業を行っている地域の弊害について問う問題である。アメリカ合衆国のグレートプレーンズやオーストラリアの内陸部では，年平均降水量が500mmに満たないため，灌漑をしなければ放牧地として利用せざるを得ない。しかし，地下水の利用や河川からの引水によって，小麦などを大規模に栽培する農地も広がっている。グレートプレーンズでは，井戸を掘って地下水を揚水し，360度回転して散水，施肥，農薬散布することが可能なアームを持つセンターピボット式の灌漑農業が行われている。北緯40度以南では冬小麦，以北では春小麦の栽培が主に行われている。オーストラリアは南半球に位置するため，北半球の端境期を強みにして北半球の国々への

輸出が行われている。しかし，水資源量が少ないために，掘り抜き井戸による被圧地下水の利用，スノーウィーマウンテンズ計画に見られる湿潤地域からの導水などが行われている。そのため，地下水の過剰な汲み上げによる地下水の枯渇，不適切な灌漑による塩類土化などが起こっている。

解 答

設問A

⑴薪炭材や用材，焼畑の草木灰として利用されるが，熱帯林消失で生態系の破壊，二酸化炭素の増加，表土の流出などが進んでいる。

(60字)

⑵大草原に形成された肥沃な黒色土壌のもとで，大型機械を用いて企業的な小麦栽培が大規模に行われ，労働生産性がきわめて高い。

(60字)

⑶降水量の減少という自然的要因に加え，連作や休耕期間の短縮といった過度の農耕や家畜の過放牧により，砂漠化が進行している。

(60字)

設問B

⑴a－インドネシア　b－インド　c－カナダ

⑵外来河川のナイル川が北流し，そこから用水を確保できるから。

(30字)

⑶フランスが天水で栽培可能な小麦などの畑作が中心であるのに対して，日本は大量の用水を必要とする水田稲作が中心であるため。

(60字)

⑷地下水を利用した大規模な灌漑が行われるため，地下水位や地盤の低下，活発な水分蒸発による塩類集積で耕地の荒廃がみられる。

(60字)

第2問

解説　近年経済成長が著しいことから，中国に関する問題の出題頻度は高い。ただし，経済成長が著しいので，従来の知識で対応できない問題も少なくない。最新統計で確認しておきたい。

設問A

雨温図を読み取り，気候の差異や農業の差異を問う問題である。2地点ないし2事項の相違点に関する問題は，東大で頻出であり，対比しながら論述する工夫が必要となる。

⑴雨温図を読み取り，該当する都市を判定する問題である。中国は，国土が広いため変化に富んだ気候となる。沿岸部では，南部の海南島付近でサバナ気候(Aw)，長江下流では温暖湿潤気候(Cfa)，黄河から長江中流にかけては温暖冬季少雨気候(Cw)，東北地方は亜寒帯冬季少雨気候(Dw) を呈する。内陸部になるにつれて乾燥度が高くなり，内モンゴルから天山山脈やタリム盆地にかけてはステップ気候(BS)から砂漠気候(BW)となる。また，チベット高原はツンドラ気候(ET)や高山気候(H)となっている。a～dの四都市は，緯度や隔海度の違いがあり，雨温図の特徴に着目できれば判別は容易である。

aは気温の年較差が小さく，降水量も少ない。bは気温の年較差がやや大きく，夏季の降水量が多い。cは気温の年較差が大きく，年間を通して降水量が少ない。dは気温が高く，雨季と乾季の降水量が著しく異なっている。これらの特徴の差異を考慮すると，aは高山気候の特徴を有するラサとなる。ラサはヒマラヤ山脈の北側に位置し，南西モンスーンの風下にあたるため，上海・香港に比べ5月から9月の降水量はそれほど多くならず，冬季の降水量は極端に少ない。bは最寒月平均気温が18℃～－3℃ の間にあり，乾季がなく，最暖月の平均気温が22℃を超えることから温暖湿潤気候(Cfa) に属する上海である。cは内陸の天山山脈付近に位置し，乾燥度が強いウルムチである。最寒月平均気温が－3℃を大きく下回り，高緯度の都市ということもわかる。dは南西モンスーンの影響を受けて5月から9月にかけての降水量が著しく多いが冬季の降水量は少ない。最寒月の平均気温が16℃付近と温帯ではあるが高温であり，温暖冬季少雨気候(Cw)の香港となる。

⑵北緯40度付近に位置する北京と秋田の気候の違いについての問題であるが，ここでの解答のポイントは「降水量の年変化に見られる違い」である。両都市は，夏季にモンスーン(季節風)の影響を受け湿潤という共通性はあるが，冬季に違いが生じている。冬季には，ユーラシア大陸東北部の内陸にシベリア寒気団(高気圧)が発達する。北京はユーラシア大陸の東岸に位置するため，寒冷かつ乾燥したこの季節風の影響を直接受け降水量は少ない。一方，秋田も同様に北西季節風の影響を受けるが，この季節風は日本海を通過する際に，暖流の対馬海流上で暖かい水蒸気を多量に含む。この風(大気)が脊梁山脈に沿って上昇すると，地形性降雨(雪)をもたらす。冬季の降水量(降雪量)は北京より著しく多い湿潤気候となる。

⑶上海とウルムチにおける農業の違いについて，指定語句を使用して論述する問題である。中国における東部・沿岸地域と西部・内陸地域の差異は特徴的である。東部は湿潤で農業が発達し，西部では乾燥あるいは冷涼で牧畜が中心となっている。さら

に，東部の農業地域は年降水量1,000mm の線とほぼ一致するチンリン山脈・ホワイ川線で，南北に区分される。同線より北部は降水量が少なく畑作，南部は降水量が多く稲作が基本形態となっている。

長江の河口近くに位置する上海は，「稲作」が中心のアジア式稲作農業地域である。「野菜」は，鮮度が要求されることから上海周辺で盛んに栽培される。また上海付近では，豚の飼育も盛んである。一方，ウルムチは乾燥度が強い。ステップの草原では，羊・ヤギなどの「家畜」の牧畜が盛んである。また農業はオアシス農業がみられる。周辺の山脈の山麓から地下水路を利用し，小麦・ブドウのほか「野菜」も栽培されている。この地下水路は，カンアルチン(坎児井)と呼ばれている。西アジアのカナート(カレーズ)，北アフリカのフォガラとは呼称が異なるものの構造は同じである。

設問B

ウイグル族は，イスラーム(イスラム教)スンナ派のトルコ系住民である。イスラームの教義のもと，飲酒や不浄の動物とされる豚肉を忌み嫌い，羊肉や小麦を原料とするナンが食されている。食のタブーである豚肉以外でも，正規の手順で屠殺・処理された肉類，すなわちハラール以外は食することができない。言語は，アルタイ諸語，チュルク語派の一つであるウイグル語である。

中国では全人口の9割以上を漢民族が占めるが，それ以外の少数民族も多数存在している。わずか1割といえども人口14億の1割であるから日本の総人口に匹敵する。少数民族のうち，ある程度の規模を持つ民族に対して，中国政府は独立を認めない代わりに固有言語，文化習慣を尊重するとし，自治権を与えている。ウイグル人の新疆(シンチャン)維吾爾(ウイグル)自治区，チベット人の西蔵(チベット)自治区，モンゴル人の内蒙古(ウチモンゴル)自治区，ホイ人の寧夏(ニンシャ)回族(ホイ)自治区，チョワン人の広西壮族(コワンシーチョワン)自治区の5自治区である。しかし実際には，自治区政府は中央から派遣された官僚に牛耳られており，漢民族との対立がしばしば起きている。

設問C

第10次5カ年計画の内容とその政策の背景を問う問題である。2001年からの第10次5カ年計画は，高成長維持と経済構造の戦略的調整をうたうもので，経済的に立ち遅れた内陸部を重点的に開発する西部大開発を提示している。政策の背景としては，経済格差の拡大についての言及が必要である。中国では，1970年代後半に鄧小平が「改革と開放」を掲げ，経済開放政策が進められた。その象徴として，東南アジアの華僑資本，日本，欧米，香港などの外国資本を誘致するべく東部の臨海都市に経済特区が設置された。ここでは外国資本に用地確保や税金の優遇措置などが図られていたため，投資が活発化した。次々と建設された工場は国内の雇用も拡大させ，中国の労働者が安い賃金で雇われ，外国に輸出するというシステムができ上がった。これらの沿岸地域での工業生産の伸びは著しく，その後，対外経済自主権を持ち，準経済特区といえる経済開発区が1984年以降に設定された。こうして沿岸部が発展していく一方で，内陸部では依然として農業が主流であり，農村の労働力の３分の１は過剰労働力といわれている。経済改革が進むにつれて，いわゆる「出稼ぎ農民」が大都市に流入するようになった。こうした現象は，「民工潮(盲流)」と呼ばれている。東部の臨海地域と内陸の所得格差(2000年)は３倍から５倍であるといわれており，早急な是正政策として内陸部の開発は必須である。また，東部ではエネルギー資源が不足しており，その点から見ても内陸部の資源開発は重要であった。内陸部の石油・天然ガスは国家管理のもとで開発されており，資源開発のため道路・鉄道などのインフラ整備も行われている。この開発には，所得が少なく貧しいことが民族問題の一因となっていることから，資源開発により所得格差を縮小させ，少数民族の反発を抑える意味もあったといえる。

解 答

設問A

(1) a－ラサ　b－上海　c－ウルムチ　d－香港

(2)共に夏は湿潤だが，冬の北京はシベリア寒気団の影響で乾燥し，秋田は日本海の暖流上を通過する北西季節風により降水量が多い。

(60字)

(3)湿潤な上海では稲作，近郊農業で野菜栽培や豚の飼育，ウルムチではオアシスで小麦・果実栽培，家畜では羊の遊牧が盛んである。

(60字)

設問B

戒律を重んじるムスリムが多く，飲酒や豚肉の食物禁忌があり，ハラールである羊肉や小麦を原料としたナンなどが多く食される。

(60字)

設問C

改革開放政策により，沿岸部に経済特区が設置されて経済は発展したが，内陸部への波及効果は届かず，経済格差が拡大した。また沿岸部のエネルギー不足に伴い内陸部の資源開発が必要となった。

(90字)

第3問

解説 日本の都市および地域に関する資料を材料に，今日的な地理的事象の説明を要求している。指定語句使用問題が多く，語句の選択や使用法が得点率に大きな影響を与えたといえる。

設問A

時刻表を題材にした設問である。単純な交通地理の問題ではなく，時刻表から読み取る地域の特徴が問われている。

⑴4地点の時刻表と交通手段の需要を相関させる問題である。aの時刻表は1日2便であり，bは9時50分～20時20分で早朝の運行がない。cは1時間1～2便，dは全体の運行数が多く，特に7～8時台の多さが目立っている。運行数は需要と関係する。さらに，運行時間帯や時刻の特徴を考慮すれば，交通手段の判定もできるはずである。

①の成田空港からの国際便は，空港施設の使用制限のため，早朝や深夜には離発着できない。②の大都市近郊の居住者は，職住分離型のニュータウンを想像するとよい。朝の時間帯には多くの通勤・通学者がいるはずである。③の規模の都市であれば，通勤・通学者での大混雑は考えづらい。また周辺地域から，買い物や通院をはじめとして，昼間も一定の需要が予想される。④は人口を考慮しても需要が少なくなるはずである。これらを考慮すると，aは④となる。乗客が少ないことからバス会社は採算が取れず，国・地方自治体の援助金によってまかなわれているのが現状である。⑷の解説も参照してほしい。bは①である。時刻表が区切りの良い5の倍数で運行されていることも特徴である。cは③である。一定の需要はあるものの，電車に乗って通勤・通学する住民が少ないと考えられる。都市内で生活が完結しているともいえる。dは②である。最寄り駅から電車に乗り換えて通勤・通学する住民に対応するため，頻繁にバスが運行されているのである。

⑵中国への航空便利用の目的は，商談や現地視察などのビジネス，観光，親族訪問などが考えられる。対外開放政策により，日本企業の直接投資が増加し，ビジネス客の増加が著しい。また，2000年に日本が海外旅行認定国になり，一般の旅行者が入れなかった未開放区地域が開放されたことも，観光客の増加につながった。ところで，ビジネスや観光は一方向の移動にとどまるのではなく，双方向ないし往復となる。日本人利用者が増加しただけでなく，生活水準の向上により中国人利用者も増加した。さらに，渡航需要が増加することで航空券などのコストが低下し，渡航費が低下したことで需要を喚起するという相乗効果を生むことにつながった。

⑶地方中小都市の中心商店街が衰退した地理的要因を問う問題である。センター試

験などでも頻出のテーマとなっている。近年，日本人の消費行動における交通手段は著しく変化しているが，その最大要因がモータリゼーションの進展である。自家用車の普及によって，人々の消費行動は自動車中心になり，行動圏は著しく拡大した。これに加え大都市郊外への人口の急激な分散，生活意識の変化などにより消費者の日常的な行動空間は多様化している。かつて安価な日用品などの最寄り品は，居住地に近い地元商店街や駅前商店街などで購入されていた。しかし近年は，買い回り品，最寄り品を問わず自動車で大都市や地方の中心都市，あるいは郊外のショッピングセンターへ出かけ，一度にまとめ買いをすることが多くなった。そのため，自動車を駐車するスペースが必要となる。都市の郊外では，都心より地価が安いため，道路沿いに広い駐車場を備えたスーパーマーケットが立地した。このような道路に沿った店舗をロードサイドショップと呼んでいる。さらに，複数の店舗が集まり，大規模な駐車場を併せ持つショッピングセンターなども増加した。従来から立地する地方中小都市の商店街や駅前商店街は，新たに広大な駐車場を確保することが難しく，新しい消費者行動への対応も難しい。このような状況下で，中心商店街は衰退・閉店を余儀なくされたといえる。

(4)モータリゼーションが進んだとはいえ，自家用車の所有が困難な人々も多く存在する。自家用車の運転が困難な高齢者や障碍(障がい，障害)者，若年者も少なくない。過疎化が進む山間部でもそのような交通弱者は存在するが，全体の人口が少ない。必要度があっても，需要の絶対数が少ない場合は，民間バス会社での運行は難しい。採算が取れなければ，会社の存続ができないからである。それに対して，地方自治体は住民の福祉の増進を図る役割を担っている。民間バス会社の運行が難しい場合は，地方自治体が支援し補助金を給付するか，自治体が自ら運行することが必要となる。近年は，予約が必要な乗り合いのデマンドタクシーなどの新しい交通手段も利用されるようになっている。

設問B

三大都市圏の昼間人口と夜間人口に関する資料が提示されている。昼夜間人口の推移などから三大都市圏の特徴を読み取らせる問題である。

(1)東京都特別区部，大阪市，名古屋市の三大都市圏都心部は，1995年まで昼夜間人口比率が上昇している。昼夜間人口比率は，夜間人口100人あたりの昼間人口で求めるため，夜間人口が一定であれば昼間人口が増加することで，昼間人口が一定であれば夜間人口が減少することで上昇する。1990年までは，昼間人口が増加するなかで夜間人口が減少している。昼夜間人口増加要因を二重に満たしており，急増したといえる。三大都市圏では，各種政府機関，大企業の本社や支社，各種の政治，経済などの中枢管理機能，大使館や領事館，外国企業など国際機能が集中すると共に，多様な生産者サービス業や消費者サービス業，工場が集積している。そのため，就労・就学の吸引力が高く，昼間人口が増加した。一方，地価の高騰，交通渋滞，大気・水の汚染や地盤沈下といった都市公害などにより居住環境が悪化すると共に，郊外への交通機関が整備され，都心部からの転出者が増加した。いわゆる，ドーナツ化現象で夜間人口が減少したといえる。

<資料>

年	三大都市	昼間人口（千人）	夜間人口（千人）	昼夜間人口比率
2005	東京都特別区 大阪市 名古屋市	*11,285* *3,582* *2,516*	*8,352* *2,595* *2,194*	*135.1* *138.0* *114.7*
	計	17,382	13,141	132.3
2010	東京都特別区 大阪市 名古屋市	*11,712* *3,539* *2,569*	*8,946* *2,665* *2,264*	*130.9* *132.8* *113.5*
	計	17,819	13,875	128.4
2015	東京都特別区 大阪市 名古屋市	*12,423* *3,604* *2,595*	*9,273* *2,691* *2,296*	*134.0* *133.9* *113.0*
	計	18,622	14,260	130.6
2020	東京都特別区 大阪市 名古屋市	*12,870* *3,646* *2,610*	*9,733* *2,752* *2,332*	*132.2* *132.5* *111.9*
	計	19,126	14,818	129.1

国勢調査により作成。

⑵近年の三大都市圏における夜間人口の増加要因を説明させる問題である。夜間人口≒常住人口なので，三大都市の人口増加要因を考えればよい。指定語句もヒントとなっている。1990年前半までの急激な「地価」高騰は都心部の居住者を郊外へと流出させ，都心の人口空洞化を深刻化させた。しかしバブル経済の崩壊後，地価は下落傾向にあり，都心部への人口回帰もみられるようになった。かつて貨物線の駅があった東京の汐留地区は「再開発」され，高層ビルが林立している。汐留シオサイトと呼ばれる地区は，大企業の本社ビルなどのオフィス街，飲食店，劇場などの商業施設，住宅などからなる複合的な機能を持つ街に変貌している。同様の機能を持った東京都心地区の再開発には六本木ヒルズや品川グランドコモンズなどの事例があり，住宅供給量が増加した結果，夜間人口の増加につながったといえる。

解答

設問A

(1) a－④　b－①　c－③　d－②

(2)対外開放により，日本企業の進出が加速して往来するビジネス客が増加し，開放された観光地を訪問する観光客も増加したため。

(59字)

(3)モータリゼーションの進展に伴い，駐車場を完備した郊外のショッピングセンターやロードサイドショップに顧客を奪われたため。

(60字)

(4)過疎化で採算が取れない民間に代わり，自家用車を利用できない高齢者や障害者などの交通弱者に対して移動手段を確保している。

(60字)

設問B

(1)都心部への機能集中で郊外からの通勤者が増加しているが，生活環境の悪化でドーナツ化が進行して夜間人口が減少しているため。

(60字)

(2)バブル崩壊による都心部の地価低下に伴い住宅価格も低下し，再開発によりマンション供給量が増加して転入人口も増加したため。

(60字)

2004年

第1問

解説 国家の枠を超えた地域統合への動きをテーマとしており，代表的な地域統合組織の特徴が問われている。本設問は2000年前後の統計を考慮しているため，近年の統計で再検討する必要がある。

設問A

代表的な国際機構のASEANとEUについての出題である。加盟国や地域統合の歩みなどが問われている。2004年にEUは第5次拡大で25カ国(2023年2月現在27カ国)となり，まさにタイムリーな出題であった。

(1) ASEANは，1967年にバンコク宣言に基づき設立された東南アジアの国際機構で，原加盟国はインドネシア，シンガポール，タイ，フィリピン，マレーシアの5カ国である。1984年にブルネイ，1995年にベトナム，1997年にミャンマー，ラオス，1999年にカンボジアが加盟し，現在は10カ国となっている。よって，ベトナム，ミャンマー，ラオス，カンボジアから2カ国を答えればよい。

(2) EUの前身であるEC(欧州共同体)は，1967年にECSC(欧州石炭鉄鋼共同体)，EEC(欧州経済共同体)，EURATOM(欧州原子力共同体)を統合する組織として結成された。原加盟国はベネルクス3国(ベルギー，オランダ，ルクセンブルク)，フランス，旧西ドイツ(ドイツ)，イタリアの6カ国である。1973年にイギリス，アイルランド，デンマーク，1981年にギリシャ，1986年にスペイン，ポルトガルが加盟した。1993年にマーストリヒト条約が発効してEUとなり，1995年にはオーストリア，フィンランド，スウェーデンが加盟している。ECの原加盟国なので，ベルギー，オランダ，ルクセンブルク，フランス，旧西ドイツ(ドイツ)，イタリアから2カ国を答えればよい。

EUはその後，2004年にエストニア，ラトビア，リトアニア，ポーランド，チェコ，スロバキア，ハンガリー，スロベニア，マルタ，キプロスの10カ国，2007年にブルガリアとルーマニア，2013年にクロアチアが加盟して28カ国となったが，2020年にイギリスが脱退した。

(3) ASEANの域内総人口は約5億2,600万人(2002年現在)，EUは約3億7,800万人，アメリカ合衆国は約2億8,600万人である。なお，アメリカ合衆国はメキシコ，カナダ3国とNAFTA(北米自由貿易協定，2020年7月以降はUSMCA)を結んでおり，域内総人口は約4億1,400万人となる。また2004年5月からの拡大EU 25カ国の人口は，今回の加盟国の7,500万人を加え約4億5,300万人となる。これはアメリカ合衆国の約1.6倍にあたる。

＜資料＞2020年

	面積(千 km²)	人口(百万人)	名目 GDP(億ドル)	輸出(億ドル)
ASEAN	4,487	669	29,962	13,852
EU(27カ国)	4,132	445	152,922	50,759
USMCA	21,783	500	236,112	22,329
アメリカ合衆国	*9,834*	*336*	*208,937*	*14,249*
MERCOSUR	13,921	309	20,597	2,915
日　本	*378*	*125*	*50,578*	*6,413*
中　国	*9,600*	*1,425*	*147,228*	*25,900*
イギリス	*242*	*67*	*27,642*	*3,995*

『世界国勢図会』により作成。

(4) EUとアメリカ合衆国は先進国(地域)でありGDPが多い。しかしASEANは発展途上国で構成されており，GDPが少ない。2000年時点でASEANはEUの７％ほどのGDP(2020年では約20%)にすぎなかった。EUのGDPは日本の２倍以上(2020年は３倍)，アメリカ合衆国をわずかに下回る規模である。

(5) EUの歩みについての問題である。前身のECは，①域内関税の撤廃による商品・資本・労働力の移動の自由，②農業・交通・エネルギー面での共通政策，③対外共通関税を柱としていた。経済統合を推し進め，1967年に関税同盟を完成させている。これによって，各国は域内との輸出入に対して，関税を課したり制限を加えたりすることが禁止された。また，域外諸国との輸出入に対しても共通関税を課さなければならなくなった。同年には共通農業政策(CAP)も発動された。共通農業政策は一種の農業保護政策である。農産物の統一価格制度や農業指導保証基金の運用が中心的な政策である。統一価格制度は域内農業を保護するため，輸入品には課徴金をかけ，輸出品には輸出補助金を出すというものである。その結果，域内の農家は生産意欲が向上したが，農作物は逆に過剰生産を引き起こし，輸出補助金用の農業支出が急増し，財政を圧迫するようになった。そのため，共通農業政策を実施するための分担金を巡って加盟国間の利害が対立している。EU最大の農業国フランスのように，共通農業政策の恩恵を最も受けている国と，EU財政の拠出に比べ直接的に得る利益が少ないドイツやイギリスなどとの間で利害が対立するようになった。

1993年マーストリヒト条約の発効に伴いECはEUへと発展した。その際，中央銀行の設立や通貨統合が決定された。1998年にヨーロッパ中央銀行(ECB)が設立し，各国の金融政策が一本化され，1999年１月に単一通貨(共通通貨)であるユーロでの取引が開始された。2002年1月1日からは通貨の流通が開始され，経済的な一本化が深まり，大きな共同市場が実現してきている。2004年1月現在イギリス，スウェーデン，デンマークを除く12カ国でユーロが流通している(2023年1月現在で20カ国)。

設問B

統計を分析する問題である。統計資料からグループ(国・地域)の地理的特色の理解度を確認するもので，東大定番の問題といえよう。経済発展の過程や政変などでその国(地域)の輸出品目や輸出相手国は大きく変化することがある。発展途上国で工業化が進展していく段階では，一次産品中心のモノカルチャー経済から，輸入代替の工業化が始まり，そして安価な労働力を活用した労働集約的な工業製品を輸出する輸出指向型工業にシフトしていく。先進国は資本・技術集約的な付加価値の高い工業製品を輸出するので輸出額が大きく，発展途上国では一次産品や消費財などの工業製品が中心なので輸出額が小さい傾向にある。

⑴発展途上国グループであるASEANのタイ・マレーシアと，先進国グループであるEUのドイツ・フランスの輸出先(相手国)の違いが生じた理由を説明する問題である。地域統合の問題なのでタイとマレーシア両国の差異やドイツとフランス両国の差異を読み取る問題ではないので注意したい。タイとマレーシアはASEANの中でも工業化の進展が著しい国で，1970年代に入ると，アメリカ合衆国や日本の外資系電機電子部品企業の進出が増大した。タイとマレーシアなどのASEAN諸国は，豊富な低賃金労働力と工業化推進政策を背景に，輸出加工区や自由貿易区を設け，原材料や部品を無関税で輸入し加工して輸出することで，高い経済成長を達成したといえる。資本・部品を日本が供給し，加工をASEAN諸国で行い，アメリカ合衆国市場に輸出するという役割分担で発展してきた。いわゆる垂直的国際分業である。一方，ドイツとフランスの輸出先はEU諸国が中心である。EU域内市場が統合されているため，域内の貿易が盛んなのである。またEU諸国間の貿易品目は，機械類や自動車，飛行機，医薬品等製品の輸出入が中心で，水平的国際分業が行われている。EU域内の分業体制は，エアバス製造にその典型を見出すことができる。先端産業分野でアメリカ合衆国や日本に対抗するために，共同開発や共同生産が進められている。エアバスもその一環であり，部品を各国で分業生産(ドイツは胴体など，フランスはコクピット・エンジンなど，イギリスは主翼など，スペインは尾翼など)し，フランスのトゥールーズで組み立て，域内および域外へ輸出されている。

⑵メキシコは，アメリカ合衆国との国境付近にマキラドーラ・ゾーンと呼ばれる輸出保税加工区を1965年に設置した。マキラドーラ・ゾーンは，メキシコの輸出保税加工地区のことで，太平洋岸からメキシコ湾岸まで2,600kmにわたるアメリカ合衆

国との国境線の内側20km圏に位置していた。アメリカ合衆国へ輸出するためにアメリカ合衆国から輸入した部品は無関税であることから，アメリカ合衆国企業の半製品組立工場が誘致された。雇用の確保，地域の経済開発，技術移転，外貨獲得，国境周辺都市の治安，アメリカ合衆国への不法入国対策などに成果を上げたといわれている。マキラドーラとは，元来，水車や風車を用いた製粉や搾油の作業を意味するスペイン語であるが，その賃加工作業場の意味から派生し，保税加工工場を指す。この地域に発展をもたらしたのは，メキシコがアメリカ合衆国と国境を接しているという地理的な利点が大きい。マキラドーラ・ゾーンに立地することで，輸送コストを大幅に下げるだけでなく，国境の両側の都市に同一企業の工場を設立し，アメリカ合衆国側に管理部門と技術集約的な工場を設け，メキシコ側に現地法人の労働集約的な工場を置く「ツイン・プラント」(双子工場)という独特の生産システムを生み出すことになった。さらに高賃金のアメリカ合衆国と比較してメキシコの賃金は約8分の1の低さであったため，この地域に多くの工場が立地したことで労働力が集まり，都市人口も急速に増加した。2000年現在では，アメリカ企業を中心に約2,000社が進出し，約50万人を雇用するにいたった。アメリカ合衆国市場を考慮して，円高に伴う日本企業の進出も盛んに行われ，約70社が進出した。このように，マキラドーラ・ゾーンは，外貨獲得，雇用創出，技術移転などメキシコ経済の発展に貢献したが，北米自由貿易協定(NAFTA)発効後，2000年末に廃止された。

(3) 1989年に東西ドイツを分断していたベルリンの壁が崩壊し，1990年に東西ドイツが統一された。しかし，統一ドイツは新たな壁に直面している。旧東ドイツはかつて東欧の優等生といわれたが，実際には技術力や経済性で旧西ドイツと競争できる企業はほとんどなく，旧西ドイツからの資金援助が欠かせない状態であった。統一後，社会主義体制下で技術革新が進まなかった生産性の低い旧東ドイツの国営企業は次々と閉鎖していった。そのため，旧東ドイツへの経済援助による財政負担などがドイツ経済の課題となっている。統一以前からの所得格差や労働生産性の格差が存在していたために，現在でもその格差は大きい。2000年の旧東ドイツが失業率約18%であるのに対し，旧西ドイツ地域では約8%である。失業者は400万人台を記録しており，旧東ドイツ経済再建のための巨額の資金負担がのしかかり不満の声があがっている。

解答

設問A

(1)ベトナム・ラオス・ミャンマー・カンボジアから二つ

(2)フランス・イタリア・オランダ・ベルギー・ルクセンブルク・(旧西)ドイツから二つ

⑶アメリカ合衆国

⑷ ASEAN

⑸ＥＣ時代から，域内関税撤廃や対外共通関税制度により，域内分業体制を進めている。また，共通農業政策の支持価格により域内農業が保護され，ユーロによる通貨統合で単一市場化も強めている。

(90字)

設問Ｂ

⑴タイとマレーシアは，低賃金労働力を背景とした労働集約型工業が盛んで，域外先進国への輸出が多い。ドイツとフランスは，機械類や自動車工業などの水平的分業が中心で，域内での貿易が多い。

(90字)

⑵保税加工地域のマキラドーラ・ゾーン立地企業は，アメリカ合衆国貿易の部品輸出入が無関税で，低賃金労働力も雇用できるため。

(60字)

⑶統一後に生産性の低い工場が閉鎖され失業率が上昇した東側と，ＥＵ最大の工業地区を中心に所得の高い西側で経済格差が生じた。

(60字)

第２問

解説　世界と日本の農業に関する問題である。米は，小麦・トウモロコシと並ぶ世界の三大穀物である。米はアジアで90％強が集中的に生産され，その地域で90％以上が消費される自給的な作物である。小麦が欧米を中心に南半球と北半球あるいは西半球と東半球の広範囲で生産され，トウモロコシも広範囲ではあるがアメリカ大陸で生産が多いことと対照的である。米の用途は，ほとんどが食用である。また小麦は食用が９割で飼料向けが１割であるのに対して，トウモロコシはほとんどが飼料向けである。ただし，メキシコなど，地域によっては主食としているところもある。

設問Ａ

米の生産量の上位12カ国についての生産量・輸出量・輸入量統計からの出題である。米はアジアで集中的に生産・消費される自給的色彩の強い作物であり，小麦とトウモロコシの生産・貿易は広範囲に及んでいる。

⑴米の世界的な生産国であるアメリカ合衆国，インドネシア，タイ，中国の判定である。伝統的輸出国はアメリカ合衆国・タイ・中国であるが，2000年における世界最大の輸出国はタイである。時代により主要輸出国が変化し市場獲得競争が激化して

いる。1980年代のタイとアメリカ合衆国の市場獲得競争は，コメ貿易戦争といわれた。80年代終わりから90年代にかけては，ベトナム・インドが輸出国として米市場へ登場した。米の生産量(2001年)は上位から中国，インド，インドネシア，バングラデシュ，ベトナム，タイと続く。米は自給的な作物であることから，人口と生産量に相関関係がある。aは中国，bはインドネシアとなる。cは輸出第1位のタイ，生産量の割に輸出量が多いdがアメリカ合衆国である。

⑵ベトナムは，生産量が世界第5位，メコン川下流域のメコンデルタやホン川(ソンコイ川)のデルタが生産の中心である。ベトナムは社会主義国であるが，1986年からドイモイ政策(刷新政策)を推進し，各分野に資本主義の原則である市場原理を大幅に導入した。この影響もあってベトナム経済は，最近非常に活性化してきている。米については，1987年まで純輸入国であったが，1988年に突如として133万tの輸出を記録し世界を驚かせた。新興輸出国として世界米市場に登場したベトナムは，その後も安定的に輸出する輸出大国となり，2000年現在では世界第2位の米の輸出国となった。従来は旧ソ連型の社会主義体制をとり中央集権，計画経済の政策をとってきたが，生産手段の私有化など個人経営を認めるなど，農産物の価格決定を政府から市場に委ねたことで個人の生産意欲をかきたてている。また，緑の革命が普及して高収量品種が導入され，灌漑設備の充実や化学肥料の普及などもあり，単位面積当たりの収量が増加して生産量も飛躍的に増大した。

⑶日本の米作に関する問題である。生産調整とは米の生産量を調整することで，減反政策のことである。日本の米の生産は，食糧管理制度(政府が直接買い入れ販売を管理する)のもとで，1950年代半ばから急激に増加した。しかし，食の多様化などにより国民の米離れの傾向もみられた。米の生産が高い水準を保っていたため生産過剰に陥り，古米在庫が増大した。1969年に緊急的生産調整を実施したが生産過剰の解決には至らず，71年から本格的な米の生産調整と作付転換が始められた。在庫量が増加するということは，その保管のための支出が増加し，財政収支が悪化することにつながる。当初は奨励金を与えて休耕させる方法がとられていたが，その後転作が原則とされた。

近年の米事情としては，1993年に記録的な冷夏の影響で未曾有の不作となり，259万tという日本史上最大の輸入を行っている。近年グローバル化の波が農産物まで広がり，1994年のGATTウルグアイラウンド交渉で米の輸入義務であるミニマムアクセスを受け入れることになり，1995年から段階的に輸入が開始された。1999年には，ミニマムアクセスを超える分の輸入に関税をかける米の自由化を行っている。

設問B

日本の農家の数は，戦後大きく減少し，この50年で6分の1ほどになった。農家(農業従事者)の特徴と問題点として，まず稲作農家への偏りがあり，販売農家(2003年現在221万戸)のうち主業農家(45万戸)の数が全体の5分の1にすぎず，零細経営であり，高齢化も進行している。また，最近は耕作放棄地が増加しており，作物価格が国際価格に比べ格段に高くなっている。中心となる稲作でさえ生産基盤が弱体化してきており，概して農業生産力は低下してきているといえよう。

⑴1995年までの農家分類の基本は，専業農家と兼業農家であった。その中で，兼業農家が日本の農家の80%以上をも占めるようになった。そして兼業農家であっても，機械化など生産設備の近代化によって農業に従事する時間が大幅に減り，農業収入も専業農家より多くなるケースがあらわれ始めた。また，農家における高齢化や農業従事者の減少，後継者不足，農業収入の割合低下も著しくなってきた。そのため，従来の専兼別分類では農業所得が明確でなく，農業の担い手も不明確であった。たとえば，従来の区分では，大規模農家である世帯のうち一人でも外に働きにでているだけで兼業農家になってしまうのに対し，定年退職後に自家農家を始めた高齢者が専業農家に分類されてしまうというものであった。そこで，農業所得と農業労働力の年齢や従事日数を組み合わせて，農業生産の担い手を明確にするための農業分類が必要となり，1990年から農家を販売農家と自給的農家に分類するようになった。販売農家は農作物を売るために生産を行って，経営耕地面積が30 a(アール)以上か，年間の販売額が50万円以上ある農家をいう。自給的農家は自分の家で消費する程度の量を生産し，経営規模や販売額は販売農家より小さい。

⑵日本の米作は，他の作物栽培や畜産と比較して，相対的に価格が安いため収益面での生産性が低いといわれている。米作専業で収入を確保するには10haほどの水田面積が必要ともいわれている。野菜・花卉・果実栽培は，ビニールハウスやガラス室などの施設栽培を行えば，設備の費用はかかるものの，促成栽培や抑制栽培といった周年生産技術により，一年中農作業が可能で収益性も高い。一方畜産は，相手が家畜であるため，24時間体制で従事しており，一定の利益を期待できるが副業が困難である。とくに，酪農の乳牛は1日2回の搾乳が必要となる。しかし米作農家では，農業改善事業のもとで水田は耕地整理が進み農業機械の導入が容易になり，農作業に費やす時間が短縮された。また，米作は農繁期と農閑期が明瞭であり，農閑期の冬季に季節労働として出稼ぎに行くことも可能である。このように米作農家は，種々の要因により他と比べ準主業農家と副業農家の割合が高くなっている。

解答

設問A

⑴a－中国　b－インドネシア　c－タイ　d－アメリカ合衆国

⑵緑の革命が普及し，ドイモイ政策による市場経済の導入で，輸出用の生産も進展するなど，個人農による生産意欲が高まったから。

(60字)

⑶食糧管理制度下で生産量は増加したが，食生活の多様化で消費量が減少したため，生産過剰で保管費が増大し財政も悪化したから。

(60字)

設問B

⑴農家世帯においても兼業農家が中心となり，従事者の高齢化や後継者不足が顕著となる中で，定年退職者の自給的営農など，専兼業別では農業収入の多寡といった実態を把握しきれなくなったため。

(90字)

⑵米作の土地生産性が低く農業所得が少ないうえ，機械化の進展などにより農作業時間が減少したため，副業への就労を可能にした。

(60字)

第3問

解説　河川開発や自然エネルギーを中心とした自然環境の利用に関する問題である。自然環境と人間生活の関係に関する問題は，東大で出題頻度の高いテーマである。

設問A

人類文明は河川の沿岸に起こり，河川の恵みを受けて発展を遂げている。わが国も古くから水利施設を構築して稲作を中心とする農耕文化を発展させてきた。ダムは，貯水・取水・水位調整や発電などのために造る構造物であり，治水・利水といった人間生活に大きな役割を担ってきた。その一方で，建設による環境破壊も報道されており，ダムが現代社会に対して果たしている役割や社会的不利益の両面から考える必要がある。

⑴多目的ダムの用途を述べればよい。多目的ダムは，発電のほか，水害の防止または軽減のための水量調節，農業用水・工業用水・生活用水などの用水開発を目的としている。多目的ダムの世界的事例は，アメリカ合衆国のテネシー川流域開発である。これはTVA(テネシー川流域開発公社)によって実施されたもので，約30もの多目的ダムを築き，発電，水害防止，農業用水の開発のみならず，水運やリクリエーショ

ン開発にも成功し，河川総合開発の先駆として評価された。

⑵ダム建設は社会に大きな利益をもたらす反面，河川周辺が人造湖に変化するため動植物生態系などの自然環境に大きな影響を与え，集落の水没という社会的不利益をもたらしている。ただし本問は，ダム建設場所ではなく，ダムの上流側と下流側での河川環境変化について指定語句を使用して説明する問題である。

アユやサケ・マスのような上流部まで遡上し産卵する魚は，ダム建設により上流部で産卵できなくなる。小さなダム(堰)では，魚道を通して上流まで魚を遡上させることもできるが，大きなダムは落差が大きすぎて魚道建設を困難にしている。下流側では，ダムにより栄養分の供給が減少して魚類も減少し，生態系に影響を及ぼす。また，ダム建設時や大量放水により大量の土砂が河床に堆積し産卵を妨げることもある。栄養分の供給減少は，河川ばかりではなく，海洋の魚介類にも影響を与える。

ダム建設では砂礫の移動も大きく影響を受ける。上流で侵食された砂礫が貯水池内で堆積し，ダムの上流側では河床の上昇ならびに水位の上昇をきたし，洪水氾濫の危険性が増大する。一方，下流側では上流部からの土砂供給が止まり，河床低下で洪水氾濫の危険性は少なくなるが，利水は困難となる。また，沿岸部の海岸侵食や砂丘が縮小し，海岸付近における居住環境に影響を及ぼすこともある。さらに，水量低下による水質汚濁や寄生虫(病原菌)などを発生させ，疾病などを引き起こす原因ともなっている。

設問B

自然エネルギーに着目した設問である。環境問題や石油価格の高騰を受け，石油危機以後，各国は石油に代わる再生可能エネルギーの開発研究に力を注いでいる。

⑴該当する発電を可能にする自然環境を考慮し，上位国から考察すればよい。a は，すべて新期造山帯が走行する国々である。とくに第2位のフィリピン，第4位のイタリアや第5位の日本がヒントであり，火山と関係が深い地熱発電となる。b は，国土面積が広い国々である。とくに第2位のカナダと第3位のブラジルがヒントであり，水量と落差が必要な水力発電となる。発電量の多さからも判定可能である。c は，ヨーロッパの国が多い。第1位のドイツ，第3位のスペイン，第4位のデンマークでは低平であっても恒常的な風が期待できるため，風力発電が盛んに利用されている。しかし，統計が1991～2001年と古い。最新の資料で確認してほしい。

<資料>設備容量(2021年，千kW)

	地熱※	風力	太陽光
1位	アメリカ合衆国(3,700)	中国(47,570)	中国(54,900)
2位	インドネシア(2,289)	アメリカ合衆国(12,747)	アメリカ合衆国(26,900)
3位	フィリピン(1,918)	ブラジル(3,830)	インド(13,000)
4位	トルコ(1,549)	ベトナム(2,717)	日本(6,500)
5位	ケニア(1,193)	イギリス(2,645)	ブラジル(5,500)

※2020年
『世界国勢図会』，JOGMEC資料により作成。

⑵aの地熱発電は，地殻内の高温マグマによってできた水蒸気でタービンを回す。火山帯周辺に多くみられ，設問の表中の国々のほか，アイスランド，インドネシア，ニュージーランドなどでも盛んである。日本では，大分県の八丁原発電所，岩手県の葛根田発電所などがある。地熱発電は，1904年にイタリア(ラルデレロ)で初めて実用化された。

⑶自然エネルギーは，自然の力を利用するエネルギーである。太陽光・太陽熱・風力・地熱・潮力・波力・温度差発電などがある。自然エネルギーは，枯渇の心配がなく，二酸化炭素(CO_2)，硫黄酸化物(SO_X)，窒素酸化物(NO_X)をほとんど排出せず，地球に優しいクリーンエネルギーとして期待されている。しかし，現段階では実用化には時間がかかるものもある。自然エネルギーの特徴と開発の現状をみると，太陽熱発電は，太陽の光を多数の反射板で集中させ，この熱で水蒸気をつくりタービンを回す。用地効率が悪く，実験段階である。太陽光発電は，シリコンなどを使う太陽電池で，電卓や小型発電などで実用化されている。風力発電は，風で風車を回し発電する。季節や時間により不安定ではあるが実用化されている。地熱発電は⑵で説明したように実用化されている。潮力発電は，潮位の干満差を利用してタービンを回す。フランスのサンマロ(ランス潮汐発電所)で実用化されている。波力発電所は，海面の波の上下運動を利用し，水を圧縮してタービンを回す。2008年にポルトガルで営業運転が開始された。温度差発電は，深海の冷水を汲み上げ，海表面の水の温度差を利用してフロンガスやメタンなどのフッ化物を気化させタービンを回す。ナウル，ハワイ，日本などで実用化に向けて研究が進められている。

⑷水力エネルギーの利用として代表的なものに水車があげられる。水車は人間が動力源として最初に手をつけた設備の一つであろう。水の汲み上げ・製粉・精米などに利用されるだけではなく，鍛冶屋のふいごを動かし溶鉱炉の送風にも使用された。15世紀にはクランク(回転運動を往復運動に変える)があらわれ，水車はポンプを動かす

動力としても使われた。アメリカ合衆国の滝線都市では，植民地時代から水車を動力源とする紡績・織物・製粉などの諸工業の立地をうながした。

風力エネルギーの利用として代表的なものに風車と帆船があげられよう。風車は，ヨーロッパ各地で古くから製粉に利用されてきた。オランダでは中世から干拓地の排水にも利用されている。また，オーストラリアのグレートアーテジアン(大鑽井)盆地などにみられる風車は，牧畜のための飲料水として掘り抜き井戸の揚水に利用されている。帆船交通の発達は，後の大航海時代へと結び付いていく。現在でも風力エネルギーを利用した帆船(ダウ船)がアラビア海などで活躍している。

地熱エネルギーは，温水や蒸気を暖房や温室にも利用している。なお，温泉は広い意味で地熱エネルギーと関係はあるが，物理的な利用とはいえないので，本問では適切な解答とはいいづらい。

解 答

設問A

(1)洪水防止　灌漑用水(生活用水)

(2)上流側では土砂が堆積して河床が上昇したり，アユやサケなどの魚が遡上できず，生態系に影響が出る。また下流側は流量が減少するとともに土砂供給量も減少し，河床低下や海岸侵食が進行する。

(90字)

設問B

(1)a－地熱　b－水力　c－風力

(2)プレート境界付近の変動帯で，火山活動が活発な地域である。

(29字)

(3)自然条件に左右され不安定で供給量は少ないが，化石燃料のように枯渇の心配がない。二酸化炭素や硫黄酸化物を新たに排出しないため地球温暖化や酸性雨のように地球環境へ与える負荷が小さい。

(90字)

(4)農業用水の揚排水や帆船交通のための風力エネルギーの利用。小麦やとうもろこしの製粉や紡績のための水力エネルギーの利用。

(59字)

2003年

第1問

解説 発展途上国の開発に関する問題である。発展途上国関連の問題としては，開発にともなう産業構造の変化や環境問題，人口や食料問題を絡めた問題の出題頻度が高い。さらに，発展段階の過程やその地域の位置に着目した地誌問題としても出題されやすい。

設問A

東南アジアとブラジルにおける熱帯林の減少理由を問う問題で，注目度の高いテーマである。国立環境研究所によれば，かつて陸地面積の16%を占めていた熱帯林は，2000年までの50年間でその半分にまで減少し，現在は7%に過ぎないとしている。FAO(国際連合食糧農業機関)は日本の面積の3分の1に当たる熱帯林が毎年消失していると報告している。熱帯林が減少する理由は地域によってさまざまであるが，新規の焼畑，農地転用のための伐採，薪炭材の過剰採取，不適切な用材伐採，食肉需要にともなう牧場開発や過放牧のほか，近年は森林火災なども指摘されている。

東南アジアに見られるマングローブ林は，熱帯～亜熱帯の海岸，河口沿いの潮間帯に生育する森林である。陸と海の両方の生態系保全など多面的な機能を有しているが，人口急増による薪炭材・用材需要，エビ養殖池の造成，都市化の進展などによって近年急激に減少しつつある。コンピュータ用紙などの高級パルプ原料としての用材用伐採やエビ養殖池造成のための伐採では，日本が大きく関係している。日本は世界一のエビの消費国であるが，その92%(2017年)が輸入品であり，その過半がマングローブ海域の産物である。エビ養殖場の増大により地下水の塩水化，余分な養殖用餌料や廃水垂れ流しが行われ，周辺水域の海洋汚染すなわち養殖公害が進んだといわれている。また稚魚・稚エビなどの生息場所が失われ，生態系が破壊されているとの指摘もある。

スマトラ島やカリマンタン(ボルネオ)島の熱帯雨林は，天然ゴムや油ヤシのプランテーションへの転換，商業目的の木材伐採により急激に減少した。近年は油ヤシのプランテーションが急増している。油ヤシの実から製造されるパーム油は，洗剤や化粧品，食用油(マーガリン)などに加工される。また，健康指向が高まるなかで，体によい植物油としても人気を集めている。1997年6月から9月にかけて，カリマンタン(ボルネオ)島で大規模な森林火災が発生しているが，火災の原因は，パーム油製造企業が森林に火入れをして，農園の拡大を図ったためであった。この火災は広範囲に煙害を及ぼし，マレーシアでは1万人近くが呼吸困難やぜんそくの悪化で入院している。

アマゾン川流域の開発は，1970年代からブラジル政府によって始められた。まずトランスアマゾニアン・ハイウェイを建設し，これを軸に開発道路も建設して農地や牧場を開発した。アメリカ合衆国の多国籍企業のなかには，ハンバーガー用の安い牛肉を生産するために，熱帯雨林を焼き払って牧場を経営する例も見られる。牧畜はアマゾンの森林破壊のなかで，面積的にも与えるダメージにおいても，最も大きいものといわれている。

設問B

識字率は，一般に先進国で高く，発展途上国で低い。世界平均(2018年)は男性89.8%，女性82.8%であるが，非識字者のほとんどが発展途上国に集中している。地域別による非識字率は，アフリカ，アジア，ラテンアメリカの順に高い。ニジェールのような後発発展途上国では，人口の大半が非識字者という場合もある。また男女別の比率では，女性の非識字率が高く，非識字者の約7割を占めている。このことは，児童の就学段階において，女子の就学率が男子のそれよりもはるかに下まわっているためであるが，イスラームなどの宗教的要因も関係している。

(1)X群のアルゼンチン・ウルグアイは他の発展途上国より識字率が高くなっている。その理由は，所得水準が高く，Y群・Z群とくらべ発展段階が高いためである。ただし，両国の場合はラテン系のコーカソイドが中心で，カトリックを信仰する住民が多く，長い植民地時代に旧宗主国の言語で支配され，識字教育が容易に進めやすかったからともいえる。他のラテンアメリカの国々は，混血や先住民の比率が高いため，各民族で固有の言語が存在し，識字教育が難しい。メキシコ(91%)，ブラジル(85%)，ペルー(80%)なども，アルゼンチン・ウルグアイの識字率を大きく下回っている。

<資料>識字率(2018年)

国名	識字率(全体)	男性	女性	男性÷女性 =男性／女性
アルゼンチン	99.5	99.9	99.1	1.0
ウルグアイ	98.7	98.4	99.0	1.0
ラオス※	84.7	90.0	79.4	1.1
カンボジア※	80.5	86.5	75.0	1.2
ニジェール※	19.1	27.3	11.0	2.5
マリ	35.5	46.2	25.7	1.8
世　界		89.8	82.8	1.1

※2015年

『データブック　オブ・ザ・ワールド』により作成。

⑵Y群のラオス・カンボジア，Z群のニジェール・マリは，ともにフランスの植民地であった国である。ラオス(2005年)は，ラオス語が公用語で，ラオルーム(67%)・ラオトゥン・ラオスーンなど60以上の民族で構成されている。カンボジア(2000年)は，カンボジア語(クメール語)が公用語で，カンボジア(クメール)人(85%)・中国系・ベトナム人・シャム人などで構成されている。ニジェールは，フランス語が公用語ではあるが，ハウサ語・ソンガイ語・トゥアレグ語・ジェルマ語・フラニ語などの部族語が話されており，ハウサ(55%)・ソンガイとジェルマ(21%)・トゥアレグ(9%)・フラ(9%)などの民族で構成されている。マリも，フランス語が公用語ではあるが，バンバラ語・フルフデ語・ソンガイ語・タマシュク語などの部族語が話されており，バンバラ(31%)・セヌフォ(11%)・フラ(10%)・ソニンケ(7%)・トゥアレグ(7%)などの民族で構成されている。このように，異なった部族語を母語としている多民族から成り立っている国々も多い。そのため，特定の民族語・部族語を公用語として識字教育を普及させることは，各民族・部族間の不平等や不利益が生じる恐れがある。とくに，Z群の国々は有力な特定民族言語が複数あるため，国家で統一した識字教育に旧宗主国の言語が選ばれたといえる。

⑶発展途上国では，教育の機会自体を得ることが難しい国も多い。そのうえ，差別的な習慣のもとで，女性の教育機会が制限され，識字率は男性にくらべ低くなりやすい。伝統的に性別役割分担が徹底しており，女性の役割を出産と育児，そして家事に固定化している。教育の実践によって，さまざまな知識の普及や女性の地位上昇にも役立つ。さらに，高等教育進学率の上昇は就業機会を増加させ，経済的自立を可能とさせる。また，経済的に自立して晩婚・非婚の比率が高くなると，女性の1人当たりの生涯出産回数(合計特殊出生率)が減少する。女性の識字率が低い発展途上国では，多産の弊害が認知されず出生率が高いため，人口急増による貧困・食糧不足・環境破壊などの問題が起きている。

ところで，Y群とZ群の国々では1人当たり国民所得(2001年)に大きな差は見られない。ラオスは300ドル，カンボジアは270ドル，ニジェールは180ドル，マリは230ドルであった。にもかかわらず，識字率に大きな差が見られる。これは，Y群が旧社会主義国で貧しいながらも教育に力を入れたことや，Z群はイスラム諸国で女性に対する教育普及への理解が低いことも影響しているといえる。

解答

設問A

a－マングローブ　b－エビ　c－油ヤシ(天然ゴム)

d－アマゾン　e－肉牛

設問B

⑴カトリックを信仰するラテン系・ヨーロッパ系の比率が国民全体の大多数を占め，その多くが公用語のスペイン語を話している。

(59字)

⑵複数の部族が異なる言語を用いているため，特定言語での識字教育が困難であり，旧宗主国のフランス語が公用語となっている。

(59字)

⑶発展段階や宗教的価値観の相違から，女性の就学率は低く，社会的地位を低くしている。その結果，女性の経済的自立が難しく，人口抑制も徹底せず，高い出生率が続き人口爆発状態となっている。

(90字)

第2問

解説 自然環境と都市に関する問題であるが，民族問題・環境問題なども絡ませた地誌的な問題となっている。東大の入試においては，従来から自然環境と人間の諸活動との関係についての問題が多く出題されている。

設問A

図1は，気温アイソプレス(ドイツ語ではイソプレス)を相対比較によって表現したものである。アイソプレスとは，気温の日変化と年変化を同時に表したものであり，たとえば，一方の軸(この場合縦)に時刻，他方の軸(同横)に月を刻み，気候要素(気温)の日変化と年変化を等値線で表している。

⑴気温の変化は，日射時間や日射量と関係があり，日射時間が長ければ気温が高くなり，短ければ低くなる。㈠では等温線が縦に引かれているので気温の日変化が小さく，㈡では横なので，気温の日変化が大きいと読み取ることができる。また㈠は，それぞれの季節における日変化はほとんどなく，年変化はきわめて大きいので，極地と判定できる。㈡は，気温の年変化が小さく日変化が大きいので，熱帯と判定できる。㈢の気温は，夏至で高く冬至で低いだけでなく，日変化も見られる。よって，㈠の極地と㈡の熱帯の中間に位置する温帯である。

⑵㈠の気温が夏至で高く，冬至で低くなっている理由は，夏至の日射時間はきわめて長いが冬至の日射時間はきわめて短いからである。この要因は地軸の傾きにある。地球は23度26分傾いた地軸を中心に自転しながら太陽の周りを公転している。そのため，北極圏の夏至では白夜，冬至では極夜が出現する。㈡は，年間を通して正午前後に気温がピークに達し，深夜に下がっている。年間を通して正午前後の気温が同様に高いの

で，日射量に変化が少ないことがわかり，熱帯のパターンとなる。なお(ウ)は，(ア)の極地と(イ)の熱帯の特徴を合わせもっており，中間のパターンである。一般に低緯度(熱帯)から高緯度(寒帯)に移動するにつれ，気温の年較差(最暖月の平均気温と最寒月の平均気温の差)が気温の日較差(１日の最高気温と最低気温の差)より大きくなる傾向がある。

設問B

1964～2000年にオリンピック大会が開催された10都市の気候・時差・環境問題・民族問題について問うた問題である。一見ユニークな問題のように思えるが，地理のテーマは無数にあり，出題方法も多岐にわたる。この点から，すべての地理的事象を覚えることは不可能であるが，事象を多面的に，理論的に理解する必要が生じることがわかる。

(1)雨温図を読み取り，該当する都市を判定する問題である。それぞれの都市は中・高緯度に位置しているため，雨温図の微妙な差異に着目する必要がある。温暖湿潤気候(Cfa)の東京と亜寒帯湿潤気候(Df)のモスクワが明示されており，これが有力なヒントになる。aは，最暖月平均気温10℃以上22℃未満，最寒月平均気温-３℃以上18℃未満，年中湿潤な気候で西岸海洋性気候(Cfb)のミュンヘンである。bは，６～８月の気温が低いので南半球にある温暖湿潤気候(Cfa)のシドニーである。cは，最寒月平均気温-３℃未満で年中湿潤な亜寒帯湿潤気候(Df)のモントリオールである。dは，最寒月平均気温-３℃前後で微妙(実際は -2.5℃，1981～2010年平均は -2.4℃)であるが，冬季乾燥であり，温暖冬季少雨気候(Cw)のソウルとなる。

(2)地球が１回転するのにおよそ24時間かかる。つまり，360度÷24時間＝経度差15度で１時間のずれが生じることになる。ただし，「日付の違いを考慮しない場合」とあることから，経度差がポイントであり，日付変更線を考慮したグリニッジ標準時(GMT)からの時差でないことに注意すること。本問では，それぞれの都市の位置を把握していれば容易であろう。東京はほぼ140°EでGMT＋9，メキシコシティはほぼ99°WでGMT－6，ミュンヘンはほぼ12°EでGMT＋1，モントリオールはほぼ74°WでGMT－5，モスクワはほぼ38°EでGMT＋4，ロサンゼルスはほぼ118°WでGMT－8，ソウルはほぼ127°EでGMT＋9，バルセロナはほぼ２°EでGMT＋1，アトランタはほぼ84°WでGMT－5，シドニーはほぼ151°EでGMT＋10である。GMTを考慮した時差は17時間差のロサンゼルスが最も大きくなるが，日付の違いを考慮しないと７時間なので，12時間差に近い都市が最も時差が大きいことになる。よって，正答は10時間差のモントリオールとアトランタとなる。

(3)メキシコシティは2,000万人(2020年：郊外を含む)を超える人口を抱える世界屈指の大都市であるが，世界最悪の大気汚染都市とも呼ばれている。浮遊粉塵・一酸化炭素・亜硫酸ガス・窒素酸化物・炭化水素などの汚染物質により，都市全体が灰白色のスモッグに覆われている。汚染は，特に空気が冷え込んで重くなり，気温の逆転層ができやすい冬季にひどくなる。メキシコシティは，標高2,300mの高原に位置し，空気中の酸素量が低地のおよそ4分の3しかなく，燃料の不完全燃焼が起こりやすい。また，周囲を高山に囲まれた盆地の底にあり，汚染物質が滞留しやすい。さらに，市内を走っている自動車は，排ガス規制がない時代に製造された古い型のものも多い。燃料の重油の硫黄含有量も3％と高い(日本は0.5％)まま利用し，工場や自動車の排出規制は徹底されていない。このような悪条件が重なり，都市的環境が悪化している。

⑷独自の文化的特徴すなわち民族問題を問う問題である。モントリオールはカナダ・ケベック州の中心都市である。カナダ全体の言語構成(2011年)は，英語57％，フランス語21％のほか，パンジャービ語，中国語，スペイン語，ドイツ語，イタリア語などである。イギリス系が多数派のカナダであるが，ケベック州はフランス語話者が多数(2011年は78.1％)を占める。そのため，政治や経済で優位にあるイギリス系住民に反発し，ケベック州ではフランス語のみが公用語とされ分離・独立運動が展開された。1995年に行われた州民投票では残留派が勝利したが，その差は僅差(50.58％対49.42％)であった。カナダ政府は，イギリス系住民とフランス系住民の融和をはかるために，英語・フランス語双方を公用語に指定している。

バルセロナはスペイン・カタルーニャ(カタロニア)地方の中心都市である。スペインの公用語は首都マドリードを中心とするカステーリャ(スペイン)語であるが，スペイン北東部のカタルーニャ地方ではカタルーニャ語が使用されている。カタルーニャ語は同じラテン語系であるがカステーリャ語とやや異なり，歴史的・文化的背景も加わって，カタルーニャの人々の中にはカステーリャの支配に反発している人も多い。

解答

設問A

⑴ア－極地　イ－熱帯　ウ－温帯

⑵地軸の傾きにより㈠では日射量が大きく異なる夏至と冬至で，㈡では年間を通し日射量に差がないため昼夜での違いが大きくなる。

(60字)

設問B

⑴a－ミュンヘン　b－シドニー　c－モントリオール
d－ソウル

⑵アトランタまたはモントリオール

⑶高地の盆地に位置しているため，不完全燃焼を起こしやすく，自

動車や工場で排出された汚染物質も拡散せず，大気汚染が著しい。

(60字)

(4)モントリオールは，英語系住民の多いカナダの中で，フランス語系住民が多いケベック州の都市である。バルセロナは，スペイン語が中心の国の中で，カタルーニャ語を話す住民が多い都市である。

(90字)

第3問

解説 日本の工業は，石油価格の高騰やNIEs(新興工業経済地域)の躍進など国際的な経済の変動と関連して，従来の重厚長大型産業である重化学工業から軽薄短小型産業へ，そして資本・技術集約的な先端産業へと移行している。この点を考慮して，統計の変化を意味づける問題である。

設問A

工業の業種別構成と工業用水の利用状況に関する統計を読み取る問題である。日本経済の動向と表1～3の相互関連性を意識する必要がある。

(1)第二次世界大戦後，日本では経済の自由化が進められ，経済復興が着実に進んだ。1950年代後半から世界に例をみない高度経済成長が20年近くにわたって続いた。この間，繊維・食品などの軽工業を中心とした産業構造が，鉄鋼・石油精製・石油化学など素材型の重化学工業中心に変化していった。そして，1973年と1979年の二度にわたる石油危機によって安定成長(低成長)に変わり，産業構造はエネルギー多消費型の素材工業から電気機械や自動車などの機械工業中心に転換する。また1980年代にはエレクトロニクス関連工業も急速に発展した。(ア)の出荷額が一貫して減少していることから，繊維工業となる。(イ)は1960～70年の高度経済成長期に出荷額が増加し，その後減少していることから鉄鋼業となる。(ウ)は増加傾向にあり，出荷額の構成比から考えて，日本の主力産業である機械工業となる。表1のみでも解答可能であるが，表2と関連させると，より正答に近づくことができるであろう。

(2)用水指向型工業は，冷却や洗浄など製造工程のなかで大量の水を使用する工業をいう。石油化学・金属精錬・製鉄・IC・化学繊維・製紙パルプ・醸造業などである。化学と金属は冷却用水として，ICは洗浄用水として，化学繊維・製紙パルプ・醸造業は製造過程で大量の用水を使用する。しかし本問は，表1の出荷額構成比の推移をヒントにして表2の用水量構成比を対比させることで判定する問題である。表2の(a)は用水比率が高く，1970～2000年の推移に大きな変化がないので化学となる。(b)は増加傾向にあるので機械，(c)は減少傾向にあるので製紙となる。

⑶工業用水の使用量は産業構造の変化と関係している。1973年の石油危機は，日本経済に深刻な影響を与えたが，水利用状況にも著しい変化をもたらした。エネルギー資源の大量消費から省資源へ，重厚長大型工業から軽薄短小型工業と変化して，水資源についても有効利用，合理的利用が奨励されるようになった。工業用水は1960年代末から，再利用のための回収率が著しく向上した。公害対策や環境保護の観点から，工業排水への規制が高まったからである。特に鉄鋼業や化学工業のような冷却用水使用型工業においては徹底した循環利用が行われるようになって，新規の用水使用量は比較的少なくてすむようになった。また石油危機による景気後退は，工業用水の使用量自体を減少させる要因になったといえる。

設問B

語群中の10用語から，解答に適する語句を選択し，論理的に理由説明をする問題である。東大の入試問題としては2003年度からの新傾向といえよう。

日本は戦後のGATT(現WTO)・IMF体制のもとで，各国と自由な貿易関係を形成してきた。1970年代は，二度の石油危機や為替の変動相場制への移行にもかかわらず，工業製品の輸出が伸び，石油危機時を除き，貿易収支の黒字が固定化した。海外直接投資では，1960年代には縫製品・日用雑貨など労働集約型の産業が，低廉な労働力を求めてアジアNIEsやASEAN(東南アジア諸国連合)に進出していった。石油危機以降は，自動車・家電など技術水準が高く，国際競争力の強い分野の進出も目立つようになった。本設問は，自動車とカラーテレビを題材として，1965年以降の生産・貿易動向を見たものである。

⑴1970年代末に日米自動車貿易摩擦が激化したため，1981年以降日本の自動車メーカーは，輸出自主規制を行い，アメリカ合衆国での現地生産に力を入れてきた。1982年にホンダ，83年に日産，84年にトヨタ(GMと合弁)が工場を建設した。当初は対米輸出に対し現地生産はきわめて少ないものであったが，現地生産は年々増加し続け，輸出は1985年をピークに減り続けた。1995年には現地生産台数が輸出台数を上回った。輸出が減った分を現地生産が補っているという格好になっている。また，1985年のプラザ合意による円高で輸出が不利になったことも，日本企業の海外進出を加速させた。日本の自動車メーカーは単独ないし現地企業との合弁，資本参加によりヨーロッパやアジアなどでの生産も増加させている。

⑵カラーテレビなどの家電製造業は，東・東南アジア諸国への進出が著しい。1994～95年にかけての1ドル＝100円を突破する円高の進行が，労働賃金が安いアジア諸国への生産拠点の移転を加速させる大きな要因となった。プラザ合意以降の進出地域を見ると，まず，1985～87年まではアジアNIEsが投資対象地域であった。88年

以降，タイ・マレーシア・インドネシア・フィリピンのASEAN 4カ国がこれに代わり，95年には中国がASEAN 4カ国を上回った。日本の対アジア製造業投資が，経済成長地域の変化とともに，投資の重点地域をシフトさせている。その地域における製品の需要増加への対応であり，市場(消費地)近接への生産拠点の設置である。また，東・東南アジア諸国からの工業製品輸出に日系企業の役割は大きくなり，日本も逆輸入を始めるようになった。このことから，日本における「産業の空洞化」が一層進行している様子もうかがえる。

解答

設問A

(1)ア－繊維　イ－金属　ウ－機械

(2)a－化学　b－機械　c－紙

(3)水を大量使用する重厚長大型の産業構造が転換したことに加え，一度使用した水を回収水として循環利用するケースが増えたため。

(60字)

設問B

(1)オイルショック後に燃費の良い日本車需要が高まったが，1985年のプラザ合意で円高が進むとともに，貿易摩擦解消のためにアメリカ合衆国やＥＵなどでの現地生産も進み，輸出台数が減少した。

(89字)

(2)労働集約型のカラーテレビは，低賃金労働力を背景とするＡＳＥＡＮや中国などでの海外生産が盛んとなり，日本からの輸出が減少するとともに，海外拠点で生産した製品の逆輸入が増加したため。

(90字)

2002 年

第 1 問

解説 アメリカ合衆国に関する地誌問題である。地誌問題は1999年のユーラシア北部，2000年の地中海沿岸，2001年のガンジス川・ブラマプトラ川流域と連続して出題されており，出題頻度が高いといえる。

設問A

飛行機に乗った紙上旅行のパターンは，最近出題頻度が高い問題形式である。地図帳を見ることを習慣化するとともに，白地図を使用した作業学習を積み重ねておくとよい。このような地道な学習が得点の差となってあらわれる。

(1)出題されている地名はいずれも基本的レベルである。ただし，地図が頭に描けなければ難問となるであろう。下線(a)は，サンフランシスコに近い山脈であるから，海岸山脈とシエラネヴァダ山脈のいずれかとなる。そして，東側には乾燥した大地があるので，セントラルヴァレーを通過した後のシエラネヴァダ山脈となる。シエラネヴァダ山脈は，東が急崖で，西側が緩斜面の傾動地塊である。西側は地中海性気候のセントラルヴァレーに面して森林が繁茂し，東側は下線(b)に該当する乾燥の著しい大盆地(グレートベースン)に面している。最高峰は西麓にセコイア国立公園が広がるホイットニー山(4,418m)で，世界遺産のヨセミテ国立公園も位置している。

下線(b)の乾燥した大地とはグレートベースンであるが，サンフランシスコに隣接する海岸山脈の東側にはセントラルヴァレー(カリフォルニア盆地)がある。ただし，セントラルヴァレーはアメリカ合衆国有数の農業地帯となっており，乾燥した大地ではない。グレートベースンは乾燥した盆地であるため，灌漑農業や放牧が行われている。なお，広い山岳地帯とはロッキー山脈のことである。

下線(c)の広い平原は，グレートプレーンズである。グレートプレーンズは，ロッキー山脈の東麓の台地状の平原で，大平原を意味する。年降水量500mm以下で，草丈の短い草原地帯では牛の放牧や灌漑農業が行われ，比較的降水量の多い東部では小麦栽培が行われている。

(2)北アメリカ大陸最大の大河であるミシシッピ川は，ミネソタ州のイタスカ湖に源を発し，合衆国中央部を南北に貫流しメキシコ湾に注ぐ。全長3,765kmであるが，ミズーリ川を源流とすると全長5,969km，流域面積325万km^2(理科年表2023)である。支流にはミズーリ・オハイオ・テネシーなどの諸河川があり，ミズーリ川は合流前のミシシッピ川本流より長い。流域は世界的な農業地域で，河口部に鳥趾状三角州を形成している。

⑶アメリカ合衆国では西経100度の線に沿って年降水量500mmの等降水量線がほぼ南北に走っており，東側の年降水量500mm以上の湿潤地域は農業地域，西側は年降水量500mm未満の乾燥地域で放牧や灌漑農業地域である。さまざまな自然環境に応じた農業地域が形成され，適地適作となっている。下線(b)から(c)は西経100度線の西側に当たり，肉牛などの放牧や灌漑農業地域である。(c)からプレーリーにかけての西経100度をまたぐ地域では，冬小麦などの作物の栽培が盛んで，企業的穀物農業地帯となっている。さらに湿潤な東側の下線(d)地域にかけては，とうもろこしと大豆を中心とする混合農業地帯が広がっている。

設問B

アメリカ合衆国の主要な農畜産物に関する問題である。後半の問題は与えられた統計中の数値から特徴を読み取る資料解析力が問われている。

⑴とうもろこしは，食用・飼料用・工業原料として利用され，世界的に重要な作物の一つである。食用としては，粒のまま焼いたり煮たりして食すほか，粉にしたあと練ったり焼いたりして食用とする。粒の胚からは半乾性油のコーン油が採れ，食用油としても使われる。バーボンウィスキーの原料となるほか，デンプン(コーンスターチ)を採り出し練製品や菓子類などの加工食品の原料ともする。また，ビールなどの醸造原料にも利用される。飼料としても重要であり，先進諸国の畜産を支えている主要な作物である。なお，コーンスターチは工業用原料としての利用も多く，糊として製紙や織物工業にも使われる。

大豆は若芽がもやし，未成熟の段階では枝豆として利用されるほか，成熟後の大豆を製粉してきな粉，圧搾して豆乳，それを加熱して湯葉，凝固させた豆腐，発酵させて味噌・醤油・納豆などとして，日本ではなじみのある作物である。また大豆の20%は油分であり，食用油を搾油でき食料品工業にも利用できる。また，搾油後の大豆粕は飼料としても利用される。

よって，とうもろこしと大豆に共通した用途は，食用油(油脂)と飼料がよいであろう。

⑵穀物メジャーは，穀物の集荷・輸送・輸出・種子の開発・穀物加工・農業生産資材製造などの分野に進出している多国籍企業である。1980年代まではカーギル，コンチネンタルグレイン，ルイ・ドレフュス，ブンゲ，アンドレ・ガーナックの5社(五大穀物メジャー)で，70%を超す世界穀物流通シェアを占めていた。現在はグレンコア，アーチャー・ダニエルズ・ミッドランド，カーギル，ルイ・ドレフュス，ブンゲが五大穀物メジャーとされるが，カーギル社のように，事業活動のコングロマリット化(複合企業)が進展し，食料関連部門は企業活動の一部にすぎなくなった穀物メジャーもある。

(3)アメリカ合衆国の小麦輸出量の割合は42.2%(1996～98年)と非常に高い。中国の小麦生産量は世界第1位であるが，人口規模(消費量)が大きいために，国内生産量では国内供給量を満たすことができず，不足分を輸入に依存している。アジアの穀物についてみると，1997年に出題された米のように，生産された小麦は輸出されることもあるがその割合は低く，自給的性格が強い。

＜資料＞小麦(2019年)

国名	生産量	輸出量	輸入量
アメリカ合衆国	5,236.7万t	2,847.4万t	481.7万t
中国	13,359.6 〃	73.4 〃	387.3 〃

『世界国勢図会』により作成。

(4)オーストラリアの牧牛は，サバナ気候からステップ気候，温暖湿潤気候地域で大規模に行われている。生産量の割に輸出量が多いということは，国内消費量が少ないことを意味する。大規模経営は冷凍船の開発でヨーロッパ向けに輸出可能となってからといえるが，近年ではアメリカ合衆国や日本への輸出用に生産されるケースが増えてきている。なお，アメリカ合衆国の肉牛生産は国内供給(94.3%)が中心であり，フィードロットでの集約的飼育が特徴的である。

＜資料＞牛肉(2019年)

国名	生産量	輸出量	輸入量
アメリカ合衆国	1,234.9万t	143.0万t	147.2万t
オーストラリア	235.2 〃	170.5 〃	1.2 〃

『世界国勢図会』により作成。

解答

設問A

(1)a－シエラネヴァダ山脈　b－グレートベースン
c－グレートプレーンズ

(2)ミシシッピ川

(3)年降水量500㎜未満の西部は肉牛の放牧や灌漑農業地域で，西経100度の年降水量500㎜前後は企業的小麦栽培地域となり，さらに東部の湿潤地域は飼料作物栽培と家畜飼育の混合農業地域となる。
(90字)

設問B

(1)食用油(油脂)，飼料

(2)穀物の集荷・貯蔵や輸送といった国際流通を支配し，農業政策や国際市場の価格に大きな影響力を有する多国籍企業のことである。

(60字)

(3)国内消費量が多いことから不足しており，輸入が行われている。

(30字)

(4)国内供給中心のアメリカ合衆国と異なり，輸出比率が高くなる。

(30字)

第2問

解説 人口に関する問題は，2001年度は出題されなかったが，2000年度・1999年度と出題されている。人口関連問題も出題頻度の高い分野である。本年の出題形式は例年通りであり，統計資料を用い，そのデータから地理的特色を問うものとなっている。

設問A

資料中の指標の特徴は，理解しておきたい。人口増加率は，一般に先進国で低く，発展途上国で高い。65歳以上人口割合すなわち老年人口の割合は，一般に先進国で高く，発展途上国で低い。1人あたりのGDPは，一般に先進国で高く，発展途上国で低い。これらから，(ア)と(イ)は発展途上国になり，インドと中国のいずれかとなる。中国で一人っ子政策という人口抑制策が実施(1979～2015年)されており，経済発展の兆しがあることなどがわかっていれば，(ア)はインド，(イ)は中国となる。

一方の(ウ)と(エ)は先進国である。人口増加率と65歳以上人口割合を考慮すると，若年層が比較的多く，出生率も高めと考えられる(ウ)はアメリカ合衆国となる。アメリカ合衆国は移民大国であり，カトリック信仰者やヒスパニックも多いことから，先進国のなかでは人口増加率が高めとなっている。(エ)は人口増加率が低いだけでなく，65歳以上人口割合が14%を上回っている高齢社会に到達していることからドイツとなる。

<資料>

国	人口増加率(%)	65歳以上人口割合(%)	1人あたりGDP(ドル)
フィリピン	1.7	5.6	3,299
インド	1.1	6.2	1,931
中　国	0.5	13.5	10,229
アメリカ合衆国	0.7	16.0	63,123
ドイツ	0.2	21.8	45,909
日　本	－0.3	28.6	39,990

※人口増加率は2011～21年の年平均。
65歳以上人口割合の年次は2016年から2020年の間で，国によって異なる。
1人あたりGDPは2020年。
『世界国勢図会』により作成。

設問B

人口転換モデルの理解度が問われている。出生率と死亡率の関係は，多産多死→多産少死→少産少死と推移する。人口増減は，出生と死亡との差である自然増減，転入と転出の差である社会増減の和によって示される。ただし，一国レベルの社会増減は少なくなりやすいため，自然増減の重要度が高くなる。出生率と死亡率がともに高い段階(多産多死)では人口の増加はわずかであるが，現在の発展途上国のように死亡率だけが低下し，多産少死の段階になると人口は急増する。医療の発達や衛生施設の普及により死亡率は相対的に低下するが，とくに抵抗力の低い乳児死亡率の改善が影響する。その一方で，子どもを労働力，老後の担い手といった意識などで多産を継続する発展途上国も少なくない。なお，出生率と死亡率は，産業の発達，生活水準の向上，宗教的価値観などの要因によっても影響される。

設問C

Y群とまとめているが，(イ)と(ウ)は人口増加率が近似しているだけで，65歳以上人口割合と1人あたりGDPに大きな格差がみられる。他の指標から，(イ)は発展途上国，(ウ)は先進国と判定できるが，人口増加率がX群やZ群と異なるようになった理由がある。

(1)中国における第二次世界大戦後の人口動態は，四つの時期に分けられる。1949～57年の時期は，建国時に制定された婚姻法や出産奨励法により出生率が急増した。共産党支配体制の発足当初には，人口増加が賞賛されていた。1949年に毛沢東主席は「中国が巨大な人口を持つのは非常によいことだ。たとえ中国の人口が何倍にも増えたとしても，中国は必ず解決策を見いだすことができる。解決策とは，生産である。」と述べている。1958～61年の時期は，大躍進政策の失敗や大飢饉が原因で人口が減少した。それらの影響で，少なくとも3,000万人が死亡したといわれている。1962～71年の時期は，多産少死の時期に入り，人口が急増した。乳児死亡率の低下により，最も意欲的な生産目標をもってしても人口の急増に生産が追いつかないことが明らかになった。そのため共産党政府は，1970年代のはじめに一連の段階的な人口抑制政策を設定し，家族計画プログラムを開始した。1971年以降は，出生率が次第に低下し，1979年には「一人っ子政策」が導入され，大部分の省で二人以上の子どもを持つことが違法とされた。一人っ子政策は，都市部や都市近郊の経済の比較的発展した農村では成功であったが，地方の農村では十分にその効果が出なかったといわれている。地方の農村では，政策を無視して，戸籍に登録しない黒孩子(ヘイハイズ)(ヤミっ子)が生まれている。2010年の人口調査ではその数が1,300万人という試算もある。学校教育や福利厚生を受けられない黒孩子たちの存在は，将来的にも大きな問題となることが懸念されている。

(2)アメリカ合衆国は，国民の大半が移民とその子孫からなりたつ多民族国家である。

19世紀前半までの移民は北西ヨーロッパが，19世紀後半から20世紀にかけては南東ヨーロッパが中心であった。20世紀になるとヒスパニックやアジア系の移民が増加している。アメリカ合衆国の人口増加率は，ヒスパニックやアジア系が多い太平洋沿岸部や南部で高く，アングロサクソン系住民が中心となっている北東部は停滞傾向にある。またヒスパニック系住民は，経済的な理由や宗教的な理由で出生率が他の民族より高くなる傾向を示している。先進国の中では，自然増加率と社会増加率がともに高いといえる。

設問D

Z群には日本が含まれている。日本を想定したり，先進国の一般的傾向から理由説明すればよいが，ここではドイツを意識して解説しておこう。

第二次世界大戦後のベビーブームが終わり，旧西ドイツでは，経済成長に伴う労働力不足から女性の社会進出が進み，1960年代後半から出生率が急速に低下した。1970年代には人口の自然増加率がマイナスを記録している。1990年に東西ドイツが統合されると，自然増加率の減少に歯止めがかかったが，1998年には出生率が9.7‰，死亡率が10.4‰で自然減に戻っている。これは女性の社会進出と晩婚化，豊かな生活をするために子どもの数は少ない方が良いという考え方などが影響している。その結果，人口ピラミッドはつぼ(紡錘)型を示し，出生率の低下がさらに進んでいる。死亡率が高い理由には，平均寿命の伸びも関係する。医療の発達や衛生施設の普及に当該年齢や生産年齢人口の死亡率が低下しているが，多産時代の出生者が80歳を超え死亡者が増加した。平均寿命が伸長しているなかで少子化が進み，相対的にも絶対的にも高齢化が進んだといえる。

解答

設問A

ア－インド　イ－中国　ウ－アメリカ合衆国　エ－ドイツ

設問B

医療の進歩や衛生の改善などで乳児死亡率は低下したが，出生率は高いままであったため，多産多死から多産少死に転換したから。

(60字)

設問C

(1)一人っ子政策などの人口抑制策導入で，出生率が低下したため。

(30字)

(2)ヒスパニック系やアジア系移民が増加し，多産傾向も強いため。

(30字)

設問D

生活水準の向上や晩婚化などで出生率は低下したが，医学の進歩や福祉衛生の充実などで平均寿命が伸びて高齢者が増加し，少子高齢化や幼年人口が少ないつぼ型の人口ピラミッドに移行したため。

(90字)

第3問

解説 地形図の問題は1983年のヨーロッパ4か国の地形図以来であり，日本の地形図に限定すれば1981年以来の出題であった。約20年出題されておらず意表を突かれた受験生も多かったと思われるが，東大の地理学教室では前年度に該当地域の地域調査が行われていたようである。

設問A

地形図の読図を通して，自然環境(地形)と人間生活の関連性が問われている。読図問題は，地図中に示された記号から，設問にかかわる内容を探し，論理的に説明するものである。地図上から答えを探す問題ともいえる。

(1)河口付近に発達する地形としては，三角州(デルタ)や三角江(エスチュアリー)などがある。三角江は河口がラッパ状に広がる地形であるため，図の形状や堆積状況から容易に三角州と理解できよう。河川が海や湖に流れ込むとき，傾斜が緩くなって流速は遅くなり，運んで来た土砂を堆積して三角州をつくる。三角州は，細砂・シルト・粘土からなり，水はけが悪く，低地のため洪水や高潮の被害を受けやすい。

(2)図1中の7000年前の海岸線は，縄文時代の貝塚の分布から推定したものである。当時は現在より気候が温暖で海水面が高かったため，海水が内陸に入り込んでいた。これを縄文海進と呼んでいる。その後，寒冷化が進み陸上に氷河・氷雪として水分が蓄えられ，海洋の水分量が減少し海退が起こることで侵食基準面(海水面)が低下し内陸部の侵食作用が強くなる。その結果，内陸部の山地から土砂などが下流部に供給される。また，洪水時には，内陸部の侵食作用がさらに強くなり，下流部での堆積量が多くなる。こうして，河口部に低平な沖積平野(三角州)を発達させていった。

(3)河川の中・下流部には，河川の氾濫によって，自然堤防や後背湿地が発達する。洪水時に流路からあふれでた水は流速が低下するため，河川の両岸に土砂を堆積させる。こうしてつくられた微高地を自然堤防と呼び，集落はここに立地する。自然堤防は砂礫質の堆積地形であるため高燥地となっており，水田ではなく集落・畑・果樹園などに利用されている。一方自然堤防の堤内地でもある後背湿地は，あふれた水が溜まり沼や湿地となりやすい。そのため，集落・畑・果樹園の利用に適さず，水田として利用される。

⑷まず図２のＮ付近の土地利用を読み取り，かつてのＮ地点の土地利用を推測する。そして，Ｎ地点に立地している施設が必要となる理由を考察すればよい。

Ｎ付近は後背湿地であり，もともと沼地や湿地であるため，周辺と同様に水田であったと考えられる。この地域は，埼玉県南東部(越谷市・吉川市・松伏町)の一部である。このうちの越谷市は，自然堤防上にできた宿場町から発展した。近年めざましく発展しており，都市化の進展が著しい地域である。東京に至近距離であるが，土地は比較的安価で，鉄道の整備・拡充により交通至便になったこと，河川改修により排水・防水などの治水が良好になったことが発展要因である。都市的住民が急増したため，健康福祉や生活上必要となる総合体育館やゴミ処理場などの大規模公共施設が必要となった。そのため，減反問題も考慮しつつ，住宅地から離れた水田地帯に立地させたと考えられる。

⑸図３は，海岸平野で知られる九十九里浜である。海岸平野の形成メカニズムや地形と集落立地の特徴について考察させる問題でもある。海岸線に平行して集落・道路・水田・畑が列状に配列している。これは遠浅の砂浜海岸に形成された沿岸州が数次にわたる隆起により浜堤(砂丘)列となったためである。九十九里浜の集落は，岡・納屋・新田の３集落からなっている。岡集落と納屋集落は，かつて親村・子村の関係にあった。岡集落は半農半漁の性格をもっており，納屋は漁具を入れておく建物であった。岡集落の人口増加に伴い，納屋に漁業を中心とする人々が常住するようになった。また漁業が不振なときにそなえ，農業も重視せざるを得ず，新田集落も浜堤上に形成されていった。

設問Ｂ

約7000年前以降に陸化した地域は，Ａ⑴・⑵で既述したように沖積平野である。この地域は，地質年代からいえば歴史が新しく軟弱地盤であることと，海岸に隣接して標高が低く地下水面が浅いという特徴を有している。その上で，さまざまな災害，とくに沖積平野の特徴と関連しやすい災害を考慮することになる。

豪雨・台風・高潮・地震・液状化・津波などが想定される。たとえば，1959年の伊勢湾台風による被害は，1999年第３問の解説にも記したように，高潮や洪水により5,000人を超える死者・行方不明者数を数えている。地震についても，1923年の関東大地震(関東大震災)，1995年の兵庫県南部地震(阪神・淡路大震災)，2011年の東北地方太平洋沖地震(東日本大震災)で，振動や津波による多数の死亡者と液状化で甚大な被害を記録している。

その他，人為的な災害も発生する。沖積平野では，人口が集まり，工場などの産業活動も活発に展開される。そのため，生活用水や工業用水，水溶性の天然ガス資源などが地下水として揚水されやすい。その結果，過剰揚水による地盤沈下が発生することになる。東京湾岸・濃尾平野・大阪平野などのゼロメートル地帯は，まさに人為的な災害により出現した地域ともいえる。

解答

設問A

⑴三角州(デルタ)

⑵内陸の山地部で侵食された土砂が，洪水時に河川の両岸や河口部に堆積して沖積平野を形成し，海岸線が徐々に海退していった。

(59字)

⑶自然堤防

⑷低湿な水田地帯であったが，都市化の進展で周辺人口が増加した結果，住宅地から離れた地区を，大規模公共施設用地に転換した。

(60字)

⑸集落は海退で形成された数列の微高地で，災害が少ない浜堤に立地しており，内陸の親村と海岸線の間に納屋集落が立地している。

(60字)

設問B

地盤が軟弱で海岸に近いことから，地震時には振動・液状化現象や津波により家屋倒壊やライフラインの寸断，台風時には洪水や高潮により家屋・農作物等の流失や冠水が起きやすい。また，地下水位が浅いため，地下水の過剰揚水による地盤沈下も発生しやすい。

(120字)

2001年

第1問

解説 南アジアの地誌問題である。地図上の位置確認とともに，自然環境と人間生活(人文事象)の関連性を重視した問題である。この観点の問題は毎年出題されており，東大の典型的な問題となっている。

設問A

ここでは，河川と民族が問われているが，平素から地図学習がなされておれば，容易であろう。種々の地理的事象の出現位置や分布状況を地図帳で確認しておくことは地理学習の基本でもある。

(1)Xのガンジス川は，ヒマラヤ山脈に源を発し，インド北部を東流してベンガル湾に注ぐ2,510kmの河川である。ブラマプトラ川と合わせた流域面積は173万km^2(理科年表)で，世界11位の大河でもある。ガンジス川はヒンドゥー教徒にとって“聖なる川”とされており，中流域にヒンドゥー教第一の聖地ヴァラナシ(ベナレス)が位置する。流域はインドの穀倉地帯をなし，上流では小麦・サトウキビ，下流では米・ジュートなどが栽培されている。

(2)Yはブラマプトラ川である。ブラマプトラ川は，中国チベット南部からインド北東部を通過しバングラデシュに至るガンジス川の支流である。総延長は2,840kmで，ガンジス川より長い。

中国ではヤルツァンポ川，バングラデシュではジャムナ川とも呼ばれ，ガンジス川と合流してベンガル湾に注いでいる。

(3)Yの上流域一帯が中国のチベット自治区と判定できれば，あとは容易であろう。ここは，中国の“火薬庫”と称され，シンチヤンウイグル自治区とともにマスメディアに登場してくる地域でもある。チベットは，第二次世界大戦の前後も事実上の独立状態を維持していたが，1950年に中国人民解放軍が進攻し，中国の領土となった。チベットは独自の宗教・文化・習慣を持つチベット人が住民の大半を占め，チベット仏教を信仰している。チベット仏教の指導者であるダライ・ラマが政治的・文化的・宗教的に強い影響力を持っているが，1959年のチベット動乱後，インドのダラムシャラーに亡命政府を樹立している。中国内のチベット族も民族意識が強く，独立を求めるデモや暴動が断続的に起きている。

設問B

図によればX川とY川の合流付近から，盛んな分流の状況が確認でき，洪水が頻発していることを予想させる。

⑴ガンジス川下流域は，アッサムから東流してきたブラマプトラ川と合流する一方で，多数の分流を生じて，ガンジス・ブラマプトラ三角州(デルタ)を形成する。上・中流域の大半は温暖夏雨(温暖冬季少雨)気候(Cw)が卓越している。下流域はサバナ気候(Aw)となっているが，この地域は夏のモンスーン(季節風)の影響で世界的な多雨地域となっている。

⑵農業国インドは，第1次産業人口が全就業人口の59.2％(2000年)を占める。近年，米・小麦の高収量品種の導入(緑の革命)や農村基盤整備，とくに灌漑施設の整備に伴い，農産物の作付面積・収量ともに急激に増加している。ガンジス川流域では，強い乾季があるためこの時期は土壌も硬くなり農耕が困難であったが，用水路や井戸などによる灌漑で通年の耕作が可能となった。しかし，インド農業の本質は，今なお犂耕を伴う自給的農業にある。いまだに天水依存の農業が多く，不安定なモンスーンの影響を直接受け，干ばつ(旱魃)や洪水の危険にさらされている。加えて，ザミンダール制は廃止されたものの，実質的な土地改革が進展していないことや農業の近代化の波がかえって農業経営規模の階層分化を促す結果となり，貧富の差がますます拡大している。ザミンダールとは，本来土地所有者の意味であるが，イギリスが東インド会社を通じて創出した世襲的大地主制度をさす。地主は広大な土地の領有を認められ，おもに小作料の徴収を請け負っていた。とくに，大地主化が進行したベンガル地方では，地主は封建領主的権力を持っていた。独立後，この制度の廃止，土地所有の制限，小作農への土地配分などを含む土地改革を実施したが，地主に広大な農地保有を認めたことや開放農地が有償譲渡となったことなどから，今日なおその半封建的な土地所有制度が残存している。このような自然的・社会的影響によって総収量は増大したものの，米の単位面積当たりの収量は2020年においても日本の約60％程度にすぎない。

⑶高潮は低気圧の接近により発生する災害であり，本問はこの地域の熱帯性低気圧，すなわちサイクロンを問う問題である。サイクロンは，インド洋・ベンガル湾・アラビア海や南太平洋に発生する熱帯性低気圧で，南アジアを襲い多大な被害を与える。この地域は極めて低平な地形を呈し，近年の地球温暖化での影響が懸念されている。地球の平均気温が1℃上昇した場合，海面が2m上昇する可能性(2012年米国アカデミー紀要)も指摘されている。海面水位が上昇すると世界の海岸地帯の大部分はその影響を受ける。国土の6分の1が「ゼロメートル地帯」のバングラデシュは，国としての存続さえ危ぶまれることになろう。また，このような地域でサイクロンによる高潮が来襲すれば，人的・経済的被害も甚大なものになる。

勢力を強めた熱帯低気圧は，その発生する地方(場所)によって名称が異なる。北太平洋西部では台風(typhoon)，北太平洋東部や西インド諸島・カリブ海・メキシコ湾ではハリケーン(hurricane)，インド洋・ベンガル湾や南半球ではサイクロン(cyclone)などと呼ばれる。

設問C

インド・パキスタン・バングラデシュ・スリランカは，1947年までイギリス領インドとしてまとめられていた。PとQは隣接しており共通言語(ベンガル語)も使用されているが，宗教が異なっており，インドとバングラデシュに分かれて独立した。

(1)人口数百万人の大都市なので，Pはインド･西ベンガル州の中心都市コルカタ(カルカッタ)，Qはバングラデシュの首都ダッカとなる。かつてのベンガルは，1937～47年イギリス領インドの独立州を構成し，人口の42%がヒンドゥー教徒，54%がイスラム教徒であった。

(2) 1947年の独立に際し，イスラム教徒の多い東部はパキスタン(1971年にバングラデシュとして再独立)に,ヒンドゥー教徒の多い西部はインドに分割された。よって，Pはヒンドゥー教，Qはイスラームとなる。なお，バングラデシュとは「ベンガル人の国」という意味である。

(3)指定語句の「カースト」と「工業化」は理解できているだろうが，これらをどのように修飾して文章を組み立てるかが，ポイントとなる。インド北東部のビハール州やオリッサ州には，石炭・鉄鉱石が豊富に存在する。これらの資源を利用して，ジャムシェドプル・アサンソル・ビライなどには鉄鋼業が発達しており，インド第一の重工業地帯を形成している。しかし，これでは「カースト」や「工業化」を指定語句にした意味がない。

インドの工業化は，1991年の新経済政策により，国内における産業規制の緩和に加え，貿易や外資の直接投資など対外的自由化が関係する。さらに，カーストにとらわれない工業部門の登場にも着目したい。

カーストとはヒンドゥー教における身分制度であり，固定した世襲的職業が継承されることが多い。カーストによる差別は憲法によって禁じられているが，農村部などには今でも根強く残っている。下位カーストの人達の社会的地位向上のために，留保制度と呼ばれる就職や大学入試での優先措置がとられている。また，新たな先端産業部門は固定した世襲的職業ではないため，これらの人々が参入している。インド南部の高原都市ベンガルール(バンガロール)が“カレーと紅茶の町”から“インドのシリコンバレー”として急成長した。英語教育を受けた低賃金労働力を求めて航空宇宙機器・精密工作機械・電子部品・コンピュータソフトなどの欧米系合弁会社が競って進出している。ベンガルール(バンガロール)の名が世界的に有名になったのは，IT

(ICT)産業の集積地として，欧米諸国を中心にソフトウェアのアウトソーシング(外注)が盛んに行われるようになったことによる。

解答

設問A

(1)ガンジス川

(2)中国，インド，バングラデシュ

(3)民族－チベット人，宗教－チベット仏教

設問B

(1)デルタ(三角州)

(2)国土の大半がサバナ気候下にあり，雨季・乾季が明瞭であるが，灌漑の整備により乾季でも栽培を可能とした。さらに，高収量品種を普及させる緑の革命や農業機械の導入などで生産量が増大した。

(90字)

(3)サイクロン

設問C

(1)P－コルカタ(カルカッタ)，Q－ダッカ

(2)P－ヒンドゥー教，Q－イスラーム(イスラム教)

(3)経済改革による工業化で，都市部を中心に外資を導入した機械工業や自動車工業が発展しはじめたほか，カーストにとらわれないIT・先端産業などの新たな職業が登場し，中間層が拡大してきた。

(90字)

第2問

解説　放牧地・牧草地と森林に関する統計を，牧畜業と林業に関連させた問題である。統計表から二つの項目(地域･国など)を比較させる問題は頻出パターンといえる。

設問A

畜産(牧畜)業は，牛・馬・豚・羊などの家畜を飼育し，肉・生乳・毛・毛皮などを生産する産業である。家畜の飼育方法や生産物の加工面などから，遊牧･移牧･酪農･企業的牧畜などに分けられる。その国や地域の牧畜形態を発展段階や自然環境に関連させて理解することが必要である。

(1)モンゴルとニュージーランドの牧畜形態は，モンゴルが遊牧，ニュージーランドが企業的牧畜である。家畜(牛＋羊)1頭当たりの牧場･牧草地の総面積を計算すると，モンゴルは3.2ha/頭(2020年)，ニュージーランドは0.3ha/頭(2020年)となる。モン

ゴルは，内陸性の厳しい砂漠気候(BW)が卓越しており，その周辺地域もステップ気候(BS)となっている。この広大な草原で馬・羊の遊牧を展開していることがわかる。遊牧は牧草がなくなれば他の場所へ移動するため，家畜1頭当たりを飼育するのに必要な草地面積はかなり広くなる。ニュージーランドには，温暖湿潤な西岸海洋性気候(Cfb)が卓越している。山がちな国であるが，牧草地として開発され，牧羊地が広がっている。気候的に恵まれたニュージーランドでは一年中草地があり，冬でも移動せずに屋外放牧が可能である。したがって，ニュージーランドでの1頭当たりの草地面積は，モンゴルより狭くても飼育が可能となる。

(2)イギリスとデンマークの大きな差異は，飼育家畜の違いにある。表1でわかるように，イギリスは羊，デンマークは牛が中心である。

イギリスの農業は，ヨーロッパでも大規模な経営に特色がある。スコットランドやペニン山脈の丘陵地などでは天然牧草地で羊が飼育されている。降水量が比較的多い西部や南部の海岸平野では酪農も盛んであるが，農業経営体の約10%が200ha以上の規模を有する借地農である。デンマークは酪農王国といわれているように，乳牛の舎飼いが中心であるため，放牧地をそれほど必要としていない。

かつてのデンマークは酪農以外の農業が盛んであった。しかし，1864年にデンマークはプロイセンとの戦いに敗れ，豊かなシュレスウィヒ地方とホルシュタイン地方を失った。国土は氷河堆積物が広がるユトランド半島と島々に限られてしまったのである。さらに，「新大陸」から安価な穀物が流入したため，農業も転換を余儀なくされた。そのため，農業協同組合組織を充実させ，「新大陸」より鮮度面での優位性がある酪農や八耕作(八圃式)といわれる集約的農業にシフトしていった。

設問B

森林に関する問題としては，経済林としての林業の視点ばかりでなく，保安林としての環境問題など，公益的役割として捉える出題が高くなっている。

(1)a群の国々は低緯度に位置している。この点から，熱帯林の減少が関係すると判断できる。熱帯林は，南米のアマゾンと中米，アフリカ，東南アジアの三つの地域にまとまって存在するが，近年急速に減少しつつある。その原因としては，人口増加や先進国への輸出が関係しており，砂漠化や過度な焼畑，薪炭材や用材の過剰伐採，牧場，プランテーションや養殖場の開発などがあげられている。発展途上国で起こっている問題であっても，その背後に先進国がかかわっていることが少なくない。熱帯林の消失は経済林としての森林資源の破壊のみならず，気候変動や生物種の絶滅につながり，人類の生存にも大きくかかわっている。

(2)b群の国々は高緯度に位置しており，針葉樹林が卓越している。この地域の森林は樹種も少なく，樹高もそろった純林が多い。また消費地に近く，運搬の便がよい。さらに，経済価値が高いことから，b群の北ヨーロッパ・カナダそしてシベリアは用材の一大供給地となっている。寒冷地では樹木の成長が遅く，伐採後の造林育成が困難なため，伐採量が成長量を上回りやすかった。しかし，近年は環境保護の意識が強くなり，計画的な森林資源の保護・育成により，森林面積・蓄積量とも減少に歯止めがかかり，表2のように森林面積が増加する国も出現している。

(3)森林の役割は，林業経営を目的とする経済林と各種公益的機能を重視する保安林とに分類できる。ここでは，用材生産以外の公益的機能の理解度を求めている。遺伝子・生物種や生態系などの生物多様性保存機能，地球温暖化などを抑える地球環境保全機能，土壌保全・土壌災害防止機能，洪水・渇水の緩和や水質を浄化する水源涵養機能，気温変化の緩和や汚染物質の吸収機能などの快適環境形成機能，気分転換や健康維持に高い効果を発揮する保健・レクリエーション機能などである。わが国では，1907(明治40)年の森林法や1951(昭和26)年の第2次森林法に基づく水源涵養保安林・防風保安林・飛砂防備保安林・魚付保安林・風致保安林などが森林面積の3分の1を占めている。

解答

設問A

(1)モンゴルは，乾燥気候が卓越するため，遊牧中心となり広大な牧草地を要する。それに対してニュージーランドは，西岸海洋性気候が卓越し，牧草の生育が良いため多数の家畜の放牧が可能だから。

(90字)

(2)牧羊業が盛んなイギリスは広大な牧草地を必要とするのに対し，デンマークは舎飼いの酪農が盛んで放牧地が少なくてすむから。

(59字)

設問B

(1)薪炭材・輸出用木材の過剰伐採，焼畑や牧場・プランテーション開発で熱帯林が焼き払われ，ナイジェリア・メキシコは人口増加に伴う砂漠化も進み，タイやフィリピンは養殖池造成でも減少した。

(90字)

(2)人工林の再生可能な範囲内での伐採と計画的な植林が実施されており，環境保護意識からの森林保護や植林も行われているため。

(59字)

(3)生態系維持，水源涵養や洪水・土壌流出防止，防風・防雪林などの国土保全，風致林やレクリエーションなどの公益的機能がある。

(60字)

第3問

解説 一次エネルギー消費量とCO_2排出量やGNPの相関性に関する出題である。資料提示問題は指標の特徴に着目し指標操作などを試みながら，統計数値の読み取りや意味づけを行いたい。

設問A

主要国の一次エネルギー消費量とCO_2排出量統計からの出題である。各国の一次エネルギー消費量の構成には特色がみられる。その特徴の差異と理由を意味づけしておきたい。

(1)世界の一次エネルギー消費量を上位からみると，1997年現在でアメリカ合衆国・中国・ロシア・日本・ドイツ・インド・フランス・カナダの順となっており，経済が発展している先進国や人口大国が上位を占めている。a国(ドイツ)は，一次エネルギー消費量がインドより多いが，CO_2排出量が少ない。一次エネルギー消費量の割にCO_2排出量が少ないともいえる。これは，CO_2排出量が少ない天然ガスの割合が高く，エネルギー効率の高い技術国だからである。b国(フランス)はその他の消費量が多く，一次エネルギー消費量の割にCO_2排出量が極端に少ない。これは，原子力の割合が高いからである。c国は豊富な国内炭を背景に石炭消費量の割合も高いのでオーストラリア，d国は石油・天然ガスの割合が高いのでインドネシアとなる。

(2)一次エネルギー消費量(合計)当たりのCO_2排出量を求めると，右表の通りである。中国・インドにおける一次エネルギー消費量当たりのCO_2排出量が相対的に多いことがわかる。これは，中国・インドにおいて石炭の消費量の割合が高いためである。さらに両国は，高い経済成長を続けているためCO_2排出量の増加率が高くなっている。

国	CO_2排出量／一次エネルギー消費量
中　国	0.96
日　本	0.62
a（ドイツ）	0.68
インド	0.91
b（フランス）	0.40
カナダ	0.55
c（オーストラリア）	0.81
d（インドネシア）	0.77

〈資料〉2019年　一次エネルギー供給量

国	石炭	石油	天然ガス	その他	合計	CO_2 総排出量
中　　国	2,072	647	248	422	3,389	9,877
アメリカ合衆国	275	795	742	403	2,215	4,744
イ ン ド	407	235	55	229	927	2,310
ロ シ ア	125	149	418	80	773	1,640
日　　本	112	161	92	49	413	1,056
カ ナ ダ	12	106	118	72	308	571
ド イ ツ	56	100	76	65	297	644
ブラジル	15	105	32	141	293	411
韓　　国	80	104	49	47	280	586
イ ラ ン	1	84	181	3	269	584
インドネシア	69	77	39	59	244	583
フランス	7	71	38	127	242	294
サウジアラビア	—	152	80	0	232	495
メキシコ	12	83	69	19	182	419
イギリス	6	59	66	38	168	342

『データブック　オブ・ザ・ワールド』により作成。
単位は100万t，—は不明。

(3)化石燃料の消費による環境汚染は，CO_2による地球温暖化，SOx・NOxによる酸性雨やそれらの排煙による大気汚染などがある。ここでは，CO_2排出量の増加以外なので，後者の二つが関係する。また，火力発電所・工場や自動車・船舶から排出されるSOx・NOxは偏西風などで越境する。北ヨーロッパでの酸性雨被害や，1979年に採択され83年に発効した長距離越境大気汚染条約を想起できれば，越境被害という特徴も見出せるであろう。酸性雨による具体的な被害としては，森林の枯死や湖沼の酸性化，それに伴う生態系の破壊などがあげられる。

設問B

日本の一次エネルギー消費量は増加傾向にあるが，それ以上に実質GNPが増加している。そのため，1973年以降は一次エネルギー消費量÷実質GNPの値が低下傾向にある。これは，少ない一次エネルギー消費量で実質GNPを生み出すことができたことになり，生産性の向上ないし省エネルギーを意味している。

(1)エネルギー消費量の変化は，経済動向や産業構造の変化とも関係する。1973年の石油危機を契機に，省エネルギーと代替エネルギーの開発が進み，産業・社会をはじめ社会活動全般にわたる資源・エネルギーの節約運動が展開された。製造面や使用時における省エネルギー，資源の再利用，資源･エネルギー多消費型産業から省資源･省エネルギー型産業(先端産業など)への転換などに取り組んでいる。また，製品の付加価値や価格が上昇することでも，X／Yの値は低下する。

⑵日本は液化天然ガスの世界最大の輸入国(2020 年)で，オーストラリア・マレーシア・カタールなどから輸入している。天然ガスを冷却・加圧して液状にしたものが液化天然ガス(LNG)である。－162℃まで冷却すると，硫黄分を除去できる。石炭や石油にくらべ低公害のエネルギーといえる。そのため，先進国では発電用の燃料や都市ガスとして利用されている。また，液化により気体の体積が 600 分の 1 ほどになるため，専用タンカーでの運搬や貯蔵も効率的になる。

⑶石油危機後，石炭を見直す動きが生じている。火力発電に関しては，1979 年に IEA(国際エネルギー機関)が石油火力発電所の新設禁止を採択しているため，火力発電における石炭の割合が高まっている。また,石炭の新しい利用技術の開発によって,石炭を液化･ガス化し，新しい用途を開きつつある。石炭の用途としては，乾留(コークス)して製鉄に，直接利用で発電に用いるものが多い。そのほか，液化して石炭化学工業に，ガス化して都市ガスや発電などにも用いられている。量的には増加傾向にあるが，一次エネルギー消費量の割合では，1960 年の 41.2％からエネルギー革命により大きく低下し，1979 年には 13.8％となっている。第二次石油危機以後の 1985 年は 19.4％と上昇したが，1998 年には 16.4％と再び低下している。ただし，2017 年の一次エネルギー供給構成は，東日本大震災の影響で原子力が低下したこともあり，25.1％と上昇している。

<資料>日本の一次エネルギー供給割合(2021 年)

一次エネルギー(％)	
石炭	25.4
石油	36.3
天然ガス・都市ガス	21.5
水力	3.6
原子力	3.2
その他	10.0

『日本国勢図会』により作成。

解答

設問A

⑴ａ－ドイツ　ｂ－フランス　ｃ－オーストラリア
ｄ－インドネシア

⑵一次エネルギーの中で CO_2 の排出量が多い石炭の比率が高い。

(29 字)

⑶硫黄酸化物・窒素酸化物排出国や風下側で酸性雨や大気汚染がもたらされ，湖沼の酸性化や森林・建築物への越境被害が発生する。

（60字）

設問B

⑴石油危機後にエネルギー多消費の重厚長大型から軽薄短小型への構造転換や省エネルギー化が進み，製品も高付加価値化したため。

（60字）

⑵熱量当たりの大気汚染物の排出や環境負荷が小さいうえに，液化技術の発達や専用船の登場でエネルギー輸送も容易になったから。

（60字）

⑶製鉄業・火力発電

2000年

第1問

解説 地中海沿岸地域の地誌問題である。地図上の位置確認とともに，自然環境と人間生活を関連させて出題している。内容は基本的であるが，自然・人文・社会現象を総合的に把握していないと，高得点は期待できない。

設問A

地理的位置や地理的事象を地図帳で確認しておくことは地理学習の基本である。地理学習は地図に始まり地図に終わる。本設問はその典型といった問題であろう。

(1)経度0度は本初子午線ともいう。本初とは最初という意味であり，子午線の基準線ということである。現在はIERS基準子午線が本初子午線となっており，ロンドン郊外の旧グリニッジ天文台を通過するグリニッジ子午線から東に5.3101秒(約102.5m)ずれている。ただし，二つの子午線は極めて近いので，グリニッジ子午線を本初子午線として用いることもある。地図にイギリスは描かれていないが，ブルターニュ半島の東やアトラス山脈を通過するｅである。

(2)北緯40度線は，イベリア半島中部～サルデーニャ島～イタリア南部～トルコ北部を通るｂである。北緯40度線はカスピ海南部，タクラマカン砂漠，中国の首都北京，朝鮮半島北部を通過し，日本の秋田県大潟村(八郎潟)や岩手県北部に到達する。さらに，太平洋を越えて，アメリカ合衆国のカリフォルニア北部，アパラチア山脈，東岸のフィラデルフィアなども通過する。重要な緯線や経線は，地図上でたどってみるとよいであろう。

(3)ｘはローヌ川である。ローヌ川は，スイス南西部に源を発し，レマン湖を経て南フランスを南流し，地中海に注ぐ全長813kmの河川である。フランスの河川の中で水量が最も豊かで，水力発電と灌漑取水への利用度が高い。支流のソーヌ川とは伝統的な絹織物業で知られるリヨンで合流する。リヨン以南の流域一帯はブドウ・オリーブ栽培が盛んである。ローヌ川支流(ソーヌ川，ドゥー川)とライン川を結ぶローヌ＝ライン運河，セーヌ川と結ぶブルゴーニュ運河，ロアール川と結ぶサントル運河などにより，地中海・北海・ビスケー湾をつなぐ役割も果たしている。

(4)ｙはアトラス山脈である。アトラス山脈は，アフリカ北西部の新期造山帯に属する山脈である。海岸に沿って並行する山脈で，モロッコ・アルジェリア・チュニジアにまたがっている。地中海に面する北斜面は地中海性気候を示し，ブドウ・オリーブなどの果樹栽培が盛んである。南斜面はサハラ砂漠につながる地域で乾燥気候となっており，羊などの遊牧が行われる。新期造山帯であるが，ヒマラヤ山脈とともに，火山が分布していないことにも注意したい。

(5) z はバルセロナである。バルセロナは，スペイン北東部，地中海に面する同国第一の港湾・工業都市である。カタルーニャ地方の中心都市で，ローマ時代の多くの遺跡が残っている。繊維・化学・機械などの工業が発達しており，織物・ワイン・コルクなどが輸出されている。カタルーニャ人は，バスク人と同じように独自の言語や文化を有しており，カスティーリャを中心とするスペインからの独立運動を起こしている。

設問B

日本および周辺地域との比較地誌である。地理的事象は他との比較によりその意味が際立ってくる。本問はその基本的考え方につながる設問である。

(1)同緯度帯における大陸の西岸と東岸の差異を問うもので，東大の典型的な出題パターンである。植生はケッペンの気候区分に影響を与えており，気候を意識した解答が必要となる。温帯から亜寒帯の湿潤気候に位置する日本の植生は，南部ではカシ・シイ・クスなどの常緑広葉樹である照葉樹が，北部ではブナ・ケヤキなどの落葉広葉樹，また針葉樹が加わる混合林となっている。これに対し，地中海性気候の地中海沿岸地域は，夏季の高温乾燥に耐え得るオリーブ・コルクガシなどの硬葉樹が分布している。

(2)イタリアとアルジェリアとの産業，言語，宗教の差異を問うものであるが，ポイントが複数あるためコンパクトにまとめる必要がある。イタリアの産業構造は，西ヨーロッパ内において第1次産業の比率が比較的高くなっている。しかし，発展途上国であるアルジェリアとの比較となると第2次・第3次産業を強調したほうがよい。イタリア（2020年）の産業別人口構成(%)は，第1次産業(4.0)，第2次産業(26.4)，第3次産業(69.6)となっている。アルジェリア（2020年）は，第1次産業が10.5%，第2次産業が30.5%，第3次産業が59.0%である。イタリアの第2次産業は工業に比重があり，鉄鋼・自動車・機械類・皮革・繊維工業などが盛んである。また，第3次産業では，観光業も重要な産業となっている。言語は，インド＝ヨーロッパ語族・南方系のラテン語のイタリア語(公用語)である。宗教はカトリックが83%(2005年)で，プロテスタント・イスラーム・ユダヤ教などは少ない。アルジェリアの主産業は，石油・天然ガスなどの鉱業である。第2次産業ではあるが，イタリアの工業とは異なっている。ハシメサウド・エジェレなどの油田からの収入が国家収入の大部分を占める。埋蔵量の豊富な天然ガスの開発にも力を入れている。農牧業は，乾燥地域の遊牧のほか，アトラス山脈北部の地中海沿岸と砂漠のオアシスで行われており，小麦・ワイン用ブドウ・オリーブなどを生産する。オアシスなど乾燥する地域の農業では，フォガラと呼ばれる地下水路を利用して水を供給している。言語は，アフリカ・アジア語族のアラビア語(公用語)である。旧宗主国の言語であるフランス語も広く通用する。宗教は，イスラーム(スンニー派)が国教となっている。

(3)ヨーロッパの古くからの工業地帯としては，イギリスのランカシャー地方，北フランスとルール炭田やロレーヌ鉄山を結ぶ重工業三角地帯が知られている。豊富な石炭と鉄鉱床を基盤とし，ライン川などの河川や運河の水運に恵まれた内陸の重工業地域である。しかし，石油へのエネルギー革命，先端技術産業の発展，経済のグローバル化に伴い衰退傾向にある。

それに対して，フランス南部からスペイン東部にかけての地中海沿岸の新興工業地域は，ヨーロッパのサンベルトと呼ばれる地域にあたる。フランスのマルセイユやフォスのような輸入原料を利用した重化学工業，トゥールーズやバルセロナのような電子・自動車・航空機などの先端技術産業が立地している。ただし，本問では地中海沿岸の新興工業地域と古くからの工業地帯を比較しているため，工業地帯の位置，資源の調達，工業の種類など，対比すべき内容を考慮しながら説明することになる。

解答

設問A

(1)－e，(2)－b，(3)－ローヌ川，(4)－アトラス山脈，

(5)－バルセロナ

設問B

(1)夏季乾燥する地中海沿岸ではオリーブなどの耐乾性の硬葉樹林，年中湿潤な日本では落葉広葉樹と針葉樹の混合林が中心である。

(59字)

(2)イタリアは工業や観光業が発達し，インド・ヨーロッパ語族でカトリックが信仰される。アルジェリアは遊牧・オアシス農業や石油産業が中心で，アフリカ・アジア語族でイスラームが信仰される。

(90字)

(3)古くからの工業地域は鉄鋼業などの内陸・資源立地型であり，新興工業地域は航空機など分業体制による先端工業が発達している。

(60字)

第2問

解説　発展途上国の産業構成や社会構造の差異に関する設問である。自然環境・社会環境の違いによって，経済発展状況や都市人口率にも違いがみられる。第2次産業

の上昇で工業化の進展が読み取れ，第2次・第3次産業が発展すると都市人口率が高くなる相関性も読み取れる。

設問A

イ群のタイとマレーシアをヒントにしながら，ロ群とハ群を判定する問題である。与えられた指標からヒントを見出し，特定することになる。

⑴イ群は第1次産業比率が急減し，第2次産業比率が急増している。第2次産業のうち，製造業を抜き出して提示しているので，工業化の進展を読み取ることができ，新興工業国とわかる。この統計を考慮しながらロ群とハ群を判定することになる。

第1次産業と都市人口率からロ群がエチオピア(c国)とタンザニア(d国)，ハ群がコロンビア(e国)とメキシコ(f国)となる。なお，a国はタイ，b国はマレーシアである。

⑵ロ群は第1次産業比率が高く，第2次・第3次産業比率が低い。都市的産業の比率が低いことから，都市人口率も低くなっている。さらに，イ群と異なり15年間での工業化の進展を読み取ることができない。よって，東アフリカの③(エチオピアとタンザニア)と判定できる。

ハ群は第1次産業比率が低く，都市人口率が高い。この点だけでは，ラテンアメリカの①(コロンビアとメキシコ)と産油国の②(サウジアラビアとオマーン)を区別するのは難しい。やはり，第2次産業と製造業を考慮することになる。コロンビアとメキシコは，製造業比率と都市人口比率が高くなり，一定の工業化も進展している。サウジアラビアとオマーンは砂漠が卓越し，自然環境が厳しい。また石油産業が発展しているため第2次産業の比率は最も高い。しかし，鉱業の比率が高くなるため製造業の比率は低くなる。よって，ハ群は①と判定できる。

設問B

イ群のタイとマレーシアはASEAN諸国の中で，シンガポールに次いで経済発展が著しい国である。ロ群のエチオピアとタンザニアは，いわゆる後発発展途上国で工業などの産業が未熟な段階にある。本問は，エチオピアやタンザニアと異なるイ群の工業化の要因を問う問題である。

タイとマレーシアは，1960年代まで輸入代替型工業化を進めてきたが，1970年代から輸出指向型の工業化に転換し，1980年代から工業製品の輸出が目立ってきた。これは，アジアNIEsの賃金上昇を受けて，これに替わる労働集約的な生産の場として投資が促進されたからである。タイは，コメ・砂糖・天然ゴムなどのモノカルチャー経済から，外資導入による経済の高度成長と輸出拡大をはかった。マレーシアは，「ルック・イースト」政策により日本・韓国をモデルとした国づくりを推進し，クアラルンプールやペナンに輸出加工区を設定し輸出指向型企業を誘致した。OECD(経済協力開発機構)は1989年に，アジアNIEsにこれら2国を加えてDAE(ダイナミックアジア経済地域)という地域呼称を提唱している。それだけ，タイとマレーシアの発展が他のASEAN地域と差があったということである。

設問C

本問は,工業化の進展がみられるタイの都市人口率が低く農村人口率が高い理由を,農村社会の特色に焦点を当て，指定語句を使用しながら説明する問題である。表中の産業別構成はGDP(国内総生産)の比率であって，産業別人口構成の比率ではないことにも注意したい。

タイの農業就業者人口割合は,年々低下しているものの,依然として高い比率を保っている。農地の90%以上が自作農によって所有され，自作農の割合は南・東南アジア第一の高率であるが，大半が零細な小農経営である。このことが，農業への依存を高め，都市人口率を低くしている要因である。また，タイは東南アジア最大の米の輸出国であるが，それは近隣諸国においてプランテーション農業の発展や人口が急増して，米の自給が困難になったことが影響している。

マレーシアやコロンビア・メキシコのプランテーションは植民地時代に発達した。プランテーション農園では，多数の労働者が必要となり，農園労働者は農園の近くに集住して居住することになる。また，プランテーション農園での農作物の大半が工芸作物や嗜好作物となっており，これらの加工部門が農園付近や積み出し港付近に立地し，関連労働者が集まり，都市の発達ともなる。マレーシアのプランテーションとしては，20世紀初頭，イギリスの資本とインド人労働者による天然ゴム農園が急速に発展した。最近は，農業の多角化政策の一環として，天然ゴムから油ヤシ栽培への作付け転換も進んでいる。一方，ラテンアメリカでは今なお大土地所有制が残存しており，全体的にみた場合に人口の5%が約70%の土地を所有しているといわれるほどである。この大土地所有制により，農村人口は少なくなる。なお，大土地所有制は,旧スペイン植民地のメキシコやペルーでアシェンダ，牧場が中心のアルゼンチンでエスタンシア，旧ポルトガル植民地のブラジルでファゼンダと呼ばれている。

解答

設問A

(1)ロ群－③　ハ群－①

(2)ロ群は第1次産業中心で都市人口率が低く，工業化の進展も遅れている後発発展途上国と考えられ，ハ群は製造業に比して第2次産業が高い産油国と異なり，製造業や第3次産業がやや高いから。

(89字)

設問B

一次産品生産が盛んであったイ群は，政府主導で輸出加工区を設置し，日本や韓国などの外資導入による工業化の進展が著しい。その結果，輸入代替型から輸出指向型の労働集約的工業が発展した。

(90字)

設問C

a国は自作農による小農経営が中心であるため都市人口率は低いが，b国・e国・f国は植民地時代のプランテーションと大土地所有制の残存で，農村人口が少なく，都市への人口流出も多いから。

(90字)

第3問

解説　行動空間の面的な拡大に着目した設問である。生活活動に関する行動圏にとどまらず，余暇にかかわる行動の変化についての理解も問われている。今後この種の問題が多く出題される可能性があり，行動空間の拡大と生活意識の変化は重要な学習分野となるであろう。

設問A

行動空間の変化を，モータリゼーション（車社会化）の側面から読み取る問題である。国別および日本の都道府県別統計が提示されているが，国別の普及と都道府県別の普及では視点が異なり，同様な見方では解答が導き出せない。スケールや発展段階の違いによる結論の変化が起こりうる代表的な問題である。

(1)自動車の普及率は発展段階や生活水準と関係があり，アメリカ合衆国・ドイツ・カナダ・日本などの先進工業国が高く，ブラジル・中国などの発展途上国では低い。日本における乗用車保有台数は，1965年には218万台であったものが，88年に3,077万台と3,000万台を突破した。95年は4,468万台で，アメリカ合衆国に次いで世界第2位となっている。aがアメリカ合衆国，bがドイツ，cがカナダ，dが日本，eが韓国，fがブラジル，gが中国である。なお，解答に当たっては指標操作が有効である。すなわち，「乗用車保有総数」÷「人口100人あたりの乗用車保有台数」を計算すれば，人口を求めることができる。a国は26,325万人，b国は8,165万人，c国は2,961万人，d国は12,521万人，e国は4,511万人，f国は15,625万人，g国は116,667万人と計算できる。

<資料>2019年

	国	人口100人あたり乗用車保有台数	乗用車保有台数(100万台)	自動車※保有台数(100万台)
a	アメリカ合衆国	36.3	121.2	286.9
b	ドイツ	57.4	47.7	51.6
c	カナダ	62.8	23.6	24.8
d	日　本	49.4	62.1	78.4
e	韓　国	36.9	19.1	23.6
f	ブラジル	17.8	37.7	44.9
g	中　国	15.8	224.7	253.8

※乗用車，トラック・バスの合計
『世界国勢図会』により作成。

(2) 1965年では，乗用車保有台数が全体的に少ない中で，所得水準の高い愛知，東京・神奈川，京都・大阪など三大都市圏で保有率が高く，鹿児島・秋田・島根などの地方県で保有率が低かった。しかし1995年現在，最も自動車保有率の高いのは，所得の高い東京ではなく，群馬県となっている。北陸地方や北関東の保有率が全体的に高い。1965年の上位5県のうち，トヨタ自動車の本拠地である愛知県を除いた4都府県が，1995年の下位4都府県となっている。この点から，1995年の保有率は，所得水準の多寡が関係しているわけではないといえる。一般に，鉄道やバスなどの公共交通機関が不便な地域では，プライベートな交通機関にたよらざるを得ず，自家用車の利用が多くなる。それに対し，東京や大阪などの大都市では公共交通機関が整備されていること，日常の交通渋滞や駐車場不足も影響し，自家用車の必要度が低いのに，維持費が高い。この点を，3行(90字)で説明すればよい。

<資料>2021 年

順位	都道府県	100 世帯あたり乗用車保有台数
1	福井	171.6
2	富山	166.2
3	山形	165.2
4	群馬	160.3
5	栃木	158.0
	～ 全国 ～	104.0
43	兵庫	90.3
44	京都	81.6
45	神奈川	68.8
46	大阪	63.3
47	東京	42.8

『データで見る県勢』により作成。

設問Ｂ

日本の観光は，寺杜参詣や湯治から発達していった。第二次世界大戦後は高速道路や鉄道の延伸・スピード化により移動範囲が広くなるが，高度経済成長期における日本の旅行形態は，団体旅行が多かった。大型の観光バスを使い，名所旧跡・温泉レジャー施設などを巡回・訪問するタイプである。社内旅行や修学旅行など，数台のバスを連ねて移動する様は，日本独特のものである。現在は家族単位や小人数グループの旅行が多くなってきている。また航空路線網の整備により，遠隔地や海外にまで行動範囲が広がるようになった。本設問は，日本の自然環境と地域の規模とを複合的に考察し，近年の変化を説明する問題である。ｐ市，ｑ町，ｒ村それぞれを判定しなければ解答不能になるわけではないが，問題文中のヒントである程度推測できるであろう。

⑴ｐ市の人口が約 13 万人，海に面した温泉観光都市とあることから，大分県別府市と判定できる。別府は，日本一の総湧出量(83,058 リットル／分：2014 年)，源泉数を誇る大温泉地で，市内のいたるところから温泉が湧き，町中が白い湯煙に包まれている。大型ホテル・旅館のほか，昔ながらの湯治場や公共浴場も多い。ここでは，団体旅行と近年の経済状況をみながら解答してみるとよい。バブル経済崩壊後，職場単位の大人数の団体旅行が少なくなったこと，高速道路の整備やモータリゼーションの進展により日帰り客が多くなったことなどで大型ホテルの需要が減少した。ここ数

年間は，廃業や縮小した旅館･ホテルが目立っている。海外旅行も増加はしているが，ｑ町やｒ村の人口増加を考慮すると，国内観光の質的変化に着目すればよい。なお，旧来の温泉町にはテーマパークなどレジャー施設がないところが多いため，若者の人気が今ひとつである。東京の湯治場として栄えた熱海市も人口は減少傾向にある。

⑵ｑ町は長野県軽井沢町，ｒ村は長野県白馬村である。町村名がわからなくとも，山岳地域の観光地であり，８月と１月という時期に着目すれば，解答は容易であろう。軽井沢町は，長野県東部の浅間山麓に位置する。明治時代に避暑地として開発され，日本の代表的観光保養地となった。別荘・寮のほか，ホテル・スポーツ施設など各種観光施設が整い，夏の人口は常住人口の 10 倍以上になる。白馬村は，長野県北安曇郡北部に位置し，豪雪地帯で知られる。この地域は 1960 年頃まで水田と養蚕で生計を立てる純農山村地域であった。1959 年八方尾根(北アルプス北部)山麓の住民が大規模スキー場の開発を計画し，大手資本を導入した。村内には岩岳・八方尾根などのスキー場があり，農家は民宿やペンションなどの宿泊施設経営などによって冬季の収入を増大させた。その後も各種スポーツ施設を作り，夏季にも学生の合宿などを受け入れ，通年営業の観光地化開発を進めている。

解 答

設問Ａ

⑴ｃ－カナダ　ｄ－日本　ｅ－韓国　ｆ－ブラジル　ｇ－中国

⑵1965年は，経済活動が盛んで所得も高い大都市の保有率が高かった。所得が上昇した1995年は，公共交通整備が遅れる地方で乗用車が普及し，整備が進む大都市は駐車場不足も影響し下位となった。

(90 字)

設問Ｂ

⑴職場単位などの団体旅行が減少し，モータリゼーションの進展で家族や少人数の日帰り客が増加し，大型ホテルの需要が低下した。

(60 字)

⑵大都市圏に近いｑ町は夏季の気温が低いため避暑客とスポーツを結びつけた集客を行っており，ｒ村は冬季の降水量が多いため積雪を活かしたスキーなどのウインタースポーツ体験の集客が多い。

(89 字)

1999年

第1問

解説 東アジアから北部ヨーロッパにかけての地誌問題である。1998年度は地誌の出題がなかったが，99年度は復活した。地誌問題対策としては，地域の総合的な理解が必要であるが，系統的・法則的に地理的事象を理解した上で，地理的事象の相関性に着目するとよい。また，99年度までは大問中の設問がEまで設けられることもあったが，以降は2002年度第2問のDを除き，設問はCまでにとどまっている。

設問A

(イ)は両地点を結ぶ最短コースなので，大圏コースあるいは大円コースのことである。心射図法では，任意の2点間の大圏(大円)コースが直線であらわされる。正距方位図法は，図の中心から任意の点までの方位と距離が正しくあらわされる図法である。

(ロ)のバイカル湖に源を発する大河は，エニセイ川である。バイカル湖から直接流出しているのはアンガラ川であるが，大河とあることから本流名のエニセイ川が妥当であろう。また，日本からアムステルダムまでの直行便はエニセイ川下流域を通過する。

(ハ)のウラル山脈は，アジア(シベリア)とヨーロッパロシア(ヨーロッパ)の自然的境界をなし，北極海からアラル海の東経60度を走行する延長約2,600kmの古期褶曲山脈である。侵食が進み，平均海抜高度約660mで，最高所はナロドナヤ山の1,894mにすぎない。鉱産資源に恵まれ，ロシアの鉱工業の発展に重要な役割を果たしている。

(ニ)のロシアの西の出口である海とは，バルト海である。バルト海のフィンランド湾奥のネヴァ川河口に位置するサンクトペテルブルクは，港湾・商工業都市で，1917年までロシア帝国の首都であった。サンクトペテルブルクは，ペトログラード(1914～24)，レニングラード(1924～91)と名前を変え，常に西側の技術・文化などを取り入れてきた都市でもある。

設問B

(1) a－a'線は，ユーラシア大陸の西でオスロやサンクトペテルブルクを，東ではカムチャツカ半島の付け根を通過することから北緯60度と判定できる。オスロはほぼ東経10度，サンクトペテルブルクはほぼ東経30度である。都市の位置に関しては，ポイントとなる都市を見出すなど，平素から地図帳に親しんでおくことが重要である。

(2)成田からアムステルダムまでの距離は，東京中心の正距方位図法から考えればよい。西ヨーロッパの主要都市であるローマ，パリ，ロンドンなどは，東京の北西から北北西約10,000kmに位置している。問題中の地図を用いても算出できる。この地図で緯線が等間隔同心円で，極を中心とした正距方位図法とすると，緯度(子午線)1度の地球表面の長さが約111kmであるから，成田からアムステルダムまで，北極を通過して行くとすると，成田から北極までの緯度差は55度で約6,105km，北極からアムステルダムまでの緯度差は40度で約4,440kmとなる。両者をプラスすると1万km強となるが，大圏コースでは，北極経由よりやや短くなる。(c)の15,000kmや(d)の20,000kmはありえない。東京中心の正距方位図法で，約5,000kmに位置するものとしては，アジアのシンガポール，バンコク，コルカタ(カルカッタ)やアラスカのアンカレジなどがある。約10,000kmに位置するものとしては，西ヨーロッパの主要都市のほか，北米のシカゴ，モントリオール，エジプトのカイロなどがある。出題されやすいのはこの2つの距離帯であるが，東京から20,000kmの位置は対蹠点(地球の反対側)となり，ラプラタ川沖合の海洋となることも確認しておきたい。

設問C

a地域は，沿海州(プリモリスキー地域)である。新期造山帯のシホテアリニ山脈が北東から南西に走行している。この地域の代表的な都市には，ウラジオストクやハバロフスクなどがある。ウラジオストクやハバロフスクは亜寒帯冬季少雨(冷帯夏雨)気候で，冬季の気温が－15～－20℃まで下がるものの，夏季は20℃前後となる。植生は，落葉広業樹と針葉樹の大陸性混合林が卓越している。b地域は安定陸塊のシベリア卓状地(アンガラランドの一部)で，中央シベリア高原となっている。この地域は，亜寒帯湿潤気候が卓越しており，冬季に－30～－50℃まで低下する厳寒な地域である。b地域の夏季は15℃程度であるが，このような厳しい環境にのみ適する樹木しか生育できず，植生は針葉樹の純林(タイガ)となる。

なお，レナ川東部のヴェルホヤンスクやオイミャコンにおける冬季の気温は，－50℃以下まで下がり，北半球(常住地)の寒極といわれている。

設問D

エニセイ川からオビ川にかけての地域は，西シベリア低地である。南部には古くから開発されたクズネツクコンビナートが位置している。この地域にあるクズネツク炭田は，1851年に採掘が始まり，1931年のウラル＝クズネツクコンビナート結成により急速に発展した。ノヴォシビルスク・ケメロヴォ・ノヴォクズネツクなどの重化学工業都市が立地する。成立期にはウラルに位置するマグニトゴルスクの鉄鉱石を利用していたため，クズネツク炭田と合体させて1つのコンビナートとして成立した。また，原油資源も豊富であり，広大なチュメニ油田が知られている。チュメニ油田は，オビ川中流域に広く分布するロシア最大の油田で，1959年に発見され，64年から開発された。著名なサモトロール油田は，チュメニ油田を構成する単体の油田である。

石油はパイプラインでオムスク・ペルミ・イルクーツクなどの製油所に送られる。なお，ノヴォシビルスクの南方に位置するアカデムゴロドクは研究学園都市で，シベリア開発研究の中心地となっている。

設問E

ウラル山脈からアムステルダムに至る地域の代表的な農業は，対象地域が広範囲であるため，巨視的にみなければならない。この地域の代表的農業は混合農業であるが，東部と西部とでは経営形態や栽培作物などが異なっている。混合農業は，作物栽培と家畜飼育とが有機的に結合した有畜農業で，役用家畜やわずかな乳牛を飼育して若干の農畜産物を商品化する自給的混合農業と，食肉用家畜(豚・肉牛・鶏)を飼育してこれを商品化する商業的混合農業に分けられる。東部のロシア・ウクライナ・ポーランドなどの旧社会主義圏では，自給的混合農業がみられる。この地域は冷涼であるため，ライ麦・じゃがいも栽培が中心で少数の家畜飼育となっている。伝統的技術・肉体労働依存で収益性は低い。一方の西部では，近代的技術を駆使し資本集約的で収益性が高い商業的混合農業が発達している。その中で，冷涼な北部はライ麦・じゃがいも栽培も盛んであるが，温暖な南部は小麦・牧草・テンサイ栽培などと豚・肉牛の飼育が盛んである。

解 答

設問A

イ－大圏(大円)コース，ロ－エニセイ川，ハ－ウラル山脈，
ニ－バルト海

設問B

(1)北緯60度

(2)(b)

設問C

b地域には安定陸塊の卓状地に針葉樹のタイガが広がり，a地域では新期造山帯の山脈に針葉樹と落葉広葉樹の混合林が分布する。

(60字)

設問D

c地域は原油，石炭，鉄鉱石などの資源に恵まれ，電源開発も進み，これらを原料としたクズネックコンビナートや各種工業地域が形成されており，シベリア開発のための研究機関も立地している。

(90字)

設問E

冷涼な気候とやせた土地の広がる東部ではライ麦・じゃがいもなどの作物栽培を中心とする自給的農業，温暖な西部では小麦・牧草栽培と豚や肉牛などの家畜飼育の比重が高い商業的農業である。

(89字)

第2問

解説 人口に関する問題である。統計資料を用いたもので，東大の出題パターンとしては典型的なものであり，この種の解答法に慣れておく必要がある。

設問A

第二次世界大戦後，外国人労働者は出稼ぎ労働者と考えられていたが，一時的な雇用に止まらず，受け入れ国に定住する人も多くなった。その結果，出稼ぎ先における国民の雇用率の低下ないし失業率の上昇，外国人労働者の社会保障などの問題が表面化している。

⑴表1中の外国人労働者の受け入れ国は，その国の経済規模や人口数によって判定できる。a国は，労働人口全体に占める割合が高く，80.5万人が労働人口の89.4%に相当する。すなわち，a国の労働人口は，80.5 ÷ 0.894 = 90.0(万人)となる。b国は，外国人労働人口の労働人口全体に占める割合が小さい。b国の労働人口は，11.6 ÷ 0.083 = 139.8(万人)でa国と大差はない。外国人労働人口割合から，a国は石油危機後に建設労働者の受け入れが増大したアラブ首長国連邦となる。b国は多民族であるが，b国の国籍取得者が多いシンガポールとなる。c国は，外国人労働人口が250万人と最も多く，労働人口が250 ÷ 0.08 = 3,125(万人)なので，トルコ系などのガストアルバイターが多いドイツとなる。d国は，労働人口全体に占める割合が最も少なく，労働人口が50 ÷ 0.021 = 2,381(万人)なので，イタリアとなる。イタリアは，外国人労働者の受け入れは少なく，むしろ国外への流出が多い国である。

⑵アラブ首長国連邦をはじめとする中東産油国は，原油発見以前，人口希薄な地域であったが，第二次世界大戦後の大規模な油田開発と共に多くの外国人労働力を受け入れてきた。とくに，石油危機以後の原油価格高騰で，多額のオイルマネーが流入し，その外貨をもとに国家の基盤整備を行う建設労働者や工業化を担う労働者を外国人に依存した。オマーン・カタール・クウェート・バーレーンなどの小国は，アラブ首長国連邦と同様に，外国人労働人口の割合が高い。ただし，人口規模がやや大きいサウジアラビアやイラクは，小国にくらべ外国人労働人口の割合が低くなっている。

⑶第二次世界大戦後，ドイツは高度経済成長を経験したが，戦争の影響もあって労

働力が不足気味であった。そのため，1955年にイタリア，60年にスペイン･ギリシャ，61年にトルコ，63年にモロッコ，64年にポルトガル，65年にチュニジア，68年にユーゴスラビアと二国間協定を結び，ガストアルバイターとして労働者を受け入れた。その結果，1973年には外国人労働者は260万人，家族を含めて400万人に達した。しかし，1973年の第一次石油危機で景気が低迷し失業問題が深刻化したため募集を停止し，残留する外国人労働者の帰国奨励策をとった。帰国費用の援助などの政策が進められたが，外国人労働者は減少しなかった。難民の受け入れも多いことから，2021年における外国生まれの人口は1,356.1万人(人口比16.2%)に達している。外国人労働者とドイツ人との間には，賃金格差・教育問題など多くの社会問題が生じている。とくにトルコ人は，宗教・風習・食生活がドイツ人と異なるため，異質な文化地域を形成している。また，外国人の排除を主張するネオ＝ナチの台頭といった不安も生じている。

設問B

人口性比(女子100人に対する男子の数)は，社会や産業構造を反映して，地域によって差がある。1995年現在(2021年は資料参照)で人口性比(全国平均96.2)が100を上回っているのは表中に示された首都圏の4都県(東京都・埼玉県・千葉県・神奈川県)と愛知県だけであり，男子労働力の首都圏への集中がみられる。逆に男子労働力の流出が著しい九州(福岡県を除く6県)・四国(愛媛県・高知県)地方では，人口性比90未満であった。aは東京都，bは大阪府，cは北海道，dは千葉県，eは愛知県である。なお，2021年の人口性比は47都道府県すべてで100を下回っている。

(1)a・bの低下は，都内・市内から郊外への工場移転が原因であり，男子就業者が減少したためである。そのなかで問題となるcの低下は，a・bと異なる北海道という地域的な特色を考慮する必要がある。すなわち，炭鉱の存在である。炭鉱は男子就業比率が著しく高い産業である。第二次世界大戦後は国内石炭産業が重要視されたが，エネルギー革命の進行などにより海外からの安い石油が大量に輸入されると，中小炭鉱は合理化のために縮小・閉山を余儀なくされた。これが人口性比を大きく低下させた理由である。なお1998年現在では，国内に残る主要炭鉱は太平洋炭鉱釧路鉱業所(北海道釧路市)と松島炭鉱池島鉱業所(長崎県外海町)の2炭鉱のみとなった。ただし，松島炭鉱池島鉱業所は2001年11月29日，太平洋炭鉱釧路鉱業所は2002年1月30日に閉山している。

(2)d・eは高度経済成長期に工業化が進展し，それまでの工業地帯から工場が移転してきたり，工場が新設されたりした県である。なかでも重化学工業の進出が相次いだ。dは化学工業の比率が高く，市原市に石油化学コンビナートの工場が集中している。また，君津市・千葉市などに鉄鋼業も立地している。eは重工業の割合が全国トップレベルで，豊田市の自動車工業など輸送用機械器具の比重がとくに高い。また，鉄鋼の出荷額は全国第1位(2020年)である。すなわち，これらの重化学工業は男子従業員の比率が高くなるため，人口性比が上昇したといえる。

＜資料＞2021年人口性比

神奈川県	98.5
a 東京都	96.4
b 大阪府	91.9
埼玉県	98.7
c 北海道	89.4
d 千葉県	98.3
e 愛知県	99.3
全　国	94.6

『県勢』により作成。

解答

設問A

⑴a－アラブ首長国連邦　b－シンガポール　c－ドイツ
d－イタリア

⑵豊富な石油収入を背景とした工業化や社会基盤整備の建設需要に応えるため，自国で不足する労働力を外国に依存しているから。

(59字)

⑶異なる宗教や文化を有する外国人の教育・文化施設や雇用システム，社会保障整備が必要であり，また外国人労働者の帰国支援や統一後に増大した失業者対策，移民排斥運動への対応も生じている。

(90字)

設問B

⑴男子労働力が多い炭鉱の閉山に伴い，男子の流出が続いたため。

(30字)

⑵dの金属・化学工業やeの自動車工業といった男子就労者割合の高い重化学工業の立地が相次ぎ，男子人口の流入が多かったため。

(60字)

第3問

解説 日本列島は，自然災害の見本市などといわれている。日本の形状，位置，地質などの条件から，自然災害が発生しやすい国土となっている。梅雨前線の停滞と台風などに伴う集中豪雨，それらによる土砂崩れ，冬はシベリア寒気団の影響による大雪，環太平洋造山帯(環太平洋火山帯，環太平洋地震帯)に属しているため火山爆発や地震も多発する。また，自然条件に加え，狭い平野に人口が集中して高度な経済活動を行っているため，一度災害が起きると甚大な被害に見舞われる。

設問A

1995年1月17日午前5時46分，兵庫県南部を震源にマグニチュードMｊ 7.3(モーメントマグニチュードMｗ 6.9)の都市直下型地震が発生した。震源に近接した淡路島北部から明石，神戸，大阪などの各都市に大きな被害をもたらした。死者6,434人，行方不明3人，負傷者43,792人，住宅の全・半壊249,180棟(2006年消防庁確定値)にものぼった。ただし，20世紀における最大の被害は，南関東を襲った関東大地震(関東大震災，大正関東地震)である。関東大地震は，1923(大正12)年9月1日午前11時58分，相模湾の北西部を震源にマグニチュード7.9で，東京・横浜・三浦半島・湘南地方・房総半島南部の被害が大きかった。なかでも，東京の下町は木造家屋が密集していたことから，発生した火災により被害が拡大した。1925年には死者99,331人，行方不明43,476人，負傷者103,733人と発表されている。

設問B

台風などによって起こる高潮を風津波や気象津波ということがある。しかし一般に津波といえば，地震によって起こる津波をさす。本問では，高潮と津波の原因が異なることを前提としている。

(1)高潮は，海面にかかる気圧の低下や強風などの気象上の原因で，港湾の潮位が異常に高まる現象である。気圧が低く強風を伴う台風の接近で発生することが多く，吸い上げや吹き寄せ効果が加わると潮位上昇は数ｍにも達し，東京湾・大阪湾・伊勢湾など重要な港湾地域に，甚大な被害をもたらすこともある。1934年の室戸台風，1945年の枕崎台風，1959年の伊勢湾台風，2018年の台風21号の高潮被害は甚大であった。

津波は，海底地震，海底火山の噴火，海底地滑りなどによって生ずる高波である。津波の波長は，海の深さよりはるかに長く，海水は水面から海底まで全体的に動かされる。湾入した津波は水深が浅くなると波高が高くなり，湾奥に被害を及ぼす。とくにリアス海岸の湾奥では，周囲の津波も集まってくるため，被害が甚大となることもある。1998年までの観測では，日本で最大の被害を及ぼした津波は1896年の三陸大津波(遡上高38.2m)であり，死者・行方不明者21,959人であった。しかし，2011年に発生した東北地方太平洋沖地震では，岩手県大船渡市の綾里湾遡上高40.1mを記録した。なお，2022年消防庁発表の資料では，日本国内の死者・行方不明者は震災関連死も含め22,312人とされている。

<資料>

台　風	災害年	最高潮位(m)	死者・行方不明者(人)	全壊・半壊家屋(戸)
室　戸	1934	3.1	3,036	88,046
枕　崎	1945	2.6	3,122	113,438
伊勢湾	1959	3.9	5,098	151,973

国土交通省河川局海岸室監修(2004年)海岸ハンドブックにより作成。

⑵高潮の被害は，三角州のように海抜高度が低い沿岸部に発生する。低気圧による吸い上げ効果と満潮が重なれば，潮位が一層高くなる。さらに，内陸に向かう風浪の作用(吹き寄せ効果)が加わると被害も甚大となる。また日本海にくらべて太平洋岸は，潮汐による干満の差が大きいことや台風の勢力が強いため，その影響も大きい。日本で高潮災害の起こりやすい地域としては，有明海の熊本付近の海岸，周防灘の山口県沿岸，大阪湾の阪神沿岸，伊勢湾沿岸，東京湾の京浜・京葉沿岸などがある。

設問C

本問の大都市圏内のある河川とは鶴見川のことである。鶴見川は東京都町田市から横浜市鶴見区へ流れる一級河川であり，2005年には特定都市河川に指定されている。

⑴本問は時間の経過と河川の流量変化を表したハイドログラフの読み取り問題である。1958年洪水では，13時から15時まで20mm以上の降水量があるものの，降水量のピーク時刻は18時台である。1982年洪水では，降水量のピーク時刻は15時台であるが，降り始めから18時間後のピークは1958年洪水と同じである。また，降水量のピーク時刻までの降水総量もほぼ同じである。しかし，下流部における流量に大きな相違が認められ，洪水の状況が異なっている。1958年洪水は，降水量のピーク時刻から緩慢に増水していき最大洪水流量は15時間後である。これに対し，1982年洪水は，降水量のピーク時刻から1時間後に最大洪水流量となっている。また，1958年洪水の減水の状況は緩慢であるが，1982年洪水は急減している。さらに，1982年洪水は一気に始まって流量も多いが，短時間で流量が減少したと読み取ることができる。なお，ハイドログラフは2010年にも出題されている。

⑵日本は古来より，人々の生活を守り安定させるために，水と闘い続けてきた。近年大都市では，都市化により農地が減少して舗装面が増加し，降水の浸透域減少という問題を抱えており，いわゆる「都市型水害」が発生している。都市化によって非透

水性の屋根・道路・駐車場などが増加し，都市域に降った雨は路面を流れる割合が高い。地表がコンクリートなどにより舗装され，建物が密集してくると，雨水は非透水性の地表を流れ，排水路や河川に直接流入する。このため短時間に多量の降雨があると都市河川の洪水危険性が増大する。洪水時の出水の増加は不透水性面積率と関係があるが，雨水がすぐに河川に流入するという点で排水溝(下水道)の普及率とも関係がある。ただし，東京都などの排水溝は時間降水量50mmに対応する設計であるため，時間降水量50mm以上の豪雨時には排水溝から雨水が溢れることになる。そのため，都市再開発時に歩道などの舗装をコンクリートではなく，ブロックなどを用いて雨水を直接地中に浸透させる方法を採用することも多くなってきた。

⑶大都市圏における洪水対策として，前述の排水溝の普及のほかに，分水路・放水路の建設や調節池・遊水池の整備などがある。分水路は，増水した水を集中させずに分流して流す流路で，幅の広い道路の下などを利用して建設することも多い。2006年には，国道16号線の地下に首都圏外郭放水路が完成している。いわば「河川のバイパス」ないし「河川の逃げ道」である。また東京都の神田川には，６本の暗渠化された分水路(高田馬場，江戸川橋，水道橋第１・第２，お茶の水，神田上水)が建設されている。

調節池は，増水した水の一部を貯留することにより水害を防ぐものである。調節池に取り込まれた水は水位が低下した後，ポンプで汲み上げ河川に放流する。神田川には環状七号線地下調節池があり，目黒川には荏原調節池がある。

解答

設問A

イ－南関東　ロ－関東大地震(関東大震災)

設問B

⑴高潮は低気圧の接近や強風などにより海水面が異常に上昇する現象で，津波は海底地震や海底火山の爆発などで生ずる高波である。

(60字)

⑵河川河口のデルタ地帯で吸い上げ効果の強い台風の上陸と満潮が重なる場合や，海から強風が吹く湾奥の低地で被害が大きくなる。

(60字)

設問C

⑴1958年洪水は緩慢に増水して減水期間も長いが，1982年洪水は降水量のピーク後すぐに増水して流量も多いがすぐに減水している。

(60字)

⑵都市化にともない農地や森林が減少し，地表はコンクリート舗装が増加したため，雨水が地中に浸透せず直接河川へ流入するから。

（60字）

⑶分水路や排水路の建設で，増水した水をすみやかに排水する。

（29字）

調節池により増水した水の一部を貯留し，河川流量を抑制する。

（29字）

※『日本国勢図会』『世界国勢図会』『データでみる県勢』は
公益財団法人　矢野恒太記念会が編集・発行しています。

東大入試詳解25年　地理〈第３版〉

監修・著	阿部恵伯
発行者	山﨑良子
印刷・製本	日経印刷株式会社
発行所	駿台文庫株式会社

〒101-0062　東京都千代田区神田駿河台1-7-4
小畑ビル内
TEL. 編集 03(5259)3302
販売 03(5259)3301
《第３版①－744pp.》

ISBN978-4-7961-2421-8　Printed in Japan

駿台文庫 Webサイト
https://www.sundaibunko.jp